W0290890

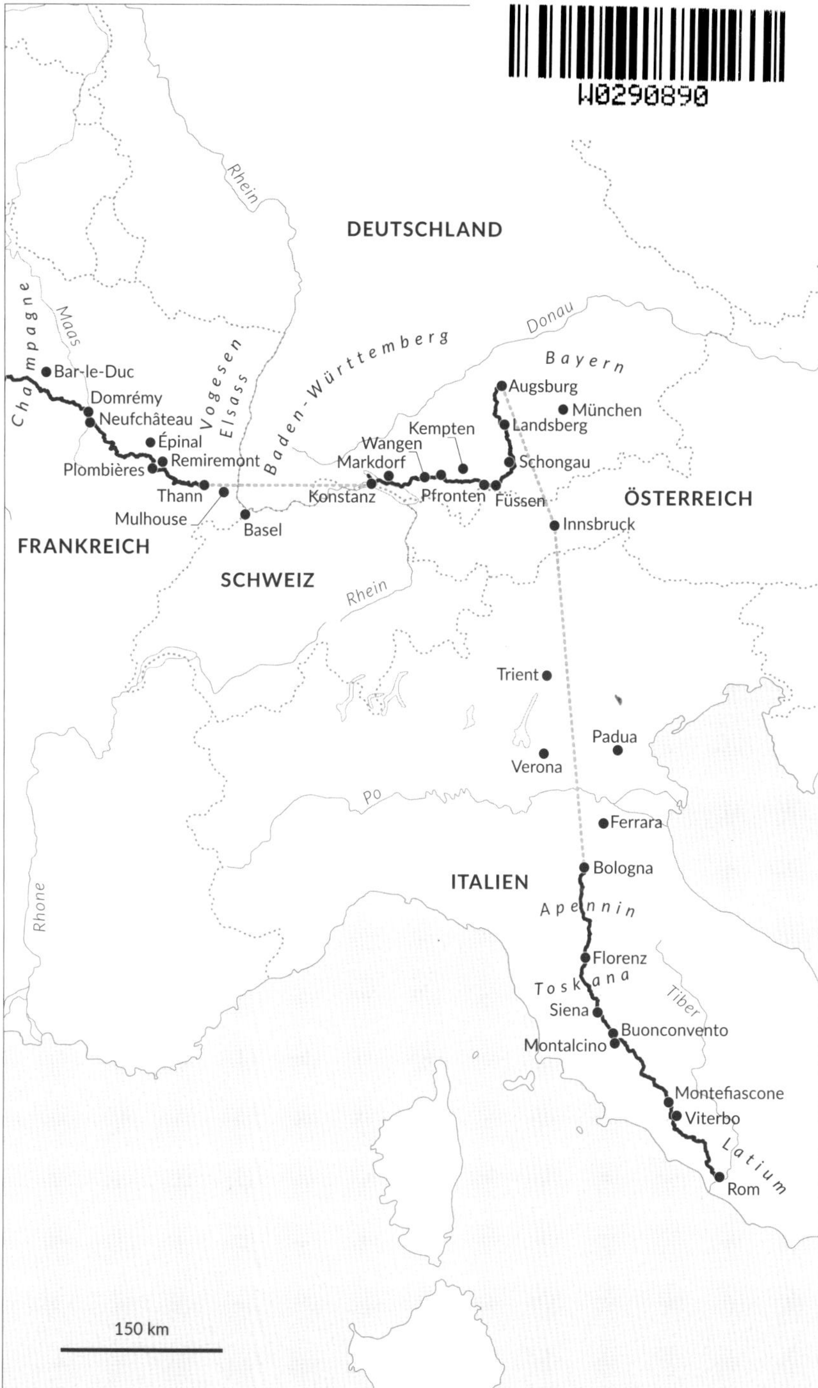
DEUTSCHLAND
FRANKREICH
SCHWEIZ
ÖSTERREICH
ITALIEN
Rhein
Maas
Donau
Po
Rhone
Tiber
Champagne
Vogesen
Elsass
Baden-Württemberg
Bayern
Apennin
Toskana
Latium
Bar-le-Duc
Domrémy
Neufchâteau
Épinal
Remiremont
Plombières
Thann
Mulhouse
Basel
Konstanz
Markdorf
Wangen
Kempten
Pfronten
Füssen
Augsburg
München
Landsberg
Schongau
Innsbruck
Trient
Padua
Verona
Ferrara
Bologna
Florenz
Siena
Buonconvento
Montalcino
Montefiascone
Viterbo
Rom
150 km

Gaspard Kœnig | MIT MONTAIGNE AUF REISEN

Gaspard Kœnig

MIT MONTAIGNE AUF REISEN

Abenteuer eines Philosophen zu Pferde

Aus dem Französischen
von Tobias Roth

Galiani Berlin

Aus Verantwortung für die Umwelt hat sich der *Verlag Galiani Berlin* zu einer nachhaltigen Buchproduktion verpflichtet. Der bewusste Umgang mit unseren Ressourcen, der Schutz unseres Klimas und der Natur gehören zu unseren obersten Unternehmenszielen.

Gemeinsam mit unseren Partnern und Lieferanten setzen wir uns für eine klimaneutrale Buchproduktion ein, die den Erwerb von Klimazertifikaten zur Kompensation des CO_2-Ausstoßes einschließt.

Weitere Informationen finden Sie unter
www.klimaneutralerverlag.de

MIX
Papier aus verantwortungsvollen Quellen
FSC® C014496
www.fsc.org

1. Auflage 2022

Titel des französischen Originals:
Notre vagabonde liberté – A cheval sur les traces de Montaigne

Rechte für die deutsche Übersetzung
Aus dem Französischen übersetzt von Tobias Roth
Verlag Galiani Berlin

Covergestaltung Manja Hellpap und Lisa Neuhalfen, Berlin
nach einem Motiv von Élodie Grégoire
Lektorat Wolfgang Hörner
Gesetzt aus der Alegreya und der Lato
Satz Buch-Werkstatt GmbH, Bad Aibling
Druck und Bindung GGP Media GmbH, Pößneck
ISBN 978-3-86971-258-1

Weitere Informationen zu unserem Programm
finden Sie unter *www.galiani.de*

Da wir uns nun aber von den Regeln der Natur befreit haben, um uns der schweifenden Freiheit unserer Launen und Vorstellung zu überlassen, so lasst sie uns wenigstens zu ihrer angenehmsten Seite biegen.

Michel de Montaigne, *Essais*, I,14

Inhalt

I Montaignes Turm

■ ■ ■

Turm – Ausrüstung und ihr Gewicht – Montaignes Koffer – Bei sich sein können – Rede zum Aufbruch – Auslöser der Reise – Destinada – Training in La Pommeraye – Alice und Antoine – Scheidewege – Lernen und Verlernen – Mensch und Tier – Snob in der normannischen Schweiz – Revolution in der FKP – Weisheit – Essbesteck – Abschied

■ ■ ■

In der Glut des Frühsommers ist der Turm Montaignes ein kühler Zufluchtsort. Er bewacht den Eingang zum Périgord, dort, wo die Weinberge des Bordelais enden, eine letzte grüne Welle, die auf die trockene Erde des Pays d'Oc schwappt. Die dicken Kalksteinblöcke sind von nur wenigen Fenstern durchbrochen und bilden eine Festung gegen die Hitze. Ich erklimme die Stufen der engen Wendeltreppe, die zwei Stockwerke höher zur berühmten Bibliothek des Philosophen führt, mit ihren in die Balken gravierten lateinischen und griechischen Zitaten. Es gilt, sich mit Bedacht zu bewegen: Die Stufen sind unbequem und ungleichmäßig, da sie über Jahrhunderte abgenutzt wurden. Das hat nichts mit der seidigen Abnutzung von Heiligenstatuen gemein, die von frommen Händen liebkost werden, vielmehr sind es mehrere Zentimeter starke Kerben, felsige Formen, die Mulden und Steilhängen ähneln. Diese Stufen waren vertraut mit den gedankenversunkenen Schritten Montaignes, aber auch mit den energiegeladeneren der Bauern, die den Turm als Heuspeicher umgenutzt haben, und schließlich mit den zögerlichen und ehrerbietigen Schritten der Generationen von Lesern, die gekommen sind, um ihre Bewunderung zu bekunden: An den Wänden finden sich Graffiti, die bis in die Zeit Louis-Philippes zurückreichen. Auch meine Sohlen reiben eine unendlich kleine Portion Materie ab und fügen meine Fußabdrücke zu denjenigen Montaignes und Tausender anderer Menschen, die die Geschichte vergessen hat. Normalerweise lassen mich Reliquien ziemlich kalt. Aber diese zugleich so bescheidenen wie konkreten Stufen bescheren mir eine kurze historische Epiphanie. Vor auf den Tag genau vierhundertundvierzig Jahren, am 22. Juni 1580, kam Montaigne diese Stufen herunter, um sich auf sein Pferd zu schwingen und nach Rom aufzubrechen. In einigen Stunden werde ich das Gleiche tun und der Route folgen, die der Philosoph in seinem *Reisetagebuch* festgehalten hat. Ich höre meine Stute auf den Pflastersteinen des Hofes mit den Hufen scharren.

Währenddessen begutachte ich das einzige Objekt, das von dieser eineinhalbjährigen Expedition quer durch Europa auf uns gekommen ist: den Reisekoffer. Ich bewundere seine Leichtigkeit: aus genageltem Holz, schmucklos, mit einem einfachen Vorhängeschloss versehen. Er ist offensichtlich dafür gemacht, den Rücken des Maultiers, das ihn tragen muss, nicht zu sehr zu belasten. Mit solchen logistischen Sorgen kann ich nur sympathisieren. Seit mehr als sechs Monaten sammle ich methodisch meine Ausrüstung zusammen. Anders als Montaigne, der mit einem Gefolge von vier Edelmännern und einem Dutzend Dienern unterwegs war, mache ich mich alleine und mit nur einem Pferd auf den Weg. Was ein Pferd auslaugt, ist nicht die Distanz, sondern das Gewicht: Deshalb wandern die meisten Reiter mit einem Saumpferd, dessen Sattel- und Zaumzeug speziell für die Befestigung von Satteltaschen ausgelegt ist. Manch Wagemutige haben sich auch für die »turkmenische Technik« ausgesprochen, bei der Reiter und Gepäck auf ein Pferd gestapelt werden, während das andere mit bloßem Rücken spaziert, bei jeder Etappe wird abgewechselt. Mit solchen Arrangements lassen sich weite Strecken in einem guten Rhythmus zurücklegen. Ich hingegen habe mich für eine einzige Stute entschieden, zunächst aus Gründen der Einfachheit, aber auch um der Ästhetik willen. Mit einer Laufleine in der Hand hätte ich mich nicht vollständig als Reiter gefühlt. Ich will den Horizont betrachten und mich nicht ständig umdrehen, um nachzusehen, ob alle da sind. Ich will ein Kentaure sein und nicht der Anführer einer Herde. Ein geschmeidiger und agiler Kentaure, der sich durch wunderliche Pfade schlängeln, plötzlich vor einer unbekannten Blume anhalten und im Galopp über ein Feld jagen kann; ein übermütiges und vergängliches Wesen, immer bereit, sich davonzumachen. Rühmt nicht Montaigne auch die »Wissenschaft von der Flucht« (*Essais* I,12), die allen Reitern gemein ist? Pferde sind Beutetiere und Reiter sind Grobiane. Sie müssen immer bereit sein, sich aus dem Staub zu machen.

Diese kentaurischen Phantasien haben einen Preis. Ich musste mein Gepäck auf ein Minimum beschränken. In Taschen im vorderen Teil des Sattels eine Trinkflasche und meine Karten. In den zwei Satteltaschen, hinter meinen Beinen, die Ausrüstung: für das Pferd Führstrick, Putzzeug, Medikamente und Hufschmiedewerkzeug; für den Reiter Campingkocher, Plane, Nähzeug und Aktenmappe (sowie eine Bluetooth-Tastatur, die zu den überlebenswichtigen Dingen für einen Schriftsteller des 21. Jahrhunderts zählt). Der jeden Morgen wieder zusammengerollte Mantelsack hinten auf dem Sattel enthält meine persönlichen Sachen: Zelt (ein skandinavischer Sarkophag von 600 Gramm), Schlafsack, Wäsche (zwei T-Shirts, eine

Leinenhose, zwei Schichten gegen die Kälte und Regenkleidung). Geradezu obsessiv habe ich um jedes Gramm Gepäck gekämpft: Meine Steigbügel sind aus Karbon und meine Unterhosen aus Merinowolle, ich trage eine ultraflache Uhr und einen ultrageschmeidigen Hut (den berühmten australischen Barmah), ich habe vor dem Antritt der Reise sogar fünf Kilo abgenommen, ein Vorgeschmack der mir bevorstehenden Abmagerung. Doubletten wurden gnadenlos ausgemustert: Die Stute und ich teilen sich einen Verbandskasten (ein Thermometer für zwei; nach Gebrauch gut desinfizieren); das Trensengebiss, dessen Teile beweglich sind, verwandelt sich bei Bedarf in ein Halfter; alle meine elektronischen Geräte sind mit dem gleichen USB-C-Ausgang ausgestattet, um nur ein Kabel zu brauchen. Für die Abende der Etappen habe ich mir selbst nur einen überflüssigen Gegenstand zugestanden, die einzige sichtbare Spur meines einstigen Snobismus: Furlanen, jene venezianischen Schuhe aus Samt mit Gummisohle, das Modell Modigliani, in einer Farbe namens *viola anarchico*. Ich konnte nicht so weit resignieren, die alten Campingplatzsandalen anzuziehen, die noch den erfahrensten Wandersmann in einen deutschen Touristen verwandeln.

Ich bitte darum, den Koffer zu öffnen. Werde ich dort ein paar alte Münzen finden? Oder die verschollenen Passagen aus Montaignes *Reisetagebuch*, von seiner Abreise bis nach Meaux? Nix da: Majestätisch lagern dort ein Staubsauger und verschiedene Putzmittel. So erfüllt der Koffer noch heute eine essenzielle häusliche Aufgabe. Ist das nicht die beste Ehrerbietung, die man einem Philosophen erweisen kann, der immer ein Feind gravitätischer und pedantischer Geister gewesen ist, wie jene es sind, die heute Tagungen zu seinen Ehren veranstalten und seine Gebeine exhumieren? Der- oder diejenige, auf die diese großartige haushälterische Entscheidung zurückgeht, besitzt nicht wenig Urteilsvermögen: Der Koffer steht genau in der Mitte des Turms. Es ist der bequemste Ort, wann immer man ein bestimmtes Putzmittel braucht. Zudem gibt es in diesem nackten Gemäuer keine Regale: Montaigne kam nur zum Schreiben hierher und brauchte keine Schränke. Vielleicht deponierte auch er Decken oder Käsereste in seinem alten Koffer? Wie dem auch sei, diese Operation der Entzauberung gefällt mir ganz ausgezeichnet. Die großen Autoren sind menschliche Wesen wie alle andren auch. Man kann sie ohne Scheu als Gefährten mitnehmen und sich freimütig mit ihnen unterhalten, so wie es Montaigne mit den Denkern der Antike getan hat.

Oben im Turm befindet sich die Bibliothek mit den runden Mauern. Montaigne, der hier die hellsichtigsten seiner Tage verbrachte, musste beständig auf und ab gehen, da er fürchtete, dass seine »Gedanken einschlafen, sobald sie sich setzen« (*Essais* III,3). Von seinen Fenstern aus kann er nach allen Seiten hin die Vorgänge in seiner Haushaltung beobachten, während er selbst verborgen bleibt. Nur wenige Schritte von den Seinen entfernt ist er genauso einsam wie Rousseau auf seiner Insel. Montaigne ist kein Misanthrop, er nimmt gerne am Spiel der Gesellschaft und der Politik seiner Zeit teil; während seines Aufenthalts in Rom wird er zum Bürgermeister von Bordeaux ernannt, was seine Rückreise deutlich beschleunigt. Aber er ist ein Einzelgänger, der die Geselligkeit nur genießen kann, wenn er jederzeit die Möglichkeit hat, sich zurückzuziehen. »Elend ist in meinen Augen derjenige dran, der in seinem Haus keinen Ort hat, um bei sich zu sein, sich ganz mit sich zu beschäftigen oder sich zu verstecken« (*Essais* III,3). Das ist die Funktion seines Turms: »diesen einen Ort der ehelichen, väterlichen und bürgerlichen Gemeinschaft zu entziehen« (*Essais* III,3). Das ist zu großen Teilen auch das Ziel seiner Reise: auf Distanz zur »Rotte geringer Übel« und zu den »Dornen der Häuslichkeit«

(*Essais* III,9) zu gehen. Im Grunde genommen hat Montaigne nicht die Absicht, seinen Turm zu verlassen: Er will ihn vielmehr mitnehmen. Immer noch weiter, immer noch einsamer. Er bereitet sich darauf vor, quer durch Europa einer Unzahl von Leuten zu begegnen: den Bauern, deren diskrete Weisheit er immer geschätzt hat, den Priestern, bei denen er sich Aufschluss über die Triebfedern der Religionskriege erhofft, den Herren seines Ranges, die ihn ziemlich oft zum Essen einladen werden; er sucht indes keinerlei Freundschaft, da er die einzige, die ihm wichtig war, schon Jahre zuvor verloren hat. Er mischt sich überall dazu, aber hängt von niemandem ab.

Weit davon entfernt, nur eine Laune zu sein, stellt dieser Solipsismus ein philosophisches Projekt dar, das sich in dem langen inneren Monolog der *Essais* niederschlagen wird. »Das größte auf der Welt«, schreibt er dort, »ist die Fähigkeit, bei sich zu sein. Es ist an der Zeit, uns von der Gesellschaft loszulösen« (*Essais* I,39). Er ist kein Einsiedler, sondern ein weltläufiger Mann, der zugleich anwesend, höflich ist, aber sich auch ohne Vorwarnung in sein persönliches »Hinterstübchen« (*Essais* I,39) flüchten kann, wenn ihn die Unterhaltung langweilt oder ihm die Gruppe nicht gefällt. Das ist das stoische Rezept fürs Glück: sich materiell, intellektuell, emotional selbst genügen. Es ist zudem eine Form des politischen Widerstandes, mit der sich auch Stefan Zweig behalf, als er in seinem eigenen brasilianischen Turm, im Exil, eine Biographie Montaignes schrieb: Es geht darum, auch »in solchen Zeiten der Herdentollheit seinem innersten Ich treu zu bleiben«.

Sein eigener Herr werden. Das klingt nach etwas für mich.

Aus dem Fenster des Turms bemerke ich eine Familie, die im Park herumspaziert. Vor einigen Tagen habe ich Urlaub von meiner genommen, für die ich zweifellos stärkere Gefühle hege als Montaigne für seine. Niemals erwähnt er seine Frau, seine Kinder nur sehr selten, und wenn, dann nur, um mitzuteilen, dass er sich nicht mehr erinnert, wie viele genau von ihnen in zartem Alter gestorben sind. Ich für meinen Teil hatte überhaupt keine Lust, vor den Dornen der Häuslichkeit zu fliehen, deren zarter Kitzel mir sehr lieb ist. Vielleicht macht das den Ruf der Autonomie, als eine Form der Pflicht sich selbst gegenüber, noch reiner. Ich werde nicht der einfachen und wehleidigen Versuchung des Mangels erliegen. Ich werde mich in mir selbst festigen. Um ein guter Ehemann, ein guter Vater, ein guter Staatsbürger zu sein, muss man sich auch Zwischenzeiten schaffen können, Atempausen, in denen man sich plötzlich »losgelöst« findet, wie Montaigne schreibt; losgelöst von Routinen, von Verpflichtungen und auch von Gefühlen. Losgelöst und nackt.

Am Fuße des Turms erwarten mich etwa zwanzig Neugierige, die der Bürgermeister eingeladen hat. Man hält mir ein Mikro hin, ich nehme es. Es ist mir wohl bewusst, dass es im besten Falle den Hochstapler enthüllt, im schlimmsten aber die Vorsehung beleidigt, eine Rede über eine Reise zu halten, deren ersten Kilometer man noch nicht bewältigt hat. Aber ich kann nicht widerstehen. Wörter aneinanderzureihen, sei es vor einem Bildschirm oder auf einem Podium, ist eine Form der Bulimie. Ich ziere mich nicht: Ich kann vor egal wem über egal was reden. Wenn ich im Sattel sitze, spreche ich von der Höhe meiner Stute herab vor mich hin; ideale Zuhörerschaft, die niemals unterbricht. Es genügt, einfach die Sätze dahinrollen zu lassen, ein Abszess, der niemals zu eitern aufhört. Heute also, das ist klar, soll es um den europäischen Humanismus, die Reise und Pferde gehen. Solange noch ein Zuhörer auf den Beinen ist, werde ich weitermachen.

Man fragt mich: warum diese Reise? Auf eine einfache Frage ist unmöglich zu antworten. Ich druckse herum. Ich klammere mich an Montaigne. Ein »Temperament, das begierig auf neue und unbekannte Dinge ist« (*Essais* III,9), klar. Aber diese Neugier ließe sich doch auch durch ein klassischeres Transportmittel vollauf befriedigen. »Der andere Grund«, erklärt Montaigne, »warum mir diese Reisen und Spaziergänge so zusagen, liegt in der Abweichung von unseren gegenwärtigen Sitten« (*Essais* III,9). Am Ende des 16. Jahrhunderts wird Frankreich von Pestepidemien und Bürgerkrieg gegeißelt. Montaigne mag sein prüdes, behäbiges, gewalttätiges Zeitalter nicht. Wie Alain Finkielkraut es 2020 tat, glaubt er, dass früher alles besser war. Das Jahrhundert ist »verdorben« (*Essais* III,2). Will Montaigne ihm entkommen? Ja: Bewegung schüttelt die Melancholie ab. Und nein: Er wirft sich dem Ungeheuer in den Rachen, liefert sich den Launen der Wirte aus, dem Tratsch der Badeorte, den Anwandlungen lokaler Machthaber. Montaigne, unerbittlich klarsichtig, wenn auch unaufhaltsam neugierig, ist für sich selbst mehrdeutig. Mit siebenundvierzig Jahren hat er gerade die erste Ausgabe seiner *Essais* herausgebracht, und der Ehrgeiz in ihm macht der Melancholie den Platz streitig. Sein Fazit: »Ich weiß genau, wovor ich fliehe, aber nicht, wonach ich suche« (*Essais* III,9).

Flieht er im Grunde nicht vor seinen eigenen Unsicherheiten und versucht, ohne wirklich daran zu glauben, festen Boden unter den Füßen zu finden? Eine wundersame Genesung in den deutschen Heilbädern, eine mystische Offenbarung in den italienischen Kirchen oder, etwas prosaischer, einen Posten als Botschafter am Heiligen Stuhl, wie manche Historiker betonten?

Und sucht er nicht jene unbestimmbare Chimäre, die Freiheit?

Während die Reise mit dem Zug oder dem Auto für gewöhnlich nahelegt, dass man sich irgendwohin begeben will, bedeutet der Aufbruch zu Pferde immer eine Form der Flucht. Wie Rimbaud 1881 an seine Familie schrieb: »Ich werde ein Pferd kaufen und mich davonmachen.« Wohin? Egal. Wichtig ist, loszugehen, sich davonzumachen.

Wovor fliehe ich meinerseits? Vor der unentrinnbaren Brandung der Pandemie unserer Zeit, Covid-19, indem ich zwischen zwei Wellen des Virus hindurchgleite. Vor der öffentlichen Debatte, immergleich und ausweglos, aus der die Freiheiten des Individuums selten als Sieger hervorgehen. Die Überempfindlichkeit der Pariser Szene, die noch die feinsten Geister in Stammesoberhäupter verwandelt. Und vor allem, in einer etwas konfusen, aber entschlossenen Art und Weise, fliehe ich vor einer übernormierten Gesellschaft, in der der Bürger von tausend Verordnungen und der Kunde von tausend Algorithmen eingeengt wird, in der Äußerungen kontrolliert und Verhaltensweisen manipuliert werden. Ich habe das Gefühl, dass die Reise zu Pferde diese übergut geölte Kontrollmaschine verwirren und ein unüberwindbares Zufallsmoment einführen wird. Ich möchte prüfen, was Montaigne behauptet: »Nichts Edles gelingt ohne Zufall« (*Essais* I,24).

Auf die Idee dieser Reise bin ich nämlich im Zuge meiner vorherigen Expedition gekommen, die sich mit Künstlicher Intelligenz (KI) beschäftigte und mich, diesmal im Flugzeug, einmal rund um die Welt führte, vom progressiven Kalifornien bis ins kommunistische China. Ich erinnere mich an ein Gespräch, das ich im Silicon Valley mit einem Unternehmer auf dem Gebiet autonomer Fahrzeuge führte. Ich hielt ihm entgegen, dass es in der *smart city* seiner Träume, in der alle Fahrzeuge miteinander vernetzt sind, nicht mehr möglich wäre, offline zu fahren, ohne im Vorhinein sein Ziel und seine Identität preiszugeben. Jedes nicht-autonome Fahrzeug würde nämlich zu Staus und Unfällen führen; die Staatsgewalt hätte keine andere Wahl, als ihren Gebrauch zu verbieten. »Na und?«, hatte er mir geantwortet, »heute gibt es in den Städten auch keine Pferde mehr. Das ist der Fortschritt.« Da dachte ich mir: Top, die Wette gilt! Zunächst einmal gibt es natürlich noch Pferde in den Städten: die Ehrengarde, die Polizei, Kutschen für Touristen und gar einige Reitsportzentren. Die historischen Stadtzentren sind nach wie vor um das Pferd herum gebaut: Die Breite der Straßen, die Form der Toreinfahrten oder die Architektur der alten Ställe (die Londoner *mews*) sind gleichermaßen eine Hommage an unsere älteste Eroberung. Auf meinem Weg fand ich immer wieder die alten Ringe zum Anbinden der Pferde und gab ihnen kurz das Leben zurück, vom einfachen Haken auf einem Dorfplatz bis zum prachtvollen schmiedeeisernen Drachen, der die Mauern eines Florentiner Palazzo schmückt. Ist das nicht eine gute Gelegenheit, um zu zeigen, dass die Zukunft nicht die Vergangenheit abschaffen soll, sondern dass vielmehr die Moderne fähig sein muss, mit der Geschichte, aus der sie hervorgegangen ist, zu koexistieren?

Mein Essay über die KI lief auf »das Ende des Individuums« hinaus, ferngesteuert von Techniken der Überwachung und Antizipation, die ihm jegliche eigentliche Persönlichkeit vorenthalten. Jetzt wird mir bewusst, dass diese Reise zu Pferd das genaue Gegenteil der KI darstellt. Sie ist nicht vorhersehbar, nicht programmierbar, nicht digitalisierbar: Versuchen Sie mal, Pferd/Montaigne/Etappen zu googeln! Was ich finden will, ist genau das, was man von einer Suchmaschine nicht erwarten kann: unerwartete Umwege, undenkbare Begegnungen, unangebrachte Gedanken. Ein mildes Chaos, das sich unbemerkt auf den Plätzen unserer Dörfer, an den Rändern unserer Landstraßen, auf den Terrassen unserer Cafés aussät. Und am Ende dieses Ritts, Phantasie und Impromptu, die Renaissance des unvergleichlichen und einzigartigen Individuums?

Während ich so vor mich hin philosophiere, werfe ich unruhige Seitenblicke auf meine Stute, die nervös im Schlosshof herumwandert. Sie ist an einem Strick festgemacht, der zwischen zwei Bäumen hängt, und geht übellaunig auf und ab; in Anbetracht des Anfängerniveaus meiner Knoten gebe ich acht, dass sie sich nicht in der Longe verfängt (die Longe, eine lange Leine, könnte sich um den Hals verheddern und sie strangulieren). Ihre lange Anreise aus der Normandie im Pferdetransportwagen hat einige Schrammen und eine dumpfe Unruhe hinterlassen. Sie spürt, dass man einen ziemlichen Anschlag auf sie vorbereitet: zweitausendfünfhundert Kilometer über Asphalt und Kies, über schattenlose Ebenen und unbarmherzige Höhenmeter bergan, unter Sommerhitze, kaltem Regen, Unwettern. Alle meine Theorien über die wiedergefundene Freiheit hängen am seidenen Faden eines zu lebhaften Sprungs, einer unglücklichen Verletzung, eines unvorhersehbaren Ausreißers, einer plötzlichen Niedergeschlagenheit: Schon oft hat man Pferde gesehen, die sich plötzlich aus Überdruss weigerten weiterzugehen. Ich breche auf, ohne die Garantie zu haben anzukommen; in meinem Innersten halte ich es, aller enthusiastischer Reden zum Trotz, für unwahrscheinlich, gesund und munter bis nach Rom zu gelangen. Genau darin liegt aber der ganze Reiz dieser Reise. Die verräterische und ungewisse Wirklichkeit zwingt sich dem reinen Gedanken auf.

Ich sehe, wie meine Stute mit dem Huf über den Boden scharrt. Es ist ein Zeichen von Ungeduld, das sie sich angewöhnt hat und in dem ich ihre spanische Herkunft wiedererkenne. Destinada ist sechs Jahre alt, hat ein graues Fell mit etwas weinrotem Schimmer, kohlschwarze Augen und einen schicksalsträchtigen Namen, der, ich schwöre es, nicht auf dichterische Freiheit zurückgeht. Wie viele spanische Pferde »dreht« sie, das bedeutet, dass sich ihre Knie nach außen beugen, besonders im Trab. Es könnte scheinen, als wäre das ein Makel. Ich würde vielmehr sagen, dass sie tanzt; ihre schlanken und zierlichen Unterschenkel erscheinen mehr für die Figuren der Hohen Schule gemacht als für die Härten des Wanderreitens, und ihr so feines Gesicht lässt mich an das steife Lächeln einer Ballerina denken. Sie besitzt genauso wenig Erfahrung wie ich, sie ist letztes Jahr zugeritten worden. Wir kennen uns erst seit sechs Monaten. An diesem allerersten Morgen habe ich ein wenig das Gefühl, als würden wir nach einer arrangierten Hochzeit in die Flitterwochen aufbrechen. Werden wir uns etwas zu sagen haben? Werden wir uns bis zum Ende aushalten? Sicherheit gibt mir zumindest ein grundlegender Charakterzug: die Gemütsruhe. Nichts macht Destinada Angst, weder Fasane noch Lastwagen, weder Abdeckplanen noch Hundegebell. Sie ist lebhaft, aber unsensibel. Oft sieht man Reiter, die versuchen, ihr Pferd durch Liebkosungen oder gute Worte zu beruhigen, die meiste Zeit vergeblich. In unserer Beziehung wird es eher umgekehrt sein. In den schlimmsten Momenten konnte ich darauf zählen, dass sie mir Zuversicht gibt.

Bevor wir uns auf den Weg machen, muss ich noch Alice und Antoine auf Wiedersehen sagen. Ich schließe sie in die Arme. Keiner von uns ist auf übermäßige Gefühlsergüsse aus; einige unerhebliche Worte auf einem Parkplatz, und weg sind sie. Genau in diesem Moment, als ihr Auto hinter einer Kurve verschwindet, beginnt mein Schicksal als einsamer Reiter wirklich. Bis hierher hatte ich immer einen Schutzengel. Als Destinada plötzlich widerspenstig wurde, mich nicht aufsteigen ließ und ich mich im strömenden Regen schluchzend in einem Hohlweg wiederfand, unfähig, in den Sattel zu kommen, kam Antoine, um mich aus der Affäre zu ziehen. Als ich meine Zügel anfertigen musste, lieh mir Alice die besten Sattlerwerkzeuge und leitete mich geduldig an. Von nun an kann ich nur noch auf mich selbst zählen. Ich werde die ganze Tragweite einer Redensart ermessen können, die mir auf etwas heuchlerische Weise sehr lieb ist, mir, der nie in seiner Existenz größere Schwierigkeiten kennengelernt hat: »Hilf dir selbst, so hilft dir Gott.« Nicht zuletzt, da sich La Fontaine als Illustration dieser Moral einen im Schlamm festgefahrenen Fuhrmann dachte, der auf seine Pferde schimpft. Das ist gewiss kein Zufall. Man fühlt sich doppelt ohnmächtig mit einem Tier an seiner Seite, das unsere Verantwortlichkeit beansprucht und das Gefühl des Notfalls zuspitzt. Aller Panik zum Trotz muss man sich an die Vorgehensweisen halten, die so oft wiederholten Handlungen ruhig durchführen und dabei das Gehupe, den Regen und die Müdigkeit ausblenden. Das macht der Fuhrmann.

»Herakles seid gelobt!
Darauf die Stimme: Du siehst,
so schnell sind deine Pferde wieder flott.
Hilf dir selbst, so hilft dir Gott.«

Alice und Antoine waren für fast ein Jahr meine Trainer. In La Pommeraye, mitten in den Hügeln des Calvados, haben sie einen Stall entworfen und eigenhändig gebaut, von den Erdarbeiten bis zu den Türknäufen. Durch eine lange Verkettung von Freundschaften bin ich mit ihnen in Kontakt gekommen. Antoine hat mich im Laufe des letzten Sommers als Erster empfangen. Er hatte zwei Stühle in den Gang gestellt, der an den Pferdeboxen entlangführt, und so gegenübersitzend haben wir mehrere Stunden diskutiert, in jenem gedämpften Licht, durch das der Strohstaub tanzt. Von allen Redewettbewerben, Einstellungsgesprächen und Interviews, die ich bisher durchgemacht habe, war diese Sitzung die härteste. Alles war gegen mich: Ich war angezogen wie ein Städter, meine Rede war schwülstig, meine Erfahrung war null (ich ritt sehr wenig und nur auf dem Reitplatz), und das Projekt war zugleich maßlos ehrgeizig und total unklar. Die Unternehmung war für meine Verhältnisse kolossal: Hätte ich für mich allein improvisiert und Ratschläge aus dem Internet zusammengeklaubt, ohne mich ernsthaft vorzubereiten, wäre ich zum Scheitern verurteilt gewesen. Die Feuerwehr rettet für gewöhnlich schon nach wenigen Tagen die Phantasten, die eines Morgens mit dem Entschluss aufstehen, zu Pferde aufzubrechen.

Als Antoine mich fragte, was mir am Reiten gefalle, antwortete ich ihm, weil mir nichts Besseres einfiel: die Verschmelzung mit dem Tier. Da meinte ich schon klar zu sehen, dass mein Schicksal besiegelt ist.

Mit etwas Abstand glaube ich inzwischen, dass meine Naivität mich gerettet hat. Antoine ist ein Spieler. Eine solche Herausforderung konnte ihn nur reizen. Während er zustimmte, meine Ausbildung und die Wahl des Pferdes zu übernehmen, musste ihm die Perspektive sicherlich sehr amüsant vorkommen, einen urbanen Philosophen in einen Bauern zu verwandeln, der mit beiden Füßen im Matsch steht. Ich schreibe »Bauer« mit dem größten Respekt, denn so bezeichneten sich all die Landwirte selbst, die mich auf meinem Weg beherbergt haben. Was die Füße im Matsch angeht, so waren sie Teil des Initiationsrituals. Am ersten Tag meines Trainings kam ich mit hübschen Lederstiefeletten an, Antoine sah mich und schickte mich sofort auf eine schlammige Wiese, um ein Pferd zu suchen; mit dem Ergebnis, dass ich mir am zweiten Tag Wanderschuhe zulegte, die mich seither begleiten.

Das war der Anfang einer langen Reihe von Prüfungen: ein Feuer im Regen anzünden, essbare Pflanzen erkennen (ich habe mich mit Venusnabel vollgefressen wie ein grasendes Pferd), verschiedene Knoten lernen, um einen Strick zu straffen und ein Pferd anzubinden, eine Schnalle vernähen oder einen Gurt herstellen, einen Dreifuß aus Haselnussästen basteln, ein Hufeisen lösen und wieder anbringen, eine Landschaft aus einer Karte herauslesen, eine intramuskuläre Spritze setzen, Furten über Bäche finden, Weidezäune öffnen, ohne vom Pferd abzusteigen, im Winter nur mit einer einfachen Plane ausgerüstet im Wald schlafen. Und natürlich gehen, gehen, gehen, mit oder ohne Pferd, bei jedem Wetter, auf kaum sichtbaren Pfaden ebenso wie im Industriegebiet von Caen. Ich habe all meine Pfadfinderabzeichen im Schnelldurchlauf erworben. Als letzte Übung vor dem großen Aufbruch habe ich mit Destinada einen kleinen fünftägigen Ausflug ans Meer, in die Gegend von Arromanches, gemacht. Endpunkt war das gewaltige Lothringerkreuz an dem Ort, an dem General de Gaulle im Juni 1944 wieder einen Fuß auf französischen Boden setzte. Er kam an, wir brechen auf.

Gewiss, ich habe viel gelernt. Dem Beispiel Montaignes folgend habe ich keine Ahnung von »den gröbsten Grundlagen der Landwirtschaft« (*Essais* II,17). Ich musste Nachhilfeunterricht mit Spezialgebiet Pferd nehmen. Ich habe Handgriffe, Techniken und sogar das spezielle Vokabular studiert. Nagelziehzange, Beschlaghammer und Kantenzieher erlauben mir, neue Metaphern zu spinnen, so wie auch Montaigne selbst nie zögerte, Wörter zu erfinden; er lebte in einer Epoche sprachlicher Üppigkeit, es gab noch keine Académie française, die den Gebrauch des Französischen zurechtstutzte. Zudem bin ich inzwischen durchdrungen von einer Art Gleichmütigkeit gegenüber feindlichen Gegebenheiten: Wenn ein gefallener Baum einen Weg versperrt und einen Umweg von zwei Stunden nötig macht, behält man besser die Nerven. Oder wie die Normannen sagen, man wird ja nicht die Ratte in die Fischbrühe werfen: Man kann sich nicht über alles Sorgen machen.

Ich habe viel gelernt, aber ich habe auch viel verlernt, und das ist noch schwieriger. Ich musste bestimmte Lektionen, Gewohnheiten, Verhaltensweisen hinterfragen, und während ich sie abstreifte wie alte Klamotten, musste ich mit Überraschung feststellen, wie stark sie an meiner Haut klebten. Das ist der Sinn des Ratschlags von Montaigne, dessen *Essais* ich bei der Rückkehr von meinen Wanderungen mit Eifer las: »Wir müssen dümmer werden, um klüger zu werden« (*Essais* II,12).

Das augenfälligste Beispiel ist das Reiten selbst. Als ich das erste Mal vor Antoine in den Sattel stieg, beobachtete er mich eine gute Viertelstunde und fragte mich dann: »Was hast du gehört?« Äh, nix. Die gedämpften Schläge der Hufe auf dem Sand des Reitplatzes und das Knirschen des Leders, zweifellos. Dabei hatte ich das gar nicht wirklich gehört, sondern nur aus vergangenen Erfahrungen darauf geschlossen. »Du hast nicht den Gesang der Turteltaube gehört, nicht das Geräusch des Windes in den Weißdornbüschen, das Wiehern der Pferde auf der Weide, den vorbeifahrenden Lastwagen in der Ferne?« Äh, nein. Ich habe mich auf die Benutzung der Hilfen konzentriert, habe das Maul meines armen Reittiers eingeschnitten, damit es stehen bleibt, habe meine Beine um seine Flanken gedrückt, als wollte ich es in die Zange nehmen. Das hat man mir als Jugendlicher so beigebracht, als ich in einem Klub geritten bin. Das hat man mir noch einmal erzählt, als ich vor einigen Jahren Unterrichtsstunden in Dressurreiten genommen habe. Die deutsche Methode: totale Kontrolle. Doppelte Zügel und Sporen. Der Reiter wird zum Fitnesstrainer, der die Position jedes Muskels korrigiert, um eine perfekte Bewegung zu erzielen. Was kann es in einem Fitnessstudio schon zu »hören« geben?

»Du musst darüber hinweg arbeiten«, sagt mir Antoine, »aufmerksam auf deine Umgebung sein.« Was? Keine Ratschläge zur Leichtigkeit meiner Hand, der Haltung meines Beins, der Tiefe meines Sitzes? In diesem Moment öffneten sich zwei Wege vor mir. Entweder, wie es mein erster Reflex gewesen war, davon ausgehen, dass ich es mit einem Schwärmer zu tun habe, und höflich nicken. Oder ihn ernst nehmen und dem Geräusch des Windes zuhören. Die ganze Erfahrung, die ich im Laufe meiner siebenunddreißigjährigen Existenz zusammengetragen hatte, legte mir den ersten Weg nahe, er war klar, übersichtlich, vertraut. Mit noch ein paar weißen Haaren mehr, jenseits der vierzig vielleicht, hätte ich den ersten Weg wohl ohne zu zögern eingeschlagen. Aber zum Glück habe ich noch ein kleines bisschen Kindheit übrig und entscheide mich dafür, den anderen Weg zu wählen, diesen schmalen, fremden Pfad, dessen Verlauf ich kaum erkenne und dessen Richtung mir unbekannt ist. Versprochen, ich werde die Ohren spitzen. Wirklich.

So kam es, dass ich Woche für Woche das Reiten verlernte und das Pferd kennenlernte. Meine Stute ist so gelenkig wie jede andre: Sie beherrscht das Schulterherein und die Pirouette. Sie übt sie ganz einfach auf den Wegen, wenn sie die Notwendigkeit dazu spürt, um auf einem rutschigen Straßenrand voranzukommen oder um auf einer engen Brücke kehrtzumachen. Was mich betrifft, so habe ich schlussendlich begriffen, welche Rolle ich spiele, und es ist die furchteinflößendste von allen: nichts tun. Fast nichts. Die ganze Schwierigkeit besteht in diesem »Fast«, so wie der Seemann, der die Segel gehisst hat, seinen Kurs setzt und das Ruder »fast« nicht mehr anrührt, oder wie der Dirigent, der sich auf das Schlagen des Taktes beschränkt, zu »fast« nichts mehr da ist. Wenn es einen steilen Kiesabhang hinuntergeht, die Zügel »fast« die ganze Zeit lang lassen und bereit sein, sie wieder anzuziehen, falls meine Stute strauchelt, um ihr zu helfen, ihr Gleichgewicht wieder zu finden. Wenn sie neben mir im Schritt geht, sie »fast« frei laufen lassen und nur aus dem Augenwinkel aufpassen, dass sie nicht in eine andere Richtung läuft. Sie beim Aufsteigen nicht zur Bewegungslosigkeit zwingen, sondern ihr einen »fast« nicht wahrnehmbaren Hinweis geben, einen leisen Pfiff etwa. Alles Gründe also, um Vladimir Jankélévitch recht zu geben, dem Philosophen-Dichter, über den ich mich während meiner Studienzeit so oft lustig gemacht hatte mit seinem »Ich-weiß-nicht-was« und seinem »Fast-nichts«. Ganz richtig sagte er: »Der zaghafte und flüchtige Schimmer, der blitzartige Moment, die Stille, die unklaren Zeichen – das ist die Form, in der die wichtigsten Dinge des Lebens sich zu offenbaren geruhen.«

Die Leidenschaft des Menschen, etwas zu beherrschen, spiegelt sich in unserer Beziehung zum Tier. Unsere ganze Kultur ist ein gigantisches Vermenschlichungsunternehmen. Was suchen Kinder, die ihren Teddybären umarmen, oder Erwachsene, die für den WWF spenden und einen Panda adoptieren, denn anderes als einen Spiegel ihrer selbst zum Kuscheln und Schmusen, armseliger Gefühlsersatz für orientierungslose Menschen? Entsprechend stellen auch Hundehotels, Katzenpsychoanalytiker und Haustierfriedhöfe jämmerliche Versuche dar, um das Tier in der schlimmsten Weise zu vermenschlichen. Das ist der Grund, warum mein denkerischer Lehrer Gilles Deleuze, gewiss etwas unvermittelt, in *Tausend Plateaus* schreiben konnte: »Hunde- und Katzenliebhaber sind Arschlöcher.« Sie respektieren die Tiere zu sehr und staffieren sie mit geläufigen Empfindungen aus. Man könnte die Pferde gut auf diese Liste setzen, die von Ponyklubs zu Plüschtieren und von Emiren zu Sammlerobjekten gemacht werden. Am Beginn meines Trainings stürzte auch ich wider Willen in diese kopflose Sentimentalität und fühlte mich gekränkt, wenn sich Destinada auf der Weide nicht einfangen ließ, oder geschmeichelt, wenn sie mir auf dem Reitplatz bei unserer Arbeit an der Hand folgte. Erkennt sie mich, schätzt sie mich, mag sie mich? Vergebliche und anstrengende Fragen. Sie-liebt-mich-sie-liebt-mich-nicht mit einer Stute zu spielen, kann nur zu Missverständnissen führen, die dem richtigen Gleichgewicht eines so eigentümlichen Paares schaden. Ich habe es deshalb nach und nach aufgegeben zu glauben, dass Destinada mich mag, wenn sie sich an mich reibt, um sich zu kratzen, dass sie mich versteht, wenn ich ein morgendliches Selbstgespräch an sie richte, oder dass sie mir wehtun will, wenn sie mir während der Mittagspause ungeschickt auf den Fuß steigt. Ich versorge sie mit Nahrung und Sicherheit; sie lässt mich auf ihren Rücken steigen. Das ist das grundlegende Tauschverhältnis unseres Bündnisses. Der Rest, diese mysteriöse und komplexe Kommunikation, auf die Montaigne mit seinem Hinweis auf die »Sprache der Tiere« (*Essais* II,12) anspielt, wird zu seiner Zeit kommen. Der erste Embryo einer Empfindung erscheint aber doch: Am Beginn eines Tages schnauben wir uns gegenseitig in die Nasen, ein Eskimokuss, und legen die Hälse zusammen. Des Weiteren erlaube ich mir einen bequemeren Spitznamen: »Desti«. Abgesehen davon mache ich mich im Zustand emotionaler *Tabula rasa* auf den Weg.

Ich fühle mich also ganz und gar nicht als Destis »Eigentümer«, auch wenn das ihr Ausweis fälschlicherweise behauptet. Ein Pferd gehört niemandem. Wenn Desti morgen in andere Hände übergeht, wird sie sich nicht die Bohne darum kümmern, sobald ihr eine Weide zu Gebote steht, aufmerksame Pflege und Futter. Wer sich eine exklusive Beziehung herbeiphantasiert, wie der Commandant Gardefort aus Paul Morands *Milady*, macht sich etwas vor. Solche Geschichten sind voll von menschlichen, allzu menschlichen Eifersüchteleien und enden übel. Denn es sind die Menschen, die sich tierisch binden, und die Tiere, die sich loslösen, sobald der Knoten der Laufleine nicht richtig gemacht oder die Koppel nicht richtig geschlossen ist. Das alles gereicht den Letzteren zur Ehre: Sie bleiben frei, frei von Verpflichtungen, frei von Vergangenheit und Zukunft. Soweit es mir die sozialen Konventionen erlauben, vermeide ich es seither, von »meiner« Stute zu sprechen. Ich werde mich nur umso besser um sie kümmern.

Oft genügt es, etwas zu verlernen, um Fortschritte zu machen. Bevor er mir beibrachte, ein Pferd zu beschlagen, fragte mich Antoine, ob ich einen Nagel einschlagen könne. Ich antwortete ihm, dass uns zu Hause die Reparaturen nach meinem letzten Versuch teuer zu stehen gekommen waren. Ich nahm mir also ein Übungsbrett und bekam eine einzige Anweisung: nicht daran denken. Den Hammer vom Nagelkopf zurückschnellen lassen, mit lockerem Handgelenk, ohne sich am Ziel festzuklammern. Man darf den Nagel nicht zwingen, sondern muss ihn begleiten. Und wirklich, er geht von ganz alleine rein, gerade und präzise.

Ebenso bat mich Alice, wenn Desti mir ihren Huf nicht überlassen wollte, die Sache ganz einfach mit mehr »Absicht« anzugehen. Anders gesagt, all die Vorsichtsmaßnahmen zu vergessen, die in Reitklubs gelehrt werden, und mich rückhaltlos meiner Handlung zuzuwenden. Bergson hat es nicht besser gesagt: Die Einheit einer Bewegung ist mehr als ihre abstrakte Dekomposition. Der Pfeil Zenons trifft sein Ziel, auch wenn die Mathematiker ihn gern daran hindern würden. Das ist die Kraft des Lebens gegen die Falle der Intellektualisierung. Anstatt mich zu bücken, die Sehne zu fassen, meine Schulter abzustützen und mich vergeblich abzumühen, genügt es, meinen Willen voll und ganz auszuüben. Man sollte glauben, dass Desti eine Bergson-Schülerin ist: Von diesem Tag an habe ich nie wieder Schwierigkeiten beim Säubern der Hufe gehabt.

Die Mühe, die ich mir beim Verlernen machte, blieb nicht auf die Reitkunst beschränkt. Sie hat sich auch auf menschliche Wesen ausgeweitet. Ich bin den Lesern ein Geständnis schuldig, denn ich habe mich entschlossen, ihnen keinen meiner Fehler zu verheimlichen: Wie Montaigne »breite ich mich vollständig aus« (*Essais* II,6). Ich bin ein Snob. Ich liebe alles, was über meine Möglichkeiten geht: Rokokopaläste, Leinenanzüge, englische Klubs. Das Abtauchen in den Mikrokosmos von La Pommeraye, neunundfünfzig Einwohner, stellte also ein heilsames Dekompressionsventil dar, bevor ich Frankreich von Bauernhof zu Bauernhof durchqueren sollte. Versuchen Sie erst gar nicht, das Dorf auf Google Maps zu finden, Sie werden zum gleichnamigen Ort im Département Maine-et-Loire umgeleitet werden; dort landen regelmäßig Besucher, die zu sehr auf ihr Navi vertrauen. Versuchen Sie auch gar nicht erst, den Ortskern zu finden: Die Kirche aus Schiefer ragt einsam inmitten des Weidelandes auf, und die Häuser liegen verstreut in den Falten der umgebenden Hügel, die typisch für diese zuweilen »normannische Schweiz« genannte Region sind. La Pommeraye, oft in Nebel gehüllt, versteckt sich, damit niemand seinen Wundern den Reiz nimmt: eine mittelalterliche Schlossruine, ideal für den Galopp unter Bougainville hindurch; ein anderes Schloss im Zustand der Dauerrenovierung, das »der Russe« gekauft hat, ein rätselhafter Millionär, der in uns Mujiks Befürchtungen und Sarkasmus aufsteigen lässt. Aber die eigentlichen Herren des Ortes finden sich woanders: Die normannischen Kühe grasen zwischen den Inseln aus Bebauung, ebenso heilig wie ihre indischen Artgenossen und zahlreicher als die Menschen.

So ruhig und friedlich es auch scheinen mag, ist La Pommeraye der Schauplatz der modernen Revolution. Der Ort ist weit genug von Caen entfernt, um nicht vollständig von Pendlern erobert zu werden, er ist zu fest in der Tiefe des Bocage eingesessen, um von der ländlichen Flurbereinigung verwüstet zu werden, er ist zu gut in das Schulbusnetz integriert, um junge Familien abzuschrecken, und so unterhält er das subtile Gleichgewicht zwischen traditionellen Landwirten, aus den Städten geflüchteten Ökos und kleinen Unternehmern, die das lokale Dienstleistungsgewerbe erneuern, von der Crêperie über das Luxusspa bis zum Pferdespektakel. Alice und Antoine bilden eine Schnittmenge dieser drei Gruppen und sichern so die Verbindung. Ganz sanft und ohne Lärm zu machen, gerät La Pommeraye auf die Seite der Permakultur, der Niedrigenergiebauweise, der kurzen Wege. Während meines Trainings habe ich bei einem Putsch mitgeholfen, der von Meisterhand geführt wurde. Der Bürgermeister, wie so oft der Großbauer von nebenan, musste sich bei den Kommunalwahlen der Liste der »Jungen« beugen. Was wollen »die Jungen«? Begrünte Bushaltestellen, gemeinschaftliche Gemüsegärten, lokale Energiequellen, in ihren wildesten Träumen, am Abend bei einer Flache Calvados, sogar eine Regionalwährung. Was wollen sie nicht? Programme von Immobilienentwicklern, Anweisungen von Pariser Bürokraten, Massentierhaltung. La Pommeraye ist ganz gewiss keine *zone à défendre* (ZAD), also kein besetztes Gebiet. Die Einwohner arbeiten hart, kennen die Realitäten des Landlebens, greifen technologische Neuerungen auf und wachen über ihre Parzelle Grund. Ihre Solidarität beruht auf dem Austausch, nicht auf der Kollektivierung. Eines Tages würde ich gerne das Manifest der Freien Kommune La Pommeraye schreiben. Lang lebe die FKP!

Das bedeutet, dass in der Freien Kommune La Pommeraye niemand buchstabengenau die Gesetze der Republik Frankreich befolgt, diese theoretischen Konstrukte aus Paris, die weder die Realitäten eines Terrains noch die Notwendigkeiten des Lebens berücksichtigen. Oder vielmehr, jeder schlüpft in die Zwischenräume. In einem überreglementierten Land ist das überlebenswichtig: einen Spalt finden und sich dort diskret zusammenrollen. Schon Montaigne beklagte sich darüber, dass »wir in Frankreich mehr Gesetze haben als der Rest der Welt zusammen« (*Essais* III,13). Seit dem 16. Jahrhundert hat sich die Situation nicht verbessert, wenn man dem Conseil d'État glaubt, der regelmäßig die »legislative Logorrhö« anprangert, einen Faktor von Rechtsunsicherheit und Ressentiment. Während also jeder, dem Sprichwort gemäß, das Gesetz zu kennen hat, kann es heute kein Mensch mehr in seiner Gesamtheit erfassen, nicht jene, die es erlassen, und noch viel weniger jene, die ihm unterworfen sind. Die Bürger werden von verschiedenen Ministerien bevormundet, werden zwischen unvereinbaren Anweisungen zerrieben, sind unnachvollziehbaren Steuern und Lasten unterworfen, werden von anwendungsfremden Normen behindert, von einem allseitigen Papierkrieg zur Verzweiflung gebracht, und so können sie nicht umhin, zu schummeln, sich an barocke Statuten zu klammern oder sich ungeahnte Nischen zu suchen. Der Irrsinn des Gesetzgebers, der bis ins kleinste Detail von der Bürokratie multipliziert wird, zwingt ehrbare Leute zu andauerndem Ungehorsam. Wie es mir einer meiner Genossen in der FKP anvertraut hat: »Wenn du in Frankreich den normalen Weg gehst, hast du überall nur Scherereien. Wenn du am Rand gehst, bist du frei.« Aber wie viel Energie muss man aufwenden, um diesen Wegesrand zu finden!

Stück für Stück, wie ich so mit meinen verdreckten Halbschuhen auf den Wegen der normannischen Schweiz herumirrte, habe ich mich integriert. Ich habe überwältigende Persönlichkeiten kennengelernt. Carole, der ich die Entdeckung von Schweinebäckchen mit Cidre verdanke. Vincent, der mir alle Feinheiten des Bluegrass und alte amerikanische Automarken gezeigt hat, allen voran Buick, denn ein frisch gestrichenes Buick-Wrack blinzelt einem am Eingang des Gartens entgegen. Sylvie, die Sängerin, die sich an der *école normale* ausbildet und deren Koloraturen mein Erwachen verzauberten. Naiche, halb

Sioux, halb Bretonin, eine Spezialistin für Seefahrt und Pflanzenskulpturen. Und noch einige andere, die sich am Vorabend meines Aufbruchs bei Nino, dem Stuntman, zusammengefunden hatten, um mir eine gute Reise zu wünschen. Im Laufe der Monate habe ich mein Unbehagen verloren, das Gefühl, immer zu viel oder zu wenig zu tun, die quälenden Fragen, was man anbieten muss, was man besser zahlen sollte, worum man bitten darf, ob man Sie oder Du sagen soll. Diese ganze Wissenschaft der Großzügigkeit, die unweigerlich entsteht, wenn man sich von den Beziehungen entfernt, die nur Geschäftsbeziehungen sind, ist mir in Fleisch und Blut übergegangen. Ich versuche nicht mehr, liebenswürdig oder hilfsbereit zu sein. Ich bin es, ohne nachzudenken.

Körperliche Anstrengung ist dieser Form von Verbrüderung sicherlich sehr förderlich. In der FKP ist jeder den Tag über aktiv, bearbeitet den Boden, repariert einen Zaun oder macht einfach Holz. Man packt, je nach Fähigkeit, mit an, und am Abend, am Feuer sitzend, führt Müdigkeit zu Brüderlichkeit. Die langen Stunden, die ich zu Pferde in Wind und Regen ausgestanden habe, haben mir das Stadtrecht eingebracht. Seither verstehe ich die Passage aus *Anna Karenina* besser, in der Ljewin, der in das einfache Leben verliebte Großgrundbesitzer, gemeinsam mit seinen Bauern die Felder mäht. Noch unsicher und ungeschickt, todmüde nach einem ersten Versuch, wird der Herr von denen verspottet, die ihm gerade eben noch gehorcht und sich für ihn aufgearbeitet haben. Ljewin beißt sich durch, beginnt, seinen Körper automatisch zu bewegen, lässt sich von der Wiederholung der Abläufe verhexen. Am Abend bleibt Ljewin und nimmt am Abendessen teil, einige Stücke Brot und einige Krüge Kwas. Er unterhält sich mit einem alten Bauern über ihre jeweiligen Vorhaben, ein Zeichen von außergewöhnlicher Verbundenheit in einem Russland, in dem noch kaum die Leibeigenschaft abgeschafft ist. Als der Moment des Aufbruchs gekommen ist, steigt Ljewin auf sein Pferd und »trennt sich wehmütig von seinen Kameraden«. Er hat mit Schweiß den Eintrittspreis in eine menschliche Gemeinschaft bezahlt, die ihm, soviel »Herr« er immer sein mochte, bis dahin versperrt gewesen war.

Im Laufe dieser Abschiedsfeier, zu der sich etwa die Hälfte der FKP versammelte, schenkte mir Antoine einen Eichensprössling und sorgte mit seiner Widmung für allgemeine Heiterkeit: »Der hat auch mal als Eichel angefangen.« Ich bin mit diesen bescheidenen Anfängen sehr zufrieden, wenn ich eines Tages zu der Stärke, Stabilität und auch Leichtigkeit gelange, die ich während meiner ganzen Reise, vom Périgord bis in die Toskana, an Eichen wahrgenommen habe, deren schattiges Laub über den mächtigen Stämmen aussieht wie eine Spitzenklöppelei über einem Boxweltmeister. Aber diese Eichel wäre ohne Antoine niemals ausgetrieben. Unsere Beziehung hat den Rahmen des Reitunterrichts weit hinter sich gelassen. Während wir ein Feuer vorbereiteten, einen Huf ausputzten oder auf das Pferd stiegen, unterhielten wir uns die ganze Zeit. Endlich habe ich jemanden gefunden, der genauso redselig ist wie ich und genauso begierig darauf, alles zu hinterfragen. Ich werde mich hüten, Étienne de La Boétie heraufzubeschwören, wenn ich auch in Antoine den gleichen Abscheu vor der freiwilligen Knechtschaft wiederfinde, die gleiche radikale Sehnsucht, die Gesellschaft nicht so sehr durch politische Reform, sondern durch individuelle Handlung umzugestalten.

Antoine ist so alt wie ich. Ich habe braune Haare, er blonde. Ich komme aus der Stadt, er vom Land. Ich bin nomadisch, er sesshaft. Ich bin ein Philosoph, er ist ein Weiser.

Weise? Man kann gebildet oder gelehrt sein, aber weise? Ist das nicht eine im besten Falle veraltete, im schlimmsten Falle ungreifbare Vorstellung? Kann man sich über die Art und

Weise einig werden, wie wir leben sollen? Montaigne beschrieb resigniert »jenen großen Streit auf der Suche nach dem höchsten Gut des Menschen, der unter den Philosophen seit jeher geführt wurde, der noch andauert und ewig andauern wird, ohne Lösung und ohne Einverständnis« (*Essais* I,53). In theoretischer Hinsicht ist diese Beschreibung exakt: Idealisten und Realisten, Kollektivisten und Individualisten, Dogmatiker und Skeptiker, Metaphysiker und Empiriker streiten sich seit der Zeit Platons. In praktischer Hinsicht aber scheint mir quer durch die Philosophiegeschichte dieselbe Definition der Weisheit vorzuherrschen. Der Weise ist maßvoll, ausgeglichen, nüchtern und großzügig. Er beherrscht seine Gefühle und wendet sich ab von gemeinen Leidenschaften wie Ehrgeiz, Habgier, Eifersucht. Er ist bescheiden, begnügt sich mit der Befriedigung seiner Grundbedürfnisse, er lebt in Übereinstimmung mit seiner eigenen Natur und in Harmonie mit seiner Umwelt. Er lässt sich nicht hetzen: Er nimmt sich die Zeit, die für jeden seiner Handgriffe, für jeden seiner Gedanken nötig ist. Er weiß, dass der Tod nie weit ist, und anstatt sich in trügerischen Vergnügungen und eitlen Projekten zu zerstreuen, gibt er sich Mühe, den gegenwärtigen Augenblick zu genießen.

Alle Philosophen der Antike, von den Epikureern zu den Stoikern über die Buddhisten, konnten sich auf diese Eigenschaften einigen. Wenn man es recht bedenkt, alle ihre Nachfolger auch. Selbst Spinoza, der als erster »Philosoph der Begierde« angesehen wird, zählt im vierten Buch seiner *Ethik* ohne jede Originalität angenehme und trübselige Affekte auf. Selbst Adam Smith, bekannt als Befürworter des Egoismus in wirtschaftlichen Beziehungen, bleibt in seiner *Theorie der moralischen Empfindungen* sittenstreng und klassisch. Selbst Nietzsche, Zerstörer der Götzen und scharfer Kritiker der gängigen Moral, forscht in seinem *Zarathustra* nach einer »wilden Weisheit«, die auf Selbstgenügsamkeit gründet und sich gar nicht so sehr von den Empfehlungen Marc Aurels unterscheidet. Die Beschreibung der Weisheit ist ebenso völlig banal wie ihre Ausübung schrecklich schwierig. Das ist das genaue Gegenteil der postmodernen Philosophie, jener blanken Begriffserfinderei, die intellektuell höchst verfeinert, moralisch aber hilflos ist. Man kann ein großer Philosoph und ein vollendeter Drecksack sein; Beispiele mangeln nicht. Indessen kann man ein Weiser werden, ohne je ein Buch aufgeschlagen zu haben.

Nach diesem Maßstab also ist Antoine ein Weiser. Nachdem er ein florierendes Reitzentrum gemanagt hat, hat er alles verkauft, um zusammen mit Alice einen bescheideneren Stall aufzubauen, der sich ganz an dem Ziel ausrichtet, den eigenen Rhythmus leben zu können. Ihre Absicht ist es, autonom zu werden, sowohl bezüglich der Energie- als auch der Nahrungsmittelversorgung. Autark, fast. Dieses Ziel verfolgen sie mit eiserner Disziplin, angetrieben von unablässigem Studieren und Experimentieren. Man verwendet den Stallmist, um die Weiden zu düngen. Man erhitzt Wasser mit Sonnenenergie. Man isst das Gemüse aus dem Garten und hört bewusst auf, bevor das Sättigungsgefühl sich einstellt. Man versucht sich an der Pflanzung eines Waldgartens voll essbarer Pflanzen. Man schafft alle überflüssigen materiellen Besitztümer ab und begreift das Leere mehr als Luxus als das Volle. Man löst sich aus allen Abhängigkeiten, egal ob von Zigaretten, Zucker oder Handys. Man erzieht die Kinder zur Verantwortung, indem man sie vom jüngsten Alter an draußen frei herumlaufen lässt. Man dressiert Pferde ohne Gewalt, indem man Stück für Stück und ganz sachte ihr Vertrauen gewinnt. Überall gilt es, zu zähmen und nicht zu zwingen.

Die Weisheit ist nicht nur ein Thema für große Reden. Sie zeigt sich in allen Alltagshandlungen. Als ich Antoine das dreiteilige Essbesteck aus rostfreiem Stahl zeigte, das ich für die

Reise gekauft hatte, das absolute Minimum, wie ich dachte, fragte er mich, wozu so lange Griffe gut sein sollen. Schlussendlich greift man selten mit voller Faust zur Gabel, es genügt, sie zwischen zwei Fingern zu halten. Instinktiv versuchte ich, mein Messer, meine Gabel und meinen Löffel zu retten, ohne aber ein überzeugendes Argument zu finden. Gewiss hatte ich bei Norbert Elias in *Über den Prozess der Zivilisation* gelesen, dass das Essbesteck eine wichtige Etappe in der Entwicklung der Sitten darstellt, aber ihre Länge konnte ich doch nicht rechtfertigen. Antoine beharrte: »Wenn man ein paar Gramm sparen kann, warum sollte man es nicht tun?« Ich musste mich geschlagen geben. Diese intellektuelle Niederlage zeitigte sofort eine Wirkung. Antoine verschwand in der Scheune und kam mit einer Kreissäge zurück, Entzücken im Gesicht wie Jack Nicholson in *Shining*. Machtlos musste ich zusehen, wie meine brandneue Ausrüstung erbarmungslos eingekürzt wurde. Ich fand mich schließlich im Besitz von Puppenbesteck, etwas lächerlich anzusehen, aber vollendet zweckmäßig. Ein Gleichnis für eine kritische und vollendet vernünftige Haltung, die, wenn man sie ernst nimmt, alles, was wir tun, infrage stellt.

Nach einigen Monaten der Reise wird der Schüler schließlich den Meister überflügeln: Ich trennte mich von meinem Messer (mein Schweizer Taschenmesser war der Aufgabe gewachsen) und von meiner Gabel (der Löffel nahm mit Leichtigkeit ihren Platz ein). Nichtsdestotrotz bin ich noch nicht vollständig zur existenziellen Nüchternheit bekehrt. Noch immer schätze ich ungestümes Unternehmertum. Ich habe die Idee des Fortschritts nicht aufgegeben, von der uns die Wachstumskritiker abbringen wollen. Ich verdamme den Kapitalismus in keiner Weise, der so viele Innovationen hervorgebracht hat. Aber in rein moralischer Hinsicht muss ich Antoine und seinen Lebensstil bevorzugen, jenen anthropologischen Horizont, der seine

Wurzeln bis in die Tiefen unseres genetischen Codes streckt, jenes stets wiederholte und nie erreichte Ideal.

Während ich also darauf warte, Weisheit zu erlangen, stehe ich mit dem Fuß im Steigbügel im Hof von Schloss Montaigne. Ich steige mühsam auf mein Schlachtross: Ich muss das Bein über den zusammengerollten Mantelsack schwingen, und anfangs gleicht das eher einer gewagten Kletterübung als den eleganten Kunststücken eines John Wayne, wenn ich mich in den Sattel hocharbeite. Ich habe noch kaum die Füße in die Steigbügel gesetzt und die Zügel zur Hand genommen, als Destinada aufzustampfen beginnt. Sie gibt mir nicht die Gelegenheit, Phrasen zu dreschen und für die Nachwelt zu posieren. Ich habe gerade noch Zeit, der kleinen Truppe, die zu meinem Aufbruch gekommen ist und die ich im Laufe meiner Route immer wieder treffen werde, zuzuwinken. Da ist Sébastien Le Fol, der Redaktionsleiter von *Le Point*, der seit fünf Jahren treu meine Reisen unterstützt und meine wöchentlichen Berichte von unterwegs veröffentlichen wird. Élodie Grégoire, Photographin für ebendiese Zeitschrift, die zehn Jahre lang Nikolas Sarkozy durch die Hinterzimmer der Macht folgte, um nun mit mir in Matsch und Mist zu plantschen; Jacques Malaterre, anarchischer Regisseur und Zigeuner im Herzen, der die ersten Filme über den Pferdetrainer Bartabas drehte und nun eine Dokumentation über mein Heldenepos realisieren soll; und nicht zu vergessen mein enger Freund Gauvain Leclerc, der mir jeden Tag von seiner Hütte im Département Gers aus bei der Organisation und Logistik der Reise helfen und jeden Abend meine Launen und meine Bittschriften empfangen wird. Sie wissen alle noch nicht, wie sehr sie bei jedem ihrer Besuche in Anspruch genommen werden. Élodie wird sich in eine tierärztliche Auszubildende verwandeln und mir helfen, Heilerdeumschläge auf Destis angeschwollenem Rücken anzubringen;

Jacques wird zum Reitknecht, der Heuballen im Kofferraum seines Mietwagens stapelt; Gauvain zum Knappen, der mir eine Brotzeit bringt und bei Gelegenheit auch neue Ausrüstung. Auch wissen sie noch nicht, wie viel Trost mir ihre Anwesenheit, wie episodisch auch immer, im Laufe dieser einsamen Monate spenden wird.

Gaspard, Destinada und Gauvain: Das nenne ich ein der Tafelrunde würdiges Trio, bereit zum Ansturm auf gesperrte Wege, auf geschlossene Supermärkte, auf unauffindbare Hufschmiede und auf unversöhnliche Zollbeamte.

II Périgord

■ ■ ■

Baumstamm, Eisenstange und Gorilla – Montaignes Straßen – Rhythmus und Strecke – Heuwirbel – Die Montaigne-Methode – Abendessen beim abgewählten Bürgermeister – Hufeisenwechsel – Lob des Umweges – Vorsicht vor Schlössern – Kleinstädte und ihre Misere – Reparatur mit Trüffeln – Eigene Zügel – Sattel – Handwerk und Handarbeit – Kreativität und Bastelei – Montaigne und d'Artagnan – Bekannstschaft mit Insekten

■ ■ ■

Die ersten fünfhundert Meter boten mir einen schreckenerregenden Einblick in die Schwierigkeiten, die mich erwarteten. Kaum habe ich die Weinberge verlassen und den Wald betreten, stoßen wir auf einen dicken Baumstamm, der quer über dem Weg liegt. Jedweder Zweibeiner könnte leicht über ihn hinwegsteigen, aber es kommt nicht infrage, von Destinada zu verlangen, mit all dem Krempel auf ihrem Rücken über ein Hindernis von achtzig Zentimetern zu springen. Zur Rechten ein Graben und ein Absperrgitter – keine Chance. Zur Linken dichtes Unterholz. Ich steige ab und versuche, den Stamm zu bewegen. Er bewegt sich keinen Zentimeter. Ich verstehe jetzt, warum manche Wanderer Klappsägen dabeihaben, aber ich lehne es ab, den Holzfäller zu spielen. Ich wende mich also nach links, erkunde die Umgebung, breche einige Äste ab, um so etwas wie einen Pfad zu bahnen. Dann gehen wir beide zu Fuß und holen uns die ersten Schrammen. Desti wird immer nervöser und das zu Recht. Ich steige wieder in den Sattel: Gute zehn Minuten sind vergangen.

Ein Fehlstart, sage ich mir. Schwamm drüber. Der Tag beginnt.

Aber da wäre noch, dass hinter der nächsten Biegung die Lidoire fließt, ein Bach, der berühmt dafür wurde, dass der Hundertjährige Krieg an seinen Ufern endete. Man überquert ihn auf einer kleinen Brücke, deren unbedenkliche Benutzung mir alle diesbezüglich befragten Einwohner bestätigt hatten. Das ist, selbstverständlich, nicht der Fall: Eine vertikal aufgepflanzte Eisenstange versperrt den Durchgang für Motorräder und konsequenterweise auch den für Pferde. Ein Detail, das automatisch all jenen entgeht, die nicht davon behindert werden. Ich lerne also eine grausame, aber kostbare Lektion: Meine Gesprächspartner sehen die Welt mit den Augen des Fußgängers. Es hilft nichts, dass sie zehn-, hundert-, tausendmal über diese Brücke gegangen sind, sie haben diese Eisenstange noch nie bemerkt. Mir springt sie sofort entgegen, eine gewaltige graue Säule, einzig und allein dazu ersonnen, um mir zu schaden. Das ruft mir ein berühmtes kognitionspsychologisches Experiment in den Sinn, den »unsichtbaren Gorilla«. Man trug einer Gruppe von Studenten auf, ein Basketballspiel zu beobachten und aufmerksam die Zahl der Pässe zu zählen; die Mehrheit von ihnen ist von der Aufgabe so absorbiert, dass sie nicht bemerkt, wie ein Mensch im Gorillakostüm über das Spielfeld spaziert. Daran kann man sehen, wie sehr und wie tief unsere kognitiven Verzerrungen, die sich über unsere gesamte Existenz hinweg herausgebildet haben, in unseren Nervenbahnen verankert sind. Die Einwohner von Saint-Michel-de-Montaigne haben die Eisenstange nicht wahrgenommen, wie die Studenten den Gorilla nicht wahrgenommen haben. Jeder sieht das, was er sehen will. Und unser Universum ist nichts als ein Mosaik aus Standpunkten, die manchmal miteinander vereinbar sind, aber niemals gleich. Wie Montaigne mit offenherziger Skepsis schrieb, ist es »unmöglich, zwei Meinungen zu finden, die sich völlig gleichen, nicht nur in verschiedenen Menschen, sondern auch in ein und demselben Menschen zu verschiedenen Zeiten« (*Essais* III,13). Wenn wir nicht einmal die gleiche Brücke sehen, wie können wir dann eine Meinung über die Wahrheit, das Gute, die Gerechtigkeit teilen?

Ich steige also wieder ab, stelle fest, dass es keinen verborgenen Mechanismus gibt, um die Stange zu bewegen, und beruhige meine Nerven, indem ich unflätig den eilfertigen Ingenieur verfluche, der diese Stange gesetzt hat. Mich damit abfinden und kehrtmachen kann ich trotzdem nicht, denn dann würde ich wieder an meinem Ausgangspunkt vorbeikommen, um den nächstgelegen Asphalt zu erreichen (die Ausweichoption im Falle einer Schwierigkeit: Die Straße ist beschwerlich, aber immer gangbar). Bei diesem Tempo erscheint Rom sehr weit weg. Ich suche eine Furt. Der Abhang zur Lidoire ist steil und schlammig; Desti sträubt sich, rutscht etwas, dann findet sie Halt am Ufer. Der Grund des Baches ist zu sehen, die Strömung schwach. Ich setze den ersten Schritt hinein. Desti schreitet voran, mutig wie immer, quert ohne Mühe und wirft mich fast aus dem Sattel, als sie in flottem Trab die Böschung auf der anderen Seite hinaufsteigt. Wir enden schließlich mitten im Farn, völlig ab vom Weg, und stoßen beschwingt ins Nirgendwo vor. Ich fange mich wieder, erspähe den sich schlängelnden Weg ein paar Dutzend Meter entfernt und setze uns wieder auf die Spur. Eine halbe Stunde ist vergangen. Auf meiner Karte im Maßstab 1:25.000 sind wir kaum vier Zentimeter vorangekommen.

Ich muss den Tatsachen ins Auge sehen: Es gibt keine Reitwege mehr. Wie sahen die Straßen zur Zeit Montaignes aus? Julien Gracq bedauerte es, mit dieser notwendigen Frage nicht bis an ein Ende zu kommen: »Die Quasi-Unmöglichkeit, mir die Straßen und Wege von damals auszumalen, ist einer der Gründe, warum es mir so viel schwerer fällt, mir die Vergangenheit vor etwa dem 17. Jahrhundert vorzustellen.« Versuchen wir es trotzdem. In der Epoche Montaignes waren die Straßen für Pferde gedacht. Nichts könnte falscher sein als die Vorstellung, das Königreich sei ein Geflecht von Hohlwegen gewesen, auf denen sich die Reisenden verirrten. Vielmehr gab es große Achsen, die das Land in gerader Linie durchzogen. Die ersten Reiseführer erleichterten den Ortswechsel. So ärgerte sich Montaigne, beim Packen den *Münster* vergessen zu haben, einen Reiseführer für Europa, der unter dem pompösen Titel *Cosmographia* gedruckt wurde. Andere Werke waren eher praktischer Natur. So verzeichnete der *Guide des chemins de France,* den Charles Estienne einige Jahre vor Montaignes Reise veröffentlicht hatte, nicht nur die Wege, sondern auch die möglichen Raststationen: der *Routard* des 16. Jahrhundert. Alle nützlichen Hinweise findet man auf der Karte: *g* für Herberge, *r* für Mittagstisch, *p* für Stationen, an denen frische Pferde warteten. Zur Überquerung von Flüssen sind Fähren, Furten und Brücken eingezeichnet. Die einzigen Gefahren sind die Wirtshäuser, wo man »riskiert, schlecht behandelt zu werden«, und natürlich die Wälder, »in denen es von Räubern und Mördern wimmelt«. An der Spitze einer kleinen bewaffneten Truppe ist Montaigne davor einigermaßen sicher.

Unter diesen einigermaßen bequemen Voraussetzungen vermag es der Reiseführer von Charles Estienne, eine tägliche Wegstrecke von vierundfünfzig Kilometern zu empfehlen. Vierundfünfzig Kilometer! Das stimmt in der Tat mit den

Etappen überein, die Montaigne in seinem *Reisetagebuch* verzeichnet, das ist aber auch das Doppelte von dem, was Destinada und ich zu schaffen hoffen. Zunächst einmal ist unser Weg mühsamer. Den französischen Teil meiner Reiseroute habe ich entlang des Fernwanderwegenetzes *Sentiers de grande randonnée* (GR) geplant, aber wir sind dennoch umgestürzten Baumstämmen ausgeliefert, den Brücken, den Umlaufgittern, den Stacheldrahtzäunen und anderen Dingen, die einem Reiter Albträume bereiten. Vor allem aber habe ich nur ein Pferd zur Verfügung, mit dem ich für ein halbes Jahr schonend umgehen muss. Montaigne hingegen wechselte sein Reittier an jeder Poststation, das heißt mehrmals am Tag, und rühmte sich damit, nicht zu wissen, wie man »einem Pferd das Zaumzeug anlegt« (*Essais* II,17). In seinem *Reisetagebuch* erzählt er sogar, dass er eines Tages sein Pferd (mit seinem Zaumzeug) mit einem Reisenden auf der anderen Seite des Tibers getauscht hat, da die Fähre über den Fluss den Fußgängern vorbehalten war. Die »Ökonomie des Teilens« ist also nicht erst gestern erfunden worden. Zwar kann Montaigne wunderbare Passagen über Tiere schreiben, aber ich habe aus seiner Feder nicht eine Zeile gelesen, in der ein Pferd für ihn etwas anderes wäre als ein Transportmittel (oder, bestenfalls, im Krieg ein Streitross); ein Transportmittel, das den größten Teil des Tages geschwind vorankommt, im Trab oder im Galopp.

Eine Rcise zu Pferd ist also nicht dazu bestimmt, langsam zu sein. Christophe Studeny hat gezeigt, dass die Eroberung der Geschwindigkeit im Zeitalter der Klassik vor allem durch die Verbesserung des Pferdeverkehrs vonstattenging, lange bevor die Dampfmaschine die Nachfolge antrat. Turgotine und Postkutsche haben bereits vor der Eisenbahn die Fahrzeiten verkürzt, sodass etwa Stendhal darüber staunen konnte, für die Strecke Paris–Marseille nur drei Tage zu brauchen. Der Wirkungsgrad des Pferdes wurde, klug erarbeiteten Berechnungen folgend, noch das ganze 19. Jahrhundert hindurch als dem der Maschine überlegen eingeschätzt. Auch hat es der Maschine seine Maßeinheit verliehen: die Pferdestärke. Erst heute, den Tücken des Teers und der Leitplanken sei Dank, muss das Pferd im Schritt gehen.

Diese grundlegende Tempodifferenz sollte als Nachweis genügen, dass ich in keiner Weise »wie früher« reise, wie ich es auf meinem Weg immer wieder zu hören bekommen habe. Nichts könnte moderner sein, als sich selbst einen verlangsamten Rhythmus aufzuerlegen. Ich kann die Nostalgie eines Sylvain Tesson gut verstehen, der sich auf seiner Reise zu Pferd durch Asien in das Erlebnis einer vergangenen Epoche zurückimaginiert und »sich in eine Schicht der Vergangenheit einschleicht«. Aber das ist eine Illusion des Blicks zurück. Die Menschen der Vergangenheit würden sich um unsere Verbrennungsmotoren reißen. Ein Freund hat mir gegenüber sehr treffend bemerkt, dass Montaigne bei einer heutigen Wiederholung seiner Reise den TGV nehmen würde. Ein Pferd in unsere gestresste Welt einzuschleusen bedeutet ganz im Gegenteil, sich in die Zukunft zu wenden und sich der Perspektive einer selbst gewählten Verlangsamung zu öffnen.

*

Nach den Startschwierigkeiten verläuft die erste Etappe in einem Höllentempo. Desti glaubt gewiss, dass sie wieder in den Stall zurückkehren wird. Ich verbringe meine Zeit damit, sie zu bremsen. Meine Stimme genügt nicht, ich muss sie mit der Kandare zwingen. Recht schnell ermüdet und erbost mich dieser Kampf. Ich möchte nicht als der Meckerfritze dastehen, der sie ständig zur Vorsicht mahnt. Ich führe sie also auf einen überwucherten Wegesrand, lasse die Zügel locker und rufe ihr zu: »Also dann, na los!« Das lässt sie sich nicht zweimal sagen. Sie flitzt los. Ich glaube, dass sie davon schnell müde werden wird, aber nichts dergleichen. Eine Stunde, zwei Stunden gehen im Trab dahin, kaum von einigen Pausen unterbrochen, in denen ich an ihrer Seite gehe. Nach drei Stunden sind wir schon bei unserer ersten Station angekommen. Der Nachmittag hat kaum begonnen, und wir haben unsere fünfundzwanzig Kilometer schon durch. Ich schaue ihr beim Grasen zu, sie ist nass geschwitzt, aber lebhaft und rege. Ich bin perplex. Mit diesem Rhythmus werden wir bald zusammenbrechen.

Na ja, werden Sie mir sagen, fünfundzwanzig Kilometer sind doch nicht die Welt. In den Prüfungen der TREC (»techniques de randonnée équestre en compétition«, dt. Orientierungsreiten; Anm. d. Übers.), dem Äquivalent des Langstreckenlaufs mit Pferden, können die verlangten Strecken bis zu sechzig Kilometern betragen. Gewiss. Aber alle Wanderreiter haben über dem berühmtesten Vers Racines meditiert: Wer eine weite Reise vorhat, schont sein Pferd. Nicht der erste Tag zählt, auch nicht die erste Woche. Es gilt, die Energie des Pferdes über mehrere Monate hinweg aufrechtzuerhalten. Das verlangt ständige Disziplin, selbst wenn und vor allem wenn das Tier frisch und munter ist. Denn es projiziert sich nicht in eine ferne Zukunft. Es ist die Aufgabe des menschlichen Geistes, diese Übung in Antizipation gegen die Natur auszuführen und der Versuchung der Geschwindigkeit zu widerstehen.

Wie kann ich Desti die Vorstellung kommunizieren, dass die Reise lang sein wird? Wie kann ich ihr zu verstehen geben, dass sie ihre Kräfte einteilen muss? Ich beschließe also, rasch voranzukommen und an die heutige Etappe gleich die nächste anzuschließen. Der Himmel ist wolkenlos, die Nacht kommt in dieser Zeit rund um die Sommersonnwende spät, und der

Höhenunterschied ist gering: Wir haben alle Zeit der Welt. Ich steige also wieder in den Sattel, das Tagesziel liegt nun bei fünfzig Kilometer. Wer zuletzt lacht, lacht am besten.

Wie der Seemann die Flaute nutzt, bestimme ich unsere Position auf meinen Karten. Wo sind wir? Zwischen Montpon-Ménestérol und Saint-Martin-l'Astier. Und sonst? Die Definitionen des Tourismus vermischen sich und erzählen mir etwas vom Bergeracois oder dem Landais oder dem purpurnen Périgord (Périgord pourpre). An diesem Abend gibt mir der Bauer, bei dem ich unterkomme, eine genauere Ortsbezeichnung: das arme Périgord (Périgord pauvre). Nicht das Périgord der Trüffel, Weinberge und Schlösser, sondern das der kleinen, mit Flachziegeln gedeckten Bauernhöfe, das der kargen Böden, die als Weideland dienen. Wir verlassen schlagartig die Moderne und ihre straff angeordnete, ewige Innovation und betreten eine Welt, in der sich nicht so viel ändert. Ich erbitte auf dieser Route meinen ersten Eimer Wasser, der mir von einem älteren Herrn mit der Ausstrahlung eines Majordomus serviert wird. Eine Einwohnerin erzählt mir über die Hecke hinweg die Geschichte dieses Ortes namens »L'Ourserie«, was sich auf den Charakter der hiesigen Menschen bezieht und nicht auf eine reiche Bärenpopulation (ich bin beruhigt). Ich durchquere blässliche Dörfer, denen der Kalkstein ein gelbsüchtiges Ansehen gibt. Ich komme an den schweigsamen Mauern der Bauernhäuser vorbei, die oft auf Anhöhen gebaut sind, wie in einer Art Miniaturtoskana; so konnte Montaigne über eine Spiegelvorrichtung mit seinem Bruder korrespondieren, der einige Kilometer entfernt im Château de Matecoulon wohnte. Die Landschaft scheint in der erdrückenden Hitze, die nur vom Unterholz gemildert wird, zu faulenzen. Die Störche bleiben auf ihren Strommasten sitzen und haben es mit der Migration nicht so eilig. Selbst Destinada verlangsamt nun ihre Schritte.

Es ist eine Atmosphäre für Luftspiegelungen. Vor uns erhebt sich ein Heuwirbel. Indessen weht nicht das leiseste Lüftchen. Bin ich verrückt geworden? Von meinen landwirtschaftlichen Nachholkursen im Calvados ist mir wohl im Gedächtnis geblieben, dass in dieser Jahreszeit das Gras gemäht und gewendet werden muss, damit es trocknet und als Vorrat gebündelt werden kann. Aber niemand hat mich davor gewarnt, dass diese kleinen Heuhaufen vor meinen Augen davonfliegen können, dass einer nach dem anderen sich zu einem luftigen Tanz mehrere Meter in die Höhe erheben, weit über die Telefonkabel hinaus. Das Erstaunlichste ist der gemächliche und regelmäßige Rhythmus dieser Heuwirbel, als würde sich der Himmel in Zeitlupe drehen. Ich bemerke, wie Desti die Ohren spitzt. Für sie muss das das Gegenstück zum Manna sein, das vom Himmel fällt. Für mich ist es ein Wirklichkeit gewordener Van Gogh.

Die Lektion ist gelernt, Heuwirbel sind ein ganz gewöhnliches, natürliches Phänomen, und für diejenigen, die nicht wie ich alles über Physik vergessen haben, sind sie auch naturwissenschaftlich erklärbar. Die Amerikaner nennen sie *dust devils*, »Staubteufel«; dort, wo alles ins Maßlose tendiert, können sie bis zu einem Kilometer hoch werden. Unser Teufel im Périgord ist etwas bescheidener, er ist ein Teufelchen. Dennoch kann ich mir die Wut des Bauern vorstellen, der einen Teil seiner Ernte durcheinandergeworfen vorfindet wie Konfetti. Grausam, dieses Teufelchen.

Wie dem auch sei, hat meine Taktik Früchte getragen. Als ich kurz vor dem Abendessen in Saint-Étienne-de-Puycorbier ankomme, ist Destinadas Ungestüm geschwunden; tags darauf wird sie mit langsamen und schweren Schritten aufbrechen, die besser zu unserer Expedition passen. Was mich betrifft, so lasse ich mich, mit einem Glas Minzsirup, in einen Gartenstuhl fallen. Es dauert nicht lange. *Clip clop, clip clop,* das heitere

Geräusch von Hufen, die sich entfernen. Ich will es nicht glauben: Der Tag war doch endlich vorbei. Ich stehe widerwillig auf. Kein Zweifel, Destinada steht mitten auf der Straße. Sie ist seelenruhig von der Weide abgehauen und hat den Zaun, den ich für diese Gelegenheit improvisiert habe, spielerisch überwunden (oder sie hat ihn gar nicht erst gesehen, wie ich mich später überzeugen will). Ich rufe sie, sie kommt zu mir zurück. Wir können nicht umhin, sie in einer leer stehenden Stallung unterzubringen. »Heute ersparst du mir auch gar nichts«, sage ich mit finsterer Miene. Unsere Paarbeziehung verspricht turbulent zu werden.

*

Zurück zum Minzsirup. Das Etikett träg den Stempel »Clovis Reymond«, ein lokaler Hersteller. Es wird bald gefolgt von einem Wein aus Bergerac, um die Knoblauchsuppe mit Eiern vom Bauernhof, die Pastete vom Bauernhof und die Ente vom Bauernhof zu begleiten. Ich verschlinge ein fünfgängiges Menu und bin dabei umgeben von den Tieren, die es mir ermöglichen. Von jetzt an esse ich lokal und trinke lokal. Und bio: Mein Eintopf springt an der frischen Luft herum und sammelt Gütezeichen. Nicht aus ideologischen Gründen, sondern weil es das Einfachste und das Billigste ist und sich der Erfahrung nach am besten bewährt hat. Wenn ich glücklich bin, in einem altmodischen Bauernhof anzukommen, umgeben von den Relikten der traditionellen Landwirtschaft, bin ich dann nicht ein Vorreiter der Moderne, lebe ich nicht den Hipster-Traum? Ganz offensichtlich berühren sich die beiden Dinge. Während man in Paris das Rad neu erfindet, dreht es sich auf dem Land einfach weiter.

Bei diesem ersten Abendessen mit einem Bauernpärchen

nahe am Rentenalter habe ich die Möglichkeit, das zu testen, was ich auf den Namen *Montaigne-Methode* taufen werde; er beschreibt es zusammenfassend am Beginn der *Essais*: »Um immer irgendetwas zu lernen, achte ich auf meinen Reisen darauf, in der Unterhaltung mit anderen (was eine der besten Schulen ist, die es geben kann) das Gespräch immer auf die Gegenstände zu lenken, von denen diejenigen, mit denen ich spreche, am meisten verstehen« (*Essais* 1,17).

Ja, die Unterhaltung mit anderen ist eine der besten Schulen: Dieses Abenteuer soll mir ein Land in all seiner Tiefe zeigen, das ich nur zu gut in institutioneller und literarischer Hinsicht kenne, mit dem ich aber nur begrenzt selbst Erfahrungen gemacht habe. Ja, Reisen sollten uns immer irgendetwas lehren. Das ist der ganze Unterschied zum Tourismus. Ich vertrödele nicht die Zeit und lasse mir den Wind um die Nase wehen (welche Langweile!). Ich mache Notizen, ich recherchiere, ich stelle Fragen. Was für Fragen? Das ist Montaignes wichtiger Beitrag: keine Fragen zu Themen, die mich interessieren, sondern Fragen zu Themen, mit denen sich die Leute auskennen. Anders gesagt, ich hüte mich davor, über ein bedingungsloses Grundeinkommen (für das ich hartnäckig kämpfe) oder das letzte Spiel von Arsenal (dessen Leidensweg ich aus familiärer Verpflichtung verfolge) zu sprechen. Ich befrage meine Gastgeber zu ihrem Leben, ihren Gewohnheiten, ihren Kindern und ihren Hühnern. Es ist wie ein langes Interview, in dem keine Namen genannt werden, denn andernfalls bekäme man zweifellos nicht so ehrliche Antworten. Die *Montaigne-Methode* besitzt seltene Vorzüge: Sie erlaubt es, unterwegs Informationsschätze zu sammeln, und zwingt uns dazu, »unser Gehirn an dem eines anderen zu polieren und zu feilen« (*Essais* 1,26). Das einzig Unbequeme ist, dass dieses Feilen auf die Dauer zu Abnutzung führt.

Im vorliegenden Fall stürzt mich dieses Abendessen auf Anhieb in die Ambivalenzen des Landlebens. Auf der einen Seite das ruhige Leben, die Sorge um das Vieh, die Standfestigkeit der Wurzeln. Auf der anderen ununterbrochene Arbeit, die beiden Töchter in der Stadt, die Schwierigkeiten, einen Käufer für den Betrieb zu finden. Diesen Bedenken begegne ich überall, und man kann sich schon fragen, ob sie nicht das ewige Los des Bauernstandes sind, die sich immer wieder wiederholen und immer wieder überwunden werden. Was hingegen die Dorfstreitigkeiten angeht, so haben sie, wenn ich das richtig verstehe, meinen Gastgeber soeben den Bürgermeisterposten gekostet; seine Ähnlichkeit mit Erik Orsenna beunruhigt mich (die runde Brille, der Schnurrbart und die Glatze tragen sicherlich das meiste dazu bei). Er sagt, er sei erleichtert, und ich kann mir ohne Mühe das Priesteramt vorstellen, das die Verwaltung einer Gemeinde von 800 Einwohnern darstellt. Ein solches Amt ist näher am ehrenamtlichen Verbandsvorstand als am Politiker. Das Telefon klingelt ohne Unterlass (und klingelt auch an diesem Abend). Man wird wegen jedem Wespennest gestört und wird an jedem Markttag angeschrien. Aber ich spüre, dass Erik Orsenna dieses Priesteramt noch lange Zeit weiter getragen hätte. Kann man ihm, der Valéry Giscard d'Estaing, Margaret Thatcher und Donald Trump verloren hat, diesen Durchhaltewillen vorwerfen? Die Versuchung der Macht ist in Saint-Étienne-de-Puycorbier genauso unwiderstehlich wie in Paris, London oder Washington.

*

Am nächsten Morgen beschließe ich, den ersten Tag, an dem nichts wie vorgesehen geklappt hat, zu vergessen. Ich habe lange und fest geschlafen, wie Montaigne, der sich rühmte, niemals seinen Schlaf für etwas zu opfern, »acht oder neun Stunden in einem durch« (*Essais* III,13). Wir sind also frisch und munter zum Aufbruch. Eine Truppe von France 3 Aquitaine kommt, um meine Vorbereitungen zu filmen. Sagen wir also, dass die Reise jetzt beginnt, mit ihren friedlichen Etappen zu je fünfundzwanzig Kilometern.

Ich führe Desti heraus und beginne, ihre Hufe auszukratzen, während ich in die Kamera lächle. Bis ich am rechten Vorderbein eine schwere Anomalie entdecke, eine Lücke von einem guten halben Zentimeter zwischen Eisen und Huf. Ich rufe Papa Antoine an, und der lacht: Das Eisen ist verbogen. Desti muss am Vortag draufgetreten sein, vielleicht als sie bei ihrem Fluchtversuch gestolpert ist. Man muss also das Eisen abnehmen, es gerade biegen und wieder an seinen Platz setzen. Oder aber auf den Hufschmied warten – wohl wissend, dass Hufschmiede, wie ich zu meinem Leidwesen noch entdecken werde, Tagesabläufe wie Minister haben und sich nur selten für einen Notfall in Bewegung setzen. Ich sehe den Verdruss meiner Journalisten bei der Vorstellung, nicht die erhofften Bilder abzuliefern, und die Bedenken Erik Orsennas bei der Perspektive, dass ich mich nun auf unbestimmte Zeit bei ihm einquartiere. Ich zwinge mich dazu, so zu tun, als wäre alles unter Kontrolle: ein völlig banaler Vorfall, meine Damen und Herren.

Ohne selbst daran zu glauben, packe ich also meine Werkzeuge aus und bringe meine noch sehr ungewissen Talente als Schmied zur Anwendung. Erik Orsenna öffnet mir seine Werkstatt und hilft mir beim Geradebiegen des Eisens, indem er es in einem Schraubstock fixiert und ein Stahlrohr als Hebel nutzt. Wir beugen uns abwechselnd darüber, um das Ergebnis zu begutachten. »Vielleicht noch einen Tick nach unten …« Ich improvisiere. Das fühlt sich nicht sehr vertraut an: Meine ganze Ausbildung, alle meine Tätigkeiten, vom Schreiben zur öffentlichen Diskussion, fordern von mir, die Kontrolle zu bewahren.

Jedes Wort ist zugeschnitten, jedes Argument abgewogen. Das schwerste muss ich erst noch lernen: die Findigkeit.

Es geht nicht so schlecht mit der Findigkeit: Nach einer Stunde Grunzen und Schwitzen ist Destinada wieder beschlagen. Erik Orsenna und seine Frau sagen mir Adieu. Die Kamera macht einen Schwenk. Los gehts!

Die Moral von der Geschicht: Nichts spielt sich so ab wie vorgesehen. Ist das nicht das ganze Prinzip dieser Reise? Sich von Zufallsmomenten überwältigen lassen und die Fortuna, die gute wie die schlechte, genießen? In jedem Falle ist das die ganze Philosophie Montaignes. Sein *Reisetagebuch* zeigt seine Unfähigkeit, sich an den vorgesehenen Weg zu halten. Er veranstaltet Bälle in Badeorten, geht los, um sich mit einem einheimischen Theologen zu treffen, oder macht einen Abstecher zu einem gewissen berühmten See und meidet dabei die Orte, die vom aristokratischen Proto-Tourismus des 16. Jahrhunderts zu eifrig besucht werden. Um nach Rom zu kommen, macht Montaigne tausend Umwege, und seine Entourage beklagt sich darüber. Nachdem er bis zu Île-de-France geritten ist, biegt er nach Osten ab, überquert die Vogesen, folgt dem Rhein und ergeht sich dann in Bayern, bevor er die Alpen überquert und über die Po-Ebene in Italien ankommt. Selbst die Endstation läuft unterwegs Gefahr, aufgegeben zu werden, Montaigne denkt darüber nach, nach Krakau aufzubrechen. Deshalb dauert seine Reise auch sechs Monate, während Boten in dieser Zeit dieselbe Strecke in wenigen Wochen zurücklegen.

Als man ihn zu diesem Zickzack befragte, antwortete Montaigne, »dass er, wenn es nach ihm gehe, nur dorthin gehe, wo er sich gerade befinde, und dass er sich weder verlaufen noch seinen Weg verkrümmen könne, da er kein anderes Ziel verfolge, als durch ihm unbekannte Orte zu spazieren« (*Reisetagebuch*, Rovereto). Wie kann man sich verlaufen, wenn man nichts sucht außer das Abenteuer? »Dorthin gehen, wo man sich befindet«, ist das nicht das Prinzip des Wanderns? Wenn ich noch einige Tage länger in Saint-Étienne-de-Puycorbier hätte bleiben müssen, wäre das verlorene Zeit gewesen, oder nicht ganz im Gegenteil eine neue Erfahrung, die mich zu einem unschlagbaren Kenner der Gänsezucht gemacht und mein Verständnis der letzten Kommunalwahl vertieft hätte? Um wirklich etwas von dieser Reise zu haben, muss ich mir die Vorstellung eines »Ziels«, einer »Zielvorgabe« aus dem Kopf schlagen, ob es nun um Strecke oder um Tempo geht. Mit einem Pferd gestaltet man seine Zeit anders als mit einem Navi.

Wie schwer indessen der Lust anzukommen zu widerstehen ist! In fünf Monaten möchte ich in Rom ankommen. In einer Woche möchte ich in Limoges ankommen. Heute Abend möchte ich in Saint-Astier ankommen. Jetzt gleich möchte ich am Ende dieser Straße ankommen. Vor lauter Lust auf Ankommen riskiere ich, nirgendwohin aufzubrechen. Nach mehreren Jahrzehnten, die ich mich mit den Zwängen des Terminkalenders herumgeschlagen habe, muss ich mich jetzt für meine Sinneseindrücke und Gedanken verfügbar halten, *hic et nunc*.

Diese Aufmerksamkeit auf den gegenwärtigen Augenblick betrifft den Weg selbst. Es ist die Grundvoraussetzung, um sich nicht zu langweilen, wie ich während der ersten Tage entdecke. Wenn man eine lange gerade Straße vor sich hat, verliert man schnell die Geduld, weil jeder Schritt zu einer bloße Subtraktion im Verhältnis zur Distanz wird, die es noch zurückzulegen gilt. Auf einem gewundenen Waldpfad hingegen bleibt immer die Neugier auf das, was uns hinter der nächsten Biegung erwartet: Jeder Schritt zählt als Addition zur Strecke, die wir schon durchlaufen haben. Montaigne hatte das wohl verstanden, er behauptete, sich auf dem Pferd nicht zu langweilen: »Die Schritte, mit denen wir in einer Galerie herumspazieren, ermüden uns, selbst wenn es dreimal so viele gewesen sind, nicht so sehr wie die, mit denen wir uns auf einen vorgeschriebenen geraden Weg machen« (*Essais* I,26). In modernes Französisch übersetzt: Wenn man einer vollständig abgezirkelten Route folgt, langweilt man sich dreimal so schnell, als wenn man frei herumspaziert. Um die Langweile zu vermeiden, darf man nicht zu weit vorausschauen, und muss sich darauf verlegen, die Umgebung zu beobachten, selbst wenn die Route gradlinig und monoton ist. Ich möchte nicht so tun, als wäre mir das immer gelungen. Die Langweile ist etwas Naheliegendes, in das man nur allzu gerne zurückfällt.

Eine solche Philosophie des Wanderns lässt sich auch auf traditionellere metaphysische Themen anwenden. So etwa die Beziehung von Begehren und Lust. Die Feststellung ist trivial, dass wir unerhörten Aufwand zu treiben bereit sind, um Güter zu besitzen, deren Genuss bestenfalls vorübergehend ist. Darüber hinaus, »unser Begehren wächst mit der Beschwerlichkeit« (*Essais* II,15), während im Gegenteil der Überfluss uns ermüdet: »Wem würde nicht der Appetit vergehen, wenn er dreihundert seiner Gnade ausgelieferte Frauen erblickt, wie es der hohe Herr in seinem Serail tut?« (*Essais* I,42). Von der Anhäufung von Reichtümern über die intellektuelle Forschung bis hin zur Eroberung von Sexualpartnern werden wir von der Jagd motiviert und sind wir im Grunde wenig am Fang interessiert. Nun, das, was ein halbes Jahrhundert später Pascal verzweifeln lässt, entzückt Montaigne. Diese ewige Aufregung ist weit davon entfernt, das Elend des Menschen zu bezeugen, sie verleiht ihm vielmehr eine mehrdeutige Größe, die eines Wesens, das sich im Mangel vollendet. Unsere Tugend besteht also darin, das Begehren selbst zu genießen und die Unterhaltung nach ihrem echten Wert zu schätzen, so wie es Sokrates amüsierte, mit den Kindern auf Holzpferden zu spielen.

Wandern ist zudem sowohl eine Lebensweise als auch ein Schreibstil. Montaigne lässt seine Feder »mit Hüpfen und Springen« (*Essais* III,9) dahinsausen, und interessiert sich viel mehr für den Ausdruck eines Gedankens *hic et nunc* als für den wahnsinnigen Anspruch eines philosophischen Systems. Ebenso wie uns Umwege in die Irre führen können, können Abschweifungen uns zur Zusammenhangslosigkeit bringen. Wie Montaigne habe ich mir vorgenommen, mich nicht zu sehr darum zu bekümmern. Dieses Buch selbst folgt den Mäandern einer inneren Wanderschaft. »Ich fange gerne ohne Ziel an; der erste Federstrich bringt den zweiten hervor« (*Essais* I,40). Das Leben, sowohl das eines Menschen als auch das eines Buches, darf sich einige Freiheiten von der Logik erlauben.

Woher soll der wenig schmeichelhafte Name des *arrivisme*, des Strebertums, sonst kommen, wenn nicht von dem Drang anzukommen, der sowohl auf der Straße als auch im Leben schädlich ist? Gegen den Strich einer mehr und mehr reglementierten, durchorganisierten, durchgeplanten Existenz, in der die Zeit in Millisekunden zerlegt wird, müssen wir das Unangebrachte und Unzeitige kultivieren.

*

Die Durchquerung des Périgord hält zudem eine praktischere Lektion für mich bereit: Man muss Schlössern misstrauen. Die Region besitzt sie in Hülle und Fülle, und die Versuchung ist groß, in einem für die Nacht Station zu machen; man würde dort immer einen alten Stall oder ein Stückchen Park finden, um die Stute unterzubringen. Schon das Wort »Schloss«, das man so oft in Märchen für Kinder und in Handbüchern für Historiker gelesen hat, übt immer noch heimtückisch seine Faszination aus. Besser noch, der Bewohner eines Schlosses ist für die Nachbarn ein »Schlossherr«. Deshalb entscheiden sich immer noch gewisse Schwärmer dafür, ihr Leben für einen solchen Steinhaufen aufzuopfern, ob sie ihn nun erben oder für den Preis einer Pariser Zweizimmerwohnung kaufen. Sie renovieren, stückeln von hier und von da zusammen und versuchen vergeblich, ein Geschäftsmodell rund um Gästezimmer, Hochzeitsfeiern oder Pilgerschlafsäle zu entwickeln. Das »Schloss«, das einstmals der ganze Stolz eines Geschlechtes war, besitzt nun nicht einmal mehr den Charme einer Ruine. Man schlendert dort zwischen gefliesten Trennwänden, Duschkabinen aus dem Baumarkt und Möbeln aus dem Trödelladen auf und ab. Die Anspruchsvolleren sind für den Empfang der Touristen mit Hinweisschildern übersät, die auf den »Rundgang«, zum Klo, zum Getränkeautomaten und zum »Exit« führen. Warum sollte man sich in einem Schloss aufhalten, das den einen Zweck seines Daseins verloren hat, die Pracht?

Die schlimmste Nacht meiner Reise habe ich in einer Festung des 16. Jahrhunderts verbracht, inmitten von Bremsen, die Destinada völlig zerstachen, und von Fledermäusen, die das riesige Zimmer durchflatterten, in dem ich meinen Schlafsack ausgerollt hatte – ohne Zweifel die Seelen der Hausherren, die sich über den Anblick von Campingausrüstung empörten, wo einst Schwerter und Rüstungen klirrten. Ist das nicht der endgültige Sieg der Revolution, dass diese aristokratischen Wohnsitze nicht etwa konfisziert, verbrannt oder verlassen, sondern vielmehr gnadenlos von Urlaubern besudelt werden, die auf gemütliche Vergnügungen aus sind? Immer hat es den Anschein, dass die momentanen Besitzer sich in ihrer Rolle als verarmter Schlossherr nicht sehr wohl fühlen, und so legen sie gegenüber ihrer Familie, ihren Angestellten und ihren Gästen eine Art spöttischen Hochmuts an den Tag. Ich bin in manch lustiger Atmosphäre angekommen, farblose Kopien von *Lady Chatterley*. Dekadenz ohne Exzess, die von imperialer Größe träumt und bei Problemen mit dem Dach endet. Destinada bekam staubige Garagen angeboten oder Weiden voller Brombeeren und Stromkabel, was sie indigniert zurückwies. Aus der Art und Weise, wie sie mir Schritt für Schritt folgt, schließe ich, dass Pferde ebenso gut wie wir eine deprimierende Stimmung erkennen.

Man muss sich abfinden. Abgesehen vom Aufkauf durch russische Milliardäre, die ihnen in Ermangelung aristokratischen Glanzes wieder ein etwas verrücktes Leben einhauchen können, haben Schlösser in unserem demokratischen Jahrhundert jegliche Bestimmung verloren. Ich plädiere dafür, sie in Ruhe zu lassen, sie in ihrem eigenen Tempo verfallen zu lassen, bevölkert von Brombeeren und Junkies wie ein Kadaver voller Würmer.

In die Kategorie der Relikte einer längst vergangenen Epoche gehören auch die Kleinstädte. Der Zufall führt mich durch Thiviers, das als »Hauptstadt des Trüffels« gilt. Eigentlich hätte ich den Ort im Osten umgehen sollen und den GR 654 verlassen, um einen mysteriösen »Pfad der Entdeckungen« einzuschlagen, der sich zwischen einem Schloss, einem Campingplatz und Fußballfeldern hindurchschlängelt. Aber verloren in meinen Gedanken oder vielmehr in einer Art schlafwandlerischen Meditation kam ich auf den Asphalt geradewegs vor mir und fand mich eines Sonntagvormittags auf der Hauptstraße von Thiviers wieder. Mit ihrem hellen Stein, ihren schmiedeeisernen Balkonen und ihrem Fachwerk war sie einstmals zweifellos das blühende Leben. Heute macht sie den Eindruck einer Geisterstadt. Wie Lucky Luke, der die wie Pilze aus dem Boden geschossenen und nach dem Goldrausch wieder verlassenen Städte durchquert, sehe ich, aus der erhöhten Perspektive des Reiters, die Trauer tragenden Schilder vorbeiziehen. Die Häuser sind zu verkaufen oder zu vermieten, die Läden schwanken zwischen »endgültiger«, »einstweiliger« oder »durch

Ruhestand bedingter« Schließung. Wer wird die Bar oder die Schuhmacherei weiterführen? Wer wird die einst stattliche Wohnung in der Rue Jean-Jaurès kaufen? Wahrscheinlich niemand. Das einzige Geschäft, das etwas Erfolg zu haben scheint, bietet Hypnosetherapie an. Da gibt es in der Tat Bedarf.

Die wenigen Passanten und die Hausfrauen an den Fenstern beobachten mich schweigsam, mit vorwurfsvoller Miene. Ich fühle mich verlegen, als wäre ich der lästige Zeuge ihrer Verlassenheit. Als ich vor der wuchtigen romanischen Kirche ankomme, werde ich von einer Handvoll Gemeindemitglieder empfangen, die gerade aus der Messe kommen und die letzten Seelen in dieser Gegend sind, die noch an den Heiland glauben. Unter ihnen ist eine Dame, die einen medizinischen Mundschutz trägt und beginnt, mir frenetisch und grundlos zu applaudieren. Niemand macht mit. Ihre kraftvollen Klatscher hallen einsam über das Pflaster. Sie hüpft und stößt laut Übertreibungen hervor, die ohne Zweifel von der Predigt des Wanderpfarrers inspiriert sind. Einige Meter weiter wendet sich ein alter Herr in Sonntagskleidern, die Hose bis über den Nabel gezogen, in einem unverständlichen Kauderwelsch an mich, was ich erst für einen Dialekt halte, was aber mit höherer Wahrscheinlichkeit auf eine fortgeschrittene Demenz schließen lässt. Von der Terrasse der Bar aus beobachtet mich eine Gruppe Jugendlicher mit höhnischem Grinsen. Sonntags in Thiviers: Alles ist zu verkaufen, auch die Hoffnung.

Eine geschwinde Suche im Internet bestätigt diesen ersten Eindruck: Seit den 80er-Jahren hat Thiviers ein Drittel seiner Einwohner eingebüßt, die Zahl ist unter die Dreitausend gesunken. Indessen scheint es nicht das schlechteste Los unter allen Kleinstädten gezogen zu haben: Hier versammeln sich die Handwerksspezialitäten der Region (Lederhandwerk, Gastronomie, Steingut), es gibt noch zahlreiche Unternehmen, und die Homepage wirbt für die touristische Berufung des Ortes, im Herzen des grünen Périgord. Aber wozu ist eine Kleinstadt noch gut, wenn der eine Teil der eingesessenen Einwohner vom Charme des Landlebens angezogen und der andere von der Vitalität einer regionalen Metropole wie Limoges, etwa sechzig Kilometer entfernt, aufgesaugt wird? Die Bars werden unabänderlich weiterhin schließen, die Häuser weiterhin herunterkommen; allein das Tourismusbüro wird vielleicht durchhalten, ein bloßer Durchgangspunkt für Wohlhabende, die Gänseleberpastete vom Bauernhof kaufen wollen.

Einen ähnlichen Eindruck bekam ich einige Tage später in La Souterraine (5000 Einwohner), noch leerer und noch stiller, eine von den Schauspielern verlassene Theaterkulisse; das einzige offene Geschäft war das Bestattungsinstitut. Auf die Landflucht ist der Niedergang der Städte gefolgt, der heute von Geographen und Soziologen unter dem Stichwort *shrinking cities* erforscht wird. Zu gedrängt für das üppige Bad in Anonymität und Vergnügung, zu asphaltiert, als dass man sich an der frischen Luft fühlte, haben die Hauptorte der Kantone ihre Existenzberechtigung verloren. Selbst Hausbesetzer hätten Sorge, sich dort zu langweilen.

*

Nach einer ersten Woche bei spartanischer Verpflegung habe ich mich ohne die geringsten Skrupel entschlossen, gegen dieses Regime zu verstoßen: Ich habe zum Mittagessen einen Tisch in der Auberge de la Truffe reserviert, die vom Guide Michelin ausgezeichnet wurde. Ich verlasse am Morgen Périgueux und habe meinen Weg so geplant, dass ich zur Mittagszeit in Sorges ankomme. Mir ist bewusst, dass der Duft des Trüffels viel mehr wert ist als sein Geschmack, der sich zu schnell auflöst. Um sich einen radikalen Eindruck davon zu verschaffen, muss man sich nur in die große Halle der *Fiera del tartufo* in Alba vorwagen. Ohne einen Cent auszugeben, kann man sich über Stunden hinweg mit dem Duft Tausender Trüffel, manche faustgroß, wegschießen. Ich nehme mir vor, auch in Sorges eine kleine Dosis davon einzunehmen.

Bei meiner Ankunft an der Auberge stelle ich Destinada auf dem Parkplatz ab. Sie ist im Schatten eines Baumes angebunden, hat ein Stück Wiese in ihrer Nähe und einen Eimer Wasser. Unverzüglich werde ich für meine Feinschmeckerei bestraft: Desti tritt auf einen Zügel und reißt ihn glatt ab. Ich setze mich also zu Tisch mit meinen Zügeln in der Hand, meinem Schweizer Taschenmesser und meinem Nähzeug. Die Kellnerin reicht mir wortlos die Speisekarte; meine Scherze über diese unpassende Situation lassen sie völlig kalt. Was eine gastronomische Verschnaufpause hätte sein sollen, verwandelt sich in eine Bewährungsprobe in Sattlerei. Ich beginne damit, die Enden meines Zügels dünner zu machen. Ich überspringe die Anwendung des Kantenziehers, die Ästhetik muss warten. Ich markiere die Löcher mit den Zinken einer Gabel und mache mich dann, auf der Terrasse kniend, daran, sie zu durchbohren. Ich drücke zu stark, und mein rautenförmiger Pfriem bricht entzwei. Nach und nach kommen die anderen Gäste, einigermaßen chic: das eine Mal in der Woche auswärts. Ohne besondere Zuneigung betrachten sie diesen Zigeuner mit T-Shirt und Cowboyhut, der gerade dabei ist, sich mit einem Stück Leder abzumühen. Verzagtheit überkommt mich: ohne Pfriem keine Löcher; ohne Löcher keine Zügel; ohne Zügel kein Pferd; ohne Pferd keine Reise.

Während ich mein Omelette mit Trüffeln völlig aus den Augen verliere, finde ich eine Lösung durch die Kombination einer Korkenzieherspitze mit dem runden Pfriem (der, wie sein

Name nahelegt, nicht dafür gemacht ist, Löcher zu stechen, sondern sie bloß zu vergrößern). Kenner werden erahnen, wie viel Schweiß mich diese Übung gekostet hat. Nun kann ich also mit der Sattelnaht anfangen, mit zwei Nadeln und Pechdraht ausgerüstet. Aber die Nadeln gehen schlecht durch, und ich richte mir dabei den Zeigefinger übel zu. Ich winke die Kellnerin herbei und bestelle eine Flachzange, um die Nadel an der Spitze rauszuziehen. Ich befürchte, dass sie dieses Mal die Nerven verliert. Aber nein, sie bleibt makellos professionell und macht sich auf, die Bestellung auszuführen. Einen Augenblick später erscheint der Chef selbst mit dem Werkzeug. Der Faden hat sich verheddert, ich gehe zur Gewalt über: ein trockener Schlag und komme, was wolle.

Zum Dessert wird es heller am Horizont. Zunächst ist die *Schwimmende Trüffelinsel* ein echter Fund: Der Duft bleibt an der Vanillecrème haften. Des Weiteren habe ich es geschafft, meine Naht auf die andere Seite des Zügels zu führen, der gefahrenvollste Abschnitt für einen Anfänger wie mich, und ich beginne damit, sie wieder Richtung Schnalle hinaufzuführen, was keine weiteren Schwierigkeiten bereitet. Am Ende haben die Kunden doch Mitleid mit dem armen Schlucker gefasst. Die Vollendung der Arbeit gerät zu einem Schauspiel, das von allen benachbarten Tischen lebhaft angefeuert wird. Man fragt mich aus. Man bietet mir Unterkunft in Tulle an, das aber leider zu weit von meinem Weg liegt. Die Chefin ruft eine benachbarte Schneiderin an. Sobald mein Werk vollbracht und es Zeit für die Rechnung ist, posiere ich mit Desti vor dem Aushängeschild des Hauses für ein Erinnerungsfoto. Satt und mit Zügeln, die bis an das Ende der Expedition halten werden, mache ich mich wieder auf den Weg.

Am Tiefpunkt meiner Arbeit, als der Ausgang noch ungewiss war, hat mir eine Einwohnerin halb im Scherz vorgeschlagen, im Dorf eine Sattlerwerkstatt zu eröffnen. So weit bin ich noch lange nicht. Aber dieser Sieg über die Materie verschafft mir doch eine weitaus größere Befriedigung als die schlichte Lösung eines technischen Problems. Ich habe diese Zügel selbst hergestellt. Ich habe mich für den Stil der Camargue entschieden, mit einem langen geflochtenen Stück, das die beiden Lederriemen verbindet. Das sieht hübscher aus und lässt sich auf Wanderschaft leichter in einer Hand halten. Alice hat mir beim Zuschnitt und bei den Nähten geholfen, Ausgangsmaterial war ein Stück Rindsleder: Seither nehme ich in konkreter, fleischlicher Art und Weise wahr, dass diese Zügel ein Teil der Haut eines Tieres sind; ich erinnere mich, wo die Schulter des Rindes war (auf der Seite der Kandare) und wo seine Kruppe (auf der Seite, die ich in der Hand halte). Die Arbeit am Flechtwerk beendete ich mit dem Cutter während eines abendlichen Beisammenseins, was mir einige Schnitte in den Fingern eintrug. Mit diesen Momenten ist das Leder seither patiniert. Als ich meine Zügel reparierte, habe ich selbst dem noch etwas hinzugefügt; es wird ihnen für immer der chtonische Duft schwarzer Trüffel anheften.

Während dieses Mittagessens habe ich das Gefühl, eine veritable Arbeit verrichtet zu haben, im Schweiße meines Angesichts, wie die Bibel es verlangt. Das Hufschmieden erweckt in mir ähnliche Gefühle. Ich verstehe die Verführungskraft des Handwerks nun besser. Um einen Sattel herzustellen, habe ich auf die Dienste eines Sattlers aus dem Département Lot zurückgegriffen, Jean-Marie, der in der Szene »JMS« genannt wird. Nachdem er ein Unternehmen zur industriellen Herstellung von Sätteln gegründet und geleitet hatte, hat er sich wieder selbstständig gemacht und fertigt nun selbst, von Anfang bis Ende und in seinem Tempo, etwa fünfzehn Sättel pro Jahr an. Er hat an meiner Stute Maß genommen, hat mit mir über die Reisebedingungen diskutiert und sich ins Zeug gelegt, um rechtzeitig zu meiner Abreise fertig zu werden. Ein Wanderreitsattel muss mehreren komplexen und schwer zu vereinbarenden Ansprüchen genügen: Er muss leicht sein (sodass sogar das Blatt, das normalerweise den Oberschenkel des Reiters von den Flanken des Pferdes trennt, geopfert wird), widerstandsfähig, bequem, für Veränderungen in der Morphologie des Pferdes adjustierbar und mit allerlei Ringen, Riemen und Schlingen versehen, um Ausrüstung einzuhängen. Im Frühling vor meinem Aufbruch habe ich das Meisterwerk in der Werkstatt von JMS abgeholt, auf der Anhöhe von Labastide-du-Vert, einem zauberhaften Dorf im Quercy. Er hat mir alle Etappen der Fertigung erklärt, vom Sattelbaum bis zum Vorderzeug. Da er die Gesamtheit des Prozesses beherrscht und von keinerlei Zulieferer abhängt, kann er zahllose Variationen einführen: ein gewichtiges Argument gegen die Arbeitsteilung.

JMS ist selbst mehrere Monate im Jahr auf Wanderschaft und kann entsprechend seine Produkte ganz nach dem Maß seiner Erfahrungen und Neigungen perfektionieren. Ein Zulieferer für große Ledermarken, den ich auf meinem Weg getroffen habe, studierte meinen Sattel mit Bewunderung und bemerkte: »So eine Sattelnaht macht man gar nicht mehr.« JMS ist besser als Hermès (für einen Bruchteil des Preises). Andererseits erinnere ich mich nicht ohne Verlegenheit an den Sarkasmus von Alice, als sie meinen Gürtel mit seinen zarten und schlecht gefassten Nieten begutachtete: Es war ein Berluti. Das nenne ich eine Lektion über unsere Naivität gegenüber den Marken und über unsere immer noch viel zu folkloristische Wertschätzung des Handwerks, die ich nicht so schnell vergessen werde.

Montaigne bewunderte den Herzog von Florenz für seine Juwelierskünste, da er »Freude daran hat, beim Schleifen von orientalischen Edelsteinen und beim Bearbeiten von Kristall selbst Hand anzulegen« (*Reisetagebuch*, Florenz). Ich meinerseits, der ich meinen Lebensunterhalt immer an der Tastatur eines Computers verdient habe und noch die geringste Waschbeckenentstopfung outsourcen musste, denke oft über die so eigentümliche Natur der Handarbeit nach. In einem bescheideneren Maßstab vollzieht sich an mir die gleiche langsame Bekehrung wie an Matthew Crawford, dem amerikanischen Philosophen, der die Hörsäle der Universität verlassen hat, um eine Motorradwerkstatt zu eröffnen. Er beschreibt die Freude, die er bei der Instandsetzung eines Vergasers verspürt oder wenn er von seinen Kunden direkt bezahlt wird. Endlich kann er die reale Auswirkung seiner Mühen und die Art und Weise, wie sie zur Gesellschaft beitragen, ermessen. Crawford analysiert die Vorzüge des Handwerks und im Grunde die Vorzüge aller Arbeit vor dem Taylorismus: Indem man einen Gegenstand gestaltet und einer greifbaren Transformation unterzieht, betätigt man die eigene Intelligenz in unmittelbarer, nachprüfbarer Weise. Vor allem aber projiziert man die eigene Individualität in die Welt. Diese Zügel werden für immer die meinen sein. Um sich daran zu erfreuen, muss man kein Wachstums- oder Globalisierungskritiker sein: John Locke, der Gründervater des ökonomischen Liberalismus, definierte die Schöpfung von Wert als den Akt, die Tätigkeit des eigenen Körpers mit dem von der Natur gegebenen Material zu vermischen. Ist das nicht die beste Rechtfertigung für den Privatbesitz? Wenn ich mir selbst gehöre, was die Prämisse einer freien Gesellschaft ist, dann kann ich auch souverän über das verfügen, was ich geschaffen habe und was eine Erweiterung meiner Person ist. Es wäre völlig legitim, diese Zügel zu zerstören, zu verschenken oder natürlich aufzubewahren. Folglich ist das System des Preises nur ein Weg, unsere Produktionen auszutauschen, und ist die Marktwirtschaft eine Vernetzung unserer schöpferischen Fähigkeiten in globalem Maßstab. Die Perversion dieser Logik durch die oligopolistischen Monster des gegenwärtigen Kapitalismus stellt nicht ihre philosophischen Fundamente infrage.

Locke gibt als Beispiel die Frucht eines Baumes: Ab wann gehört sie mir? Wenn ich sie sehe, wenn ich sie pflücke, wenn ich sie verzehre? Wenn ich sie pflücke, denn das ist der Moment, in dem ich eine Anstrengung unternehme. Ich werde daran denken, wenn ich in Lothringen im Spätsommer Mirabellen und im Oktober in der Toskana Oliven vom Sattel aus pflücke. Bin ich ein Dieb, wenn auch für den Bruchteil eines Cents? Nur zur Hälfte, denn ich habe mich der Arbeit der Ernte angenommen. Der wahre Dieb ist vielmehr das Unternehmen, das alle Mirabellen einsammelt und gestützt auf sein regionales Monopol die Produzenten unterbezahlt.

Ob Handwerk oder Ernte, Handarbeit ist die primäre Quelle des Werts. Sie ist aber auch eine Art zu denken. Warum ist der Handwerker kreativ? Crawford hat eine Idee. Die Methoden des modernen Managements nähern Kreativität und Flexibilität einander an. Der Kreative soll für alle Ideen offen sein, alle Hypothesen wagen, alle möglichen Strategien vorschlagen. Diese Aufgabe wird oft an externe Berater delegiert, das ultimative Endergebnis der Arbeitsteilung: Die Zukunft eines Unternehmens wird von einigen wankelmütigen Geistern ersonnen, die sich herzlich wenig für das Detail dieses oder jenes Produktes interessieren und deren unvoreingenommener Blick von ihrer Unabhängigkeit garantiert wird.

Spezialisten für »Organisationstransformation« und Experten für »Strategie« teilen so den Kuchen der Managerdummheit unter sich auf. Die Ergebnisse dieser PowerPoint-Präsentationen *out of the box* sind ausnahmslos Plattitüden. Denn Kreativität kommt eben genau nicht nirgendwoher. Sie ist, gibt

Crawford zu bedenken, die Frucht langer Praxis. Einstein ist nicht eines Morgens aufgestanden und hat sich gesagt: »Ich werde kreativ sein.« Er hat angefangen, Tensoralgebra zu studieren. Innovation kann nur aus einem wiederkäuenden Grübeln entstehen. Nicht der Berater wird eine neue Art Geige erfinden, sondern der Geigenbauer, der sich selbst befragt, der bestimmte Makel verbessert, der sich an anderen Vorgehensweisen inspiriert. Um ein innovatives Paar Zügel zu erfinden, genügt es nicht, eine Marktstudie durchzuführen: Man muss Dutzende, Hunderte von Zügel repariert haben, um Fragen zu stellen und zu lösen, die ansonsten unbemerkt bleiben würden. Kreativität setzt nicht voraus, dass man die Gesamtheit aller Möglichkeiten vor sich Revue passieren lässt, sondern Kreativität bringt das hervor, was in der Entwicklung einer Persönlichkeit, die innig mit einem Beruf verbunden ist, notwendig wird. Es ist kein Zufall, dass Crawford von einem »stoischen Ideal« spricht. Das wohl verstandene Handwerk, also alle Arbeit im ursprünglichen, ungeteilten Sinne, setzt die Selbstbeherrschung voraus, die Montaigne so wichtig war. Ganz im Gegensatz zum Optimierungswahnsinn, der die Arbeiter auf unzählige anonyme Aufgaben verteilt.

In einer noch grundlegenderen Art und Weise hat Claude Lévi-Strauss gezeigt, wie das wilde Denken, anders gesagt der ursprüngliche kognitive Prozess unserer Menschlichkeit, durch »Bastelei« *(bricolage)* funktioniert. So wie der Bastler Objekte zweckentfremdet und ihre Funktion ihrem Gebrauch folgend neu interpretiert, so respektiert auch das wilde Denken die konzeptionellen Barrieren nicht, bringt eine Idee mit einer anderen zusammen, entfernt ein Wort von seiner Bedeutung, vervielfältigt linguistische Versuchsanordnungen. Das ist auch die Unternehmung Montaignes, der seine Sprache »durch das Barbarentum meines Landstrichs« (*Essais* II,17) entstellt und aus dem »Versuch« eine echte philosophische Methode gemacht hat. »Wenn es sich um ein Thema handelt, von dem ich gar nichts verstehe, dann versuche ich genau dort meine Urteilskraft« (*Essais* I,50). Die Vorzüge des Experimentierens gelten für die Materie ebenso wie für die Ideen. Ist das nicht der Sinn dieser Reise?

Unsere Gesellschaft überbewertet theoretische Kenntnisse. Das Bildungssystem ist vollständig auf akademische Kompetenzen zentriert. In seinen Überlegungen zur Kindererziehung, die er an Diane de Foix adressiert, beklagt Montaigne bereits den zu doktrinären Charakter des Studiums. Um einen jungen Menschen zu bilden, »ist es nicht genug, seine Seele anzuspannen, sondern man muss auch seine Muskeln anspannen« (*Essais* I,26). Könnte man nicht in die Hauptlinie der verpflichtenden Unterrichtsfächer echte Handwerkskurse einbinden? Warum müssen in französischen Gymnasien diejenigen, die einmal Tischler werden wollen, Literatur studieren, und nicht umgekehrt? Lasst uns die Ärmel hochkrempeln, um besser denken zu können!

*

Dass ich alleine reise, ist eher Notwendigkeit als Geschmackssache: Es ist nicht so einfach, einen Reitgefährten zu finden, der gut ausgerüstet ist, bereit, eine lange Pause von seinen sonstigen Tätigkeiten einzulegen, und dessen Charakter nicht einen derartigen Mehraufwand darstellt, dass man sich nach wenigen Tagen schon an die Gurgel geht. Auch Montaigne hätte es nur zu gerne gehabt, dieses »seltene Glück, das eine so unschätzbare Erleichterung ist, einen weltläufigen Menschen an seiner Seite zu haben, mit einer gefestigten Auffassungsgabe, mit (zu den eigenen) passenden Sitten, und mit der Lust, mitzukommen« (*Essais* III,9). Zum Ausgleich habe ich alle, die

Lust hatten, eingeladen, mich ein Stück des Weges zu begleiten, nach dem Modell von Forrest Gump. Ich werde weniger Erfolg haben als Tom Hanks, aber knappe dreißig antworteten trotzdem auf meinen Aufruf: Freunde auf Mountainbikes, Reiter, die am Abenteuer teilhaben wollten, oder einfach Neugierige, die eine Stunde an meiner Seite gingen.

Die Ersten von ihnen sind bei meinem Aufbruch aus Mensignac zu mir gestoßen, vor der Durchquerung des Waldes von La Faye. Carole und Alain Libera erscheinen in schneidiger Montur, mit Reitgerten und Lederstiefeln. Wie immer festigt praktische Diskussion die Bindungen. Die kleine Truppe muss sich meinem etwas langsameren Rhythmus fügen, die einzige, aber nicht verhandelbare Bedingung dieser Eskapaden. Wir brechen auf, und der Morgen ist bereits brüllend heiß; der Wald wird unsere Klimaanlage sein.

Unsere Pferde scheinen kaum dazu aufgelegt, miteinander Bekanntschaft zu machen: Destinada wacht eifersüchtig über ihre Privatsphäre, ein Kreis von einem Meter Durchmesser, in den sie jedes Eindringen nur schwer erträgt. Demgegenüber finden die menschlichen Wesen schnell Berührungspunkte: Geschmack am Wandern und ein Grauen vor der Bürokratie. Als einstigem Funktionär in Brüssel ist Alain eine recht dunkle Vision von der europäischen Verwaltung geblieben. Meine kafkaeske Korrespondenz mit der Kommission über die Modalitäten des Grenzübertritts zu Pferde legt mir nahe, ihm zu glauben. Aber er ist entschlossen, seine Revanche für Jahrzehnte blockierter Initiativen zu fordern und einen europäischen Pferde-Rundwanderweg zu starten: die *Route d'Artagnan*, die den Reisen des berühmten Musketiers vom Département Gers bis nach Maastricht folgt.

Montaigne trifft sich also mit d'Artagnan, zwei Gascogner, die kaum ein Jahrhundert trennt: eine lustige Begegnung. Ich stelle mir vor, dass der Philosoph für die Federn und den Degen des Musketiers mehr übriggehabt hätte als für den Dienst des Königs, der d'Artagnan für die niedrigsten Arbeiten einspannte. Montaigne hätte es nicht verstanden, wie man seine Ehre als Edelmann für den blinden Gehorsam einem Fürsten gegenüber opfern kann, er, der in den *Essais* behauptete, dass »einem anständigen Mann im Dienste seines Königs, für die gemeinschaftliche Sache und das Gesetz, nicht alles erlaubt ist« (*Essais* III,1). Wie lässt sich die Schnelligkeit besser ins Bild setzen, mit der das Land von einer Monarchie, die immer weit entfernt wirkte und von der Montaigne schreiben konnte, »dass ein französischer Edelmann das Gewicht des Souveräns kaum zwei Mal in seinem Leben verspürt« (*Essais* I,42), in eine absolute Staatsgewalt überging, die alle Unabhängigkeitsbestrebungen niederbrach? Gewiss erledigte Montaigne kleinere diplomatische Aufgaben für Henri III. Auf dem Weg nach Rom überreicht er dem König ein Exemplar seiner *Essais*, erhält vermutlich ein vages Versprechen auf einen Botschafterposten am Heiligen Stuhl und macht auf dessen Bitte hin einen Abstecher zur Belagerung von La Fère, um an einigen Attacken gegen die Hugenotten teilzunehmen (in denen sein guter Freud, der Comte de Gramiont, sein Leben lassen sollte): ein Austausch von Gütern und Handlungen, der in die typisch feudale Beziehung eines Aristokraten mittlerer Herkunft, Edelmann der *chambre du roi* und Ritter des *ordre de Saint-Michel*, zu seinem Souverän eingeschrieben ist.

Demgegenüber wird der so ritterliche d'Artagnan von Louis XIV. behandelt wie der letzte Handlanger. Er muss an der (willkürlichen) Verhaftung und der (erbarmungslosen) Bewachung von Nicolas Fouquet teilnehmen, eines hochverfeinerten Ministers und Lebemanns, dessen einziges Verbrechen darin bestand, den zukünftigen Sonnenkönig in den Schatten gestellt zu haben. Der brodelnde und streitlustige Held von Alexandre Dumas wird von der Macht gezähmt, bis er sogar ihr finstrer Vertrauter wird. In seiner hübschen Musketieruniform bleibt d'Artagnan immerzu besessen von den »Geheimmissionen«, mit denen ihn Pariser Minister betrauen. Seine Loyalität ist die Kehrseite seiner Unterwerfung. Wider Willen verkörpert er den Beginn des Zentralismus und des Autoritarismus, der aus ihm folgt. Es ist ein unheilvoller Schwenk in der Geschichte unseres Landes, dessen Folgen uns noch immer heimsuchen und Herrschaftsreflexen auf der einen Seite, Rebellionsreflexen auf der anderen Vorschub leisten. Montaigne hätte im Galopp Reißaus genommen.

Um die d'Artagnan-Route Wirklichkeit werden zu lassen, muss Alain natürlich durch das Zentrum: Brüssel. Er hat es auf sich genommen, die Mitgliedstaaten zur Unterstützung des Projektes zu überzeugen, und ist dann durch verschiedene Schichten wieder hinuntergestiegen: Zentralverwaltungen, Regionen, Gemeinden und so weiter. Wenig überraschenderweise ist der Vorgang komplex, fressen Planungstreffen viel Zeit und steckt das Ergebnis noch im embryonalen Stadium, und das nach gut zehn Jahren Arbeit. Ich werde der d'Artagnan-Route für zwei Tage, von Chambord nach Orléans, folgen: Angesichts der Umlaufgitter und der Treppen frage ich mich, ob jemals jemand hier wirklich entlanggeritten ist. Der Verwaltungsakt ist rechtsgültig, aber wer benutzt diese Wege?

Um die Montaigne-Route zu eröffnen, fange ich ganz im Gegenteil auf dem denkbar niedrigsten Niveau an: Ich verwende sie. Freilich auf die Gefahr hin, auf privaten oder für Pferde gesperrten Wegen zu landen, auf feindselige Feldhüter zu treffen oder mich auf Schnellstraßen wiederzufinden. Aber in fünf Monaten werde ich die Route eingeweiht haben und sie mit anderen Wanderreitern teilen können, die ihrerseits ihr eigenes Risiko eingehen und die Route nach Bedarf verbessern können.

Wenn sie sich einmal etabliert hat, wird die d'Artagnan-Route offiziell und markiert sein, mit Herbergen und Stationen. Die Montaigne-Route hingegen wird immer ein lückenhafter Flickenteppich bleiben, durchsetzt mit ergaunerten Abkürzungen und gewagten Etappen. Spiegeln sich in diesen unterschiedlichen Philosophien nicht auch die jeweiligen Schutzpatrone? D'Artagnan, Staatsmann; Montaigne, freier Mann!

*

Unter all den Überraschungen, die die Fauna und die Flora im Périgord für mich bereithalten, zieht eine Kategorie Lebewesen meine Aufmerksamkeit und meine Überlegungen auf sich, die ich bis dahin schmählich vernachlässigt habe: die Insekten. Sie treiben die arme Desti in den Wahnsinn, die die Weiden der Normandie gewohnt ist, wo nur eine Handvoll Elitemücken überleben kann. Hier hingegen, wo sich in der brütenden Hitze bereits die heftigen Hundstage des August ankündigen, ist das Insekt König, Herrscher der Lüfte und der stehenden Gewässer.

Da sind zunächst die Bremsen. Sie lauern uns am Waldrand auf wie die Räuber zur Zeit Montaignes, und dann hängen sie in Trauben auf Destis schwitzendem und duftendem Körper. Ich verbringe einen Gutteil meiner Zeit damit, sie zu verjagen, und vollführe dafür Verdrehungen, die mich mehr als einmal fast aus dem Sattel heben. Der Kampf gegen diese Hydra, deren Köpfe immer wieder nachwachsen, ist so notwendig wie vergeblich. Während der Etappe finde ich Destis Körper mit Blutstropfen gesprenkelt.

Auch die Lausfliegen sind eine Entdeckung. Sie hängen an den gemeinsten Stellen: Zitzen und Anus. Sie durchstoßen die Haut mit ihrem Rüssel und weiden sich am Blut ihres Opfers.

Dank ihrer Flugfaulheit fängt man sie leicht, aber ihr Panzer macht sie notorisch schwer zu erschlagen. Die empfohlene Methode, um sie loszuwerden, ist ihrem Schadenspotenzial angemessen: Enthauptung. Ein netter rothaariger Pferdepfleger, schüchtern bei Menschen, aber wunderbar empathisch bei Pferden, bietet mir eines glutheißen Morgens eine Demonstration an, als ich mich daranmache, in den Sattel zu steigen. Er hebt Destis Schweif an und macht sich mit langen, angeschrägten Fingernägeln, die er sich extra wachsen lässt, an seine Enthauptungsarbeit. Ich gestehe, dass ich in mir, obwohl ich schon so viele mentale Barrieren überwunden habe, um meine bürgerliche Vorstellung von »schmutzig« und »sauber« zurechtzurücken, noch nicht den Mut gefasst habe, ihn nachzuahmen.

Selbst die Fliegen sind hier weniger harmlos als andernorts. Nachmittags auf der Weide formen sie zu Hunderten eine Gewitterwolke rund um Destis Kopf. Diese brummende Gesellschaft stellt nicht nur eine arge Unannehmlichkeit dar, sondern auch eine echte Gefahr: Eine Fliege, die in die Schleimhäute der Augen oder Ohren eindringt, kann eine schwere Infektion verursachen. Man kann die Gereiztheit der Pferde vor einer Kutsche, die La Fontaine beschreibt, gut verstehen:

»Eine Fliege erscheint und summt zu den Pferden
und glaubt, ihr Gesumm treibe die beiden an;
sie sticht die Pferde und denkt dabei,
dass sie die Ursache der Bewegung sei.«

Diese Luftangriffe werden schnell zu einer Qual und lassen mich Mittel dagegen suchen. Ich nähre die Illusion, dass alles gut gehen wird, wenn nur dieses eine Problem erst bewältigt ist. Ich habe noch keine Ahnung, dass die Sorgen um das Wohlergehen oder die Gesundheit meiner Stute im Laufe der Reise meine ständigen Begleiter sein werden. Und dass es gar nicht anders sein kann, wenn man sich einmal dafür entschieden hat, mit einem lebendigen Wesen unterwegs zu sein.

Ich entschließe mich also, meine Satteltaschen mit einer Netzmaske gegen Moskitos zu beschweren, die ich bei Decathlon kaufe, wohin mich eine meiner Gastgeberinnen liebenswürdigerweise führt. Ich hätte mir diesen Ausflug in das Gewerbegebiet von Périgueux gerne erspart, aber Notwendigkeit ist Gesetz. Bevor ich sie auf der Weide zurücklasse, lege ich Desti von nun an ihre Fliegenmaske an, durch die die Ohren gefädelt werden und die mit einem Klettverschluss schließt. Es betrübt mich, ihr diesen Niqab anziehen zu müssen, den sie gar nicht gernhat und der ihr jeden Gesichtsausdruck raubt. Die Kraft des Blicks ist kein Privileg der Hominiden: Ich habe das Gefühl, dass dieses Netz mich von Desti trennt und dass es sie in eine Tier-Maschine ohne Seele oder Charakter verwandelt, wie sie Descartes in seinen übelsten Passagen beschrieben hat. Eine so umgitterte Stute erweckt ebenso mein Mitleid wie eine verschleierte Frau, aber gibt mir auch einen nützlichen Hinweis: Man muss sich des Urteils über Praktiken enthalten, die man nicht versteht.

Gleichermaßen experimentiere ich mit zahllosen Mückenschutzmitteln, mit denen Desti einzuschmieren mich alle meine Gastgeber drängen. Jeder, der betreffende Sprays vor Ferienbeginn gekauft hat, weiß: Sie alle helfen nicht und sind davon abgesehen zu schnell leer. Demgegenüber können sie, wenn sie schon die Insekten nicht zu vertreiben vermögen, dazu beitragen, die Menschen fernzuhalten. So schlägt mir eine meiner Gastgeberinnen ein Gebräu aus eigener Herstellung vor, eine Mischung aus weißem Essig und Knoblauch. Ich wage es nicht abzulehnen. Desti und ich reiten in Dörfern ein, gehüllt in ein Aroma, das gallischen Gerbereien würdig wäre und das alle meine Kleider durchtränkt. Das wird ein einsamer Tag.

Im Angesicht dieser wiederholten Niederlagen wird mir eine Fähigkeit bewusst, die uns Primaten zu eigen ist und der in den Theorien der Evolution vielleicht zu wenig Beachtung geschenkt wird: die Fähigkeit, sich zu kratzen. Unsere Finger kommen überallhin, schnell und präzise, auf Gedeih und Verderb. Diese Disposition ist Platon nicht entgangen, der daraus diesen herzhaften Dialog gemacht hat:

Sokrates:

Zunächst sage, ob es möglich ist, ein glückliches Leben zu führen, wenn man die Krätze hat und es einen juckt und man nach Herzenslust sich kratzen kann und dies Kratzen sein Leben lang fortsetzt? (...)

Kallikles:

So sage ich denn: Auch wer sich kratzt, führt ein angenehmes Leben.

Nun ist dieses angenehme Leben des Sich-Kratzens in jeder Hinsicht den allermeisten anderen Säugetieren vorenthalten. Ich betrachte Desti: Sie tanzt auf der Stelle und versucht, mit den Hufen die Stellen zu erreichen, wo es sie juckt, unten am Bauch oder zwischen den Schenkeln. Ich beobachte sogar, wie sie sich mit dem Hinterbein am Hals kratzt, wie ein Hund, und dabei alle ihre Muskeln anspannt, um das Gleichgewicht zu halten. Während ich im Sattel sitze, spüre ich, wie sie zusammenzuckt. All das ist keine Bedrohung für die Lausfliegen, die es sich bequem gemacht haben und den Tagescocktail schlürfen.

Die einzige wirkliche Lösung, auf die mich Antoine bringt, besteht darin, den Dingen ihren Lauf zu lassen. »Sie wird sich schon daran gewöhnen.« Wo der *Homo sapiens* handeln kann, ist das Pferd zum Fatalismus gezwungen. Der eine Weg zur Innovation, der andere zur Weisheit?

III Limousin

■ ■ ■

Landschaftswechsel und Verwaltungsaufteilung – Verirrt zwischen Teichen – Landkarten – Gastfreundschaft bei Fabrice – Geldsorgen – Dank und Dankbarkeit – Termin mit dem Hufschmied – Grade der Habitabilität – Bekanntschaft mit Bäumen – Tech und Low Tech – Geschäfte für morgen – Tierwohl und Menschensorgen – Rede vor den Rindern

■ ■ ■

Von einem Moment auf den anderen verändert sich die Landschaft. Ich habe gerade auf der Höhe von Châlus die Tardoire überquert, da werden meine Sinne von einer unleugbaren Erkenntnis überfallen: Ich habe ein anderes Land betreten. Was ist passiert? Schwer zu sagen. Die Atmosphäre kommt mir plötzlich etwas lieblicher und gedämpfter vor, so als ob auf die prahlerischen Farbenfanfaren des Périgord nun eine Arie folgen würde, intimer, *a cappella*. Ich verlasse einen großen, ein wenig effekthascherischen Garten und schmiege mich in die friedlichen Tiefen des Landes.

Mein Gehirn macht sich also an die Arbeit. Es analysiert. Es beobachtet: Die Anstiege führen auf weiträumigere Plateaus, die Felder weichen dem Bocage, die Eichen dominieren in den Wäldern, vereinzelte Dörfchen schmücken den Weg. Das ist das Limousin. Ich schaue auf die Karte: Wir haben gerade in der Tat seine historische Grenze überschritten.

Dergleichen Epiphanien werden mich während meiner Reise noch gut zwanzigmal ereilen und mich dabei stets überraschen. Es gibt keinen Übergang von einer Region zu einer anderen: Es kippt brutal um. Auf einen Schlag, nach einer Wegbiegung, sind da das Berry mit seinen schattenlosen Stoppelfeldern, die Sologne mit ihren Weihern, Fontainebleau und sein harziger Duft, die Maas mit ihren fluoreszierenden Spiegelungen, Bayern und seine die Täler mit Glockengeläut füllenden Zwiebeltürme, die Toskana mit ihren kratzigen Ölbäumen. Jedes Mal löst sich alles auf und setzt sich neu zusammen: die Baumarten, das verbaute Gestein, die Feldfrüchte, die Dialekte der Menschen, die Soßen der Gerichte. Wenn man sich die Zeit nimmt, sie zu durchwandern, legen die Regionen einen innigen Zusammenhang an den Tag, der Musik für alle Sinne ist. Man dreht einige Grad am europäischen Kaleidoskop, und aus denselben Elementen entstehen neue Harmonien.

Die regionalen Ensembles, die mir so ganz buchstäblich in die Augen springen, korrespondieren mit den Provinzen des Ancien Régime, nicht mit den geometrisch konstruierten Départements der Revolution und noch weniger mit den zeitgenössischen Régions, die nach politischer Lust und Laune fluktuieren. (Welcher Elsässer wird sich je im »Grand Est« wiederfinden, wer aus Limoges in der »Nouvelle-Aquitaine«?) Das wurde mir aus dem Mund meiner Gastgeber bestätigt. Jeden Abend, wenn ich Station mache, stelle ich die gleiche Frage, wie jemand, der aus dem Koma aufgewacht ist: »Wo bin ich?« Man antwortet mir: im Limousin, im Perthois, in der Brie, in der Vôge (nicht zu verwechseln mit den Vogesen). Nicht im Einundvierzigsten oder im Département Haute-Vienne. Wie es Jacques Lacarrière bereits vor fünfzig Jahren bemerkt hat, als er Frankreich zu Fuß durchwanderte, haben die lokalen Identitäten, diese Früchte von Jahrhunderten der spontanen Ordnung, alle administrativen Unterteilungen überlebt, die von den Jakobinern und ihren Nachfolgern künstlich angestellt wurden. Gut zwei Jahrhunderte unter dem Joch eines Präfekten haben die tiefgründige Geschichte nicht verändert, die ihren Weg von Generation zu Generation weiterverfolgt. Ist diese großartige Trägheit nicht die Garantie für die jahrhundertealte Kontinuität Frankreichs und der Völker, aus denen es sich zusammensetzt? Belastet sie andererseits nicht unsere Fähigkeit, Regierungszusammenhänge *ex nihilo* zu erschaffen, angefangen mit der Konstruktion Europa? Ein Territorium gehört denen, die es bewohnen; von ihm erhalten sie ihren Namen und ihm hinterlassen sie eine Kultur. Das ist auch der Grund, warum ich diese Erzählung nach den durchquerten Regionen gegliedert habe: nicht jene Regionen, die die Steuern erheben und die Straßen reparieren, sondern die Regionen, die sich dem geduldigen Reisenden spontan darbieten.

Auf dem Weg finde ich übrigens einen unverhüllten Beweis für die Absurdität solcher Verwaltungsaufteilungen, die mit keiner gelebten Notwendigkeit in Einklang zu bringen sind. Immerzu dem GR 654 folgend durchquere ich das Dorf Firbeix, das an der Bundesstraße liegt. Ich mache mir einen Spaß daraus, zwei Reliquien des öffentlichen Dienstes zu photographieren: das imposante Gebäude mit der Aufschrift »Post – Telegraph – Telephon« und die Kabine der »öffentlichen Waage«, ein diskreter Hinweis darauf, dass die nationale Einheit durch die Vereinheitlichung der Gewichte und Maße herbeigeführt wurde. Dann steige ich ab, um einen einigermaßen steilen Hang zum Schloss hinaufzusteigen, immer im Vertrauen auf die roten und weißen Markierungen des GR. Nach einigen Hundert Metern bemerke ich, dass mich die Markierungen vom Verlauf des GR abbringen, wie er auf meiner Karte eingezeichnet ist, und mich zu weit nach Westen führen. Ich mache kehrt und folge nun wieder den vom Institut géographique national (IGN) vorgezeichneten Pfaden. Dann versuche ich mich an einer etwas zu ambitionierten Abkürzung und sehe mich wieder gezwungen umzudrehen. Endlich komme ich, längst entnervt von all den Kehrtwenden, irgendwo in der Kette kleiner, von der Dronne gespeister Seen heraus.

Auf der Karte sieht alles ganz einfach aus: Der Name des Ortes, »La Forge« (das Eisenwerk, Anm. d. Übers.), erklärt die Präsenz dieser Stauseen, die das notwendige Wasser für die Abkühlung des Metalls bereitstellen. Das Stauwehr ist gut zu sehen, wo der blaue Strich des Flusses plötzlich stockt. Schwarz eingezeichnete Wege, von der violetten Spur des GR überlagert, umrunden die Seen, die wahrscheinlich schon vor langer Zeit in Fischereigewässer umgewandelt wurden und also gut gepflegt sind. Ich bemerke eine Mühle flussabwärts. Man kann sich leicht die harsche Konkurrenz zwischen dem Schmied und dem Müller um das vorhandene Wasser vorstellen, Vorwand für ungezählte Streitereien, Mesalliancen und Giftmorde? Ohne noch an die Präsenz eines Schlosses zwischen den beiden Rivalen zu denken. Giono hätte aus dieser Landkarte ein ganzes Buch gemacht.

Unterdessen erinnern mich meine bescheidenen Schlussfolgerungen an den Erdkundeunterricht in der Vorbereitungsklasse für die école normale supérieure. Unser brillanter Professor, der unter den Studenten vor allem für ein erotisches Frühwerk berühmt war, ein Buch, das in der Bibliothèque Saint-Geneviève von Tisch zu Tisch ging, konnte ausgehend von einer Karte des IGN die gesamte Geschichte eines Landstrichs rekonstruieren. Diese Detektivarbeit ließ mich seinerzeit völlig kalt: Ich zog metaphysische Argumentationen vor und scheiterte kläglich bei allen Kartographieprüfungen. Gegenwärtig haben mich mein Misstrauen gegenüber dem abstrakten Denken und die Notwendigkeit, auf dem Land mit all seinen Windungen zu überleben, auf den Geschmack für Karten gebracht. Langsam entwickelt sich ein Instinkt, wie sie zu interpretieren sind. Meine Schlussfolgerung für den Moment: Diese Teiche sind logisch, banal, unproblematisch. Wir können uns ohne Bedenken vorwagen.

Zwischen den beiden Hauptweihern aber ist eine Kette gespannt, von der herab ein bedrohliches Schild Privatbesitz verkündet und die den Weg versperrt. Es ist zwecklos, sich bis nach »La Forge« vorzuwagen, das aller Wahrscheinlichkeit nach zu einem verbarrikadierten Zweitwohnsitz geworden ist. Ich steige wieder in den Sattel: Es ist der Vorteil des Reiters, dass er im Falle einer Schwierigkeit beschleunigen kann. Ich wende mich nach Süden und an der Wasserfläche entlang, auf einem Weg, der zwar nicht eingezeichnet, aber offensichtlich in Benutzung ist. Lustig querfeldein durchs Unterholz und die Wette ist gewonnen: Ich stoße auf einen gangbaren Damm, der mir erlaubt, ans andere Ufer zu kommen. Auf der Höhe des letzten Weihers ist der Weg zugewuchert. Es fehlen nur noch ein Zentimeter auf der Karte beziehungsweise zweihundertfünfzig Meter, um auf eine Piste zu kommen (eine weiße, von einer Punktierung eingerahmte Linie, die Freundin des Wanderers: weder Asphalt noch Pfad). Ich entschließe mich, den Durchgang zu erzwingen, und führe Destinada auf *Terra incognita*. Der Weg ist kaum mehr zu erkennen, aber über die Richtung kann es keinen Zweifel geben. Baumstämme zwingen mich erneut dazu abzusteigen. Die Vegetation ist inzwischen mannshoch, und es wird für uns immer schwerer, einen Durchgang zu bahnen. Es ist früher Nachmittag und die Hitze drückend. Die Mücken umschwirren uns und lassen es sich schmecken. Wir straucheln über abschüssiges Gelände. Nach einigen Minuten finden wir uns in einer Sackgasse wieder: Stacheldraht zur Linken, See zur

Rechten, Brombeergestrüpp geradezu. Ich hebe den Kopf: Einen Steinwurf entfernt kann ich die Piste sehen, mit ihren zwei ordentlichen Spurrinnen, wie sie durch die Felder gegen das Dörfchen Monchaty aufsteigt, dessen Dächer man erahnen kann. So nah, so fern: Ich kämpfe mich hier mitten im Dschungel ab, während unter meinen Augen ein so vertrautes und gemütliches Leben seinen Gang nimmt. In diesen Häusern macht man gerade ein Mittagsschläfchen, auf diesen Feldern bereitet man die Ernte vor. Ist hier denn niemand, um mir einen Rettungsring zuzuwerfen oder mir zumindest einen Zaun aufzumachen?

Wie viel Dschungel bemerken wir nie, obwohl er direkt vor unserer Haustür liegt? Pflanzendschungel, aber auch urbaner Dschungel, Karton und Matratzen direkt auf dem Gehweg, oder mentaler Dschungel, betrübte Seelen, die an unserer Seite durch die gleichen Zimmer, die gleichen Büros irren und in unentwirrbares innerliches Brombeergestrüpp verstrickt sind?

Ich komme nicht umhin, bis nach Firbeix zurückzureiten und dann für gute drei Kilometer die Landstraße zu benutzen. Eine oder zwei Stunden »Verlust«, sagen wir besser »Verzettelung«, ziehen kaum Konsequenzen nach sich, selbst wenn sich dieser Tag mit seinem Pensum von vierzig Kilometern schwierig anlässt. Hingegen beunruhigt es mich, dass mich das für gewöhnlich so verlässliche Netz des GR auf offener Strecke im Stich gelassen hat. Indem ich noch einmal aufmerksam auf die Karte schaue, bemerke ich, dass durch das Gebiet der Teiche exakt die Départementsgrenze zwischen Dordogne und Haute-Vienne verläuft. Mögen auch die Karten des GR für das gesamte Territorium von der Fédération française de randonnée pédestre gezeichnet werden, so delegiert sie doch das Management des Wegenetzes an ihre jeweiligen Departementalkomitees. Der Gedanke ist also verführerisch, dass ich das Opfer eines klassischen Verwaltungswirrwarrs geworden bin: Das Komitee der Dordogne hat seinen

Teil des GR 654 markiert, das der Haute-Vienne seinen Teil, aber sie haben vergessen, sie zu verbinden. Angenommen, dass sie sich nicht infolge Gott weiß welcher Rivalität willentlich den Rücken zugekehrt haben. Wie viele Wanderer mussten schon wegen territorialer Eifersüchteleien in diesen Weihern ertrinken? Die Départements sind entschieden nicht der richtige Maßstab, um die Feinheiten eines Geländes zu begreifen.

*

Der Eintritt in den Bocage des Limousin ist vor allem eine Gelegenheit, eine Praxis zu entdecken, die so alt ist wie die Menschheit selbst, deren Erkundung eines der ausdrücklichen Ziele dieser Expedition ist und die mich im Grunde ein wenig einschüchtert: die Gastfreundschaft.

Bei Fabrice, in einem kleinen isolierten Bauernhaus gut dreißig Kilometer von Limoges, beginnt meine Reise, etwas Farbe zu bekommen. Als ich dort ankam, war ich todmüde, die Anmutung des Ortes, zusammengebastelt und behelfsmäßig, war nicht gerade einladend. Diverser Trödel gab dem Hof ein heiteres Aussehen. Eine Art Freiluftküche ist mit vollen Aschenbechern und leeren Flaschen zugestellt. Ein gutes Omen, man hat eine Hängematte an den Balken des schiefen Vordaches aufgehängt. Ich führe Desti auf die Weide, auf die man durch einen engen Durchgang zwischen zwei Zäunen hindurch gelangt, und vergesse nicht, den Strom zu unterbrechen. Ich rolle meinen Schlafsack in einer Art Anbau aus, die Wände sind unverputzt, eine Matratze liegt zwischen Glasscherben und Kartons herum. Um am Abend ins Bad zu gelangen, muss ich das Zimmer des Teenagers durchqueren, der in Shorts auf dem Bett liegt und gestreamte Serien glotzt. Ich begnüge mich mit einer minimalistischen Waschung.

Fabrice ist eine Mischung aus Jean Valjean und Gastibelza. Sein ehemaliger Beruf als Hufschmied hat ihm die Statur eines Bodybuilders hinterlassen. Braun gebrannt, den Schädel rasiert, gedrungen, aber kräftig, Fabrice macht Eindruck. Um ihn herum schwirrt ein Schwarm von Lolitas, zweifellos seine Töchter oder die Freundinnen seiner Töchter; sie rauchen, lachen, klimpern auf ihren Handys herum und führen die Pferde aus. Ich verstehe nicht so richtig, wer was macht, wer wovon und wo lebt, aber ich lasse diese Nachforschungen schnell sein und lasse mich in dem Malstrom aus menschlichem und tierischem Leben treiben, wo alles per Zufall beginnt, nichts wie geplant abläuft und alles gut endet. Die Dame des Hauses erscheint und zeigt uns die überaus feine Arbeit in Emaille, die sie nach der Tradition des Limousin ausgeführt hat. Wir sprechen über Handwerk und über spanische Pferde, wir teilen die Vorstellung, dass ganz offensichtlich das wahre Lebens woanders ist, woanders jedenfalls als in den Gängen der Supermärkte, als auf dem automatisch bewässerten Rasen, als in politischen Reden. Das Abendessen kommt dazwischen, ich weiß nicht, wann oder wie, es hat keinen Anfang und kein Ende. Eine Riesenportion Bolognese für den Wanderer, ein Joint, der rumgeht, einige Mojitos: Dem verdrängten Anarchisten in mir fehlt nichts zum Glück. Fabrice holt seine Gitarre raus und singt mit einer schönen rauen Stimme Lieder von Brel und Renaud:

> J'aime c'qui est cassé, j'aime c'qui est détruit
> J'aime surtout tout c'qui vous fait peur
> La douleur et la nuit

Man spürt, dass Fabrice weiß, wovon er redet. Aber seine großen blauen Augen haben alle Verletzungen ausgehalten und ihm die Freimut eines Kommunionkindes bewahrt. Wer ist übrigens sein Lieblingsautor? Jean d'Ormesson.

Fabrice hat mich nicht aufgenommen, er hat mich eingesammelt, verwöhnt und verhätschelt. Er hat sich mit der Frage beschäftigt, wie ich meine beiden Satteldecken fest miteinander verbinden könnte, denn eine von ihnen hat die Tendenz, nach hinten zu rutschen. Er hat angeboten, mir seine eigene Ausrüstung mitzugeben. Er hat mir versprochen, sein nächstes Fohlen »Le Gaspard« zu nennen. Am Morgen des folgenden Tages, nachdem er mir sorgsam die geheimen Wege erklärt hat, die auf keiner Karte zu finden sind, ist er noch mit in den Wald gekommen, um sicherzustellen, dass ich die richtige Abzweigung nehme, hat mich noch einige Hundert Meter begleitet und Photos gemacht. Ich verlasse ihn nicht ohne Rührung, es kommt mir vor, als hätte ich in weniger als vierundzwanzig Stunden eine zweite Familie gefunden; die Familie der Wanderreiter vielleicht oder schlicht und ergreifend die große Familie der Menschen. Ich habe soeben einen neuen Modus der Beziehung zu einem anderen entdeckt: die Gastfreundschaft.

Eine Frage hat mich die ganze Nacht über gequält: Wie kann ich Fabrice all seine Fürsorge vergelten? Ihm Geld anzubieten erscheint mir geschmacklos, es nicht zu tun fahrlässig. Ich frage mich auch, wie viel: Zu viel würde ihn in die Kategorie eines gemeinen Airbnb versetzen, zu wenig würde knauserig erscheinen. Ich nehme all meinen Mut zusammen, stecke einige 10-Euro-Scheine in die Hosentasche, und als der Moment des Aufbruchs gekommen ist, murmele ich einige unverständliche Worte über die Kosten für das Heu. Mit der den Worten entsprechenden Geste lange ich in meine Hosentasche. Fabrice lehnt klar ab. Ich erröte: Habe ich ihn vor den Kopf gestoßen? Feinfühlig und bemüht, den Teufelskreis unwillentlicher Demütigung zu durchbrechen, unterbindet er meine nachdrücklichen Erklärungsversuche und umarmt mich herzlich. In wenigen Sekunden bin ich zu einem Reisenden geworden und er zu einem Gastgeber. Ich mache mich tief gerührt auf den Weg und bemerke kaum die Menschenmenge auf der Straße, die gekommen ist, um der Errichtung eines Windrades zuzuschauen.

Nach einer Woche unterwegs ist das mein erstes Mal: Und es wird nicht das letzte sein. Schon am nächsten Tag erneut, bei Alain in Aixe-sur-Vienne, einem Freund von Fabrice, den ich mitten in der Heuernte erwische und der mich in einem alten Fachwerkhaus unterbringt, das an seine Scheune grenzt. Dieses Mal mache ich nicht mehr den Versuch zu bezahlen, sondern quäle mich mit Zweifeln herum, als ich wieder aufgebrochen bin. Hätte ich nicht einen Schein auf dem Tisch liegen lassen sollen? Diese Qualen hören nicht mehr auf. Bis ich in Italien ankomme, werde ich mehr als die Hälfte der Zeit über umsonst untergebracht, eingeladen. Jede Situation ist wieder ganz neu und folgt einem anderen Protokoll. Bis ich verstehe, dass es anders gar nicht sein kann und soll: Das ganze Wesen einer nicht-geschäftlichen Beziehung ist es, komplex zu sein, voll Unausgesprochenem, voller Suggestionen, voll unbemerkter Feinheiten und ungeschickter Kränkungen. Zum Glück verfüge ich über einen Joker: das Versprechen, ein Exemplar des Buches zu schicken, wenn es rausgekommen ist. Das, was mich aus der Verlegenheit zieht, wird den Untergang meines Verlegers besiegeln.

In jedem Falle aber knüpft die Gastfreundschaft ein Band von ganz eigener Art und von ungewohnter Stärke. Der Reisende bleibt nur vorübergehend, am nächsten Tag bricht er wieder auf. Er stellt keinerlei Bedrohung dar und hat nicht einmal die Zeit, um Klatsch und Tratsch zu verbreiten. In Relange (Vôge) gibt sich die Hälfte des Dorfes die Klinke meiner Tür in die Hand, und es kommt zu Terminüberschneidungen unter den verschiedenen Apéros, zu denen man mich bittet. Ich werde also während meiner ganzen Reise noch zahlreiche Vettern wie Fabrice finden.

*

Die Gastfreundschaft ist nur eine Facette der Großzügigkeit, die mir überall begegnet, wo ich durchreise, und die mir auch schon vor dem Aufbruch begegnet ist. Meine Reise wird zum Teil durch eine Online-Gemeinschaftskasse finanziert, in die fast zweihundert, hauptsächlich anonyme Spender eingezahlt haben. Seither habe ich das Gefühl, von der öffentlichen Wohlfahrt zu leben. Die Liste meiner Schuldigkeiten verlängert sich von Tag zu Tag. Schon jetzt also ein Dank an meine Gastgeberin in Saint-Michel-de-Montaigne, die mir eine Hose wieder zusammengenäht hat; an die junge Städterin im Urlaub, die mir eines heißhungrigen Abends Nudeln und Würstchen gegeben hat (in Ermangelung eines Besseren in Milch gekocht); an die Stammgäste im Café von Saint-Astier, die auf Desti aufpassten, während ich unterwegs war, um unsere Vorräte aufzustocken; an Jean-Marc, den Schreiner, der meine Spannseile geflickt hat; an die joviale Tiersitterin in Puyfébert, die mir ein Mittagssandwich gemacht hat; an den Lebensmittelhändler, der uns ein paar übrige Karotten zugeschoben hat; an Francine, die Rentnerin aus Chalais, die mich einlud, ihr Dessert (Bananen mit Joghurt) mit ihr zu teilen, und mir schwarzen Tee servierte; an die englische Dressurreiterin, die in La Coquillette eine Stunde auf mich gewartet hat, während ich Einkäufe machte; an die Bauarbeiter, die Desti einen Apfel geschenkt haben; an Nicole, die mich mit Kastanienkuchen und einem saftigen Stück Schweinefleisch rundgefüttert hat; an alle, die uns unterwegs einen Eimer Wasser aufgetragen haben.

Ich muss Dankbarkeit neu lernen. Ich fühle mich wie Angelo am Anfang von *Der Husar auf dem Dach*, der Durst hat und sich an eine junge Frau wendet, die gerade aus einer Meierei kommt:

> »– Entschuldigen Sie, Madame, wären Sie so freundlich, mir etwas Kaffee zu geben, gegen Bezahlung?
> Sie antwortete nicht sofort, und er verstand, dass er zu höflich gewesen war.
> – Das *gegen Bezahlung* war etwas ungeschickt.
> – Ich kann Ihnen etwas Kaffee geben, kommen Sie nur.«

In diesem Sinne hört man nicht auf, mir alles zu geben: Nahrung, Zeit, Rat. Ich kann das ganze Land für zwei Mark fünfzig durchqueren.

Ich grüble über diese gleichsam universale Großzügigkeit nach, diese einfachen, völlig uneigennützigen Gesten, die für mich und Desti absolut essenziell sind. Desti trägt ohne Zweifel dazu bei, meine Mitmenschen für uns einzunehmen, wenn sie mit einem Kopfstupser Streicheleinheiten einfordert. Aber es gilt, eine noch überzeugendere Erklärung zu finden. Die Anthropologie gibt uns wichtige Hinweise. In seinem Buch *Stone Age Economics* bemerkt Marshall Sahlins, dass das Aufkommen des Geldes sich an der Peripherie vollzieht, sobald die Interaktion mit Fremden unumgänglich wird: Die ersten Währungen entstehen an den Grenzen, um Güter mit weit entfernten Stämmen zu handeln. Innerhalb der Gruppe aber zieht man den wohlvertrauten Mechanismus von Gabe und Gegengabe vor. Seit den letzten gut zehntausend Jahren haben wir uns nicht zu sehr verändert: Läuft heute die Zurückweisung einer monetären Beziehung nicht auf die Bildung einer Stammesgemeinschaft hinaus, und sei es nur für einige Stunden? Auf eine Erneuerung der alten Tugend des Tauschens, selbst wenn ich im Gegenzug nichts zu geben habe? Auf eine Aufhebung der sozialen Anonymität, die die Moderne charakterisiert, um ein einzigartiges Wesen zu werden, das vertrauenswürdig ist?

Ein anderer Anthropologe, David Graeber, geht noch weiter. Am Ende seines monumentalen *Essais* über die Geschichte der Schulden stellt er die These eines »Alltagskommunismus« auf, eines uralten Instinktes, der uns dazu drängt, einem Passanten den Weg zu weisen oder die Einkaufstüten alter Damen zu tragen. Ein solche Gabe ist ohne Gegengabe; in primitiven Gesellschaften verlangt sie nicht einmal Dank. Sie kann sich ebenso auf einen Fremden richten wie auf ein Clanmitglied. Sie geht jeglichem quantifiziertem Handel voraus und bildet dessen notwendiges Substrat. Genau deshalb schlägt Graeber vor, ein allgemeines Jubeljahr auszurufen und alle Schulden zu erlassen; ein Vorschlag von großer Aktualität, jetzt da Covid alle Staatshaushalte durcheinandergebracht hat.

Dieser Alltagskommunismus lässt uns wieder aufleben. Wir dürsten nach ihm. Wir fühlen genau, wenn auch konfus, dass wir die Grenzen der immerwährenden Monetarisierung erreicht haben, indem wir jeden Pedaltritt eines Fahrradkuriers und jeden Click eines Internetnutzers bepreisen. Es geht nicht darum, das Recht auf Eigentum zu negieren, sondern ihm entwischen zu können, wie es den eigenen Neigungen und Bedürfnissen entspricht. Solche Beziehungen sind langsamer, subtiler, fragiler, reich an Windungen und Vorsichtsmaßnahmen. Man umkreist sich, schätzt sich ein, entschließt sich zu vertrauen, schließt Freundschaft. Man fühlt sich vollständig menschlich.

*

Limoges ist die erste Großstadt auf meiner Route. Der GR 654 führt mitten hindurch, und ich bin entschlossen, mein Glück zu wagen. Ein gutes Training vor Orléans, Meaux, Konstanz oder Florenz.

Die Durchquerung der Vororte ist nicht einfach: Die großen Straßenadern, die die Industriezone mit den Wohngebieten verbinden, sind weder für Pferde gemacht noch für Fußgänger, noch im Grunde für irgendeine Lebensform. Desti sucht vergebens nach einem Stück Wiese am Fuß von Haltestellenhäuschen und wartet ungeduldig an roten Ampeln. Was soll es bringen, diese Wohnblöcke aus Beton und diese gigantischen Firmenschilder zu beschreiben, die überall in Frankreich und überall auf der Welt die gleichen sind? Die Leute um mich herum bleiben auf Abstand, sind misstrauisch, so als wäre dieses inkongruente Schauspiel nicht für sie bestimmt. Von den Balkonen aus beobachtet man mich kichernd. Wie jeder weiß, ist die Einsamkeit unter den Augen der Stadt grausamer als in der Stille der Waldwege.

Als wir die Rue Saint-Eloi auf dem Weg zum Justizpalast erklimmen, schöpfe ich wieder Kraft. Der Verkehr ist nicht mehr so dicht, und ich steige wieder in den Sattel. Zwischen den Gehwegen, den Fußgängerzonen und den Plätzen, die die Markthalle umgeben, kommen wir ohne Schwierigkeiten durch. In den Einkaufsstraßen strömen die Leute zusammen, um meine Stute zu feiern. Sie nimmt ihren Teil Karotten entgegen. Um ihr etwas Wasser zu geben, holt die Chefin des Basars einen Sektkübel von Pommery hervor: eine Luxustränke! Man unterhält sich. Immer das gleiche Gespräch, dessen ich seltsamerweise nie überdrüssig werde: woher ich komme, wohin ich gehe, wie ich Desti mit Nahrung versorge und, für die Erfahreneren, welche Pferderasse sie ist. Auf den Boulevards hält Desti wohlweislich hinter den Autos an: Wir begegnen unserem ersten Stau. Nur die Pflastersteine, vor allem auf den abschüssigen Straßen, die rund um die Kathedrale Saint-Étienne hinabführen, bereiten uns einige Mühe.

Nachdem wir die Vienne überquert haben, setze ich mich auf die Terrasse eines Restaurants, um auf einen Hufschmied zu warten: Destis Hufeisen sind von all den Tagen auf Asphalt bereits abgenutzt, und ich musste einen professionellen Nothelfer, eine Art SOS-Express-Beschlag, rufen. Der einzig mögliche Termin nach fünf oder sechs fruchtlosen Versuchen ist mittags in der Innenstadt von Limoges. Mir geht auf, dass Hufschmied ein zukunftsträchtiges Gewerbe ist: Weniger als zweitausend von ihnen teilen unter sich die eine Million Pferde auf, die das Land zählt. Es ist ein schwerer, körperlich fordernder Beruf, aber er ist gut bezahlt und kann vermutlich nicht automatisiert werden. Die Terminkalender von Hufschmieden gleichen denen von Ministern und ihre Honorare denen von Anwälten. Eine Vorsorgesitzung wird mehrere Wochen im Voraus ausgemacht, und durchreisende Kunden können keine Ansprüche erheben. Gauvain muss regelmäßig nachhaken, drängeln und flehen, um auf wundersame Weise einen Termin zu bekommen. Mittags in der Innenstadt von Limoges? Ja, sehr gern, vielen Dank.

Es gibt ein bestimmtes Profil des Typs Hufschmied. Da nimmt er Destis Huf zwischen seine kräftigen Schenkel und gibt ihr dabei eine Streicheleinheit: »Ganz ruhig, meine Süße.« Popeye mit den Manieren einer Schmusekatze.

Die urbane Umgebung stellt keinerlei Problem dar. Die Chefin des Restaurants weist uns höflich darauf hin, dass der Rauch der Schmiede die Tische in dichten Nebel hüllt; wir ziehen uns zehn Meter Richtung Brücke zurück und machen mit dem Beschlag unter den Augen der Schaulustigen weiter, die von dieser unerwarteten Attraktion ganz entzückt sind. Während der Schmied schwitzt, fange ich ein Gespräch mit zwei jungen Müttern an, die oft auf Pilgerreisen gehen. Wir tauschen unsere Kontaktdaten aus, ich habe immer ein paar knitterige

Visitenkarten griffbereit, die auf das dünnste Papier mit dem minimalsten Gewicht gedruckt sind. Meine Gesprächspartnerinnen sind ausgesprochen redselig und spirituell. Alles an ihrem Verhalten, bis hin zu der geduldigen Entschlossenheit, mit der sie ihre Burschen erziehen, deutet auf eine friedliche und heitere Existenz hin, die mich, der ich immer unterwegs, immer unruhig bin, in Versuchung führt. Überdies rühmen sie mir die Stadt und ihre Umgebung. Das ist der Lockruf von Limoges, inmitten der Ausdünstungen weiß glühenden Eisens: der plötzliche Wunsch, das Gepäck abzustellen, alle persönlichen und existenziellen Ambitionen sein zu lassen und dort an den Ufern der Vienne von der anständigen katholischen Gesellschaft aufgenommen zu werden wie der verlorene Sohn.

Bis es so weit ist, bin ich immer Opportunist und erfahre, dass der Bruder der einen in Orléans wohnt, das auf meiner Route liegt: Drei Wochen später werde ich mich bei ihm einladen. Wieder eine Übernachtung sicher. Ich wende mich wieder dem Schmied zu, der, wie es alle machen, auf die Arbeit seines Vorgängers schimpft. Ich nicke und entsage dem genaueren Verständnis seiner Kunst. Das wird noch Folgen haben, denn angesichts der zu schnellen Abnutzung der Hufeisen werde ich recht bald größeren Problemen gegenüberstehen. Und ich werde mich noch notgedrungen im Detail für die verschiedenen möglichen Techniken interessieren müssen. Für den Augenblick begnüge ich mich damit, einen Scheck zu schreiben. Ja, einen Scheck. Wenn das Scheckbuch auch aus dem Leben des Städters seit Langem verschwunden ist, so bleibt es doch für den Reisenden unabdingbar, wenn Kleingeld oder Appell Pay nicht verfügbar sind. Darüber hinaus ist es auch ein vergleichsweise nobles Zahlungsmittel: ein signierter und personalisierter Wechsel, der würdige Urahn der Banknote. Ich breche wieder auf, im langsamen Trab und mit meinen brandneuen Hufeisen, an den Ufern der Vienne entlang. Ohne Übergang bin ich wieder zurück auf dem Land.

Dieses Kontrasterlebnis der Stadt erlaubt es mir, einen noch unklaren Gedanken zu systematisieren, während ich mich in die Tiefen des Limousin, Richtung Saint-Léonard-de-Noblat voranwage: Wo ein Pferd vorbeikommt, ist das Leben möglich. Die Freude, die das Gehen Desti und mir bereitet, ist zu einer Maßeinheit für die Habitabilität, wie Biologen sagen würden, der verschiedenen Umwelten geworden, die wir durchqueren. An der Spitze der Hierarchie das laubreiche Unterholz, voll üppiger Vegetation, Tierspuren, Bachgemurmel. Der Weg durch den Bocage ist auch nicht übel, mit seinem Schatten und seinen Talmulden. Die Innenstädte, auch große Agglomerationen wie Limoges nicht ausgenommen, sind einstmals um das Pferd herum gebaut worden und bieten noch immer recht günstige Bedingungen. Im Gewirr der Geschäfte, Restaurants und Spaziergänger kann man sich immer behaupten. Die Stadt ist wuselig, kurvenreich, offen. Die Autos fahren in Schrittgeschwindigkeit, die Fußgänger trödeln herum, die Brunnen sind unser Apéritif. Selbst Friedhöfe sind einladend, mit dem Schatten ihrer großen Bäume und ihren von Wanderern hochgeschätzten Wasserhähnen. Demgegenüber bekommt man auf den langen, steinigen Wegen, die die Kornfelder durchqueren, ein Gefühl von Wüste. Der Asphalt, der die Hitze zurückstrahlt und das Echo der Hufschläge zurückschallt, dörrt uns aus. Die Einfamilienhaussiedlungen, in denen die manische Pflege des Rasens mit der systematischen Unkrautvernichtung an den Straßenrändern einhergeht, hungern uns aus. Die Bundesstraßen, zuweilen unumgänglich, gleichen für uns langen Tunneln; wir passieren in starkem Trab, resigniert und ungeduldig, ans Ende zu kommen. Aber das Schlimmste vom Schlimmen, das Unerträgliche, das Ende allen Lebens, sind die Stadtrandgebiete. Es gibt nichts mehr zu sehen außer Destis Kopf vor einem Block Beton. Wie haben wir auch nur für einen Augenblick die Vorstellung Le Corbusiers und seiner verbrecherischen Schüler teilen können, dass diese abscheulich funktionellen Räume jemals eine wünschenswerte Zukunft für die Menschheit darstellen werden? Wenn das der Fall wäre, warum sehen wir dort niemals auch nur einen Touristen, Besucher oder Spaziergänger? Warum flüchten wir, sobald wir im Urlaub und von den Zwängen des Alltagslebens befreit sind, sofort Richtung »historisches Stadtzentrum«?

Montaigne erwähnt nirgends ein »historisches Stadtzentrum«. Zu seiner Zeit ist die Stadt das Zentrum, und alter Werkstein ist keine abstechende Qualität. Eine neue Stadt wie Vitry-le-François, »in den letzten fünfunddreißig oder vierzig Jahren erbaut« (*Reisetagebuch*, Vitry-le-François), ist ganz nach dem Geschmack des Reisenden des 16. Jahrhunderts: Das Datum des Baus zählt wenig. Paradoxerweise sind »das Neue« und »das Historische« junge Kategorien. Indem sie im großen Stile Hässliches und Unbewohnbares hervorgebracht hat, hat unsere Moderne auch die Sehnsucht nach dem Alten erfunden.

*

Die Wege im Limousin machen uns keine besonderen Schwierigkeiten, die Aufnahme in den Bauernhäusern mit ihren armdicken Mauern ist herzlich, die alten Römerstraßen erleichtern das Vorankommen, und die Wälder bieten willkommenen Schatten. Ich nutze diese relative Ruhephase, ein Vorspiel für anspruchsvollere Tage, um mir eine neue Herausforderung zu stellen: Bäume erkennen. Ich habe im Laufe meiner Existenz bereits mehrere Anläufe unternommen, mir diese Wissenschaft anzueignen, den letzten vor ungefähr zehn Jahren, als ich mir einen Bildband über die verschiedenen in Frankreich anzutreffenden Baumarten kaufte. Alle diese Anläufe sind gescheitert, aus Mangel an Geduld und, ohne Zweifel, Mangel an Instinkt. Ich beneide die Schriftsteller, die, anstatt einfach nur »einen Wald« zu beschreiben, eine Fülle von Nuancen und Adjektiven aufbieten können. Die, die mich am meisten reizen, sind die, die so tun, als wüssten sie nichts, wie Alain Fournier in *Le Grand Meaulnes*: »Ich gehe unter den tief hängenden Ästen von Bäumen hindurch, deren Namen ich nicht kenne, es müssen aber Erlen sein.« Ich hingegen gehe auch jeden Tag unter tief hängenden Ästen hindurch, ich bekomme sie zuweilen auch voll ins Gesicht, wenn ich im Sattel sitze, und auch ich kenne ihren Namen nicht, aber das war's. Meine Wahrnehmungen bleiben verschwommen und mein Vokabular begrenzt. Antoine hat mir beigebracht, Rotbuchen (frz. *hêtres*; Anm. d. Übers.) von Hainbuchen (frz. *charme*) mithilfe eines eroticoagronomischen Spruches zu unterscheiden: »Der ganze Liebreiz (frz. *charme*) Adams besteht darin, völlig nackt zu sein (frz. *être*).« Anders gesagt: Hainbuchen haben gesägte Blätter (frz. »mit Zähnen«, *à dents* = A-dam), das Blatt der Rotbuchen aber ist *(être = hêtre)* glatt, also nackt. Aber abgesehen von Hainbuchen und Rotbuchen, abgesehen von den unverwechselbaren Eichen, spaziere ich durch den Wald wie ein Analphabet durch eine Bibliothek.

Glücklicherweise habe ich eine neue Verbündete gefunden: die Technologie. Die App Pl@netNet erkennt mehr als fünfundzwanzigtausend Pflanzenarten aus der ganzen Welt anhand eines Photos des Blattes, der Rinde oder der Blüte. Über Stunden hinweg unterhalte ich mich damit, im Vorbeigehen Blätter zu pflücken, sie auf dem Sattel zu drappieren und die Maschine nach der Identifikation mit der höchsten Wahrscheinlichkeit zu befragen. Pl@netNet arbeitet mit den klassischen Techniken der Künstlichen Intelligenz: Seine Algorithmen vergleichen meine Aufnahme mit Millionen von Bildern in einer Datenbank und arbeiten dann Gemeinsamkeiten heraus. Wenn ich mir selbst bei der Benennung eines Baumes ganz sicher wäre, könnte ich dieser Datenbank mein gelabeltes Photo hinzufügen und so das Funktionieren der App ein klein wenig verbessern. Das nenne ich einen sinnvollen, partizipativen Gebrauch der Künstlichen Intelligenz, der ohne die Erschleichung personenbezogener Daten und ohne gezielte Werbung auskommt. Warum das nicht nutzen? Siehe, schon bin ich mit der Birke, dem Ahorn, dem Nussbaum, der Platane, der Esche, der Weide, der Ulme, der Linde und der Kastanie vertraut; bei Letzterer gebe ich zu, dass Destinada mir geholfen hat, denn ihre Blätter lässt sie sich besonders gerne schmecken. Sodann folgen die Robinie, der Holunder, die Vogelbeere, die Eberesche, die Vogelkirsche und die Espe; die Unterarten, also etwas wie »Mandelweide«, sind etwas für eine nächste Reise.

Wie alle Novizen kann ich es kaum erwarten, meine Kenntnisse einzusetzen. Schau, da kommt genau im richtigen Moment ein Holzfäller.

»Vorsicht«, ruft er mir zu, als er sieht, wie ich auf den Bildschirme gucke, Tablet am Steuer, »das gibt sechs Punkte!«

Ich lache und halte an. Er freut sich, eine Pause von der Arbeit des Einschlags zu machen. Ich wage mich vor:

»Was für ein großartiger Hainbuchenwald!«

»Ja. – Eigentlich ist er etwas krank. Und es sind Rotbuchen.«

Anfängerfehler. Um ihn wieder wettzumachen, zitiere ich meinen neuen mnemotechnischen Kniff:

»Der ganze Liebreiz Adams besteht darin, völlig nackt zu sein.«

Er starrt mich perplex an.

»Das ist eine normannische Bauernregel.«

»Ich kenne sie nicht«, entschuldigt er sich.

»Das sagt man, weil Hainbuchen gesägte und Rotbuchen glattrandige Blätter haben.«

»Ah, das wusste ich gar nicht.«

Wie das? Er ist Holzfäller und kann nicht verschiedene Blätter unterscheiden?

»Ich bin es gewohnt«, sagt er noch, wie um sich zu entschuldigen, »ich erkenne sie halt.«

Voilà. Mein eifriges Studium wird niemals die Erfahrung ersetzen. Dieser Holzfäller ist im Alleingang eine Künstliche Intelligenz: Seine empirischen Deduktionen lassen die Bande der Kausalität hinter sich. Er lebt mit den Rotbuchen und grüßt sie jeden Morgen, wie man auch seinen Nachbarn Guten Tag sagt, ohne sich zu fragen, welche Attribute ihnen eine menschliche Gestalt verleihen. Ich wünsche ihm alles Gute und setze etwas verdrossen meinen Weg durch die Wälder fort, deren Mysterien mir unzugänglich bleiben werden.

Wenn es für mich auch keine Punkte beim Kraftfahramt gibt, ist ein Tablet zu Pferde nicht ein wenig lästig? An der Maas begegnete ich einem erfahrenen Wanderreiter, Bernard, genannt »der Lothringer Haudegen«, der sich die Mühe macht, keinerlei Technologie zu verwenden. Er hat einen Kompass und eine Frankreichkarte dabei (»eine Karte von der PTT«, präzisiert er), er verlässt sich auf seinen Instinkt und auf die Hinweise, die das Terrain gibt. Das ist ganz und gar nicht meine Absicht. Eine Expedition zu Pferd zielt nicht auf ein Phantasma der Vergangenheit, sondern auf das Verständnis der Gegenwart. Warum sollte ich *low tech* reisen, wenn mir die Technologie im gegebenen Fall erlaubt, die Natur besser zu verstehen? Und wo sollte die Ablehnung des Fortschritts enden? Das Tablet ist nur ein Durchgangspunkt in der Technikgeschichte, die auch die Verarbeitung von Eisen und Leder einschließt. Müsste Bernhard nicht, um konsequent zu sein, ohne Sattel reiten? Warum sollte man die Pose des edlen Wilden aufrechterhalten, wo wir doch jeden Tag von der Findigkeit des menschlichen Geistes profitieren? Montaigne seinerseits war völlig fasziniert von den Maschinenkünsten der Renaissance: In seinem *Reisetagebuch* beschreibt er ausführlich den Mechanismus der automatischen Tore von Augsburg, »eines der kunstreichsten Dinge, die man sehen kann« (*Reisetagebuch,* Augsburg), und die Wasserspiele des Kardinals von Ferrara. Das 16. Jahrhundert erfreut sich an den Fortschritten der Menschheit, ohne von unseren Skrupeln gebremst zu werden.

Allerdings hat mein aktenkundiges Misstrauen gegenüber der Künstlichen Intelligenz dazu geführt, dass ich meine Werkzeuge sorgsam ausgewählt habe. Außer Frage steht es, Google Maps nach dem Weg zu fragen oder mich auf ein iPad zu verlassen. Mein stoßfestes Tablet, das von einer kleinen Firma in Montpellier herausgebracht wurde, wurde extra für die Verwendung unter freiem Himmel hergestellt; es soll widerstandsfähig gegen Wasser, Feuer und Schläge sein. Dank echter Tasten kann man das Gerät auch mit dreckigen Händen oder mit Handschuhen bedienen (eine gute Gelegenheit festzustellen, dass Touchscreens für eine reinliche, sesshafte und regengeschützte Menschheit gemacht sind).

Auf dieses Outdoor-Tablet habe ich Apps heruntergeladen, die ich im Griff habe und die, soweit möglich, nicht die Daten ihrer Nutzer klauen. Die erste heißt iPhiGéNie, ein raffiniertes System für Landkartenvorlagen, das ein unabhängiger französischer Entwickler, ein wahrhafter Tech-Handwerker, erschaffen hat. Für gut zehn Euro im Jahr kauft man eine Lizenz, die einem in der Folge erlaubt, der einzige Eigentümer der Wege, die man zurücklegt, zu sein; in der Tech-Welt ist der Kaufpreis eine (nicht zureichende) Bedingung der Moral, während ein kostenloses Produkt das geradezu sichere Zeichen für übergriffige Absichten und manipulative Algorithmen ist. Auf iPhiGéNie wird nichts geteilt, es gibt keine Empfehlungen und kein Kundenkonto. Ich bin der einzige Kapitän auf dem Schiff. Die satellitengestützte Geolokalisation bestimmt meine Position auf den Meter genau, hat für Funklöcher nur Spott übrig und gewährleistet dabei völlige Anonymität. In den Monaten vor meinem Aufbruch bin ich Tausende Kilometer mit den Augen abgegangen und habe Wanderrouten, die ich auf verschiedenen Websites gefunden habe, auf Karten im Maßstab 1:25.000 übertragen (IGN für Frankreich, OpenTopoMap für Deutschland und Italien). Wenn ich Skrupel bezüglich einer Route oder einer Brücke hatte, half mir ein Blick auf Satellitenbilder, die Situation einzuschätzen und gegebenenfalls den Weg zu verändern. In meinem Tablet von sechshundert Gramm trage ich ganz Europa herum. Ein Europa, das sich nicht mit Wasser vollsaugt und nicht zerknittert.

Die anderen Apps sind eher klassisch. Anstelle der üblichen sozialen Netzwerke habe ich mich für eine auf das Wandern spezialisierte App entschieden, um meine Route und einige alltägliche Photos zu teilen: Polarsteps. Sich dort anzumelden bedarf eines gewissen Aufwandes, und das ist schon Türsteher genug, um einen vor hämischen Trollen zu bewahren. Ansonsten habe ich etwas, um meine Korrespondenz zu erledigen, zu schreiben und zu lesen. Ich habe den ganzen Montaigne eingepackt, und hin und wieder öffne ich unterwegs sein *Reisetagebuch*, um die Eindrücke zu vergleichen. Unterwegs füge ich noch eine Wettervorhersage-App hinzu, die mir Bauern empfohlen haben. All das zusammen verbraucht extrem wenig Energie, nach einem Tag der Benutzung ist die Batterie noch zu 90 % voll. Es versteht sich von selbst, dass ich alle Push-Nachrichten deaktiviert habe. Mein Tablet lässt mich völlig in Frieden.

»Diese gierige und unersättliche Lust auf Neuigkeiten, die uns so unverhältnismäßig und ungeduldig alles stehen und liegen lässt, um uns mit dem Neuankömmling zu beschäftigen, die uns allen Respekt und alle Zurückhaltung raubt, sodass wir gleich auf der Stelle die Briefe öffnen müssen, die man uns bringt« (*Essais,* II,4), sie wurde schon von Montaigne angeprangert. Diejenigen, die im 16. Jahrhundert einen Brief ohne Rücksicht auf ihre momentane Gesellschaft öffneten, sind heute die Sklaven ihrer Telephone, immer bereit, auf eine Vibration zu reagieren, in ewiger Erwartung einer Minidosis Adrenalin, eines gehobenen Daumens, einer beleidigenden Nachricht, eines Witzes in einer Chatgruppe oder des jüngsten viralen Tweets. Montaigne stellt dem eine ganz epikureische Weisheit entgegen: »Die Geschäfte für morgen« (*Essais,* II,4). Nur ein vernünftiger Abstand zur Welt macht es möglich, zur Selbstbeherrschung zu gelangen. Die Technologie spielt mit unseren Schwächen und unserer Ungeduld: Es liegt an uns, sie in die Schranken zu weisen. Auf meinem Pferd nutze ich das Beste, was die KI und ihre Satelliten mir zu bieten haben, aber ich lasse keinerlei Nachricht den Rhythmus meiner Wanderschaft unterbrechen. Ich ziehe die *good tech* der *low tech* vor. Mein Tablet befindet sich in einer der linken Taschen. Desti kennt die Geste schon, die sich jeden Tag hundertmal wiederholt, um eine Richtung zu verifizieren oder eine Distanz zu berechnen; sie nutzt diese kurzen Momente der Ablenkung oft, um sich ein Büschel Gras abzureißen. Dann stecke ich das Tablet wieder in seine Ledertasche, und wir setzen unseren Weg frei fort, ohne die Bedrohung irgendeines Gebimmels.

*

Ein Boden aus Eichendielen, dick wie eine Hand, umgeben von Mauern, dick wie ein Arm. Balken, die sich unter der Last der Jahrhunderte biegen. Limousin-Rinder, deren rötliches Feld in der Sonne brennt, weiden rund um einen See. Pappeln, die vor den Hügeln Wache stehen, kein anderes Haus am Horizont. Saftige Himbeeren wiegen sich im Wind. Hin und wieder eine rosa Wolke, die etwas Schatten bringt. Ein kleines gewieftes Mädchen vom Land, das mir hilft, Gerste für Desti zu finden, und im Gegenzug auf ihrem Rücken sitzen darf. Dieses große Bauernhaus, ein alter Jagdsitz, in dem wir uns für einen Tag ausruhen, ist wie ein Gemälde. Und übrigens wird es auch zu einem Gemälde, denn am Morgen kommt eine Truppe lustiger Aquarellisten, die auf ihren Leinwänden die Rosenstöcke und die Steinquader abbilden. Ich schlage Desti vor, dass sie auch posieren soll, aber ihr offensichtlicher Widerwille lässt nur einige sehr unvollendete Skizzen zu.

Aber dieses Gemälde täuscht. Sobald man eintritt, entdeckt man familiäre Spannungen, die eines Romans von Mauriac würdig sind. Meine Gastgeberin lebt allein. Ich verstehe zunächst nicht, warum ich selbst im Haus nebenan bei Aurélien um die Erlaubnis fragen soll, Desti auf die Weide zu lassen. Wurde das nicht im Vorfeld schon arrangiert? Wer ist dieser »Aurélien«, vor dem sie sich zu fürchten scheint und über den sie mich begierig nach Neuigkeiten ausfragt? Kann sie nicht selbst über den Hof gehen und ein paar Takte mit ihm sprechen?

Aurélien ist ihr Sohn, der den Bauernhof übernommen hat. Aus Gründen, die mir unbekannt bleiben, aber deren Ungerechtigkeit sie nie zu unterstreichen vergisst, ist jegliche Kommunikation zwischen der Mutter und ihren Kindern, von denen einige große Karrieren im Ausland zu machen scheinen, abgebrochen. Ihren Aurélien sieht die Mutter also jeden Tag, in der Ferne auf seinem Traktor, bei den Schweineställen beschäftigt, beim Einsammeln der Kühe zum Melken. Aber sie sprechen nur einmal im Jahr miteinander, zu Weihnachten. Als sie einmal ins Krankenhaus musste, erzählt sie mir, hat sich niemand erkundigt, wie es ihr geht. Selten nur gibt es Aufträge, für die jeweils die gewiefte Enkelin die Vermittlerin gibt, die das letzte zarte Band zwischen ihrer Großmutter und ihren Eltern darstellt. Welches außergewöhnliche Verbrechen, welches traurige Missverständnis, welche emotionale Explosion hat es vermocht, einen so gewaltigen Riss zu erzeugen und selbst die grundlegendsten Familienbande zu zerreißen? Wie kann man die doppelte Strafe der Einsamkeit und des Hasses ertragen, diese alltägliche Anwesenheit, die nur auf eine nicht enden wollende Abwesenheit hindeutet? Ich müsste mich schon auf meine Vorstellungskraft verlassen, die dieser Tage wahrlich nicht untätig ist. Man könnte tausend Geschichten erfinden rund um diese unsichtbare Berliner Mauer, die zwei Gebäude voneinander trennt.

Am Abend beschließe ich, mich Aurélien zu nähern. »Er ist nicht sehr gesprächig«, warnt mich seine Mutter. Ich habe ein Rezept für die Schweigsamen: Man muss selbst noch schweigsamer sein. Ich warte also an der Einzäunung auf Aurélien, als er mit seiner Herde von der Weide zurückkommt, und frage ihn einfach, ob ich ihm beim Säugen der Kälber helfen kann. Er brummt etwas, ich niste mich ein. Ich betrete den blechgedeckten Stall nach den Kühen und setze mich im Halbschatten auf einen Heuballen. Es riecht streng, organisch, aber nicht unangenehm: In den Ausdünstungen der Pflanzenfresser findet man immer eine säuerliche Süße, die mit dem blutigen Gestank ihrer Jäger kontrastiert. Die Kühe beziehen an ihren Futtertrögen Stellung, die Kälber werden losgelassen und schlagen Purzelbäume in alle Richtungen. Aurélien verteilt sie mit seinem

Stab auf die Euter der Milchkühe, die sich davon in königlicher Weise nicht stören lassen. Er muss rennen, schieben, stoßen. Er pflegt einen rauen Ton mit seinen Kühen, aber nennt sie immer beim Vornamen, wie ein alter grummeliger Ehemann. Eines der Kälber möchte nicht und wehrt sich, wirft seine schmächtigen Glieder in alle Richtungen, eine Art Rinderbreakdance; es wird von Aurélien schnell wieder zur Vernunft gebracht. Die Ruhe kehrt zurück; man hört nur noch den Lärm der Schmatzgeräusche. Das sind die »Kälber aus Milchkuhhaltung«, deren weißes Fleisch wir in gehobenen Restaurants verkosten: absichtsvoll anämisch gehaltene Babys, die nicht auf die Weide dürfen, um keine Muskelmasse aufzubauen, und die zweimal am Tag von wechselnden Müttern gesäugt werden. Sie werden ins Schlachthaus aufbrechen, ohne das Tageslicht gesehen zu haben.

Es entwickelt sich also ein Schweigewettkampf zwischen Aurélien und mir. Ich begnüge mich damit, einige bedächtige, kurze und einfache Fragen zu stellen. Er antwortet mit einem lapidaren Satz. Ich lasse mir Zeit, das Säugen dauert mindestens eine halbe Stunde. Ich nutze diese Zeit, um Aurélien zu beobachten. Er muss so alt sein wie ich. Blond, zierlich, die Haut von der Arbeit auf den Felder gebräunt, sympathisch. Ich widerstehe der natürlichen Versuchung, ihn zu duzen. Nach und nach baut er seine Antworten aus, erst zwei, dann drei Sätze. Man bekommt den Eindruck, dass er etwas loswerden möchte, aber plötzlich ein unangenehmer Gedanke, eine Mahnung zum Misstrauen seinen Geist durchzieht und sein Gesicht verdunkelt. Er tätschelt die Flanken seiner Tiere, als wolle er sich versichern, dass alles in Ordnung ist. Unruhig beobachte ich ein Kalb, das sein Mahl unterbrochen hat und satt ist. Verfluchtes Biest, denke ich mir, gehst du gleich zurück! Das Kalb gehorcht. Ich atme auf. Ich beschleunige den Rhythmus der Fragen: Man könnte unseren Austausch fast mit einem Gespräch vergleichen.

Plötzlich lehnt sich Aurélien über den Rücken eines Limousin-Rinds und wendet sich an mich. Los geht's. Ich schreibe im Kopf mit, um nichts von diesem Monolog zu verlieren, den ich nur mit einigen diskreten Nachfragen am Laufen halten muss. Es ist ein Konzentrat der Hoffnung und des Elends der modernen Landwirschaft: ein klarer, strukturierter, intelligenter Vortrag, würdig einer mündlichen Abschlussprüfung am Institut d'études politiques de Paris. Aurélien beklagt sich nicht. Sein Betrieb läuft gut, erzielt Gewinne und konnte sich auf den momentan rentabelsten Zweig umorientieren, die Schweinezucht. Die Kühe bringen weniger ein, aber bleiben die Ehre eines Bauern im Limousin. Aurélien tastet eine von ihnen ab und zerlegt sie im Kopf in ihre Teile, nach Euro das Kilo. Man sieht das Tier bereits in Schälchen verpackt in den Regalen der Supermärkte. Aber bevor sie ihren Platz in der Nahrungskette findet, hat sie noch ein paar schöne Jahre als Milchkuh vor sich und kann sich in der Sonne herumrollen. Man kann dem Leben einer Kuh kaum etwas Besseres wünschen. Darüber hinaus liegt Aurélien im Trend: Alle seine Produkte sind zertifiziert bio.

Das Säugen ist beendet. Aurélien holt die Kälber wieder herein, was etwas Nahkampf erfordert, und kommt dann wieder zu mir, während die Kühe sich friedlich dem Wiederkäuen widmen. Ich sehe genau, dass ein Gedanke ihn peinigt. Er hat Zweifel. Die Arbeit ist hart: Viehzüchter, die morgens und abends mit Melken beschäftigt sind, können sich weder Urlaube noch Wochenenden erlauben. Arbeitskräfte sind knapp; man reißt sich um die Rumänen, die fleißiger sind. Das weiß Aurélien alles, und er akzeptiert es. Es ist etwas anderes. Eine weniger klare, aber fundamentalere Unschlüssigkeit.

»Ich weiß nicht, ob ich mit Bio weitermachen werde«, ringt er sich endlich durch und dreht sich herum. »Erst einmal sind die Biozüchtungen für Viehfutter von schlechter Qualität. Und dann verkauft man das Fleisch zum gleichen Preis wie der Nachbar, der das Vieh in den Ställen übereinanderstapelt. Dass die Tiere im Freien aufwachsen, bringt keinen Cent mehr ein. Man macht es eher als nette Geste.«

Ich verberge meine Überraschung nicht. Von einem Wechsel in diese Richtung habe ich noch nie etwas gehört: von bio zu konventionell. Warum sollte man den Rückweg antreten, wenn das Härteste schon durchgestanden ist?

Aurélien gerät in Wallung. »Bio ist genau das, was man hier schon seit Generationen macht. Aber all diese Kriterien sind der völlige Quatsch. Sie verändern sich andauernd, widersprechen sich gegenseitig und verwandeln uns in Bürohengste. Es findet sich immer irgendein Hipster, der uns das Leben erklärt, und ein Bürokrat, der uns eine neue Norm diktiert. Und am Ende ist das Resultat, dass Frankreich Nahrungsmittel importiert!«

Das Tor des Stalls öffnet sich wieder mit donnerndem Lärm. Die Kühe können wieder hinaus, mit langsamen Schritten, friedlich. Sie beginnen ihre langsame Verdauung. Aurélien setzt seine Brandrede fort, während er ihnen automatisch mit seinem Stab den Weg weist. Jetzt redet er wie ein Wasserfall, so als hätte er nun endlich einen Zeugen der Ungerechtigkeiten gefunden, die ihn bestürmen.

»Der Tropfen, der das Fass zum Überlaufen bringt, ist die *Convention citoyenne pour le climat* (ein mit Klimafragen beauftragtes Gremium, das 2019 aus zufällig ausgewählten Bürgern gebildet wurde; Anm. d. Übers.). Warum sollten uns zufällig ausgewählte Leute, die nichts davon verstehen, Ratschläge geben? Mische ich mit denn etwa in die Berufe der anderen ein?«

Was Aurélien entmutigt, ist nicht die Schwierigkeit seiner Arbeit, sondern die politische Unsicherheit, der Druck der Verwaltung und im Grunde das Gefühl, von seinen Mitbürgern missverstanden zu werden. Dieses Bedürfnis nach sozialer

Würde, dieser Hunger nach Vertrauen ist nichts, bei dem es am Ende nur ums Geld geht. Auréliens Probleme werden nicht dadurch gelöst, dass er eine weitere Subvention bekommt, sondern indem man ihm ermöglicht, seinen Beruf korrekt und in einem klaren Rahmen auszuüben. Das Tierwohl kann nicht das Unbehagen der Bauern zum Preis haben. Diese beiden Themen sind nicht voneinander zu trennen: Auch die Bauern haben das Recht, ihren elementaren Bedürfnissen entsprechend zu leben und ihre Tage an der frischen Luft zu verbringen, anstatt an einem Bildschirm Formulare auszufüllen! Die Menschen sind den Tieren Respekt schuldig und auch denen, die sie züchten!

Ich verlasse den Stall etwas angeschlagen und betrachte die Herde, die sich erneut auf ihren Weiden verteilt. Als ordentlicher kleiner Städter kaufe ich Bioprodukte, um mein Gewissen zu beruhigen. Mir war bisher nicht bewusst gewesen, welcher Abgrund »Bio« und »Tierwohl« voneinander trennt. Bio ist ein egoistisches Gütesiegel, für den *Homo sapiens* gemacht, der gesunde Produkte konsumieren will. Tierwohl setzt voraus, dass die Tiere in einem Ökosystem aufwachsen, das ihnen entspricht und in dem sie nicht leiden, aus Respekt vor dem Leben. Die beiden Siegel überschneiden sich nicht: Ein misshandeltes, mit unbehandeltem Mais gefüttertes Tier ist »bio«, ein anständig behandeltes Tier, das mit Glyphosat behandelten Mais gefressen hat, hingegen »konventionell« – und wird zum entsprechenden Preis verkauft. Anders gesagt, dass man sich ordentlich mit seiner Herde beschäftigt, lässt sich kommerziell nicht umsetzen. Gewiss tauchen allmählich auch Gütesiegel auf, die das Tierwohl einstufen, aber sie sind noch wenig bekannt und erscheinen nur selten auf den Speisekarten der Restaurants. Sollten wir uns in unseren Prioritäten getäuscht haben?

Ich vernehme in Auréliens Rede ein fernes Echo von Peter Singer, dem Philosophen, der sich in den 90er-Jahren wieder

der Tierrechtsfrage angenommen hat (ich schreibe »wieder«, da entsprechende Meinungen bereits in der Antike weithin vertreten wurden, an erster Stelle von Pythagoras). Singer meint, als guter Utilitarist, dass es nicht so sehr die Fähigkeit zu denken, als vielmehr das Vermögen zu leiden ist, aus dem sich Rechte ableiten. Nicht Gleichheit in Bezug auf die Achtung, sondern in Bezug auf die Behandlung gilt es anzustreben. Das Recht der Tiere impliziert nicht, dass sie auch wählen gehen dürfen, aber dass alle Grausamkeit ihnen gegenüber abgeschafft wird. Schon Montaigne forderte das, und er wird von Singer als einer der Vorläufer des Antispeziezismus zitiert. Er meint, dass »das blutrünstige Naturell bei den Tieren eine natürliche Neigung zur Grausamkeit bezeugt«, er weist die »eingebildete Hoheit« des *Homo sapiens* scharf zurück und fordert eine »Pflicht zur Menschlichkeit« den Tieren gegenüber (*Essais*, II,11). Das Schauspiel von Schweinen in ihren Mastbatterien hätte ihn abgestoßen, amputiert und unbeweglich, am Fließband produziertes Fleisch auf vier Pfoten. Die unhaltbaren Zustände der industriellen Massentierhaltung, die von Intellektuellen wie Jonathan Safran Foer oder Vereinigungen wie L214 zu Recht angeprangert werden, produzieren eine Quantität an Leid, die vermutlich in der Geschichte des Lebens auf der Erde ihresgleichen sucht. Dieser Skandal wird uns in einigen Jahrhunderten ebenso unverzeihlich erscheinen wie die Sklaverei heute. Jenseits aller Labels muss Tierwohl eine Verpflichtung sein. Es geht nicht um Ethik, sondern um grundlegendes Recht.

Trotzdem sehe ich keine moralische Notwendigkeit, Vegetarier zu werden. Wenn man Peter Singer aufmerksam liest, bemerkt man, wie sorgfältig er den Anspruch auf Wohlergehen und das Verbot zu töten differenziert. Ersterer gilt universal; Letzteres ist der Gegenstand eines sozialen, genuin menschlichen Vertrags. Angenommen, dass ein Tier seine Existenz in einer gesunden Umgebung verbringt und ohne Schmerz und Stress geschlachtet wird, gibt es keinen ethischen Grund, es nicht aufzuessen. Wenn man der Hypothese folgt, dass eine Kuh keine Zukunft für sich entwirft, nimmt ihr Tod ihr nichts. Singer hütet sich also davor, den Vegetarismus zu einer moralischen Norm zu erheben, beharrt aber darauf, dass es momentan unmöglich ist, die genaue Herkunft des Fleisches zu kontrollieren, und also der völlige Boykott die beste politische Handlungsweise darstellt. Heute müsste man, damit Aurélien seine Logik ganz durchziehen kann, die Hausschlachtung erleichtern, um den Tieren die grauenhaften Transportbedingungen und vor allem die Präsenz des Todes zu ersparen. Frankreich hat ganz unauffällig diesen Weg eingeschlagen und Versuche mit mobilen Schlachthöfen gemacht. Ist der beste Tod nicht der, der plötzlich kommt? Montaigne verlangte für sich selbst nichts anderes: »Ich will, dass der Tod mich beim Kohlpflanzen antrifft, und ich mich wenig um ihn kümmere, noch weniger um meinen unvollendeten Garten« (*Essais*, 1,20).

Die Schlussfolgerung ist politisch schmerzhaft, aber ökonomisch unausweichlich. Ich überlasse es Aurélien, sie zu verkünden: »Fleisch sollte ein Luxusprodukt bleiben.« Die Verpflichtung zum Tierwohl und die Kosten, die sie bezüglich des Platzes, aber besonders bezüglich der Handarbeit mit sich bringt, legen nahe, dass wir dem Billigfleisch entsagen müssen, das man in Nuggets, Sandwiches, Lasagnes und all diesen Gerichten aus Tierfleisch ohne Geschmack findet. Aus der Perspektive der Ernährung sind die Alternativen bekannt (darunter natürlich auch ein Steak aus Pflanzenprotein, für die Nostalgiker). Aber wie lässt sich in einem Land, in dem schon Henri IV. jedem Arbeiter ein Huhn in den Topf versprochen hat, dieser scheinbare Rückschritt rechtfertigen? Sich satt essen zu können war das ganze Mittelalter hindurch eine Sorge. Regelmäßig Fleisch essen zu können war das Versprechen des Industriezeitalters. Jeden Tag Fleisch zu essen ist zu einer demokratischen Selbstverständlichkeit geworden. Wenn eines Tages das Entrecote den Sonderstatus des Hummers eingenommen hat, wird dann nicht eine Art impliziter, aber fundamentaler Gesellschaftsvertrag zerbrochen sein? Sollte man sich vielmehr dafür entscheiden, die Tierzucht massiv zu subventionieren oder die Züchter zu verbeamten? Vielleicht löst das In-vitro-Fleisch, dessen Fortschritte Aurélien mit Beklommenheit betrachtet, einen Teil dieser Probleme, indem es einen akzeptablen Ersatz zu geringen Preisen bietet. Bis es aber so weit ist, ist Aurélien eingekeilt zwischen den Anschuldigungen der Ökos, den Ansprüchen der Konsumenten und den Regeln der Bürokraten. Die Sonne beginnt, langsam zu sinken, und ich sehe ihn auf seinem Traktor davonfahren, den Kopf voller Sorgen. Wir können es uns nicht erlauben, derart die Hand zu beißen, die uns füttert.

*

An einem der folgenden Morgen begegne ich unterwegs einer Herde Limousin-Rinder. Ich bin mitten im Selbstgespräch – eine *déformation professionelle*, die pathologisch geworden ist und den Vorteil hat, wie die Ratschen der Aussätzigen die Ankunft eines Philosophen zu Pferde anzukündigen. Während menschliche Wesen meinen Tiraden nur sehr selten ein Ohr leihen, scheinen die Limousin-Rinder recht neugierig. Sie kommen näher, halten gut zehn Meter entfernt an und stellen sich in einer Linie auf wie Zuschauer, die sich in die erste Reihe setzen. Von dieser ungewohnten Öffentlichkeit angeregt erhebe ich meine Stimme und binde ihre Aufmerksamkeit. Desti, die sich schon lange nicht mehr um Kühe kümmert, nutzt voll Freude den Stillstand, um zu grasen. Ich habe alle Zeit der Welt, um meine neuen Fans zu beobachten. Sie tragen ein Paar horizontaler Hörner, die ihnen ein beständig erstauntes Aussehen geben, wie die stilisierten Augenbrauen auf Kinderzeichnungen aus einem einfachen Strich. Ihre Augen und ihre Schnauze sind von einem zarten rosa Kreis eingefasst: Man könnte es als die Bräunung nach einer Woche Skiurlaub bezeichnen. Ihr rotbraunes Fell leuchtet in der Sommersonne, und der Schatten einer großen Tanne wirft Muster darauf. Ein ein oder zwei Monate altes Kalb vervollständigt das Gemälde. Es macht einige Sprünge, bevor es sich einreiht und sich damit abfindet, das Schauspiel mit den Erwachsenen anzusehen. Es sind perfekte Kühe, sie gleichen den Kühen aus Comics, wohl genährt und wohl proportioniert. Ich sollte die Gelegenheit nutzen: Einige Hundert Kilometer weiter erwarten mich die schreckenerregenden Prim'Holstein, die die Milchproduktion dominieren, ellenlange Ungeheuer mit hervorstehenden Knochen, so grazil wie ein Gelenkbus.

Während ich spreche, schaue ich den Limousin-Rindern in ihre so schwarzen Augen, einem nach dem anderen, wie der Rechtsanwalt vor der Jury. Ich komme auf den Geschmack. Ich habe ihre Personalakte. Ich kenne inzwischen ihre Gewohnheiten, ihre Ernährung, ihre Lebensweise, sogar ihren Preis. Ich kann mir ihre Freuden vorstellen und ihre Leiden, ihren alltäglichen Trott. Während dieses Blickkontaktes offenbart sich mir eine intellektuell banale, aber emotional neue Wahrheit: Kühe sind Individuen. Diese da, die den Kopf hebt und die Ohren spitzt, was sieht sie? Was denkt sie? Was sagt sie mir? Sie hat bereits eine lange Existenz hinter sich, die einzigartig ist und aus Erinnerungen, Geselligkeiten, Zwistigkeiten und vielleicht Trauer besteht. Sie beobachtet mich, dieses andere Individuum, das aus Milliarden von vergangenen und gegenwärtigen Wahrnehmungen gewoben ist. Ich bin in ihre Welt eingetreten, obwohl ich mir deren Konturen, Farben, Signale und Kognitionsprozesse nur schwer vorstellen kann. Inmitten dieses Nebels aus Nichtverstehen sind wir uns immerhin begegnet. Zwei Monaden, würde Leibniz sagen, die vergebens versuchen, aus sich selbst herauszutreten und einen gemeinsamen Boden zu finden, zum Beispiel diese Farne, die sich im Wind wiegen und die wir beide sehen und spüren. Zwei unvereinbare und komplementäre Gesichtspunkte.

Ich habe meine Rede vollendet. Ich unterbreche Destis Festschmaus und mache mich wieder auf den Weg. Die Limousin-Rinder wenden sich ab. Wir werden uns nicht wiedersehen. Aber meine Umwelt ist reicher geworden. Sie ist voller Augen, die sich ringsum verstecken und alle ihre Perspektive auf die Welt besitzen, in schwindelerregender Vielfalt. Anstatt »die Natur« oder »den Planeten«, diese so menschlichen Abstraktionen, zu respektieren, wäre es vielleicht besser, all diese Individuen zu respektieren, die mich umgeben: das Pferd, die Kühe, auch die Insekten, auch die Bäume und die Pflanzen, deren geheimnisvolles Leben an komplexen Beziehungen überreich ist. Das Limousin hat mich zu jener »allgemeinen Pflicht zur Menschlichkeit« bekehrt, die Montaigne verteidigt, »nicht nur den Tieren gegenüber, die Leben und Empfindung besitzen, sondern selbst den Bäumen und den Pflanzen gegenüber« (*Essais*, II,11).

IV Creuse

▪ ▪ ▪

Nachschubprobleme – La Lanterne – Diskussionen mit Richard – Liberalismus auf der Ranch – Natur – Vernünftige Träume – Destinada ist weg – Destinada bringt Gaspard Gendern bei – Bad in der Creuse – Gilles Clément und der planetare Garten – Gespannfahren – Westernstil und Neon – Funktionalität und Schönheit

▪ ▪ ▪

Pont du Dognon: erste Felswände, erste Schwindelanfälle. In die Creuse einzutreten ist, wie einen Roman von Jules Verne aufzuschlagen. Granitschluchten führen uns in die Eingeweide des Landes.

Diese Eingeweide sind leer. Sie knurren wie die Flüsse, die sie durchqueren. Seit einem Jahrhundert sinkt die Bevölkerung kontinuierlich. Die gemalten Buchstaben auf den Fassaden der Dörfer, die einstmals Geschäfte auswiesen, verblassen unerbittlich. Zum ersten Mal begegne ich Nachschubproblemen: Meine schmalen und bereits vollen Satteltaschen erlauben es mir nicht, Nahrung zu hamstern. Sowieso sind nach einem Tag in der Affenhitze die Eier längst Omelette und die Tomaten zermantscht und formen in der abgeschlossenen Tasche ein kaum essbares Gemisch. Bis jetzt habe ich auf Lebensmittelgeschäfte gebaut, die ich unterwegs finde. In der Creuse, wo ich über ganze Tage hinweg Geisterstädte durchquere, kann ich mich nicht mehr auf den Zufall verlassen. Ich bin gezwungen, auf Google Maps die letzten verbliebenen Läden zu suchen, CocciMarkets und andere SuperUs. Ich muss meine Route an ihren Öffnungszeiten ausrichten, um wieder einmal brutal damit konfrontiert zu werden, dass mittags alles geschlossen hat und dass sich diese »Mittagsstunde« bis tief in den Nachmittag ziehen kann. Die Creuse höhlt (frz. *creuse*; Anm. d. Übers.) meinen Magen aus.

Ah! Saint-Sébastien, 647 Einwohner, ein Bahnhof, den selbst die Corail-Wagen verlassen haben, eine Zisterzienserabtei, von der nur noch eine Mauer steht! Wie lange habe ich von deinem »Vival by Casino« geträumt, dem einzigen in Dutzenden Kilometern Umkreis, Verheißung von Karotten, Äpfeln, Mandeln, Käse, selbst frischem Brot! Ohne zu zögern, mache ich einen Umweg, um das Dorf zu durchqueren. Mit wässrigem Mund entdecke ich das Schaufenster, in dem sich lokales Handwerk und Lotteriewerbung streiten: Der Vival scheint gut bestückt zu sein. Ich mache Desti an einer unverhofften Absperrung fest und drücke beschwingt die Tür auf. Heute ist die Welt auf meiner Seite.

Die Tür öffnet sich nicht. Ich presse meine Stirn gegen das Schaufenster; drinnen sind die Lichter aus. Die Tomaten, die in ihren Holzsteigen so rund und saftig aussehen, bleiben außer Reichweite. »Dienstags geschlossen.« Dieses Schild, das Ihnen so unschuldig vorkommen wird, Sie, die Sie einen vollen Kühlschrank oder ein Auto haben, um schnell zum Supermarkt zu fahren, es trägt für mich eine einzige und mühselige Bedeutung: Fasten. Kein Vival, keine Brotzeit. Ich durchwühle umsonst meine Satteltaschen, es findet sich auch kein Müsliriegel mehr. »Dienstags geschlossen« – warum nicht montags wie die anderen? Na gut, faste ich eben. Ich bin sogar neugierig darauf, die Grenzen meiner Widerstandsfähigkeit zu testen; schließlich bin ich mit dem wohligen Komfort dreier täglicher

Mahlzeiten aufgewachsen. Desti und ich machen uns also mit resignierten Schritten wieder auf Richtung Éguzon.

Ich werde für meinen Stoizismus belohnt. Einige Kilometer weiter erscheint auf der Straße der Kleinwagen eines fliegenden Händlers. Ein *chef à la maison*, ein Mietkoch, der frische Produkte nach Hause liefert. Ist das eine Fata Morgana? In den Dörfern hört man Flüsterstimmen von fliegenden Händlern erzählen wie von ungreifbaren Rettern, die zwar niemand kennt, aber die der Cousin des Nachbarn eines Tages gesehen hat. Ich wedele mit den Armen. Es gibt in der Tat Lachstarte. Das Wunder von Saint-Sébastien.

In dieser Atmosphäre des Sterbens, des Ladensterbens, des Dorfsterbens, schlichtweg des Sterbens, gibt es doch Hoffnungsschimmer. Etwa das La Lanterne, Restaurant-Café-Bäckerei-Lebensmittelladen, in Saint-Goussaud, 162 Einwohner. Um dort hinzugelangen, schlage ich die alte Römerstraße ein, die den Wald von Lalléger durchquert und deren wohlberechnete Serpentinen den Höhenunterschied von zweihundert Metern nicht spüren lassen. Der Charme dieser Straße im Unterholz bringt mich zum Träumen, sie scheint geradewegs zu einem antiken, mit Moos überwachsenen Amphitheater zu führen. Destis Hufe wecken das Echo der Jahrhunderte. Warum spricht man immer von einer »alten Römerstraße«? Diese Römerstraßen sind quicklebendig und benutzbar. Sie haben immerzu ihre ursprüngliche Funktion erfüllt und laufen keine Gefahr, je in einem Museum zu enden. Ich finde sie weniger alt als so manchen Weg, den ein Zeitgenosse angelegt hat und der schon wieder von der Vegetation zurückerobert wurde.

Ich umrunde die Kirche von Saint-Goussaud, da ist La Lanterne. »Kommen Sie, führen Sie Ihr Pferd nach dort unten«, sagt man mir, als ob es nichts Normaleres gäbe. Ich finde einen kleinen Garten, in dem Desti wirklich wunderbar Pause machen kann: Schatten, Gras, ein großer Eimer Wasser. Ich setze mich auf die Terrasse und bin sofort in einer lustigen Gesellschaft. Da sind mehrere Gruppen, Familien, Freunde, Anwohner, Besucher, die in eine einzige kleine Truppe zusammengeschmolzen sind. Die Stimmung ist jugendlich und ausgelassen. Die Sonne und der Ausblick auf die Wälder, die in Wellen ins Tal gehen, regen zur Vertraulichkeit an. Ich unterhalte mich mit einem Waldarbeiter, der Schauspieler werden will, mit seinem Freund, der ein durchlöchertes T-Shirt trägt, mit Reisenden aus dem Burgund, mit einem Pärchen von nebenan, das mir nebenbei erzählt, dass Frankreich einen neuen Premierminister hat (niemand schert sich darum). Ich esse einen Salat, erzbio und aus frisch gepflückten Zutaten, und lokalen Käse. Die Inhaber nehmen an unseren Gesprächen teil, während sie die Teller austeilen. Nach all diesen Tagen des einsamen Wanderns bekomme ich den Eindruck, plötzlich eine Bruderschaft von Reisenden gefunden zu haben. So müssen auch die Herbergen gewesen sein, in denen Montaigne eingekehrt ist.

Im großen Saal der Lanterne werden Kohlköpfe, Salate, Honigkuchen und »von Hand geknetete« Sauerteigbrote verkauft. Eine majestätische Kaffeemaschine lädt dazu ein, sich am Tresen niederzulassen. Eine kleine Bühne macht die Organisation von Konzerten möglich, das letzte fand zur Unterstützung von Migranten statt. Kurz gesagt bietet La Lanterne alles, was die Bande einer menschlichen Gemeinschaft zusammenwebt. Aus mehreren Dutzend Kilometern Umkreis strömt man hier zusammen, um sich lebendig zu fühlen oder wiederaufzuleben. Ein Dorfbewohner erzählt mir gerührt davon. Er kommt jeden Tag hierher, denn mit La Lanterne wird die Hoffnung wiedergeboren.

La Lanterne verkörpert den neoruralen Traum. Sie ist vor ziemlich genau einem Jahr von vier Jugendlichen aus der Stadt gegründet worden, die sich als Kooperative zusammengeschlossen haben. Sie sind alternativ, aber fleißig, bio, aber geschäftstüchtig, idealistisch, haben aber von der täglichen Arbeit rissige Hände. Sie sind der Festanstellung entkommen und investieren nun in die verlassensten Landstriche, sie renovieren geduldig die alten Scheunen, die sie für einen Apfel und ein Ei gekauft haben, und wenden sich Tätigkeiten zu, die gewöhnlicher nicht sein könnten: Gastronomie, Gästebetten, Gemüsebau, Handwerk. Ich bin ihnen auf meinem Weg regelmäßig begegnet, oft Pärchen mit jungen Kindern, die in den besten Fällen noch über eine Einkommensquelle aus Distanzarbeit (Beratung oder Informatik) verfügen. Sie zitieren alte Sprichworte und verfeinern ihr *business model,* sie säen vergessene Sorten erneut an und verlegen Glasfaserkabel, sie erzählen lokale Legenden und lesen den *New Yorker.* Sie sind zugleich modebewusst, tätowiert, hightech und öko, bestrebt, alte Traditionen wieder aufleben zu lassen, und bereit, sie unter dem heftigen Einsatz von Youtube-Tutorials neu zu interpretieren, sie bilden heute die ganze Hoffnung des Terroir. Es wimmelt nur so von Initiativen. Sie sind zuversichtlich, dort Erfolg zu haben, wo die Alten versagt haben. Der Bauer ist tot, es lebe die Permakultur! Das ist der Larzac 2.0.

Es ist leicht, sich über die zugezogenen Städter lustig zu machen. Ich denke ganz im Gegenteil, dass sie ein neues Moment in der ländlichen Dialektik vorantreiben: nach dem Bauernstand und der Verödung das *smart village.* Als würde man die Handgriffe, die früher instinktiv waren, jetzt bewusst ausführen, und aus dem erlittenen Landleben in ein selbst gewähltes Landleben übergehen. Dieses neue und so attraktive Modell prallt nichtsdestotrotz auf ökonomische Zwänge. Ganz im Unterschied zu den Städtern, die zwar eine gut bezahlte Arbeit, aber kaum eine ordentliche Wohnung finden können, stellt sich für die Neoruralen das Problem des Einkommens, nicht so sehr das des Kapitals. Ihre Unternehmungen haben keine Erfolgsgarantie und werden auch nach mehreren Jahren nur selten rentabel. Schon lange bin ich in philosophischer Hinsicht ein Verfechter des bedingungslosen Grundeinkommens gewesen, eine bestimmte Summe Geldes, die an jedermann ohne Bedingung verteilt wird und die Grundbedürfnisse abdecken kann. Im Kontakt mit Neoruralen ist mir bewusst geworden, welche Auswirkung diese Revolution in unserer Beziehung zur Arbeit auf die Pflege des Terroirs haben könnte, indem sie allen, die bisher noch mit dem Schritt zögern, eine minimale finanzielle Sicherheit verschafft. Fünfhundert Euro pro Person und Monat, das ist kein Vermögen, aber im Großen und Ganzen ist es das, was man zum Essen, Heizen und Fahren braucht, wenn man ein Dach und ein Stück Land besitzt. Man ist eher dazu bereit, ein Risiko einzugehen, wenn man nicht das Leben riskiert. Wer weiß, wie viele leitende Angestellte sich zu Bäckern oder Schreinern ausbilden lassen, wie viele Geschäfte loslegen, wie viele Dörfer wiederauferstehen würden, wenn es die bescheidene Behaglichkeit des bedingungslosen Grundeinkommens gäbe?

La Lanterne ist nach der Totenlaterne von Saint-Goussaud benannt. Dieses Werk von Steinmetzen des 13. Jahrhunderts aus der Creuse ist ein schlanker Steinturm, bekrönt von einem kleinen Häuschen, in dem man einst eine Lampe anzündete, die den Verstorbenen als Wegweiser dienen sollte. Auf einem natürlichen Felsvorsprung gelegen leuchtete Saint-Goussaud so für Generationen vergessener Toter durch die Nacht. Heute lässt die Kooperative »Restaurant-Café-Bäckerei-Lebensmittelladen« ihrerseits ein Licht erstrahlen, das des Warenaustausches und der Wärme eines Gesprächs, und zu diesem Licht strömen die gequälten Seelen der ganzen Region.

Ich nehme Abschied von den mutigen Gründern der Lanterne und binde Desti los, die alles Grün im Umkreis von zwei

Metern vertilgt hat. Wir steigen satt und zufrieden, langsamen Schrittes in das Tal von Moulard ab, wo uns, laut Karte, ein Kloster und eine Mühle erwarten. Dann nehmen wir einen abgelegenen Weg, gut zehn Kilometer ohne Weiler und ohne Flurnamen. So durchqueren wir die niemals monotone Wüste des platten Landes mit ihren Dürren, Luftspiegelungen und Oasen.

*

Wir kommen nach Bénévent-l'Abbaye, dem Ziel der Etappe. Schon der Name des Dorfes verspricht Meditation und Vergessen. Ich steige ab, um die ruhigen, düsteren Straßen zu überqueren. Da taucht ein wohlbeleibtes und energisches Männlein vor mir auf, Glatzkopf, Brille, weißer Spitzbart, er ähnelt dem Professor aus *Schneewittchen*. Er zeigt mit anklagendem Finger auf mich: »Monsieur Kœnig! Ich bin ganz und gar nicht einverstanden mit Ihnen!«

Ich nähere mich neugierig und grüße ihn. Meine Bekanntheit beschränkt sich für gewöhnlich auf den kleinen Kreis von Städtern, die *Le Point* lesen. »Milton Friedman und die Neoliberalen haben die Freiheit sakralisiert und das zum Nachteil des Menschen«, fährt der Professor fort. »Ich teile vielmehr die Tendenz von Michéa.« Er lächelt mich einnehmend an, überhaupt nicht feindselig, vielmehr begierig, einen philosophischen Disput vom Zaun zu brechen. Ich mache die Bemerkung, dass wir, allem Geschmack, den ich an Wortgefechten finde, zum Trotz, nun mal in Bénévent-l'Abbaye sind und nicht auf *France Culture*, dass ich eine Stute am Zügel habe und auf der Suche nach einer Unterkunft bin.

»Gewiss«, gibt er mir zu. »Ich hatte schon immer das Gefühl, dass Sie Zweifel haben.« In der Tat, ich habe Zweifel, besonders bezüglich meiner Verpflegung für den nächsten Tag. Ich kann nicht immer auf fliegende Händler zählen. Ich schlage dem Professor also vor, Milton Friedman für einen Moment zu vergessen, mich zum Supermarkt zu begleiten und auf Desti aufzupassen, während ich einkaufe. Er ist vertraut mit Pferden und nimmt freundlich an. Auf dem Weg stellt er sich mir umfassender vor. Er heißt Richard. Er hat für das Kino als Cutter gearbeitet, nun verbringt er hier, »in der Ruhe«, seine Rente. Er ist einer jener zurückhaltenden Autodidakten, die alles lesen, sich für jede neue Idee interessieren, sich beständig bilden und selbst befragen, und das ohne ein anderes Ziel als die Freude am Wissen und die Verbesserung des Menschengeschlechts. Mit seinem violetten, ordentlich gebügelten Hemd und seinem lavendelblauen Jackett, dessen Kragen nachlässig hochsteht, macht Richard den Eindruck eines vollendet weltläufigen Menschen, der das Gute und das Schöne liebt. Ich lade ihn ein, mit mir gemeinsam zu Abend zu essen. Wir verabreden uns in der »Heartland Ranch«, wo auch Desti unterkommen kann, aber die genauen Modalitäten unseres Essens bleiben mir unbekannt. Wir werden schon zurechtkommen.

Als ich an der genannten Ranch ankomme, einige Kilometer von Bénévent entfernt, herrscht Volksfestatmosphäre: US-amerikanische Flaggen, Würstl auf dem Grill, beschwipste Familien, Ponys für die Kleineren und für die Teenies Countrydance in der Scheune, mit Cowboyhut. Geschmackvoll restauriert und erst seit Kurzem geöffnet, hat es sich die Heartland Ranch zur Aufgabe gemacht, Westernreiten im Herzen der Creuse populär zu machen, und veranstaltet seinen ersten Tag der offenen Tür. Auf ihre Weise trägt die Ranch so zur großen Umwälzung im klassischen Reitsport hin zur Ethologie bei. Mit Desti gehen wir als eine der Attraktionen durch und werden von einer ganzen Schar Kinder verfolgt. Ich steige mitten im Menschenauflauf vom Sattel und berichte von unseren bescheidenen Abenteuern. Ich weiß nicht mehr so ganz genau, wer ich bin: ein liberaler Eierkopf oder ein Cowboy auf Wanderschaft?

Ich bringe mein Gepäck in einem korrekt aufgestellten Tipi unter, das direkt an Destis Weide steht. Es gibt ein Feldbett und eine Komposttoilette: Luxus. Ich habe noch Zeit, mich zu waschen, die Karten für den nächsten Tag zu studieren und meine Mails durchzugehen, und schon bin ich bereit für ein mondänes Abendessen. Ich bin frisch rasiert und habe meine Furlanen angezogen, *viola anarchico*. Meine Gastgeber staunen nicht schlecht und haben Schwierigkeiten, den Anblick eines Weltmanns in Hausschuhen mit dem traditionellen Bild des erschöpften und bärtigen Wanderers zu vereinbaren. Sie machen Scherze darüber und fangen an, Hamburger in der Scheune zuzubereiten, inmitten der Überreste des Festes. Bier wird aufgefahren. Richard stellt sich zur verabredeten Zeit ein und legt, nach einigen ersten, harmlosen Wortwechseln, gnadenlos los, über die konservativen Liberalen, über Michel Onfray, über primitive Gesellschaften und Pariser Journalisten. Die zweite Natur kommt im Galopp zurück, meine argumentativen Reflexe erwachen. Richard entpuppt sich als exzellenter Disputant, er ist präzise und hört zu. Die Hamburger kommen und gehen, der Ton wird lauter. Ich verteidige mit Überzeugung den Vorrang der individuellen Freiheit gegenüber jedem Versuch, kollektive Werte und eine homogene Lebensart durchzusetzen. Der Besitzer der Ranch, ein junger Bursche aus dem Süden, schaltet sich in unser Gespräch ein und macht eine unwiderlegbare Bemerkung: Die Präsidenten, der Papst und die einfachen Leute scheißen alle gleich. Montaigne sagt nichts anderes: »Könige und Philosophen scheißen, und die Damen auch« (*Essais*, III,13).

Es ist ein Abendessen, wie ich es liebe. Aber irgendetwas stimmt nicht. Habe ich diese Reise nicht genau deshalb unternommen, um die Pfade zu verlassen, die ich selber ausgetreten habe? Ich kann mich weder verleugnen noch verstecken. Seit mehr als zehn Jahren widme ich mich Forschungen, Reisen und Büchern, um eine politische Philosophie zu verstehen, zu vertiefen und zu erneuern: den Liberalismus. Zwar wird der Liberalismus in der öffentlichen Debatte vernachlässigt und karikiert, verwechselt mit dem Neoliberalismus, beschränkt auf seine ökonomische Seite und vereinnahmt von Pfeffersäcken, die ihm keine Ehre machen, aber immerhin schlägt er ein vollständiges Gedankengebäude über den Menschen in Gesellschaft vor. Gegen die Konservativen bietet er die Hoffnung auf Fortschritt auf; gegen die Sozialisten setzt er als Horizont des Gesellschaftsvertrags die Freiheit des Einzelnen und nicht die Gleichheit aller. Seit Pierre de Boisguilbert, der gegen Colbert und dessen zentralistische Vision aufbegehrte, kämpfen die Liberalen für die maximale Verteilung der Macht, geißeln entsprechend Privilegien und Zünfte und prangern bürokratischen Druck und politischen Autoritarismus an. Da er von Milton Friedman und der Schule von Chicago, die Richard zu Recht verdammt, verdorben und in die Irre der Marktherrschaft geführt wurde, muss sich der Liberalismus heute dringend neu erfinden, um die Themen des 21. Jahrhunderts zu integrieren: Umweltschutz, bedingungsloses Grundeinkommen, Eigentum an personenbezogenen Daten. Das ist nicht nur eine Unterhaltung für Müßiggänger: Aus diesen Ideenkämpfen resultiert *in fine*, wie ein Fluss, der nach langen unterirdischen Windungen wieder an die Oberfläche sprudelt, die Politik, die unser Leben regiert. Frankreich, das in seiner Leidenschaft für den Staat wie in einer Falle sitzt, hat eine liberale Verjüngungskur nötiger als jedes andere Land.

»Na, aber wenn alles so klar ist, wozu dann diese Reise zu Pferde?«, fragt mich Richard, während er seine Pommes aufisst.

»Läuft diese Rückkehr zu den Quellen nicht dem Innovationsglauben zuwider, der den Kern des Liberalismus ausmacht?«

Eine ausgezeichnete Frage, die ich mir selbst beständig stelle. Zunächst einmal ist mir Montaigne begegnet. Ich meditiere über seine von den Stoikern inspirierte Definition der Freiheit: »alles über sich selbst vermögen« (*Essais*, III,12), und das im Gegensatz zur Anordnung der Moderne, das »Feld des Möglichen zu erweitern«. Es geht also eher darum, seine Begierden zu zügeln, anstatt die Möglichkeiten zu vervielfältigen, sie zu befriedigen. Freiheit ist bei Montaigne etwas ganz anderes als Allmacht. »Stellt euch einen mit Allmacht begabten Menschen vor, er ist zugrunde gerichtet; er wird sich gezwungen sehen, Hindernisse und Widerstand zu erbetteln« (*Essais*, III,7). Unterwegs bekomme ich jeden Tag meine Dosis Hindernis und Widerstand und dazu die Befriedigung, über sie zu triumphieren. Da ich kein anderes Ziel habe, als es wohlbehalten zur nächsten Etappe zu schaffen, und mit der absoluten Notwendigkeit konfrontiert bin, meine Ungeduld und Frustration zu mäßigen, nehme ich die alltäglichen Zufälligkeiten heiter hin. Alles über sich selbst vermögen ist das Gegenteil von alles selbst können. Das Reisen zu Pferde schränkt die Optionen ein, aber fördert die Selbstbeherrschung.

Ich bin aber auch auf eine tieferliegende Unschlüssigkeit gestoßen. Ich habe immer jene rousseauistische Versuchung kultiviert, die Sehnsucht nach Natur und Einfachheit, die mit meinen theoretischen Ideen zusammenprallt. Ich liebe nichts so sehr wie schottische *moors* oder die Täler des Calvados. Mein Lieblingsautor ist immer noch Jean Giono. Jedes Jahr fahre ich mit meiner Familie in das Karpatendorf, wo meine rumänische Schwiegermutter lebt und wo die Bauern einer jahrhundertealten Lebensart folgen, die man unmöglich nicht bewundern kann. In meinem Roman *Kidnapping* habe ich einen Roadtrip durch Rumänien inszeniert, in dem diese unlösbare Spannung zwischen den Vorzügen des ruhigen Landlebens und den Vorteilen der ökonomischen Entwicklung aufscheinen. Ich weiß nicht, worauf ich mich berufen soll, um der freien Entscheidung von Individuen im Weg zu stehen, die den Komfort der Tradition vorziehen. Aber ebenso wenig kann ich der Anziehungskraft dörflicher Gemeinschaften widerstehen, die ein unleugbares Teil anthropologischer Wahrheit in sich tragen.

Ich spiele also den Ball ins Aus und bestätige Richard, dass mein Pferd in erster Linie ein Mittel ist, um in das Herz des Landes vorzudringen, aber ich sehe schon an seinem Lächeln, dass er sich nicht hinters Licht führen lässt. Warum sollte ich verleugnen, dass ich auf der Suche nach einer Erfahrung von »Natur« bin, einem Konzept, dem ich zutiefst misstraue? Richards Frage verfolgt mich noch, als ich mein Tipi wieder erreicht habe. Es wird dunkel, und ich bin alleine im Wald, umgeben von Pferden und ihrem beruhigenden Schnauben. Der Gesang der Nachtvögel wiegt mich ein. Ich lasse die Tür aus Leinwand offen, um den Himmel und die funkelnden Sterne zu betrachten: Morgen dürfte noch gutes Wetter sein. Entgegen aller utilitaristischen Ratio fühle ich mich hier auf diesem schmalen und unbequemen Feldbett tausendmal wohler als in einem klimatisierten Zimmer. Ich erinnere mich an *Fünfzehn Tage in der Wildnis*, dieses kleine, wenig bekannte Buch von Tocqueville. Der Philosoph der Demokratie, der Begründer des modernen Liberalismus, beschreibt darin seine Durchquerung von Michigan auf der Suche nach einer noch jungfräulichen Natur. Mit seinem treuen Gefährten Gustave de Beaumont ist er fünfzehn Tage zu Pferd unterwegs, bis an die letzten Grenzen der europäischen Kolonisation, bis in den vorgeschobenen Posten Saginaw (er stößt übrigens auf Probleme mit Hufeisen, Sattel- und Zaumzeug, die mir inzwischen vertraut sind). Er begegnet Stämmen, die von unserer Zivilisation noch verschont geblieben sind, und bewundert nicht ohne Beklommenheit das Kronendach der Urwälder. Dort genießt er an einem Fluss »eine blühende, köstliche, balsamgleiche Einsamkeit, ein prachtvolles Gebäude, ein lebendiger Palast, errichtet für den Menschen, der als Hausherr noch nicht bis hierher vorgedrungen ist«. Tocqueville schätzt die Weisheit der Ureinwohner hoch, die weniger zur Eroberung materieller Güter als zum Genuss des Augenblicks neigen, die Tiere mit einer Sinnesschärfe zu riechen vermögen, die die Europäer schon lange verloren haben. Er ist betrübt über die unaufhaltsame Ausrottung, die von den amerikanischen Siedlern vorangetrieben wird; wo sie die Indianer nicht physisch auslöschen, versklaven sie sie mit Schnaps und Geld. Der visionäre Autor von *Über die Demokratie in Amerika*, der scharfe Kritiker der Verwaltungsmacht aus *Das Ancien Régime und die Revolution* gibt sich einer vorweggenommenen Nostalgie hin: »In einer gewissen Weise hat man es eilig mit der Bewunderung« dieser wilden Einöden, denn man weiß im Grunde schon, dass bald Häfen, Straßen, Handel an ihre Stelle treten werden. Eine simple, aber richtige Prophezeiung: Saginaw ist heute eine Industriestadt mit fünfzigtausend Einwohnern. So entdeckt man also im Fundament des Liberalismus selbst eine Form von Reue. Gewiss, nichts kann oder darf den Fortschritt der menschlichen Freiheit aufhalten. Aber diese Freiheit hat einen Preis, den kein Entwicklungsindex uns vergessen lassen kann.

Und warum liege ich heute Nacht im Tipi, warum sitze ich morgen auf meinem Pferd, wenn nicht, um eine Form von Unschuld wiederzufinden?

*

Teenagersoirée in Bridiers. Die drei Kinder meiner Gastgeber ziehen lange Gesichter. Der eine hat am Vortag einen etwas zu feuchtfröhlichen Abend verbracht; der andere feiert ohne viel Enthusiasmus seinen Geburtstag und wiegt mit gleichgültigem Gesichtsausdruck das Paar Converse, das seine Eltern wunderbar eingepackt haben. Es ist eine Patchworkfamilie, ein Modell, das mir regelmäßig begegnet und das niemanden mehr erstaunt (nach Auskunft der Homepage des Institut national de la statistique et des études économiques betrifft das 10 % aller Kinder). Ich versuche gar nicht erst zu verstehen, »wer wem gehört«, wie die grässliche Formel lautet. Ich beobachte mit Interesse die Jugend der Creuse, die in einem bescheidenen und zugleich stattlichen Haus aufwächst, einer vom Großvater geerbten und geschmackvoll renovierten Scheune. Beide Eltern arbeiten, er als Sonderpädagoge, sie in der Berufsausbildung. Man spürt die ganze Solidität der mittleren Schichten, die indes gar nichts Mittelmäßiges haben, sondern ganz im Gegenteil den Sockel bilden, auf dem die Gesellschaft ruht. In den Gesprächsfetzen, die die Teenies mit uns zu teilen sich herablassen, geht es um nächtliche Feten in halbverlassenen Häusern, wo sich verschiedene Cliquen treffen. Klassisch. Die verheirateten Erwachsenen können sich bei der Erinnerung an solche Orgien etwas Neid nicht verkneifen; die Wirklichkeit dürfte wie immer etwas zaghafter gewesen sein. Was mich viel mehr überrascht, sind ihre ausgesprochen vernünftigen Träume für die Zukunft. Ausbildungen in der Krankenpflege und Praktika in der Altenbetreuung stehen hoch im Kurs; mit Blick auf die lokale Demographie ist die Geriatrie ein vielversprechender Sektor. Niemand möchte weit weg: Limoges ist gewissermaßen die Grenzstadt. Jeder scheint zufrieden mit seiner Situation und hegt den frommen Wunsch, dass sich nichts zu sehr ändert. Soziologen verzweifeln heute darüber, dass die Kinder sich kein »besseres Leben« als ihre Eltern erhoffen, noch bequemer, noch mobiler, noch ausgebildeter. Aber haben sie wirklich Lust darauf? Ist die Aussicht ewiger Bereicherung, Generation um Generation, nicht obsolet geworden? Das Ende der Trente Glorieuses (1945–1975; Anm. d. Übers.) hat die Natur der Ambitionen verändert. Diese Jugendlichen bewahren lieber ihr Terroir, anstatt die Welt zu verändern.

Das Telephon klingelt. »Es ist die Polizei. Da ist ein graues Pferd auf der Landstraße. Es ist zur vierspurigen Bundesstraße unterwegs« (die La Souterraine und Montluçon verbindet).

Mein Gastgeber und ich springen von unseren Stühlen auf und flitzen zu der Weide, einige Hundert Meter vom Haus, auf der wir Desti gelassen haben. Sébastien ist ein großzügiger und eigensinniger Mensch, früher bei der Garde Républicaine, im bunten T-Shirt, stellvertretender Bürgermeister von La Souterraine mit rebellischem Ohrring, ein Champion in der Vielseitigkeitsprüfung, der das Reiten aufgegeben hat. Er pflegt mit Leidenschaft die Spuren der Vergangenheit. Der nahen Vergangenheit: Bei meiner Ankunft hat er mir in einer renovierten Ente den Weg gewiesen, was auf der Umgehungsstraße von La Souterraine zu einem denkwürdigen Rennen zwischen einem 2CV (*Deux Chevaux*, frz. zwei Pferdestärken; Anm. d. Übers.) und einem Pferd führte. Aber auch der fernen Vergangenheit: Noch bevor ich aus dem Sattel stieg, hatte ich Gelegenheit, den Turm aus dem 13. Jahrhundert zu besichtigen. Oder der sehr fernen Vergangenheit: Mit seinem Metalldetektor hat Sébastien schon Stücke gefunden, die auf den Beginn unserer Zeitrechnung datieren; zusammen mit einigen Forschern bemüht er sich, archäologische Grabungen auf der Anhöhe über dem Dorf in Gang zu bringen und die römische Siedlung freizulegen, die sich dort verbirgt. Mit Montaigne falle ich genau in sein Interessengebiet.

Desti ist unauffindbar, der Zaun ist eingedrückt. Sie muss weggelaufen sein. Da haben wir die vierte Teenagerin des

Abends, auf der Höhe ihrer sechs Jahre. Wir steigen in ein Auto und machen uns mit ein paar Freunden auf die Jagd. Diese wenigen Minuten auf der Landstraße, die wir hinter dem entlaufenen Vierbeiner her sind, scheinen mir nicht enden zu wollen. Ich habe mein Pferd verloren: Ich bin verlassen, bin bloß mehr Zivilist, bin verfußgängert wie eine vulgäre Einkaufsstraße.

Wir sind schon auf der Zielgeraden zur vierspurigen Straße. Ein grauer Schemen taucht am Straßenrand auf, hinter einem Auto, das die Warnblinkanlage anhat. Eine heroische Autofahrerin hat sich Desti geschnappt und setzt geschwind ihren Weg fort, während ich mich noch in Dankesbekundungen verliere. Ich umrunde das Tier: Sie ist nicht verwundet und hinkt nicht. Da ist sie uns schön davongelaufen. Wie ich es mir bei Eltern vorstelle, die ihre jugendlichen Kinder auf dem Revier abholen, bin ich zwischen Ärger und Erleichterung hin- und hergerissen, zwischen dem Verlangen zu strafen (aber wie soll man im Nachhinein ein Pferd züchtigen, das ganz im Augenblick lebt?) und dem Verlangen, Entschuldigungen zu finden (meine arme Süße, hast du den Zaun unter all dem Farn nicht gesehen?). Desti ihrerseits bleibt königlich gleichgültig gegenüber meinen Predigten wie gegenüber meinen Liebkosungen. Sie zeigt keinerlei Beunruhigung und natürlich auch keinerlei Reue. Sie findet das Gras am Straßenrand ganz nach ihrem Geschmack und möchte einfach nur ihren Spaziergang fortsetzen. Ich lege ihr ein Halfter an und gehe mit ihr zurück, während meine Beine noch zittern.

Diese drei zusätzlichen Kilometer am Ende des Tages hätte ich mir gern gespart, aber ein Freund von Sébastien begleitet mich, und das Gespräch mit ihm gibt mir Kraft. Dieser Büßergang lädt zu Vertraulichkeiten ein, wir sprechen über Frauen, über die Ehe und, in seinem Fall, über Scheidung. »Man glaubt immer, dass das Gras anderswo grüner ist«, erklärt er mir, »und wenn man bemerkt, dass dem gar nicht so ist, ist es zu spät.« Diese desillusionierte Philosophie gefällt mir. Warum sollte man in der Unendlichkeit der Möglichkeiten schwelgen, auf die uns die Konsumgesellschaft trainiert hat? Ist es nicht besser, beharrlich den eigenen Weg zu verfolgen? Montaigne würde das nicht leugnen, der stets die leidenschaftliche Liebe, zufällig und kurzlebig, unbedingt von der Ehe unterschied, die von einer langen und tiefgreifenden Verpflichtung gekennzeichnet ist. Sie zu vermischen bedeutet, beide zu verpfuschen: »Ich kenne keine Ehen, die eher scheitern und durcheinandergeraten, als diejenigen, die ihren Anfang in Schönheit und verliebter Begierde genommen haben; es bedarf belastbarerer und beständigerer Fundamente« (*Essais*, III,5).

Ich folgere daraus, dass die Jugend kein bestimmtes Alter ist. Sie ist ein Geisteszustand, für Menschen wie Tiere gleichermaßen, der sich jederzeit einstellen kann. Eine Art plötzlicher Flucht aus sich selbst, die den Raum der Möglichkeiten öffnet und den der Bestimmung schließt. Bei den Jungen heilt die Jugend von alleine, sie produziert Antikörper. In reiferen Organismen droht sie hingegen alles zu zerstören.

Für den Moment entscheiden wir uns also für die erprobte Methode des Polizeigewahrsams und sperren Desti für eine Nacht in eine gemauerte Box. Sie ist nicht mehr an so enge Räume gewöhnt und blickt mich verdrossen an. Pech gehabt. Es wird ihr nicht gelingen, mir ein schlechtes Gewissen zu machen. Nebenbei aber kommt mir das Elend all der Pferde in Reitklubs zu Bewusstsein, die den Großteil ihres Lebens in eine solche Box gesperrt verbringen. Gewiss, »sie gewöhnen sich daran«, wie die Kerkermeister sagen. Ich möchte es nicht leugnen: Sie gewöhnen sich daran, wie man sich ans Gefängnis gewöhnt.

*

Bei einem Teenager hat man immer die Befürchtung, als alter Sack dazustehen. Genau so gibt mir auch Desti zu denken, indem sie mich aus meinen intellektuellen Gräben hinaustreibt. Sie hat es beispielsweise fast geschafft, mich zur gendergerechten Sprache zu bekehren.

Diese sprachliche Genauigkeit drängt sich mir auf, denn ständig wird über Desti im Maskulinum gesprochen (Pferd, *cheval*, ist im Französischen maskulin; Anm. d. Übers.). »Das ist aber ein schönes Pferd«, »hat das Pferd Durst«, »stellen Sie Ihr Pferd dorthin«, »ein Pferd in der Stadt!« Man wird mir sagen, dass das nur eine Konvention ist, ein fixes Genus, das Männlein und Weiblein zugleich bezeichnen kann (so wie man umgekehrt immer von »der Ente« spricht). Dieses Argument benutze ich übrigens gewohnheitsmäßig selbst gegen die systematische Feminisierung von Berufsbezeichnungen: Solche Substantive müssen in ihrer Allgemeinheit verstanden werden. Wenn man zu Montaignes Zeiten den Papst als »Ihre Heiligkeit«, den König als »Ihre Hoheit« und den Botschafter als »Ihre Exzellenz« qualifizierte, bedeutete das keinen Angriff auf ihre Männlichkeit. Warum sollte man eine Übereinstimmung zwischen dem Genus des Wortes und dem des Individuums, das es bezeichnet, verlangen? Liegt die Kraft der Sprache nicht in ihrem Abstraktionsvermögen?

Trotzdem stört mich die andauernde Maskulinisierung Destis. Wenn es nur eine Konvention ist, warum wechseln meine Gesprächspartner dann sofort zum Femininum, sobald ich »meine Stute« erwähne? Die Sprache leistet in der Tat der Vorannahme Vorschub, dass »das Pferd« in der Regel ein Junge und nur ausnahmsweise ein Mädchen ist, und das gegen jede biologische Statistik. Ich leide für Desti, die mit ihren feinen Zügen so offensichtlich weiblich ist, mit ihren sich drehenden Vorderläufen, ihren plötzlichen und eigensinnigen

Zärtlichkeiten. Und ich verstehe inzwischen, wie lästig es als Anwältin, Schriftstellerin oder Ingenieurin sein muss, wenn man immer im Maskulinum bezeichnet wird. »Die Frauen haben ganz und gar nicht unrecht«, schrieb Montaigne, »wenn sie die Regeln des Lebens ablehnen, die in der Welt gelten: denn die Männer haben sie ohne sie gemacht« (*Essais*, III,5). Also korrigiere ich unwirsch jeden, der von meinem Pferd spricht. *Sie.* Eine Dame.

*

Als das am dünnsten besiedelte Département Frankreichs ist die Creuse dasjenige, das am naturhaftesten ist. Diese wilde Landschaft hat zahlreiche Romantiker verführt, angefangen bei George Sand mit ihrem Haus in Gargilesse. Nach einem Tag auf kleinen Pfaden und voller Bäche, die wir zum Spaß durchwaten, legen Desti und ich einen wilden Galopp hin, der uns nach Grand-Roche führt, der einzigen Siedlung, die über den Schluchten der Creuse thront. Am Horizont nichts als Felsen, Laubbäume und ihre Spiegelungen im gemächlichen Fluss. Es ist ein Stück Amazonas, bevor die Europäer angekommen sind. Ich wäre nicht überrascht, wenn aus dem Wasser plötzlich die gelben Glubschaugen eines Krokodils auftauchen würden.

In Grand-Roche werden wir ganz wunderbar von Marie-Claude aufgenommen; Desti bekommt eine improvisierte Weide und wird von einem Tierarzt besucht; ich bekomme ein rundes Zimmer mit einem Dielenfußboden, der delikat unter den nackten Füßen knarrt. Marie-Claude ist die Mama von Étienne, dem charismatischen und lebemännischen Herausgeber von *Le Point*, der hier 24 Stunden mit mir verbringen wird. Den Krokodilen zum Trotz nehmen wir ein Bad in der Creuse. Das Wasser ist lau, es trägt uns leicht dahin, und wir können uns unterhalten, während wir herumplantschen. Selbstverständlich geht es mit Étienne um Politik. La République en marche, die extreme Rechte, die Bürokratie ... Unsere Unterhaltung hallt von den Felswänden zurück und ist ebenso fehl am Platz wie die der Siedler aus *Jenseits von Afrika*, die mitten im kenianischen Busch von Krieg und Vaterland sprechen. Am Abend gelingt es einer ungeklärten Anzahl Rotweinflaschen, die sich unter dem Sternenzelt leeren, uns mit dem kosmischen großen Ganzen in Einklang zu bringen. Schon vergessen sind die klugen Ratschläge Montaignes gegen die Trunkenheit, laut dem »der schlimmste Zustand eines Menschen der ist, in dem er seine Selbstkenntnis und -beherrschung verliert« (*Essais*, II,2). Ein letzter Geistesblitz erinnert mich gegen Mitternacht daran, der armen Desti die Fliegenmaske abzunehmen, und ich torkele durch die Dunkelheit zu meiner regungslosen, hochmütigen Stute.

Die Natur, die Rückkehr zur Natur, die Lehren der Natur. Man weiß seit Hegel, wie fragil dieses Konzept ist. Sind wir nicht selbst Wesen der Natur, untrennbar mit dem verbunden, was wir vorgeben zu bewundern? Existiert »die Natur« nicht andersherum ausschließlich in unserem Geist? Dem Planeten, dieser einfachen physikalisch-chemischen Konfiguration, die der Zerstörung geweiht ist, ist es egal, ob er gerettet wird. Ist es nicht die schlimmste aller Vermenschlichungen, von Natur zu sprechen?

Ich verschaffe mir darüber Gewissheit, indem ich einen Umweg zu Gilles Clément mache, dem berühmten Botaniker, der seinen Garten am anderen Ufer angelegt hat. Er hat eigenhändig sein Haus gebaut, Stein für Stein, und es fügt sich in die Landschaft wie ein Häuschen aus einem Kindermärchen. Seine bedächtige und ruhige Stimme, seine grauen und fast transparenten Augen versetzen den Besucher sofort in eine hypnotische Meditation. Gilles Clément hat das Prinzip des »Gartens in Bewegung« entwickelt, in dem der Gärtner einfach nur Regulator des Pflanzenlebens ist. Er richtet aus, regt an, macht Vorschläge, aber er übt keinen Zwang aus und verfolgt keinen vorgefassten Plan. Es ist das genaue Gegenteil des französischen Gartens mit seinen strammstehenden Buchsbäumen, wie ich ihn in Vaux-le-Vicomte durchqueren werde. Mir gefällt diese Methode, es ist die gärtnerische Entsprechung der spontanen Ordnung in der politischen Philosophie. Gilles Cléments Garten verschlingt mich. Man spaziert dort herum, ohne einem genauen Weg zu folgen, verzaubert von einer unsichtbaren, aber unwiderstehlichen Ordnung, man kommt an gigantischen Seerosen vorbei, umrundet exotische Pflanzen und steigt über Baumstümpfe, die langsam verrotten. Ganz dort hinten, zwischen den Bäumen, lädt eine kleine Lichtung dazu ein, sich zu setzen und zwischen den Ästen das Glitzern der Creuse zu entdecken.

»Sie bewundern die Landschaft?«, beginnt er lakonisch. »Nun, sie ist vollständig vom Menschen durchgebildet worden. Dazu muss man nur romantische Gemälde betrachten. Was malen sie hier im 19. Jahrhundert? Rotbraune Farne, die zwischen den Felsen wogen, wie auf den Gemälden von Armand Guillaumin. Was sehen wir heute? Wälder, die vollständig angepflanzt wurden. Die Landschaft wurde umgepolt.«

Nichts ist illusorischer als die Idee der jungfräulichen Natur. Heute durch Europa zu spazieren bedeutet, einen Garten zu besuchen, der mehr oder weniger gut in Schuss, mehr oder weniger harmonisch ist, aber in dem sich, wenn man genau hinsieht, überall die Hand des Menschen zeigt. Es gibt keine Urwälder und keine unberührten Ökosysteme mehr. Die Wege sind geebnet, die Parzellen abgemessen, die Wälder angepflanzt. Noch im einsamsten Unterholz stößt man auf alte Zäune, markierte

Bäume, Schilder bezüglich der Jagd. Gilles Clément hat umsonst für die Klassifikation der Schluchten der Creuse als Natura-2000-Zone gekämpft, er weiß, was »natura« bedeutet: ein Gebiet, in dem die Eingriffe des Menschen begrenzt und allzu brutale Veränderungen vermieden werden, ohne auch nur einen Augenblick auf den Gedanken zu verfallen, dass die »Natur« damit wiedergefunden oder geschützt werden könnte. Abgesehen von einigen Safarireservaten in Afrika und einer Handvoll Urwälder und Wüsten ist selbst die Vorstellung eines natürlichen Raums obsolet: Das Anthropozän hat sich die Umwelt angeeignet. Warum sollten wir darüber traurig sein? Warum sollten wir nicht versuchen, unseren Fußabdruck zu verschönern, anstatt ihn um jeden Preis zu reduzieren?

Es ist kein Zufall, dass sich Gilles Clément für den »planetaren Garten« einsetzt, eine, wie er schreibt, »Art und Weise, die Ökologie unter Einbeziehung des Menschen – des Gärtners – zu denken, bis in die kleinsten Räume hinein«. Die Erde ist endlich. Die Biosphäre ist nur eine ganz dünne Haut, die inzwischen bis ins kleinste Detail erforscht ist und beständig von Satelliten überwacht wird. Der Mensch ist nicht ihr Herr und Meister, aber ihr Vormund, seine Aufgabe besteht darin, die Biodiversität auszubeuten, ohne sie zu vermindern; sie zu genießen, ohne sie zu zerstören. Es geht nicht darum, den Gang der Natur zu hemmen, sondern durch ganz leichte Anstöße seine Richtung zu beeinflussen. Gärtner zu sein ist eine subtilere und schwierigere Arbeit, als Museumswächter zu sein.

So zeichnen sich zwei grundverschiedene Zugänge zur Ökologie ab. Einerseits das *rewilding*, das der Illusion einer wilden oder »wiederverwilderten« Natur frönt. Andererseits der planetare Garten, der die Gegenwart des Menschen akzeptiert, die Beziehung zwischen Mensch und Natur mit der Hoffnung auf gemeinschaftlichen Fortschritt vertieft, sich aus laufenden

Experimenten und schrittweisen Verbesserungen speist. Damit die Natur eine höhere Diversität aufweist, bedarf es einer bewussteren, aber auch gegenwärtigeren Menschheit.

Was für die Flora gilt, gilt gleichermaßen für die Fauna. Spaziergänger, die im Angesicht von Hirschkühen ins Staunen geraten, sollten nicht vergessen, wie sehr der Mensch Tierarten nach seinem Geschmack und seinen Bedürfnissen gemodelt hat. Im Limousin habe ich Lamas und Pfauen angetroffen, und vielleicht werden sie in einem Jahrhundert den Bocage bevölkern. Während mich die kleinen, herumhüpfenden Kälber rühren, denke ich an jene Passage bei Jules Barnes, in der sich der Romancier die Rinder vor der Sintflut vorstellt – machtvolle und unbeugsame Bestien, die von Noah zu folgsamen Helferlein des Menschen degradiert werden. Auch Destinada, eine reinrassige Spanierin, ist das Ergebnis von Jahrhunderten der genetischen Perfektionierung, die darauf zielten, das Pferd für menschliche Zwecke anzupassen, ursprünglich für das Rinderhüten. Der Mensch ist ebenso Züchter wie Gärtner.

Wir müssen also aus intellektueller Aufrichtigkeit der Idee einer »Rückkehr zur Natur« widerstehen. Montaigne bezeugt gewiss eine vorübergehende Zuneigung zu den Bauern, »die eine Laute in der Hand haben«, oder den Hirten, »die Ariost im Munde führen« (*Reisetagebuch,* Empoli), aber er interessiert sich mehr für den Fortschritt der Kulturen und kennt nur zu gut unsere Neigung, den »Weg der Natur« (*Essais,* III,12) zu verlassen. Indem wir genau unserem eigenen, so erfindungs- wie kurvenreichen menschlichen Weg folgen, werden wir die Komplexität der Ökosysteme besser integrieren und erweitern können.

Ich nehme meinen Abschied von Gilles Clément und klettere den steilen Weg hinauf, der zu seinem Haus führt. Die Grenzen seines Grundstücks sind nicht zu erkennen. Nur ein kleines Hinweisschild ist zu erkennen: *Proprietatea pasarilor.* Ich habe bei meiner Frau gerade genügend rumänische Wörter gelernt, um es zu übersetzen: *Eigentum der Vögel*. Ein Gärtner zu werden bedeutet gleichzeitig, mit der Natur zu spielen und sie ihren Bewohnern zurückzugeben, sich selbst in ein Territorium einzupflanzen und sich den weltbürgerlichsten Einflüssen zu öffnen. Es ist, als ob sich Gilles Cléments Garten ganz natürlich mit dem großen Garten der Welt vermischt; als würde es von nun an jedem von uns zukommen, dieses Werk weiterzuverfolgen und unsere eigene Umwelt zu verwandeln, zu bereichern, zu verschönern. Was mich betrifft, so füge ich jeder Landschaft, die ich durchquere, einen Deut Biodiversität hinzu: ein Pferd mehr.

*

»Die Ästhetik, Gaspard! Vergessen Sie niemals die Ästhetik!« Das ruft mir Laurie Astegiano zu, während ich mich ungeschickt in den Sattel schwinge und von Desti aus dem Gleichgewicht gebracht werde, die an diesem Morgen beschlossen hat, schon mal langsam loszutraben. Ich wende mich um. Ich habe gerade noch Zeit, vor Laurie und meiner Gastgeberin Betty, die sich in ihrer Kutsche entfernen, den Hut zu ziehen, eine jener »Höflichkeiten« (*Essais*, III,10), auf die Montaigne so erpicht war. Ich habe den Eindruck, ein Musketierlehrling zu sein, der seinen Abschied von den Hofdamen nimmt.

Der Charme, bei Einheimischen Unterkunft zu finden, liegt in der Entdeckung extrem unterschiedlicher Lebenswelten. Während der vergangenen achtzehn Stunden bin ich in die Welt des Gespannfahrens eingetaucht, von dem ich überhaupt nichts wusste. Betty, eine Wanderin, Gründerin eines Reitsportzentrums, Pferdezüchterin in der Creuse und nebenbei Vermögensverwalterin in der Schweiz, hat mich in die Geheimnisse dieser kaum bekannten, aber ausgesprochen lebendigen

Disziplin eingeweiht. Eine Spazierfahrt mit einem angespannten Freiberger überzeugt mich sofort davon, dass Gespannfahren ein Sport ist, riskant, anstrengend, berauschend. Ich stehe aufrecht auf dem hinteren Teil des Wagens und habe die Aufgabe, mich in die Kurven zu legen wie ein Segler, der auf einem Katamaran das Gegengewicht abgibt. Noch nie habe ich die Kruppe eines Arbeitspferdes aus solcher Nähe beobachtet, in ausbalancierter, regelmäßiger, hypnotischer Bewegung. Eine Welle, die uns davonträgt und sich immer wieder neu bildet. Im Galopp über Waldwege, durchgeschüttelt, zwischen Spurrinne und Abhang, man tut gut daran, sich festzuhalten. Betty, eine Frau von Autorität, lenkt ihren Freiberger mit der Stimme, die Peitsche ist nur eine kleine Hilfe, eine Verlängerung der Hand, die über die Kruppe streichelt, wie wenn ein Steuermann das Ruder seines Schiffes nachjustiert. Als wir zurückkommen, lädt mich Betty zur Besichtigung ihrer Kutschen ein. Für jeden Geschmack ist eine dabei, und vor allem für jede Wettkampfart, denn Gespannfahren ist ein Wettbewerbssport mit verschieden anspruchsvollen Disziplinen: Dressur, Langstrecke, Wendigkeit und so weiter. Betty gibt mir einige Adressen, und ich werde im Laufe meiner Reise halt bei einem halben Dutzend leidenschaftlicher Gespannfahrer machen, vom Milchkuhzüchter bis zum Weinbauer in der Champagne. Sie werden mich davon überzeugen, dass es für ein Pferd leichter beziehungsweise natürlicher ist, zu ziehen, als zu tragen. Aber ich bin noch nicht bereit, meinen Hintern auf ein Kissen zu setzen; ich kann den Traum vom Kentauren nicht aufgeben.

Laurie Astegiano, eine Trainerin und Züchterin von internationalem Ruf, gesellt sich kurz vor meinem Aufbruch zu Betty, und wir beschließen, ein Stück Weg gemeinsam zurückzulegen. Als Franco-Amerikanerin mit der Physis einer Turnerin, aufgewachsen in der illustren Familie von Toulouse-Lautrec, repräsentiert Laurie die Inkarnation des Reitchics. Meine dreckige Jeans lässt sie schmunzeln. Vergeblich dusche ich Desti bei jeder Etappe und striegele ich sie jeden Morgen, sie macht neben den Freibergern mit ihrem leuchtenden Fell und ihrer blonden Mähne im Bürstenschnitt immer noch eine elende Figur. Indes findet sich bei Laurie keine Spur des Dünkels, der Kavalieren in Lederstiefeln manchmal anhaftet. Seit jeher gibt es eine Art heimlicher Übereinkunft zwischen den Aristokraten und den Vagabunden, ein Geheimbund gegen die Sitzenbleibenden, gegen all jene, die in Bequemlichkeit und Routine festgefahren sind. »Die Ästhetik, Gaspard!« Es gibt eine Ästhetik des traditionellen Wagenfahrens, mit Strohhüten und geknöpften Westen, wie es auch eine Ästhetik der Abenteurer gibt. Laurie rät mir in keiner Weise, mich als Dressurreiter zu verkleiden. Sie erteilt mir eine viel grundlegendere Lektion: niemals etwas zulasten des Stils tun.

Was ist mein Stil? Wenn ich den Kommentaren der Passanten Glauben schenke, die zwischen »Cowboy« und »John Wayne« alternieren, dann ist es der Westernstil. Das habe ich mir nicht ausgesucht. Es kam von selbst. Den Lederhut mit breiter Krempe habe ich gewählt, weil er mich gleichermaßen vor Sonne und Regen schützt, und dieser Aufgabe wird er bis zu meiner Ankunft vollkommen gerecht. Mein Schweizer Taschenmesser trage ich wie einen Colt am Gürtel, um im Notfall einen Strick durchschneiden zu können, beispielsweise wenn sich Desti in ihrer Laufleine verheddert. Die großzügig geschnittene Jeans von UES habe ich aus Tokio kommen lassen, weil die Japaner führend in der Herstellung eines authentischen Denims sind, das sowohl Brombeerstacheln als auch Sattelabrieb widersteht und so an die Daseinsberechtigung der ursprünglichen *Levi Strauss* anknüpft. Meine Satteltaschen sind aus Leder, weil man noch kein wasserdichteres und geschmeidigeres Material erfunden hat als gegerbte Haut. Mein Sattelgurt ist aus Mohair gewoben, weil die Faser aus dem Haar der Angoraziege gegen Überhitzung schützt (Desti wird übrigens auf der Höhe des Sattelgurtes nie eine wunde Stelle haben). Ich habe mir keine Mühe gegeben, wie ein Cowboy auszusehen: Ich war nur mit den gleichen Problemen konfrontiert, nämlich jeden Tag weite Strecken zu Pferd mit möglichst leichtem Gepäck zurückzulegen, und bin zu den gleichen Lösungen gelangt. Anders gesagt ist es die Funktion, die die Ästhetik bestimmt: Kein Architekt würde etwas anderes sagen.

Um mein Arsenal zu vervollständigen, brauchte ich nur noch in den Regalen bei *Au Vieux Campeur* herumzuschnuppern. Harmonierende Farbtöne zu finden war keine leichte Aufgabe, denn die Rennradler haben das grässlich kreischende Neon eingeführt und nach und nach auch jegliche Wanderausrüstung vergiftet. Jacken in gedeckten Erd- oder Laubtönen gibt es nur noch in der Jagdabteilung; überall sonst herrschen Kanariengelb, Türkis und Zinnoberrot. Alles, um nicht unbemerkt zu bleiben, um schon auf mehrere Kilometer Entfernung durch die Landschaft zu verkünden, dass ein Zweiradfahrer naht. Besonders die Schuhe sind von dieser Mode infiziert; ich musste mich am Ende mit einem orangefarbenen Paar zufriedengeben. Nachdem sich der Verkäufer geduldig meinen Protest angehört hatte, erwiderte er mir nur: »Sie schauen sich Ihre Füße sowieso nicht an.« Ja – aber die Ästhetik, die Ästhetik! Hat man je einen Cowboy in Neonschuhen gesehen?

Nachdem ich mich von den Damen verabschiedet habe, befrage ich mich an diesem Morgen also selbst bezüglich meiner Kleidung und einiger ihrer hartnäckigen Mängel. Ist es ein Zufall, dass die stilistischen Totalausfälle von *Vieux Campeur* genau die Teile meiner Ausrüstung sind, die sich als am wenigsten praktisch erweisen – angefangen mit den Spanngummis, die den zusammengerollten Mantelsack halten und gleichzeitig zu bunt und zu locker sind? Die Ästhetik ist keine Option, sie ist das Resultat eines vertieften Nachdenkens über das Material. Umgekehrt ist die Wahrscheinlichkeit hoch, dass das Hässliche nichts taugt. Es wäre sicherlich ein Gewinn, wenn man Lauries Prinzip auf die Gesamtheit aller menschlichen Schöpfungen erweitern würde: Ein ungleichmäßig proportioniertes Boot läuft Gefahr zu kentern, ein unansehnliches Gebäude einzustürzen, ein geschmacklos angezogener Unternehmer, seine Geschäfte zu versauen.

Gleichzeitig müsste man dann aber das Schöne neu definieren, und zwar gegen Kant, nicht als Harmonie abstrakter Formen, sondern als Emanation unseres Vermögens zur Transformation. Die Evolution musste in unseren neuronalen Schaltkreisen eine Gleichung zwischen der Qualität einer Wahrnehmung und dem Erfolg einer Handlung anlegen. Wenden wir Lauries Prinzip auf unser alltägliches Leben an. Setzen wir uns nicht über unsere ästhetischen Instinkte hinweg. Wenn sich das Auge an etwas stört, verbirgt sich dort ein Problem.

Es gibt einen Einwand gegen diese Gedankengänge, und er heißt Le Corbusier. Der Anführer des Funktionalismus hat die Errichtung von Betonblöcken im industriellen Maßstab erdacht oder zumindest legitimiert, mit dem Ziel, zu billigen Preisen alle Annehmlichkeiten des Lebens feilzubieten. Er träumte von einem Haus, »das so praktisch ist wie eine Schreibmaschine«. Seither ist unsere urbane Umwelt weltweit mit Schreibmaschinen zugebaut worden. Ist das der Beweis, dass Nützlichkeit nicht immer Schönheit hervorbringt?

Keineswegs. Denn Le Corbusiers Funktionalismus ist zutiefst dysfunktional. Indem sie das menschliche Wesen auf die Summe seiner messbaren Tätigkeiten reduzieren, indem sie die Grundbedürfnisse befriedigen, ohne auf emotionale

Ansprüche zu achten, haben die *unités d'habitation* Le Corbusiers eine immense psychologische und soziale Misere geschaffen. Wozu sollen ein schalldichtes Zimmer und der schnelle Zugang zum Einkaufszentrum gut sein, wenn mir dafür jedes Gefühl für mein Heim und die Lust am Austausch genommen werden? Allein der Anblick von Wohnblöcken ist für die Kriminalität in manchen Vierteln verantwortlich gemacht worden, ihre Zerstörung ist entsprechend zu einer Priorität der öffentlichen Sicherheit geworden. Ich werde in der Banlieue von Meaux noch die Gelegenheit haben zu beobachten, wie sehr die Umwandlung des Wohnraums durch eine Bebauung in menschlichem Maßstab zur Beschwichtigung der Gemeinden beigetragen hat. Entsprechend erweist die Hässlichkeit der Häuser Le Corbusiers einen schwerwiegenden Makel: den Menschen vergessen zu haben.

Ich halte mich also an Lauries Prinzip. Was funktioniert, muss schön sein, und was schön ist, soll uns gelingen. Nebenbei gesagt, warum erscheint mir Desti seit einigen Tagen weniger anmutig? Weil sie zu stark abgenommen hat. Ich habe es sträflich verabsäumt, sie mit den zusätzlichen Pellets zu versorgen, die ihr Organismus für die Bewältigung einer so großen Anstrengung benötigt; denn das Gras auf den Weiden ist in dieser Jahreszeit gemäht, und das Heu ist nicht immer gut. Es ist normal, dass sie Gewicht verliert; ich selbst muss nach einigen Wochen zwei zusätzliche Löcher in meinen Gürtel stechen. Der Körper registriert die Anforderungen der Dauerbelastung und passt sich an, indem er alles, was nicht essenziell ist, als Ballast abwirft. Desti »hat ganz schön abgebaut«, wie Tierärzte sagen würden. Allmählich kann man schon ihre Rippen sehen. Das ist hässlich und also ist es schlecht.

V Berry

■ ■ ■

Stoppeln – Bürgerlichkeit – Viaduc de l'Auzon – Schwindel – Grauen im Gewerbegebiet – Umarmung – Harmonie der Harnblasen – Widerlicher Überfluss – Für den Fall, dass – Das Pferd im Straßenverkehr – Vagabunden – Pressearbeit – Denken in Bewegung – Hunde

■ ■ ■

Auf einem Weg, der zur Festung von Châtelier führt, fühle ich mich plötzlich vom Raum ergriffen. Seit wie vielen Wochen habe ich keine Horizontlinie mehr gesehen? Die Felder sind größer, und die Hecken sind kleiner geworden. Vom Pferd aus umfasst mein Blick plötzlich das Land, mehrere Kilometer ringsum. Die großen Bauernhöfe rollen sich in der Nachmittagshitze zusammen. Ihre gewaltigen Dächer scheinen bis auf den Boden zu hängen. Sie sind mit Ziegeln gedeckt, die ebenso flach sind wie die Landschaft, in ihren tausend Nuancen Rot zeichnen sich groteske Formen ab. Das ist das Berry.

Mir hatte vor diesem Moment gegraut, vor der drohenden Langeweile, die die Kornkammer Frankreichs, jene alte Region, die als Herzogtum den Königssöhnen zugeteilt war und durch die endlosen Kornfelder gekennzeichnet ist, bereithält. In der Tat, ich habe kaum Châteauroux hinter mir gelassen, da finde ich mich schon mitten in der Champagne Berrichonne, und keinerlei Unebenheit ist in Sicht. Nach allen vier Himmelsrichtungen erstreckt sich eine gleichförmig blonde Weite, von den Spuren der landwirtschaftlichen Maschinen geriffelt, als hätte ein Rasierer ihr eine unschöne Frisur verpasst. Ich brauche Geduld wie jemand, der durch die Wüste wandert. Nur die Sonnenblumen, die in voller Blüte stehen, geben dem Anblick etwas Abwechslung, aber ihr Uniformitätszwang irritiert mich, wie sie sich alle im selben Moment zur selben Sonne drehen. Wird denn nie der Tag erscheinen, an dem durch einen der plötzlichen Zufälle, deren Geheimnis die Evolution verwahrt, eine Sonnenblume sich in die andere Richtung neigt und ihren Kameraden den Rücken zukehrt? Ein Held, der aus der Masse herausruft *Ich bin ich?*

Zum Glück stellen sich diese Befürchtungen als übertrieben heraus. Denn es gibt Stoppeln. Ich habe das Glück, im Juli hier durchzukommen. Erinnern Sie sich an das *Stundenbuch des Herzogs von Berry,* dem Sie auf der Grundschule nicht entkommen konnten. Dieses reich illustrierte Manuskript des 15. Jahrhunderts zeigt die Landwirtschaft des Mittelalters Monat für Monat. Was finden wir im Juli? Eine Miniaturdarstellung der Ernte mit zwei Bauern, die sich über ihre Sicheln krümmen. Einer von ihnen nimmt eine eigentümlich feminine Pose ein, sein Hemd ist tief ausgeschnitten, und ein weißes Strumpfband lässt sich an seinem Oberschenkel erahnen: Das ist viel suggestiver als ein Mähdrescher! Wildblumen glitzern zwischen den Ähren, auch damals schon biologische Landwirtschaft. Der Rhythmus der Jahreszeiten hat sich seit dem 15. Jahrhundert nicht verändert. Ich erblicke auf meinem Weg dieselbe Landschaft, die Montaigne durchquert hat. Die Ernte ist immer im Juli, vor dem Hintergrund jenes lebhaft blauen Himmels, den auch das *Stundenbuch* darstellt. Vor mir: perfekt rasierte Felder, auf denen nur noch die Stoppeln, die Basis der Halme, stehen geblieben sind, so weit das Auge reicht. Die Stoppeln werden anschließend untergepflügt, um den Boden für die nächste Saat vorzubereiten.

Noch ist es nicht so weit. Alle Reiter kennen die Erregung, wenn man in vollem Galopp durch die Stoppeln jagt und die Pferde in dieser enormen Weite über den festen Boden fliegen. Das scheint sogar legal zu sein, denn Äcker, die nicht kultiviert werden, geben automatisch Wegerecht.

Desti und ich sind etwas behutsamer. Seit wir aufgebrochen sind, erlaube ich mir nur einen Galopp pro Tag, und zwar kurz vor dem Ziel, um die Glieder zu lockern und ihr die Ankunft anzuzeigen. Ein paar Minuten mit lockeren Zügeln in vollem Karacho. Dann, nur auf den Klang meiner Stimme hin, bleibt Desti abrupt stehen. Ich steige ab, nehme die Kandare ab und beende den Tag zu Fuß, mit der Laufleine in der Hand. Desti weiß inzwischen, dass der Galopp das Ende ihrer Qualen bedeutet, und legt herzlich gerne los. Dieses kleine Ritual wird auch unsere Etappen im Berry aufheitern, aber bis die Zielgerade des Tages erreicht ist, widerstehe ich eisern der Versuchung, die Bewegung zu beschleunigen. Wir fügen uns unseren eigenen Geschwindigkeitsbegrenzungen.

Die Stoppeln halten noch einen anderen Spaß für uns bereit, nämlich den der Navigation. Zum ersten Mal befinde ich mich auf einer völlig gleichförmigen Ebene, ohne Zäune, ohne Hecken, ohne Gräben. Oft erkenne ich mit bloßem Auge in fünf oder zehn Kilometern Entfernung die Dörfer, die auf meiner Route liegen. Ich verlasse also meinen monotonen Wanderweg und mache weite Strecken quer durch die offenen Felder. Ein von den Landwirten verlassenes Meer aus Farben. Ich schaue auf die Karte, finde einen Bezugspunkt, ein Wäldchen oder einen Kirchturm, und halte geradewegs darauf zu. Ich korrigiere Destis Abweichung, indem ich abwechselnd an den Zügeln ziehe, so wie ein Skipper das Ruder leicht nach links oder rechts bewegt, um den Kurs seines Segelboots zu halten. Einige sanfte Hügel nehmen uns in ihren Wellengang mit. Ich verspüre wieder die Freiheit der offenen See, die ganz anders ist als die der Wege. Manchmal schiebt uns der Wind an: Desti beginnt zu traben und freut sich, vom Pfad abzuweichen, und ich lasse sie gerne machen. Ihre Schritte sind so gemütlich, dass ich sitzen bleibe, von der Bewegung geschunkelt, und genieße die unendliche Weite. Unter den Hufen knistern die Stoppeln. Alle Hindernisse des Erdenlebens haben sich verflüchtigt und versetzen uns in einen Ozean der Möglichkeiten. Jeder Schritt kommt einer reinen Entscheidung gleich. Das Wollen ist nur noch von sich selbst beschränkt. Ist das nicht die Ausübung des freien Willens in seiner reinsten Form?

Zudem sparen wir uns, etwas prosaischer, mit den Abkürzungen durch die Stoppeln mehrere Kilometer. Von Neuvy-Saint-Sépulchre nach Ardentes, von Villedieu-sur-Indre nach Bouges-le-Château weichen die engen Windungen des GR klaren geometrischen Figuren; einige Rechtecke reichen aus, um unser Ziel zu erreichen. So verbringen wir im Berry trotz der Hitze glückliche Tage, bewegen uns einsam durch ein Gemälde von Rothko und versuchen vergeblich, die Verbindungslinie zwischen zwei schattenlosen, monochromen Flächen zu erreichen, Blau und Gelb.

*

Das Berry ist eine bürgerliche Gegend. Seine Glanzzeiten sind zweifellos mit der Industrialisierung vergangen, aber man muss nur die Speisekarte eines Restaurants aufschlagen, dann taucht man in die warme Atmosphäre eines geruhsamen Wohlstandes ein, zwischen Pastete im Teigmantel, grüner Linsencrème und Crottin de Chavignol. Mitten in den Feldern entdecke ich brandneue Stallungen, in denen sich Rennpferde von übereifrigen Pagen umsorgen lassen. Des Weiteren begegne ich einem Lederwarenhändler, der mir erklärt, dass wir uns in *der* Lederregion befinden. Sein Großvater war Sattler für das Zaumzeug von Zugpferden, sein Vater hat Gürtel und Handtaschen gemacht, er selbst hat seine Produktion industrialisiert und ist Zulieferer einer Luxusmarke geworden. Nach der stolzen und rauen Creuse habe ich nun den Eindruck, in gefütterte Pantoffeln zu schlüpfen. Und ist die historische Hauptstadt des Berry nicht ein Ort namens Bourges (Wortspiel mit *Bourges/bourgeois* = bürgerlich; Anm. d. Übers.)?

Der Zufall will es, dass ich in Issoudon von Exemplaren der besten Qualität empfangen werde. Ich nehme, zwischen einem Rendezvous mit dem Hufschmied und einer Runde Reinigung des Leders, am Sonntagsschmaus teil. Bei dieser Gelegenheit trage ich meine einzigen Kleider, die vom Staub verschont geblieben sind, mein Joker fürs Mondäne, ein weißes Hirtenhemd mit blauen Tupfern. Ich habe kaum Zeit, mich für meine Verspätung zu entschuldigen, da werde ich schon mit allen möglichen Leuten bekannt gemacht. Aus jedem Zimmer des stattlichen Herrenhauses tauchen eine Schwester, eine Cousine, ein Schwager auf. Ich bewege mich vorsichtig durch einen Schwarm blonder Kinder, die mit Wettläufen zwischen dem Schwimmbad und der Küche beschäftigt sind. Die Damen tragen leichte Kleider, die Herren Leinenhemden. Das Mobiliar ist schlicht und dunkel, im Stile jener Mahagonischreibtische, die im Antiquitätenladen nicht viel wert sind, aber Patina angelegt haben, weil sie Generationen von Anwälten, Ärzten, Professoren gehörten. Man findet hier keinen Stuhl von Philippe Starck, kein Kritzikratzi zeitgenössischer Kunst, keine Räucherstäbchen, nichts, was auch nur die geringste Lust bezeugt, modisch zu sein. Die Türen knarren, und die Schränke quellen über. Man fühlt sich sofort zu Hause.

Meine Gastgeber sind mit Anmut zuvorkommend. Ich bin der

Gast und habe also ein Recht auf die größtmögliche Aufmerksamkeit. Man fragt mich über meine Stute aus, über meine Gesundheit, meine Ideen. Man setzt mir zu, ohne mir je zu widersprechen. Die Berufe der einen, die Familien der anderen werden nur ganz zuletzt erwähnt, als wären es störende Details, von denen man den leichten Fluss des Gesprächs nicht durcheinanderbringen lässt. Der Tisch ist im Garten gedeckt. Ich bemerke eine Statue der Jungfrau in einem Fenster. Sie kehrt uns den Rücken zu: Wir können schamlos sündigen. Man trinkt, lacht, man macht anzügliche Witze. Ich bediene mich wieder und wieder an all den Salaten und Pasteten, die man mir reicht, als müsste ich all die verlorenen Kilos wettmachen. Ich könnte gut und gerne den ganzen Tag hier verbringen, eine ganze Woche, ein ganzes Leben. Ich bin mir gewiss, dass man mir ein kühles Zimmer mit durchbrochenen Jalousien und lavendelduftenden Federbetten anbieten wird. Aber der Hufschmied erwartet mich. Es war schon schwierig genug, ihn an einem Sonntag zu erwischen. Um den Mut zu fassen, vom Tisch aufzustehen und Abschied zu nehmen, muss ich wirklich fest an Destinadas Hufeisen denken, von denen nur noch eine dünne, jederzeit bruchgefährdete Schicht Metall übrig ist. Ich spüre schon jetzt, dass der Beschlaghammer des Schmieds schmerzlich in meinem Kopf widerhallen wird.

Geradeso wie ich verschämt bürgerliche und verfehlt alternative Hipster nicht in mein Herz schließen kann, kann ich meine Sympathie für echt Bürgerliche nicht verhehlen. Von Buñuels Film ist mir nur der geniale Titel im Gedächtnis geblieben: *Der diskrete Charme der Bourgeoisie*. Es ist ein Charme, der darin besteht, diskret zu sein; und eine Diskretion, die den Charme ausmacht. Welches seltsame Ressentiment zwingt uns dazu, alte und dreckige Familienstreitereien hinter diesen fröhlichen Gesichtern zu vermuten? Warum kann der äußere Anschein nicht von Zeit zu Zeit die Wahrheit sein?

Gewiss war das Provinzbürgertum nicht immer so beneidenswert. Ich erinnere mich mit deutlich weniger Enthusiasmus an dasjenige meiner Großeltern in Évreux, Jagd am Samstag, Messe am Sonntag, Serviettenringe für den Rest der Woche. Das, aus dem sich meine Mutter mit Gewalt fortgerissen hat, um sich in das Paris der 68er zu stürzen und mit all den Idolen zu brechen, die die Jahrhunderte bedächtig überliefert haben: Gott, Herren, Ehemänner. Aber das Bürgertum, das die Gegenkultur überstanden hat, hat aus seinen Fehlern gelernt. Es ist mild geworden, offen, cool. Es stellt den Buchhändlern und Handwerksläden eine treue Kundschaft. Seine Frömmigkeit ist diskret. Seine Ambitionen sind maßvoll. Es lässt sich auf einen Kompromiss mit seinem Zeitalter ein und ist sich bewusst, den Rang von einst verloren zu haben. Seine letzte Hoffnung auf politische Wiedergeburt war die Kampagne von François Fillon: Blindgänger. Seither begnügt es sich damit, seine Güter zu unterhalten und seine Traditionen zu übermitteln. Auch wenn die Mehrzahl von ihnen in Paris oder im Ausland lebt, was eben sein muss, wenn man in einem multinationalen Konzern oder einer Anwaltskanzlei »seine Brötchen verdient« (der Lieblingsausdruck, um die Banalität der Sache zu dämpfen), worauf meine Gastgeber schwören, ist einzig und allein das Berry. Im Sommer, wenn sie in ihren Stammhäusern zusammenkommen, machen sie keinen Urlaub, sondern leben ihr wahres Leben. Ich wende mich noch ein letztes Mal zu den Kindern, die am kleinen Tisch ungeduldig auf ihre Nachspeise warten, und bin ihnen schon vorderhand dankbar, dass sie dieses friedliche Glücksversprechen verfolgen, während wir anderen uns mit den Übeln des Jahrhunderts herumschlagen.

*

Auch meine Beziehung mit Desti ist bürgerlicher geworden. Das Berry hat uns fraglos friedlicher gemacht. Zuerst ist es mir aufgefallen, als wir das Viaduc de l'Auzon überquerten, eine technische Meisterleistung der Ingenieure der Belle Époque. Die braunen Schraffuren auf der Landkarte hatten mir keine Unruhe bereitet. Diese Hochgeschwindigkeitstopographie auf dreihundert Metern Seehöhe erschien mir kaum bedrohlich. Und dann, auf der Höhe des Dorfes Neuville, öffnet sich plötzlich unter mir die Leere. Der Schatten der feinen Bögen zeichnet sich auf die Ebene, fünfzig Meter weiter unten. Das Viadukt war ursprünglich für die Eisenbahn bestimmt, es ist schmal, und die steinerne Brüstung reicht mir nicht einmal bis zur Taille. Ich schaue auf die Karte: Kehrtmachen, um zurück ins Tal zu kommen, würde mindestens eine Stunde länger dauern und mich zwingen, mehrere Kilometer einer großen Landstraße zu folgen. Es gibt keine Alternative, ich muss weiter geradeaus. Meine Beine werden weich. Wie Montaigne kann ich »den Anblick dieser unendlichen Tiefe nicht ohne Schrecken, ohne zitternde Knie und Schenkel ertragen« (*Essais*, II,12). Genauso entspannt, wie ich auf der Erde bin, so hilflos bin ich in der Luft.

Sartre beschreibt den Schwindel als einen Ruf der Möglichkeiten, wenn das Bewusstsein realisiert, dass alle Zukünfte ihm offenstehen, der Tod inbegriffen, so nah, so ungezwungen. Ein einfacher Hops, hier und jetzt, mein Schicksal endet und verleiht meiner Existenz eine Form von Vollendung. Andersherum wird nicht zu springen zu einer Entscheidung. Ich gehe nicht ruhig auf einem erhöhten Weg dahin, sondern ich entscheide mich bei jedem Schritt, weiter zu existieren. Der Schwindel besitzt also eine metaphysische Tragweite, eine Verkörperung des Nichts, das beständig auf uns lauert, und eine Anerkennung des Lebenswillens, der uns in der Welt erhält. Sartre hat nicht daran gedacht, dass sich diese existenzielle Angst zum Schrecken eines Reiters verdoppeln kann: was tun, wenn Desti auf halber Strecke die Furcht überfällt? Unweigerlich kommen mir die letzten Seiten aus *Milady* in den Sinn, jenem Roman von Paul Morand, an dessen Ende sich Ross und Reiter von einem Aquädukt stürzen. Genauer gesagt ist es der Kommandant, der sein Tier in die Leere jagt, als sie fast schon auf der anderen Seite angekommen sind. Rache, Freitod, Wahnsinn aus Schwindel?

Zu meinem großen Glück teilt Desti meine Neurosen nicht. Während ich am Beginn des Viadukts reglos stehe, sich mein Magen umdreht und mir der Schweiß auf der Stirn steht, geht sie einfach ihre normalen Schritte weiter und kümmert sich nicht um die fünfzig Meter Abgrund. Ich führe sie nicht mehr, sondern sie zieht mich mit sich. Ich gehe an ihrer Seite und zwinge mich dazu, auf meine Füße zu starren. Ich lehne meine Schulter in die Mulde ihres Halses und lasse mich von ihrem Körper in Bewegung mittragen. Es ist bekannt, dass Pferde unsere Emotionen erahnen und ihr scharfer Geruchssinn sie die Pheromone wahrnehmen lässt, die wir ausdampfen. Für den Moment gleiche ich wohl einer wandelnden Sprühflasche, die die Luft im Umkreis mehrerer Meter mit dem Duft der Angst durchtränkt. Die tapfere Desti scheint sich davon nicht stören zu lassen. Die ruhige Pendelbewegung ihres Halses macht mir Mut. Ich atme tief ein und langsam aus. Und schließlich kommen wir wohlbehalten am anderen Ufer des Auzon an. Ein letztes Stück durch das Unterholz und wir erreichen Cluis, fast das Etappenziel des Tages. Desti hat mich aus einer bösen Klemme gezogen. Ich hoffe, dass Dankbarkeit auch entsprechende Pheromone verströmt. Montaigne wusste, wie sehr wir von der Stimmung unserer Pferde abhängig sind. »Sie knüpfen Ihren Wert und Ihr Glück an die Ihres Pferdes, seine Verwundung und sein Tod ziehen die Ihren als Folge nach sich, seine

Schreckhaftigkeit oder seine Flucht lassen Sie erst kühn oder feige sein« (*Essais*, I,48).

Diese emotionale Kommunikation wird zuweilen zu einer echten Fusion. Nicht lang nach der Episode am Viadukt verbringen wir einen anstrengenden Tag damit, aus einem Gewerbegebiet im Süden von Châteauroux herauszukommen. Ein ausgesprochen ungut gelegener oder besser gesagt von der Stadt eingewachsener Stall lässt uns keine andere Wahl, als die »Zone d'Activité Cap Sud« zu durchqueren, um wieder auf den GR zu gelangen. Ein wohlmeinender, aber schlecht informierter Gastgeber hat uns zu einer eigenwilligen Route geraten: nach dem But rechts halten, an Maisons du Monde vorbei, beim Conforama nach links und dann geradeaus hinter den Leclerc, um die Felder zu überqueren. Ich folge also diesem bezaubernden Weg, finde aber heraus, dass er durch ein TGV-Gleis blockiert ist. Nach kurzem Zögern sehe ich davon ab, die Schienen zu übersteigen. Ich konsultiere meine IGN-Karte, die ganz verschämt die marktschreierischsten Kaufhäuser in einfache schwarze Quader verwandelt; dort stehen, als ob nichts wäre, Flurnamen, die die Phantasie beflügeln: »Terres-Légères«, »Terres-Noires«, »le Cormiolet«. Aber aus Terres-Noires ist ein Jardiland geworden. Inmitten von Hinweisschildern, Parkplätzen und Kreisverkehren ist mir die Topographie keine Hilfe mehr. Die Moderne schafft die Orte ab, die sie in Beschlag nimmt.

Ich mache also unter den misstrauischen Blicken der ersten Kunden kehrt. Das Gewerbegebiet löscht alle Empfindungen von Neugier und Sympathie aus, die der verirrte Reiter für gewöhnlich erregt. Das Leben hat hier nichts verloren. Die Wesen, die sich hier bewegen, nehmen den kalten, normierten und unbeirrbaren Charakter ihrer Umwelt an. Ich fühle mich unwohl, fehl am Platz, absurd. Hier schweift man nicht herum, hier verliert man sich. Hier lächelt man nicht, hier setzt man ein trauriges Gesicht auf und holt sich einen Einkaufwagen. Vom Pferd aus betrachtet ist ein Gewerbegebiet nicht nur unästhetisch, sondern schlichtweg feindselig: Absperrgitter verhindern jede Abkürzung, die zu weit auseinanderstehenden Gebäude bieten keinen Schatten, auf den betonierten Gehwegen lässt sich nichts abgrasen. Man sollte sich die Zeit nehmen, diese absurd funktionalen und vollkommen unmenschlichen Räume Meter für Meter zu inspizieren, die wir für gewöhnlich nur durch die Windschutzscheiben unserer Autos sehen – oder besser gesagt gar nicht sehen, weil wir zu beschäftigt damit sind, dem Navi zu folgen. Es sind die Pforten der Hölle.

Da kommt man nicht leicht wieder heraus, siehe Orpheus. Die Wege sind voller Gefahren. Für meine Flucht habe ich keine andere Wahl, als den gigantischen Kreisverkehr zu nehmen, dann die mit Lkw überfüllte Straße, die zur Autobahn weiter dort hinten führt. Desti und ich haben gleichermaßen resigniert. Wir arbeiten uns vor und ertragen geduldig das Elend, als uns die ultimative Falle gestellt wird: die Leitplanke. Sollen wir uns auf der Innenseite halten, auf die Gefahr hin, von einem Lkw angefahren zu werden, oder außen, ohne genau zu wissen, wann wir dann wieder auf die Straße kommen? Der stressige Verkehr und die mangelnde Sicht vernebeln mein Urteilsvermögen. Ich treffe also auf gut Glück die falsche Entscheidung: außen. Nach dreißig Metern erscheint zu unseren Füßen, weiter unten, das TGV-Gleis, während sich zu unserer Rechten ein Graben öffnet, der jedes Entrinnen unmöglich macht. Wir bekommen es allmählich mit der Angst zu tun, wir sind eingeklemmt zwischen den dröhnenden Lastern, der bevorstehenden Autobahnauffahrt und einem senkrechten Abhang. Aber wie sollen wir auf so engem Raum umdrehen? Ich gebe Desti zu verstehen, dass Zögern uns nichts hilft. Sie vollführt also eine glänzende Schrittpirouette, indem sie ihre Vorhand um ihre Hinterbeine schwenkt, die auf der Stelle treten. Das ist die engstmögliche Kehrtwende. Diese Hufschlagfigur aus der Hohen Schule hätte ich auf dem Reitplatz monatelang üben müssen, und nun hat die Gefahr sie uns mühelos meistern lassen. Wir sind bei den militärischen Ursprüngen der Dressur angekommen: Seit den Zeiten Xenophons, eines griechischen Generals und Philosophen, der die erste überlieferte Abhandlung über Pferde geschrieben hat, trainieren Soldaten ihren Pferden geschmeidige Bewegungen an, um aus heiklen Situationen zu entkommen. Diese Lektion hätte ich also bestanden.

Aber unsere Qualen waren noch ganz und gar nicht zu Ende. Auf unserem Rückweg die Leitplanke entlang verhakt sich Desti mit einer Satteltasche am Geschwindigkeitsbegrenzungsschild und bäumt sich auf. Manche Autofahrer müssen beim Anblick eines aufrechten Pferdes auf der Straße vor dem Leclerc an ihrer geistigen Gesundheit gezweifelt haben. Desti entscheidet sich für unser gemeinsames Überleben und fällt wieder auf ihre vier Hufe zurück. Wir steigen weiter hinab. Ich empfinde geradezu Erleichterung, wieder auf der Lkw-Straße zu sein, und ordne mich mitten auf der rechten Spur ein. Der Strom der Autos muss sich gedulden, bis ich die Brücke überquert habe und mich wieder auf den Seitenstreifen zurückziehen kann. Lieber unhöflich sein, als von einem Sechsunddreißigtonner zermalmt zu werden.

In unserer Etappe angekommen und noch angeschlagen von unseren Abenteuern finden Desti und ich Zuflucht in einem verfügbaren Longierzirkel. Normalerweise nutze ich das für etwas »Arbeit an der Hand«: mit dem Pferd zusammen gehen, trainieren, auf ein Handzeichen hin stehen zu bleiben oder zurückzugehen, sich trennen und wieder zusammenfinden usw. Oder ich massiere Desti. Aber an diesem Abend fallen wir uns gegenseitig in die Arme. Der Ausdruck ist gar nicht so fehl am Platz: Der Arm eines Pferdes reicht bis an die Brust; sein Ellenbogen befindet sich oberhalb des Unterschenkels, und das, was wir gewöhnlich für das Knie halten, entspricht eigentlich unserem Handgelenk. Ich umschlinge ihre Schulter, mein Kopf ruht auf ihrem Widerrist, ich befinde mich ziemlich genau in Destis Armen. Ich fühle ihren Atem auf meinem Rücken und ihre Wärme an meinem Oberkörper. Sie bewegt sich nicht, ich mich auch nicht, obwohl mich der Durst quält. Wir verharren so gute zehn Minuten und legen die angesammelte Anspannung ab. Dann gehen wir langsam zum Stall, sehr langsam, ungewöhnlich langsam.

Ich bin misstrauisch gegenüber jedweder Projektion unserer Empfindungen auf ein Pferd, ein freies und flüchtiges Tier, das unseren Repräsentationssystemen entwischt, sobald man glaubt, es verstanden zu haben. Aber es gibt seltene und flüchtige Momente, die mir zweifellos etwas zu bedeuten scheinen. Wie diese lange Umarmung auf dem Sand, die beweist, dass Empathie die Grenze zwischen den Arten durchbrechen kann.

In den folgenden Tagen beginne ich nach und nach, Desti an meiner Seite gehen zu lassen, ohne die Zügel in der Hand zu halten; ich wickle sie um den Sattelknauf. Erst für einige Schritte, in denen ich sie ängstlich überwache, dann für eine gerade Strecke und schließlich über Stunden hinweg, wobei ich nur aufpassen muss, dass sie nicht zu weiden anfängt. Wir wandern nebeneinander. Sie ist nicht mehr meine Gefangene, sondern meine Reisegefährtin.

Und was soll man zu jenen Pausen sagen, in denen sie mich pinkeln sieht und es mir gleichtut? Spiegelt sich in der prästabilierten Harmonie der Harnblasen nicht die beste aller möglichen Welten?

*

Die ruhigen Wege am Ufer der Indre verschaffen mir die Muße, um über die Hölle der Gewerbegebiete nachzudenken. Welcher kollektive Wahnsinn hat uns zur Schaffung dieser nützlichen Nicht-Orte geführt, aus der Pferde so unfair ausgeschlossen sind? Ich erinnere mich an etwas, das ich längst verdrängt hatte. Ich war fünfundzwanzig Jahre alt und schrieb Reden für die Wirtschaftsministerin. Während einer Kabinettssitzung fragte uns die Ministerin nach unserer Meinung zum »Gesetz zur Modernisierung der Wirtschaft«, das den Bau von Einkaufszentren erleichtern sollte. »Denkt an eure Kinder«, sagte sie uns. Ich war zu jung, um wirklich daran zu denken, aber alt genug, um ein klassisch liberales Argument vorzubringen: Mit Berufung worauf soll man den Leuten verbieten einzukaufen, was ihnen gefällt, wo es ihnen gefällt? Welche moralische Vermessenheit sollte mich dazu bringen, meine eigenen Vorlieben über Konsumenten zu verhängen, die frei in der Wahl eines billigeren und besser ausgestatteten Ladens sind? Heute, wenn ich Dörfer durchquere, deren Läden systematisch verschwunden sind und wo nur verblassende Schilder an das sprudelnde Leben erinnern, das dort noch vor einigen Jahren herrschte, erlebe ich die Effekte dieser massiven Verdrängung mit voller Wucht. Auf der Höhe meiner fünfundzwanzig Jahre hätte ich wohl bekräftigt, dass die Einwohner sich selbst dafür entschieden haben, nicht mehr in die alten Geschäfte zu gehen. Montaigne, der nicht so konservativ war, stand der Zentralisierung des Handels übrigens aufgeschlossen gegenüber: Er rühmte seinen Vater, der es als Bürgermeister von Bordeaux »auf den Weg gebracht hatte, in den Städten einen gewissen, dafür bestimmten Ort zu schaffen, zu dem sich alle begeben können, die irgendetwas brauchen« (*Essais,* 1,35). Aber im Angesicht des politischen Willens und der aufgebotenen Finanzmittel hat niemand wirklich eine Wahl gehabt. Bestimmte Tätigkeiten, wie das Einkaufen, von jeder menschlichen Interaktion abzutrennen ist nicht neutral. Der Glaube an Kaufkraft allein hat uns spürbar etwas von unserem alltäglichen Glück gekostet. Das habe ich in einem Gespräch verstanden, das ich in einem Dorf am Fouzon mit der alten Inhaberin eines Bistros führte, die keinen Nachfolger gefunden hatte:

»Aber es gibt doch immerhin noch Leute hier im Dorf?«

»Es sind nicht die Leute, die weggegangen sind. Das Leben ist verschwunden.«

Niemand würde leugnen, dass Einkaufszonen und Gewerbegebiete für ein Land stehen, in dem, gemäß dem Erfolgsslogan, »das Leben weniger kostet«. Aber das ist auch ein Land, in dem das Leben weniger wert ist. Hat der volle Einkaufswagen, der Horizont der Trente Glorieuses, alle Probleme gelöst? Sollte man die Sache nicht andersherum aufzäumen und unsere Bedürfnisse neu evaluieren? Der Moralist Montaigne gibt sich Mühe, Worte, die hart genug sind, zu finden, um die leidenschaftliche Anhäufung materieller Güter zu geißeln. »Nichts ist so hinderlich und so widerlich wie der Überfluss« (*Essais*, I,42), schreibt er und freut sich, sein Erbe für seine Italienreise aufzubrauchen. Dieses Laster wurde demokratisiert. Die Einkaufszone ist der Überfluss für alle. Seit ich gezwungen bin, mich mit nur einer Garnitur Kleidung zum Wechseln zu begnügen und frugale Mahlzeiten zu halten, habe ich Geschmack an einem gewissen Minimalismus gefunden. Ich kann keinen Supermarkt mehr betreten, ohne dass sich mein Kopf zu drehen beginnt; muss man wirklich an so vielen Metern Regal und so vielen Tonnen Verpackung vorbei, um drei Karotten, eine Tüte Nüsse und Rasierklingen zu kaufen? Mäßigung macht glücklich. Es liegt an jedem Einzelnen von uns, weniger und besser zu konsumieren.

*

Mein täglicher Rhythmus hat sich inzwischen stabilisiert. Wie Montaigne »habe ich gelernt, meine Tage auf spanische Art zu verbringen, in einem Zug – großzügige und vernünftige Tage« (*Essais*, III,9). Also sechs bis acht Stunden ohne Unterbrechung unterwegs. Mittags mache ich kaum halt, höchstens eine Viertelstunde, um etwas Tomate, Käse, Rosinen, Äpfel und Karotten zu knabbern (Letztere werden gerecht zwischen Desti und mir aufgeteilt). Zuweilen an Feiertagen ein hart gekochtes Ei. Und eine Tasse Tee zum Aufbruch, aus einer Minithermoskanne, die ich gegen meinen Campingkocher getauscht habe. Mittagessen in der Auberge de la Truffe kommen für mich nicht mehr infrage: ein Anfängerfehler. Montaigne pflegte ein noch spartanischeres Regime. Sein Sekretär, der die Führung des Tagebuches übernimmt, vertraut uns an, dass »er niemals zu Mittag isst; aber man reicht ihm ein Stück trockenes Brot, das er unterwegs verspeist; und dazu zuweilen Trauben, wenn sie zu finden sind« (*Reisetagebuch*, Markdorf). So vermeiden wir die Qualen der Verdauung. Ich weiß nicht, ob diese Vorgehensweise die Zustimmung der Ernährungsberater findet, aber sie scheint sich seit fünf Jahrhunderten zu bewähren. Vor allem aber erlaubt sie es, den Tag als ein durchgehendes Ganzes zu begreifen, anstatt ungelenk einen Vor- und einen Nachmittag zu addieren. Unser Schatten auf dem Boden bewegt sich über den ganzen Tag hinweg mit beinahe vollkommener Regelmäßigkeit voran. Wir sind eine lebende Sonnenuhr.

*

Bevor wir das Berry verlassen, entschließe ich mich, in der Épicerie von Chabris vollzutanken. Ich mache Desti an einem alten Ring fest, der noch in der Mauer verankert ist. Die Betreiber kommen raus und schauen sich das an. Die Dame wendet sich an ihren Ehemann und sagt ihm mit siegreicher Stimme:

»Siehst du, ich habe dir doch gesagt, dass wir diesen alten Ring behalten sollen! Für den Fall, dass!«

Diese heilige Frau, Sinnbild der Beharrlichkeit, lässt mich an Sergey Sotnikov denken, den Angestellten eines sibirischen Flughafens, der nach dessen Schließung voll guten Willens weiterhin das Rollfeld in Schuss hielt. Für den Fall, dass. Bis zwölf Jahre später eine Tupolev, die in Schwierigkeiten geraten war, dort landen konnte. Mit seinem absurden Eigensinn, seiner Weigerung, sich dem Schicksal zu ergeben, hat Sergey Sotnikov achtzig Passagieren das Leben gerettet. Ein Dank an alle, die darauf beharren, die Vergangenheit zu bewahren, für den Fall, dass.

Sobald die Laufleine an dem schicksalhaften Ring befestigt ist, hält Desti einsichtig still. Allerdings macht mir die nahe D128 kein gutes Gefühl, und ich suche nach einer hilfsbereiten Seele, die auf meine Stute aufpasst, während ich Vorräte besorge. Die Inhaber des Geschäfts sind so schnell verschwunden, wie sie gekommen waren. Ich zögere einige Minuten, dann erblicke ich eine junge, adrette Passantin.

»Warten Sie auf jemanden?«, fragt sie mich rundheraus.

»Ja, auf Sie!«

Sie nimmt die Mission wacker an. Als ich wieder zurück bin und versuche, alles in meinen Satteltaschen zu verstauen, ohne die Aprikosen zu zerquetschen, beginnt sie, mir recht ungewöhnliche Fragen zu stellen. Was ich mache, warum ich den Ort durchquere, wie lange ich hierbleiben will.

»Sie sind ganz schön neugierig«, sage ich und lächle.

»Ich bin Polizistin.«

Dem äußeren Anschein ist nicht zu trauen!

»In der Straßenverkehrsordnung ist festgeschrieben, dass

ein Pferd ein Gefährt ist wie alle andren«, komme ich ihr in einem schlagartig weniger galanten Ton zuvor.

»Ja, ich weiß«, gibt sie ungern zu und ist sichtlich enttäuscht, keinen Anlass für einen Strafzettel gefunden zu haben.

Das ist der Charme des Reisens zu Pferd: Man schlüpft zwischen den Abertausenden Gesetzen und Verordnungen hindurch, die unser Dasein einengen. Es genügt, im Sattel zu sitzen, um sich schlagartig über dem Gesetz, über den Gesetzen zu fühlen. Für das Wanderreiten braucht man keine Genehmigung, keine Versicherung, keine vorgängige Erklärung, weder Reitkappe noch Spezialausrüstung, keinen Sicherheitsgurt. Irgendwer kann irgendein Pferd nehmen und irgendwann irgendwohin aufbrechen. Zwar ist es deutlich gefährlicher, eine vierspurige Straße geschwind entlangzutraben, als sie mit einem Mofa von 50 cm^3 zu befahren – aber dennoch ist dieser Hochrisikosport zu selten, um durchreglementiert zu sein. Wenn es auch stimmt, dass manche Wege privat sind und manche, ganz wenige, für Pferde verboten, so genießt der Wanderreiter doch eine gewisse Straffreiheit: Ein einziges Mal hat mir ein Flurwächter eine Predigt gehalten, bevor er deren offensichtliche Sinnlosigkeit einsah und die Angelegenheit für erledigt erklärte. In der Stadt ist, wenn es nicht (wie in Paris) anderslautende Verordnungen gibt, alles erlaubt. Auf dem Gehweg wird der Reiter als »Tierführer« eingeordnet, wie jeder Hundehalter auch; auf der Straße ist er ein »Gefährt«, nicht mehr und nicht weniger als der familientaugliche Kombi. Wenn man von einer Kategorie in die andre springt, kommt man immer durch. Genau das mache ich auch in Chabris, als ich von meiner Polizistin Abschied nehme, im Zickzack von Gehweg zu Straße, um sowohl den Stau der Autos als auch die Omas mit Hackenporsche zu umgehen. Mir ist, als hätte ich alle vier Trümpfe aus dem Kartenspiel *Milles Bornes* gezogen: Vorfahrt (die Radarfallen können immerhin versuchen, uns zu blitzen), Extra-Tankfüllung (Heu reicht uns), unplattbar (aber, ach, nicht unenthufbar), Renn-Ass (hoffentlich).

Diese extravagante Freiheit bezahlt man natürlich mit einer höheren Verantwortung: Da sie keinem Gesetz unterworfen sind, sind Pferd und Reiter auch allein mit den Konsequenzen ihrer eigenen Entscheidungen konfrontiert, sie können sich an niemanden wenden und sich bei niemandem beklagen. Ist jene für Fußgänger gebaute Holzbrücke mitten im Wald stabil genug, oder muss ich zehn Kilometer Umweg auf mich nehmen? Bei dieser unterwegs oftmals sich stellenden Frage geht es um Leben und Tod, und ich muss sie allein beantworten. Keine Vorschrift, kein Hinweisschild, keine Versicherungspolice können mir die Ausübung meiner Urteilskraft abnehmen.

Ich suche nach dem richtigen Wort für diesen Zustand der Schwerelosigkeit, der mich über einer durchreglementierten Gesellschaft schweben lässt. Nadège bringt mich darauf, eine Bäuerin aus La Motte, einige Kilometer von Chabris entfernt. Sie und ihr Ehemann Jean-Marie, ehemals Metzger, beherbergen Desti in ihrem Stall, der zu dieser Jahreszeit leer ist. Sie haben ihren alten Kuhstall in eine Luxusbox umgewandelt, mit Unmengen von Stroh und Heu auf gut fünfzig Quadratmetern. Desti muss einfach nur die Gegenwart einer sympathischen Ziegenfamilie auf der anderen Seite des Gebäudes tolerieren. Sie ist an solche interspezistischen Wohngemeinschaften gewohnt. Sie hat bereits eine Weide mit einer Entenzucht geteilt und die Nachbarschaft eines Eselpärchens ertragen. Ich verliere mich in Dankesworten, als mich Nadège unterbricht:

»Wissen Sie, als ich ein Kind war, hielt meine Mutter immer ein überzähliges Gedeck für Vagabunden auf der Durchreise bereit. Sie nahm sie zu jeder Tages- und Nachtzeit auf, gab ihnen etwas zu essen und ließ sie auf dem Stroh schlafen, wobei sie nur ihr Feuerzeug konfiszierte, um Brände zu verhüten. Manchmal blieben sie ein paar Tage und halfen auf dem Bauernhof mit. Das war ein Teil des Lebens.«

Anders gesagt, Desti und ich sind die Vagabunden der modernen Zeit. Auf diesen Titel können wir stolz sein. Der Vagabund ist weder ein Bettler, der von Almosen lebt, noch ein Flüchtiger, der Schutz sucht. Er besitzt eine genau definierte Rolle, ein Nomade unter den Sesshaften, mittellos unter den Besitzenden. Er ist das Negativ der sozialen Ordnung und ist für deren ordentliches Funktionieren unerlässlich. Wie einer der Helden von John Steinbeck lebt er von Tag zu Tag. Seine natürliche, alltägliche Umwelt sind die Straßen. Früher nannte man sie übrigens »chemineau« (von frz. *chemin*, Weg, Straße; Anm. d. Übers.), ein aus den Geschichten Sophie de Ségurs gefischter Begriff.

Für einige Monate bin nun also ich der Vagabund, mit meinem Mantelsackbündel und meinen Geschichten als Zahlungsmittel. Ich erlebe den Zauber dieser verschwimmenden Existenz. Jeden Tag erlebe ich kleine materielle Sorgen, aber ich habe keines jener Probleme im Kopf, die lange Überlegungen und ausgefeilte Strategien erfordern, aber nie völlig befriedigende Lösungen finden. »Die Geschäfte für morgen« (*Essais*, II,4), riet Montaigne. Für morgen, für übermorgen, für niemals? Warum sollte man sein Leben nicht vagabundierend verbringen können?

*

Dennoch bin ich auch als Vagabund online. Die Ruhe im Berry gibt mir die Möglichkeit, wieder an die Medien anzuknüpfen. In der Etappe beantworte ich die Fragen einer Journalistin von France Bleu Berry. Ich bin nicht allein mit der Feststellung, wie lebendig lokale Zeitungen und Radiosender sind, diese wichtigsten Informationsquellen der Bevölkerung (ein winziges Photo im *Le Populaire du Centre* trägt mir urplötzliche Berühmtheit ein). Direkt von unterwegs nehme ich an einer Liveübertragung auf France Inter teil, in der ich einen seltsamen Dialog mit dem Sänger Thomas Dutronc führe, der von dem regelmäßigen Klacken von Destis Hufen auf dem Asphalt rhythmisiert wird.

»Kann man die Mädels sehen, die in ihren Gärten sonnenbaden?«, fragt er mich.

Man könnte meinen, dass so ein Schlager anfängt. Ich enttäusche ihn nicht: Die Antwort ist ja. Auf dem Pferd gewinnt man ein paar Dutzend Zentimeter an Höhe, und das ermöglicht den Blick über Hecken. Wie es Montaigne nüchtern in seinem *Reisetagebuch* notierte: »Vom Pferd aus sieht man besser« (*Reisetagebuch*, Rom). Man sieht die Landschaft besser, die wilden Tiere und in der Tat auch die Mädels (und die Jungs), die sich, besonders jetzt zur Sommerzeit, auf dem heimischen Rasen in Sicherheit wähnen. Mein Auftauchen hat schon mehrere Male überstürzte Fluchtbewegungen Richtung Handtuch provoziert. Könnte der geneigte Leser diese etwas deplatzierten Blicke auf die Rechnung des monatelangen Zölibates setzen?

Warum gebe ich der Versuchung des Mikrophons und der Kamera nach? Zweifellos aus Eitelkeit. Ebenso aus beruflicher Verpflichtung: Ein Schriftsteller verbringt sein Leben damit, in den trüben Gewässern der Öffentlichkeit zu fischen. Aber es gibt noch einen anderen, etwas versteckteren Grund. Man spricht anders mit Leuten, die man nicht kennt, mit Hunderten oder Tausenden, manchmal gar Millionen von Zuhörern. Es gilt, sehr schnell den Kontext zu etablieren, sich vorzustellen, höflich und klar zu bleiben und jedes Missverständnis zu vermeiden. Diese Aufgabe zwingt einen dazu, besser nachzudenken, Wörter für diffuse Eindrücke zu finden, verstreute Gedanken auf den Punkt zu bringen. Nach einem guten Gespräch ist man selbst klüger. Die »Medien« bieten nicht nur ein Bindeglied zwischen sich und den anderen, sondern auch zwischen sich und sich selbst.

Diese Disziplin gilt für das Schreiben gleichermaßen. Ich liefere der Zeitschrift *Le Point*, der Partnerin meiner Reisen, jede Woche einen Artikel, der etwa so lang ist wie fünf Seiten dieses Buches. Da ich noch nicht den nötigen Abstand habe, um eine chronologische Erzählung ohne Redundanzen zu liefern, mache ich es nach Themen geordnet, über das Pferd beispielsweise, über Handarbeit oder den Schatten. Ich strenge mich an, sie während unseres allwöchentlichen Pausentags zu redigieren. Dieser recht stramme Rhythmus lässt mich unterwegs über die nächsten Themen nachdenken, nach neuen Themen suchen und an guten Formulierungen arbeiten. Ich bin gezwungen, meine Reise zu denken, während sie sich vollzieht, eine ausgezeichnete Übung, die mich auch davon abhält, mich in logistischen Fragen zu verbeißen. Zudem ist der Rhythmus des Gehens der Meditation förderlich. Montaigne wünschte sich bereits eine »Wandelhalle« direkt an der Bibliothek, in der er schrieb. Eine Wandelhalle wohlgemerkt, deren Form auch das Reiten ermöglichen könnte, denn zu Pferde widmete sich Montaigne seinen »weitreichendsten Gesprächen« (*Essais*, III,5). Zu Fuß wie im Sattel gibt sich der Körper einer minimalen, aber konstanten Aktivität hin, und das sind beste Bedingungen, um auch den Geist in Bewegung zu versetzen.

Montaigne wird eine ganze Reihe von Geistesverwandten auf diesem Weg nachfolgen. Neben den Wanderern, die schreiben, wie Jacques Lacarrière, könnte man noch zahlreiche Schriftsteller nennen, die wandern, von Jean-Jacques Rousseau, der während seiner einsamen Spaziergänge seine Träumereien auf Spielkarten notierte, bis zu Michel Houellebecq, der sich während des Lockdowns beklagte, zu viel sitzen zu müssen. »Das einzig Wichtige«, schreibt der Letztgenannte, »ist der mechanische, maschinelle Rhythmus des Gehens, dessen wichtigste Funktion es nicht ist, neue Ideen entstehen zu lassen, sondern die Konflikte zu beruhigen, die der Schock der am Schreibtisch geborenen Ideen ausgelöst hat.« Mein Schreibtisch beschränkt sich im Großen und Ganzen auf meine zwei Knie, auf denen ich am Abend mein Tablet abstütze, nachdem ich in den Schlafsack geschlüpft bin. Und in der Tat ermöglicht das Wandern am nächsten Tag, wenn schon nicht die Konflikte, so doch die Zweifel zu klären, die ich vor dem Entschlummern noch auf die Schnelle in mein Worddokument getippt habe.

Nicht zuletzt muss ich noch gestehen, dass sich die Türen in den Dörfern ein wenig einfacher öffnen, wenn man am Morgen auf France Bleu Berry gewesen ist.

*

Ich kann das Berry nicht verlassen, ohne ein paar kritische Worte über Hunde zu verlieren. Auf sie hätte ich egal wo zu sprechen kommen können, so allgegenwärtig sind sie. Der Zufall will es, dass das Problem im Berry beginnt, dringend zu werden.

Hunde sind überall. In Frankreich gibt es mehr als sieben Millionen. Ob einzeln oder in Meuten, verkümmert oder majestätisch, in einem Drahtverhau eingesperrt, angekettet oder auf dem Hof herumstreunend, ob frisch rasiert oder in einen langen Morgenmantel bräunlichen Fells gehüllt, immerzu empfangen sie uns mit ihren Gesängen. Dabei gibt es eine goldene Regel: Je hässlicher ein Haus, desto besser ist es bewacht.

Die Hunde bellen, das Pferd geht vorbei. Desti zuckt nicht mal mit den Ohren und ignoriert sie grandios. Solange ich auf ihrem Rücken sitze, kann ich beruhigt sein: Kein Hofhund kommt mir zu nahe. Sie wissen genau, dass der Huf eines Pferdes ihnen ganz leicht den Schädel einschlagen kann.

Anfangs reagierte ich auf diese wenig melodischen Choräle weniger phlegmatisch als Desti. Sarkastisch tröstete ich mich mit dem Gedanken an jene Anekdote über den Komponisten Jean-Philippe Rameau, die Louis-Sébastien Mercier in seinem *Tableau de Paris* mitteilt: »Rameau war zu Besuch bei einer schönen Dame, als er sich schlagartig aus seinem Stuhl erhob, den kleinen Hund nahm, den die Dame auf den Knien hatte, und ihn, im dritten Stock, unvermittelt aus dem Fenster warf. Die Dame war entsetzt: ›He! Mein Herr, was machen Sie denn da!‹ ›Er bellt falsch‹, sagte Rameau und ging mit der Entrüstung eines Menschen, dessen Ohr beleidigt worden war, seines Weges.«

Rameau, der Held.

Ich habe mich nach und nach an dieses Stimmengewirr gewöhnt, als müsste das Orchester noch einmal nachstimmen, bevor es uns, sobald die Siedlungen wieder verlassen sind, das harmonische Schauspiel der Natur darbietet. Allerdings gibt es eine Sache, an die ich mich nicht gewöhnen kann und die ich noch mehr fürchte als das Bellen selbst: die Herrchen, die »Still!« schreien. Zunächst einmal ist der Ton so unerfreulich, dass man sofort sich selbst gemeint fühlt. Sodann ist dieser Befehl völlig nutzlos: Ich habe noch nie gesehen, dass ein Hund ihm gehorcht hätte. Schlussendlich und vor allem liegt in ihm eine unverzeihliche Heuchelei. Diese Hunde wurden gezüchtet, erzogen und belohnt, um zu bellen, sobald sich ein Eindringling zeigt. Wie kann man ihnen vorwerfen, dass sie den Auftrag erfüllen, um dessentwillen sie ernährt werden? Es ist, als würde man einem Goldfisch befehlen, nicht mehr in seinem Glas herumzuschwimmen, oder einer Katze, am Ofen nicht zu schnurren. Wer wäre denn ehrlich genug, seinem lärmenden Hund »Bravo!« zuzurufen?

Eines Tages werden wir uns sicherlich von den Misshandlungen rühren lassen, denen diese »bösen Hunde« ausgesetzt sind. Die einzigen Bösen sind ihre Eigentümer.

VI Sologne

■ ■ ■

Verbotsschilder – Privateigentum – Tierasyl und Dressurreitzentrum – Ein Eremit – Gehen – Durchschnittsgeschwindigkeiten

■ ■ ■

Die Sologne kündigt sich durch unzählige Verbotsschilder an. Ich hatte zunächst vor, alle zu photographieren, wurde dann aber vom gewaltigen Aufwand entmutigt, den das bedeutet hätte. Hier eine kleine Auswahl.

Klassisch, Weiß auf Rot: *Privatbesitz. Zutritt verboten*
Gastronomisch: *Pilze sammeln verboten*
Präzise: *Ernten und sammeln (Früchte, Pilze, Schnecken, Holz) verboten*
Heuchlerisch: *Naturschutz*
Fatalistisch: *Sackgasse*
Prätentiös: *Jagdschutzgebiet*
Militärisch: *Wachturm. Zutritt verboten*
Kriminell: *Gefahr. Es wird scharf geschossen*
Gemein: *Gefährliche Fallen*

Jede dieser so sympathisch formulierten Botschaften findet sich mindestens in Begleitung einer zwischen zwei Bäumen gespannten Schnur, meistens aber eines zwei Meter hohen

Stacheldrahtzauns. Die Sologne ist für ihre privaten, prestigeträchtigen Jagden und für ihre nicht minder schätzenswerten Wilderer, die Maurice Genevoix in seinen Büchern feierte, bekannt. Die Domänen sind eingezäunt, Ausnahmen gibt es nicht. Das Wegerecht und selbst das Nachleserecht, alle diese Erleichterungen des Ancien Régime, die die strukturelle Ungleichheit etwas erträglicher machten, sind in Vergessenheit geraten. Wehe dem, der versucht, auch nur einen Fuß auf die gewaltigen Anwesen eines Martin Bouygues, eines Franck Provost oder eines russischen Milliardärs zu setzen. Es würde mich nicht wundern, wenn in den Vogelnestern dort oben in den Bäumen Kameras mit Gesichtserkennung versteckt sind. Die einzige Methode, diese eigentlich weitläufige und dünn besiedelte Region zu durchqueren, besteht darin, skrupulös dem GR zu folgen und sich zwei Tage lang im Zickzack durch die Einteilungen des Katasters zu bewegen.

Ich hänge mehr als irgendwer am Privateigentum, das unsere Erklärung der Menschenrechte zu Recht als »unantastbar und heilig« bezeichnet, aber es muss auch Grenzen haben. John Locke selbst, geistiger Vater des Liberalismus und Theoretiker des Privateigentums am Ende des 17. Jahrhunderts, hat ein berühmtes *proviso* eingeführt: Man muss auch den anderen genug lassen. Der Eigentümer einer Quelle in der Wüste darf, moralisch wie auch juristisch, den Zugang zur Quelle dürstenden Reisenden nicht verwehren. Diese Schwebe zwischen dem Recht, über seine eigenen Güter zu verfügen, und der Notwendigkeit zu teilen verlangt ein subtiles Urteilsvermögen und müsste in einer neuen Theorie des Gemeinschaftseigentums einen Platz finden. Das Klima oder die Kommunikationsströme, die allen gehören, könnten von den Bürgern direkt reguliert werden. Ich fände es nicht missbräuchlich, wenn einsame Spaziergänger den ein oder anderen Pfad in einem Wald von tausend Hektar, den sein Besitzer für nur einige Tage im Jahr besucht, nutzen könnten. Wenn man schon das Wild einsperren muss, damit einige begüterte Exemplare der Gattung *Homo sapiens* es ohne allzu viel Aufwand umbringen können, dann könnte es auch bewegliche Absperrungen geben, wie die Briten sie so trefflich zwischen ihre Hecken aufzurichten wissen (bei denen man sogar zu Fuß durch Chequers Court, den Landsitz des Premierministers, laufen kann).

*

Mitten in der Sologne muss ich einen Halt einlegen. Nach mehreren Anfragen hat sich ein Dressurstall bereit erklärt, uns zu beherbergen. Ich kann es kaum glauben. Die Hohe Schule mitten im Wald? Auf dem Weg unterhalte ich mich mit einer Reiterin, die mir einen Plan B anbietet, falls sich dieses Reitzentrum als Scherz herausstellen sollte. Ich erreiche schließlich den auf der Karte bezeichneten Ort. Eine rundliche und lustige Dame erntet gerade Tomaten in ihrem Gemüsegarten.

»Ist hier das Dressurreitzentrum?«, frage ich ungläubig.

»Nein, hier ist das Tierasyl.«

Wir verabreden uns zum Apéritif. Das Tierasyl ist das einzig sichtbare Haus in mehreren Dutzend Kilometern Umkreis, dort lebt ein Pärchen, das sich seit dreißig Jahren aus der Zivilisation zurückgezogen hat. Sie widmen sich ausschließlich der Pflege ihrer unzählbaren Tiere, darunter etwa eine zahme Taube, die mir über die Hand spaziert. Wenn sich eines Tages die Sintflut über Frankreich ergießen sollte, dann wäre dieses Tierasyl imstande, als Arche über den Wipfeln der Sologne zu schwimmen.

Ich erreiche schließlich mein Ziel. Es ist kein Spaß. Es gibt sie tatsächlich, die distinguierten Reiter, die hier in der perfekt in Schuss gehaltenen Manege freiwillig die Passage und das Schulterherein üben. Diese unvermittelte Präsenz der Reitkunst am Busen der Natur bringt mir eine Szene ins Gedächtnis, die ich vor gut fünfzehn Jahren in Namibia gesehen habe: Während wir durch die Wüste rollten, kaum eine Stunde nachdem wir am Flughafen Windhoek gelandet waren, bemerkten wir plötzlich, nur einige Meter von der Straße entfernt, einen Dressurreitwettbewerb, den einige zylindertragende Europäer austrugen. Man muss anmerken, dass Namibia aus seiner deutschen Kolonialisierung eine diskrete Apartheid behalten hat, mit Wirtshäusern in den Innenstädten, in denen man Deutsch spricht, und rundherum Townships für die Schwarzen. Das Dressurreiten, in dem die Deutschen exzellieren, ist also Teil der postkolonialen Privilegien. Als müsste man sich im hintersten Winkel Afrikas beweisen, dass man das Tierische immer noch zu unterwerfen vermag. Denn die »Dressur« trägt ihren Namen zu Recht: Es ist der Versuch, das Pferd dem Kunststück zu unterwerfen, aber ebenso den Menschen dem Menschen. Je weiter man von den kulturellen Produktionszentren entfernt lebt, desto mehr Bedarf danach gibt es, ähnlich dem Robinson von Michel Tournier, der auf seiner einsamen Insel den Weltmann spielt. Vielleicht muss er das Tier zähmen, um nicht von der Bestie, die in uns schlummert, überwältigt zu werden.

Wie dem auch sei, die Zivilisation ist depressiv. In dem halben Dutzend Dressurreitzentren, das ich auf meiner Expedition besucht habe, habe ich immer die gleiche hochmütige und gleichzeitig melancholische Atmosphäre angetroffen. Dort habe ich am schlechtesten gegessen: aufgewärmte Pizzen, Mikrowellennudeln und sogar Gnocchi mit Rüben (bei Engländern, *of course*). Ich habe Hunger, ich bin nicht wählerisch, und ich bin meinen Gastgebern gegenüber so dankbar, wie mein Bauch es ist. Wie mein illustrer Vorgänger sagte: »Mein Appetit passt sich unterschiedslos an alles an, auf welche Weide man uns auch führt« (*Essais*, I,26). Ich kann mich indessen des

Gedankens nicht verwehren, dass Dressurreiten der Lebensfreude schadet. Und der Freude, zu Pferd zu sein. Die meisten Dressurreiter, die mir begegnet sind, kennen nicht einmal die Wege im Umkreis von fünfhundert Metern und kapseln sich freiwillig in ihrer kleinen Welt aus Box und Reitbahn ab. Ich kann diese Verdrossenheit nachvollziehen: sich jahrzehntelang mit einem Pferd herumplagen, immer wieder eine sehr begrenzte Zahl an Figuren üben, sich selbst als Spektakel vor leeren Tribünen darbieten, immer träumen, Charlotte Dujardin zu sein, der wirklich einzige Star dieser Disziplin. Dressur ist das *Pilates* des Reitsports. Eine nützliche, aber seelenlose Gymnastik, nicht selten grausam, mit Sporen und doppeltem Zaum. Eine Technik der Unterjochung, die davon träumt, jede Bewegung in jedem Muskel des Pferdes zu kontrollieren. Wie viel lieber ist mir da unsere ungeschickt ausgeführte Schrittpirouette zwischen der Landstraße und dem TGV-Gleis.

*

Man hat mich auf einen etwas baufälligen Bauernhof mitten auf einer Lichtung hingewiesen, der trotzig der Invasion der Jäger Widerstand leistet. Und wirklich, es ist der Inbegriff der Bauart der Sologne: eine von einer Traufe überfangene Fassade, die Mauern von Holzbalken durchzogen. Der Körper des Bauernhofes besteht aus einem einfachen Erdgeschoss, wahrscheinlich ein einziges Zimmer; die danebenstehenden Scheunen wirken noch gedrungener, denn ihre runden Dächer reichen bis fast auf den Boden und verbergen die Mauern. Das Ganze wirkt ein wenig wackelig, schiefes Gebälk und Fensterläden, die nicht mehr in allen Angeln hängen. Das ist vielleicht ein Zeichen für gute architektonische Gesundheit: immer bröckeln, niemals einstürzen. Das dunkle Granatrot der Ziegel harmoniert mit dem zarten

Grün der Edelkastanien ringsum. Die diagonale Anordnung der flachen Backsteine in den Mauern erzeugt einen seltsamen Eindruck von Verschwommenheit im Auge, als würde das Gebäude seine eigene Bildstörung hervorbringen. Jetzt verstehe ich besser, warum man mich mit Nachdruck auf diesen Bauernhof hingewiesen hat: Ohne das wäre er mir gewiss nicht aufgefallen, so sehr schmiegt er sich in seine Umgebung.

Ein alter Mann mit Eremitenbart kommt heraus. Er beäugt mich. Ich nähere mich zu Fuß, Desti neben mir.

»Wo schleppst denn du deinen Gaul hin?«

Ich sage ihm, dass wir nach Rom gehen. Er lacht und weigert sich, einen Reiter ernst zu nehmen, der zu Fuß geht. Ich versuche, ihn zu überzeugen. Nichts zu machen. Er zeigt mir immerhin seinen Gemüsegarten. Ich frage ihn, ob er im Ruhestand ist, aber die Frage scheint für ihn keinen Sinn zu haben. Der Ruhestand, noch so ein degenerierter Begriff! Wie beschäftigt man sich auch im Alter auf einem Bauernhof, wenn nicht mit dem, was man dort immer getan hat?

Ich gebe es auf, den Eremiten von den Wohltaten des Zu-Fuß-Gehens zu überzeugen. Ich begegne auf meinem Weg regelmäßig Ungläubigen, für die ein abgestiegener Reiter nur ein Verletzter, ein Angsthase oder ein Idiot sein kann. In der landläufigen Vorstellung ist ein Esel dazu da, das Gepäck zu tragen, und ein Pferd, um den Menschen zu vergrößern. Man ist entweder Stevenson oder Michel Strogoff. Die Mischung aus beiden bricht mit zu vielen literarischen, historischen und sozialen Konventionen.

Dennoch ist es eine *Conditio sine qua non* für das Gelingen dieses Abenteuers: mindestens die Hälfte der Zeit neben Desti herzugehen (beziehungsweise die Hälfte der Strecke, tröstete mich Antoine). Zur Wiederholung: Die Last ermüdet das Pferd. Wir sind zu einer so weiten Strecke aufgebrochen, dass wir einen

Rhythmus finden müssen, den wir auch unser ganzes Leben lang durchhalten könnten; einen nachhaltigen Rhythmus. Ich zwinge mich also rigoros zu dieser Aufteilung. Ich komme sogar auf den Geschmack. Wenn meine Beine müde werden, sitze ich auf; wenn meine Schultern zu ziehen beginnen, sitze ich ab. So wechseln sich die Muskeln über den ganzen Tag hinweg ab. Nach acht solchen Stunden bin ich zwar müde, aber nicht abgehetzt oder erschöpft. Abwechselnd reiten und gehen ist ohne Zweifel die beste Methode, um ohne zu viel Anstrengung zu reisen, Verbrennungsmotoren einmal beiseitegelassen. Gerade so, wie die Abwesenheit eines Rucksacks das Wandern erleichtert, verhindert die Anwesenheit eines lebendigen und wiehernden Wesens an meiner Seite, dass es langweilig wird. Auch wenn das Pferd nicht immer seinen Reiter trägt, trägt es doch immer unsere Unternehmung.

Zu Beginn meiner Reise berechnete ich aufs Genaueste die Durchschnittsgeschwindigkeit, um ein bestimmtes Tagesziel zu erreichen und ein gleichmäßiges Tempo zu halten. Diese Fixierung auf Stundenkilometer war sicherlich eine gute Methode, um mich zu beruhigen. Aber das hörte schnell auf. Nach und nach habe ich mich einem eher zufälligen Rhythmus überlassen, nur ungefähre Schätzungen angestellt und mir als einziges Ziel gesetzt, die jeweilige Etappe vor dem Abend zu erreichen. Nichtsdestotrotz kann ich für die Zahlenliebhaber einige grobe Mittelwerte angeben. Unter normalen Bedingungen kommen wir mit einer Durchschnittsgeschwindigkeit zwischen 5 und 6 km/h voran (etwaige Weidepausen und Zwischenspurts im Trab inbegriffen). Das ist etwa 1 km/h schneller als das Wandern zu Fuß, und das lässt sich im Gelände leicht nachprüfen: Selbst wenn ich neben Desti gehe, überholen wir immer wieder Wandergruppen, die von ihren Rucksäcken gebremst werden. Im Gebirge sind wir nicht schneller als maximal 4 km/h; auf dem platten Land erreichen wir bei milder Witterung Spitzen von 7 km/h. Kurz gesagt: Wanderreiten ist nicht nur komfortabler als Wandern, sondern auch ein wenig schneller.

Die Entscheidung, wann auf- oder abgestiegen wird, folgt dabei keiner festen Regel. Vor dem Aufbruch wollte ich präzise Kriterien etablieren: zu Fuß auf Asphalt, zu Pferd auf der Erde; zu Fuß bei Steigungen, zu Pferd in der Ebene; zu Fuß am Morgen, zu Pferd am Vormittag; zu Fuß auf schattenlosen Feldern, zu Pferd im Unterholz; zu Fuß auf kurvigen Wegen, zu Pferd auf geraden usw. Ich habe sogar versucht, eine strikte Disziplin einzuführen, und habe die jeweilige Zeit gestoppt. Verlorene Liebesmüh. Diese alltäglichen Entscheidungen fällt man ganz natürlich, abhängig von der Stimmung, der Wegstrecke, der Landschaft. Die Spontaneität ist besser als jedes Kalkül. Manchmal muss man alle fünf Minuten absteigen, um eine Schranke zu öffnen, um eine Brücke oder einen Tunnel zu durchqueren. Andererseits bleibe ich manchmal für mehrere Stunden im Sattel sitzen, wenn das Gelände einfach ist, die Stute ausgeruht und die Witterung mild.

So ist es in der Sologne. Ich bleibe lange im Sattel, vielleicht nagt die Bemerkung des Eremiten doch etwas an mir. Ich fühle, wie mein Körper schwerer wird und mein Geist träge. Ich lasse mich von Destis wiegendem Schritt in eine Art halben Dämmerschlaf davontragen. Und so komme ich an den Weihern von Rougeray, Prêtres, Grand Menou und Lumiers entlang, wo mich der schrille Schrei des Eisvogels kaum weckt.

VII Val de Loire

▪ ▪ ▪

Schloss Chambord – Hufeisen – Am Ufer der Loire – Notration – Bootsfahrt – Nullregion – Der Bürgermeister und das fahrende Volk – Steinmetze – Gesteine – Nacht im Zelt – Semiautonomie – Serenade des Glücks

▪ ▪ ▪

Im starken Galopp durch die zentrale Allee in Schloss Chambord ankommen – ich gestehe, das war eine ziemlich verführerische Vorstellung für meinen romantischen Geist. Um diese Wunschphantasie zu erfüllen, musste ich allerdings noch eine Reihe von Prüfungen bestehen. Zunächst muss ich Destinada davon überzeugen, über die Viehgitter zu gehen, die die Eingänge zum Park beschützen. Gut zwanzig Metallstangen sind parallel über einem Graben in den Boden eingelassen, sodass Räder und Füße problemlos passieren, aber Hufe Gefahr laufen, durchzurutschen. In Chambord ist der Abstand der Stangen, etwa fünf Zentimeter, so berechnet, um Wildschweine draußen zu halten, aber Pferde durchzulassen, besonders die der Garde Républicaine, die regelmäßig diese Wege nehmen. Ich erkläre Desti, dass dort, wo das Cheval de Selle Français voranschreitet, ein spanisches Pferd nicht zurückbleiben kann. Es geht um die Ehre der Rasse. Sie nimmt das an und tastet sich mit einem Huf vor.

Sobald wir auf dem Parkgelände sind, geht es wie gewohnt

im Zickzack auf den Wegen, um die Landstraße zu meiden. Ich kümmere mich nicht allzu sehr um einen schwarzen Doppelstrich auf meiner Landkarte. Das ist ein Fehler: Es handelt sich um eine zwei Meter hohe Mauer, die den Park teilt. Als wir kehrtmachen, finden wir uns plötzlich Auge in Auge mit einer Bache und ihren Frischlingen. Das ist noch sehr ungewohnt, Desti macht einen Sprung und beschleunigt nervös. Sie hat ganz recht: Eine Bache, die ihre Kleinen beschützt, ist wahrscheinlich das einzige gefährliche Tier in den Wäldern Frankreichs und kann mehr als 40 km/h erreichen. Bei aller Verführungskraft dieses königlichen Ambientes möchte ich doch nicht das Schicksal von Philippe le Bel teilen, der auf der Jagd von einem Schwein getötet wurde. Ich mache mich im geschwinden Trab davon und achte darauf, den Cosson zu meiden, den Wasserlauf, der die Domäne durchquert.

Was für eine Ungerechtigkeit: Weil sich Disney in seinen Filmen und seinen Vergnügungsparks an den Renaissanceformen von Chambord inspiriert hat, glauben die zeitgenössischen Besucher, die zum ersten Mal das Schloss erblicken, sie seien in einem Comic. Seine schlanken Türmchen, die sich im blendenden Glanz des Tuffsteins erheben, machen den Eindruck, als könnte das Schloss jeden Moment wegfliegen. Um diesem surrealen Gefühl entgegenzuarbeiten, muss man zu Pferd ankommen. Zu Fuß ist man zu langsam: Die Masse wirkt erdrückend, verlangsamt von der Perspektive wie auf einem Fließband, das niemals endet. Im Auto bleibt man isoliert, und die Fassade wirkt wie ein Film, der auf die Windschutzscheibe projiziert wird. Es gibt also keine andere Möglichkeit, sich Chambord korrekt zu nähern, als es zu machen wie die Könige Frankreichs: im Sattel. Ich positioniere mich genau gegenüber der Fassade und sporne Desti zum Galopp an. Sie lässt sich nicht lange bitten. Die Anstrengung verbindet uns mit der Landschaft, die genauso konkret wird wie der Atem meiner Stute. Die Geschwindigkeit macht unser Vorankommen auf dieser sehr langen Allee besser spürbar. Das Tönen der Hufe, drei Schläge gefolgt von einer kurzen Pause, liefert eine epochengerechte Tonspur. In weniger als einer Minute stehe ich direkt vor dem zentralen Tor, über dem die französische Flagge prangt. Wir verlassen den Comicfilm und kommen in der Etappe an.

Destinada wird für drei Nächte in den Ställen des Moritz von Sachsen untergebracht, ich selbst im Chaudron-Turm, dessen kleine Tür direkt in den Park führt. Diese Ehre verdanken wir Jean d'Haussonville, dem amtierenden Direktor von Chambord, einem eleganten Aristokraten, dessen Augen die Farbe des Cosson angenommen zu haben scheinen. Sein gerade geborener Sohn trägt den gleichen Vornamen wie ich, und das beschert mir zweifellos eine großherzige Aufnahme. Das Schloss von Chambord gehört wohlgemerkt nicht mehr den Königen: Es ist Staatseigentum und die Abkürzung seines offiziellen Status (EPIC – »établissement public national à caractère industriel et commercial«) würde genügen, um François I. in die Flucht zu schlagen. Jean d'Haussonville ist nicht aufgrund des Namens seiner Familie berufen worden, die eine der ältesten des Landes ist, deren Adelstitel bis zu den Rittern des 13. Jahrhunderts zurückführen und die regelmäßig in der *Point de vue* einen Auftritt hat. Er ist ein hoher Funktionär, einst Schüler der École nationale d'administration (ENA), und Kabinettsmitglied. Dennoch vermag der Zufall viel, und die Historie fällt ihm wieder auf die Füße. Nach einem arbeitsamen, republikanischen Umweg über EPIC und ENA findet sich Jean d'Haussonville heute dort wieder, wo er immer schon sein sollte, nämlich in Chambord, wo er mich mit seiner reizenden Gattin, Donna Maria Magdalena de Tornos y Steinhart, der Schwester der Gräfin von Paris, empfängt. Die Demokratie zieht nur die Verfahren in die Länge.

Umso besser: Das Land gibt sich die Ehre und vertraut seine Traditionen denen an, die sie am besten verkörpern.

Was sind heutzutage die authentischsten Orte in den historischen Gebäuden, die von Touristen in Flipflops bevölkert werden? Die Räume, in denen das Personal lebt. Sie möchte ich vor allem in Chambord besuchen; das versuche ich bei meiner Ankunft dem Leiter des Kulturprogramms zu erklären, der hinter seinem medizinischen Mund-Nasen-Schutz ungerührt bleibt.

»Wünschen Sie im Schloss etwas Bestimmtes zu besichtigen? Die Sammlungen …«

»Vor allem die Küche, bitte.«

Das ist keine Provokation. Ohne Auto komme ich nur schwer ins nächste Dorf, und ich muss mich in den nächsten achtundvierzig Stunden um meine Verpflegung kümmern. Die Schönheit eines Ortes erfreut zwar das Auge, füllt aber nicht den Magen.

»Sie arbeiten über Montaigne, aber was ist die Verbindung zu Chambord?«

Ich »arbeite« nicht über Montaigne. Er selbst hätte sich gegen diesen heute im akademischen Milieu so geläufigen Ausdruck verwehrt. Über einen Autor »arbeiten« bedeutet so viel, wie ihn zu töten, eine Konferenz-Schlachtplatte aus ihm zu machen, einen Brei für Fußnotenschreiber. In seinen *Essais* ermutigt Montaigne eine junge Leserin, die Autoren der Antike zu lesen, aber sich auch von ihnen zu lösen, und empfiehlt für den Schüler: »Er muss ihre Stimmungen einschlürfen, aber nicht ihre Lehrsätze auswendig lernen; er kann ruhig keck vergessen, woher er sie hat, aber er muss verstehen, sie sich anzueignen« (*Essais*, 1,26). Man darf also nicht über Montaigne arbeiten, man muss ihn lesen, sich mit ihm unterhalten, ihn anschreien; einen Freund aus ihm machen und nicht einen Lehrer; und ihn dann vergessen.

Ich zerbreche mir dennoch ein wenig den Kopf, um eine vernünftige Antwort zu finden. Montaigne hätte auf seinem Weg von Bordeaux nach Paris gut in Chambord vorbeikommen können, aber es gibt keine Belege dafür. Er war ein Höfling von Henri II., der das architektonische Werk seines Papas entschlossen vorantrieb, besonders durch den Bau der Schlosskapelle. Allerdings muss ich gestehen, dass diese Versuche, Montaigne und Chambord zusammenzubringen, ziemlich spekulativ sind.

»Keinerlei Verbindung«, gebe ich zu.

Der Leiter des Kulturprogramms schließt mir die Küche auf und macht auf dem Absatz kehrt. Ich habe einen schlechten Eindruck gemacht. Aber dafür bin ich jetzt mit einem Namensschild ausgerüstet und habe das ganze Wochenende zur Verfügung, um mich weiter hinter den Kulissen umzusehen, angefangen mit dem Posten der Garde Républicaine. Auf der anderen Seite ist in der Tat ein gutes Dutzend Pferde untergebracht, eindrucksvolle und muskulöse Selles Français, in der Enge ihrer Boxen aus Holz und Schmiedeeisen. Die Gardes Républicaines erfüllen in Chambord klassische Sicherheitsaufgaben. In der Uniform einfacher Polizisten, nicht in den Zeremoniengewändern des 14. Juli, patrouillieren sie durch die nahe gelegenen Dörfer und kommen (im Auto) zu Unfallorten auf der Straße. Um ihren Alltag etwas zu würzen, sind sie zudem mit der Überwachung des Parks und seines Wildbestands betraut und sichern so das Gelingen der Jagden, die die Republik nach wie vor und allen Polemiken zum Trotz für prestigeträchtige Gäste veranstaltet (ob man sie nun »Präsidentialjagden« nennt oder nicht, ändert an der Realität nichts). Ich frage, ob ich mit Desti an diesen Aktivitäten teilnehmen darf. Am Samstag stehe ich mit der Morgendämmerung auf und mache einen Spazierritt mit Jean d'Haussonville und dem Gardisten Raphael. Eine gute Gelegenheit, Desti lange Galopps durch den Wald anzubieten und sie zu ihrer guten Erziehung zu beglückwünschen: Wo die hitzigen Selles Français durchgehen, macht meine kleine Spanierin auf Zuruf halt und ist immer zuverlässig.

Der Kern meiner Gespräche mit den Gardisten hat mit nationaler Sicherheit wenig zu tun, aber ist nicht weniger spannend: Hufeisen. Ich habe bereits zwei Sets verbraucht und darf mir nicht erlauben, in diesem Tempo weiterzumachen: Das Horn von Destis Hufen hat nicht genug Zeit, richtig nachzuwachsen, wird unweigerlich immer brüchiger und droht mich zur Unterbrechung der Reise zu zwingen. Der Spruch ist bekannt:

> Mangels eines Nagels ging das Hufeisen verloren.
> Mangels eines Hufeisens ging das Pferd verloren.
> Mangels eines Pferdes ging der Reiter verloren.
> Mangels eines Reiters ging die Schlacht verloren.
> Mangels eines Sieges ging das Königreich verloren.

Alles in allem liegt mein Hufproblem der nationalen Sicherheit doch nicht so fern.

Auch die Gardisten reiten jeden Tag viele Stunden auf Asphalt. Sie verstehen meine Sorgen völlig, kommen einer nach dem anderen, um Destis Hufe zu inspizieren, und nicken mitleidsvoll. Zum Glück geben sie uns auch den Rat, der uns retten wird: »Man muss Spitzen aus Wolfram anbringen.« Dieses extrem widerstandsfähige Metall, das beispielsweise in Glühlampen Verwendung findet, wird von einigen spezialisierten Hufschmieden verwendet, um Hufeisen zu verstärken. Die Spitzen werden wie eine Art Spikes auf den Hufeisen angebracht, um die Haftung zu erhöhen und die Reibung zu verringern. Ich ahne einen Hoffnungsschimmer. Ohne mir etwas dabei zu denken, frage ich, ob der Schmied der Garde zufällig verfügbar wäre. Man darf es nicht übertreiben. Selbst die Bewohner des Chaudron-Turms verfügen nicht über die Macht, diese eminente Persönlichkeit einfach herbeizuzaubern, der das Prestige des weltgrößten berittenen Regiments anvertraut ist. Ich werde in den folgenden Wochen keine Ruhe damit geben, das magische Wort *Wolfram* zu wiederholen, bis ich schließlich in den Ebenen der Brie meinen Retter finde. Merci, la Garde!

Am Abend widerstehe ich nicht der Versuchung, im verlassenen Hof des Schlosses ein Bier zu trinken. Das Licht der Schieferintarsien, die tagsüber wie Talmischmuck in der Sonne funkeln, verlöscht nach und nach. Chambord erscheint mir jetzt, wie es immer schon gewesen ist: leer. Kein Hof hatte hier je seinen Sitz, keine Republik hat es in ein Verwaltungsgebäude umgewandelt, kein Eroberer hat es beschlagnahmt. Es ist eine Kathedrale der Macht, deren stille Zimmer vollständig dem Abwesenden gewidmet sind. Könige und Präsidenten halten sich hier regelmäßig auf, von Louis XIV. zu Emmanuel Macron, aber bleiben niemals lange. Es ist, als wären sie nur gekommen, um einige flüchtige Gebete an das Prinzip zu richten, aus dem sich ihre Legitimität speist. Chambord, ganz in der Mitte Frankreichs erbaut und Bürge der Kontinuität zwischen absoluter Monarchie und jakobinischer Republik, ist der diskrete Hüter der Zentralgewalt.

Müsste man also Chambord ins Vergessen stürzen, um das Land zu dezentralisieren?

*

Zwischen Saint-Dyé und Orléans reite ich einige Zeit an den Ufern der Loire entlang. Kein anderer Fluss macht einen so trägen Eindruck. Alles an ihr scheint flach und schlaff: der Lauf des Wassers, die Gestalt der Boote, die Wege, auf denen mit Karacho in Elastan gehüllte Fahrradfahrer vorbeisausen, der Tonfall der Gespräche in der typischen »richtigen Aussprache« der Touraine. Michelet sah hier »das Land des Lachens und des Nichtstuns«. Nach der Rauheit des Périgord und den Verboten der Sologne bin ich begierig darauf, das zu verifizieren.

Nach einigen Kilometern muss ich die Tatsachen zur Kenntnis nehmen. Die Loire lässt sich nicht in die Karten sehen. Der so friedliche Fluss birgt Strudel von solcher Gewalt, dass kein Mensch hier zu baden wagt. Die weißen Wolkenschwaden, die uns willkommenen Schatten spenden, werden vom Atomkraftwerk Saint-Laurent-des-Eaux ausgeatmet, an dem wir etwas ängstlich vorbeireiten. Die Wege sind andauernd blockiert von Baustellen oder Umlaufgittern, was uns zu nervtötenden Abweichungen von unserer Route zwingt. Und das nicht selten. Man sagt zuweilen im Scherz, dass nördlich der Loire die Zivilisation beginnt. Wenn das der Fall ist, dann habe ich eine neue Definition von »Zivilisation« gefunden: ein Ort, an dem man nicht in Ruhe pinkeln kann.

Von der Bevölkerung bekomme ich gleich darauf einen lustigen Eindruck. Am Ende der Brücke von Muides-sur-Loire erwartet mich ein Soldat im Ruhestand, der sich neben einem Armeejeep postiert hat. Er beobachtet mich durch sein Fernglas und kommt dann entschlossenen Schrittes auf mich zu. Sein korpulenter Körperbau und sein camouflagegemustertes Gefährt schüchtern mich ein. Vor allem, als er mir mit kehliger Stimme zuruft: »Monsieur Kœnig!« Was hätte ich tun sollen? Verdächtigen mich die Geheimdienste, einen Aufruhr anzuzetteln? Wird man mich für die Kavallerie zwangsrekrutieren?

Er heißt Louis. Sein kräftiger Händedruck beruhigt mich. Er ist ein Verbündeter. Ein weitsichtiger Verbündeter: Louis hat meine Route herausgefunden und sich also entschieden, mich zu treffen und mir eine Notration der Armee anzubieten, für den Fall, dass. Das ist entzückend, aber die Notration ist zu schwer und zu sperrig für meine Satteltaschen. Ich hätte nicht gedacht, dass die Armee so leckermäulig ist: Ich öffne das Paket und stoße auf einen wenig spartanischen Milchreis von *Mont Blanc*. Ich beginne zu träumen: Der französische Landser, der in Mali in einen Hinterhalt geraten ist, isst Milchreis? Muss unser Ruf als Feinschmeckernation auch auf dem Schlachtfeld verteidigt werden? Louis' großzügige Initiative rührt mich, auch wenn ich seine Ansichten zu General Massu nicht teilen kann. Ich bin in einer 68er-Umwelt aufgewachsen, in der man sich über die Nation, über die Armee und noch mehr über General Massu lustig gemacht hat. Dennoch empfinde ich eine freundschaftliche Dankbarkeit gegenüber Louis und seiner Notration. Ist das nicht eine Tugend des Reisens, eine Form von Brüderlichkeit, mag sie auch nur von kurzer Dauer sein, mit Leuten anzuknüpfen, an denen ich politisch und kulturell alles ablehne?

So bin ich also bisher im Land des Lachens und des Nichtstuns an einem Kernkraftwerk, einem Soldaten und an jähzornigen Baustellenleitern vorbeigekommen. Man wird nachvollziehen können, dass ich noch keinen richtigen Zugang zum Val de Loire gefunden habe. Ich habe Schwierigkeiten, eine gemeinsame Identität an den Dörfern, die ich durchquere, den Mahlzeiten, die ich teile, den Gesprächen, die ich führe, wahrzunehmen, wie das bisher auf meiner Reise der Fall gewesen ist. Bei meiner Ankunft in Beaugency war ich überrascht von der Vitalität des Dorfes (siebentausend Einwohner und ein Kino!) und gerührt von der Liebenswürdigkeit meiner Gastgeber, die ihr Stück Garten an der Loire in eine Weide für Desti verwandeln. Aber die Region als Ganzes bekomme ich nicht in die Finger.

Ebenso geht es mir auf einem Spaziergang durch Orléans, eine makellos restaurierte Innenstadt mit gut ausgestatteten Geschäften und geräumigen Fahrradwegen, aber jenseits dieser offensichtlichen Lebensqualität kann ich keinen besonderen Charakterzug erkennen.

In Orléans verhilft mir eine unerwartete nautische Soirée zu einer andeutungsweisen Antwort. Desti und ich sind bei Véronique und Damien untergebracht. Erinnern Sie sich an den Bruder der jungen Mutter in Limoges? Das ist Damien. Seine Frau hat uns die Tore ihres Hauses am linken Loire-Ufer geöffnet, in der Nähe des Botanischen Gartens. Wir schlüpfen nicht ohne Schwierigkeiten in dieses Stadthaus, und das zur größten Freude von Véronique, die sich niemals vorstellen konnte, ein Pferd zu Hause zu haben: Desti muss durch die Garage (»Vorsicht, wo du hintrittst!«) und eine Gartenlaube (»Kopf einziehen!«) hindurch, um sich dann mit einem Fleckchen Grün zwischen einem frei stehenden Schwimmbecken, einer Seilrutsche für die Kinder und einem Tisch für den Apéritif zu begnügen (»Und jetzt nicht mehr bewegen!«). Sie stört sich nicht daran. Sie weiß es zu schätzen, dass man ihr etwas Wasser und Heu zugestanden hat. Dann pinkelt sie noch einmal und schläft ein, ohne sich davonzumachen. Der Rest ist ihr gleichgültig. Sie lässt sich nur herab, zum Apéro vorbeizukommen und mit ihren haarigen Lippen die Strohhalme im Mojito zu zerkauen. In diesem Moment wäre ich nicht erstaunt, sie sprechen zu hören.

Am Abend schlagen mir Véronique und Damien eine Spazierfahrt im Boot vor. Ich nehme gerne an, dachte aber an etwas wie die Ausflugsboote in Paris. Bald begreife ich, dass man das besagte Boot erst auf das Autodach hieven muss. Einige Minuten später sind wir auf den bezaubernden Kanälen des Loiret unterwegs, eines Zuflusses der Loire. Am Ufer stehen Villen der Belle Époque, die prachtvoll genug sind, um den

Namen »folies« (Verrücktheiten; Anm. d. Übers.) zu verdienen, und angeschlagen genug, um die Dekadenz der Jahrhundertwende zu evozieren. Wir sind in diesem schmalen Boot, das gleichsam lautlos von einem Elektromotor angetrieben wird, allein auf dem Wasser. Der Kanal ist so flach, dass man mit einem Ruder den Grund berühren kann, wie in einem *punt*, jenen schmalen Barken, die man in den Kanälen von Cambridge oder Oxford mit einer Stange antreibt. Ich denke an Paul Morand und den letzten Satz von *Nouveau Londres*, der mir als einer der melancholischsten Sätze, die ich je gelesen habe, ins Gedächtnis gebrannt ist: »Im Monat März 1909, vor dreiundfünfzig Jahren, kam ein *punt* die Themse in Oxford herab; der junge Mann, der das Boot vorwärtsschob, legte so viel Kraft hinein, dass die Stange sich im Grund eingrub; sie blieb dort stecken, während der *punt* seinen Weg fortsetzte. Dieser junge Mann war ich. So verläuft die Zeit, während ich einsam bleibe, schwebend in der Leere, bevor ich ins Wasser falle.«

Wir aber, im Monat Juli 2020, sind immer noch voller Hoffnung und Neugier. Von unserem Bötchen aus belauschen wir die Lebensart der lustigen Gemeinschaften am Loiret, während wir die Gabeln in einem Heringssalat versenken. Wie weit entfernt mir jetzt die Beschwerlichkeiten des Tages erscheinen, als es die Pont de l'Europe zu überqueren galt, eine vierspurige Brücke, die die Loire am Ortseingang von Orléans überspannt! Wir sprechen über Künstliche Intelligenz, die Organisation von Krankenhäusern (wo Damien arbeitet), über Coaching (Véroniques Spezialität) und das süße Leben an den Ufern der Loire. Weder Véronique noch Damien sind »von hier«. Ich nutze diesen Umstand, um die Frage zu stellen, die mich seit einigen Tagen umtreibt:

»Aber woher kommen die Leute von hier?«

»Von nirgendwoher«, ist schlussendlich Damiens Antwort.

Jeder ist auf der Durchreise. Man macht in Orléans halt, einfach so, für einen Tag, ohne besonderen Grund, weil die Existenz hier eben angenehm ist. Man lebt hier ohne Kopfzerbrechen und bricht anschließend ohne Reue wieder auf.

»Gibt es keine lokalen Traditionen?«

»Wir haben nur Jeanne d'Arc. Aber das ist keine Tradition im eigentlichen Sinne.«

Einfach nur eine historische Figur. Seit 1429 nichts Neues unter der Sonne.

»Und wie sind die Leute in Orléans?«

»Tolerant.«

Orléans ist das französische New York. Eine für ländliche Verhältnisse kosmopolitische Stadt, in der sich Migranten aus allen Provinzen vermischen. Eine Frau aus Lyon verliebt sich hier in einen Bretonen, wie in New York ein Franzose einer Rumänin begegnet (das war mein Fall).

Ich habe plötzlich das Gefühl, das Val de Loire besser zu verstehen: Es ist die Nullregion. Nicht nichtig, aber null, so wie es in einem wissenschaftlichen Experiment einen Nullzustand gibt, eine durch Mischung erzielte Kontrollgruppe, anhand derer man die Entwicklung des ganzen Rests messen kann. Jene berühmte richtige Aussprache ist die Nullsprache. Diese gleichmäßige und strudelige Loire ist der Nullfluss. Diese geraden und gekiesten Wege, die Horden von Wanderern und Radfahrern verfrachten, sind Nullpromenaden. Diese reinliche und praktische Stadt ist die Nullurbanität. Dieses Chambord, das kein Mensch bewohnt, das aber alle Welt nachahmt, ist das Nullschloss. Diese Region, von der in der nationalen Presse nie die Rede ist, ist die Nullregion, sympathisch und neutral.

*

Am Beginn der Hundstage aus Orléans aufzubrechen ist nicht sehr angenehm. Durchgeschwitzt und durstig kommen wir in dem Dorf Donnery an, wo ich beschließe, für die Mittagspause haltzumachen. Ich erblicke einen einsamen Passanten. Wer könnte wohl in Donnery in der prallen Sonne spazieren gehen, während alle Geschäfte geschlossen haben? Der Bürgermeister, klar. Ich frage ihn sofort, wo wir eine Wasserstelle finden können. Er öffnet uns die Pforten des Rathauses: ein Wasserhahn für Desti und die Toiletten des Gemeinderates für mich. Wir erfrischen uns jeder auf seine Art und finden ein Stückchen schattiges Grün für die Pause. Ich fühle mich wieder munterer. Ich fange ein Gespräch an.

Daniel Chaufton ist bei den letzten Gemeindewahlen einstimmig wiedergewählt worden. Er steht für eine pragmatische Ökologie, die typisch für kleine Gemeinden ist, in denen sich die Bevölkerung organisiert, ohne auf die Weisungen der Pariser Minister zu warten. In Donnery macht man Versuche mit Geothermie für öffentliche Gebäude und bemüht sich, die fortschreitende Flächenversiegelung zu begrenzen. Daniel Chaufton ist in der Region außerdem für seine Auseinandersetzung mit der Präfektur über das Thema »fahrendes Volk« bekannt geworden. Schlagzeile bei France Bleu: »Illegales Parken von fahrendem Volk: Der Bürgermeister von Donnery tritt entnervt zurück«.

Der Status der Zigeuner ist ein wiederkehrendes Problem in Frankreich. Ich kann nicht anders, als eine spontane Zuneigung zu diesem nomadischen Volk zu empfinden, dessen so einzigartige Kultur ich durch Isabel Fonsecas großartiges Buch *Bury me standing* entdeckt habe: »Begrabt mich aufrecht«, ein Sprichwort, das diese letzte Ehre für jene fordert, die, verstoßen oder ausgenutzt, das Gefühl haben, ihr Leben im Liegen verbracht zu haben. Als ich meine Hochzeitsfeier in den Karpaten vorbereitete, habe ich meine Schwiegermutter erfolgreich angefleht, eine Tanztruppe von Sinti und Roma zu engagieren. Wenn ich mit dem Auto auf der langen Strecke zwischen Bukarest und Moldawien durch Rumänien fahre, betrachte ich immer mit besonderer Neugier die Siedlungen der Roma. Man sieht dort am Straßenrand extravagante »Paläste«, die nur des Prunkes wegen errichtet worden sind, während die Familie in einer Hütte daneben wohnt (ein wenig wie Chambord, wenn man es recht bedenkt). Aber man muss anerkennen, dass diese gleichsam aristokratische Lebensart, in der Arbeit verpönt ist, mit der Organisationsform unserer territorialen Rechtsstaaten unvereinbar ist. Daniel Chaufton hat völlig recht, wenn er versucht, seine Gemeindemitglieder davor zu schützen. Was ist die Lösung? Es gibt keine. Dem »fahrenden Volk« zu »helfen«, indem man sie auf Parkplätze oder in Sozialbauten verfrachtet, kommt einer Negierung ihrer Kultur gleich, eine Methode, die gewiss weniger gewalttätig, aber umso heuchlerischer ist als die Pogrome von einst. Der Konflikt zwischen Nomaden und Sesshaften ist dazu bestimmt, tragisch zu bleiben. Indes gibt es keinen Grund, alarmiert zu sein: Schon seit tausend Jahren gibt es keine Lösung. Wenigstens in einem Punkt kann ich den Bürgermeister beruhigen: Desti und ich haben nicht vor zu bleiben.

»Steinmetz«. Das war der Beruf von Daniel Chaufton. Ich kann es nicht fassen. Wenn er mir gesagt hätte, »Hexenmeister«, wäre ich nicht weniger erstaunt gewesen. Verzeihung, aber ein Städter hat kaum die Möglichkeit, Steinmetzen zu begegnen. Er weiß nur um ihre mythischen Heldentaten, von den Compagnons du Tour de France bis zu den Erbauern der Kathedralen. Wohlan denn, Steinmetze leben unter uns und überliefern weiterhin ihr jahrhundertealtes Savoir-faire. »Ja, schon, ach, aber das verliert sich«, seufzt Daniel Chaufton, der kein Mittel gegen den Vormarsch industrieller Materialien sieht.

Montaigne hatte seine Freude an der Vorstellung von Steinquadern, die »nicht kleiner als zehn Quadratfuß« (*Essais*, III,6) sind und die schon damals Cusco in Peru legendär machten. Warum nimmt der Steinmetz einen so hohen Rang in unserer Vorstellungswelt ein, oder jedenfalls in meiner? Weil er an der vordersten Front der uralten menschlichen Ambition steht, die äußere Umwelt zu gestalten und sie in ein Kunstwerk zu verwandeln. Aus jenem rohen und urwüchsigen Material, das man dem Boden entreißt, formt er Mauern, die uns schützen, uns wärmen, uns in Staunen versetzen. Welcher Vermittler zwischen der Natur und der Zivilisation könnte notwendiger sein? Kein anderes Handwerk ist derart unerlässlich. Man kann auf Schmuck, feine Wäsche oder Porzellangeschirr verzichten, aber nicht auf die vier Wände. Selbst noch ein Erbe der Steinzeit, verleiht der Steinmetz dem menschlichen Lebensraum Dauer. Ein Haus aus Stroh und Lehm oder Fertigteilen ist provisorisch, ephemer. Nur ein Haus aus Stein kann dem Lauf der Jahrhunderte widerstehen. Man kann es lieben, verschönern, weitergeben. Der Steinmetz öffnet uns die Pforten der Zeit.

Die Reise zu Pferd verschafft mir die Muße, alle möglichen Sorten Stein zu beobachten. Montaigne hütet sich vor »steinigen Wegen« (*Reisetagebuch*, Sterzing). Wie schon er gebe ich mir obsessiv Mühe, Kieselsteinen auszuweichen, damit sie nicht die Hufeisen abnutzen. Dabei lerne ich sie schlussendlich kennen und finde ihren Farbton und ihre Textur in den Mauern der Dörfer wieder. Auf meiner Durchquerung Frankreichs habe ich bisher schon den Kalkstein des Périgord kennengelernt, von toskanischer Sanftheit, sowie den rosigen Granit, der sich in den Wassern der Creuse spiegelt, den Backstein, der seine rötlichen Flammen in den dunklen Wäldern der Sologne entzündet, den Tuffstein der Loire, der an den Fingern bleibt. Im weiteren Verlauf werde ich noch den harten Süßwasserquarz entdecken, der heute noch der Stolz von La Ferté-sous-Jouarre ist, die Kreide der Champagne, die die Weinreben dürsten lässt, den Savonnières-Kalkstein, der die Bauernhöfe der Marne befestigt, den Sandstein der Vôge, der die Fassaden bunt macht, und nicht zuletzt auch die Tannenholzbretter, die das Gebirge der Vogesen ankündigen. Wenn ich mich nähere, entdecke ich auch Steine, in die Namen eingeschrieben sind, oder solche, die nur ein Datum tragen, wie in der Meuse, wo es Tradition ist, das Alter des Kindes zu verewigen, das den ersten Stein gelegt hat. Es gibt so viel verschiedenen Stein, wie es Architekturen, Lebensarten, Kulturen gibt.

Naturstein ist in Mode. Die Mehrheit meiner Gastgeber hütet alte Waschbecken, Tränken und Mühlsteine wie Schätze. Mit dicken Mauern kann man sich die Klimaanlage sparen. In zahlreichen Städten nimmt man nach und nach den Verputz ab, um die Fassaden wiederzufinden, die Montaigne gesehen hat, wie ich es in Châlons-en-Champagne feststellen konnte. Werksteinoberflächen lassen die Immobilienpreise steigen. Ganz Frankreich entfernt seine Tapeten.

Stein trägt oftmals eine Geschichte mit sich, wie in Chambord, wo die ersten Graffiti aus dem 17. Jahrhundert datieren und heute neben neuen Inschriften wie *I love China* stehen. Aber man kann auch etwas Neues aus »alten Steinen« (ein Stein ist immer alt: mehrere Millionen Jahre!) bauen, wie das Haus von Gilles Clément an den Ufern der Creuse, das die gleiche Harmonie ausstrahlt wie die Bauernhäuser des 17. Jahrhunderts. Aber im Stein wird nicht nur eine Vergangenheit sichtbar. Seine wichtigste Eigenschaft ist es, sich natürlich in die Landschaft einzufügen, aus der er entnommen wurde. Lokaler Stein stammt aus der Erde wie eine einheimische Pflanze. Er gehört zur Umgebung. Genau das macht ihn so modern.

Könnte man etwas weniger fatalistisch sein als Daniel Chaufton und von der Rückkehr des Natursteins träumen?

*

Ich genehmige mir meine erste Nacht im Zelt, einem Sarkophag, dessen Enge seinem geringen Gewicht entspricht. Es wird auch die letzte sein. Es tut mir leid, dass ich die echten Abenteurer enttäuschen muss, aber das Zelt ist nichts für mich, und bei meiner langen Ausdauerübung muss ich jede schlechte Nacht mit mehreren Tagen Mühsal bezahlen. Das Zelt aufzustellen ist das kleinste Problem, aber ich muss auch Vorkehrungen für die Wasser-, Nahrungs- und Energievorräte treffen. Um die Satteltaschen vor Tau und Regen zu schützen, muss ich nicht zu weit entfernt einen Unterstand basteln. Um dem Getrampel der schlaflosen Desti zu entkommen, muss ich einen Zaun aus Ästen improvisieren, die ich zu Pflöcken geschnitten habe. Da ich keine Isomatte dabeihabe, schlafe ich auf der Satteldecke, die zwar dick und einigermaßen bequem ist, deren heftigen Geruch nach Pferdeschweiß ich aber der Vorstellungskraft der Leser überlasse. Alles in allem ist es schwierig durchzuschlafen. In dieser Nacht werde ich gegen ein Uhr von dumpfen und regelmäßigen Geräuschen geweckt, als würde in den Tiefen der Erde ein Herz wie wild schlagen. Ich schäle mich mühsam aus meinem Schlafsack heraus, öffne den doppelten Reißverschluss des Zeltes und knipse meine Taschenlampe an. Im Umkreis von zehn Metern nichts. Ich weite die Suche aus. Und ich entdecke Desti, auch sie zweifellos nervös, wie sie von einem Ende des Feldes zum anderen trappelt. Sie bleibt stehen, blickt mich an und blinzelt. Ich rüge sie verbittert wie ein alter Ehemann, der seine Frau erwischt, wenn sie im Wohnzimmer auf und ab geht. Ich mache das Licht aus und lege mich wieder hin. Fünf Minuten später fängt sie wieder an. Ich schreie, dass sie weiterschlafen soll. Nichts zu machen. Ich brauche lange, um wieder einzuschlafen, bevor mich am frühen Morgen die bereits glühend heißen Strahlen der Sommersonne überraschen. Das Experiment überzeugt nicht.

Eine neckische Dame im rosa Polohemd hatte mir noch im letzten Moment vorgeschlagen, die Nacht bei ihr zu verbringen (»es gibt ein Schwimmbad«), aber aus Angst um meine Unbescholtenheit und mehr noch verlockt von einer sternenklaren Nacht, die der wolkenlose Tag versprach, hatte ich höflich abgelehnt. Ich bereue es. Ich werde das Zelt als Notlösung in meinem Sack behalten, bevor ich es mir einige Wochen vor dem Ende der Reise ganz vom Hals schaffe.

Unbestritten gibt es auch eine andere Art und Weise, zu Pferd zu reisen, die völlig autonom und naturverbunden ist. Die Adepten dieses *roots*-Wanderns (wörtlich: »an den Wurzeln«) brechen ohne geplante Route auf und machen halt, wo es ihnen gut dünkt, auf der erstbesten Lichtung, die ihnen gefällt. Einer meiner Gastgeber rühmte sich sogar, über mehrere Tage in die Wälder aufzubrechen und als Ausrüstung nur einen Bogen mitzunehmen, um Wild zu jagen (aber man muss dazu sagen, dass er aus der Provence stammte). Die Mehrzahl dieser Abenteurer zieht noch die Dienste eines Saumpferdes hinzu, das das Gepäck trägt, aber dafür muss man eine zusätzliche Technik meistern, die mir noch fremd ist: das Säumen. In manchen Fällen, wechseln sich Reit- und Saumpferd regelmäßig ab. Über jede Brücke, jede Straße, jeden Kammweg muss man zwei Pferde führen. Man ist weniger Reiter als vielmehr Leithammel einer Herde. Dafür aber kann sich die kleine Truppe ohne Schwierigkeiten mit Wasserreserven versorgen, mit Säcken voll Granulatfutter, mit wasserdichten Planen, mit einem dieses Namens würdigen Zelt, mit einem elektrischen Zaun, um ein Gehege abzustecken, usw. Das Abenteuer ist verlockend: zusammen mit den Pferden mit der Umwelt verschmelzen, am Holzfeuer einschlafen und morgens mit dem ersten Gewieher aufwachen. Eines Tages würde ich gerne solch pastorale Ausflüge unternehmen, eher zu mehreren, warum nicht mit der Familie. Aber meine momentane Unternehmung ist anders geartet. Um Leuten zu begegnen, um in Freiheit das Land zu durchwandern, habe ich nur ein einzelnes Pferd. In meinen Satteltaschen findet sich nur das Nötigste, um eine Nacht in der Natur zu verbringen: ein extra leichtes Zelt, eine fünfzehn Meter lange Schnur, um sie zwischen zwei Bäumen zu spannen, ein Minicampingkocher, um Tee zu kochen. Das ist eine Verlegenheitslösung, keine Wahl. Geben wir diesem Modus des Reisens den Namen Semiautonomie.

*

Nach einem Monat der Reiserei zeigt Desti eine neue Qualität: Sie kann stillhalten. Das zu erreichen hatte mir während unseres Trainings sehr viel Mühe gemacht. Jetzt bleibt sie auf einen einfachen Zuruf hin stehen. Sie lässt mir Zeit, die Karten zu studieren oder die Taschen zu durchstöbern, und bewegt dabei nicht einmal die Ohren. Fraglos hat die Reise sie erschöpft, und sie lässt keine Gelegenheit aus, mit ihren Kräften hauszuhalten. Aber ohne Zweifel ist sie auch ruhiger geworden. Desti ist bemerkenswert zuversichtlich und furchtlos, aber hat schon immer eine gewisse Fiebrigkeit an den Tag gelegt, vielleicht ein Erbe der spanischen Züchtungen, die nicht für ihre Sanftmut bekannt sind. Sie hatte Angst vor gar nichts, außer allein mit sich selbst zu sein, ohne zu laufen oder zu grasen. Jetzt ist sie meditativer geworden.

Bei der Beurteilung eines Pferdes achtete Montaigne nicht so sehr auf seine Gangart als vielmehr darauf, ob es stillstehen kann: »Es gibt nichts, worin sich die Stärke eines Pferdes besser zeigt, als in einem bündigen und klaren Halt« (*Essais*, 1,9). Regungslos zu verharren ist für Pferde die Entsprechung zur Ataraxie, nach der Montaigne und seine antiken Lehrer suchten.

So gesehen habe ich im gleichen Rhythmus Fortschritte gemacht wie Desti. Wenn ich mich mittags auf das Gras oder abends in meinem Zimmer hinsetze, fühle ich mich in der Lage, für einige Zeit ohne Wünsche und ohne Gedanken zu verweilen, einfach nur zufrieden damit, auf der Welt zu sein.

*

Ich verlasse das Val de Loire mit einem Moment reiner Poesie. Ich komme am Kanal von Orléans entlang. Ich habe gelernt, den Kanälen, die auf den Karten eingezeichnet sind, zu misstrauen: Man weiß nie, ob das Pferd über die Brücken kommen wird, die zuweilen nur einfache Stege aus Metall mit hohen Stufen sind. Zudem gibt es an Kanälen nur wenige Abzweigungen und also wenige Ausweichlösungen im Falle eines unüberwindbaren Hindernisses. Ich wage mich also mit einer gewissen Unruhe voran, die von der einsamen Monotonie des Treidelpfades noch verstärkt wird. Bis ich eine knisternde Musik vernehme, wie aus einem alten Autoradio. Ich nehme eine weitere Biegung des Kanals und erblicke, von hinten, einen Kajakfahrer mit langen, silbernen Haaren, der seine Mundharmonika spielt. Genauer gesagt spielt er eine Serenade für eine Spaziergängerin, die ihm vom anderen Ufer her zulächelt.

»Bravo!«, applaudiert sie am Ende des Stückes.

»Das war für Sie«, beharrt er.

»Und für mich!«, rufe ich.

Er dreht sich um. Ich habe es ihm versaut. Die Spaziergängerin grüßt und führt weiter ihren Hund Gassi. Ich lache. Er nimmt es auf die leichte Schulter und stimmt eine Countrymelodie an, um mein Pferd und meinen Hut zu ehren. Der ganze Tag erscheint mir plötzlich viel leichter. Worin besteht das Glück? In solchen anmutigen, geschenkten, vergänglichen Augenblicken. Ein Hoch auf den unbekannten Kajakfahrer!

VIII Beauce

▪ ▪ ▪

Verschlossene Dörfer – Der heilige Bruno de la Beauce – Medaillen und Orden

▪ ▪ ▪

»Die Beauce ist trist, kalte Gastfreundschaft, der Bauer in diesem Meer aus Korn verloren, dem Matrosen gleich: Auswirkung dieser Umgebung Kontemplation, triste Träumereien, Zurückgezogenheit, die sich nur für sich selbst interessiert, vor diesem gewaltigen, monotonen Horizont.« Émile Zola nimmt in den einigermaßen elliptischen Notizen seiner *Carnets d'enquêtes* kein Blatt vor den Mund. Ich verstehe diesen Anflug von Melancholie. Zwar finden Desti und ich in der Beauce unser Vergnügen mit den Stoppeln wieder. Aber ganz anders als das Berry ist diese Ebene voller Korn nicht gerade einladend. Es ist zu viel. Nicht einmal die kleinste Falte in der Erde, keinerlei Schlupfwinkel im Bewusstsein, wo sich eine Tradition, eine Küche, ein Dialekt hätten einnisten können. Im Umkreis von Dutzenden Kilometern lässt sich alles überblicken. Wie kann man in solch einem offenen Raum, in einer solchen totalen Transparenz leben? Indem man sich einigelt. Waren die Bauernhöfe im Berry verschämt, aber doch freundlich mit ihren ausladenden, tausendfach nuancierten Dächern, so kehren die Bauernhöfe der Beauce dem Besucher ostentativ den Rücken zu. In den Dörfern sieht man nur Mauern und Torhäuser. Nur mein Höhenvorteil auf Destis Rücken erlaubt mir einen Blick in die weitläufigen Innenhöfe, in denen das Gold der Region zwischengelagert wird: das Getreide, das von Hunderten Hektar großen Äckern eingefahren wird. Man sagt oft, dass die Beauce die Kornkammer Frankreichs sei. Zweifellos eine doppelt verriegelte Kornkammer.

Zum ersten Mal auf meiner Reise höre ich Dorfgeschichten, die mit Schüssen aus dem Jagdgewehr enden. Hier wird ein Fremder niemals willkommen sein, auch wenn er bereits seit dreißig Jahren hier wohnt. Hier wird jede Parzelle Land auf Leben und Tod verteidigt. Hier trifft man sich nicht auf dem Dorfplatz: Die Straßen schneiden sich im rechten Winkel und machen sich keine Mühe, zu so etwas wie einem »Zentrum« zu führen. Hier erschrecken die monströsen Landwirtschaftsmaschinen sogar Desti, die für gewöhnlich so seelenruhig ist. Hier muss man Vorsicht üben, wenn man die Landstraße überquert, denn die Motorradfahrer rasen nur so dahin, um der Langeweile zu entkommen. Hier erwidert man mein Grüßen nicht; mit Gebrumme, wenn es hochkommt. Hier muss ich um einen Eimer Wasser für Desti langwierig verhandeln. Hier trifft man traurige und schweigsame Kinder, die in Traktorspuren auf und ab gehen und zu einem zu langen Exil bei den Großeltern verdammt sind. Hier gibt es statt einer Horizontlinie Hochspannungsleitungen. Einige seltene ästhetische Überraschungen, in Yèvre-le-Châtel oder entlang der Rimarde, schüren nur die Reue, die Loire überquert zu haben. Man muss verrückt sein, um die Beauce zu besuchen, und die Verrückten genießen hier nicht besonders viel Sympathie.

Als ich auf der Höhe von Boulancourt die Landkarte konsultiere, bemerke ich, dass wir uns auf dem »Pariser Weg« befinden, wie die Händler von einst, die ihre Waren in der Hauptstadt zu Markte tragen wollten. Zwei Universen prallen in meinem Geist brutal aufeinander: einerseits das so vertraute Paris, wo ich geboren wurde und aufgewachsen bin, wo ich immer noch viele Freunde habe und das nur eine gute Stunde mit dem Auto entfernt sein müsste. Andererseits diese schattenlose Ebene, in der ich mich nach einem bereits fünfwöchigen Ausritt mit meiner Stute abplage und die ich bald wieder verlassen werde, um nach Osten abzubiegen. Ich fühle mich so nah und so fern gleichzeitig. Das ist die Mehrdeutigkeit und der besondere Reiz einer Reise zu Pferde: der Umsturz der gewohnten Anhaltspunkte. Das Abenteuer fünf Meter von zu Hause entfernt.

*

In dieser Wüste gibt es eine Oase der Sanftmut und der Lebensfreude: die Stallungen von Yèvre-la-Ville. Bruno ist dort für mich, was Fabrice im Limousin gewesen ist. Er ist ein unerwarteter Retter, der mir über Kost (er verwehrt sich hartnäckig dagegen, dass ich die Einkäufe zahle) und Logis (ein stillgelegter Wohnwagen auf dem Hof) hinaus auch die menschliche Wärme gewährt, ohne die mir die Gluthitze der Beauce recht eisig vorgekommen wäre. Bruno hat lange als Spediteur für die nahe gelegene Druckerei von Manchecourt gearbeitet. Ich erfahre, dass *Le Point* dort gedruckt wird: Mein Artikel für diese Woche wird also keine langen Wege zurücklegen. In seiner Freizeit hat Bruno *ex nihilo* ein Reitzentrum aufgebaut, dem er sich seither mit Leib und Seele widmet, während seine Frau weiterhin früh am Morgen einstempelt (»anspannt«, wie sie sagt) und sein Sohn neben der Ausbildung in einer Autowerkstatt arbeitet.

Dass das Leben hart ist, steht der Großzügigkeit nicht im Wege, ganz im Gegenteil. Gegenüber den Durchreisenden: Bei meinem Aufbruch werden mir ein Stück Käse und ein Croissant, das Killian, der andere Sohn, extra gekauft hat, überreicht. Aber auch und vor allem gegenüber den Tieren: Desti bekommt Tücher aus Flockenstoff und eine zusätzliche Decke, um ihre aufkommenden Rückenschmerzen zu lindern. Bruno hat es zu seiner Spezialität gemacht, in einem Tierheim untergebrachte misshandelte Pferde wieder ins Gleichgewicht zu bringen. Das ist echte psychiatrische Arbeit an schwer traumatisierten Patienten. Die Pferde kommen traumatisiert von ihren nachlässigen oder offen gewalttätigen Besitzern an, nachdem die Verwaltung sie deren Obhut entzogen hat. Es braucht Monate, manchmal auch Jahre, um sie davon zu überzeugen, dass der Mensch nicht grundsätzlich ihr Feind ist. Bruno wirkt zuweilen Wunder. Er kennt aber auch Niederlagen, die ihn dazu zwingen, Unheilbare ins Heim zurückzuschicken. Die Art und Weise, mit der er jeden seiner Patienten beschreibt, ihre Ticks, ihre Neurosen, ihre Glücksmomente, lässt mich vor Bewunderung verstummen. Es ist für mich bereits eine Geduldsprobe, mich mit nur einer einzigen Stute auseinanderzusetzen, die eine robuste Konstitution und einen ruhigen Charakter besitzt. Ich wage kaum, daran zu denken, was für übermenschliche Anstrengungen ein ganzer Stall voll gebrochener Gäule fordert. Bruno spricht von seinen Pferden weder naiv noch geschwollen. Er weiß um ihre fundamentale Ungebundenheit und hütet sich davor, ihnen allzu menschliche Emotionen anzudichten. Er erhebt keinerlei Anspruch auf Dankbarkeit, weder vonseiten der Menschen noch vonseiten der Tiere. Er handelt aus reinem Instinkt heraus, denn es nicht zu tun und zu wissen, dass es auch sonst niemand tun wird, wäre für ihn unerträglich. Qualifiziert es ihn also für die Seligkeit, dass er sein Leben durch und durch undankbaren Tieren hingibt? Da wäre der Präzedenzfall Franz von Assisi. Heiliger Bruno de la Beauce, begeistere uns zu ein wenig solcher Mildtätigkeit.

Ich stelle mir gerne vor, dass der Proporz derartiger Seelen in einer Population über die Jahrhunderte hinweg konstant bleibt. Man nennt sie heilig, gerecht, rein, je nach Geschmack und Epoche. Sie besitzen eine angeborene Form der Empathie und das dringende Gefühl von Handlungsbedarf. Es gibt für sie naturgemäß keinerlei Belohnung. Wenn ich an all die Laudationes aus Anlass der Aufnahme in die Ehrenlegion denke, die ich während der zwei Jahre vorbereitet habe, die ich als »Schreiberling« für die Wirtschaftsministerin gearbeitet habe, dann scheint mir, dass die Medaillen und Orden für genau die gemacht sind, die sie nicht verdienen. Napoléon nannte sie »Firlefanz«. Die Elite klappert gerne mit ihnen herum und stellt sich dabei vor, dass ihre persönlichen Ambitionen und das Gemeinwohl zur Deckung kommen.

»Monsieur Mustermann, indem sie das Unternehmen Dingsbums gegründet haben, haben sie Arbeitsplätze geschaffen, unsere Exportleistung gefördert, kurzum Frankreich gedient! Im Namen des Präsidenten der Republik ernenne ich Sie zum Ritter der Ehrenlegion.«

In Wirklichkeit hat Monsieur Mustermann in erster Linie sich selbst gedient. Umso besser, wenn nebenbei auch andere davon profitiert haben. Muss man ihm deswegen die Dankbarkeit der Nation bezeugen? Vielleicht ist es notwendig, dergleichen Illusionen zu erzeugen, um die Sozialordnung zu erhalten; Platon nannte das die »edle Lüge«. In Wirklichkeit aber findet sich das Gemeinwohl, weder erkannt noch berühmt, in Yèvre-la-Ville.

*

Die beste Eigenschaft der Beauce ist, dass sie schnell vergeht. Desti beschleunigt ihr Tempo, angetrieben von den gewaltigen Fontänen der automatisierten Bewässerung, die uns immer wieder auf offenem Feld überraschen. Sosehr ich diese kurzen Erfrischungen schätze, so unvermittelt fängt Desti, die noch nie gerne geduscht hat, schon gar nicht so plötzlich zu tänzeln an. Nach kaum zwei Tagen lassen wir die Beauce hinter uns.

IX Fontainebleau

▪ ▪ ▪

Mediterraner Duft – Zehn Sekunden – Kontraste des Komforts – Routineuntersuchung – Montaignes Gesundheit – Pferdeosteopathie – Verordnungsüberdruss – Absurde Gesetze und ihre Inflation – Rechtsunsicherheit – Vereinfachung – Montaigne im Religionskrieg – Umweltschutz und Tierwohl – Ein Abend beim Teufel – Parforcejagd und Industrie

▪ ▪ ▪

Ich glaubte immer, Fontainebleau sei eine Stadt. Ich begreife schnell, dass es sich um eine Region handelt (fünfundzwanzigtausend Hektar Wald, immerhin). Dieses Mal ist es nicht die Landschaft, die mich überwältigt. Es ist der Duft. Das Harz der Kiefern parfümiert den ganzen Wald. Es ist eine andere Welt. In nur wenigen Metern verlasse ich die industrielle Landwirtschaft und finde mich mitten in einer mediterranen Landschaft wieder, passiere Felsbrocken, gehe über Sand (in der Tat befand sich Fontainebleau vor einigen Dutzend Millionen Jahren unter Wasser). Desti findet ihren Tatendrang wieder. Nach all diesen Tagen in der platten Ebene spüre ich nun ihre Erregung bei der Aussicht, Steigungen zu erklimmen. Bei der Ankunft sporne ich sie zu einem irren Galopp an. Die Äste peitschen mein Gesicht, ich sehe gar nichts mehr, lasse sie alleine den Weg finden und bete nur, dass wir nicht auf einen verträumten Aquarellisten prallen. Der Sand dämpft das Geräusch der Hufe und gibt unter den Schritten nach. Das ist Urlaub!

Nichtsdestotrotz spürt man die Nähe zur Hauptstadt. Der Weg durch die Stadt führt uns durch eine kühle, um nicht zu sagen feindliche Atmosphäre. Fontainebleau ist die Stadt des Pferdes, aber des edlen Pferdes: Gardepferde, Rennpferde, Wettkampfpferde. Während wir an den schicken Geschäften vorbeikommen, die mich an Paris erinnern, finde ich uns ziemlich armselig. Dieser Eindruck wird sichtlich von vielen geteilt. Auf abschätzige Bemerkungen hin kommt es zu einem ersten Streit. Ein Lieferwagen, in dem zwei Handwerker sitzen, versucht, uns in einer Einbahnstraße zu überholen. Sie müssten nur zehn Sekunden warten, damit ich mich in einen freien Parkplatz stellen könnte. Zehn Sekunden sind offensichtlich zu viel. Der Depp hupt. Ich drehe mich um. Die Wiedergabe des folgenden Dialogs erspare ich dem Leser. Es fehlt wenig, um die Auseinandersetzung körperlich werden zu lassen. In jedem Fall lassen die Gesten meiner Gesprächspartner keinen Zweifel an ihren Absichten. Schließlich beschleunigen sie, überholen und lassen mich zitternd vor Zorn zurück. Sich für zehn Sekunden prügeln? Ich erinnere mich an die Definition der Mikrosekunde von Woody Allen: die Zeit, die zwischen dem Umspringen der Ampel auf Grün und dem ersten Hupen vergeht. Folglich sind zehn Sekunden wirklich eine Ewigkeit. Ich frage mich, warum Autofahrer immer weniger Wartezeit ertragen, je mehr wir uns Paris nähern? Warum scheint die Zeit zusammenzuschrumpfen? Ohne Zweifel hat jeder komplexere Strecken und Aufgaben zu bewältigen. Aber nichts kann vernünftigerweise diese Hysterie wegen Sekunden erklären, abgesehen von einem Geisteszustand, den ich nur zu gut kenne. Je näher man dem Zentrum kommt, desto mehr Angst hat man, etwas falsch zu machen. Je weiter man sich von ihm entfernt, desto eher begreift man, dass das Leben sich selbst genügt. In jedem Falle beeile ich mich, wieder aufs Land zu kommen, Richtung Osten. Zuvor muss ich aber noch das Département Seine-et-Marne durchqueren, ebenfalls eine Hupregion.

*

Mitten im Wald von Fontainebleau gönne ich uns eine erste längere Pause auf dem Anwesen von Guillaume Poitrinal, dem Ex-Chef eines CAC40-Unternehmens, der inzwischen in Plusenergiehäusern in Holzbauweise macht. Dieser Ort hat nicht seinesgleichen. Im Schatten eines Felsvorsprungs erhebt sich ein Gebäude, das ein Nuklearingenieur der 60er-Jahre entworfen hat und das wirklich die immensen Ausmaße und die tausend Winkel eines Kraftwerks besitzt. Man steigt zu dem Plateau über einen schmalen Weg hinauf, neben dem sich immer wieder in den Stein geschnittene Tische und Minigrotten finden. Desti tut sich schwer, diese makellose Romantik wertzuschätzen: Sie rutscht auf den Fliesen, kämpft mit den Stufen, und ich muss ihr auf halbem Weg die Satteltaschen abnehmen, damit sie den steilen Weg hinaufkommt. Oben belohnt uns eine weitläufige Weide, die seit einigen Jahren brachliegt. Es genügt, einige Zäune wieder aufzurichten. Desti kann sich hier das ganze Wochenende ausruhen, ihr stehen hohes und fettes Gras, Heu nach Belieben und ein Sack Granulatfutter zu Verfügung, den netterweise der Sohn des Nachbarn vorbeigebracht hat. Den ersten Abend verbringe ich allein. Habe ich gerade noch im Zelt geschlafen, finde ich mich jetzt unvermittelt in einer Residenz von dreißig Zimmern. Ich spiele ein paar alte Schlager auf dem Flügel, bis ich eine SMS meines Gastgebers entdecke: »Im Kühlschrank ist Champagner für dich.« Nichts liebe ich mehr als solche Kontraste. Der libanesisch-amerikanische Denker Nassim Taleb, einer der originellsten Intellektuellen unserer Zeit, hat daraus eine Lebensregel gemacht, die er auf den Namen »Hantel-Strategie« getauft hat: die Extreme kombinieren, anstatt die goldene Mitte zu suchen. Indem man gleiche Gewichte an den beiden Enden der Hantelstange anbringt, findet man schließlich das Gleichgewicht.

Diese Luxuspause ist für Desti und mich die Gelegenheit zu einem Gesundheitscheck. Ich lasse mich untersuchen: nichts zu beanstanden, außer dass ich zehn Kilo abgenommen habe und mein Herz wie das eines Athleten schlägt. Muskeln, die mir bisher unbekannt waren, sind mühelos und überall ein wenig kräftiger geworden, das Wandern zu Fuß einerseits und der Sitz im Sattel andererseits haben sie trainiert. Meine Nackenschmerzen, die von einer schlechten und auch durch zahlreiche Stunden Krankengymnastik nicht korrigierbaren Haltung herrühren, sind nach und nach verschwunden. Das Gerstenkorn in meinem Augenlid, das vielleicht durch eine Infektion wegen des vielen Staubes entstand, ist weg. Der Bluterguss am Fuß, ein Geschenk von Desti, der es eines Mittags gefallen hatte, Himmel und Hölle zu spielen, ist nur noch eine böse Erinnerung. Ich schlafe tief und fest, wie Montaigne, der sich rühmt, niemals seinen Schlaf von Sorgen stören zu lassen. Zum ersten Mal seit vielen Jahren sind meine Augenringe verschwunden. Selbst mein Tinnitus, jenes harmlose, aber unausstehliche Pfeifen im Ohr, das mich seit einem Jahr verfolgt, stört mich nicht mehr. Mein Körper, den ich zu lange vor einem Bildschirm und auf einem Bürostuhl vernachlässigt hatte, hat sich wieder in echten Betriebszustand versetzt.

Ich bin in die richtige Schule gegangen, sodass ich auch die kleinsten Symptome genau verfolge. Montaigne widmet seiner Gesundheit viele Seiten in den *Essais* und intensiviert das noch in seinem *Reisetagebuch,* das wie eine veritable Chronik seines leidenden Körpers in allen Details wirkt. Auch jenseits der Nierensteine, die ihn bis ans Ende seiner Tage quälen werden, beklagt er sich unaufhörlich über die winzigsten echten oder eingebildeten Übel. Hier eine kleine zufällige Auswahl an Lesefrüchten: ein Krampf, ein Schwindelanfall, ein Prickeln im Glied, »eine ich weiß nicht wie geartete Schwere der Augen« (*Reisetagebuch,* Pian della Fonte), Zahnschmerzen, »eine ich weiß nicht wie geartete Beklemmung im Kopf« (*Reisetagebuch,* Bagni di Lucca), Blähungen und Borborygmus, Heiserkeit, »Verdauungsbeschwerden« (*Essais,* I,26 oder *Reisetagebuch,* passim) usw. Montaigne beobachtet und prüft sich in jeder Hinsicht, er verzeichnet sogar »eine Schwellung (...) in (seinem) rechten Hoden« (*Reisetagebuch,* Bagni di Lucca). Wenn er auch konstatiert, dass die Reise seine Schmerzen lindert, so hört er doch niemals auf, sich selbst zu beobachten, sich zu sorgen, und Doktoren zu konsultieren – um sie hinterher besser kritisieren zu können. Im Grunde sind wir, sobald wir nur unsere Aufmerksamkeit darauf wenden, ständig krank. Wie Georges Canguilhem erkannt hatte, sind es die Krankheiten, die unseren Normalzustand definieren.

Auch sollte man zweifellos und gegen Montaigne, den Menschen aus Fleisch und Blut, die Ratschläge Montaignes, des Philosophen, beherzigen, die Natur nur machen zu lassen: »Die Ordnung, die sich um Flöhe und Maulwürfe sorgt, sorgt sich auch um die Menschen« (*Essais,* II,37). Anstatt mich wegen eines Krampfes oder einer »Schwere der Augen« zu sorgen, verlege ich mich darauf, meine Gesundheit zu genießen. René Leriche, ein berühmter Chirurg des letzten Jahrhunderts, hat sie poetisch definiert: »das Schweigen der Organe«. Wie auch auf einen Tinnitus darf man auf dieses Schweigen nicht zu genau achten; am Ende entdeckt man dort immer ein seltsames

Geräusch. Man sollte es vielmehr dafür nutzen, etwas anderem zuzuhören, ohne sich vom Grundrauschen der Beschwerden beirren zu lassen. Dieses Abstraktionsvermögen erfordert echte Disziplin, umso notwendiger im Zeitalter der »prädiktiven Medizin«, die uns schon jetzt die Bedrohung zukünftiger Krankheiten auf Grundlage unserer genetischen Disposition vor Augen führt. »Die Ärzte«, schrieb Montaigne ganz richtig, »begnügen sich keineswegs damit, die Krankheit zu beherrschen, sondern sie machen selbst die Gesundheit zu einer Krankheit, sodass man ja zu keiner Jahreszeit ihrer Autorität entwischen könnte« (*Essais*, II,37). Die prädiktive Medizin stuft uns alle als krank ein, mit einer Erfolgsquote von 100 %, denn unweigerlich werden wir es alle irgendwann. Eine solche Medizin vergällt uns das Leben, angeblich um es besser zu verlängern. Ist es nicht besser, zehn Jahre weniger, aber dafür glücklich und sorglos zu leben?

Weniger Sorgen habe ich da bei Desti, die kein Risiko läuft, sich mit Risikostatistiken herumzuplagen. Sie wird aufs Beste von Marc Marchal untersucht, einem angesehenen Pferdeosteopathen, dessen Kontakt mir Bruno vermittelt hat. Seine Kunst macht mich neugierig. Er beginnt damit, das Ohr abzutasten, jeder Punkt soll mit einer bestimmten Körperpartie korrespondieren. Ich kenne Destis Ohren bis ins Detail, denn seit einiger Zeit rahmen sie meinen Blick auf die Welt und sind auf fast allen meinen Photos zu sehen. Ich kann alle ihre Stimmungen anhand der Ohren beschreiben, genervt, neugierig, unruhig, entschlossen, lässig, orientierungslos: so viele Nuancen wie auf dem Gesicht eines Menschen. Während ich im Sattel sitze, erlaube ich mir manchmal, sie zu liebkosen, so sehr liebe ich ihre Textur, den festen, von derart weichem Fell überzogenen Knorpel. Ich habe mir aber nie vorgestellt, dass Destis derart vertraute Ohren auch Auskunft über den Zustand ihrer

Hüfte oder ein Durcheinander in ihren Eingeweiden geben könnten. Man nennt das Auriculotherapie. Ich kämpfe gegen meine instinktive Skepsis an. Ein Merkmal des wissenschaftlichen Denkens ist es, Experimenten eine Chance zu geben. Ich bin einigermaßen misstrauisch gegenüber der Alternativmedizin, weil sie nicht dem Denkschema entspricht, das ich geerbt habe, aber ich bin offen für empirische Beweise ihrer Wirksamkeit.

Marc macht weiter, tastet auch den Rest des Körpers ab und entwirft daraus eine ganze Geschichte: den Zeitpunkt der Rosse, den Augenblick, als Desti ausgerutscht ist, die Schmerzen auf der Höhe der Lendenwirbel. Er zeichnet ein Schema auf, von dem ich nicht das Geringste verstehe. Danach macht er sich daran, Desti zu behandeln. Mir war unbekannt, dass man ein Pferd so verbiegen kann. »Wir wissen nicht alles, was der Körper vermag«, sagt Spinoza. Wir wissen es nicht, weil wir es nicht ausprobieren. Für mich war ein Pferd immer ein mächtiges, aber auch etwas massiges Tier. Jetzt entdecke ich, wie biegsam, zierlich und agil es sein kann. Marcs Diagnose fällt eher positiv aus. Desti ist mager geworden, aber gut in Form. Ihre Unterschenkel sind makellos. Sie scheint nicht unter Muskelkatern zu leiden. Ihre linke Hüfte ist immer noch etwas blockiert, was sich auch an der Abnutzung der rechten hinteren Hufnägel ablesen lässt (als Ausgleich), aber die Behandlung dürfte genügen, sie zu entlasten. Marc bringt mir einige Basishandgriffe bei. Das einzige Problem, das es zu beobachten gilt, ist diese leichte Schwellung, die jüngst am unteren Teil des Rückens aufgetaucht ist und deren Ursache Marc glaubt korrigiert zu haben. Achtundvierzig Stunden Pause und ein Tag ausschließlich im Schritt, und sie wird wieder in Topform sein.

*

Ich empfange Guillaume Poitrinal in seinem Haus. Er ist der jüngste Chef eines CAC40-Unternehmens gewesen und auch der jüngste CAC40-Ruheständler geworden, ein Mann im besten Alter, der mit tausend persönlichen und professionellen Projekten jongliert. Ein echter Unternehmer also, im weiten Sinne des Wortes, der immer dabei ist, eine Idee zu testen, eine Initiative zu starten, sich eine zwangsläufig bessere Zukunft vorzustellen. Er ist eine Ausnahmeerscheinung in der ansonsten sehr diskreten französischen Geschäftswelt, er bringt laut und deutlich klare und messerscharfe Ansichten zum Ausdruck.

Wie es der Zufall will, bin ich gerade dabei, einen Artikel über den Überdruss der Bevölkerung angesichts der Unmenge an Verordnungen zu schreiben. Die *Montaigne-Methode*, mit den Leuten über das zu sprechen, was sie am besten wissen, hat bereits einige wichtige Lektionen zutage gefördert. Diese empirische Soziologie, »qualitativ« würde man heute sagen, wäre ein großer Gewinn, wenn sie weiter verbreitet wäre. Anne Nivat praktiziert sie brillant in ihren Reportagen aus Mittelstädten. Es ist das genaue Gegenteil einer Umfrage. Wenn man am Telephon die Leute fragt, ob sie sich abgehängt fühlen, sagen sie »Ja«, aus Nettigkeit und um sich selbst an das Stereotyp anzupassen, das man ihnen eintrichtert und das sie sich schlussendlich zu eigen machen. Aber ist das auch das Thema, das sie abends am Esstisch beschäftigt? »Na nun sagt mal, man hat uns schon abgehängt, oder?« Nein. Umfragen bringen Thesen über die Randlagen Frankreichs hervor. Die *Montaigne-Methode* bringt ein ganz anderes Frankreich zum Vorschein, das fleißig, erfinderisch und selbstbewusst ist und trotz aller Beschwerden mit niemandem auf der Welt tauschen würde.

Wovon wird also bei Tisch gesprochen? Von allem außer von den Themen, die im Fernsehen kommen. In zweieinhalb Monaten habe ich nicht ein einziges Mal den Namen des Staatspräsidenten gehört, der in Paris in aller Munde ist (doch, tatsächlich, einmal: »dieser Kerl, von dem man dachte, dass er den Laden in Ordnung bringt«). Ausgesprochen selten hat man mir etwas von Ungleichheit, Globalisierung oder demokratischen Werten erzählt, von all diesen allzu breiten Themen, die den Wahlkampf bestimmen. Hingegen herrscht eine Frustration über das Vorschriftendickicht, die quer durch alle Milieus und alle Berufe geht. Jeder wird in seiner Aktivität oder seiner Existenz von einem Reglement gezügelt, das verrückt, unverständlich, unanwendbar geworden ist. Ehrliche Leute werden dazu gezwungen, sich gegen ein Gesetz aufzulehnen, das dem gesunden Menschenverstand widerspricht, und entwickeln so ein heftiges Misstrauen gegen die Präfektur, gegen die Ministerien, gegen Brüssel, gegen alles, was eine Zentralgewalt darstellt. Jeden Abend sammle ich neue Anekdoten, manchmal sind sie lustig, oft aber sind sie verzweifelt. Hier sind einige davon, in Form einer tragikomischen Liste:

- Der kleine Weinbauer, der die vorschriftsgemäße Anzahl an Duschen neben dem Schlafsaal der Erntehelfer nicht einbauen kann
- Die Ziegenkäsehändlerin, die davon absieht, ihre Produkte direkt auf dem Bauernhof zu verkaufen, weil sie die Normen für ERP (Etablissements Recevant du Public) nicht einhalten kann
- Der Metzger, den der neue Erlass über Kühlräume zugunsten des Supermarkts zu ruinieren droht (obwohl übertriebene Sauberkeit das Wiederaufkommen von Bakterien wie etwa Listerien fördert)
- Die Züchterin, die ihre Hunde an der frischen Luft leben lässt und sich weigert, sie in einen Hundezwinger aus

Beton mit Klimaanlage einzusperren, wie es die Vorschrift vorsieht
- Der Direktor von Chambord, dem die DRAC die Genehmigung verweigert, einen Permakulturgarten anzulegen
- Die Eigentümerin von Gästezimmern, die bestraft wurde, weil sie einem Gast ein Glas Whiskey serviert hat (in Ermangelung von Lizenz Nr. 4)
- Der Besitzer einer alten Mühle in Familienhand, die von seinen Vorfahren, die alle Müller waren, während der Revolution erworben wurde, der heute im Krieg mit dem Wasserwirtschaftsamt liegt, weil es das Wasser des Kanals umleiten will
- Der Bauer, der den Hof seiner Schwiegereltern nicht übernehmen kann, weil er als zu nah an der Wohnbebauung eingestuft wird
- Der Steinmetz, dem es sachlich unmöglich ist, das Baugerüst so nah an der Mauer aufzustellen, wie es die Arbeitsaufsicht verlangt
- Der Pferdebesitzer, dem das Recht verweigert wird, auf seiner Weide einen Unterstand mit Pultdach zu errichten (es muss ein Satteldach sein, das ist hübscher: Haben Sie vielen Dank, dass Sie Ihren Antrag noch mal schreiben, bis dahin können die Pferde gerne im Regen stehen)
- Die Privatperson, die das Pech hat, in der Nähe einer denkmalgeschützten Kirche zu wohnen, und die ihre Fensterläden jedes Mal in einer neuen Farbe streichen kann, wenn wieder ein neuer Denkmalschutzarchitekt vorbeikommt

Nicht zu reden von den immer wiederkehrenden Themen, wie etwa die Normen bezüglich Klärgruben, die sich beständig verändern, oder den enormen Papierkrieg der Gemeinsamen Agrarpolitik der Europäischen Union (GAP), der Bauern in Funktionäre verwandelt. Obwohl er das schiere Textvolumen des geltenden Rechts kritisierte, gab Montaigne doch zu, dass »unsere Gesetze einigermaßen freiheitlich« (*Essais*, I,42) sind, weil leicht zu umgehen. Wehe, das ist heute nicht mehr der Fall, und die nationale Tradition komödiantischer und unanwendbarer Gesetze bringt niemanden mehr zum Lachen.

Diese vermeintlich harmlosen Fragen versetzen meine Gesprächspartner oft in eine Rage, die mit der erlittenen Benachteiligung in keinem Verhältnis steht. Auf dem Land akzeptiert man, dass das Leben hart ist, wie es schon seit unzähligen Generationen gewesen ist, aber nicht, dass es absurd ist. Zudem führt die Vervielfältigung der Normen mit ihrem vergeblichen Anspruch, die Gesamtheit aller möglichen Parameter zu berücksichtigen, zu Situationen, in denen der Buchstabe des Gesetzes seinem Geist widerspricht. Man würde gerne das allgemeine Prinzip respektieren (Tierwohl, Bauschönheit, Verbraucherschutz ...), aber die exzessive Genauigkeit der vorgeschriebenen Ansprüche erweist sich am Ende als kontraproduktiv. Montaigne, ein erfahrener Jurist, prangerte bereits eine zu redselige, zu detaillierte Gesetzgebung an. »Was haben unsere Gesetzgeber damit gewonnen, wenn sie hunderttausend Sonderarten und Sonderfälle ausfindig machen und dann hunderttausend Gesetze an sie heften? Diese Zahl steht in keinem Verhältnis zur unendlichen Vielfalt menschlicher Handlungen« (*Essais*, III,13).

Die Normeninflation ist indes ein bekanntes und genau erfasstes Problem. Der Conseil d'État prangert sie, Bericht nach Bericht, seit dreißig Jahren an und beklagt sich, dass seine Empfehlungen noch niemals eine Wirkung entfaltet haben. Er zählt heute 84.619 Gesetzesartikel und 233.048 Verordnungsartikel, die in Kraft sind. Aber die politische, mediale und administrative Elite bekümmert sich kaum darum. Zunächst einmal, weil sie sie nicht persönlich zu spüren bekommt: Wenn man in der Stadt wohnt, einen soliden Arbeitsvertrag besitzt und ein paar gute Kumpel hat, die delikate Situationen auflösen können, dann stellt eine Norm nur eine anekdotische Belästigung dar. Sodann weil viele davon leben: Funktionäre, Anwälte, Juristen in großen Firmen. Und schließlich weil die Produktion von Normen ein Hochgenuss ist: Jeder Abgeordnete möchte ein Gesetz haben, das seinen Namen trägt, jeder brillante Eliteschüler hat Spaß daran, seine Intelligenz an subtilen theoretischen Problemen zu erproben, jeder Inspektor ist entzückt über einen obskuren Paragraphen, mit dem er seinen Nächsten schikanieren kann. Es ist keine Überraschung, wenn in der öffentlichen Debatte das Argument des »Schutzes« all jene zum Schweigen verurteilt, die es wagen, das legislative Gerümpel anzuklagen.

Ich diskutiere beim Apéritif mit Guillaume darüber, vielleicht einer der besten Kenner des Themas. Er hat aus der Vereinfachung der Verwaltung einen intellektuellen und politischen Kreuzzug gemacht, der nun schon gut zehn Jahre andauert. Er nimmt kein Blatt vor den Mund. Seine Erfahrungen im »conseil de la simplification«, der während der letzten Legislaturperiode ins Leben gerufen wurde, haben ihn zu dem Schluss geführt, dass für eine abgeschaffte Norm zwei neue entstehen. Jede Regierung macht sich daran, die Texte zu kürzen, verliert dann das Interesse und überlässt die bürokratische Maschine ihrer natürlichen Trägheit. »Wir befinden uns im gleichen System wie unter dem Ancien Régime«, erklärt mir Guillaume, im Hintergrund läuft Bach, eine Musik der Klarheit, wenn es denn eine gibt, »wir haben eine übermäßige Verwaltung, eine unsichere Rechtsprechung und unlesbare Gesetzestexte.« Die Revolution entstand zu einem guten Teil wegen dieses Galimathias, der für die einfachen Bürger Ungerechtigkeit erzeugt, aber Privilegien für die Eingeweihten (wie die großen Firmen heute, präzisiert Guillaume, der eine geleitet hat). Die Komplexität wirkt zum Vorteil der Mächtigen.

Man kann verstehen, wer am Status quo Interesse hat. Aber was ist der Ursprung des Problems? Woher kommt, in historischer Perspektive, diese unkontrollierte Überreglementierung? Alexis de Tocqueville hat in einer berühmten Passage das Risiko beschrieben, dass die Demokratie in einen neuartigen Despotismus abrutscht. »Selbst im Schatten der Volkssouveränität« kann sich, ohne geradewegs unsere Rechte und unsere Freiheiten zu verleugnen, »ein Netz aus kleinen, komplizierten, detaillierten und gleichförmigen Regeln entwickeln, durch das selbst die originellsten Geister und die wackersten Seelen sich nicht mehr strecken können, um das Gewühl zu überragen.« Während jeder nach seinem Wohlergehen, seiner Bequemlichkeit, seiner Sicherheit sucht, gewöhnt man sich an diese »geregelte, süße und friedliche Knechtschaft«. Hat die Covid-Pandemie nicht die beunruhigende Leichtigkeit klargemacht, mit der wir die Kontrolle über unser intimstes Verhalten akzeptieren? Wendet sich da der Fortschritt nicht gegen sich selbst, indem unsere Lebenssorge uns alle Lebensfreude nimmt?

Frankreich ist wohlgemerkt nicht das einzige betroffene Land, wenn es die jakobinische Tradition auch zur Avantgarde macht. In Fortsetzung der Analyse von Tocqueville hat der Anthropologe David Graeber vor einigen Jahren die Bürokratisierung der Welt untersucht, ein Phänomen, das ebenso die politische Sphäre wie den Privatsektor betrifft. Graeber kehrt die altbekannte neoliberale Behauptung um, dass ein bescheidener Haushalt im 21. Jahrhundert mit Zugang zu fließend Wasser und Anästhetika ein besseres Leben lebt als Louis XIV., der in Versailles auf den Boden pisste und während seiner chirurgischen Behandlungen das Martyrium erlitt, und fragt sich vielmehr, ob ein Bauer zur Zeit Louis XIV. nicht autonomer gewesen ist als der Bürger-Konsument von heute. Freiheit ist nicht nur eine Frage der Kaufkraft, auch nicht eine der politischen Regierungsform: Sie ist zuallererst die Möglichkeit, ein einzigartiges Leben zu führen, ohne Gott und ohne Herr. Der emporgekommene Bauer von Marivaux, im Zentrum unzähliger Intrigen, hat kein einziges Recht, aber tausend Möglichkeiten.

So lässt sich die Tendenz wohl nur umkehren, wenn unsere Einstellung sich verändert und wir den Anteil an Risiko, Unsicherheit und auch potenziellem Schaden, der mit jedweder Existenz einhergeht, inmitten unserer demokratischen Gesellschaften akzeptieren. Wenn wir nicht zu Robotern werden wollen, die von wohlwollenden Algorithmen regiert werden, dann müssen wir die grundlegendste unserer Ketten abschütteln: uns selbst, unser unstillbares Bedürfnis nach Sicherheit und Vorhersehbarkeit. Wozu soll es gut sein, ein bequemes und langes, aber total kontrolliertes Leben zu führen? Ist das nicht die Definition der modernen Hölle?

Es geht nicht darum, die Gesetzlosigkeit zu rühmen, sondern darum, das Gesetz wieder des Respekts würdig zu machen, ohne den kein Rechtsstaat möglich ist. Montaigne, Jurist von Beruf, lieferte auch die Lösung: »Die wünschenswertesten Gesetze sind die knappsten, einfachsten, allgemeinsten« (*Essais*, III,13). Wenn ich ein Programm für die nächste Präsidentschaftswahl verfassen müsste, dann würde es in nur einem einzigen Wort bestehen: vereinfachen. Die Gesetze vereinfachen, das Leben vereinfachen, unsere Beziehung zu anderen und zur Umwelt vereinfachen. Das ist zwar weniger glorreich als große Transformationspläne, aber unabdingbar, um unsere Freiheit wiederzuerlangen. Es wäre das politische Äquivalent zum hippokratischen Eid: *primum non nocere.*

*

Montaigne hatte sich als Ziel seiner Reise gesteckt, die »fiebrigen« (*Essais*, III,12) Parteien besser nachvollziehen zu können, von denen Frankreich und Europa in Flammen standen und die sich mitten in einem Religionskrieg befanden. Er beklagt sich darüber, dass seine moderate Position ihm Feinde in allen Lagern einträgt: »Ich wurde von allen Seiten geprügelt: Für den Ghibellinen war ich ein Guelfe, für den Guelfen ein Ghibelline« (*Essais*, III,12). Dennoch hält er zäh daran fest, zu einem genauen Verständnis der beiden Lager zu gelangen, ihrer Überzeugungen und ihrer Lebensart, denn ohne dieses Verständnis ist Toleranz ein leeres Wort. Es ist nicht unmöglich, dass diese intellektuelle Suche sich mit einer Geheimmission deckt, um den König zu unterrichten, oder den Papst, oder beide; im Grunde ist das egal. Die Mehrdeutigkeit seiner Motivationen mindert die Qualität dieser veritablen Forschungsarbeit keineswegs. Seine Reise durch Deutschland erlaubt ihm, die verschiedenen Nuancen des Protestantismus kennenzulernen, von den Zwinglianern über die Lutheraner zu den Calvinisten. Im *Reisetagebuch* unterstreicht sein Sekretär die Mühen, die Montaigne auf sich nimmt, um religiösen Würdenträgern zu begegnen: »Monsieur de Montaigne ging sofort los, wie es sein Brauch war, um einen Doktor der Theologie in dieser Stadt zu finden« (*Reisetagebuch*, Isny). Vielleicht nicht der genussvollste Teil der Reise für Montaigne, aber sicherlich einer der lehrreichsten.

Welche Streitigkeiten sind heute, in unserer säkularen Gesellschaft, an die Stelle der theologischen Debatten getreten?

Ohne jeden Zweifel die Fragen, die mit der Umwelt im Zusammenhang stehen, und besonders der Status des Tieres. Mein Weg durch Fontainebleau bietet die Gelegenheit, die von Montaigne gepriesene neutrale Neugier in die Tat umzusetzen. Während eines Abendessens auf einer Terrasse mit einigen lokalen Honoratioren, in einer sehr zivilen, fast pariserischen Atmosphäre, finde ich mich plötzlich mitten in einer lebhaften Kontroverse. Die Parforcejagd wird von einem Architekten verteidigt, der sie praktiziert, ansonsten aber ein sympathischer Wandervogel mit grünen Tendenzen ist. Gegen ihn erhebt ein Restaurator und Tierrechtler die Stimme, der den Moment nutzt, um mich verdächtigend auszufragen, wie ich Destinada behandle. Er ist, wenig überraschend, Vegetarier. Dem Vernehmen nach ist die Sache einfach: *Homo sapiens* darf die anderen Tiere weder domestizieren noch jagen. Unter keinen Umständen und aus keinem Grund. Wenn wir es auch anders können, wenn keine Lebensnotwendigkeit uns mehr dazu zwingt, unsere Jagdinstinkte auszuüben, warum sollten wir dann willkürlichen Gewaltakten frönen? Die Parforcejagd vermehrt das Leid auf der Welt. Man muss sie also verbieten, basta. Alle Argumente über die Tradition, die Chance, die dem Hirsch gelassen wird, und die Regulierung des Wildbestandes werden weggewischt. Über das Leiden debattiert man nicht.

Das ist ein einfaches und radikales Argument, das sich heute nicht mehr ignorieren lässt. Einige Repräsentanten der Fédération Française d'Équitation besuchten mich, als ich in der Nähe ihrer Hochburg in Lamotte-Beuvron vorbeikomme. Ich fragte sie, was die wichtigsten Themen ihrer Arbeit in den kommenden Jahren seien. Die Antwort war einstimmig: Tierwohl. Springreitwettbewerbe werden häufiger und häufiger von Tierrechtsaktivisten unterbrochen. Während meines Ritts habe ich selbst ein paar bittere Kommentare bekommen, etwa diesen, in der glühenden Sommerhitze:

»Ist es wohl sinnvoll, ein Pferd bei dieser Hitze spazieren zu führen?«

Ich antwortete, genau aufs Stichwort:

»Ist es wohl sinnvoll, einen Menschen bei dieser Hitze spazieren zu führen?«

Diese Wendung ließ meinen Ankläger sprachlos, er wurde plötzlich liebenswürdiger, aber es war keine Antwort auf den grundsätzlichen und sehr realen Einwand. Das Gesetz von 1976 über den Schutz der Natur schreibt bereits sinnigerweise vor, dass »jedes Tier von seinem Besitzer unter Bedingungen gehalten werden muss, die mit den biologischen Ansprüchen seiner Art vereinbar sind«. Man müsste sich also eine klare Vorstellung von diesen biologischen Ansprüchen machen, um festzustellen, ob Spring-, Dressur- oder Wanderreiten mit ihnen vereinbar sind. Die Champions im Springreiten erklären uns natürlich, dass ihre Pferde »gerne springen«. Genauso bin ich versucht zu denken, dass Desti »gerne wandert«. In beiden Fällen hat das Pferd jederzeit die Möglichkeit, seinen Reiter abzuwerfen: Niemand kann sich einem Tier von einer halben Tonne widersetzen, wenn es entschlossen ist, sich seine Freiheit zurückzuholen. Ist die Gutmütigkeit unserer Pferde ein Zeichen von Wohlergehen oder von Unterwerfung? Die Verhaltensforschung wird uns bald antworten.

Die Atmosphäre beim Abendessen wird immer angespannter. Der Restaurator und Tierrechtler gibt sich kaum Mühe, seinen Zorn zu verbergen. Der Architekt und Parforcejäger hält vergeblich an seinem Plädoyer fest. Nur ein letzter Firnis aus Höflichkeit verhindert, dass Beleidigungen fallen. Der Abschied ist kalt. In einer weniger überwachten Gesellschaft wie der des 16. Jahrhunderts hätte man schlussendlich den Degen gezogen. Ich erkenne an diesem leckeren Abendessen in Fontainebleau die drei Merkmale eines Bürgerkrieges wieder, wie Montaigne sie beschrieben hat:

- *Die Unversöhnlichkeit,* der Montaigne einen Skeptizismus entgegensetzt, der im antiken Pyrrhonismus gründet. »Das Beharren und der Meinungseifer sind die sichersten Beweise der Dummheit. Ist irgendetwas gewisser, entschlossener, herablassender, grüblerischer, ernster, gravitätischer als der Esel?« (*Essais,* III,8). Ist die Reise zu Pferd ein Gegenmittel gegen das Geschrei der Esel?
- *Die Opferbereitschaft.* Montaigne bemerkt, wie leicht erhitzte Geister zu Märtyrerhandlungen bereit sind, die sie unter normalen Umständen nie ins Auge gefasst hätten. Mit Erstaunen sieht er »einen gewissen Mann, der bis zum Scheiterhaufen stur bleibt, und das für eine Meinung, für die er sich unter Freunden und in Freiheit nicht einmal die Fingerspitze hätte verbrennen wollen« (*Essais,* II,12). Wird man für (oder gegen) die Parforcejagd sterben?
- *Die Spaltung.* Montaigne erkennt seine Freunde nicht mehr wieder. »Das schlimmste an der Art und Weise, wie in solchen Kriegen die Karten gemischt sind, ist, dass dein Feind durch kein offenbares Kennzeichen erkennbar ist« (*Essais,* II,5).

Der Restaurator und der Architekt leben in derselben Stadt, gehören zum gleichen sozialen Milieu, teilen vielleicht sogar die gleichen politischen Ansichten. Aber das Thema des Tierrechts zieht zwischen ihnen einen unüberbrückbaren Graben.

Als Sohn einer Mutter, die in ihrer Jugend Jägern auf der Straße den Stinkefinger zeigte, empfinde ich keinerlei spontane Sympathie für das Waidwesen. Trotzdem bedauere ich, dass der Architekt keine Gelegenheit bekommen hat, seine Argumente in Ruhe zu entwickeln. Und vor allem wage ich in dieser Tafelrunde nicht zu gestehen, wohin mich meine weitere Reise führen wird: Am nächsten Abend, am Ausgang des Waldes von Fontainebleau, werde ich bei Parforcejägern unterkommen. Eine Möglichkeit, der gegnerischen Partei auf den Puls zu fühlen.

Nach einem anstrengenden Tag, geprägt von der unüberlegten Überquerung einer vierspurigen Straße und einem Weg unter knisternden Hochspannungsleitungen hindurch, komme ich am Bauernhof von Malvoisine an, einem schönen, geradlinigen Natursteingebäude. Mit einer gewissen Beklommenheit gehe ich durch das Torhaus. Der Herr des Hauses trägt den Spitznamen »der Teufel«, aus Gründen, die sich auch mir schnell offenbaren werden. Da kommt er schon, brummelnd und hinkend.

»Ich warne dich, ich bin sehr leicht reizbar.«

Die kleine Truppe um ihn herum bestätigt das. Mit ruhiger Autorität bezeichnet mir der Teufel, wo ich absteigen und welches Körnerfutter ich verwenden soll, und öffnet mir das Gatter zur Weide. Gras, Heu, Tränke: Desti ist versorgt. Und ich finde mich schnell am abendlichen Esstisch wieder.

Eine wahre Tafelrunde. Der Teufel ist ein »Strohsammler«, er holt das Stroh von den abgeernteten Feldern, lagert und verkauft es. Mit anderen Worten: Sein Betrieb läuft in dieser Zeit des Jahres auf Hochtouren. Ich geselle mich zu einem Dutzend Leuten an den Tisch, Freunde, Arbeiter, Lehrlinge, die kommen und gehen und sich dazwischen auf die riesigen Schüsseln mit Auflauf und Blutwurst konzentrieren. Der Teufel sitzt am Kopf des Tisches und erzählt mit dröhnender Stimme seine Lieblingsgeschichten. Seine Frau, Catherine, wirft lange Blicke, sobald sie einen leeren Teller sieht. Die Jungen tuscheln miteinander und beobachten den Chef aus dem Augenwinkel. Man trinkt, man lacht, man bereitet sich darauf vor, zur Nachtschicht aufzubrechen. Frédéric, ein Freund des Teufels, wird mein Gastgeber sein. Er ist ein alter Getreidebauer, den die Entwicklung des Berufes und der Zusammenbruch der Preise bitter enttäuscht haben; er hat eine Stimme wie Philippe Noiret, er trägt eine Frisur wie ein Dandy, er ist melancholisch wie eine Wiesenblume. Das ist das Frankreich, das Kippen raucht und Diesel fährt, um die unnötig abschätzigen Worte eines Ministers von Macron zu wiederholen. Frédéric ist sogar noch schlimmer: Er raucht Zigarren, schnallt sich nicht an, führt überall seinen kleinen Hund spazieren und geht den Hipstern, die uns regieren, auf die Nerven. Das ist auch das Frankreich der Bauernaufstände und der Besäufnisse. Ein Frankreich, das man unmöglich nicht lieben kann.

Plötzlich ebbt das Gespräch ab, beruhigt sich, verstummt, und ich sehe plötzlich alle Blicke auf mich gerichtet. Ich komme umsonst auf dem Pferd daher, ich bin ein Städter und werde sofort verdächtigt, ein Jagdgegner zu sein. Ich muss mich durchbeißen. Der Sohn des Teufels eröffnet die Feindseligkeiten und fragt mich, was ich vom Leben auf dem Land weiß. »Wir, vom Land«: eine eindeutige Identität, die umso stärker angenommen wird, als man sie bedroht fühlt. Ich ziehe meinen Joker: Mein Großvater hat in einer landwirtschaftlichen Kooperative in der Normandie gearbeitet und eine Jagd in der Gegend von Conche geleitet. Ich überspringe die Beziehung meiner Mutter zu ihm, die der Leser sicherlich in Anbetracht der vorhergehenden Anekdote erahnen wird. Meine Familie ist ein Destillat der Nachkriegsgeschichte: die Großeltern Provinzhonoratioren, die Eltern Pariser Hippies, ich ausgewanderter Hipster. Aber ich besitze noch genügend Kindheitserinnerungen vom Kaff in der Normandie und den Angelausflügen, um gerade noch in die äußersten Ränder jener großen Gemeinschaft der »Wir, vom Land« hineinzuschlüpfen.

So beginnen sie also, die Verteidigung und Erläuterung der Parforcejagd. Mir wird der Zugang zu Photoalben gewährt, zur Entstehungsgeschichte der Jagdgemeinschaft und zu den Grundlagen der Sprache des Waidwesens. Man muss anmerken, dass diese kleine Welt äußerst gereizt ist: Der Vorschlag einer Volksinitiative zum Tierwohl fordert zusätzlich zum Ausstieg aus der Massentierhaltung und zum Verbot der Käfighaltung auch das Ende der Parforcejagd. Ich tauche in das Thema ein. Meine Kommensalen aus Malvoisine können kaum ausreichend harte Worte finden für diese Stadtratten, die moralische Regeln aufstellen, ohne die geringste Ahnung zu haben, angefangen mit Xavier Niel, der die Volksinitiative unterstützt. Ich kenne diesen Freibeuter des französischen Kapitalismus ein wenig und empfinde Achtung vor ihm; ich werde ihm am nächsten Tag eine SMS schreiben und ihm erklären, warum seine Ohren geklingelt haben. So finde ich mich also in der Situation, die schon Montaigne zur Verzweiflung brachte, zerrissen in Loyalitätskonflikten und dazu aufgefordert, definitiv Partei zu ergreifen.

Ich bemühe mich also, die Argumente meiner Gastgeber richtig zu verstehen. Ich finde sie einigermaßen stichhaltig. Dass die Parforcejagd eine jahrhundertealte Geschichte hat und eine lebendige Tradition ist, ist offensichtlich. Aber mir war unbekannt, dass sie so verbreitet und populär ist, schon seit Langem stammen die Jäger nicht mehr aus der Aristokratie. Der Teufel ist ein echter Bauer, der eine eigene Truppe begründet und entwickelt hat. Die Soziologen Monique und Michel Pinçon, berühmt als scharfe Kritiker der Privilegierten und ihrer Lebensweise, haben bereits vor dreißig Jahren eine nuancierte Studie über die Parforcejagd publiziert und dabei auf die soziale Diversität der Jäger geschlossen. Wie es mir Catherine sagt: »Schauen Sie mich an, ich bin Jagdherrin und wasche meine eigene Wäsche.« Die Parforcejagd als Symbol für den Zeitvertreib Reicher zu sehen deutet auf eine obsolete Vorstellungswelt hin, die ohne Zweifel auch den Text des Referendumsvorschlags genährt hat.

Der hauptsächliche Streitpunkt bleibt also die Frage des Leids. Die erste Antwort: Die Parforcejagd ähnelt natürlichem Jagdverhalten. Hunde verfolgen einen Hirschen, so wie jeden Tag Milliarden von Tieren in unseren Wäldern einander jagen. Die Kunst des Menschen besteht darin, diese Jagden zu steigern, zu beobachten, zu lenken und zu beenden (in einer übrigens weniger barbarischen Art und Weise, als wenn der Gnadenstoß den Zähnen der Hunde überlassen bliebe). Alles, was man dem Menschen also vorwerfen könnte, ist sein Voyeurismus. Aber könnte man nicht dasselbe über Tierdokumentationen sagen? Warum ist man bei den Guten, wenn man der Verfolgung eines Moschusochsen durch Polarwölfe in einem Film von David Attenborough zusieht, und bei den Bösen, wenn man Hunden dabei zusieht, wie sie einen Hirsch einen Waldweg entlanghetzen?

Mich überzeugt die zweite Antwort mehr: Mit Blick auf die Skala des tierischen Leidens ist das Schicksal der paar Tausend Hirsche pro Jahr, die einen schlechten Tag haben und getötet werden, deutlich weniger grausam als das der aberhundert Millionen Tiere, die in Batterien gezüchtet werden und dort eine elende Existenz führen, beziehungsweise das monotone und klaustrophobische Leben von Dutzenden Millionen Haustieren, die in Wohnungen dahinvegetieren. Wenn man dieser Tragödie der Industrialisierung und der Domestizierung ein Ende bereitet, bin ich sofort dafür, auch die Parforcejagd abzuschaffen. Momentan aber verteufelt man die offensichtlichere und leichter kritisierbare Aktivität, weil der Mut fehlt, das Problem der massenhaften Misshandlung von Tieren an der Wurzel zu packen, das viel komplexer ist und bei dem ökonomisch und sozial viel mehr auf dem Spiel steht.

Meine neuen Freunde schlagen mir vor, im kommenden Jahr an einer Jagd teilzunehmen. Ich nehme an. Ich werde hingehen. Ich werde es mir ansehen. Und dann werde ich mir eine bessere Meinung bilden.

Bis es so weit ist, wird es mir schwerfallen zu entscheiden, wo ich mein Kreuzchen im Falle eines Volksentscheids mache, der vielleicht dazu führt, dass die Parforcejagd exemplarisch verboten wird, während es bei anderen Themen, die in meinen Augen ernster und dringender sind, nur zu kleinen symbolischen Arrangements mit der Agrar- und Lebensmittelindustrie kommt. Meine ausgewogene Position macht mich beiden Lagern suspekt. »Für den Ghibellinen ein Guelfe, für den Guelfen ein Ghibelline.« Für den Tierrechtler gehöre ich zum Lager der Sadisten, für den Jagdreiter bin ich ein Verräter. Ist das der Fluch der Skeptiker?

X Brie

■ ■ ■

Entzauberter Käse – Zersiedlung in der Nichtregion – Der Traum vom Bauen – Wolframspitzen – Bei der Schwester der Teufelin – Destinada im Wohnzimmer und im Leben – Schloss Vaux-le-Vicomte – Beginn von Montaignes Reisetagebuch – Schnurrbart – Montaignes Buchsbaum – Im Altersheim – Gute alte Zeit – Tod und Verfall – Banlieue von Meaux – Rapper zu Pferde – Der Duft der Rüben

■ ■ ■

Ich lasse die Seine hinter mir. Wenn »die Brie« für Sie wie für mich unweigerlich Gedanken an den König der Käse wachruft, zu dem ihn Talleyrand beim Wiener Kongress gekürt hat, dann müssen Sie sich auf eine Enttäuschung gefasst machen. Die Appellation d'Origine Contrôlée (AOC) »Brie de Meaux« erstreckt sich vom Loiret bis an die Meuse, eine gewaltige Fläche, die zwar der Logik der industriellen Landwirtschaft folgt, aber keinem Terroir entspricht. Und worauf bezieht sich denn eine AOC bei einem Käse? Auf das Terrain, auf dem das Gras wächst, das die Kühe fressen, die die Milch geben. Entsprechend wird also allen Grashalmen von Château-Renard bis Bar-le-Duc dieselbe magische Qualität zugesprochen, die einen »Brie de Meaux« ausmacht. Der König ist nackt!

Das andere Gesicht der Brie sind die Getreidefelder, eine Verlängerung des gewaltigen Pariser Beckens, das wir schon im Berry und in der Beauce durchquert haben. Auch dort ist die Realität wenig bukolisch. Die Brie überschneidet sich mit dem Département Seine-et-Marne. Die Passanten sind hier wie Städter, sie haben Stöpsel im Ohr und das Telephon in der Hand. Es wird nicht mehr gegrüßt, es gibt keine Karotten mehr. Je weiter wir uns der ersten Station des RER (Marne-la-Vallée-Chesssy) nähern, desto unerwünschter werden wir. Die Autos schneiden uns, ohne zu bremsen, und zwingen uns dazu, auf den engen Straßenrändern dahinzutrippeln wie Seiltänzer. Ich komme in einigen Reitsportzentren unter, von denen es in der Region eine ganze Menge gibt, um am Wochenende die Pariser zu empfangen: Es sind befestigte Lager, die die Pferde nur noch im Anhänger verlassen, da die umgebenden Straßen als zu gefährlich für einen Ausritt gelten. Wir bekommen freundlich Wasser und Granulatfutter angeboten, als würde man Selbstmördern ein letztes Mahl vorsetzen.

Ich entdecke auf meiner Route ein Dorf mit einem bezaubernden Namen: Chaumes-en-Brie. Tatsächlich gibt es dort aber weder Stoppeln (frz. *chaumes*; Anm. d. Übers.) noch Brie, sondern nur ein Meer aus Pavillons. Ich verliere meine kartographischen Anhaltspunkte. Die Bauarbeiten gehen so schnell vonstatten, dass auf den Karten des IGN noch ganze Viertel fehlen. Um eine Unterkunft zu bekommen, ende ich schließlich auf einem adretten und unheilschwangeren Campingplatz, aus dessen Prospekten ich entnehme, dass seine hauptsächliche Funktion darin besteht, Disneyland zu bedienen. Der benachbarte Wohnwagen gehört einer holländischen Familie, die offensichtlich alles eingepackt hat, um eine Belagerung zu überstehen, natürlich auch Lampions für die Atmosphäre. Das Klischee schmerzt mich, aber ist es denn meine Schuld, wenn es die Realität ist? Es gibt sie wirklich, die Leute aus dem Norden, die ihre Ferien zwischen Thujahecken verbringen, um Space Mountain zu fahren. Sie können es nicht mal auf das schmale Reisebudget schieben: Meine Übernachtung in dieser Plastikschale ist teurer als das komfortabelste Gästezimmer.

Die Brie tut also so, als wäre sie rustikal, auf dem Land. Von Zeit zu Zeit mag man daran glauben, wenn man einige Kilometer auf einem lichten Waldweg zurücklegt oder die Architektur der Dörfer im Tal mit der der Dörfer auf dem Plateau vergleicht, aber allzu schnell erblickt man auch die Kehrseite der Kulisse: der Raketenlärm des TGV, die Silhouetten der Lastwagen auf der Autobahn in der Ferne, die Hochspannungsleitungen über unseren Köpfen.

Noch in den 90er-Jahren schrieben die Getreidebauern das Gesetz. Als ich bei einem von ihnen übernachte, sehe ich Familienphotos von Skiurlauben, stolz ausgestellte Beweise einer Lebensart, die eher zu Führungskräften als zu Bauern passt. Der Betrieb umfasste zweihundertfünfzig Hektar, eine gewaltige Fläche für einen Reiter, weit mehr, als man in einen Blick fassen kann. Um außenherum zu reiten, bräuchte ich einen ganzen Tag. Aber heute »sind zweihundertfünfzig Hektar rein gar nichts mehr. Du kommst gerade so bei null raus, und du stehst in Konkurrenz zu ukrainischen Farmen mit zwanzigtausend Hektar«. Schweren Herzens hat mein Getreidebauer seinen Bauernhof zu Wohnungen für Pendler umgebaut. Er investiert nicht mehr in landwirtschaftliche Maschinen, sondern in Garagen. Fatalistisch akzeptiert er die Realität: Die Brie ist ein Vorort von Paris geworden.

Ich verstehe jetzt, warum meine Gesprächspartner, angefangen bei der Rezeptionsdame auf dem Campingplatz, sich beeilen, mir zu sagen: »Ich bin nicht von hier.« Das Gegenteil der vorhergehenden Regionen. Denn hier, hier ist das Land des Nichts. Das Val de Loire war die Nullregion. Die Brie ist eine

Nichtregion, ein Raum ohne Seele, in der Individuen ohne Bestimmung durcheinanderlaufen.

*

Was im Seine-et-Marne am besten wächst, sind Pavillons. Um alle Dörfer Frankreichs legen sie einen Gürtel, hier werden sie das Dorf selbst. Verloren wie Bojen in der Drift stehen die Kirchtürme in einem Meer aus gelben Mauern. Ich kann ausgiebige Beobachtungen über makellosen Rasen, pseudoantike Statuen, Kieswege, Palmen und Topfpflanzen anstellen, lauter Opfergaben im Kult der Unverwelkbarkeit und der Uniformität. Man braucht gar nicht daran zu denken, nach dem Weg zu fragen: Die Erfahrung hat mich gelehrt, dass der *homo pavillonus* die Wege nicht kennt, die fünfhundert Meter von seinem Zuhause entfernt sind. Denn *homo pavillonus* weiß nicht, wo er wohnt. Im Grunde wohnt er nirgends. Er ist dort hingesetzt worden, in der Zwischenzeit des Almauf- und -abtriebs Richtung Arbeit, Schule, Supermarkt.

Herablassung à la Don Quichotte, wird man mir sagen. »Bauen« ist immer noch der Traum von Millionen französischer Familien. Aber wer hat diesen Traum erfunden? In seiner Studie über den Immobilienmarkt des Val-d'Oise hat Pierre Bourdieu genau gezeigt, wie die Vermarktung des *Maison Bouygues* oder des *Pavillon Phénix* das Ergebnis einer Politik war, die skrupellose Gebietskörperschaften und mächtige ökonomische Interessen zusammenbrachte. Eine junge Reitlehrerin, der ich unterwegs begegnet bin, klagte darüber, dass ihre Bank sie dazu drängte, Bauland zu kaufen, während sie eigentlich einen bestehenden Bauernhof kaufen wollte. Denn ein anderer, zugleich menschlicherer und ökologischerer Traum ist möglich: die Renovierung der drei Millionen in Frankreich leer stehenden Wohnungen, wie jene eleganten Bauwerke mit dem »Zu verkaufen«-Schild, denen ich tagein, tagaus begegne. Genauso wie heute alte normannische Schränke weniger kosten als IKEA-Möbel, ist alter Stein heute erschwinglicher als neuer. Im Limousin, wo ich erstaunt war, so wenige Pavillons zu sehen, hat man mir erklärt, dass die Regionalbank aus Prinzip Renovierungsarbeiten finanziert. Das ist mehr als nur eine dekorative Laune: Mit dem Stein entsteht eine echte Aneignung des Terroirs, die Nachbarschaftsbande und Engagement vor Ort anregt. Schon Montaigne wusste, dass eine Mauer ohne Stein wie »ein Buch ohne Wissen« (*Essais*, III,2) ist. Am Ende gleichen die Seelen den Mauern, die sie bewohnen.

*

Ich verlasse den Campingplatz im Morgengrauen und begebe mich zu einem Rendezvous, dem ich seit dem Vortag klopfenden Herzens entgegensehne: ein Hufschmied, der Spitzen aus Wolfram hat! Der Retter ist da. Er heißt Boris mit Vornamen, und wir haben sogar gemeinsame Bekanntschaften: eine ehemalige französische Meisterin im Hunter-Reiten, mein Jugendschwarm, die laut Boris inzwischen Spanferkel vom Spieß verkauft. Manchmal ist es besser, nicht zu wissen, was aus unseren Freunden oder unseren Liebschaften geworden ist, damit die Erinnerungen unbeschädigt bleiben.

Auch Boris hat sich nicht aus Leidenschaft für die Region dafür entschieden, im Seine-et-Marne zu arbeiten, sondern weil es hier massenhaft Pferde und damit Kunden gibt. Da er als Hufschmied die Ponys betreut, die die Kutschen in Disneyland ziehen, ist er mit der Beanspruchung des Materials durch lange Tage auf dem Asphalt vertraut. Das ist meine Chance. Boris bohrt vier Löcher in jedes Hufeisen, in das die berühmten Spitzen aus Wolfram eingesetzt werden. Destis Huf ist bereits durchlöchert wie ein Gruyère und brüchig durch den zu häufigen Hufeisenwechsel. Wolfram ist meine letzte Hoffnung. Boris ist zuversichtlich: Seine Hufe sollten uns bis nach Deutschland bringen. Ich wage es kaum zu glauben. Die Zukunft wird ihm recht geben, und bis zum Ende meiner Reise werde ich ihm immer wieder Dankesnachrichten schicken.

Desti verfügt von nun an über ordentliche Spikes, das Gegenstück zu den Profilsohlen meiner Wanderschuhe. Etwas spät habe ich die Entdeckung gemacht, dass es so viele verschiedene Hufeisen gibt wie Arten zu reiten, Ausführungen verschiedener Materialien, Formen und Stärken. In der Sologne hat man mir ein seltenes Exemplar vom Dachboden geholt und präsentiert: ein Hufeisen von Ferrari, das berühmte Logo des steigenden Pferdes auf dem Aufzug eingraviert. Der Autobauer hat sich zu einer gewissen Zeit tatsächlich dafür entschieden, den in der Fertigung anfallenden Verschnitt zu recyceln und in superleichte Hufeisen zu verwandeln. Für einen Augenblick habe ich mir Desti mit Ferrari-Hufeisen vorgestellt. Was für ein Gemälde: Das Pferd profitiert vom Fortschritt des Autos; ein Auto, das ein Pferd als Logo hat; gegenseitig spiegeln sich die Ideen der Schnelligkeit und Anmut. Gibt es eine bessere Parabel für die historische Verstrickung von Hippomobil und Automobil? Da wir es nicht wissen, brechen wir wieder auf, mit schweren Wanderschritten, auf Wolframsohlen.

*

Im Laufe des Gesprächs habe ich erfahren, dass Catherine, die Frau des Teufels, die Teufelin, wie Georges Brassens sagen würde, eine Schwester in Crécy-la-Chapelle hat. Mit solch einem Namen kann dieses Dorf nur ein Hort des Historischen inmitten der von der Moderne verwüsteten Brie sein. Ich schaue auf die Karte: genau auf meiner Route. Ich bin schamlos geworden. Ein paar SMS später habe ich mich bei Nelly zum Mittagessen eingeladen.

Manchmal muss man seinen Vorurteilen einfach vertrauen: Tatsächlich ist Crécy-la-Chapelle ein einzigartiges Dorf, das wie verbarrikadiert scheint, um sich selbst und seine Vergangenheit herum gekrümmt. Sein schneckenhausförmiger Grundriss folgt dem Verlauf der Kanäle. Kein Weg führt geradeaus, man muss den Kurven der Straßen spiralisierend folgen. Überwölbte Durchgänge führen auf den alten Rundweg, der sich im Schatten der Gassen verliert. Der Grand Morin ist von Zugbrücken überspannt, die noch heute den Eingang zu manchem Haus bilden und verschließen. In Crécy-la-Chapelle wohnten Catharina de' Medici und Michel Houellebecq, zwei düstere Gestalten unserer Geschichte. Man kann sie sich gut vorstellen, wie sie im komplexen Geflecht der Kanäle und Sackgassen über ihren Winkelzügen und Erzählungen brüten.

Nelly empfängt uns mit vollendeter Liebeswürdigkeit in ihrem weitläufigen Familienanwesen, das nach der Art eines Stadtpalais des 18. Jahrhunderts gebaut ist: ein gepflasterter Hof, eine geschwungene Freitreppe, auf der Rückseite eine Rasenfläche, die von blühenden Gehölzen umgeben ist. Das Innere ist vornehm und altmodisch zugleich, in der gemütlich ländlichen Küche blinkt das Kupfer. Für die Beleuchtung sorgen Gaslaternen, die ich mit großer Freude zum ersten Mal in echt sehe, nachdem ich ihre Beschreibungen bei Proust gelesen habe. Schnell stellt sich die Frage, wohin mit Destinada. Der Hof? Zu sonnig. Die Garage? Zu zugestellt. Die einzige Lösung: der Garten. Wie dorthin gelangen? Die Teufelin, die uns zum Mittagessen Gesellschaft leistet, macht einen Vorschlag, ohne selbst so recht daran zu glauben: einfach mittendurch, durchs Wohnzimmer. Aber das gibt eine solche Unordnung.

»Na dann, versuchen wir's!«, entscheidet Nelly zur großen Überraschung ihrer Schwester.

Die Flügeltüren werden geöffnet, Möbel verschoben, Topfpflanzen weggeräumt. Destinada steigt die Stufen hinauf, durchquert vor der hölzernen Treppe die Diele und dringt in das vornehme Wohnzimmer mit seinen intarsiengeschmückten Möbeln vor. Kein Ausschlagen, kein Pferdeapfel, kein Schweifschlag ins Porzellan, nicht einmal ein unangebrachter Blick. Triumph! Wir lachen und decken schleunigst einen Tisch im Garten, um ein Auge auf Desti werfen zu können, die ich in Ruhe grasen lasse.

»Achtung, die Stute frisst deine Geranien«, ruft Catherine ihrer Schwester zu.

Ich richte mich im Stuhl auf, um eingreifen zu können.

»Lass sie nur«, antwortet Nelly mit wegwerfender Geste, »sie legt Parfum an.«

Ein Wunder: Der Garten der Menschen ist zum Boudoir des Einhufers geworden. Wie kann man den belebenden Hauch besser beschreiben, den das Pferd überallhin bringt, wo es vorbeikommt? Was liegt schon an Vasen, Geranien, Schicklichkeit! Indem es unsere Gewohnheiten durcheinanderbringt und uns zum Improvisieren zwingt, löst das Pferd verkrustete Gewohnheiten und versetzt die von ihm durchquerte Umwelt in Bewegung. Zusammen mit Desti habe ich das Gefühl, ringsum jene Prise Chaos zu säen, die für das ordentliche Funktionieren der Gesellschaft unabdingbar ist. Die Passanten, die mich ansprechen, die Verkäufer, die mir bei meinen Besorgungen helfen, die Privatleute, die mich beherbergen, warten sehnsüchtig auf das Unerwartete. In einer zu gut organisierten Welt, in der unsere Tage im Vorhinein durchgeplant sind und unser Verhalten von Algorithmen überwacht wird, hoffen wir nur so auf Schwachstellen, durch die die Überraschung hereinschlüpfen kann. Das Pferd ist ein exzellenter Gesprächsöffner, es flößt Sympathie und Vertrauen ein. Aber es ist auch ein Störfaktor und ein Katalysator, der das Beste in jedem zum Vorschein bringt und die Verhältnisse zum Tanzen bringt. Schade, dass Houellebecq nicht zu Hause war, um Desti zu empfangen. Mit ihr hätte er vielleicht, und sei es nur für einige Minuten, Geschmack am Leben gefunden.

*

Ich bin zu einem Mittagessen auf Schloss Vaux-le-Vicomte eingeladen, das, wie es der demokratische Zufall will, auf dem GR 1 liegt. Ich habe mich entschieden, Melun zu umgehen, und quäle mich den ganzen Vormittag auf verstopften Landstraßen ab. Als wir endlich auf dem Weg ankommen, der zum Eingang des Parks führen sollte, sporne ich Desti zu einem diabolischen Trab an. Sie vergibt mir meine Eile und setzt sie auf die Rechnung von Paul Morand, dessen Biographie von Fouquet mir eine kindliche Bewunderung für diesen großen Lebemann eingeprägt hat, diesen »lebendigsten, natürlichsten, tolerantesten, brillantesten, in der Lebenskunst talentiertesten, französischsten Mann«, diesen letzten freien Mann Frankreichs, bevor die absolute Staatsgewalt sich definitiv gefestigt hatte. Als er sein Lustschloss in Vaux baute, engagierte der Finanzminister von Louis XIV. die besten Künstler seiner Zeit: Le Vau für die Architektur, Le Nôtre für die Gärten, Le Brun für die Malereien. Er weiht sein Schloss mit einem grandiosen Fest am 17. August 1661 ein. Der König wird eifersüchtig, lässt ihn einige Tage später festnehmen und stellt das ganze Savoir-faire, das Fouquet entdeckt und finanziert hat, in den Dienst des Schlosses von Versailles. Der Schlossherr wird keine Zeit mehr haben, sein Schloss zu bewohnen. Es wird für die zukünftigen Jahrhunderte nach frischer Farbe duften. Auf den flamboyanten Fouquet wird im Amt bei Louis XIV. der schreckliche Colbert folgen, und nach diesem Generationen von rachsüchtigen Funktionären. Vaux zu besuchen bedeutet, andächtig am Grab eines französischen Traumes, eines festlichen und rebellischen Traumes, zu verweilen.

Der momentane Besitzer erwartet mich an der östlichen Pforte, einem diskreten Gitter in der Umfassungsmauer. Das ist der Künstlereingang. Diesen Weg hat auch Louis XIV. genommen, als er seinen Auftritt machte. Das widerspricht der Darstellung von Morand, der ausgemalt hatte, wie der königlich Tross auf der breiten Straße herankommt und Fouquet seinen Herrn auf den Eingangsstufen erwartet. Wir werden uns also ein besseres Urteil über den ersten Eindruck des zukünftigen Sonnenkönigs (auch dieses Emblem ist von Fouquet geklaut) bilden können. Zudem habe ich vor einigen Tagen aus dem Mund einer ehemaligen Direktorin der nationalen Gestüte erfahren, dass spanische Pferde, mit einem Schuss arabischen Blutes, die Lieblingspferde der Aristokratie unter dem Ancien Régime gewesen sind. Wir sind also nahe am historischen Reenactment.

Wir haben noch eine gute halbe Stunde durch den Park zu reiten, bevor wir zum Hauptgebäude des Schlosses gelangen. Louis XIV. muss darüber die Geduld verloren haben. Wir nehmen den Weg nach Pouilly, eine Transversale durch den Wald, und biegen dann nach Norden ab. »Immer geradeaus«, sagt man uns. Tatsächlich, der Weg könnte nicht noch gerader sein. Pfeilgerade, bis man gut zwei Kilometer weiter unmittelbar im Vestibül des Schlosses mit seinem Schachbrettmuster landet. Momentan bin ich noch umgeben von hohem Gras. Von Destis Rücken aus kann ich am Ende einer gigantischen Allee ein funkelndes Fähnchen wahrnehmen: die goldenen Reflexe an der

Statue des Herkules Farnese, der den Eingang zum Garten bewacht, wo der Wald aufhört und die Kunst des Menschen beginnt. Ich nähere mich. Nach und nach erscheinen zu beiden Seiten der Statue zwei graue Klekse, schimmernd wie Karpfen knapp unter der Wasseroberfläche: das Dach des Schlosses. Je weiter wir kommen, desto mehr entbirgt sich Vaux. Der Standpunkt mit der einzigartigen Perspektive, an dem wir uns befinden, lässt das Schloss sich in seiner Umgebung entfalten wie ein Lampion, den man auseinanderzieht. In dem Maße, wie wir uns dem Herkules nähern, vergrößert sich die Kulisse Ebene um Ebene. Schau, der zentrale Hof! Und dann Buchsbaumrabatten! Eine Orangerie! Ein Wasserspiegel! Noch ein Becken! Terrassen! Ein Kanal! Wasserfälle! Im gewöhnlichen Schritt dauert es etwa fünf Minuten, bis man am Bassin de la Gerbe angekommen ist, von dem aus man endlich den Garten in seiner Gesamtheit überblicken kann. Es ist ein Leichtes, sich die Qualen vorzustellen, die Louis XIV. auf dieser Strecke ausgestanden hat, wie er Meter für Meter neue Wunderwerke im Schatten der vorhergehenden Wunderwerke entdecken musste. Ich glaube, ihn zu hören: »Genug, genug! Was, es geht immer noch weiter?« Wenn er Vaux auf einen Schlag, in einem Blick erfasst hätte, hätte der König Fouquet vielleicht in Ruhe gelassen. Aber ein derart lang gezogener Affront ist unerträglich und unentschuldbar.

Wenn man im Garten herumspaziert, verliert er von seiner Großartigkeit. Die reinen Proportionen, die von Ferne betrachtet für das Auge so angenehm sind, befriedigen aus der Nähe die Sinne weniger. Im Juli 2020 ist das Gras wie im August 1661 kurz geschnitten. Desti bleibt hungrig. Alle Wasserspiele der Welt können dieser überdomestizierten Natur, diesem »französischen Parterre«, wie Morand schrieb, nicht das Leben zurückgeben. Ist es gestattet, englische Gärten vorzuziehen?

Unter der erbarmungslosen Mittagssonne durchqueren wir die Furt am Ende des Kanals und versuchen, am Gemüsegarten etwas Schatten zu finden. Man verspürt eine gewisse Trostlosigkeit inmitten dieser Pracht. Heute sind keine Besucher gekommen: Vaux ist leer, wie es, ein großes Fest ausgenommen, immer leer gewesen ist.

*

Endlich kommen wir an unserem Ausgangspunkt an: Meaux. Hier beginnt das, was Montaignes *Reisetagebuch* noch enthält, denn der erste Teil des Manuskriptes ist verschollen (oder laut den Verfechtern der Hypothese, dass es Hinweise auf eine diplomatische Mission enthalten hat, zerstört worden). Zu Ehren meines illustren Vorgängers, der so stolz auf seinen Schnurrbart gewesen ist, der auf keinem seiner Porträts fehlt, höre ich auf, mich zu rasieren. Ich hoffe, mit einem schönen Schnauzer in Rom einzureiten.

Unsere Ankunft ist turbulent und unsicher, denn Desti strauchelt im vollen Trab und schafft es nicht, sich wieder aufzurichten, obwohl ich versuche, ihr mit den Zügeln zu helfen. Es ist ein langer brennend heißer Tag gewesen, und unsere Reflexe sind geschwächt. Wir finden uns auf der Erde wieder; mir ist erstaunlicherweise nichts passiert; ihr Knie sieht aus wie das von Kindern nach einem Nachmittag im Park. Während ich noch ganz zittrig bin, macht sie sich wieder auf den Weg, als wäre nichts gewesen. Ohne Angst und ohne Vorwurf.

Wenn ich auch dem Brie aus Meaux gegenüber skeptisch bin, so erforsche ich dafür mit Leidenschaft den Buchs aus Meaux. Ganz aufgeregt von der Vorstellung, nun endlich unsere Gegenwart mit den Notizen unseres Vorgängers vergleichen zu können, mache ich mich auf die Suche nach einem

Buchsbaum, den Montaigne beschrieben hat, »der seine Äste rundum im Kreis ausstreckt, eine sehr saubere und dichte Kugel, mannshoch« (*Reisetagebuch*, Meaux). Seinerzeit befand er sich im Garten des »Schatzmeister(s) der Kirche Saint Estienne namens Juste Terrelle« (*Reisetagebuch*, Meaux). Daraus schließe ich, ohne zu viel Risiko einzugehen, dass ich mich in der Umgebung der Kathedrale Saint-Étienne umsehen muss. Ich spanne für dieses botanisch-historische Abenteuer den Zuständigen der öffentlichen Gärten mit ein. Mit seinem Schlüsselbund und seiner dunkelblauen Uniform lässt er eher an einen Gefängniswärter als an einen Gärtner denken. Die französische Verwaltung hat ein goldenes Händchen dafür, noch den kleinsten öffentlichen Dienst in eine polizeiliche Institution zu verwandeln. Umso besser: Genau das brauchen wir auch, um unseren Verdächtigen zu finden. Der Gefängniswärter findet Gefallen an der Sache, und nach einer geschwinden Recherche zeigt er mir im »Jardin Bossuet« hinter der Kathedrale den Ort, an dem noch vor zwei Jahren ein sehr alter und der Beschreibung entsprechender Buchsbaum gestanden hatte. Der altehrwürdige Busch wurde, ach, von einem dort angebundenen Pferd zerstört. Die These ist plausibel: Buchsbäume können leicht mehrere Jahrhunderte alt werden, bei den Galliern waren sie das Symbol der Ewigkeit. Ich schließe diese Akte und freue mich daran, eine Spur Montaignes entdeckt zu haben. Woher diese Befriedigung? Zum Teil einfach nur aus Freude am Spiel. Aber auch, weil die verstrichene Zeit so für mich konkreter wird. Vierhundertvierzig Jahre sind nach den Maßstäben der Natur ein Nichts. So mancher Baum überlebt uns und webt so ein organisches Band zwischen verschiedenen Generationen *Homo sapiens*. Montaignes Buchsbaum wiederzufinden, zumindest fast, relativiert die historischen Umwälzungen, die uns so extrem erscheinen. Der Buchs pfeift auf unsere Revolutionen. Während wir glauben, über aufeinanderfolgende Brüche hinweg Fortschritt zu machen, wächst er langsam, klug und unverdrossen weiter.

Die Episode mit dem Buchsbaum wird noch eine überraschende Wendung nehmen. Wieder zu Hause werde ich einen berührenden Brief bekommen, gezeichnet Odette Lecoq. Diese zurückhaltende Gelehrte rückt die Dinge an ihren Platz. Sie schreibt: »Ich würde gerne auf Ihren Aufenthalt in Meaux zurückkommen und schicke Ihnen einen Überblick zu Montaignes Beschreibung: anbei ein Stich von Claude Chastillon, aus dem späten 16. Jahrhundert.«

Auf diesem Stich erkennt man genau die drei Teile von Meaux, die Montaigne schilderte: die Stadt (heute das Zentrum), die Vororte, der »vom Fluss umgebene« Markt. Die städtebauliche Struktur von Meaux entspricht dem noch heute. Der Markt hat in den fünf letzten Jahrhunderten seinen Standort nicht gewechselt, heute ist er von einer Halle à la Eiffel überdacht; ich habe ihn übrigens an einem Samstagmorgen besucht und fand ihn ausgesprochen belebt. Die Gemüsehändlerin, die mir Karotten verkauft, ist eine direkte Erbin der Gemüsebäuerin von 1580. Die Gewohnheiten der Menschen formen wie der Saft der Bäume langsam wachsende Realitäten, die von Kriegen, Epidemien oder Wirtschaftskrisen unberührt bleiben. Es gibt keinen Grund, warum der Markt von Meaux im Jahr 2460 nicht immer noch da sein sollte, auch wenn dann die Autos fliegen und die Karotten WLAN empfangen.

»Montaigne hat sich mit dem Schatzmeister der Kathedrale, Juste Tenelle (und nicht Terelle), getroffen«, schreibt Odette weiter und korrigiert dabei die Schreibfehler des Philosophen, »der in der verwüsteten Kathedrale ein Relief gestiftet hat. Wir wissen nicht, wo sich sein Haus befunden hat, aber alle Kanoniker wohnten im bischöflichen Bezirk nördlich der Kathedrale.«

Erste Enttäuschung: Der Privatgarten des Schatzmeisters lag nicht an der Kathedrale. Aber vielleicht hat Montaigne einen öffentlichen Garten so genannt?

»Den heute so genannten Jardin Bossuet«, fährt Odette erbarmungslos fort, »gab es damals noch nicht, er wurde um 1650 angelegt (von Le Nôtre?).«

Kein Zweifel, wir haben uns getäuscht.

»Die Geschichte mit dem Buchsbaum«, erklärt Odette und geht bis zu den Quellen unseres Irrtums, »ist eine Verwechslung mit einer Eibe, die sich auf der Stadtmauer befand.«

Eine Eibe! Der Todfeind der Pferde, die sich mit den auf den Boden gefallenen Nadeln beim Grasen vergiften können. Der Buchs von Meaux wird also unauffindbar bleiben. Aber ich bin auf den Geschmack dieser Detektivarbeit gekommen und werde es nicht versäumen, immer wieder solche kleinen Recherchen zu unternehmen, wenn sich mir entlang meiner Route die Gelegenheit bietet. Und wenn es nur um die Befriedigung geht festzustellen, dass sich die Dinge seit der Herrschaft des guten Königs Henri III. doch nicht so sehr verändert haben.

*

In Meaux entdecke ich eine Beherbergungsvariante, die ich bisher noch nicht ausprobiert habe: ein Altersheim. Besorgt um meine ordentliche Unterbringung haben Bürgermeister Jean-François Copé und seine Leute ein freies Zimmer in der »résidence autonomie Terfaux«, auf dem anderen Marne-Ufer, für mich aufgetan. Das ist ein seltenes Privileg für einen Siebenunddreißigjährigen. Ich lasse Desti also im Reitsportzentrum der Stadt zurück und entrolle meinen Mantelsack in einem funktionellen Appartement von dreiunddreißig Quadratmetern, das einen Blick über den Garten und einen völlig unverwüstlichen Linoleumfußboden bietet. Zum Abendessen schiebt man mir noch ein Tablett mit einer Portion Nachschlag zu. Die Nachbarschaft ist ruhig, kein Risiko nächtlicher Ruhestörung. An diesem friedlichen Zufluchtsort gefällt es mir derart gut, dass ich auch noch eine zweite Nacht verbringe.

Ich bin meinen Gastgebern natürlich ein paar Stunden Unterhaltung schuldig. Ich bin noch kaum vom Pferd abgestiegen, da improvisiere ich schon eine Rede vor einem Publikum aus – wie soll ich sie nur nennen? »Alte«? (Das könnte beleidigend klingen.) »Bejahrte Personen«? (Das klingt zu sehr nach Verwaltung.) »Senioren«? (Zu viel Marketing.) »Betagte«? (Zu unklar.) Mein Weg quer durch das Land hat mir eine Lösung gezeigt, die ich oft gehört habe: »Greisen«. Das ist gleichzeitig ehrlich und respektvoll. Im Unterschied zu einem »Alten« ist die Zusammenfassung eines »Greisen« nicht nur persönliche Tragödie des Verfalls. Er trägt auch zum Leben der nachfolgenden Generationen bei, zur ewiglichen Wiederholung von Liebe und Arbeit. Er stellt ihnen seine Erfahrung zur Verfügung oder zumindest sein Gedächtnis. So fügt er sich wieder in die Kreisläufe der Gemeinschaft ein, anstatt in Vereinsamung zu versinken.

Diese Greise hier halten sich noch wacker. Die Residenz Terfaux ist kein Pflegeheim, wie man mir sehr schnell und mit großem Aplomb darstellt. Die Bewohner sind gesund und gehen oft aus, und sei es nur, um einkaufen zu gehen oder einen Kaffee in der Stadt zu trinken. Sie profitieren von gemeinsamen Mahlzeiten, aber sind in keiner Weise dazu verpflichtet. Die Zugangskriterien sind also nicht medizinischer, sondern sozialer Natur. Die Pensionäre sind in der Mehrheit einfache Leute und finden hier einen Komfort, der ihnen die Würde nicht nimmt. Ein Komfort, wie man ihn ähnlich in allen modernen Kollektivbauten findet und der mich an die Studentenheime meiner Jugend erinnert. Ein standardisierter und hässlicher Komfort, in dem alle Zimmer gleich aussehen und lebhafte Farben die Tristesse dieser anonymen Architektur noch besser zur Geltung bringen, aber ein schätzenswerter Komfort, wenn man ein Leben lang gerackert hat. Wenn es einen Ort gibt, an dem ich gerne meine ästhetischen Skrupel beiseitelasse, dann in der Residenz Terfaux.

Meine Zuhörerschaft ist ganz und gar nicht einfach. Manche quasseln, andere unterbrechen mich, wieder andere schlafen fast ein. Ein stimmgewaltiger Störenfried entfacht mit jedem Einwurf den Zorn seiner Mitbewohner. Ein schüchterner Herr im Sonntagsanzug wiederholt in Endlosschleife warme Worte über die Vallée de Chevreuse. Eine Dame entschuldigt sich und erhebt sich, es ist Zeit für ihre Spritzen. Ich greife auf eine bewährte Lehrermethode zurück: das Wort abgeben. Ich befrage sie. Im Grunde ist es nicht anders als in einem sozialwissenschaftlichen Seminar. Wie zu erwarten, haben sie alle Heimweh nach der guten alten Zeit, als noch richtig gearbeitet wurde, den Herren Respekt gezollt wurde und die Lausbuben auf der Straße spielten, anstatt ständig vor einem Bildschirm zu kleben, und so weiter. Ich ziehe daraus so gut wie keine Schlussfolgerung. Haben sich die Greisen nicht immer schon nach der Welt zurückgesehnt, in der sie jung gewesen sind? Auch Montaigne beklagt sich über den Sittenverfall seiner Zeit. Aber er ist hellsichtiger. »Wer hat je einen Alten gesehen«, schreibt er, »der nicht die Vergangenheit gelobt und die Gegenwart gescholten hätte, um so sein Elend und seine Sorge der Welt und den Sitten der Menschen anzulasten?« (*Essais*, II,13).

Ich stelle also eine etwas genauere Frage über Pferde. Ein

guter Teil meiner Greise hat Kindheitserinnerungen aus der unmittelbaren Nachkriegszeit, als Pferde noch auf Bauernhöfen mithalfen. Sie haben noch lebendige Erinnerungen an die tierische Zugkraft: Der definitive Sieg des Motors, nach über einem Jahrhundert harten Konkurrenzkampfes, ist erst gut sechzig Jahre her. Ich fache Erinnerungen an Zugpferde wieder an, die man kaum je bestieg, an Karren, mit denen das Gemüse in die Stadt gefahren wurde, an Sattler, die kamen, um das Zaumzeug zu flicken, an Hufschmiede, zu denen man die Tiere führte, an den Duft von Pferdeäpfeln, an mehr oder weniger tragische Unfälle. Es scheint, als würde die Nostalgie meiner Greisen an der Stalltüre enden: Ich spüre, wie ein Misstrauen oder gar eine gewisse Unruhe gegenüber Tieren, die bis zu einer Tonne wiegen können und ständige Aufmerksamkeit verlangen, immer noch anhält. Wenn die Mechanisierung von den neueren Generationen wieder infrage gestellt wird, wenn wieder Pferde für die Arbeit in Weinbergen, für die Holzabfuhr oder gar für den Transport von Schulkindern eingesetzt werden, so stellte die Mechanisierung für die Greisen eine unhinterfragbare Befreiung dar. Die unaufhörliche Dialektik der Zeitalter.

Anschließend esse ich mit der Managerin der Einrichtung, der reizenden Réjane, zu Abend. Ja, Réjane, nicht Régine. Réjane, wie die Schauspielerin aus der Belle Époque. Sie leitet ihre kleine Truppe Greise mit Kraft und Delikatesse, sie stärkt den Ängstlichen den Rücken, erteilt den Ungehobelten eine Abfuhr, sammelt nachts um zwei die Flüchtigen auf der Polizeiwache ein. Ich nehme sie spontan in die Reihen der Heiligen auf, die ich oben beschrieben habe. Die Heiligkeit ist in einem Altersheim umso bewundernswerter, als hier die Geschichten per Definition immer schlecht ausgehen. Réjane hat nicht die Befriedigung eines Lehrers, der die Fortschritte seiner Schüler beobachtet, oder eines Arztes, der seine Kranken heilt. Sie beerdigt regelmäßig ihre ehemaligen Pensionäre.

»Die nächste Station für sie ist das Pflegeheim. Und dann, na ja.«

»Gibt es keine Alternative?«

Warum habe ich diese absurde Frage gestellt? Weil man sich immer an eine unwahrscheinliche Hoffnung klammern will. Wenn es nur einen gäbe, nur einen, der dem Pflegeheim entwischen könnte, wäre das nicht genug, um all die Mühen Réjanes zu rechtfertigen?

»Was für eine Alternative?«

»Ich weiß nicht. Die Unsterblichkeit?«

»Es ist unvermeidbar, dass der Körper irgendwann zerfällt.«

»Ja, zwangsläufig.«

»Wenn ihre Kinder sie hier zurückgelassen haben, als sie fit waren, dann werden sie sie nicht in ihre Wohnung aufnehmen, wenn sie krank sind.«

»In der Tat.«

Réjane gibt sich keinen Illusionen hin, was Familien angeht. Alle verpflichten sich, Hand aufs Herz, zu Besuch zu kommen. Wenige tun es.

»Die einzige Alternative wäre, hier zu sterben«, überlegt Réjane. »Aber das ist selten.«

Mit anderen Worten: Es gilt, auf Schlaganfall oder Herzstillstand zu hoffen.

»Ich bin selbst nahe am Rentenalter«, fährt Réjane fort. »Was danach kommt, da kenne ich die Abläufe.«

Ich würde so gerne eine Lösung vorschlagen, sei es nur aus Höflichkeit. Sagen, »komm, komm –«. Aber »komm« wohin? Es gibt nur einen Weg, und den kennt Réjane besser als irgendjemand sonst. Ich bin sprachlos. Ich erinnere mich, wie ich als Jugendlicher meinen Großvater in seinem Altersheim in Évreux besucht habe. Ich fand es so erniedrigend zu sehen, wie er von den Krankenschwestern bemuttert wurde, wo ich ihn doch als Autorität und Souverän in seinem kleinen Königreich aus Jagd und Fleisch mit Soße kannte. Ich bin auf den Balkon seines Zimmers hinausgegangen, um etwas Luft zu schnappen. Seine Nachbarin fing von ihrem Balkon aus ein Gespräch mit mir an. Sie trug einen Nylonmorgenmantel, rauchte eine Kippe und sprach mit der spöttischen Stimme einer Frau, die gelebt hat. »Werden Sie niemals alt, Monsieur«, das war ihre Empfehlung gewesen. Ich fürchte, dass ich sie enttäuschen muss.

Ich bin von dem Gedanken durchdrungen, sterblich zu sein, und folge darin den Empfehlungen Montaignes, der beständig daran dachte und »immer gestiefelt und bereit aufzubrechen« (*Essais*, I,20) war. Aber die Unvermeidbarkeit des Verfalls ist eine andere Geschichte. Mir bleibt noch etwas Zeit, auch wenn Montaigne schätzte, dass man sich nach vierzig Jahren daranmacht, »die Wege des Alters« (*Essais*, II,17) einzuschlagen. Gleichwohl bin ich mir der größten Bedrohung bewusst: der Fortschritt der Medizin, der es uns verweigert, in ordentlichem Zustand aufzubrechen, und unser Altern sadistisch verlängert. Montaigne teilte diese Furcht. Der dritte Band der *Essais*, der einige Jahre vor seinem Tod erschien, bietet uns intime Einblicke von eiskalter Klarsichtigkeit über die Verwüstungen des Alters. Der Stoizismus gegenüber dem Tod, von dem Montaigne im reifen Alter Zeugnis abgelegt hatte, macht einer melancholischen Resignation Platz. Seine Begierden beschämen ihn, sein Geist wird zäher, seine Seele verbittert, sein Körper »stürzt in Verfall« (*Essais*, III,5). Da ist er also, gelähmt von Schmerzen und unfähig, das Leben zu genießen, wie er es sich selbst zur Regel gemacht hatte. Er findet keinen Charme in seiner Impotenz und keine Weisheit in seiner Altersschwäche. »Es wäre schön, alt zu sein, wenn wir immer auf unsere

Verbesserung zugehen würden. Aber es ist eine trunkene Bewegung, taumelnd, schwindelnd, unförmig« (*Essais*, III,9). Montaigne im Pflegeheim.

Die eleganteste Methode, dieser »trunkenen Bewegung« zu entkommen, im Grunde die einzige, besteht darin, ihr zuvorzukommen. Als guter Leser Senecas empfiehlt Montaigne lebhaft den Freitod. »Das größte Geschenk, das die Natur uns gemacht hat, und das uns jedes Mittel benimmt, um unseren Zustand zu beklagen, besteht darin, dass sie uns den Schlüssel geben hat, um uns aus dem Staub zu machen« (*Essais*, II,3). Dieser Jugendenthusiasmus scheint der Zeit nicht standgehalten zu haben. Montaigne wird seine Tage nach langer Agonie in christlicher Weise beschließen, vermutlich starb er an einem Kehlkopfödem. Ich bezweifle, dass viele von uns den Mut hätten, diese letzte kleine Minute abzulehnen, eine Minute nur, nur eine noch, bitte; eine Minute, um zu fühlen, zu denken, zu lieben. Den Entschlosseneren zuliebe sollte es für das französische Gesetz aber endlich an der Zeit sein, die letzten theologischen Kostümierungen abzuwerfen und die Sterbehilfe zu legalisieren, am besten zu Hause, in der Bequemlichkeit und Behaglichkeit des eigenen Bettes. Damit man daheim bei sich sein kann, wen man sich selbst verlässt.

*

Lassen wir die Gestade des Todes zurück, um nur einige Hundert Meter von der Residenz Terfaux entfernt in das dichteste, turbulenteste, unkontrollierbarste Leben einzutauchen, die Stadtviertel von Meaux. Eingekeilt zwischen dem Kanal des Ourcq und dem Industriegebiet, galt »Beauval« noch vor einigen Jahren als eine heiße Banlieue. Der Innenminister Nicolas Sarkozy ordnete sie in die Klasse der »rechtsfreien Zonen« ein.

Der Ruf des Ortes hat sich seither gebessert. Nichtsdestotrotz bleibt Beauval ein Viertel aus betonierten Sozialbauten, und es finden sich, eine Stunde von Paris entfernt, alle klassischen Probleme der Großstadt: Armut, Arbeitslosigkeit, Kriminalität, Integrationsschwierigkeiten.

Es ist ein Glückstreffer, dass Beauval gerade gegenüber dem Reitzentrum von Meaux gelegen ist, wo Desti logiert. Ich plane also einen halben Tag dafür ein, spazieren zu reiten und zu testen, wie ich empfangen werde, und um eine Facette Frankreichs zu entdecken, die ich nur durch den Filter der Medien kenne. Die Bedingungen sind ideal: Der Wetterbericht hat eine Hitzewarnung ausgegeben, und das Opferfest ist in vollem Gange. Von den Ställen aus kann ich etwas weiter unten die Menschenmenge sehen, die auf einem Fußballfeld, das die Stadtverwaltung zur Verfügung gestellt hat, am Gebet teilnimmt. Sie tragen traditionelle Kleider: Dschellabas für die Männer, Schleier für die Frauen. Als ich aufsteige, ist die Zeremonie zu Ende, und Tausende von Gläubigen strömen in die Wohnviertel zurück, ein langer Strom von Faltenwürfen. Auch wenn ich ein überzeugter Atheist und Feind aller Monotheismen bin, so besitzt der Glaube in meinen Augen doch diese eine Tugend, dass er den Geist dem herrschenden Materialismus entreißt. Beten ist doch besser, als in Einkaufszentren herumzustreunen, oder? Einige Tage später werde ich mit der gleichen mehrdeutigen Faszination einer Abendmesse in Notre-Dame de Jouarre beiwohnen, die von einigen Nonnen in langen weißen Schleiern gesungen wird, vor einem deutlich spärlicheren Publikum. Montaigne selbst schimpfte zwar auf die »pöbelhafte Betrügerei der Religionen« (*Essais*, 1,23), fügte sich aber doch gerne katholischen Gebräuchen und Sitten und streifte auf seiner Reise durch Italien sogar hin und wieder die Frömmigkeit.

Auf Destis Rücken überquere ich den Kanal und komme nach Beauval hinein. Wir schlüpfen in den bedrohlichen Schatten des letzten Hochhauses im Kiez, an dessen Fuß einige Ehrenamtliche vom Secours populaire damit beschäftigt sind, Nahrungsmittel an die Mittellosesten zu verteilen. Sie feiern Desti, und sie staubt dabei einige Karotten ab. Dann kommen wir auf einen Platz hinaus, auf dem sich sichtlich ein Gutteil des gesellschaftlichen Lebens in Beauval abspielt. Wir werden sofort von Kindern bestürmt. Ich steige ab, lasse einige von ihnen auf Destis Rücken Platz nehmen und drücke mir selbst den Daumen, dass sie nicht plötzlich Lust bekommt herumzutollen, auch weil der Kinderschwarm immer drängelnder und lärmender wird. Aber Desti bleibt völlig gleichmütig, und die Eltern, Cousins und Kumpel kommen auch alle an die Reihe. Ich erzähle meine Geschichte, wie immer, die älteren Damen kommen, um Desti zu liebkosen, wie immer, und man wünscht mir viel Glück, wie immer. Die Kinder erscheinen mir weniger schüchtern, lebhafter, *street smart,* wie die Engländer sagen: Überlebenskünstler, die es gewohnt sind, sich durchsetzen zu müssen. Sie stellen mir immer wieder die gleichen zwei Fragen:

»Was kostet so ein Pferd?«

Weniger als ein Auto, mehr als ein Fahrrad. Ich lege mich trotz insistierender Nachfragen nicht fest. Ganz offensichtlich ist Geld hier kein Tabu.

»Lässt die Polizei Sie durch?«

Werde ich zugeben, dass das Pferd durch seine Fähigkeit, zwischen den Paragraphen durchzuschlüpfen, ganz genau das richtige Mittel ist, um Kontrollen zu entgehen? Vielleicht nicht. Schließlich wäre die Reaktion der Ordnungskräfte ihnen gegenüber auch nicht die gleiche. Vor einigen Jahren ist ein junger Rapper aus Montreuil namens Gamart in aller Munde gewesen, weil er auf seinem Pferd, Castro, spazieren geritten ist – in der Trainingshose und mit Motorradhelm. Es hat nicht lange gedauert, und die Polizei hat ihn festgenommen, wegen Tierquälerei und unter dem Vorwand, er hätte das Pferd alleine auf einem Platz stehen lassen. Können denn Rapper nicht auch die Freuden des Reitens genießen? Hat Desti nicht schon Schlimmeres gesehen? Es ist eine Tatsache, dass ich nicht die gleiche Hautfarbe wie Gamart habe. Ich bin kein fanatischer Anhänger dekolonialistischer Thesen über strukturellen Rassismus, aber ich muss feststellen, dass Gaspard und Gamart nicht gleich behandelt werden, wenn sie zu Pferde die Banlieues durchschweifen.

Inzwischen sind wir im neuralgischen Zentrum von Beauval angekommen: La Verrière, wo die Geschäfte und die Cafés sind. Desti schlittert über die Bodenplatten, aber macht bedächtig ihren Weg durch das immer dichtere Gedränge. Ich halte vor einer Terrasse an, wo eine Gruppe junger Männer an einem Tisch sitzt und sich laut unterhält. Desti macht mir meine Vorstellung nicht leichter, sie lässt einen duftenden Pferdeapfel fallen. Ausrufe, Protest. Vergeblich versuche ich, sie vom hohen Düngewert meiner Gaben zu überzeugen (übrigens ausgezeichnet zum Hanfanbau geeignet). Einer will aufsitzen. »Ich kann das.« Das bezweifle ich nicht, wirklich nicht. Aber ich sage ihm erst mal nicht, dass er mit seiner Dschellaba im Damensitz reiten müsste. Ich habe das Gefühl, dass Scherze über sexuelle Identität nicht willkommen wären. Er insistiert, ich lehne ab. Eine leichte Spannung, die im Strudel der Fragen und Witzeleien schnell vergessen ist. Ein anderer kommt und drückt mir für ein Photo sein Neugeborenes in den Arm. Das Baby beschwert sich, ich muss mich richtig konzentrieren, es nicht fallen zu lassen. Man plaudert eine Weile. Ein wenig demagogisch rühme ich die arabischen Ursprünge der spanischen Pferde. Allgemeine Zustimmung. Nach anfänglichem Zögern beginnt sich der Wind, für uns zu drehen. Als wir aufbrechen, höre ich: »Gott beschütze euch!« Das lief gut.

Ich hüte mich wohl davor, das erfolgreiche Experiment von Beauval zu verallgemeinern. Aber trotzdem nehme ich davon mit, dass die Banlieue ein Ort des intensiven Lebens sein kann. Man trifft sich ständig draußen, die Kindern spielen auf den Straßen, die Cafés sind übervoll. Die sozialen Beziehungen gleichen dort gewiss denjenigen der Städtchen von einst, mit einer kleinen Fußgängerzone statt des zentralen Platzes und dem Gebet zum Opferfest anstelle der Sonntagsmesse. Man lebt dort noch gemeinschaftlich, in einem Netz aus Solidarität, aus erweiterten Familien und strengen sozialen Regeln. Aller Schwierigkeit, Kriminalität und Armut zum Trotz ist man dort dem modernen Individualismus fern. Emmanuel Macron hatte sicherlich recht, die verbindliche »Zuweisung eines Wohnorts« in den Banlieues zu beklagen. Aber man darf auch die Verbundenheit zum Wohnort nicht unterschätzen.

Unter der Ägide des sehr populären Bürgermeisters von Meaux, Jean-François Copé, ist Beauval zum Gegenstand einer aktiven fortschrittlichen Politik geworden, die nach und nach die Wohntürme abreißt und sie durch Häuser von menschlichem Maßstab ersetzt. Der zuständige Stadtplaner überzeugt mich unschwer davon, dass die Entwicklung kleiner Geschäfte (eine Auflage für die Bauträger) und das Zurück zur Straße (anstelle des Blocksystems) dazu geführt haben, die zwischenmenschlichen Beziehungen zu verbessern. Auch wenn ich nur die Version der momentanen Stadtverwaltung höre, bin ich doch geneigt zu glauben, dass diese städtebauliche Transformation große Teile der zurückgegangenen Kriminalität erklären kann. Fast ein Jahrhundert nach dem Delirium Le Corbusiers und der vertikalen Städte kehrt man wieder zum Dorf zurück. Alle Diskussionen über Rechtwinkligkeit und Funktionalismus, um die althergebrachte Grundeinheit des Lebens in Gesellschaft wieder zu entdecken. Montaigne hat recht gehabt, »diesen großartigen und langwierigen Streitigkeiten über die bessere Gesellschaftsform« zu misstrauen und ihnen unsere Welt vorzuziehen, die »bereits von gewissen Gebräuchen gebunden und geformt ist« (Essais, III,9). Mit welchem Elend haben wir die Utopien bezahlt?

*

Als ich mich der Picardie nähere, überkommt mich eine plötzliche Erinnerung. Manche assoziieren ihre jungen Jahre mit dem Duft von Lavendel, dem Parfum ihrer Mama oder dem Geschmack einer Madeleine. Für mich ist es der stechende und zuckrige Geruch von Rübenschnitzel. Bis zum Teenageralter habe ich sämtliche Wochenenden und Ferien in Marizy-Sainte-Geneviève, einem kleinen Dorf in der Picardie, verbracht, wo meine Mutter verschiedenen gärtnerischen Experimenten frönte. An Marizy gibt es nichts hervorzuheben, außer vielleicht eine romanische Kirche, einen Friedhof, dessen Grabsteine ich als Kind auswendig kannte, und jenes hellbraune Bächlein, Reste der Zuckerrübenkultur, das jeden Sommer durch die Rinnsteine der Hauptstraße floss. Mehrere Wochen lang war das Dorf gänzlich eingestunken. Der Geruch drang bis in die Häuser ein und setzte sich in den Maschen unserer Kleider fest. Man kam nicht dagegen an: Die Zuckerrübe ist das Gold der Picardie. Geblieben ist mir, neben wunderbaren Kindheitserinnerungen an das freie Herumrennen in der Gegend, eine tiefe Abneigung gegen die Rübe, deren Anblick mir unerträglich ist, sei es auf einem Gemälde, sei es auf einem Teller.

Und plötzlich, in der Tiefe eines Tals, ein paar Hundert Meter von einem allein stehenden Bauernhof, taucht brutal dieser

Duft wieder auf. Ich schaue auf die Karte. Tatsächlich befinde ich mich gut zwanzig Kilometer südlich dieser mir so vertrauten Ortschaften, die ich aber seit mindestens fünfzehn Jahren nicht mehr besucht habe: La-Ferté-Milon, oder kurz »Milon«, wie die Leute sagten, wo ich meinen Vater vom Zug aus Paris abholte (glückliche Zeiten, als man Gleise noch auf ein paar Holzbohlen überqueren durfte!), Neuilly-Saint-Front, wo wir zum Einkaufen hinfuhren, Villers-Cotterêts mit seinem Markt und seinen Bastelgeschäften, Dampleux, wo ich Reitunterricht unter der Zuchtrute eines altmodischen Lehrmeisters hatte, und sogar, in ganz kleinen Buchstaben auf meinem Tablet, Marizy-Sainte-Geneviève und deren historischer Rivale Marizy-Saint-Mard. Ich hätte mir niemals träumen lassen, dass sich diese Namen, die für mich mit einer so intimen Geschichte aufgeladen sind, je auf einer anonymen Karte finden lassen. Mit welchem Recht hat sich das IGN Zutritt zu meinem Unterbewussten verschafft?

Seither habe ich auch gelernt, dass Racine in La Ferté-Milon geboren wurde und Alexandre Dumas in Villers-Cotterêts. Aber was sind diese großen Männer gegen meine Erinnerungen? Wenn ich auch unter der Woche in Paris lebte, so fand meine Kindheit doch in der Picardie statt. Wenn ich die Augen schließe und mein Gehirn beauftrage, ein paar glückliche Bilder zu finden, erscheint Marizy. Dort habe ich gelernt, rechts und links zu unterscheiden: Rechts ist die Weide mit den Kühen, links der Bach. Dort habe ich meinen »Winkel im Garten« bepflanzt, mit einem Rosenstrauch und einer Fuchsie, die mir die alte Nachbarin, die sozusagen ein Omaersatz war, geschenkt hat. Dort habe ich meine Laufbahn als Leser begonnen, als ich auf eine Leiter stieg, um an die dicken Bände der Collection Bouquins zu gelangen. Dorthin habe ich meine Schulfreunde und dann meine ersten Freundinnen eingeladen. Dort habe ich mich auf

Aufnahmeprüfungen vorbereitet, in den letzten Jahren, bevor das Internet allgemein in Gebrauch kam. Spiele, Liebschaften, Studien. Man langweilt sich nicht in Marizy.

Das bedeutet, dass ich nicht mehr zurückkehren werde. Ich will mir diese so süßen Erinnerungen nicht verderben, indem ich sie mit der Realität konfrontiere, die zwangsläufig brutal und enttäuschend ist. In vollen Zügen den Geruch von Rübenschnitzel einzuatmen, genügt mir. Da bin ich also zur Eroberung des »europäischen Humanismus« aufgebrochen und stürze mich nun in selbstverliebte Nostalgie. Aber ähnelt das nicht auch dem Vorhaben Montaignes, der am Beginn unserer Moderne steht, indem er zum ersten Mal in der Geschichte des Schreibens eine umfassende Übung in Selbstbetrachtung vorlegt? »Jeder schaut aus sich heraus«, schreibt Montaigne über seine Methode, »ich aber in mich hinein; ich befasse mich nur mit mir selbst, ich wäge mich ohne Unterlass, ich zügle mich, ich schmecke an mir« (*Essais*, II,17). Durch dieses so detaillierte, so einzigartige, manchmal so mittelmäßige Ich hindurch offenbart sich unsere Menschlichkeit für alle. Das ist der Übergang zwischen Solipsismus und Humanismus. Wer hätte kein Marizy versteckt in seinem Gedächtnis?

XI Champagne

▪ ▪ ▪

Weinreben überall – Hindernisse aus Paris – Ökos und Landwirte – Bei kleinen Champagnerwinzern – Die grünen Wege – Fahrradfahrer – Ausrottung des Schattens – Der Pitch des Start-up-Unternehmers

▪ ▪ ▪

Ich komme im starken Trab aus dem Wald von Gillayottes heraus. Überraschung! Soweit das Auge reicht, erstrecken sich Weinberge über die Hügel, die zur Marne abfallen. Sie liegen rund um die Dörfer, Nanteuil-sur-Marne, Crouttes-sur-Marne, und bedecken noch das kleinste verfügbare Stück Land. Ich hätte diese lustigen grünen Punkte auf meiner Karte bemerken sollen, unterbrochen von den Höhenlinien der Hänge, die der Weinbauer so schätzt. In dieser Jahreszeit hängen die Trauben schon schwer an den Reben, und die leuchten in einem lebhaften, klaren Grün, das sowohl mit dem gelben, von der Trockenheit verbrannten Gras kontrastiert als auch mit der seltsam unklaren Farbe der Marne, eher einer Zahnpasta ähnlich als einem Wasserlauf. Während man die Dörfer durchquert, ist es unmöglich, nicht von einer gewissen Fröhlichkeit ergriffen zu werden. Das Wort »Champagne« steht überall, die lokale Gottheit, die ein Achtung gebietendes Heidentum heraufbeschwört. Die Fassaden selbst scheinen zu atmen. Wir haben den schwermütigen Granit verlassen und betreten nun das Reich der

Kreide, licht, brüchig und leicht. Oder wie Montaigne bemerkte, »gemeinhin sind die Häuser in diesem Landstrich aus Kreide, die in kleine rechteckige Quader geschnitten ist, je in etwa einen halben Fuß lang« (*Reisetagebuch*, Châlons). Vier Jahrhunderte später wird der Reisende von derselben fröhlichen Materie empfangen.

Kaum bin ich um die Ecke am Ende der Straße gebogen, sind da sofort wieder Weinberge, wie auf einem Küstenweg, auf dem sich immer wieder der Anblick des Ozeans bietet. Wieso kommt mir der Weinbau so erhaben vor und flößt mir eine Empfindung aus Bewunderung und Furcht ein, die mich aus meinen Routinen reißt? Wegen dieses monochromen, scheinbar unbegrenzten Teppichs, der in der Sonne funkelt. Wegen dieser disziplinierten Gradlinigkeit, einer Befriedigung des Ordnungsdenkens. Aber vor allem aus einer Verheißung: Jugend, Trunkenheit, Reichtum. Mit der Weinrebe vermenschlicht die Landschaft. Man glaubt, die Flaschen schon über den Verästelungen schweben zu sehen.

Die folgenden Tage zerstören geschwind diese Illusionen. Für einen Reiter ist die Champagne alles andere als ein Schlaraffenland. Ein Weinberg ist für die Augen so angenehm, wie er für Hufe problematisch ist. Eine Affenhitze hat sich über das Land gelegt, die erste Hitzewelle dieses Jahres mit Rekordtemperaturen, und wir quälen uns an mäßigen, aber häufigen Steigungen ab. Die Weinreben sind zu niedrig, um Schatten zu bieten, alle übrigen Pflanzen zu gut bekämpft, als dass Desti Nahrung fände, und die Weinberge zu gut eingefriedet, um Abkürzungen zu erlauben. Die Wege, die sie durchkreuzen, sind oftmals asphaltiert, damit die Landwirtschaftsmaschinen einfacher durch den winterlichen Matsch kommen. Anstatt zwischen reifen Weintrauben herumzutänzeln, arbeiten wir uns mit schweren, hallenden Schritten voran und halten nach jedem kleinen

Baum Ausschau, um Pause zu machen. Eines Mittags, während eines Picknicks im Schutze eines Gehölzes, betrachte ich den Weinberg, der steil vor uns aufsteigt, und frage mich, wie zum Teufel wir hier wieder wegkommen. Ich habe eine Wand aus grüner Sonne vor mir.

*

Aber auch die Wege hier sind keine Erholung. Auf dem GR 14, der die Aisne kreuzt, werde ich dauernd zum Halten gezwungen. Ich habe mich an Holzbarrieren gewöhnt, die den Zugang für Autos und Motorräder sperren sollen. Sie sind für gewöhnlich leicht zu umgehen oder zu öffnen (wenn man ein wenig nachhilft). Aber zwischen La Ferté-sous-Jouarre und Dormans stehe ich plötzlich einem Feind gegenüber, der zwar unsichtbar ist, aber noch sehr viel entschlossener. Eisenstangen versperren mir den Durchgang, an Mauern verschraubt, auf Betonstempen fixiert, zuweilen sogar mit quer laufenden Bindern verstärkt. Zweifellos: Hier mag man keine Reiter und stigmatisiert sie durch die Abbildung in einem roten Kreis, als würde es sich um vulgäre Kraftfahrzeuge handeln. Ich finde mich im Feindesland und bin oft gezwungen umzukehren. So widrig es ist, eine klapperige Brücke nicht benutzen zu können, so erniedrigend erscheinen mir zudem diese gestellten Fallen. Wer versteckt sich da in den Bäumen, um höhnisch über die Verzweiflung des Kavaliers zu lachen?

Man liefert mir eine Erklärung, die ich mangels Alternativen glaube. Diese unsichtbaren Feinde sind die Ökos.

Ich komme für eine Nacht in einem riesengroßen Bauernhof unter, der zur Hälfte in trendige Lofts umgebaut worden ist, zur andren Hälfte abbruchreif. Der Hof ist von Pflanzen überwuchert, und die Hunde bellen schon von Weitem. Ein Handwerker ist träge dabei, das Tor zu reparieren. Er gleicht Moses mit seinem wettergegerbten Teint und seinem langen grauen und lockigen Bart. Tatsächlich ist sein Vorname Ramses. Wir bleiben also in der ägyptischen Tonart. Mein Gastgeber seinerseits trägt den traditionelleren Namen Jean-Jacques, kurz Jéjé. Ich finde ihn fluchend auf seinem Traktor und sage mir, dass das Bauernleben an einem so isolierten Ort hart sein muss. Tatsächlich aber ist Jéjé der Chief Information Security Officer (der Verantwortliche für die Informationssicherheit) der Staatslotterie. Man darf dem äußeren Anschein nicht trauen, zweiter Teil.

Jéjé ist ein urwüchsiger Algerienfranzose aus Oran, und er erzählt mir bei einem Teller Bolognese alle möglichen Geschichten von der Staatslotterie, bei der die digitalen Systeme natürlich einen strategisch wichtigen Platz einnehmen. Ich habe geschworen, nicht zu enthüllen, wie der wirkliche Gewinner der Euromillion ausfindig gemacht wurde, nachdem ihn der Kioskbesitzer, der ihm das glückliche Los verkaufte, übers Ohr gehauen hatte. Alles, was ich durchblicken lassen kann, ist, dass die Ermittlungen eines Hercule Poirot würdig waren.

Alles das erklärt aber nicht, warum der GR 14 voller Hindernisse ist. Jéjé kennt das Problem gut. Als Pferdeliebhaber hat er vor gut zwanzig Jahren den alten Bauernhof von Jean de La Fontaine gekauft und ihn zum Teil zu Stallungen umgebaut. Gelehrte Besucher, wie Erik Orsenna, schwelgen in Anekdoten über die Ausschweifungen des illustren Moralisten (im großen Brotofen, so die Legende). Aber die Besucher, die hier ein Pferd unterbringen wollen, müssen eine deutlich traurigere Fabel erzählen und können offizielle Schreiben als Beweis vorlegen. Der GR 14 schlängelt sich oberhalb des Aquädukts der Dhuis dahin, das Paris (und Disneyland) mit Trinkwasser versorgt. Die Ökos im Conseil de Paris haben, als sie Anfang der Zweitausender-

Jahre an die Macht kamen, den Durchgang von Pferden verboten, weil Pferdeäpfel das Wasser von Paris »verunreinigen« könnten. Als ob Nitrat keine natürliche Substanz wäre; als ob die Erde es nicht wiederaufnehmen würde, um sich zu regenerieren; als ob das Aquädukt nicht durch ein Gewölbe aus Stein geschützt wäre; als ob ein paar Dutzend Pferde unsere empfindlichen Bürger vergiften könnten. Aus politischem Opportunismus haben die Ökos mitten in der Natur Ketten aufgespannt und treiben so die Reiter auf die Landstraße. In Ermangelung gangbarer Wege musste Jéjé seinen Beruf und seine Leidenschaft aufgeben, Wanderreitausflüge zu organisieren. Die Moral von der Geschicht, entlehnt aus der Fabel über die zwei Ochsen und den Frosch:

»Ach! So war zu jeder Zeit
der Reichen Dummheit der Armen Leid.«

Der GR 14 ist das perfekte Beispiel für eine politische Ökologie, die von Paris aus Normen und Verbote einfordert und verhängt, die mit der Realität vor Ort nicht kompatibel sind. Auf der ganzen Länge meiner Reise musste ich immer wieder dieses Problem feststellen. Wenn ich ein paar regionale Flüche lernen wollte, dann musste ich nur fragen: »Und was denkt ihr von den Ökos?« Offenbar liebt sie niemand außerhalb der hippen Innenstädte, wo man glaubt, Fahrradwege genügten, um den Planeten zu retten. Die Landwirte im Besonderen ärgern sich darüber, der oft genug schlecht informierten bzw. desinformierten öffentlichen Meinung zum Fraß vorgeworfen zu werden. Die vielen unterschiedlichen Umweltschutzlabels werden als eine kostspielige und wenig vertrauenswürdige Abzocke angesehen. Die Ökos sind auf dem Land nicht sonderlich beliebt.

Aber kein einziger meiner ländlichen Gesprächspartner hat mir gegenüber die konventionelle Landwirtschaft mit ihrer Chemie- und Ertragsbesessenheit verteidigt. Selbst die Getreidebauern in der Beauce kommen ins Grübeln, wenn sie ein biologisch bewirtschaftetes Feld sehen, das zwar weniger trägt, aber sich zuverlässiger rentiert. Sie wissen, dass die intensive Landwirtschaft den Ast abgesägt hat, auf dem alle sitzen: den Boden, der zu einem bloßen Düngemittelträger geworden ist. Viele Bauern suchen zögerlich nach vernünftigeren Modellen, um aus der Spirale der Mechanisierung und Verschuldung zu entkommen. Sie fragen sich, ob die Zukunft nicht vielmehr eine Zergliederung des ländlichen Raumes sehen wird, um wieder zu Betrieben in menschlichem Maßstab zu kommen, zugleich hochtechnologisiert, begierig auf Arbeitskräfte und ökologisch nachhaltig. Es geht nicht darum, einen Schritt zurück zu machen, sondern darum, die Ära der industriellen Landwirtschaft dialektisch zu überwinden und den technischen wie wissenschaftlichen Fortschritt in den Dienst von Produktionsweisen zu stellen, die gegenüber den Ökosystemen Respekt zeigen. Mit einer Fülle von Diskussionen, Experimenten und Innovationen ist vor unseren Augen eine zweite agrarische Revolution im Gange, die von einer neuen Generation Bauern getragen wird. Man muss sie ermutigen, anstatt sie zu überwachen. Die erheblichen Kosten einer Umstellung auf Bio sind bekannt. Der Staat würde gut daran tun, sie zu unterstützen, anstatt weiterhin, wie er es seit Jahrzehnten tut, die Agrarsubventionen nach der Größe des Betriebs festzulegen, was de facto der Konzentration den Vorzug gibt. Die Briten haben einen solchen Strategiewechsel ins Werk gesetzt, indem sie aus der EU und also aus der Gemeinsamen Agrarpolitik ausgestiegen sind. Paradoxerweise würde Europa guttun, sich davon inspirieren zu lassen.

*

Von den Einwohnern der Champagne beherbergt zu werden hat den unbestreitbaren Vorzug, dass sie oft genug Weinbauern sind und jedes Abendessen eine festliche Stimmung an sich hat. Beim ersten wurde Desti auf eine Wiese am anderen Ende des Dorfes eingeladen (Champagne Couvent Fils); beim zweiten in eine improvisierte Abzäunung zwischen zwei Bäumen (Champagne Bauchet); beim dritten in eine komfortable Box in einer Stallung für Kutschpferde (Champagne Jean-Pierre Bouché). Ich für meinen Teil wurde für gewöhnlich in den Schlafsälen der Erntehelfer untergebracht, die in dieser Jahreszeit leer sind; allein in meinem Schlafsack konnte ich mir die abendlichen Bacchanale der Erntezeit nur zusammenphantasieren. Ich entdecke ein Universum, das mir bisher unbekannt war: die kleinen Champagnerhersteller, mehr als dreitausend Häuser, die über nur einige Hektar bzw. einige Dutzend Ar Weinreben gebieten.

Einige Wagemutige, die man »récoltants-manipulants« nennt, garantieren, dass die Gesamtheit der Produktion aus einer Hand kommt, vom Zuschnitt der Reben bis zur Verkorkung. Ich erfahre, dass ein Pärchen im Alleingang, mit etwas Hilfe von vielleicht ein oder zwei Saisonarbeitern, eine Champagnermarke tragen kann. So zum Beispiel bei Couvent Fils. Der Gärtank steht gegenüber dem Familienhaus, und der Wasserschlauch, der zu seiner Reinigung dient, wird zur Dusche für Desti. Meine Gastgeber produzieren im Alleingang jedes Jahr mehrere Zehntausend Flaschen, der Geschmack ist entschieden einzigartig. Man kann sich vorstellen, dass ihr Tagesablauf sehr geschäftig und ihr Budget schmal ist und dass sie die volle Breitseite der Reglementierung abbekommen. Gérard kommt von einem Tag verpflichtender Fortbildung zurück, und seine Schlussfolgerung lautet: »Lasst uns werkeln.« Ja, lasst ihn werkeln, denn dieser Champagner in einer Flasche ohne Etikett (der höchste Luxus) ist die beste Belohnung nach einem in der

Gluthitze durchwanderten Tag. Ich finde ihn erfrischend. Der *Guide Hachette* wird etwas genauer: »Rosige Farbe mit orangefarbenen Reflexen, Nase zwischen Walderdbeeren und Zitronenkonfit, vollmundig, frisch und rhombenförmig.« Das übergebe ich dem Urteil des önologischen Lesers.

Die meisten anderen kleinen Winzer sind weniger pflichteifrig. Sie liefern die Trauben ab, und die großen Häuser schicken ein entsprechendes Kontingent Flaschen zurück, mit dem jeweiligen Standardgeschmack. Anders als Wein ist Champagner eine Mischung (verschiedener Parzellen und verschiedener Jahrgänge). Die ganze Kunst der prestigeträchtigen Exporteure besteht darin, den Chinesen und Amerikanern Flaschen zu liefern, die immer gleich schmecken. Mir wird bewusst, dass der Champagner im Grunde genommen ein weniger raffiniertes Getränk ist als stille Weine. Er ist nicht an ein bestimmtes Terroir geknüpft. Die perlenden Bläschen werden ganz simpel durch eine zweite Gärung erzeugt. Warum und wie sind sie zu einem Symbol von Luxus und Festlichkeit geworden? Montaigne kann mir bei diesem Thema nicht helfen: Er durchquert die Champagne, bevor Dom Pérignon das Herstellungsverfahren entwickelt hatte.

Ob illusorisch oder nicht, die Preise für Champagner sind exorbitant, und man kämpft um die kleinste Parzelle, die die Appellation d'Origine Contrôlée vorweisen kann. Die Erbschaften werden bis auf den einzelnen Weinstock genau geteilt und schüren so Ressentiments, deren ganze Gewalt sich mir eines Abends erschloss, als ich gerade ein wunderbares Hühnchen à la champenoise verspeiste. Der grüne Teppich aus Weinberg, der mich bei meiner Ankunft in Crouttes-sur-Marne so sehr bezaubert hat, ist ein einziges Flickwerk aus Parzellen, nur das geübte Auge sieht all die schreckenerregenden Grenzen.

*

Eine junge Frau, die in der Umgebung arbeitet, begleitet mich für ein paar Stunden auf meinem Weg. Sie bringt mir Knabbereien aus Épernay mit und mein Lieblingsgetränk: nicht Champagner, sondern Lapsang Souchong, ein Rauchtee, von dem man sofort einen klaren Kopf bekommt. Ich bezweifle, dass Montaigne so angenehme Überraschungen begegnet sind. Als Archäologin, die auf Tourismus umgeschult hat, kennt sie die Region auswendig, ihre sichtbaren wie ihre vergrabenen Schätze. Sie führt mich durch die Toponymie meiner Landkarte und haucht so dem Gedächtnis der Orts- und Gewässernamen neues Leben ein. Sie erwähnt ein Buch von Jean-Paul Kauffmann, der zur Rehabilitierung dieses vor allem für seine Schlachten und Schützengräben berühmten Landstrichs beigetragen hat: *Remonter la Marne*. Ich lade es sofort auf mein Tablet herunter.

Allerdings gibt es etwas, von dem meine Führerin und Kauffmann nichts zu wissen scheinen und das uns über mehrere Tage hinweg das Schlendern an den Ufern der Marne verdorben hat: die sogenannten *grünen Wege*. Zuerst habe ich die grünen Wege in der Gegend von Châlus entdeckt, wo ich mich über ihre Vorurteile gegen Pferde und deren vermeintliches Verbot hinwegsetzte. Nun sind sie wieder da und strecken sich, von Dormans bis Châlons-en-Champagne, über mehr als hundert Kilometer. Es ist an der Zeit, laut und deutlich Klage gegen sie zu erheben, bevor sie alle Winkel und Ecken dieser Gegend erobert haben.

Was ist ein grüner Weg? Eine Asphaltspur inmitten einer unter Schutz stehenden Natur, anders gesagt also die einzigen nicht-grünen Wege im Geflecht des ländlichen Wegenetzes. Wozu dient ein grüner Weg? Um spazieren zu gehen, wie man der Beschilderung entnehmen kann, wobei heimtückisch mitgemeint ist, dass all die anderen Wege nicht wirklich, nicht offiziell zum Spazierengehen gedacht sind. Nun bildet aber das Herumschlendern mit seinem bisschen Zufall, Laune und Umweg den eigentlichen Kern des Spazierengehens. »Ich rege mich nur, solange die Regung mir gefällt, und gehe spazieren, um spazieren zu gehen« (*Essais*, III,9), schreibt Montaigne. Ganz das Gegenteil gilt für die grünen Wege mit ihrem abgesteckten Verlauf, ihren Sitzgelegenheiten und Orientierungstafeln (selbst Notrufsäulen fehlen nicht). In den Augen eines Menschen, der spazieren geht, um spazieren zu gehen, ist der grüne Weg ein Nicht-Weg.

Schlussfolgerung: Der grüne Weg ist ein nicht-grüner Nicht-Weg, ein asphaltierter Widerspruch, ein kostspieliger Wahnwitz für Sonntagsflaneure.

Der grüne Weg entstammt nicht dem wilden Durcheinander schlechter bürokratischer Ideen. Hinter diesem Zerstörungswerk verbirgt sich ein heimtückischer und mächtiger Gegner: der Fahrradfahrer, das Ideal von Hunderttausenden, von Millionen Lobbyisten in Elastan. Der Fahrradfahrer, vor dem alle politischen Entscheidungsträger den Nacken beugen, hat einen Traum: schnell fahren, ohne sich anzustrengen. Es gibt zwar bereits ein Mittel, diese edle Ambition umzusetzen: das Auto. Aber nein, der Fahrradfahrer trägt noch einen weiteren Anspruch vor sich her. Er will so tun, als wäre er Teil des großen Kreislaufs der Natur. Für ihn kommt es nicht infrage, sich hinter einem knatternden Lkw wiederzufinden. Ebenso wenig, etwas langsamer auf einem Feldweg, einem Pfad aus Erde, zu fahren. Daher diese geniale Idee: der grüne Weg, eine völlig ebene Asphaltstrecke, auf der der Radfahrer mit 30 km/h dahinbrettern kann. Entsprechend finden sich Desti und ich permanent von diesen pfeifenden und klingelnden Mücken umgeben.

Die einzigen anderen Profiteure der grünen Wege sind die Voyeure. Die an den Ufern der Marne immer noch zahlreichen

Badegäste verlieren die Wäldchen und Winkel, die ihnen als Umkleidekabine dienen. Seit Neuestem findet man ihre Kleider am Rand des Asphalts verstreut. Ich komme an einem ganzen Haufen von Sandalen und Röcken vorbei: Etwa ein halbes Dutzend Engländerinnen ist ins Wasser gesprungen. Sie nutzen einen Ponton als Sprungbrett und kommen wieder heraus, fett und weiß.

»*Hey, cowboy!*«, ruft mir eine zu.

Es ist so heiß, dass ich versucht bin, mich zu ihnen zu gesellen.

Der grüne Weg wäre geradezu humoristisch, wenn er nicht auch schädlich wäre. Wo er ausgebaut wird, müssen die großen Bäume weichen, die den Charme der Treidelpfade ausmachen. Auf der Höhe von Plichancourt komme ich an einem Bataillon überlebender Bäume vorbei, die auf gut hundert Metern stehen geblieben sind. Alles, was man an einem Fluss erwartet, bieten sie mir in Fülle: Lichtspiele, Kühle, eine schützende Wölbung, ein bezauberndes Panorama. Grund genug, die langen Tage ohne Schatten zu betrauern.

Jenseits seiner Bestimmung im Dienste des Fahrrads drückt sich im grünen Weg eine betrübliche Leidenschaft der Moderne aus: die Ausrottung des Schattens, den die Antike so geschätzt hat. Seit unserem Aufbruch waren wir vorgewarnt. Am ersten Tag, im weißen Périgord, sind wir an einem Ort vorbeigekommen, der »Danse à l'ombre« hieß (wörtlich »Tanz im Schatten«: Anm. d. Übers.), verlockend, aber, ach, trügerisch, die Sonne brannte dort heftig. War der Ortsname ein Imperativ: Du sollst im Schatten tanzen? Oder die Erinnerung an ein gelungenes Fest? In jedem Falle ist es offensichtlich: Das Glück liegt im Schatten. Seither sind wir stets auf der Suche nach ihm. Ich bin bereit, einen Umweg zu machen, um einem Waldsaum zu folgen. Desti selbst, wenn ich die Zügel lang lasse, taucht instinktiv in die Schattenteiche ab, die sich am Fuß der Hecken auftun. Auf Straßen klebt sie an den Mauern, auf die Gefahr hin, mir das Bein zu zerschrammen. Auf der Weide flüchtet sie sich sofort unter die Bäume. Wir machen keine Mittagspause, bevor wir nicht einen pflanzlichen Sonnenschirm gefunden haben. Nirgends sonst erholt sich der Körper so gut von der Hitze, die Augen von dem blendenden Licht und auch der Geist vom Gedankenstau. Wir sind wider Willen auf der Suche nach dem *locus amoenus*, dem »lieblichen Ort«, einem Schlupfwinkel im Schatten, wie ihn die Autoren der Antike gepriesen haben.

Als begeisterter Liebhaber der lateinischen Literatur konnte Montaigne diesen Appetit auf Schatten nur teilen. In seinem *Reisetagebuch* macht er aus der »Beschattung« eine maßgebliche Qualität der durchquerten Landschaften. Er weiß auch, dass nicht alle Schatten gleich sind. Auf bestimmten Hügeln vermerkt er beispielsweise die Gegenwart von »allseits ausgesprochen schönen Schatten« (*Reisetagebuch*, Foligno). Was ist ein schöner Schatten? Ein Schatten, der mit dem Licht spielt, zögerlich, walzend, hinter sich selbst her. Ein von Laubbäumen geworfenes Schattenkonfetti, das unter dem leichtesten Lufthauch seine Gestalt verändert und phantastische Schwarz-Weiß-Filme auf Destis Rücken projiziert. Solche Schatten gibt es entlang der Waldwege und Pfade, die von einem Gewölbe aus Bäumen überspannt sind. Demgegenüber sollte man dem künstlich erzeugten Schatten misstrauisch gegenüberstehen, der in massigen Parallelogrammen von Hausmauern, Kiefernwäldern oder Lkw geworfen wird. Dieser Schatten ist schwarz, undurchsichtig, monolithisch, eisig. Man verweilt dort nur so lange, bis man Atem geschöpft hat.

Ausgelaugt von Landstraßen, betrogen von beidseits gerodeten Waldwegen, erledigt von den grünen Wegen, stellt sich mir zwangsläufig die Frage nach unserer zeitgenössischen

Manie, kaputt zu machen, auszulichten, zu klären. In einem Brief an seinen Premierminister Jacques Chaban-Delmas empörte sich Georges Pompidou bereits 1970 über die systematische Abholzung von Platanen. »Der Schutz der Bäume, die entlang der Straßen stehen«, schrieb er, »ist essenziell für die Schönheit unseres Landes, für die Bewahrung der Natur und für den Schutz einer menschlichen Umwelt.« Wenn Sie Unfälle vermeiden wollen, dann genügt es, langsamer zu fahren! Es ist nicht die Aufgabe der Umwelt, sich an das Auto anzupassen, sondern umgekehrt. Ich empfinde keinerlei Mitleid für Autofahrer. Die Klimaanlage bewahrt sie vor den Härten des Sommers, die voll aufgedrehte Musik macht sie taub für das Klackern der Hufe, das Navigationsgerät entfremdet sie völlig von der Außenwelt. Da wünscht man sich doch ein paar Platanen, um sie in die Wirklichkeit zurückzuholen, die sie mit solcher Gleichgültigkeit durchqueren. Pompidou war ein Technophiler und ein glühender Verfechter des Fortschritts, aber er wusste um die Zartheit eines Wegs. Mit einem sehr delikaten Gedankengang schlussfolgerte er daraus für uns sonstige Reiter: »Die Straße muss für den Autofahrer am Ende des 20. Jahrhunderts wieder das werden, was der Weg für den Fußgänger oder den Reiter einst war: eine Reiseroute, auf die man sich ohne Hast begibt und die man nutzt, um Frankreich zu sehen.«

Als ich Fontainebleau verließ, überquerte ich eine jener doppelten roten Stiche, die meine IGN-Karte durchstreichen: die Autobahn A 6, die *Autoroute du Soleil*. Für einen Augenblick sind wir mitten auf der Autobahnbrücke stehen geblieben, um all diese Rennwagen unter uns zu beobachten, wie sie mitten in den Sommerferien der Sonne entgegenrasen. Warum diese seltsame Leidenschaft für eine Sonne, die auf dich einprügelt, die dich auf einem Strandtuch ausglüht, die dich bei einem

Glas Rosé stumpfsinnig macht, die dir die Haut verbrennt und verkrebst? Alain Corbin, ein großer Historiker der Empfindungen, erinnert daran, dass sich unser Sozialleben über mehrere Jahrtausende hinweg im Schatten von Bäumen geformt hat. Victor Hugo lässt in seiner Ode an Vergil »die kühlen Asyle des Schattens« aufleben. Warum gibt es keine *Autoroute de l'Ombre*, die uns direkt ins Limousin führt?

Diese krankhafte Faszination für die Sonne erscheint mir als völlig kohärent mit unserer Vorliebe für definitive Urteile, binäre Kategorien und öffentliche Exkommunikationen. Wir lehnen das Dämmerlicht des Schattens ab; wir fordern erhellende Erklärungen. Um zur Tugend zu gelangen, war die ganz gegenteilige Einschätzung Montaignes, der am Fanatismus seiner Zeitgenossen verzweifelte, nehme man »schattige Wege, voller Wiesen und süßer Düfte, die lieblich sind, einen sanften und glatten Hang entlang« (*Essais*, I,26). Auf diesen schattigen Wegen ist man in der Lage, verschiedene Meinungen anzuhören und auch zu verstehen, mit einer Prise Skepsis. Die Wiederentdeckung des Schattens wäre ein echtes Gesellschaftsprojekt. Auf seiner Reise bewunderte Montaigne einen »schönen, großzügigen und rings umschatteten« (*Reisetagebuch*, Schaffhausen) Platz. Lasst uns Bäume auf die sozialen Netzwerke pflanzen!

*

Ein »Unternehmer«, dessen Namen ich verschweigen werde, nennen wir ihn L'Ingénu, gesellt sich in der Etappe zu mir, voller Enthusiasmus für unser Abenteuer. Ich empfange ihn gerne: Ist die Reise nicht für alle Gesellen offen, die der Zufall so bringt? Ingénu erzählt mir, dass er sechshundert Kilometer gefahren ist, um mich zu treffen. Ich bin sprachlos. Diese Distanz erscheint mir außergewöhnlich, wie aus einem Roman von Jules Vernes. Uns würde es mindestens einen Monat kosten, sie zurückzulegen.

Ich habe kaum Zeit, Ingénu für die Ehre zu danken, die er mir erweist. Da hat er schon seinen Computer gezückt und aufgeklappt und entfaltet einen schier endlosen Vortrag, Slides inbegriffen. Ich muss den Tatsachen ins Auge sehen: Er ist gerade dabei, mir eine Präsentation zu halten und mir, wie es im Jargon heißt, sein Start-up zu pitchen.

»Es ist eine neue Art von sozialem Netzwerk ...«

Nach einem Tag auf den Beinen, mit Fragen der Route und der Ausrüstung beschäftigt, muss ich mir jetzt so etwas anhören.

»Was die *user experience* angeht ...«

Ich bin meinem Folterknecht hilflos ausgeliefert, der mir in die Augen starrt, mich herausfordert, mein Gehirn kidnappt.

»Sie haben sicherlich Fragen zum *business model.* Dazu komme ich gleich.«

Ich werde brutal in meine letzte Forschungsreise zurückversetzt, die Reise in die Welt der Künstlichen Intelligenz. Seither bin ich allergisch gegen das Silicon Valley, sein falsches Lächeln, seine demiurgischen Ambitionen, seine manipulativen Algorithmen.

»Unsere Vorgehensweise ist zutiefst ethisch.«

Es gibt kein schlimmeres Herdentier als den »disruptiven« Unternehmer: immer die gleichen naiven Formeln, die gleichen phantasmagorischen Zahlen, der gleiche gezwungene Enthusiasmus. Wie haben sie mich gefunden? Wieso bin ich gerade dem ausgesetzt, vor dem ich fliehen wollte?

»Also Gaspard, wirst du Teil unserer Community?«

Ich stelle mir vor, wie ich zu Pferde von zehn, hundert, tausend Ingénus verfolgt werde; sie schwenken ihre PowerPoint-Präsentationen wie Standarten. Ich versuche, sie in einem Wald abzuschütteln, aber über unseren Köpfen kreisen Drohnen und verlangen mein Passwort. Ich bin umzingelt, bin mit den Kräften am Ende, bleibe stehen. Ein lustiger Androide nimmt mir die Zügel aus der Hand und führt mich auf eine Lichtung, die mit knallbunten Sitzkissen ausstaffiert ist. Am Rand wurden ein Kicker, eine Kaffeemaschine mit recyclebaren Kapseln und ein Kühlschrank mit Craftbier aufgebaut. In der Mitte der Lichtung geht ein Ingénu mit einem Umhängemikrophon auf einem Podium aus Baumstämmen auf und ab und stürzt sich entschlossen in unverständliche Tiraden über eine bessere Welt. Seine Stimme klingt verrauscht und verscheucht die Vögel aus ihren Nestern. Was für eine bessere Welt? Das hier ist die schlechteste aller möglichen Welten.

»Ich werde Ihnen jetzt auch noch die verschiedenen Funktionen zeigen.«

Jetzt verstehe ich die Falle. Sechshundert Kilometer sind ein Angebot, das man nicht ablehnen kann. Sechshundert Kilometer beanspruchen ein Vorrecht auf meine Zeit, auf meine Gedanken, auf mein Glück. Und warum das alles? Ein echtes inneres Dilemma quält mich. Muss ich jetzt wirklich auch nur das geringste Interesse für dieses neuartige soziale Netzwerk vortäuschen? Bin ich nicht der Herr über mein Leben und habe jedes Recht, Ingénu hinauszukomplimentieren? Ist es legitim, verletzend zu werden?

Aber wem stelle ich diese Fragen? »Ich habe meine Gesetze und meinen Gerichtshof, um über mich selbst zu urteilen« (*Essais*, III,2), antwortet mir Montaigne über die Jahrhunderte hinweg. Mir selbst also. Meinem »inneren Muster« (*Essais*, III,2) (im Sinne von Schnittmuster). Es gibt keine fertigen Regeln der Moral. Das wäre zu einfach: gehorchen oder nicht gehorchen, gut oder böse sein. Zunächst einmal muss man sich die Mühe machen, seine eigene Gesetze auszuarbeiten, unabhängig von der allgemeinen Meinung. Die moralische Urteilsfähigkeit übt sich, wie die Sinne sich schärfen. Was sagt mein Muster zu mir? Es sagt mir, dass der erste und schwerste Fehler ist, sich zu langweilen: Wie sollte mir das Leben, das so kurz und so fragil ist, diese Beleidigung je verzeihen? Der zweite Fehler besteht darin, seine Gefühle zu maskieren. Höflichkeit ist oft der Weg des geringsten Widerstands. Der Respekt, den wir einem anderen menschlichen Wesen schuldig sind, besteht darin, ihm zu sagen, was man denkt.

Ingénus Schicksal ist also besiegelt. Ich unterbreche ihn einigermaßen brutal. Ich schaue auf die Uhr. Ich habe eine halbe Stunde durchgehalten. Sechshundert Kilometer für eine halbe Stunde, das ist doch gar nicht so schlecht.

»Es tut mir leid, aber ich möchte gerne ehrlich sein: Das interessiert mich nicht.«

»Kein Problem, kein Problem, ich verstehe«, sagt Ingénu und schwitzt.

Seine Gefügigkeit betrübt mich. Ein echter Unternehmer, ein Besessener, einer, der Berge versetzt, hätte niemals so leicht seinen Computer wieder zugeklappt (allerdings muss man auch sagen, dass so einer sich nie auf die Suche nach mir gemacht hätte). Ich räume Ingénus Start-up keine großen Chancen ein. Er macht sich schnell wieder auf den Weg, denn der Rückweg ist lang.

Ich hoffe, dass der Leser mir diese Niedertracht durchgehen lässt. Was Rousseau über die verleumderische Kündigung seiner Magd Marion sagte, trifft auch auf mich zu: Ich bin nicht nett zu Ingénu gewesen.

XII Champagne pouilleuse

■ ■ ■

Alte Städte und alte Märkte – Montaignes Herberge in Châlons – Kostümfilm – Hitze – Transsexuelle einst und jetzt – Verschiedene Gespannfahrer

■ ■ ■

Dieser Name ist zu eigenartig, um nicht ein eigenes Kapitel zu verdienen. Jedermann hat mir gegenüber schleunigst richtiggestellt, dass der Name »pouilleuse« (ärmlich, verlaust; Anm. d. Übers.) keineswegs von »pou« (Laus; Anm. d. Übers.) kommt, sondern von der »menthe pouliot« (Polei-Minze; Anm. d. Übers.), einer einheimischen Pflanze. Die Region war immer arm, aber verdankt ihren verhältnismäßigen Aufschwung und Wohlstand der intensiven Landwirtschaft, die kreidehaltige Böden wie den hiesigen schätzt, um Dünger einzubringen. Ein trauriger Schatz ist das, unter wenigen Parteien aufgeteilt und nicht in der Lage, den Bevölkerungsrückgang zu stoppen. Die Champagne pouilleuse hat ihren Namen indes durch ihre endlosen Felder, ihre verlassenen Ortschaften und ihre melancholischen Einwohner wirklich verdient. Der Kontrast zur Champagne der Weinberge lässt ihr keine Chance.

Dennoch verfolge ich beschwingt den Weg nach Châlons-en-Champagne. Diese Stadt hat immer schon eine unerklärliche Faszination auf mich ausgeübt. Vor gut zehn Jahren musste ich eine Rede zur Eröffnung des berühmten alljährlichen Jahrmarktes schreiben. Bei dieser Gelegenheit fand ich die Privilegsverleihungen, die Louis XI. unterschrieben hat und in denen anerkannt wird, dass »seit alters her und den Gebräuchen folgend in unserer Stadt Chaalons ein Jahrmarkt gehalten wird, der jedes Jahr am Vorabend des Dionysiustages, dem achten Tag des Monats Oktober, beginnt und nur acht Tage dauert«. Die Historikerin Laurence Fontaine hat gezeigt, wie sehr die Märkte des Ancien Régime eine »soziale Errungenschaft« darstellten. Sie waren Momente des Durchatmens, in denen die Hierarchie der drei Stände auf den Kopf gestellt werden konnte. Der Jahrmarkt war der Ort, an dem alles möglich ist: Die Schichten vermischten sich, die Bürger konnten plötzlich wohlhabender werden als ihre Herren, die Bauernlackel konnte sich im Gewusel des Warenaustausches geschickt aus der Affäre ziehen. Ich vergegenwärtige mir Châlons also wie eine Art Traummittelalter, eine Stadt des Handels und der Prasserei, wo man Gelage mit gebratenen Spanferkeln veranstaltet, um gelungene Geschäfte zu feiern, und wo man das von einem Karren gefallene Korn aufliest, nachdem man alles verloren hat. Ich weiß, ich weiß, heute verkauft man dort Gartenzubehör, Düngemittel und Versicherungspolicen. Aber meine Phantasie begeistert sich, mir zum Trotz, an den Schildern, auf denen diese alte und köstliche Alliteration auftaucht. Châlons, Champagne, charmante Chimären!

Noch einige Kilometer grünen Wegs gilt es zurückzulegen, da finde ich mich im Herzen meiner Chimäre. Ich mache mich schon darauf gefasst, erneut enttäuscht zu werden und eine dieser seelenlosen Mittelstädte vorzufinden. Dennoch hält das Kind in mir an seinem Glauben fest. Es behält für einmal recht. Châlons bleibt meinen Phantasmen treu. Es ist ein Labyrinth aus Kanälen und Bächen, über die die Erker der Fachwerkhäuser hängen wie übervolle Korsagen. Ich lasse Desti in einem

Reitzentrum am Ortseingang und setze meine kleinen historischen Forschungen fort.

Die sympathische und gelehrte Fremdenführerin Marie-Jo lässt sich erfreulicherweise auf mein Ansinnen ein. Sie mobilisiert befreundete Museumsleute, um die Indizien zu entwirren, die Montaigne in seinem Tagebuch mitteilt. Mein illustrer Vorgänger erwähnt beispielsweise die Hostellerie de la Couronne. Es gab zwei Wirtshäuser dieses Namens in Châlons oder vielmehr in Chaalons, wie man damals schrieb. Aber nur das vornehmere der beiden dürfte in der Lage gewesen sein, mit der Seidenbettwäsche aufzuwarten, die Montaigne so mochte. Nachdem wir uns mehrere Hinweise dieser Art vorgenommen haben, sind Marie-Jo und ich endlich bereit, die Ankunft Montaignes am 9. September 1580 nachzuspielen.

Wir treten durch das Marnetor und nehmen dabei die Via Agrippa, eine antike römische Autobahn, der ich im Laufe meiner Reise noch mehrmals begegnen werde, bis nach Italien. Wir müssen uns den Lärm der Reiterschar vorstellen, denn hinter uns drängelt sich ein Dutzend Pferde, die mit Edelmännern, Dienern und Gepäck beladen sind. Marie-Jo erklärt mir, dass im Sattel sitzende Reiter für gewöhnlich einen Weg aus Erde am Rand der gepflasterten Straße nahmen, eine Art Fahrradweg des 16. Jahrhunderts. Ich drehe also in meinem Kopf die Lautstärke der Hufschläge etwas herunter.

Sodann geht es die Grand Rue, heute Rue de la Marne, hinauf. Wir sehen von den Schildern »Royal Kebab«, »Ideal Shop« und »Optiker« ab und behalten nur das Fachwerk der Häuser, das wir leicht abdunkeln, denn es war, nicht zu vergessen, mit Ochsenblut bestrichen. Wir entfernen den unglücklichen Verputz der Nachkriegszeit: Die Anmutung der Straße wird homogener. Zwischen den Buden entdecken wir die Apotheke Zum goldenen Mörser, intakt. Es ist nicht schwer, die

Passanten umzuziehen, ihnen einige Lumpen überzuwerfen und sie in lärmende Gaffer zu verwandeln. Fügen wir noch einige treffende Worte hinzu, die unserer Truppe im Vorbeigehen zugerufen werden, und schon sind wir mitten im Kostümfilm.

Wir kommen schnell an unserer Unterkunft an, die am Ende der Grande Rue gelegen ist. Das Gebäude ist neu, aber wir ersetzen es einfach durch eine Fassade aus Savonnières-Kalkstein, in den oberen Stockwerken Backstein und Kreide. Kaum dass wir eingetreten sind, nimmt man uns die Pferde ab und führt sie in den Hinterhof. Wir erkundigen uns, wie es ihnen ergeht: Keine Sorge, sie werden in den Ställen des Gasthofes, die zum Fluss hin liegen, gut behandelt. Ich verhandle mit dem Wirt und einige mich mit ihm auf einen Mengenrabatt für unsere ganze Mannschaft. Es ist »ein Geschäft, das nur aus Tänzeleien und Unverschämtheiten besteht« (*Essais*, 1,14), ich erziele miserable Ergebnisse. Dann durchquere ich die Wirtsstube und steige in meine Zimmer hinauf. Es ist angemessen. Die Fenster blicken auf die Kirche Saint-Alpin, deren goldgelbe Glasfenster von schöner Schlichtheit sind.

Ich nutze die Gelegenheit, um meinem Sekretär mein Tagebuch zu diktieren.

»Notieren Sie bitte, dass dieser Gasthof »eine schöne Unterkunft ist und silbernes Tafelgeschirr aufgetragen wird« (*Reisetagebuch*, Châlons).

Ich kann noch so viel Zeit unterwegs verbringen, ich schätze in der Etappe einfach den modernen Komfort.

»Und Ihre Schmerzen? Haben Sie heute Sand ausgeschieden?«

»Nein, das ist etwas besser geworden. Die Bewegung des Pferdes ist Linderung für mich. Denn schließlich wird sich »der Schmerz etwas umgänglicher zeigen, wenn wir ihm die Stirn bieten; man muss sich ihm widersetzen und entgegenstemmen« (*Essais*, I,14).

»Neulich waren Sie nicht so tapfer.«

»Ja doch! Aber das war etwas anderes. Das war »dieser fette Stein, hart, länglich und gleichmäßig, der bei seinem Durchgang durch das Glied fünf oder sechs Stunden verharrte« (*Reisetagebuch*, Rom).

»Soll ich das aufschreiben?«

»Warum nicht? Das ist kein Tagebuch, das der Nachwelt übergeben werden soll!«

Sobald mein Sekretär weg ist, nehme ich mir die Zeit, das gedruckte Billet zu studieren, das man mir gestern überreicht hat und das sich auf den Streit zwischen den Messieurs de Montpensier und de Nevers bezieht. Diese ganze Geschichte, weil der Herzog von Anjou seine Zunge nicht im Zaum halten kann! Er ist genauso wie sein Bruder, der König. Schlussendlich amüsiert mich der Klatsch und Tratsch des Hofes immerzu, aber ich werde mich hüten, daran teilzunehmen. »Ich behaupte, dass es im engeren Sinne den Königen zukommt, sich gegen Könige zu erregen; und ich lache über jene Geister, die sich mutwillig in derart unverhältnismäßige Streitigkeiten begeben« (*Essais*, III,1).

Ich öffne meinen Schrankkoffer, um zu überprüfen, ob meine kostbaren *Essais* nach dem letzten Regenschauer nicht nass geworden sind. Ein Exemplar von ihnen habe ich selbstverständlich dem König überreicht, und nun ist nur noch eines übrig. Dieser Henri III. ist seines Vaters nicht würdig, aber ich werde ihm trotzdem dienen. »Jedwede Beugung und Unterwerfung ist man ihm schuldig, außer der des Denkens« (*Essais*, III,8). Da ist es ja, mein Buch, in tadellosem Zustand. Ich hoffe, dass der Papst sich freuen wird.

Ich verlasse mein Zimmer und klopfe an die Tür meines Bruders Bertrand, des Herrn von Mattecoulon. Wir gehen spazieren.

Zufällig ist es der Tag des Weinmarktes. Wir müssen nur den Platz überqueren, um in einen jener alten Keller zu gelangen, dessen niedrige Zimmer ziemlich leidliche Weine beherbergen. Eine Masse von Händlern tummelt sich hier, was mich in solch einem bescheidenen Städtchen von zehntausend Seelen überrascht. Man muss sagen, dass das Herzogtum Lothringen nicht weit ist, wir werden das Königreich Frankreich bald verlassen. An der Grenze gelegen, ist Chaalons ein bequemer Durchgangsort, der viele Menschen anzieht. Es ist schade, dass ich den Gouverneur Philippe de Thourassin nicht treffen werde, der als ein guter und großzügiger Mensch gilt. Mein Ruf ist nicht überall der gleiche. Bevor es zu drängenderen Verpflichtungen geht, widerstehen Bertrand und ich nicht der Versuchung, uns mit einer Flasche an einen Tisch zu setzen; wir verbringen hier einen Gutteil des Abends und plaudern ohne Ziel. Ein weiteres Mal geben wir nicht auf die Zahl der Gläser acht, vor allem, da der Wein mit Wasser verdünnt ist. »Wenn wir schon Kopfweh bekommen würden, bevor wir betrunken sind, würden wir uns davor hüten, zu viel zu trinken; aber die Wollust geht, um uns zu täuschen, voraus und verbirgt uns ihr Gefolge« (*Essais*, I,39).

Ich kehre also direkt in den Gasthof zurück. Ich nehme in meinem Zimmer ein leichtes Abendessen, denn diese langen Tafeln langweilen mich und tun mir nicht gut. Dann entledige ich mich meiner Stiefel und puste die Kerze aus. Ich bin erschöpft und habe mir für die Nacht keine Gesellschaft erbeten. »Ich schlafe gerne hart und allein, also ohne Frau, wie Könige« (*Essais*, III,13).

*

Die Temperatur klettert bis auf vierzig Grad, als wir die weite Ebene von Châlons nach Saint-Dizier durchqueren, wieder und wieder über Brücken über die Marne. Es weht kein Hauch. Desti mit ihrer doppelten Satteldecke und ich mit meiner japanischen Jeans und dicken Socken sind nicht für den Strand ausgerüstet. Die Tage sind hart. Das Gras ist ungenießbar; während einer Mittagspause finde ich mich auf allen vieren am Rande eines Bächleins, um etwas Schilf für Desti abzuschneiden. Wir schleppen uns wie zwei Zombies voran, gleichgültig gegenüber der monotonen Landschaft. Wir werden von Halluzinationen belauert. In der Gegend von Loisy-sur-Marne beginne ich, eine melancholische und eindringliche Melodie zu hören: den letzten Satz von Beethovens letzter Sonate. Opus 111, meine liebste, zugleich so leicht und hoffnungslos, mit ihren unglaublichen Passagen, in denen Beethoven Jazzrhythmen geschrieben zu haben scheint. Ich habe mehrmals versucht, sie zu analysieren, aber ohne großen Erfolg. Wie lange läuft sie schon in meinem Kopf in Schleife? Das Klacken der Hufe gibt den Takt vor. Desti ist zu einem Metronom geworden und mein Unterbewusstsein zu einem Pianisten. Opus 111 endet in einer Art unaufhörlichem Rallentando. Im Grunde endet die Sonate niemals. Sie wirft sich in das Nichts hinein, das ihren Autor erwartet. Ist das das Schicksal, das die Champagne pouilleuse für uns bereithält?

Was die Einwohner angeht, so kultivieren sie eine Form fatalistischer Ironie, die mich seltsamerweise an den rumänischen Humor denken lässt. Ein bekannter örtlicher Autor, der bereits an die vierzig Bücher über die Region geschrieben hat, erklärt mir, dass diese Partie der Marne seit jeher von Eroberern verwüstet wurde, von den Hunnen bis zu den Deutschen. Daher dieses Gefühl von Resignation, das man ebenso in Rumänien findet, ein Land, das immerzu erobert wird, ein Ort des Durchgangs und der Plünderei. Ungläubig höre ich, dass der Festsaal von Glannes in »soziokulturelles Zentrum« umgetauft wurde, um die Anwohner nicht zu verschrecken. Ein Fest zu feiern ist in der Champagne pouilleuse zu provokant. Was sollte es hier auch zu feiern geben?

Selbst die einzige Attraktion der Region, der Lac du Der, der geschaffen wurde, um die Marneüberschwemmungen (und also auch das Niveau der Seine stromabwärts) zu regulieren, ist unbeliebt. Die Kraniche des Sees, deren Zahl unaufhörlich wächst, verwüsten die Felder ringsum, zum großen Missfallen der Bauern, die komplexe Schadensersatzverfahren durchlaufen müssen.

Ich hoffe, in der Nähe von Vitry-le-François etwas Trost zu finden. Montaigne beschreibt dort einen großen, quadratischen Platz, »einen der schönsten Frankreichs« (*Reisetagebuch*, Vitry-le-François). Vor allem aber hört er dort »denkwürdige Geschichten« (*Reisetagebuch*, Vitry-le-François) über die Transsexuellen jener Zeit: Mädchen, die sich als Jungen verkleiden und ihre Umgebung sogar so weit täuschen, dass sie Frauen heiraten; eine von ihnen wurde »wegen unsittlicher Erfindungen, die den Mangel ihres Geschlechts ersetzen sollten«, aufgehängt (*Reisetagebuch*, Vitry-le-François), ein anderes Mädchen, Marie la Barbue, deren »männliche Werkzeuge« nach einem zu abrupten Sprung plötzlich zum Vorschein kamen, wurde auf den Namen Germain umgetauft. Montaigne ist nichts weniger als prüde. Er redet gerne über Sex. »Was hat die so natürliche, so notwendige, so richtige Tätigkeit der Geschlechtsteile den Menschen nur angetan, dass man nicht ohne Schmach von ihr sprechen kann und sie von jedem ernsten und ordentlichen Gesprächsgegenstand fernhalten muss?« (*Essais*, III,5). Da er immer darum bemüht ist, die Andersartigkeit von Kulturen und Sitten zu respektieren, beobachtet er Praktiken, die von seiner Epoche verurteilt werden, mit wohlwollender Neugier. So interessiert er sich etwa in Rom für eine »seltsame Bruderschaft« (*Reisetagebuch*, Rom), in der sich Männer heiraten und zusammenleben. Seine Beziehung zu Étienne de La Boétie ist Gegenstand aller möglichen Spekulationen; in jedem Falle behält er seinem zu jung gestorbenen Freund die liebevollsten Sätze der *Essais* vor. In der modernen Terminologie wäre Montaigne ein Antikolonialist, Tierrechtler und LGBTQ-Aktivist. Ein richtiger Linksradikaler!

Da ich immer auf historische Kontrapunkte begierig bin, bitte ich meinen Unterstützer Gauvain, der treu die Stellung hinter einem Computer hält, um Hilfe dabei, die transsexuelle Szene in Vitry-le-François ausfindig zu machen. LGBTQs werden heute zwar gewiss nicht mehr aufgehängt, aber ich würde sie trotzdem gerne selbst fragen, wie sie ihre Sexualität mitten in der Champagne pouilleuse leben können. Wie sieht es in der Praxis mit der Rechtsgleichheit aus, die in Paris als gesichert gilt? Wie gestaltet man sein Coming-out in Vitry-le-François? Gauvain klappert das ganze Internet ab, hängt am Telephon und geht in seinem Eifer sogar so weit, auf einer Dating-Plattform das Profil »Michel, aus dem Périgueux« zu erstellen.

Ach! Vitry-le-François ist nicht auf der Höhe seines Rufes. Der große Platz, der während des Zweiten Weltkrieges gleich zweimal zerstört wurde, hat seit dem Wiederaufbau seine Großartigkeit verloren. Dort ist nichts außer einem stillstehenden Karussell, geschlossenen Läden und einem unter der Nachmittagshitze stöhnenden Café. Die Stadt leert sich unerbittlich und macht den Eindruck einer Fußgängerzone, so spärlich ist der Verkehr. Was die Transsexuellen angeht, so habe ich, verirrt auf einem Supermarktparkplatz, nicht einmal einen Schatten von ihnen gefunden. Ich werfe inquisitorische Blicke auf die raren Passanten, aber sie scheinen mir alle wohlig in ihren jeweiligen Geschlechtern zu stecken. Pech. Schade. Ich bin schon lange davon überzeugt, dass wir alle eine sexuelle Mehrdeutigkeit in uns tragen, die mehr oder weniger unterdrückt ist. Eine Briefstelle bei Machiavelli hat mich wie der Blitz getroffen, die ich seither nicht mehr wiedergefunden habe und aus dem Gedächtnis zitiere: »Anstatt ihn zu beleidigen und ihn wie einen Päderasten zu behandeln, würde man besser daran tun, ihn einen universalen Menschen zu nennen.« Ist die Festlegung auf ein Geschlecht, auf eine Art sexuelle Beziehung, auf einen Partner, nicht ein Verzicht auf eine gewisse Universalität? In der Politik wie in der Liebe muss man listig sein.

*

Bei der Durchquerung dieser Wüste habe ich zum Glück einen Führer: Guy Matras, Versicherungsvertreter im Ruhestand und Verantwortlicher des Komitees für Reittourismus in der Region Grand Est. Mit einer seltenen Kombination aus Großzügigkeit und Effektivität hat Guy meine Route für eine ganze Woche in die Hand genommen, hat mir Strecken empfohlen, auf denen man gut reiten kann, und ein ganzes Netz von Freunden für mich aktiviert. Ich bin bei leidenschaftlichen Gespannfahrern untergebracht, eine Disziplin, in der auch Guy viel Erfahrung besitzt und deren Charme ich schon mit Betty entdecken konnte. Jetzt erlebe ich auch ihre heroischen Brüder im Geiste, die ihre Ferien und ihre Ersparnisse für das Vergnügen opfern, zum Rhythmus der Hufe über die Wege zu flitzen.

Da sind die Abenteurer. In Fleury-la-Rivière zeigen mir Nadine und Jean-Pierre die Photoalben ihrer Reisen in die Mongolei, nach Rumänien, Marokko, Spanien, Irland. Ich kenne mich in Rumänien auf dem Land gut aus, wo noch viele Kutschen und Karren unterwegs sind. Diese Photos zeigen zwei Welten, die sich begegnen und an ihren äußersten Enden ineinander verschwimmen: einerseits die rumänischen Bauern, die nur davon träumen, sich einen Pick-up kaufen zu können;

andererseits die französischen Bauern, die die Erben der Mechanisierung sind und sich zum Vergnügen mit Pferden fortbewegen.

Da sind die Champions. In Cousance-les-Forges treffe ich Antoine, Milchbauer von Beruf, der einen riesigen Lastwagen umgebaut hat, um mit Pferden und Wagen kreuz und quer durch Europa zu fahren, von Meisterschaft zu Meisterschaft. Er kauft brandneue Ausrüstung zusammen und bastelt herum, um die besten Gleichgewichts-, Wendigkeits- und Geschwindigkeitsverhältnisse zu erzielen. Ich verliere schnell den Faden der technischen Erläuterungen, die ebenso unzugänglich sind wie die Erläuterungen eines Seemannes, der einem sein ganzes Schiff zeigt. Aber alle diese Mühen tragen Früchte, wenn ich der Ansammlung von Trophäen in diesem kleinen Büro Glauben schenken kann. Antoine ist sogar französischer Meister in der Kategorie »Zwei Ponys, Eliteamateur« geworden.

»Wie viele Mitbewerber gibt es in dieser Kategorie?«

»Sechs.«

Happy few.

Da sind die Sammler. In Scrupt beherbergt Jean-Claude, der die Leitung des Familienhofes an seinen Sohn abgegeben hat, in seiner Scheune alte Kutschen, die aufgearbeitet sind und wie neu wirken. Seine erste Erfahrung mit dem Gespannfahren bestand als Kind darin, einen Esel mit einer Schnur anzuschirren, die an einer Holzpalette angebunden war. Heute kümmert er sich hingebungsvoll um sein Freiberger Pferd und fährt seine Enkelkinder in großer Aufmachung spazieren. Als ich aufbreche, begleitet er mich zu Pferd: Desti hat Mühe hinterherzukommen.

Und dann gibt es den Anführer und Fahrer, wie man beim Gespann den nennt, der die Zügel hält: Guy, der diese ganze kleine Gemeinschaft organisiert. Mit seiner Frau Françoise gesellt er sich dazu, wenn ich abends haltmache, stellt uns vor, nimmt an unseren Festschmäusen teil. So durchquere ich also die Champagne pouilleuse in der bequemstmöglichen Art und Weise: in einer Equipage.

XIII Meuse

▪ ▪ ▪

Dialekt der Meuse – Pferdeschwemme – Verschwundener Sprachwildwuchs – Sprachpolitik – Pause mit Kühen – Wanderreiten als politische Aktion – Besetztes Gebiet und Atommüll – Der verbotene Wald – Polizei – Ein von Montaigne gefeierter Brunnen – Der Graben zwischen euch und uns

▪ ▪ ▪

Die Meuse ist ein Département, das fünfundfünfzigste. Bin ich also in meinem Anspruch, historische Regionen zu entdecken, gescheitert? Muss ich mich an den Verwaltungsakt von 1790 halten, der das Herzogtum Bar mit einem Stückchen der Trois-Évêchés verschmolzen hat? Gibt es denn wirklich keine tiefere Identität in dieser Ecke von Lothringen, die von den Massakern des Ersten Weltkrieges verwüstet wurde? Der GR 714 bietet mir kaum Überraschungen. Abgesehen von einer dreihundertjährigen Eiche im Wald von Valtiermont fesselt nichts in der Landschaft meine Aufmerksamkeit.

Zum Glück aber finde ich in der Bibliothek meines Gastgebers Nicolas in Vouthon-Haut etwas, um meine Verwurzelungslust zu befriedigen: ein Wörterbuch. Genauer gesagt, das kurze Glossar des Dialekts der Meuse, am Ende des 19. Jahrhunderts zusammengestellt von einem gewissen Henri Labourasse, dessen Biographie kurz und bündig vermerkt: »Mitglied mehrerer literarischer Gesellschaften« (die Nachwelt ist mit wenigem zufrieden). Wenn es einen Dialekt der Meuse gibt, dann gibt es die Meuse wirklich. Der Fluss hat ein Land geboren.

Die Lektüre enttäuscht mich nicht. Der Dialekt der Meuse ist wirklich eine Sprache. Das Wörterbuch ist fast sechshundert Seiten lang. Hier zum Beispiel, was man unter dem Buchstaben C so findet:

COULÊ, subst. masc., Kummet eines Pferdes. Var. *Colla*. »Ç n'ost n' lai bête qu'î veut, ç'ost s'coulê« (ce n'est pas la bête qu'il veut, c'est son collier: Er will nicht das Viech, sondern das Kummet), sagt man von einem jungen Mann, der einem Mädchen nicht um ihrer selbst willen, sondern wegen ihrer Mitgift hinterher ist.

COULEUIL, subst. masc., Abtropfsieb, Passiertuch für die frisch gemolkene Milch

COULINER (s'), vs. pron., durchschlüpfen, sich geheimniskrämerisch einschleichen

COÛMAÏE, v. neut., anfangen zu verwesen. »Çatte châ-là coûme«, dieses Fleisch fängt zu stinken an.

COÛNE, subst. fem., Schuhlöffel

Diesen füge ich noch ein Wort dazu, das zwar weniger typisch ist, aber dafür direkt vor Ort, bei einem Besuch im Dorf, erlernt wurde: l'aiguayoir, die Pferdeschwemme, ein flaches, in Stein gefasstes Becken, in das man die Pferde nach der Arbeit führte. Wie der Name nahelegt, liegt Vouthon-Haut auf einer Anhöhe über den Getreidefeldern ringsum. Man könnte sagen, dass die Pferdeschwemme wohlweislich genau dort gebaut worden ist, wo die Aussicht am freisten ist. Sie ist unbestritten das architektonische Zentrum von Vouthon-Haut. Eine majestätische Konstruktion aus Natursteinquadern, zwanzig mal dreißig Meter, flankiert von einem Brunnen und einem Waschhaus mit Säulen. Man kann den Pferden, die dort über eine sanft abfallende Rampe hineinsteigen können, um ihre Glieder zu erfrischen, schwerlich mehr Ehre bezeugen. Auch Desti hat ein Anrecht darauf, zögert zunächst noch etwas, aber lässt sich dann von Nicolas herumführen, der keinen Moment zögert, bis zu den Oberschenkeln ins Wasser zu gehen. Für die Zeit eines Nachmittags endet das triste Geschick der Pferdeschwemme als Dorfaquarium, in dem Karpfen, Molche und Seerosen leben, und es findet zu seiner ursprünglichen Funktion zurück.

Stürzen wir uns noch einmal in das Wörterbuch von Henri Labourasse. Es gibt noch viel zu entdecken. Ich bemerke, dass der Dialekt der Meuse sogar seine eigenen Deklinationen besitzt. Was hat sich von diesem Dialekt bis heute gehalten? Nichts. Ein leichter Akzent: »Oui« spricht man »ui« aus. Einige Ausdrücke: »ein Paar« bedeutet nicht »zwei«, sondern »mehrere«. Das Lehrgeld geht auf meine Kosten: Wenn man mir sagt, dass das Dorf noch »ein Paar Kilometer« entfernt ist, muss ich mit einer guten Stunde Weges rechnen. Aber kein Mensch ruft mehr beim Anblick eines schon etwas älteren Stückes Schinken aus: »Çatte châ-là coûme!« In der Meuse spricht man, wie auch im Rest des Landes, Französisch.

Diese Evolution ist in keiner Weise natürlich. Die ganze Gewalt, die mit der Auslöschung der Dialekte zusammenhängt, habe ich erst richtig begriffen, als ich *Peasants Into Frenchmen* gelesen habe, eine eindrucksvolle Monographie des rumänischstämmigen amerikanischen Historikers Eugen Weber. Beiträge ausländischer Forscher, auf die die ererbten Vorurteile und Tabus der republikanischen Schule keinen Einfluss ausüben, können uns oft einen besseren Aufschluss über die Geschichte unseres Landes geben (das ist auch der Fall bei Robert Paxtons Arbeit über das Vichy-Régime). Eugen Weber zeigt kleinteilig und quellenreich, wie sehr Frankreich über lange Zeit in quasiautonome Gebiete zerstückelt war, die gegenüber den in Paris entwickelten politischen Projekten indifferent waren. Er zerstört den Mythos eines seit François I. homogenen Landes. Noch am Ende des 19. Jahrhunderts, schreibt Weber, »war das Französische für eine bedeutende Anzahl Franzosen eine Fremdsprache, ebenso für fast die Hälfte aller Kinder«. Nicht nur die Wörter unterschieden sich von Region zu Region, sondern auch die Kleider, die Küche, das Brauchtum, die Familienbande, die Feste und Lieder.

Erst der revolutionäre Traum der »einen und unteilbaren Republik«, der seit fast zweieinhalb Jahrhunderten ohne Unterbrechung verfolgt wird, setzte dieser herrlichen Vielfalt ein Ende. Als Erstes zerstörte er ihren Motor: die Sprache. 1794 verfasste Henri Jean-Baptiste Grégoire seinen »Bericht über die Notwendigkeit und die Mittel, den Dialekt auszulöschen«. Das Schulsystem der III. Republik bestrafte den Gebrauch des Dialekts mitleidlos: In der Bretagne musste ein Schüler, der beim Sprechen seiner Muttersprache erwischt wurde, »die Kuh« spielen, das heißt ein paar Holzschuhe tragen. Der Erste Weltkrieg trug zur Homogenisierung der Sprache bei, weil die jungen Rekruten dazu gezwungen waren, Französisch zu sprechen, um mit den Offizieren kommunizieren zu können. Auch heute noch weigert sich Frankreich, die Europäische Charta der Regional- oder Minderheitensprachen zu ratifizieren; der Staat spricht der korsischen Sprache jeden offiziellen Charakter ab; und der amtierende Präsident hat der Geschichte Daumenschrauben angelegt und das Edikt von Villers-Cotterêts als eine Verpflichtung aller, Französisch zu sprechen, neu interpretiert (obwohl es darin nur um öffentliche Anlässe und um die Absetzung vom Lateinischen geht). Wie hätte der Dialekt der Meuse einem solchen Ansturm widerstehen sollen?

Uns bleibt nur das kleine bisschen zu bewahren, das noch übrig ist: den Akzent. Im Laufe meiner Durchquerung Frankreichs haben mich diese erstaunlichen Relikte, die von Paris aus ununterscheidbar sind, in ihren Bann geschlagen. Nehmen wir beispielsweise das *R*. Wird es im Unwetter des Gascognischen von den Vokalen absorbiert, beginnt es, von der Marche an ruhig dahinzurollen, wie ein Bächlein über die Steine. Der Übergang in das Langue d'oïl wurde mir bewusst, als ich in einem Weiler im Breuil (oberhalb von La Souterraine) einen Mann von achtundachtzig Jahren das *R* mit seiner Zungenspitze sprechen hörte. Dann flacht das *R* in Richtung Loire immer weiter ab, wie es zur Nullregion passt. In der Umgebung von Paris ist es vergessen: Man spricht zu schnell, um Mitleid mit Konsonanten zu empfinden. In Lothringen kommt es dann wieder zum Vorschein, dieses Mal sitzt es tief in der Kehle, bevor es bald, die Hänge der Vogesen hinauf, in einen scharfen Frikativ explodiert. Wir müssen diese Vielfalt des *R* bewahren. Zum Glück kommen die Akzente wieder in Mode, sogar die Assemblée nationale hat schon einen Text zur Ahndung von »Glottophobie« (Diskriminierung gegen Dialekte) verabschiedet. Ein wie immer etwas lächerliches Gesetz, aber Zeichen einer willkommenen Wende in unseren Beziehungen zum Terroir. Warum sollte die Republik nicht vielfältig sein können?

*

Ich lasse Desti für zwei Nächte in einer Stallung, einem gigantischen Hangar, der gut fünfzig Milchkühe beherbergt. Sie verfügt über ihre Ecke mit Einstreu, komfortabel und durch eine massive Barrikade aus Stahlrohren abgetrennt. Ein »privater« Raum, wie ein Immobilienmakler sagen würde, und dennoch auf Tuchfühlung mit den Rindern, deren Gesellschaft ich meinerseits recht laut und vor allem übel riechend finde. Der Bauer bietet uns freundlicherweise etwas von der Futtermischung an, die er seinen Tieren gibt, aber ich traue der Sache nicht. Ich befürchte, dass sich dort Weizenkörner eingemischt haben, die sich oft hinter dem Namen Triticale verbergen und für einen Pferdemagen sehr schädlich sein können. Ich leihe mir einen Kastenwagen aus, um in der nächstgelegenen Stadt Nahrungsergänzungsmittel für Pferde zu kaufen, und nachdem ich die Geschäfte abgeklappert habe, komme ich mit einem Zwanzig-Kilo-Sack zurück, der für diese sechsunddreißig Stunden Pause reichen sollte. Desti hat also alles, wovon sie nur träumen kann: ein Dach, Heu und Wasser nach Belieben, und Granulatfutter morgens, mittags, abends. Ich rufe sogar einen Tierarzt wegen einer Routineuntersuchung an. Nichtsdestotrotz aber habe ich leichte Schuldgefühle, meine Stute mitten in dieser Herde zurückzulassen, als wäre sie nur ein einfaches Tier, eine Pflanzenfresserin wie andere auch. Ist das nicht eine Form der Verwahrlosung?

Da bin ich also wieder einmal Opfer einer Anwandlung von Vermenschlichung. Habe ich diese Lektion aus dem Limousin nicht behalten? Diese Kühe sind auch nicht einfach nur einfache Tiere. Sie alle entwickeln einzigartige Persönlichkeiten, die die Züchter auch auseinanderhalten können, besonders im Falle von Milchkühen, mit denen sie viele Jahre zusammen verbringen. Was Desti angeht, so hat sie sich schnell damit abfinden müssen. Ihre neuen Nachbarinnen stellen keine Bedrohung dar und sind ihr auch keine Hilfe. Desti legt ihnen gegenüber also eine weise Gleichgültigkeit an den Tag. Es geschieht aus Eitelkeit, sagt Montaigne, wenn der Mensch »sich selbst ausliest und sich vom Gewühl der anderen Kreaturen absondert« (*Essais*, II,12). Da sie frei von dieser unangebrachten Eitelkeit ist, wird Desti einen ausgezeichneten Aufenthalt im Kuhstall haben.

*

»Da sind sie nicht der Erste«, sagt mein Gastgeber zu mir und streicht seinen Schnurrbart glatt.

»Wirklich? Sie haben schon andere Wanderreiter beherbergt?«

»Aber ja. Wie lang ist das her? Dreißig Jahre vielleicht?«

»Wohin war er unterwegs?«

»Nach Moskau unterwegs war der Junge.«

»Moment. Er hatte zwei Pferde?«

»Genau.«

»Zwei Traber, von denen der eine den Reiter und das Gepäck trug und der andere nichts?«

»Exakt!«

»Das war Jean-Louis Gouraud!«

»So in der Richtung, ja.«

Im Jahr 1990 feierte der Schriftsteller und Journalist Jean-Louis Gouraud den Fall der Mauer, indem er sich zu Pferd von Paris nach Moskau begab. Er legte die dreitausend Kilometer in einer Rekordzeit von fünfundsiebzig Tagen zurück. Natürlich habe ich vor dem Aufbruch Gourauds Erzählung *Le Pérégrin émerveillé* gelesen und auch den Autor in seinem Pariser Refugium besucht. Der einzige Ratschlag, den ich behalten habe, bestand darin, es nicht an Eigensinn mangeln zu lassen, wie er damals, der ohne zu viel Vorbereitung und mit zwei Pferden, die er kaum kannte, aufgebrochen war. Bei der Lektüre musste ich lächeln. Am Tag des Aufbruchs zieht sich Gouraud ein Paar Stiefel an; wenig überraschend schafft er sie sich einige Seiten später fluchend vom Hals. Leder nährt die Phantasie, aber malträtiert die Füße: Ordentliche Wanderschuhe sind viel besser.

Da er nicht bummeln wollte, bediente sich Gouraud der »turkmenischen Methode« von Michail Wassiljewitsch Assejew, dem russischen Leutnant, der 1889 von der Ukraine nach Paris aufbrach. Zwei Pferde, eines beladen, eines frei, immer abwechselnd.

»Tatsächlich. Und ich habe ihm noch ein Stück mit meinem Lastwagen geholfen«, erzählt mein Gastgeber weiter. »Er war spät dran.«

So treffen Gouraud und ich uns also völlig per Zufall an der Kreuzung unserer Routen, er unterwegs nach Norden, ich unterwegs nach Osten. Er feierte den Fall des Kommunismus in einer Zeit voller Hoffnung; ich suche nach Spuren des europäischen Geistes in einem immer depressiveren Jahrhundert. Dazwischen liegen dreißig Jahre der Desillusionierung. Das Ende des »Endes der Geschichte«.

Weil es ein konkretes und konstantes Band zwischen verschiedenen Territorien webt, weil es an die Abenteuer königlicher Eilboten erinnert, steckt hinter dem Reisen zu Pferde oft eine geopolitische Absicht. Rachel-Léonie Dorange, eine berühmte Reiterin der Zwischenkriegszeit, ist die Strecke von Paris nach Berlin abgeritten, um die Versöhnung zwischen den beiden verfeindeten Ländern in die Tat umzusetzen. Vor etwa zehn Jahren hat Laurence Bougault eine echte Ausdauerleistung auf ihrem Achal-Tekkiner vollbracht, mehr als siebentausend Kilometer von Isfahan nach Fontainebleau. Sie bezeichnete sich selbst als »Amazone des Friedens« und wollte das Verständnis zwischen Orient und Okzident fördern. Was mich betrifft, so denke ich über Europa nach. Während ich seiner jahrtausendealten Hauptstadt entgegenwandere, der Erbin des Römischen Reiches, dem Mittelpunkt der Christenheit, habe ich das Gefühl, den Lauf eines langen und alten Flusses hinaufzugehen. Indem ich unterwegs Hunderten Europäern begegne, möchte ich mir jenen »Humanismus« zu eigen machen, der uns seit der Renaissance als Inspiration dienen sollte. Auf meinem Weg durch die Gebiete der drei Hauptunterzeichner der Römischen Verträge hoffe ich die »gemeinsamen Werte« besser zu verstehen, von denen die Gründer der Europäischen Union in diesen Texten sprechen. Wenn Montaigne so wenig über Europa spricht und der Begriff nur an wenigen, unbedeutenden Stellen im *Reisetagebuch* und in den *Essais* vorkommt, dann deshalb, weil Europa in seiner Epoche eine Evidenz ist: Man durchquert es ohne Ausweispapiere, ohne Kontrollen, ohne Fragen. Was ist heute, da es für »europäische Angelegenheiten« ein ganzes Ministerium gibt, aus Europa geworden?

*

Wir verbringen einen köstlichen Tag damit, uns durch den Wald von Morley zu schlängeln. Wir zickzacken zwischen den schmalen Waldwegen, alle offen, hin und her und gehen am Waldrand querfeldein. Aber als wir Richtung Écurey den Wald verlassen, werden wir plötzlich von einem Hubschrauber überrascht, der über unseren Köpfen wummert. Eine Viertelstunde lang kommt und geht er im Tiefflug. Ich erkenne schließlich die Farben der Polizei. »Alles klar, habt ihr Spaß?«, rufe ich machtlos dem dicken blauen Insekt zu. Zum Glück ist Desti so ruhig. Viele andere Pferde hätten darüber den Kopf verloren. »Gefährdung des Lebens anderer«, murmele ich. Die Wachtmeister sollten lieber alten Damen über die Straße helfen, anstatt Treibstoff zu verschwenden und Reitern auf die Nerven zu gehen. Diese Machtdemonstration mitten im Nirgendwo ist befremdlich.

Meine diffuse Unruhe verstärkt sich noch, als wir in Écurey ankommen. Wir passieren ein großes Museum, das der Eisenherstellung gewidmet ist, »den ersten menschlichen Spuren aus gegossenen Kunst- und Schmuckgegenständen im Barrois«. Da sind Schnüre gespannt für die Warteschlange, es gibt einen Rundgang, Installationen im Freien, bunte Plakate, aber keine Menschenseele ist da. Das Museum ist geschlossen, sofern es nicht zum Museum seiner selbst geworden ist, stummer Zeuge, dass hierher einstmals Besucher gekommen sind. Ich suche nach Wasser für Desti, ich rufe: Meine Stimme prallt von den in der Sonne glühenden Steinen zurück. Auch das Dorf gleicht einer Wüste. Schlussendlich finde ich hinter einem Gebäude eine Regentonne; nach anfänglichem Zögern lasse ich Desti selbst entscheiden, ob das trinkbar ist. Sie lässt sich nicht lange bitten.

Der nächste Wald ist weniger gepflegt und zwingt uns dazu, dem Hauptweg zu folgen, gekiest und schattenlos. Endlich kommen wir in Biencourt-sur-Orge an. Ich lasse Desti in einem ansonsten leeren Pferdestall. Ich kann mir eine Box aussuchen und wähle die mit dem Schild »Kiki«, ein unwiderstehlicher Name. Ich habe noch kaum meinen Schlafsack in der Gemeinschaftsunterkunft ausgebreitet, auch ich allein in der langen Flucht der geschlossenen Schlafsäle, da höre ich schon die Polizei mit Sirene und Blaulicht durch die Hauptstraße rasen. Einige Minuten später bricht ein gewaltiges Donnerwetter aus. Was geht nur vor in Biencourt-sur-Orge, hundertvierundzwanzig Einwohner?

Beim Abendessen begreife ich, wo ich hingeraten bin: in das besetzte Gebiet (ZAD) von Bure. Oder besser gesagt, einige Kilometer vom Wald von Lejuc entfernt, aus dem die Polizei regelmäßig Aktivisten abtransportiert, die gegen die geplante Endlagerstätte für Atommüll (auch heute noch in der

Schwebe) protestieren. Biencourt-sur-Orge, ein rückwärtiger Posten der Aktivisten, liegt also im Zentrum der Polizei- und Medienaktivitäten. Am Tisch sitzen an diesem Abend François, mein Gastgeber, der sich ein Leben abseits der Institutionen und ausgetretenen Pfade eingerichtet hat; seine Tochter Lucie, eine Meisterin im Orientierungsreiten, die gerade ein Studium im Bereich der Umweltwissenschaften absolviert; und Bernard, genannt »der Lothringer Haudegen«, ein Wanderreiter, der mir unerwartet seinen Gruß entbietet. Bernard trägt einen grandiosen Zwirbelbart, der kaum Zweifel an seinem Nonkonformismus lässt. Er teilt all seine Tricks und Kniffe mit mir, etwa das Vorderzeug mit Wollmützen auszupolstern. In seiner eigenen Reitausrüstung ist nichts von der Stange, alles ist zweckentfremdet, zusammengestückt, zurechtgeflickt. Für ihn ist das gleichermaßen eine praktische Notwendigkeit und eine Lebenskunst, halb vagabundierendes Ausbessern, halb dandyhafte Maßarbeit.

Hier begeistert sich niemand besonders für die Atomenergie. Das Thema der ZAD weckt eine gewisse Ratlosigkeit. Ich stelle weiter Fragen, so freimütig wie möglich. Lucie erweist sich als die Gesprächigste. Sie ist einer Meinung mit den Aktivisten, aber ist ihren Methoden gegenüber skeptisch. Die härtesten Tierrechtler unter ihnen waren sichtlich unerfreut, sie auf einem Pferd zu sehen. Die grundsätzliche Übereinkunft in der ökologischen Frage ging also in der Frage des Tierwohls entzwei. »Leider keine richtige Diskussion möglich«, bedauert sie.

Lucies Charme und die Warmherzigkeit beim Abendessen überzeugen mich fast von den Argumenten der Aktivisten. Aber das rationale Wesen tief in mir, das in die Wissenschaft verliebt und dem technologischen Fortschritt vertraut ist, legt dennoch Widerspruch ein. Ist die Atomenergie nicht eine der saubersten und in jedem Falle am besten dazu geeignet, den Übergang zu erneuerbaren Energien zu bewerkstelligen? Ist das Risiko, das sie darstellt, nicht verschwindend gegenüber dem der Klimaerwärmung? Hat der Ausstieg aus der Atomkraft in Deutschland nicht zu neuen Kohlekraftwerken geführt? Haben wir die Techniken der unterirdischen Lagerung heute nicht vollständig gemeistert? Waren die ersten Anti-Atomkraft-Bewegungen, die von deutschen Umweltschützern in den 70er-Jahren gestartet wurden, nicht stärker vom Kontext des Kalten Krieges beeinflusst als von der Umweltthematik? Könnte Atomkraft nicht auf der anderen Seite der Debatte einen Platz finden und zum gerechtfertigten ökologischen Kampf beitragen? Bevor ich mir eine abschließende Meinung hierüber bilde, würde ich gerne auch ein Abendessen mit den Ingenieuren der ANDRA (Agence Nationale pour la Gestion des Déchets Radioactifs: Nationale Agentur für das Management radioaktiver Abfälle) verbringen. Aber leider wohnen die nicht in Biencourt-sur-Orge.

Mein übliches Dilemma: Mein Herz ergreift immer für die Rebellen und die Eigensinnigen Partei, für all jene, die nach alternativen Lösungen suchen. Ach, aber mein Kopf gibt ihnen oft unrecht.

Wir studieren meinen Weg für den kommenden Tag. Es ist schwer, dem Wald von Lejuc zu entgehen, ohne einen langen Umweg zu machen. Das einzige Problem, »in der Zone ist Spazierengehen verboten«, warnt mich Lucie. François fügt hinzu, dass dort auch viele Jäger herumstreifen und vielleicht sogar Wölfe, die vor einigen Jahren wieder in der Meuse aufgetaucht sind. Es braucht nicht mehr, um mich zu überzeugen. Schauen wir uns also diese Aktivisten, Polizisten, Jäger und Wölfe einmal an. Auf Desti ist das für mich kein Risiko. Sie könnte sie alle abhängen.

Am nächsten Tag in der Dämmerung die Aufregung am Morgen der Schlacht. Das Gewitter hat sich zerstreut, und die Hitze ist weniger drückend. François hat mir aus einem alten Steigbügelriemen einen zusätzlichen Gurt gebastelt, um meinen Mantelsack mittig zu befestigen: Jetzt bin ich perfekt dafür ausgerüstet, im gestreckten Galopp abzuhauen. Ich folge der Landstraße bis Ribeaucourt, überquere die Felder bis zum Weg nach Bonnet und gelange schließlich an den Saum des Waldes. Lejuc, wir kommen!

Die Wege machen indes einen ganz friedlichen Eindruck. Ich halte nach Barrikaden Ausschau, aber sehe nur Baumstämme. Ich bemerke höchstens einige Pfade, die von aufgehäuften Ästen blockiert sind, vermutlich, um Schaulustige abzuhalten. Ich durchquere das Tal des Ormançon und komme an der Försterei vorbei. Immer noch nichts, weder Wölfe noch Aktivisten. Ich steige enttäuscht wieder aus dem Tal hinaus. Über dem Wald drehen sich die Blätter der Windkraftwerke. Noch einige Hundert Meter, dann werde ich den Wald von Lejuc und seine mysteriöse Fauna hinter mir lassen.

Doch siehe! Endlich fährt ein Wagen der Gendarmerie Nationale direkt auf mich zu. Drei wackere Wächter der republikanischen Ordnung steigen aus. Wann und wie haben sie den einsamen und geräuschlosen Reiter ausfindig gemacht? Hatten sie sich in der Försterei versteckt?

»Sie wissen, dass die Durchquerung des Waldes verboten ist, Monsieur.«

»Ach, wirklich? Aber warum? Es ist ein GR!«

Ich spiele den Idioten. Eine Kunst, für die ich ein gewisses Naturtalent mitbringe.

»Sie haben die Schilder nicht gesehen?«

»Nein, nichts bemerkt.«

Ich tische ihm die Geschichte meiner Wanderschaft auf. Er entspannt sich. Ich lese in seinen Gedanken: »Alles klar, der hat sich verlaufen.« Die beiden anderen tuscheln miteinander und grinsen höhnisch. Ich werde übermäßig zuversichtlich und treibe es zu weit.

»Warum ist das hier verboten?«

Diese Frage darf man niemals einem Repräsentanten der Autorität stellen. Niemand begründet gerne seine Daseinsberechtigung. Ein Verbot steht nicht zur Debatte. Es hat absolut zu sein, heilig, jenseits jeder möglichen Diskussion.

»Könnte ich Ihre Papiere sehen?«

Eine lustige Frage! Seit zwei Monaten sind meine »Papiere« auf dem Grund meiner feuersicheren Tasche verstaut. Zwei Monate, in denen man mich beherbergt und aufgenommen hat, ohne mich zu fragen, wer ich bin. Zwei Monate, in denen man mir auf der Grundlage eines gut gewählten Wortes oder eines Augenkontakts Vertrauen entgegengebracht hat. Was beweisen denn meine »Papiere«? Sie legen weder nahe, dass ich ein ehrbarer Mensch bin, noch, dass ich mich gut um mein Pferd kümmere, noch, dass ich orthographisch sauberes Französisch schreibe. Sie belegen nur, dass ich in einem Register stehe, wie die arme Desti, deren Züchter sie mit dem Brandeisen markiert hat. Ich gehöre der Republik, Desti gehört der Yeguada Ovelar in Madrid. Mein Ausweis trägt das Symbol RF, ein Beil im Rutenbündel; auf Destis Schenkel ist ein grässlicher Hut tätowiert, der sich in der Sonne rötet. Wir sind beide, von der Geburt bis zum Tod, von einer menschlichen Gemeinschaft eingezogen worden, die sich ihrer Rechte und Privilegien sicher ist. Ich bewundere Länder wie das Vereinigte Königreich, in denen es keine Mitführpflicht für Ausweisdokumente gibt. Sich ohne Papiere von A nach B zu bewegen bedeutet, eine seltene Freiheit zu genießen: völlig man selbst zu sein.

Es ist eine komplizierte Operation, im Sattel sitzend meinen Ausweis aus den Tiefen meiner Taschen herauszufischen. Die

Polizisten haben alle Zeit der Welt. Sie untersuchen eindringlich meinen alten Ausweis, der bald ablaufen wird, von Reisen und Kontrollen mitgenommen, von Stempelschlägen überhäuft. Ohne Zweifel ist es von größter Wichtigkeit für die nationale Sicherheit, zu überprüfen, ob die chinesischen, amerikanischen und ruandischen Visa des Reiters, der aus der ZAD gekommen ist, in Ordnung sind. Die Polizisten sind sichtlich zufrieden: Sie können einen ausführlichen Bericht für ihren Vorgesetzten schreiben. Ich bitte sie um einige Hinweise bezüglich des Weges, die sie mir gerne geben; einer von ihnen ist aus der Gegend. Ich verstaue meinen Ausweis wieder und wage eine letzte Frechheit.

»Würden Sie bitte meine Satteltaschen schließen? Das ist kompliziert, wenn man im Sattel sitzt.«

Das stimmt auch. Ich muss mich extrem hinunterbeugen, was Desti irritiert und herumtänzeln lässt. Und ist es außerdem nicht logisch, dass die Ordnungskräfte, um ihrem Namen treu zu bleiben, das wieder aufräumen, was sie in Unordnung gebracht haben? Ich spüre das Zögern in den Augen des Polizisten. »Ist er wirklich so ein Arschloch, oder macht er sich lustig über mich?« Das Bedürfnis, der Sache ein Ende zu machen, trägt den Sieg über den Stolz davon. Ich genieße den kurzen Moment, in dem der Herr Wachtmeister mein Knappe wird.

Die Aktivisten von Bure werden vermutlich weniger gut behandelt. Wenn ich auch in der Sache nicht bei ihnen bin, wie könnte ich ihren Kampf, hier mitten im Wald und unter Überwachung, nicht bewundern?

*

In Neufchâteau, einem düsteren Städtchen voll mittelalterlicher Gässchen, wird das Spiel mit den Spuren, die Montaigne hinterlassen hat, am lustigsten. Sein *Reisetagebuch* vermerkt die Franziskanerkirche mit ihren Gräbern, »die drei- oder vierhundert Jahre alt sind und dem Adel der Gegend gehören« (*Reisetagebuch*, Neufchâteau). Das regt meinen Appetit an. Gräber aus dem 13. Jahrhundert sieht man nicht so häufig. Achthundert Jahre, das ist schon ein kleines Tröpfchen Ewigkeit. Wehe! Die Franziskanerkirche ist auf meinen Karten nicht auffindbar. Ich begebe mich also, da ich nichts Besseres weiß, zur Kirche Saint-Nicolas: Vielleicht ist sie umgetauft worden? Die Tür ist geschlossen. Ich bin schon dabei umzukehren, als ich einen kauzigen Herrn geradewegs auf das Kirchenportal zuhinken sehe. Er strahlt die Entschlossenheit eines Grundbesitzers aus, der nach Hause kommt und einen Landstreicher auf seiner Schwelle vorfindet. Ohne jede Liebenswürdigkeit erklärt er mir, dass die Kirche um diese Zeit nicht zu besichtigen ist. Ich verteidige mein Anliegen. Ich erkläre meine Vorliebe für Sepulkralskulptur.

»Sie sind am falschen Ort«, erklärt er mir. Das Franziskanerkloster ist in der Revolution zerstört worden und hat nichts mit dieser Kirche zu tun, die es bereits zu Montaignes Zeit unter dem heutigen Namen gab.

Ich lasse mich nicht entmutigen. Ich habe nicht tausend Kilometer zurückgelegt, um mich von den Bilderstürmern von 1789 beeindrucken zu lassen. Ist von diesem Kloster denn wirklich gar nichts mehr übrig?

»Es gibt schon einen Durchgang.«

Einen Durchgang? Das ist es, ich befinde mich in einem Tolkienroman.

»Gehen Sie auf den Franziskanerplatz. Dort war früher das Kloster. Durchqueren Sie den Garten und gehen Sie weiter bis zum Ende des Parkplatzes. Linker Hand befindet sich ein Absperrgitter. Von dort aus können Sie einige Überreste sehen. Den alten Brunnen.«

»Den Brunnen!«, rufe ich begeistert aus. Derjenige, der von Montaigne erwähnt wird? »Ein Brunnen, aus dem man mit riesigen Eimern schöpft« (*Reisetagebuch,* Neufchâteau) und der über einen ganzen Absatz hinweg beschrieben wird?

»Das könnte gut sein«, schlussfolgert er mit rätselschwangerer Stimme.

Ich bin drauf und dran loszulaufen, aber diesmal ist er es, der mich bittet einzutreten. Mein mysteriöser Informant ist der Organist der Kirche Saint-Nicolas. Er lädt mich zu einer kurzen Besichtigung ein und steigt dann eine Treppe hinauf, die unter seinen Schritten knarrt. Ich höre, wie er sich hinter seiner Klaviatur einrichtet. Ich erahne nur noch die Spitze seines kahlen Kopfes, während in der Stille der verlassenen Kirche eine langsame und ernste Melodie anhebt. Mein Geist hat keine Geduld, in Verzückung zu geraten: Ich will diesen Brunnen sehen.

Auf dem Franziskanerplatz finde ich noch ganz frische Spuren. Der öffentliche Garten ist Square Michel-de-Montaigne genannt worden, mit dieser seltsamen Anmerkung: »Dichter – Moralist«. Mir scheint, dass Montaigne weder das eine noch das andere gewesen ist: Er liebt die Wörter und das Leben, nicht Reime und Sentenzen. Ich schreite weiter fort. Am Ende des Parkplatzes findet sich tatsächlich ein Absperrgitter, in das man ein Loch geschnitten hat. Sollte ein anderer Leser des *Reisetagebuchs* bereits diesen Weg eingeschlagen haben? Ich schlängele mich durch die Öffnung und lande in einem verwilderten Stadtgarten. Ich gehe geradeaus, mein Herz schlägt, ich schiebe die Äste der Sträucher beiseite. Logischerweise wäre jetzt genau der Moment, in dem Michels Gespenst auftauchen und mich grüßen müsste.

Ich komme auf der anderen Seite des Gartens an. Umgeben von Dornengestrüpp, an einer efeuüberwucherten Mauer, erscheint tatsächlich der alte Brunnen, ganz wie Montaigne ihn beschrieben hat: »ein großes steinernes Gefäß«, darüber eine elegante schmiedeeiserne Struktur. Das System mit zwei Flaschenzügen erlaubte es, die Eimer zu füllen und das Wasser in das Refektorium der Mönche zu leiten, »ohne dass jemand etwas dazu tun muss« (*Reisetagebuch,* Neufchâteau). Was Montaigne hier bewundert, sind die Anfänge der Automatisierung. Wo Montaigne den Brunnen der Zukunft erblickte, entdecke ich die Ruinen des Brunnens von einst. Auf den Spuren der Vergangenheit vernehme ich den Ruf der Zukunft.

*

In Neufchâteau erwartet mich noch eine andere Lektion, die mir nicht Montaigne, sondern Roseline erteilt.

Ich bin zum Mittagessen eingeladen, auf den Anhöhen gleich hinter dem Luftsportverein, wo die Stadt langsam aufhört und sich im Wald verliert. Eine Truppe lustiger Mountainbiker im Ruhestand hat die Planung meines Streckenverlaufs in die Hand genommen und eskortiert mich seit dem Beginn des Tages. In jedem Dorf taucht noch ein weiterer von ihnen auf, mit tüchtigen, dem Alter trotzenden Schenkeln. Mittags machen wir halt bei einem Pärchen, alte Freunde, ehemalige Sonderpädagogen, wenn ich richtig verstehe, und vor allem ausdauernde Wanderer. Damit wir beim Essen keine Eile haben, nehme ich Desti den Sattel ab, spanne ein Seil zwischen zwei Apfelbäumen und mache den Riemen mit einem Achtknoten fest, sodass sie beim Grasen die ganze Länge nutzen kann.

Roseline, eine würdige Siebzigerin, deren Kleid einen noch athletischen Körper erahnen lässt, bedient uns, ohne sich zu sehr in das Gespräch einzumischen. Dann nutzt sie eine Stille, um ihre Offensive zu starten.

»Ich würde Sie gerne etwas fragen«, sagt sie mir bedächtig und schaut mir direkt in die Augen.

Der Ton ist ernst. Jetzt wird nicht mehr über meine Route und mein Sattelzeug geredet.

»Sie leben zwischen London und Paris, Sie schreiben für die nationale Presse, Sie gehen mit hochrangigen Persönlichkeiten um.«

Ich würde das natürlich gerne verneinen, weil der äußere Anschein eben trügerisch ist und man nicht alles glauben darf, was man auf Wikipedia findet. Aber es ist keine Frage.

»Finden Sie nicht, dass es einen Graben zwischen euch und uns gibt?«

Das ist exakt der Graben, den ich versuche zu schließen. Ich wurde überall als Reiter, Wanderer oder Vagabund aufgenommen, ich musste niemals meine Visitenkarte rausholen und erklären, mit wem ich Umgang pflege. Für meine Ankunft bei neuen Gastgebern hat sich ein Ritual etabliert: Ich bitte um einen Gartenschlauch, um meine Stute zu duschen, inspiziere den Weidezaun, mache die Wasserstelle ausfindig, erkundige mich nach Heu und Getreide (Granulat: perfekt; Gerste: gut; Mais: passt schon). Eine Stunde dieser völlig pragmatischen Präambel genügt, um Bekanntschaft zu schließen. Dank des Pferdes füge ich mich ohne Filter oder Befangenheit in den Alltag französischer Familien ein. Der »Alltagskommunismus« wirkt weiterhin seine Wunder: In Orléans hat mir ein Bauarbeiter sogar Geld angeboten, falls ich welches bräuchte. Ich vergesse immer wieder gerne mein Buchprojekt, um mich im Glück dieser vorübergehenden Freundschaften treiben zu lassen. Aber Roseline holt mich brutal in die soziologische Realität zurück.

Niemand am Tisch fragt, um wen es sich bei »euch« und »uns« handelt. Es ist zugleich klar und rätselhaft. Politologen nennen dieses lustige Duo »die Eliten und das Volk«, Soziologen »das Zentrum und die Peripherie«, Montaigne hätte gesagt »die Großen und die Kleinen«. Dabei ist es heutzutage eine Frage weder der Titel (ich habe keinen einzigen) noch des Einkommens (ich verdiene vermutlich weniger als Roseline), noch der Macht (niemand würde mir auch nur ein Gran davon anvertrauen, zu Recht), noch der Familie (meine Eltern haben immer am Rand der Sozialordnung gelebt), noch der Sprache (alle drücken sich an diesem Tisch in gleicher Weise aus). Dieser Graben liegt im Nebel. Nichtsdestotrotz ist es unmöglich, ihn zu leugnen. Wenn ich es versuchen würde, würde Rosaline mich sofort in die Kategorie der Unrettbaren stecken.

Wer wird mir glauben, wenn ich sage, dass ich euch uns vorziehe? Uns, ich kenne uns. Wir erregen uns über jeden kleinsten Regierungspups, wir kommentieren live das Weltgeschehen, wir erzeugen Polemik aus Freude an unserer Empörung, wir spicken unsere Sätze mit englischen Wörtern. Wir sind derart verzogen und vorhersehbar. Ihr im Gegenzug habt eine ernstere Sache im Kopf: glücklich sein. Und um das zu schaffen, müsst ihr euch Räume der Autonomie zurückerobern, kleine Binnenräume der Freiheit gegenüber der Verordnungspest, die wir erschaffen haben, um alles richtig zu machen, um euch zu beschützen.

Ich habe das Gefühl, dass ich keine Antwort für Roseline habe. Alles, was ich zu diesem Thema sage, wird gegen mich verwendet werden. Ich druckse herum.

»Ich bitte Sie«, fährt Roseline fort, die eine bestimmte Idee verfolgt, »sagen Sie es ihnen. Sagen Sie es ihnen, dass man in der Provinz gut lebt. Ja, in der Provinz habe ich gesagt, das Wort gefällt mir. Gewiss haben wir unsere Schwierigkeiten, die Gelbwesten sind zu ihrem Echo geworden. Aber man lebt gut.«

In der Tat. Dieses ausgezeichnete Mittagessen ist übrigens ein Beweis dafür. Wie oft dachte ich mir in Haushalten, die das

Institut national de la statistique et des études économiques als »bescheiden« einstufen würde, oder gar bei Bauern, deren 900,– € Rente kein Mythos sind, wie oft habe ich mir da gedacht: »Welcher Luxus!« Luxus an Platz, Luxus an Zeit, Luxus an Geschmack. Man arbeitet hart, wer den Pfenning nicht ehrt, aber man hat seine Freude daran, zu kochen, ein Gebälk zu restaurieren, sich auf einen Stein zu setzen und die Landschaft zu betrachten, in der man jedes Büschel Grün kennt. Man beklagt sich nicht, und man hat kein Bedürfnis nach dem falschen Mitleid, das durch die Fernsehsendungen plätschert.

Ich würde sogar noch weitergehen als Roseline und ihre Sätze um diejenigen Montaignes ergänzen, der Fürsten gegenüber immer skeptisch war und wie seine antiken Lehrer der Alltagsweisheit anhing: »Ich habe in meinem Leben hundert Handwerker und hundert Arbeiter gesehen, die weiser und glücklicher waren als Universitätsrektoren, und denen ich auch lieber gleichen möchte« (*Essais*, II,12).

Ich verlasse Neufchâteau nicht ohne ein gewisses Unbehagen, als wäre ich demaskiert worden. Und ich nehme einige Fragen mit, die mir weiterhin im Kopf herumgeistern.

XIV La Vôge

▪ ▪ ▪

Ankunft im Norden – Thermalbäder – Längere Rast – Römische Ruinen – Montaigne im Bade – Panoptisches Baden – Melancholie genießen – Entrümpelung innen und außen – Selbstgenügsamkeit – Die Quelle der Saône, die Quelle im Allgemeinen – Mirabellen – Étienne der Hufpfleger – Geschichte des Hufeisens – Krümmungen – Touristen – Humanitäre Einsätze – Kolonialismus – Mysterium des Vertrauens – Freiheit und Verantwortung – Ein Fascho – Algerien – de Gaulle

▪ ▪ ▪

Auf der Höhe des Baches Les Roises verkündet mir feierlich ein Schild: »Département des Vosges«. In der Tat gewinnen die Nadelbäume nach und nach die Oberhand über andere Arten und tragen uns so vom romanischen Wald mit seinem dichten Blätterwald in den gotischen Wald der hohen, luftigen Gewölbe. Die Wege winden sich und führen sanfte Steigungen entlang, an denen wieder das Weideland erscheint, das seit dem Limousin verschwunden war. Die Häuser werden heller, indem sie die rosige Champagnerfarbe des Vogesensandsteins annehmen. Die lange Prüfung der glutheißen Ebenen ist vorbei. Unser Ritt wird wieder zu einem Spaziergang. Wir stürzen uns in die Wälder Lothringens wie in ein Schwimmbad.

Entspricht das Département Nr. 88 nun endlich einmal der Region, die wir durchqueren?

Natürlich nicht. Wie seit meiner ersten Etappe belehrt man mich eines Besseren. Das hier sind nicht die Vogesen. Das ist die »Vôge«, die Zone der Hochebenen, die vor dem Gebirgsmassiv der Vogesen im eigentlichen Sinne liegt. Und erneut betritt man die Vôge nicht mit dem Ortsschild des Departements, sondern indem man die Wasserscheide überquert. Meine Gastgeber in Relanges erklären es mir mit Stolz: Ab hier speisen die Regenfälle nicht mehr das Mittelmeer, sondern die Nordsee. Ich blicke mich um: Am Hang verstreut stehen die Milchkühe, da ist ein Sägewerk, die Atmosphäre deutet auf ein Chalet mit Biokäse des Hauses hin. Tatsächlich, das ist der Norden.

Die Vôge ist das Königreich der Förster, Tischler, Glasbläser und Kurgäste, die in die hiesigen Bäder kommen. Ein Königreich, das seit einem guten Jahrhundert in einem langsamen Niedergang begriffen ist, der seinen Landschaften wie seinen Städten den Charme des vergangenen Glanzes verleiht.

Der erste vergangene Glanz, zugleich der glanzvollste und der vergangenste, trägt den Namen Plombières-les-Bains. Wie Montaigne, der hier zehn Tage verbrachte, entschließe auch ich mich dazu, hier unsere erste längere Rast einzulegen. Ich spüre, dass Desti müde ist; die Schwellung auf ihrem Rücken ist immer noch empfindlich, und die Schürfwunde am Widerrist muss noch vollständig vernarben. Für mich wird es eine Gelegenheit sein, einige Tage mit meiner Familie zu verbringen. Plombières ist gut in seinem Talgrund versteckt. Die Ankunft will verdient sein. Nachdem wir den Weg etwas zu tollkühn querfeldein verkürzen wollten, finden wir uns auf einer Weide wieder, die auf allen Seiten von elektrischen Zäunen umschlossen ist; nur die schicksalhafte Ankunft des Bauern, der den Strom unterbricht, erlaubt es uns nach einer halben Stunde fruchtloser Versuche und schmerzhafter Entladungen, den Weg fortzusetzen. Hinter der Kapelle der Vierge-des-Champs öffnet sich uns zu

Füßen die Aussicht auf die Stadt, prachtvoll und altersschwach, dicht gedrängt wie die Miniaturkulisse einer elektrischen Eisenbahn. Um dort hinunterzukommen, muss Desti auf einigen engen und rutschigen Stufen Gleichgewichtsübungen machen: Nach zwei Monaten Wanderschaft ist ein echtes Zirkuspferd aus ihr geworden.

Wir durchqueren Plombières mit dem peinlichen Gefühl, Einbrecher in einer längst vergangenen Epoche zu sein. Von den Fassaden der Belle Époque blättert der Stuck wie Schuppen. Die eleganten Balkone aus Schmiedeeisen, sämtlich rostig, haben sich die Krätze eingefangen. Auf den großzügigen Geschäftsstraßen ist nur eine Handvoll betrübter Seelen unterwegs. Aus Lautsprechern strömt in Endlosschleife eine melancholische Musik. Ich mache mein Pferd vor der Treppe des Hotels fest (»Parkdienst«), lege meinen Mantelsack ab, als wäre er ein Koffer von Louis Vuitton, und begleite Desti dann in das Reitzentrum am Ortseingang, wo ihr eine ganz wunderbare Behandlung widerfahren wird. Danach erkunde ich mein riesiges Zimmer mit seinem minimalistischen 60er-Jahre-Mobiliar und den stillen Speisesaal, wo die mehr oder weniger eingebildeten Kranken essen, die zum »Kassentarif« hierhergeschickt wurden. Ein idealer Ort, um sich zu erholen: Es gibt nichts andres zu tun. Plombières ist das Cabourg der Vogesen, ein proustisches Juwel, das der vulgären Epoche des Marketings widersteht.

Ich habe immer schon eine naive Neugier auf Thermalbäder gehegt. »In die Bäder gehen«, ist das nicht eine mysteriöse Tätigkeit, auf die so viele Romane und Briefwechsel anspielen? Was sind das für Heilmittel, die hier von Jahrhundert zu Jahrhundert kultiviert werden und die sicherlich ihre Wirkung auf den ermatteten Reitersmann nicht verfehlen werden? Während ich durch die zehn Straßen von Plombières schlendere, habe ich alle Zeit der Welt, in die Geschichte der Bäder vorzudringen.

Für die Römer, die die heißen Quellen in der Region entdeckten, stellte das Baden eine Lebenskunst dar. Sie bauten ein Kanalisationssystem, das immer noch in Benutzung ist: Als der Ingenieur Prosper Jutier im 19. Jahrhundert einen Wasserhahn von damals fand, musste er ihn nur öffnen, und das Wasser schoss heraus, nachdem es für zwei Jahrtausende geduldig darauf gewartet zu haben schien. Ich besuche, ausgerüstet mit einer Stablampe, diese verlassenen Schwitzkästen, die aufgrund der Covid-Pandemie für die Öffentlichkeit geschlossen sind. Je weiter ich in die altehrwürdigen Eingeweide von Plombières vordringe, desto stickiger wird die Hitze. Ich triefe nicht vor Schweiß, der Ausdruck ist zu schwach. Ich bin ein Bach auf zwei Beinen. Ich beglückwünsche mich, dass ich ein Notizbuch für Taucher mitgenommen habe, auf dem man auch unter Wasser schreiben kann. Die unterirdischen Amphitheater, die ich durchquere, geben einen sehr genauen Hinweis auf das, was die Römer hier taten: Sie unterhielten sich. Man bekommt Lust, sich hinzusetzen, sich zu verflüssigen, sich Vertraulichkeiten hinzugeben. Die Sauna treibt die Flüssigkeiten aus dem Körper und die Verlogenheiten aus dem Geist.

Zur Zeit Montaignes sind die Bäder zurück an die Oberfläche gekommen. Sie sind zu Freibädern geworden, die nach Klassen getrennt waren: das große Bad für den Adel, das Bad der Diana für wohlhabende Nonnen, das Bad der Gichtigen für die Armen. Sie werden weniger wegen ihrer therapeutischen Wohltaten aufgesucht als vielmehr wegen der Unterhaltung jeglicher Art, die sie bieten. Gewiss, Montaigne trinkt hier ein Wasser, das gegen seine Koliken helfen soll. Auch ich trinke ein Glas an der Quelle des Königinnenbades und finde jenen »lakritzsüßen« (*Reisetagebuch*, Plombières) und leicht metallischen Geschmack wieder. Aber die Bäder der Renaissance sind in erster Linie mondäne Orte: Montaigne pflegt hier Bekanntschaften und genießt die Gesellschaften, die sich hier finden, wie etwa jene »des Herrn d'Andelot, aus der Franche-Comté, dessen Vater Stallmeister bei Kaiser Karl V. gewesen war, und er seinerseits Feldmarschall der Armee des Herrn Juan de Austria« (*Reisetagebuch,* Plombières) – was für ein *name dropping* in nur einem Satz! Dazu gesellen sich alle Arten fleischlicher Freuden. Montaigne spielt darauf an, indem er die damalige Hausordnung zitiert, nach der sich »Prostituierte und unkeusche Mädchen« (*Reisetagebuch,* Plombières) mindestens fünfhundert Schritte von den Bädern entfernt halten müssen. Andere Reisende gehen hier weiter ins Detail. So rühmt Poggio Bracciolini, ein Florentiner auf Reisen, etwa hundert Jahre zuvor, dass »die Ehemänner sehen, wie ihre Frauen von Reisenden berührt werden, und sich nicht aufregen«, und beschreibt die Bäder als eine veritable Orgie, wo es »sehr häufig vorkommt, dass die Männer einer halb nackten Frau und die Frauen einem ganz nackten Mann begegnen«, und man sich »keine Gedanken macht außer dem, wie man lustig leben und das Vergnügen genießen kann«. Mit anderen Worten: Die Atmosphäre hat sich geändert. Das Durchschnittsalter der Besucher in Plombières lädt heute kaum mehr zu Ausschweifungen ein.

Napoléon III. läutete hier den modernen Kurbetrieb ein, mit einem stärkeren Akzent auf Hygiene, mit einem Grandhotel und einem Casino im Zentrum. Ganz das Gegenteil der römischen Souterrains, strukturieren sich die Napoléon-Thermen um einen hellen, symmetrischen, keimfreien Raum. Aus den schlüpfrigen Winkeln sind Behandlungszimmer geworden, mit weißen Handtüchern und Auflagen zum Gesundheitsschutz. Eingänge und Ausgänge werden kontrolliert. Die Körper sind nicht hier, um zu genießen, sondern um sich der Untersuchung zu unterziehen. Michel Foucault hat gezeigt, wie das Konzept des Panoptikons, das die Sichtbarkeit und die Überwachung aller garantiert, die Institutionen des 19. Jahrhunderts inspiriert hat, von der Schule über das Irrenhaus bis zum Gefängnis. Er hätte auch die Bäder hinzufügen können, ideale Orte, um die Macht der Biopolitik auszuüben.

Heutzutage ziehen Thermalorte wie Plombières keine Menschenmassen mehr an. Für die Liebe gibt es eine Dating-App; und was die Hygiene betrifft, ist nicht unsere ganze Gesellschaft ein gigantisches Bad geworden?

»Was denken Sie über den Niedergang von Plombières?«

So lautet die logische, knappe und ehrliche Frage, die mir eine ältere Dame in Betreuung am Ende eines Vortrags stellt, mit dem ich einen ersten Reisebericht improvisiert habe. Wir befinden uns im Kino des Ortes, das, wie der Filmvorführer versichert, »den Duft der 60er-Jahre« bewahrt hat.

»Ich möchte ehrlich sein. Ich mag diese Atmosphäre unheimlich gern. Es ist paradox, denn das, was Sie bedrückt, ist genau das, was mir gefällt. Wenn hier eines Tages Hotels von Four Seasons und Cafés von Costes eröffnen, was bleibt dann Plombières noch von seiner Seele?«

Die Bürgermeisterin ist anwesend. Sie ist jung, energetisch und würde der Stadt gerne etwas von ihrem Splendor zurückgeben. Investoren finden, eine neue Kundschaft anziehen, das Veranstaltungsangebot ankurbeln. Ich ziehe meinen Hut vor ihr. Aber wie soll ich ihr sagen, dass diese Melancholie, die sie austreiben will, zugleich ihr wertvollstes und seltenstes Kapital ist? Plombières schafft es, dieses wunderliche Gleichgewicht aus Geschichte und Leben zu halten. Hier wird eine Dekadenz kultiviert, die nicht in Auflösung versinkt. Ich mag es, herumzuspazieren zwischen den adretten Teesalons und den Häusern, deren Fenster zerbrochen sind und für die die Bürgermeisterin Gefahrenverhütungsmaßnahmen anordnen muss.

Ich mag es, dass der Pavillon des princes, der die historische Begegnung zwischen Cavour und Napoléon III. gesehen hat, heute ein Fitnessstudio geworden ist. Ich mag die müde Stimmung der Rezeptionistin im Hotel; sie ist wie aus dem Ei gepellt, scheint einem Film von Alain Resnais entsprungen und kümmert sich liebevoll um ihre wenigen Kunden, indem sie über die Vergeblichkeit der Existenz philosophiert. Ich mag das Fahrrad ohne Bremsen, das mir die Ehrenamtlichen aus der Reparaturwerkstatt zur Verfügung gestellt haben und mit dem ich jeden Morgen flink wie ein Blitz Desti besuchen kann. Ich mag dieses A4-Blatt, das auf einem rostigen Briefkasten über einer wüsten Rumpelkiste angeklebt ist und auf dem mit schwarzem Filzstift geschrieben steht: »Umsonst, bedienen Sie sich«. Bedienen Sie sich an diesem alten Mantel, diesen unbrauchbar gewordenen Computerkabeln, diesem vor Feuchtigkeit angeschimmelten Zugluftstopper, an diesem zerbrochenen Spielzeug. Bedienen Sie sich dieser Bäder, die seit zwei Jahrtausenden vom Feuer der Erde beheizt werden, bedienen Sie sich dieser ruhigen und friedlichen Nächte, bedienen Sie sich dieser offenen Stadt, bedienen Sie sich und brechen Sie auf, brechen Sie auf, ohne zu grüßen, brechen Sie auf, ohne zu bezahlen, Plombières wird Ihnen das nicht übel nehmen, denn Plombières gibt alles und erwartet nichts dafür.

*

Meine Frau und meine Kinder besuchen mich in Plombières, und sie haben für die zwei Nächte mehr Gepäck dabei, als ich für fünf Monate mitgenommen habe. Ich finde sofort den zuckrigen Geschmack eines Familienurlaubs wieder: Minigolf, Snacks, Waldspaziergänge. Dann brechen sie wieder auf. Da bin ich nun wieder in meinem leeren Zimmer, mit meinen zwei T-Shirts und meinem Tablet, an dem ich lange Stunden mit dem Studium der Karten verbringe.

»Sie müssen Ihnen gewiss fehlen?«, fragt mich die philosophische Rezeptionistin.

»Nein.«

Mir wird bewusst, dass ich im Lauf dieser zwei Monate auf den Geschmack der Entrümpelung und der Schlichtheit gekommen bin.

Zunächst physisch. Mein Körper hat von sich aus, ohne allen Aufwand, all sein Fett verloren. Ich habe das Gefühl, im Spiegel eine Werbung für eine Diätmethode zu sehen: vorher/nachher. Außerhalb der römischen Bäder schwitze ich kaum noch. Den Stolz darauf teile ich mit dem Kaiser Julianus, der »behauptete, dass die körperliche Betätigung, die ununterbrochene Arbeit und die Nüchternheit alle diese Überflüssigkeiten abgekocht und ausgetrocknet hat« (*Essais*, II,21).

Auch materielle Schlichtheit. Ich habe gelernt, meine Nahrung abhängig von meinen Bedürfnissen zu dosieren, nicht von meinem Appetit. Ich kann in meinen Satteltaschen jeden Gegenstand mit geschlossenen Augen finden. Da ich jeden Morgen wieder das Puzzle meines Gepäcks zusammensetze, kann ich unmöglich etwas vergessen. Da ich nichts zu viel besitze, fehlt mir auch nichts. Diese Befriedigung war Montaigne, dem Leser stoischer Philosophen, wohl bekannt: »Um die Güter der Fortuna so wie sie sind auszukosten, muss man die richtige Einstellung haben: Ihr Genuss, nicht ihr Besitz macht uns glücklich« (*Essais*, I,42). Ich genieße das, was man mir auf der Durchreise anbietet, und weiß, dass ich nichts davon mitnehmen werde. Da ich keinen festen Wohnsitz mehr habe, entgehe ich jeglicher Versuchung zu horten. Als mich die Bürgermeisterin von Épernay bat, ein Formular wegen Bildrechten auszufüllen, gab ich als Wohnort »unterwegs« an, denn das schien mir die genaueste Antwort. Warum stellt man übrigens so oft diese Frage? Ist man nicht »bei sich«, wo immer man sich befindet?

Ich teile auch Montaignes Ekel vor dem Überfluss, dem Elend unserer Zeit, der in eher theoretischer Hinsicht auch von Ökonomen wie François-Xavier Oliveau angeprangert wird. Montaigne schrieb: »Nicht der Ernteausfall, sondern vielmehr der Überfluss bringt den Geiz hervor« (*Essais*, 1,14). Mit Nadel und Faden ausgerüstet mache ich es zu einer Ehrensache, Dinge zu reparieren, anstatt neue zu kaufen. Meine Beziehung zum Geld hat sich umgekehrt. In meinem städtischen Dasein gab ich es aus, ohne zu viel zu zählen. Jetzt aber untersuche ich aufmerksam jedes Preisschild. Ich träume davon, den Produzenten direkt zu bezahlen, und nicht die Zwischenhändler. Ist das nicht der grundlegende Sinn der »Ökonomie«, einer Wissenschaft des Austausches, die Aristoteles der »Chrematistik« gegenüberstellte, der Leidenschaft, Reichtum anzuhäufen?

In Plombières bemerke ich, dass sich noch eine dritte Form von Schlichtheit entwickelt hat: emotional. Meine Liebsten fehlen mir nicht in dem Sinne, als das Fehlen eine traurige Empfindung ist, ein Symptom der Unvollständigkeit. »Man muss Frau, Kinder, Güter und vor allem Gesundheit haben«, empfiehlt Montaigne, »aber sich nicht derart an sie hängen, dass jeder Augenblick von ihnen abhängt« (*Essais*, 1,39). Dieser Solipsismus ist ganz und gar kein Egoismus. Es ist eine Weise, mit sich selbst in Harmonie zu leben, autonom, frei, und das ermöglicht es noch besser, die anderen zu lieben. Wenn eine Freundin mich auf meinem Weg begleitet, wie in den schlimmsten Teilen der Champagne pouilleuse, freue ich mich. Aber wenn sie sich Richtung Bahnhof verabschiedet und ich allein auf den Wegen zurückbleibe, empfinde ich kein Bedauern, nicht den geringsten Stich im Herzen. Ich ziehe mich in mein Hinterstübchen zurück, wie Montaigne sagte (*Essais*, 1,39), das mich frisch und ordentlich erwartet und immer das Versprechen eines langen inneren Monologes hält. Ist das nicht geradezu der Zweck dieser Reise: »sich die Muße herausnehmen, sich selbst zu unterhalten« (*Essais*, III,5)? Zeugt demgegenüber der Beziehungsmalstrom, in den uns die Gesellschaft stürzt, jene Tausenden virtuellen Freunde, die uns bis ins Schlafzimmer hinein »liken«, nicht von einer deprimierenden Unfähigkeit, allein mit sich zu sein? Warum fliehen wir so vor uns selbst?

Ich frage mich sogar, ob Entrümpelung und Schlichtheit nicht auch meinen Geist erobert haben. Stückchen für Stückchen, ohne es wirklich entschieden zu haben, habe ich meine geistige Nahrung rationiert. Zeitschriften habe ich aufgegeben, aber Bücher auch; nur ein einziges habe ich auf meinem Kindle im Verlauf von acht Wochen gelesen (*Bartabas* von Jérôme Garcin), weil ich keine Zeit, aber auch keine Lust hatte. Ich mache die Entdeckung, dass es möglich ist, an nichts zu denken, also an fast nichts, an ganz wenig. »Es ist etwas Herrliches, das Gelübde der Armut zu erfüllen, und die des Geistes einzubegreifen« (*Essais*, III,12), schreibt Montaigne, der alle Klugscheißer, Pedanten und »bücherbeladene Esel« (*Essais*, I,26) hasste. Man muss leben und auch einmal die angehäuften gelehrten Studien und Analysen vergessen, die allzu gelehrten, deren hochverfeinerte Begriffe sich in Scheuklappen verwandeln.

Allzu schamhaft aber hat Montaigne versäumt, eine Sache klarzustellen, eine Offensichtlichkeit, die mich überfiel, als ich eines Nachts durch die leeren Straßen von Plombières spazierte: Schlichtheit macht glücklich.

*

Im Wald von Darney folge ich dem Lauf der Saône. Sie ist ein einfacher Bach im Unterholz, ein mit grünem Moos gewickeltes

Baby. Wir durchwaten sie mehrmals. Ich erinnere mich an die Quais der Saône in Lyon, wo ich während meiner Studienjahre in der Hauptstadt Galliens oft hin und her gegangen bin: Dort sammelt der Fluss seine Kraft, er bläht und verbreitert sich ein letztes Mal, bevor er in der Rhône verschwindet. Es ist besser, sich nicht dorthin vorzuwagen: Seine Strömungen, Strudel und Gletschertöpfe verschlingen jedes Jahr Dutzende allzu wagemutige Schwimmer. Hier indessen, fünfhundert Kilometer stromaufwärts, machen wir uns über das Rinnsal lustig, aus dem Desti reichlich trinkt.

Ich verlasse den Wald und folge dem Weg bis nach Vioménil, wo ich unerwartet auf die Quelle der Saône stoße, die ganz bescheiden von einem handschriftlichen Holzschild bezeichnet wird. Ich treffe dort eine Truppe junger Radfahrer, die den Fluss von seiner Mündung bis hierher hinaufgefahren sind und jetzt Brotzeit im Schatten des Waschhauses machen. Für sie ist das Abenteuer zu Ende. Ich für meinen Teil habe kaum die Hälfte hinter mir. Das Härteste steht noch an: das Gebirge und der Herbstregen.

Der Ausfluss der Quelle ist so schwach, dass man sie als stehende Pfütze bezeichnen könnte. Was würde passieren, wenn ich einen Stein hineinwerfe und so eine Sperre errichte? Würde die Saône aufhören zu fließen? Würde sich nach ein paar Tagen der Wasserspiegel unter den Brücken Lyons senken?

Die Quelle birgt ein Rätsel, das mich bei der Lektüre von Claudio Magris *Donau* ergriffen hat, ein anderer wandernder Schriftsteller, der nach der europäischen Einheit sucht. Auf seinem Weg flussaufwärts, angefangen im Donaudelta in Rumänien, dringt Magris bis zur offiziellen Quelle im Schwarzwald vor. Dann bemerkt er, auf einer oberhalb gelegenen Wiese, ein Bächlein, das die Erde netzt. Er folgt seiner Spur bis zu einem Haus, das er umrundet. Er folgt dem Rieseln die Mauer entlang, und was entdeckt er? Einen tropfenden Wasserhahn. Entsteht die Donau aus häuslicher Nachlässigkeit? Wird der alemannische Klempner, der das Leck repariert, ganz Europa in Dürre stürzen?

Dieses Rätsel löst sich auf, sobald man zu glauben aufhört, dass die Quelle in Potenz bereits den rauschenden Fluss enthält, als hätte der Oberlauf den Unterlauf in Auftrag gegeben. Nichts dergleichen. Die Quelle ist eine Übereinkunft, ein Symbol; würde sie versiegen, würde der Fluss weiterfließen, als ob nichts gewesen wäre. In der Retrospektive verdankt sie ihren Status all den anderen Wasserläufen, die nach und nach zusammenfließen und ihren Wassertribut zollen. Die Zuflüsse haben ihr eigenes Schicksal und stehen in keinerlei Verbindung mit der Quelle; die Einheit des Flusses kommt aus dem Zusammenfluss, nicht aus dem Ursprung. Entgegen dem, was das Wörterbuch behauptet, ist die Quelle eines Flusses nicht der Ort, an dem »er« entspringt; denn der Fluss existiert dort noch gar nicht. Die Saône ist in Vioménil nicht die Saône. Sie ist nur ein Bächlein wie andere auch, die der Zufall an den Ort gesetzt hat, der am weitesten von der Mündung entfernt ist.

Ich musste mit mehreren Denkgewohnheiten brechen, um diese Flusslogik zu verstehen. War ich nicht zum Opfer eines typisch okzidentalen philosophischen Atavismus geworden, der behauptet, dass der Ursprung das Werden determiniert? Genauso wie wir der Quelle eines Flusses eine überproportionale Bedeutung zuschreiben, zerbrechen wir uns seit Platon den Kopf, um die Quelle der Erkenntnis zu identifizieren, und verehren wir die Quelle der Macht, als ob das Wissen und die Handlung aus einem einzigen Prinzip herausfließen müssten. Täten wir nicht besser daran, die Zuflüsse, ihre Komplexität und ihre Diversität, gründlicher zu studieren, ohne sie auf eine bestimmte Quelle zu beziehen? Anders gesagt, die Vielheit geht nicht aus der Einheit hervor, sondern geht ihr voran.

Und so finde ich also meine Antwort auf die Frage Roselines. Wie die Quelle so ist auch die Elite nur eine Übereinkunft, eine Konvention, ein wohlplatziertes Bächlein im gewaltigen Strom der Gesellschaft. Man gehört dazu, wenn man sich in der Nähe derer aufhält, die glauben dazuzugehören: eine selbsterfüllende Illusion. Was wirklich zählt, sind die Nebenflüsse, die ich während meiner ganzen Reise überquere, die ihren Schlamm auf die Erde des Landes legen. Es gibt kein »peripheres Frankreich«, sondern nur ein kleines Grüppchen Extraschlauer, die das Wort »Zentrum« auf ein Schild geschrieben haben und die sich umso besser am Oberlauf behaupten, als sie vortäuschen, am Geschick des Unterlaufs Anteil zu nehmen. Was würde passieren, wenn man die Quelle schließen, wenn man die Lichter im Élysée-Palast löschen würde? Nichts. Die Nebenflüsse würden weiter fließen.

Die Quelle auf ihren eigentlichen Platz zu verweisen bedeutet, mit Jahrhunderten, vielleicht mit Jahrtausenden vertikaler Kultur zu brechen. Eine edle Aufgabe für die Spaziergänger des 21. Jahrhunderts.

*

Étienne empfängt uns in Rouvres-la-Chétive in dem Haus, das er sich geduldig hinter der Kirche gebaut hat. Desti profitiert von einer guten Weide. Ich tauche schlagartig in die Ökonomie des Ortes ein: Mirabellenernte und -auslese, dann Abliefern und Wiegen beim Großhändler. Am späten Nachmittag strömen Autos voller goldener Kugeln aus der ganzen Region hierher und schütten das Ergebnis eines Arbeitstages zusammen. Während man mit den Steigen herumhantiert, macht man sich

Sorgen, ob die Qualität der Früchte auch wertgeschätzt wird, beklagt sich über sinkende Preise und einigt sich darauf, dass die Ernte dieses Jahr wegen der Trockenheit schlecht gewesen ist. Der Haufen wird immer größer, phantastisch wie die goldenen Münzberge von Donald Duck. Ich würde gerne hineinspringen. Wenn die Nacht gekommen ist, nimmt der Großhändler in seinen Lagerhallen vielleicht ein heimliches Bad.

Étienne beeindruckt mich. Er ist einer der Weisen, die, wie Antoine, mein Lehrer aus dem Calvados, eine echte Lebensphilosophie entwickelt haben. Seine beständige Sorge ist die Präzision. Sein Körper ist schlank und muskulös, kantig. Er war erst Mechaniker, hat dann in einem Sägewerk gearbeitet, bevor er sich dem Hufschmiedehandwerk zuwandte. Aber etwas störte ihn am Prinzip des Hufeisens, dieses harten Stücks Metall, das brutal auf einen lebendigen Organismus, der so komplex ist wie der Huf eines Pferdes, genagelt wird. Also hat er in Deutschland eine einjährige Ausbildung bei einem Vorreiter der natürlichen Hufpflege absolviert, einer mehr und mehr verbreiteten Methode, bei der die Pferde »barfuß« gehen dürfen und das Horn regelmäßig befeilt wird. Die Hufpflege erlaubt es dem Huf, nach seiner Fasson zu leben, und passt sich dessen Morphologie an. Es ist eine Maßarbeit, die genau zu Étienne passt und aus der er seinen Beruf gemacht hat. Wie Könige ihre Qualitäten ihrem Namen einschreiben, so ist aus Étienne *Étienne der Hufpfleger* geworden.

Die Hufpflege ist im Vergleich zum Hufschmieden das, was Shiatsu für die westliche Medizin ist: eine sanfte und ganzheitliche Methode, die es darauf anlegt, eine breite Palette von physischen und psychischen Fehlfunktionen zu behandeln. Aber mehr noch als eine Technik, Étienne der Hufpfleger lässt mich eine ganze alternative Denkweise entdecken. Gewohnheitsmäßig bin ich erst mal widerspenstig. Das ist ja ganz nett für

Pferde auf der Weide, aber wir werden es nicht durchhalten, zweitausendfünfhundert Kilometer barfuß zu gehen. Gibt es nicht einen guten Grund, warum man immer schon Hufeisen verwendet hat?

Nein. Die Griechen und die Römer haben ihre Pferde nicht beschlagen. Allerhöchstens benutzten sie »Hipposandalen« aus Leder, die heute auch wieder für lange Routen und schwierige Strecken in Mode kommen. Die Bestätigung dessen werde ich in Italien erleben, als Desti gefährlich über die Pflastersteine der römischen Straßen schlidderte, die beim ersten Regentropfen zu richtigen Eisbahnen werden: Die Römer bauten ihre Straßen nicht für beschlagene Pferde. Erst im Mittelalter tauchen Hufeisen auf, wie wir sie heute kennen, die mit Nägeln am Horn befestigt werden. Laut Étienne dem Hufpfleger handelte es sich um eine Abwehrmaßnahme gegen die Attacken des Ammoniaks aus den Exkrementen, das sich in der Stalleinstreu ansammelt. Anders gesagt hat sich der Mensch, als er anfing, die Pferde zur Immobilität zu zwingen und sie den ganzen Tag über in Stallungen anzubinden, selbst ein Problem erschaffen, für das er sich dann eine Lösung ausdenken musste. Ein Pferd in seiner natürlichen Umgebung hingegen, das auf der Weide herumspringt, hätte keinerlei Grund, seine Hufe durch eine zusätzliche Schicht Eisen zu schützen.

Étiennes des Hufpflegers Demonstration übersteigt aber bei Weitem die Frage der Hufpflege. Als ich ihm einen immer deutlicher zutage tretenden Symmetriefehler in Destis Bewegung beschreibe, liefert er mir schonungslos seine Diagnose: Ich bin verkrümmt. Was, ich, verkrümmt? Einverstanden, ich halte mich nicht immer völlig grade, aber verkrümmt, wirklich? Es stimmt schon, dass ich Schmerzen in der Halswirbelsäule und einen etwas gebogenen Rücken habe, aber etwas Osteopathie sollte das alles wieder ins Lot bringen, oder nicht?

Nein. Ich bin tatsächlich verkrümmt. Diese wackelige Haltung hat Desti dazu gebracht überzukompensieren und droht nun ihrerseits sie zu verformen. Woher kommt dieser Defekt? Étienne der Hufpfleger bleibt vage, aber ich lese seine Gedanken: Es kommt von einem Lebensstil, der zu Hälfte regungslos und zur Hälfte überdreht ist; über lange Stunden hinweg sitzend vor einem Bildschirm oder in einem Flugzeug, dann plötzlich in das Gewühl einer Stadt oder die Aufregung einer Diskussion geschleudert. Wir sind alle bipolar und instabil geworden. Der Geist ist zerstreut, der Körper schlaksig. Ich bin krumm.

Die alternative Medizin, ob für Pferde oder für menschliche Wesen, versucht, uns zu Recht darauf hinzuweisen, dass sich unsere intellektuelle und soziale Existenz im Verhältnis zu unserer Physiologie zu schnell entwickelt hat. Anstatt die Konsequenzen abzumildern, versuchen diese sogenannten »sanften« Methoden, die Ursachen zu heilen. Mit mehr oder weniger Ungeschicklichkeit oder Scharlatanismus fordern sie uns dazu auf, in einer Art und Weise zu leben und zu denken, die den Bedürfnissen unseres Körpers entspricht. Montaigne fragte sich, warum wir nicht mehr alle nackt leben können. »Wir haben unsere eigenen Mittel durch geliehene erstickt« (*Essais*, I,36). Durch das Tragen von Kleidung haben wir gelernt zu frieren. Es würde genügen, »unsere eigenen Mittel« wiederzuentdecken, um in uns ungeahnte Kräfte zu finden. Wenn ich meine Haltung berichtigen und mich aufrichten will, gibt es ein einziges Heilmittel, besser als alle Osteopathiesitzungen: gehen. Das trifft sich gut, ich habe für die nächsten drei Monate nichts andres vor.

Die Familie von Étienne dem Hufpfleger verwöhnt uns. Für mich einen Mirabellenkuchen, klar; für Desti eine Salbe für die Hufe aus Traubenkernöl. Étienne der Hufpfleger hat mich in eine neue Art zu denken eingeweiht. Ich werde nicht so weit gehen, die Spezialistin für Pferdeshiatsu zu kontaktieren, die er mir empfiehlt. Aber meine Entscheidung ist gefallen, und ich werde sie halten: Sobald wir zurück sind, nehme ich Desti die Hufeisen ab.

*

Als wir uns Vittel nähern, wimmelt es nur so von Urlaubern. Die Seen, die *de la Folie,* wörtlich *des Wahnsinns,* heißen, sind aufs Traurigste vernünftig: Man picknickt mit der Familie, führt Hunde spazieren, es gibt eine Wasserrutsche. Ich habe so viele einsame und wunderbare Gegenden durchquert, dass ich mit diesem plötzlichen Menschenauflauf rund um die Lacs de la Folie nicht klarkommen kann. Desti wird mit großem Geschrei empfangen, als wäre sie eine Attraktion, die im Pauschalpreis enthalten ist: Ich flüchte im Trab. Nachdem ich an einer Ranch, die ansonsten ideal schien, abgewiesen worden bin, graust mir etwas vor unserer heutigen Etappe, einem pädagogischen Bauernhof mit Hüttchen in den Bäumen. Es genügt, dass ich von einem höhnischen Touristen angelabert werde, und all mein Vertrauen in die Menschheit verflüchtigt sich.

Wie immer macht die Großzügigkeit des Willkommens das alles vergessen. Man schickt mich in den Bereich der »Jungen«, die hier den Sommer über arbeiten und die mir liebenswürdigerweise eine gerade erst errichtete Jurte überlassen. Desti ihrerseits findet anstandslos zwischen Schweinen und Ziegen einen Platz. Schon ist ein Therapiepferd aus ihr geworden, das glücklicherweise durch einen soliden Zaun von einem brünftigen Esel getrennt ist: Ich möchte nicht mit einem kleinen Maultier auf dem Petersplatz in Rom ankommen.

Éric, mit dem ich mich auf dem Weg nach Vittel nett unterhalten hatte, kommt nach dem Abendessen noch auf ein Bier vorbei, während der Himmel sich nach und nach bedeckt. Wir sind aus derselben Generation. Er ist Ingenieur von Beruf, Reisender im Herzen, und kommt gerade aus Madagaskar zurück, wo er für einige Jahre für humanitäre Projekte an der Elektrifizierung von Dörfern gearbeitet hat.

»Großartig!«, rufe ich mechanisch, als ich das Wort »humanitär« höre.

»Da bin ich mir nicht so sicher«, antwortet er mit ernster Stimme.

Das Gespräch wird interessant. Éric hat seine Zweifel. Er fragt sich, ob wir nicht dabei sind, unsere eigene Lebensart den Bevölkerungen Afrikas aufzudrängen. Elektrizität bringt ein neues Universum mit sich, sie erzeugt neue Bedürfnisse und die damit verbundenen Probleme. Anhand welcher Kriterien können wir beurteilen, ob es sich um einen »Fortschritt« handelt? Ist die humanitäre Hilfe wirklich sachdienlich angesichts der dramatischen ökonomischen und sozialen Brüche, die in erster Linie auf den Kolonialismus zurückgehen? Afrika ist nicht arm gewesen, bevor Europa es entsprechend deklariert hat. Es gab keine Hungersnöte, keine Überbevölkerung, keinen Waffenschmuggel, keine Grenzkonflikte, keinen Wahlbetrug. Es herrschte ein lebendiges Gleichgewicht, das sich geduldig über den Lauf von Jahrtausenden eingestellt hatte. Ein Stammesgleichgewicht, das sich vom europäischen Modell unterscheidet, aber nicht weniger respektabel ist.

Éric ist weder Globalisierungsgegner noch Dekolonialist, noch Büßer. Er hat die Ausbildung unserer besten Schulen genossen, er glaubt an die Wissenschaft und an die menschliche Tat. Die Fragen, die er sich stellt, decken sich dennoch mit denen seiner Zeit: Ist der amtierende Präsident nicht auch deshalb gewählt worden, weil er den Kolonialismus als »Verbrechen gegen die Menschlichkeit« angeprangert hat? Vor allem erinnern mich diese Fragen an die Montaignes, der von der Eroberung der Neuen Welt entsetzt war. Am Ende des 16. Jahrhunderts hat Cortés bereits die Azteken in Mexiko dezimiert, und Pizarro hat das Inkareich in Peru besiegt. Mehr braucht es für Montaigne nicht, um die Befürchtung zu begründen, »dass wir den Untergang und den Ruin der Neuen Welt durch die Ansteckung mit uns selbst aufs äußerste beschleunigt haben, und dass wir ihr am Ende unsere Meinungen und Künste sehr teuer verkauft haben werden« (*Essais*, III,6). Eine Ansteckung mit einem Virus in der Tat, denn die von den Europäern importierten Pocken haben mehr als alle Armeen zur Auslöschung der Inkas beigetragen. Aber auch und vor allem kulturelle Ansteckung, indem die Okzidentalen ihre Werte und Praktiken einfach dort wiederholten, wo sie sich festsetzten.

Indes liebt Montaigne mehr als irgendwer die Vielfalt der Kulturen, so sehr sogar, dass man ihm zugeschrieben hat, den »Kulturrelativismus« eingeläutet zu haben. Er verteidigte die Kannibalen, denen er in Rouen begegnete, enthielt sich eines Urteils über ihre Sitten vor dem Hintergrund der unseren und kam zu dem Schluss, dass »jeder das Barbarei nennt, was bei ihm nicht üblich ist« (*Essais*, I,31). Die Kolonisierung, die im Gange ist, erscheint ihm brutal und ungerecht, ob man sie nun durch die Erleuchtung der Religion oder später durch die Aufklärung des Fortschritts rechtfertigt. Montaigne kritisiert weniger die militärische Unternehmung als die Art und Weise der Besatzung. »Wäre eine so edle Eroberung nur in die Zeiten Alexanders oder jener alten Griechen und Römer gefallen« (*Essais*, III,6), bedauert er scherzend. Darin darf man nicht nur ein simples Antikeheimweh erblicken. Montaigne arbeitet die fundamentale Differenz heraus, die zwischen der Provinz eines Reichs, die im Tausch gegen Tributzahlungen frei ihr eigenes Geschick verfolgen kann, und der Kolonie eines Königs besteht, die bis in ihre Identität hinein dem neuen Herrn unterworfen wird. Seine Vorwürfe zielen weniger auf die unvermeidlichen materiellen Plünderungen als vielmehr auf den entstehenden Prozess der kulturellen Homogenisierung, dessen Endstadium vier Jahrhunderte später Claude Lévi-Strauss mit dem Verschwinden der indigenen Völker beobachtet hat.

Wenn die ehemaligen Kolonien heute Reparationen und Entschuldigungen einfordern, dann greifen sie die Logik des Okzidents auf, die in der Vorstellung eines Nationalstaats und in der Idee der Verrechnung verankert ist, und schenken dadurch paradoxerweise ihren Kolonialherren einen totalen konzeptuellen Sieg. Érics Fragen gehen tiefer: Sie hinterfragen die Natur des »Index der menschlichen Entwicklung«, auf dem die internationalen Hilfsleistungen gründen. Sind Bildung, Gesundheit und Reichtum notwendigerweise und universal erstrebenswert? Kann die »menschliche Entwicklung« nicht auch Formen annehmen, die mit unseren eigenen Werten inkompatibel sind? Ist die Kindersterblichkeit, fragt Éric ganz offen, nicht auch ein Teil wohlgeordneter familiärer und sozialer Ökosysteme, die unser Onkel Doktor zerrüttet? Montaigne hat den Kannibalismus toleriert, aber die Weltbank würde das sicherlich nicht tun. Es braucht eine gute Dosis pyrrhonische Skepsis und noch mehr intellektuellen Mut, um diese Fragen zu stellen. Sie kommen vielleicht zu spät: Die Verwestlichung der Welt ist bereits zu weit fortgeschritten, um noch Platz für alternative Wege zu lassen. Man hätte Montaigne vorher lesen müssen.

Ein gewaltiges Gewitter geht über Vittel nieder. Wir flüchten uns unter das Vordach an der Hütte der Jungen. Ich kann ihre Steckdosen benutzen, um meine Geräte aufzuladen: Die Elektrifizierung hat auch ihr Gutes. Ich frage mich unruhig, ob meine Jurte wirklich wasserdicht ist. Eine Stunde später bekomme ich eine Antwort: Ja, sie ist es, wenn man die Innenwand aus Tuch ordnungsgemäß verschließt, was ich, wehe, leider nicht gemacht habe. Ich werde nicht umhinkönnen, am kommenden Tag meine Socken auf dem Sattel zu trocknen. Aber dieses Gespräch war schon eine feuchte Nacht wert.

*

Als ich in Uzemain, nicht weit von Épinal, ankomme, werde ich von Arielle und Valentin aufgenommen, einem jungen Pärchen, das vor drei Jahren hierhergezogen ist. Sie haben einen Gemüsebauernhof eröffnet und verkaufen körbeweise Biogemüse und -obst an eine lokale Kundschaft. In dem alten Sandsteingebäude, das sie Zimmer für Zimmer wiederherrichten, nehmen Kinderspielzeug, Bastelwerkzeug und ein brandneuer 3D-Drucker einen wichtigen Platz ein: der neorurale Traum.

Nach einem heftigen Tag von vierzig Kilometern, die ich, um Desti zu schonen, hauptsächlich zu Fuß zurückgelegt habe und die auf einem üblen Abschnitt des GR 7 mit gesperrten Wegen endeten, haben wir es wirklich nötig, wieder zu Kräften zu kommen. Ich bringe Desti auf einer riesigen Weide unter, von der aus sie einen unverbaubaren Blick auf den Wald von Ban-d'Uxegney in der Ferne hat. Ein Nachbar, ein ehemaliger Feuerwehroberst, lädt mich zum Abendessen ein: Mir wird ein traditionelles Mahl im großen Stil zuteil, Schnittchen mit Münsterkäse und Speck, fleischgefüllte Teigtaschen, Flammkuchen und Mirabellenschnaps vom Schwiegervater. Nun muss ich nur noch die Frage des Schlafplatzes klären. Ich wende mich zögerlich an meine Gastgeber:

»Und zum Schlafen?«

»Wo immer Sie wollen«, sagt mir Arielle und deutet auf den Garten.

Der Leser kennt inzwischen meine Meinung zu Nächten im Zelt. Ich bin entschlossen, mir einen Platz auf einer Couch zu erbetteln, alles Schamgefühl beiseite. Not ist das Gebot; ein Gebot, das für mich inzwischen über den Imperativen der Höflichkeit steht.

»Gibt es die Möglichkeit, dass ich mich irgendwie drinnen festsetzen könnte? Ich habe einen Schlafsack und brauche nicht viel Platz.«

»Es ist nur, dass wir heute Abend ausgehen und vielleicht die ganze Nacht weg sind«, sagt sie etwas verlegen.

Arielle denkt keine Sekunde daran, dass ich ein Räuber sein könnte. Aber ihr Reflex ist völlig natürlich. Hat man nicht die Türen dafür erfunden, dass Fremde in unserer Abwesenheit nicht einfach ein und aus gehen können?

»Genau!«, rufe ich. »Ich könnte auf das Haus aufpassen.«

Arielle scheint fassungslos über meine Offenherzigkeit. Sie dreht sich zu Valentin, und der lächelt.

»Ach ja, so gesehen – einverstanden!«

So habe ich also meine Eintrittskarte für das Wohnzimmer, wo ich mich neben einen schnarchenden Hund legen kann. Durch eine einfache Antwort im richtigen Ton bin ich vom Verdächtigen zum Wächter geworden. Das Vertrauen ist ein Mysterium, das all die Beurteilungsalgorithmen mit ihren Sternchen und Wahrscheinlichkeiten niemals durchdringen werden. Es stützt sich auf eine voll und ganz menschliche Intuition, die zwar manchmal irren mag, aber ohne die keine Gesellschaft Bestand haben könnte. Die öffentliche Ordnung beruht nicht auf der Polizei, die schlagartig überfordert wäre, wenn wir plötzlich beschließen würden, uns gegenseitig zu beklauen. Sie beruht vielmehr auf den Blicken, die wir jeden Tag mit Nachbarn, Kollegen oder Passanten wechseln.

Montaigne machte auf seinen Reisen ganz ähnliche Erfahrungen. In einem der Physiognomie gewidmeten Essay beschreibt er seine »günstige Erscheinung«: »und davon habe ich in fremden Ländern einzigartige und seltene Vorteile genossen« (*Essais*, III,12). Diese günstige Erscheinung hat gar nichts mit körperlicher Schönheit zu tun: Montaigne war klein, kahlköpfig und hatte ein Allerweltsgesicht, wenn ich auch für seinen Schnurrbart nicht unempfänglich bin. Es geht vielmehr um eine einnehmende Ausstrahlung, dank derer Montaigne, wie er erzählt, einem Entführungsversuch im Wald und einem Mordanschlag bei sich zu Hause entkommen ist. »Mein Gesicht und mein Freimut haben ihm den Verrat aus der Faust gerissen« (*Essais*, III,12), schreibt er über seinen Angreifer. Wie soll man auch jemanden um die Ecke bringen, der lächelt?

Entsprechend besteht das Geheimnis, Vertrauen einzuflößen, darin, zuerst das eigene Vertrauen vorzustrecken. Montaigne erklärt zum Beispiel, dass er den Eingang seines Schlosses nicht bewachen lässt, obwohl Räuber in der Gegend unterwegs sind. Oder dass er auf Reisen seinen Geldbeutel einem seiner Diener anvertraut: »Und wenn er nicht ein Teufel ist, dann verpflichte ich ihn durch ein derart hingegebenes Vertrauen dazu, recht zu tun« (*Essais*, III,9). Ebenso vertraue ich meine Stute Unbekannten an und lasse meine kostbaren Satteltaschen in allen Scheunen liegen. Sollte ich nicht dem Teufel begegnen, dann sollte diese Offenheit zu meinem Schutz genügen.

Stellen wir uns einmal vor, man würde diese vertrauensvolle Praxis auf die Gesamtheit unserer Mitbürger ausweiten. Das Modell der guten Gesellschaft wäre ein Land, in dem, wie es sich Montaigne vorstellt, »die Zäune der Gärten und Felder, die man bewahren möchte, aus einem Wattefädchen gemacht sind und dabei sicherer und beständiger wirken als unsere Gräben und Hecken« (*Essais*, II,15). Indem man den Menschen die

Freiheit der Handlung und der Wahl zumutet, lässt man einen Geist der Verantwortlichkeit entstehen. Andersherum erzeugt Zwang kindisches Verhalten. Das ist auch die Schlussfolgerung, die ich aus dem Dutzend meiner Reportagen gezogen habe, die mich auf der Suche nach Freiheitserfahrungen rund um die Welt geführt haben. In Schweizer Kantonen, wo auf alljährlichen Versammlungen direkte Demokratie praktiziert wird, führt die Versicherung, dass jede Stimme zählt, zu Reife in der kollektiven Entscheidungsfindung. In brasilianischen Dörfern, wo mit dem Grundeinkommen experimentiert wird, bewegt die Bedingungslosigkeit der Hilfeleistung die Empfänger dazu, rational hauszuhalten. In US-amerikanischen Bundesstaaten, in denen Cannabis frei verkäuflich ist, führt diese Freiheit, sich zu berauschen, prompt zu mäßigerem Konsum. In peruanischen Slums, in denen Mikrokredite ohne Pfand und ohne Sicherheit ausgegeben werden, rechnen die Mikrounternehmer centgenau ab und tilgen den Kredit makellos. Im offenen Strafvollzug in Finnland, wo keinerlei Mauer die eingeschlossenen Häftlinge hält, lässt die Möglichkeit zur Flucht die tatsächlichen Fluchtraten sinken und erhöht die Chancen der Resozialisierung. Politisch, sozial und ökonomisch ist die Freiheit das genaue Gegenteil eines Teufelskreises. Je großzügiger man sie zugesteht, desto mehr erweisen sich die Menschen ihrer würdig.

Nicht nur nimmt mir Arielle meine Kühnheit nicht übel, am nächsten Tag bereitet sie mir sogar einen Imbiss aus frisch geerntetem Gemüse zu, der so köstlich ist, dass ich mir keine Sorgen um die Zukunft des Gemüsehofes mache. Das Vertrauen ernährt den Menschen!

*

Da meine Durchquerung Frankreichs allmählich dem Ende zu geht, fehlt in meiner Porträtgalerie noch ein Exemplar der extremen Rechten. Nicht nur ein einfacher Sympathisant des *Rassemblement national,* wie ich sie massenweise antreffe, anständige Leute, die von den Normen der herrschenden Technokratie zur Verzweiflung gebracht werden, sondern einen Harten, einen Überzeugten, kurz gesagt, einen richtigen Fascho. Zum Glück ist mir der Zufall hold.

Paul ist ein sympathischer Rentner, ein ehemaliger Informatiker, der davon überzeugt ist, dass wir irgendwie weitläufig miteinander verwandt sind. Ich nutze diese Phantasievetternschaft ohne Scham, um ihn um alle möglichen Dinge zu bitten. Eines Morgens fährt er mich mit dem Auto zum Tierarzt, wo ich ein spezielles Pflaster für Pferde abholen muss, um ein Druckgeschwür abzudecken (eine Art kleine Blase auf Destis Schulter, an der die Reibung des Sattels schuld ist). Auf dem Rückweg macht Paul einige Umwege, um mir Sehenswürdigkeiten seiner Region zu zeigen. Ich habe es eilig, wieder in den Sattel zu kommen, aber wie könnte ich ablehnen? Ich habe alle Zeit der Welt, um auf den Serpentinen nach Gesprächsstoff zu suchen.

»Und wo triffst du dich mit deinen Freunden? Gibt es Aktivitäten oder Assoziationen in der Region?«

Mit anderen Worten, was ist das Vogesengegenstück zum Bouleklub?

»Aber ja! Ich bin im Vorstand des Veteranenverbands. Da gibt es Zeremonien!«

»Veteranen? Aber wo hast du denn gekämpft?«

Paul ist noch rüstig; in jedem Falle ist er nicht alt genug, um ein Veteran des Zweiten Weltkriegs zu sein. In meiner *Millennial*-Vorstellungswelt sind Veteranen Greise im Rollstuhl, die ihr Lebendgewicht mit Medaillen verdoppeln und auf offiziellen Gedenkveranstaltungen bei den Blumentöpfen postiert werden.

»In Algerien. Das war was!«

Ich erfahre, dass Paul Fallschirmjäger gewesen ist, ein stolzer Kamerad der »bande à Massu«, nach seinen eigenen Worten, und der *Organisation de l'Armée Secrète* (OAS) nahestehend (oder ein Teil von ihr?). Fallschirmjäger, die OAS, da schau her. Man hat sie mir im Geschichtsunterricht vorgestellt: Die waren nicht zartbesaitet. Sie waren zu allem bereit, damit Algerien französisch bleibt. Ich versuche mich an einer vorgeblich naiven Frage, um Klarheit in die Sache zu bringen.

»Was denkst du über General de Gaulle?«

»Ein Scheißkerl!«

Die Antwort hat nicht auf sich warten lassen. Im apathischen Konsens der aktuellen politischen Klasse, die den Gründungsvater der Fünften Republik mit Ehrungen überhäuft, vergisst man zuweilen, wie sehr der General in seiner eigenen Zeit polarisierend wirkte. Vor meinem Aufbruch habe ich den ersten Lockdown dazu genutzt, seine *Memoiren* zu lesen. Man versteht dann besser, was es für eine Prise Wahnsinn gebraucht hat, sich für den Auserwählten des Vaterlandes zu halten, die göttliche Inkarnation der nationalen Souveränität, einen Spross aus der Linie der Erleuchteten, die aus dem Nichts kamen und Frankreich retteten: Robert le Fort (der erste Kapetinger), Johanna von Orléans (der ich mit Desti, ebenso unbeeindruckt wie Montaigne, in Domrémy begegnet bin), Napoléon (das Idol meines besten Schulfreundes, dessen Leidenschaft mich irgendwann ansteckte). Da er in den 30er-Jahren das Scheitern des parlamentarischen Systems konstatiert hatte, war de Gaulle besessen von der Idee, wieder eine starke Exekutivgewalt zu etablieren, und das war die Richtschnur seiner Militärstrategie, seines Exils und natürlich auch seiner Präsidentschaft. Ich gehöre zu denjenigen Liberalen, die ihm, wie Raymond Aron und Jean-François Revel, die Direktwahl des Staatspräsidenten nicht verzeihen können, eine caesaristische Volksabstimmung, die der Demokratie ihren Schwung nimmt. Paul hat es aus anderen Gründen auf ihn abgesehen. Und seine Feindseligkeit beschränkt sich nicht auf Diskussionen und Ideen.

»Ich verstehe nicht, warum sie in Petit-Clamart danebengeschossen haben«, fährt Paul fort. »Einer von unseren Kameraden war Teil des Kommandos. Er hat aus zu großer Entfernung geschossen! Er wusste eigentlich ganz genau, dass man näher ranmuss. Wirklich, ich verstehe das nicht.«

Paul ist immer noch wütend über diese Niederlage. Ich spüre hier in den Hügel des Val-d'Ajol eine ganze Epoche wiederaufleben. Eine Epoche, in der die Bedrohung durch Waffengewalt zum Alltag gehörte. Eine Epoche, in der man die Politik auf Leben und Tod spielte. Eine Epoche, in der die Terroristen belesen waren. Der Kopf des Attentats von Petit-Clamart, Oberstleutnant Jean Bastien-Thiry, der einzige Attentäter, der zum Tode verurteilt wurde, hielt während seines Prozesses eine lange Rede, die zwar nicht die Richtigkeit seiner Überzeugungen offenbarte, aber doch ihre historische und philosophische Tiefe. Paul hat nach wie vor das Gefühl, dass es zur heiligen Pflicht eines Patrioten gehörte, gegen de Gaulle vorzugehen. Wie lebt es sich heute in Frankreich mit solchem Gedankengut, um dessen toxische Wirkung Paul mehr als jeder andere weiß? Indem man sich versteckt. Diese ganze Existenz als Provinzinformatiker ist im Grunde eine Tarnung.

Um ihn von diesen schmerzlichen Erinnerungen abzubringen, frage ich Paul, was er vom gegenwärtigen Frankreich hält.

»Wir steuern auf einen Rassenkrieg zu«, erklärt er mir.

»Aber ich sehe hier in der Gegend gar nicht so viele andere Rassen.«

»Allerdings! Man regelt es so, dass sie wieder abziehen, wenn ihre Hautfarbe etwas dunkler ist.«

»Und wie geht das?«, frage ich offenherzig.

»Mit Blicken, Bemerkungen. Das genügt schon, sie verstehen schnell.«

Jetzt brauche ich Paul auch nicht mehr nach seinen politischen Meinungen zu fragen. Das ist der historische *Front National* des Jean-Marie Le Pen, zutiefst antigaullistisch und offen rassistisch. Man kann dieser Doktrin eine gewisse Logik nicht absprechen: für die französischen Bauern in Algerien, gegen die Araber in Frankreich. Im Kontrast dazu erscheint der aktuelle *Rassemblement National* als ein Hort des politisch Korrekten. Kurz vor meinem Aufbruch hat Marine Le Pen eine ergreifende Eloge auf General de Gaulle veröffentlicht. Das ist ein epochaler und radikaler Bruch, der die alte Garde und damit auch Paul zu Grabe trägt.

Wenn ich die Äußerungen von Paul in einem Buch gefunden hätte wie Sie, lieber Leser, dann hätten sie mich angewidert. Aber von Angesicht zu Angesicht, jetzt, nachdem er mir mit dem Pflaster für Desti aus der Patsche geholfen hat, wie und vor allem warum sollte ich ihm sagen, was er ist – ein Faschist? Ich kann ein gewisses Mitleid mit diesem Rentner nicht zurückhalten, der sich nicht an die Entwicklung der Gesellschaft anpassen und der nur im Veteranenverband ein wenig er selbst sein kann. Auge in Auge ist es nicht einfach, jemanden zu verurteilen. Andere hätten es an meiner Stelle getan. Und sie hätten im Prinzip recht damit gehabt. Ich für meinen Teil bin kein Staatsanwalt, und ich fühle mich völlig frei, auch weiterhin keiner zu werden. Als Zeichen meiner Milde (oder meiner Feigheit, wie man es sieht) habe ich Pauls Vornamen geändert, um ihn nicht öffentlich an den Pranger zu stellen.

Wir trennen uns also nach einem warmen Händedruck. Wieder zurück bei Desti, versuche ich, ihr das Pflaster anzulegen, aber das klebt natürlich auf dem Fell des Pferdes nicht. Ich leihe mir unterwegs von einem Maurer etwas Klebeband aus. Eine Schicht reicht nicht, ich muss noch mal diagonal drüber. Das Ergebnis ist nicht schön anzusehen. Wegen einer Wundstelle, die so groß ist wie ein Geldstück, ist Desti jetzt eingepackt wie eine Skulptur von Christo. Los in die Vogesen, die richtigen, mit ihren Belchen und ihren Prioraten.

XV Les Vosges

▪ ▪ ▪

Gebirge – Auf der Hütte – Der Förster und der Borkenkäfer – Monokultur – Überverwaltung und Überbewirtschaftung – Dezentralisierung – Destinadas Abszess – Zwangspause – Rätselhafte Pferdemassaker – Vom Reiter zum Krankenpfleger – Spanngummi – Der Greis – Almabtrieb – Gelage der Weisen – Die Würde und die Ampel – GenerationLibre – Erziehung – Zu dritt durchs Gebirge

▪ ▪ ▪

Die Karten weisen mir den Zugang zum Gebirge. Aus den Weilern sind Chalets geworden und aus den Baracken Unterstände. Auf die Flurnamen folgen nun die Namen der Gipfel, noch phantasievoller (angefangen mit dem »Fickerkopf«, den ich mir irgendwie nicht vorstellen kann). Bedrohliche rote Dreiecke deuten auf delikate Passagen. Die Routen werden seltener: Der GR 7 stürzt uns in den wilden Bauch der Vogesen, ohne Rettungs- oder Ausweichspur. Je mehr wir an Höhe gewinnen, desto mehr beginnen die Höhenlinien, die Wege zu riffeln; jede von ihnen entspricht zehn Meter Höhenunterschied. An den Südhängen ziehen sie sich wie ein Akkordeon zusammen, sie schlagen Wellen über die Kammlinien, bilden Kreise wie Jahresringe um die Gipfel und breiten sich träge im Talgrund aus. Ich bemerke plötzlich, dass ich die Höhenunterschiede nicht mehr berechnen muss: Meine Augen sehen das Relief direkt auf der Karte.

So sehr hat sich mein Gehirn an die Zeichnungen des IGN gewöhnt, dass es mir 3D-Bilder liefert, als stünde ich vor einem Modell der Vogesen. Die Berge springen mir buchstäblich ins Gesicht mit ihrem grünlichen Grinsen und ihrem blauen Mascara, das die Hänge hinabrieselt. Wie ein Kind, das beginnt zu lesen, ohne die einzelnen Silben auseinanderzunehmen, oder wie ein Pianist, der seine Finger herumsausen lässt, ohne an die Namen der einzelnen Noten zu denken, so lese auch ich flüssig die Sprache der Karten.

Als ich sie am ersten Abend vom Chalet von Beuille aus beobachte, erscheinen mir die Vogesen recht harmlos. Müde Brüste, die übereinandersinken, ohne je höher als tausendfünfhundert Meter zu werden. Sobald der Wind weht, knarren die Bäume. Das Gebirge ächzt. Es beklagt sich über seine Rheumatismen. Es zeigt seine offenen Wunden: Der Borkenkäfer frisst die Bäume auf und hinterlässt gelbe Flecken im Wald. Die uralten felsigen Bergspitzen sind von fünfundsechzig Millionen Jahren Erosion abgestumpft und heißen seither »Kopf« oder »Belchen«. Belchen wie Bällchen, *ballon,* wirklich? Wie ein Ballon Rotwein oder der Ball eines Kindes? Nicht sehr bedrohlich.

Die Vogesen tun harmloser, als sie sind. Die langsame Durchquerung des Massivs führt mich in eine echte Gebirgsatmosphäre. Die Tage sind hart. Es gilt auf- und abzusteigen über teils schwindelerregende Pfade, und wenn ich die überwundenen Höhenmeter zusammenzähle, komme ich oft leicht auf tausend. Ich begegne den Ehrenamtlichen vom Club Vosgien, die sich um den Unterhalt der Wege kümmern. Ohne Unterlass öffne ich den Stacheldraht am Rand der Almen und schließe ihn wieder. Ich komme unter stillstehenden Skiliften hindurch. Und ich muss mich an monströsen Holzerntemaschinen vorbeischlängeln, wahrhafte Leviathane, die in der Lage sind, einen Stamm von zwanzig Metern zu packen, zu entasten und abzutransportieren. Manchmal versperren sie uns vollständig den Durchgang. Als ich vom Chalet Spiler aufbreche, muss ich einen guten Kilometer im kleinen Schritt einem gigantischen Baumstamm folgen, der von einem Skidder gezogen wird: Wie Macbeth, der den Wald von Birnam in Bewegung sieht, frage auch ich mich vergeblich, durch welches Hexenwerk dieser Stamm unter meinen Augen rutscht, hüpft und fliegt. Manchmal verklemmt er sich zwischen den Bäumen oder an einem Abhang, bevor er von Neuem weiterschlingert, ein Strohhalm von mehreren Tonnen, den die Kraft der Mechanik herumzerrt. Nur Desti, der nichts Extravagantes fremd ist, scheint unbeeindruckt.

Am Abend entdecke ich die Bergbauerngasthöfe mit ihren kräftigenden Suppen und den Schlafsälen, wo sich unter den bunten Bettdecken unweigerlich immer auch ein Schnarcher findet. Man verbrüdert sich dort vorübergehend mit anderen Wanderern, abgesehen von den Parisern, die das Gespräch unweigerlich auf irgendwelche aktuellen Themen lenken (Pascal nannte sie netterweise »halb-fähig«; ich würde eher für »halbvertrottelt« optieren). Man trifft dort Gestalten wie jene fliegende Händlerin, die kunstgeschreinerte Vogelhäuschen verkauft und sich auf lange sowie vergebliche Verhandlungen mit dem Nebentisch einlässt, der von der Notwendigkeit der Vogelfütterung in Gärten wenig überzeugt ist, und die mir schließlich ein Säckchen Lavendel schenkt, das ich sofort an meinen Sattel hänge. Man bekommt dort desillusionierte Aphorismen über die Evolution unserer Spezies zu hören: »Neandertaler, das ging noch, danach haben wir Scheiße gebaut.« Man kostet dort regionale Produkte: *saucisse aux couteaux,* eine geräucherte Wurst, *cancoillotte,* ein Käse, der über einer Kartoffel geschmolzen wird und mit Zwiebeln, Speck und Weißwein gegessen wird, und Kuchen mit Kirschen, die seit etwa fünfzig Kilometern die Mirabellen verdrängt haben. Man macht ironische

Bemerkungen über die Begebenheiten der Welt und über die Städter, die nach dem Ende des Lockdowns auf die Straße gegangen sind »wie die Kühe, die im Frühling Unfug treiben«.

Diese Bergbauerngasthöfe sind die einzig möglichen Etappen in einem Massiv, das von der Urbanisierung verschont geblieben ist. Ich habe ihre Namen so oft gelernt und wiederholt, um einen Platz zu reservieren oder mich eines Weges zu versichern, dass ich sie vermutlich nie wieder vergessen werde: Gresson, Moyen, Rouge Gazon, Riesenwald, Belaker, Gsang, Thanner Hubel.

*

Am Ende des Tages, nachdem wir den Col des Croix überquert haben, einen strategischen Pass, der schon den Römern und den Herzogen von Burgund wohlbekannt war, haben wir unseren Spaß daran, einen schmalen Weg im Unterholz hinabzutrippeln, der uns in das Vallée de l'Ognon führen sollte. Desti tänzelt am Abhang entlang, rutscht über den Kies, springt über Baumstämme. Ich bleibe fest im Sattel, lasse meinen Sitz spielen, wanke allseits hin und her und bin glücklich wie ein Bengel in der Achterbahn. Genau in diesem Moment erscheint hinter einer Kurve mein Gastgeber Vincent mit seinen zwei kleinen Pferden, das eine gezäumt, das andere gehalftert. Ihr geschecktes Fell, eine Mischung aus Weiß und Rotbraun, ist ein perfekter Tarnanzug. Wir legen im letzten Moment eine Notbremsung hin und verhindern nur knapp einen Zusammenstoß. Eine Verstopfung mitten in der Waldeseinsamkeit!

Wir bilden eine Schlange. Desti und ich folgen unserem neuen Führer über Pfade, die weniger und weniger zu sehen sind. Vincent ist Förster für den *Office national des forêts* (ONF) und seit über dreißig Jahren hier stationiert. Er hat sich in dem

Dörfchen La Pile eingerichtet, wo seine Lebensgefährtin eine Hundepension gegründet hat. Mit anderen Worten, er kennt den kleinsten Weg und den kleinsten Flecken in Dutzenden Kilometern Umkreis. Er spricht vom Wald in der ersten Person, als wäre er eine Verlängerung seines eigenen Körpers geworden. Sein präziser und zurückhaltender Tonfall hat den Rhythmus der Pflanzensäfte angenommen. Sein Gesicht ist von einem Leben im Freien gezeichnet und lässt mich an das eines anderen Vincent denken: Lindon. Bei beiden ist da diese gezügelte, rebellische Flamme, gezähmt, aber allzeit bereit, wieder unwirsch aufzulodern. Vincent hat sich mit dem Gebiet identifiziert, für das er verantwortlich ist und das er wie sein eigenes Leben verteidigt. Er scheint mir nicht so sehr ein Funktionär des ONF, sondern vielmehr ein Meister der Wälder zu sein, ein Souverän seines Gehölzes, wie Philippe le Bel es wollte, als er dieses Amt schuf.

Momentan beunruhigt ihn vor allem die Verbreitung des Borkenkäfers, dessen Spitznamen er mir verrät: Buchdruckerkäfer. Ich könnte etwas Zuneigung für dieses Insekt empfinden, dessen Gänge gedruckten Buchstaben gleichen, wenn er nicht so niederträchtig die von der Trockenheit geschwächten Fichten attackieren, sie in sein Ehebett verwandeln und sie tot zurücklassen würde, sodass sie nur noch für die Kettensäge des Waldarbeiters taugen. Unterwegs habe ich die vergilbten und ausgezehrten großen Nadelbäume bemerkt, von einem staubigen Heiligenschein umgeben wie eine Armee Mumien. Ich hatte geglaubt, sie seien einem Feuer zum Opfer gefallen. Tatsächlich aber hat sie der schreckliche Buchdrucker, der in düsteren Lettern die Geschichte seiner Massaker schreibt, von innen heraus verbrannt.

Als Teil der ältesten Verwaltung Frankreichs hat Vincent einen Logenplatz, von dem aus er die Krise überblickt, in der sich der Staat und die Rolle des Staates befinden. Er beklagt die Produktionslogik, die nunmehr auf die Waldwirtschaft angewandt wird, und die damit einhergehende Verwandlung von Schutz in Management, die zulasten einer langfristigen Vision geht. Gedeiht der Borkenkäfer nicht am besten in Nadelholzplantagen, aus denen man die Laubbäume verbannt hat, um die Rentabilität zu steigern? Es scheint, als wäre die Mode der Monokulturwälder für die Waldwirtschaft das, was die offenen Felder, die mit Pestiziden behandelt werden, für die Landwirtschaft sind: kurzfristiger Gewinn, der das gesamte Ökosystem in Gefahr bringt. Ebenso graust es Vincent vor der »Privatisierung« der ONF, die einerseits durch die Einstellung von Unternehmen vor sich geht, die mit derselben Polizeigewalt ausgestattet sind wie die Amtspersonen, und sich andererseits in der Möglichkeit abzeichnet, dass private Dienstleister den Unterhalt der kommunalen Wälder übernehmen. Wie sollte man also nicht den Eindruck bekommen, dass der Staat seine Aufgabe des Dienstes an der Öffentlichkeit aufgegeben hat, und das besonders in einer Region, die durch die Abwanderung der Fabriken und die Schließung unabhängiger Sägewerke schwer mitgenommen ist. In dieser Sichtweise spiegeln sich die Spannungen, die seit zwanzig Jahren innerhalb des ONF herrschen und die schon zu mehreren Aktionen der Gewerkschaft geführt haben, vor einigen Jahren zudem zu einem langen Marsch von fast zweitausend Angestellten quer durch das Land. Ich finde Vincent Lindon in seinen besten Rollen, ein Aufständischer gegen ein System, das dem Götzen Profit dient, aber überwältigt vom Fatalismus und flüchtig auf der Suche nach den kleinen Freuden des Alltags.

Gleichzeitig muss Vincent jeden Tag mit Versteifungen in der Verwaltung leben, die seine Handlungsfähigkeit beschränken. Um beispielsweise seine Rundgänge mit dem Pferd anstatt mit dem Geländewagen machen zu können, musste er auf alle möglichen juristischen Schliche zurückgreifen. Er hatte keine andere Wahl, als eine landwirtschaftliche Betreiberfirma zu gründen, mit allen anfallenden Steuern, um sich dann selbst seine eigenen Pferde auszuleihen. Vincent sieht sich also gezwungen, aus eigener Tasche draufzuzahlen, um zu Pferde im Wald unterwegs zu sein, was indessen aber einen unbestreitbaren Vorteil für die Umwelt wie für die Nutzer bedeutet. Genau da wird er zum Opfer eines anderen, nicht minder mächtigen Gegners: der Regeln und Verfahren des öffentlichen Dienstes. Ein Opfer, das sich zuweilen in einen Scharfrichter verwandelt: Als ich quer durch einen krautigen Straßenrand abkürzte, um Desti zehn Meter Asphalt zu ersparen, nahm mich Vincent zur Seite und sagte mir verschämt, aber ernst: »Das darf man nicht.«

Vincent findet sich im Mittelpunkt eines zeitgenössischen Paradoxes wieder. Auf der einen Seite befindet sich der Staat in einer Phase der steten Expansion: Die öffentlichen Ausgaben hören nicht auf zu steigen und das Regelwerk ist in inflationärem Wachstum begriffen. Es ist unmöglich in diesem Kontext, ernsthaft einen »Rückgang der Staatsgewalt« oder eine »Deregulierung« zu bemängeln, das sind größtenteils Illusionen. Aber auf der anderen Seite konstatiert derselbe Staat sein eigenes Versagen (wie der ONF sein Strukturdefizit) und ruft den Privatsektor zur Hilfe, um sich seine Methoden abzuschauen oder ihm Aufgaben zu delegieren. Man kann schon verstehen, warum zwei ideologische Lager immer wieder und immer wieder unfruchtbar aneinandergeraten, und das auch innerhalb jeder großen politischen Familie: die Republikaner, die dem öffentlichen Dienst hinterhertrauern, und die Liberalen, die von der Bürokratie frustriert sind. Jeder von ihnen sieht genau die Hälfte des Problems. Das Geheimnis des zeitgenössischen

Neoliberalismus, das Michel Foucault bereits vor vierzig Jahren brillant durchdrungen hat, besteht genau in dieser Allianz aus grenzenloser Staatsgewalt und schamlosen Großkonzernen. Überverwaltung und Überbewirtschaftung speisen sich aus der gleichen Regierungsform, die von Paris ausgeht. Wenig überraschend findet man dort immer die gleichen Visagen, hohe Funktionäre, die in CAC40-Unternehmen wechseln, Unternehmensberater, die Ratgeber für Minister werden. Öffentlich und privat sind die zwei Gesichter desselben zentralistischen Janus.

Die Antwort kann also nicht in einem Mehr an Staat bestehen: Wenn die Mittel des ONF erhöht und ihre Aufgaben ausgeweitet werden, kann niemand mehr ohne Sondergenehmigung im Wald spazieren gehen. Die Antwort besteht aber ebenso wenig in einem Weniger an Staat: Man kann sich schwerlich vorstellen, dass die Veolia AG eine irgendwie nachhaltige Lösung für den französischen Wald ins Werk setzen könnte, selbst wenn der Staat alle nur möglichen und vorstellbaren Auflagen des öffentlichen Dienstes über sie verhängen würde. Um den gordischen Knoten des Neoliberalismus zu durchtrennen, müsste man sich auf ein anderes Konzept stützen: die Dezentralisierung. Wenn man die Macht, ob sie nun öffentlich oder privat ist, auf lokaler Ebene ansiedelt, würde das den verschiedenen Akteuren erlauben, Entscheidungen selbstständiger zu fällen und unmittelbarer Verantwortung für sie zu übernehmen. Das wäre ein gewaltiger Bruch in unserer Verwaltungskultur und würde mehrere Jahrhunderte Colbertismus beenden.

So könnte man also aus Vincent einen wahrhaften Meister der Wälder machen, dem es freisteht, zu reiten, Baumarten auszuwählen und Pilzsammlern eine Abfuhr zu erteilen, der sich aber auch vor einem koordinierenden Komitee aus gewählten Vertretern, Umweltschützern, Spaziergängern und

Waldwirten rechtfertigen muss, mit der Möglichkeit, im Falle eines unlösbaren Konflikts auf der nächsthöheren gesetzlichen Ebene Berufung einzulegen. Die momentane vertikale Logik, in der die Weisungen in Pariser Büros (Ministerien und Beratergremien und Risikomanagementabteilungen) erdacht werden, würde vor Ort einer kollektiven Rationalität Platz machen, die aus Dialog, Disput und Kompromiss gemacht ist. Aus der Vielfalt der Tätigkeiten und Erfahrungen quer durch die Gesamtheit eines Territoriums würde ein gesunder Wettstreit entstehen, der die fruchtbarsten Methoden beibehalten und die anderen aufgeben würde. Wenn man bemerken würde, dass Mischwälder resilienter gegenüber dem Borkenkäfer sind, dann würde man die Nadelholzmonokulturen schnell aufgeben – es würde in jedem Falle schneller gehen als eine Entscheidungsvorlage beim Leitungsgremium des ONF.

Gerade in der Handhabung der »kleinen Angelegenheiten«, weit entfernt von den großen nationalen Debatten, erblickte Alexis de Tocqueville die echten Lektionen in Demokratie. Eine Dezentralisierung nicht nur der Verwaltung, sondern auch der Politik und der Finanzen würde es möglich machen, »jedem Stück Landes ein politisches Leben zu geben, um für die Bürger die Gelegenheiten zur Zusammenarbeit bis ins Unendliche zu vervielfältigen«. Wäre das nicht das Heilmittel für das, woran Vincent krankt?

*

Ich habe ausreichend Zeit, die Vogesen und ihre stolzen Bewohner kennenzulernen. Beim Aufbruch aus der Jumetrie, einem etablierten Reitzentrum oberhalb von Saint-Maurice-sur-Moselle, lässt sich Desti krankschreiben. Die Schwellung auf ihrem Rücken, die kam und ging, ist plötzlich über Nacht zurück, ein Abszess von der Größe eines Armes. Wir werden für eine Woche festgenagelt sein, Zeit für die Genesung. Ich hätte nicht mehr Glück im Unglück haben können: Die Jumetrie ist perfekt ausgerüstet, meine Gastgeber verhätscheln uns, und die Aussicht auf die von Nebelschwaden durchzogenen Wälder ist genug Unterhaltung für mich.

Desti ist in einem jämmerlichen Zustand: siech, fiebrig und mit dieser Beule auf dem Rücken, die ihr bei der geringsten Berührung Schmerzen verursacht. Ich mache mir Sorgen. Noch am selben Tag kommt ein junger Veterinär vorbei.

»Ist sie ausgeschlossen?«, fragt er mich nach der ersten Untersuchung.

»Nicht wirklich, ich finde sie ziemlich gesellig.«

Ich werde ungeduldig. Geht es nun wieder mit Psychoanalyse und Shiatsu los?

»Ich meine«, präzisiert er, »ist sie vom Verzehr ausgeschlossen?«

Ich brauche einen Moment, um zu verstehen, so schwer fällt es mir, meine Vorstellung von Desti mit der eines Stückes Fleisch zu versöhnen. Er will Steaks aus ihr machen? Ist die Lage so verzweifelt? Ich hätte nicht schockierter von dem Vorschlag sein können, einfach so mit ihm ein Entrecote vom regionalen Holzfäller zu verspeisen.

»Das will ich doch hoffen!«, antworte ich entrüstet.

Der Veterinär lässt sich nicht einschüchtern.

»Wenn sie ausgeschlossen ist, dann muss das in ihren Papieren vermerkt sein.«

»Hören Sie, ich werde mich mit dieser Ausschlussgeschichte später beschäftigen, wenn nötig, aber könnten wir jetzt wieder auf ihren Gesundheitszustand zurückkommen?«

Mit ruhiger Stimme und ganz deutlicher Silbentrennung, als ob er sich es gegenüber seinen weniger weit entwickelten Kunden zur Gewohnheit gemacht hätte, erklärt mir der Veterinär, dass die Verschreibung bestimmter Medikamente den definitiven Ausschluss vom Verzehr durch den Menschen nach sich ziehen kann, was für bestimmte Eigentümer, die darauf zählen, ihr Reittier einmal an den Metzger weiterzuverkaufen, ein Ausschlusskriterium sein kann. Um zu klären, was es damit auf sich hat, loggen wir uns auf der Website der Nationalen Gestüte ein, auf der jedes Pferd über eine ordnungsgemäße digitale Identität verfügt. Tatsächlich ist Desti noch nicht ausgeschlossen. Ich bitte den Veterinär also, dieser unheilvollen Unterlassung abzuhelfen und Desti so viele Antibiotika zu spritzen, wie er möchte. Ich habe nichts Prinzipielles gegen Pferdemetzgereien, mit den gleichen Vorbehalten wie bei anderen Zuchttieren auch, aber ich vermeide doch lieber, dass Desti in einer Lasagne landet. Vielleicht eine Restsentimentalität.

Jetzt kommt die Diagnose. Es gibt mehrere Hypothesen. Ich verliere relativ schnell den Faden der Argumentation. Die Schlussfolgerung ist zumindest klar: Entzündungshemmer in Puderform, Spritzen mit Antibiotika, Umschläge mit Mineralerde und Ruhe. Und was die wunden Stellen auf den Schultern angeht, das regelmäßige Desinfizieren und Pflasterwechseln nicht vergessen (es könnte so scheinen, dass Wunden bei Pferden, anders als bei Menschen, an der frischen Luft schlechter verheilen). Der Veterinär gibt mir seine Handynummer. Ich werde sie skrupellos missbrauchen. Danke, Herr Doktor.

Ich gehe in Le Thillot vorbei, der nächstgelegenen Ortschaft, um mir einen Vorrat an Medikamenten und Einwegspritzen zuzulegen. Im Wartesaal der Tierarztpraxis gibt es kein anderes Thema als Pferdeverstümmelungen. Seit einigen Wochen machen hier schlimme Geschichten die Runde, die die nationale Presse aufgegriffen hat: Eine Bande von Sadisten, halb Fetischisten, halb Zoophile, greift in der ganzen Gegend

Pferde auf der Weide an, schneidet ihnen die Ohren ab, sticht ihnen die Augen aus und reißt ihnen die Genitalien ab. Pferdeeigentümer bekommen es mit der Angst zu tun, organisieren bewaffnete Kontrollgänge, und so kommt es unvermeidlich zu Zwischenfällen. Die Ermittlungen gehen emsig voran, und Phantombilder werden verteilt. Aber in Le Thillot ist die Schlussfolgerung schon jetzt völlig klar, die von den Damen im Wartesaal mit viel Zuspruch und Kopfnicken geteilt wird: Die »Lastwagen der Rumänen« sind in die Sache verstrickt, auch wenn die politisch korrekten Medien nicht den Mut haben, das offen zuzugeben. Ich halte mich zurück und schreite nicht ein. Zunächst einmal haben diese Damen zweifellos die Wohnwagen der Roma im Kopf und nicht die Lastwagen der Rumänen, eine Verwechslung, die in Frankreich so häufig ist, wie sie in Rumänien unverzeihlich wäre, wo man die Zigeuner mehr verabscheut als sonst irgendwo. Des Weiteren haben die Roma vermutlich gar nichts damit zu tun: Sie gehorchen einem strikten Ehrencodex, der ihnen zwar vielleicht erlaubt zu stehlen, um zu leben, aber ganz gewiss nicht, aus Spaß zu töten. Aber so entstehen am Anfang ein Gerücht und *in fine* Lynchjustiz.

Einige Monate später werde ich in der Zeitung die Ermittlungsergebnisse lesen: in der überwältigenden Mehrheit der Fälle zufällige Verletzungen oder Angriffe von wilden Tieren. Die Verstümmelungen von Menschenhand kommen kaum auf ein Dutzend, ohne Zweifel das Werk von Geistesgestörten. So viel Drama, zweifellos, aber eine Wahrscheinlichkeit, die statistisch verschwindend ist und diese ganze Psychose gewiss nicht rechtfertigt. Ich erinnere mich, in einem amüsanten Buch über Mikroökonomie, *Freakonomics*, die Analyse einer Pressekampagne gelesen zu haben, die in den USA vor Haiangriffen warnte. Im Laufe eines Sommers schienen diese plötzlich zuzunehmen, jede Woche brachte erneut eine Menge tragischer Erzählungen und blutiger Photos. Die Bevölkerung wurde verrückt. Kein Mensch wagte es mehr, an Amerikas Küsten baden zu gehen. Indes kam zum Vorschein, dass die Zahl der Haiattacken ganz genau die gleiche war wie in den Jahren zuvor, und die Mortalität lag noch unter der von Unfällen mit Süßigkeitenautomaten (offensichtlich rütteln manch Entnervte derart an der Maschine, bis sie ihnen auf den Kopf fällt). Schlussfolgerung: Der Fokus der Medien vernebelt die Risikoanalyse, weil er seltene und extreme Ereignisse überbewertet. Eine recht nützliche Lektion in diesen Zeiten der Epidemie, in der die tägliche Zählung der Toten in der öffentlichen Meinung als Rechtfertigungsgrund genügt, um die gesamte Gesellschaft unter eine Glasglocke zu setzen.

Destis Kummer beschäftigt mich vollauf. Ich verwandle mich vom Reiter zum Krankenpfleger. Morgens, mittags und abends rühre ich die Arzneien zusammen, schneide Pflaster zurecht, bereite Eimer mit warmem Wasser und messe Madames Temperatur. Während meines Trainings habe ich die dazu nötige Theorie der intramuskulären Injektion gelernt: Aber die Praxis erweist sich als weniger einfach, und jedes Mal warte ich nur darauf, dass meine Patientin auf der Stelle tot umfällt, kaum dass eine Ader getroffen ist. Alles in allem würdigt Desti meine Anstrengungen kaum. Ganz besonders hasst sie das Wechseln des Pflasters, was immer wieder Anlass zu unwirschen Tanzschritten gibt. Nur die grüne Mineralerde gefällt ihr glücklicherweise. Ich reibe sie also ohne Zurückhaltung damit ein. Die Stute macht nun den Eindruck, als wäre sie in einen Bottich Kaugummi von *Rabbi Jacob* gefallen.

Diese Phase der Genesung bringt uns näher zusammen. Zum ersten Mal lässt sich Desti herab, auf meine Pfiffe mit einem leichten Wiehern zu antworten und mir dabei direkt in die

Augen zu schauen. Eine knappe Erwiderung, ein Austausch von Höflichkeiten mit leiser Stimme.

»Wie geht's?«

»Gut, und dir?«

Ist das nicht der Beginn eines Gesprächs? Montaigne wies auf die Sprache der Tiere hin. »Auf wie viele verschiedene Arten und Weisen sprechen wir nicht mit unseren Hunden? Und sie antworten uns. In einer anderen Sprache, mit anderen Rufen plaudern wir mit ihnen als mit den Vögeln, den Schweinen, den Rindern, den Pferden: Wir wechseln mit jeder Art das Idiom« (*Essais*, II,12). Desti und ich beginnen, unser Idiom zu finden. Die Anfänge einer gemeinsamen Grammatik.

Während ich die langsame Rückbildung des Abszesses beobachte, meditiere ich über die Ursache dieses Unglücks. Sie lässt sich in einem Wort zusammenfassen: Spanngummi. Ich habe meine Ausrüstung mit akribischer Sorgfalt zusammengestellt, alle Teile bis auf die kleinste Schnalle wieder und wieder ausprobiert. Alle Teile bis auf eines: die Spanngummis, die den Mantelsack hinten auf dem Sattel fixieren sollen. Ich brauchte dafür einen auf jeder Seite, je zwischen dem Hinterzwiesel und dem Ring des Sattelgurts befestigt. Ich hatte bei der erstbesten Gelegenheit ein Paar gekauft: »Das ist Diensteifer genug«, hatte ich mir gedacht, »ich werde mir jetzt nicht auch noch über Spanngummis den Kopf zerbrechen.« Das Ergebnis war, dass die Spanngummis zu sehr ausleierten, der Mantelsack auf Destis Rücken hin und her rutschte und ich ihn ständig zurechtrücken musste. Einer meiner Gastgeber im Périgord hatte die ausgezeichnete Idee gehabt, sie doppelt zu nehmen, was den Mantelsack auf der Höhe des Sattels stabilisierte und verhinderte, dass er ständig auf den Rücken der armen Stute schlug. Ich machte mich also auf die Suche nach neuen Spanngummis und fahndete überall in den Dörfern nach diesem erstaunlich seltenen Gegenstand.

Jeder Freund, der mich besuchen kam, erhielt den Auftrag, mir eine Auswahl Spanngummis mitzubringen: zu kurz, zu dünn, zu hässlich, zu schwierig anzubringen, nichts passte. Es dauerte einen ganzen Monat, bis ich die idealen Spanngummis gefunden hatte, und noch einen weiteren Monat, bis ein Wohltäter die geniale Idee hatte, in der Mitte des Mantelsacks einen Riemen hinzuzufügen. Von da an konnte ich den Mantelsack so am Sattel festschnallen, dass sein ganzes Gewicht auf dem Leder auflag. Aber das Unheil war schon geschehen. Die Schwellung, die aus der Reibung entstanden war, ging nicht mehr weg, der dritten Satteldecke zum Trotz, die ich hinten an die beiden anderen angenäht hatte, um den sensiblen Bereich zu entlasten. Und nach einem Tag steiler Aufstiege auf den Höhen der Vogesen wurde aus der Schwellung ein Abszess.

Die Moral von der Geschicht des Spanngummis ist unstrittig. Eine einzige Nachlässigkeit in meiner Vorbereitung hat eine Kaskade von Problemen ausgelöst. Eine Reise zu Pferd ist wie eine Solo-Weltumseglung: Nichts darf dem Zufall überlassen werden. Entsprechend kann ich mir umstandslos den Leidensweg jener Reiter vorstellen, die frohen Mutes aufbrechen und nach einigen Tagen mit einem Lastwagen zurückkehren müssen. Wie viele Geschichten zu diesem Thema habe ich nicht auf meiner Reise gehört! Man muss nur die Enttäuschungen Stevensons nachlesen, der am Morgen des Aufbruchs seinen Esel nicht satteln konnte und gezwungen war, nach zwölf Tagen auf seine Begleitung zu verzichten, weil das arme Tier außerstande war, einen Fuß vor den anderen zu setzen. Es ist wahr, dass die Nachwelt ihm das nicht übel genommen hat. Aber ich bin Desti mehr als ein Buch schuldig.

*

Die Jumetrie wird von der Gestalt ihres Gründers dominiert, den ich wie sein Sohn »der Greis« nenne. Sein Gesicht ist die Skulptur eines Lebens voller Arbeit und Kampf, seine Stimme schallt über die Tannen, sein vogesischer Dialekt schließt das O und kratzt das R aus der Tiefe der Kehle. Der Greis ist der *Commandeur du ballon d'Alsace,* in allen Tälern ringsum ist er bekannt, wird er respektiert und vielleicht auch gefürchtet. Sein Holzbein hindert ihn nicht daran, sich mit seinen Krücken aus dem Staub zu machen; bei Bedarf tauscht er sie gegen ein Quad ein. In den Ställen, in der Manege, auf der Weide oder im Heustadl taucht zu jeder Tages- und Nachtzeit plötzlich der Greis auf, dem kein Strohhalm am falschen Platz entgeht.

»Jetzt schon auf den Beinen!«, ruft er mir zu, als er am frühen Morgen im dunklen und verlassenen Stall erscheint.

»Sie auch!«

Er ist das Gewissen der Jumetrie.

Der Greis erweist mir eine große Ehre und schlägt mir vor, »als Junggeselle die Tour über die Kämme zu machen«. Schon sausen wir die Serpentinen entlang, von Belchen zu Belchen, sein Holzbein stramm auf dem Gaspedal. »Die Tour über die Kämme zu machen« besteht hauptsächlich darin, an den Berggasthöfen haltzumachen, um ein kleines Gläschen mit den alten Freundinnen zu trinken. Dieses Regiment passt perfekt zu meiner müßigen Laune, und wir verbringen viele Stunden damit, uns zu unterhalten. Ich perfektioniere mein Vogesisch: Der Nachbar ist »übel wie der Hagel«, die falschen Frömmler »spielen den Pfaffen«, Faulpelze sind »keinen Kuckucksfurz wert«, und alle verdienen sie einen langen, gesungenen Ausruf: »Vindieu d'vindieu!«

Jedes Gesicht, jede Kurve, jedes Wäldchen lösen Erinnerungen und Kommentare aus. Der Greis lässt diese anonyme Landschaft aufleben. Jetzt sehe ich hier ein Gedränge von Geschichten und Figuren.

Sein Vater war im Widerstand, wurde im Oktober 1944 von der SS festgenommen, und er hat ihn nicht wiedergesehen. Der Vorgesetzte beim Maquis hatte ihn an sie verkauft, um sein eigenes Leben zu retten. Die Erinnerung an die Verrätereien verlässt die Berge nicht.

Die Sprungschanzen, von denen er als junger Skisprungmeister abhob. Zu seiner Zeit kamen die Leute in den Bergen mit Skiern an den Füßen zu Welt und hatten Angst vor gar nichts.

Die Waldarbeiter von heute, die nicht genügend Laubbäume pflanzen und keine Bewässerungsrinnen mehr ziehen. Der Greis macht sie mit ihren brutalen Methoden und ihrer Faulheit für den Niedergang der Wälder verantwortlich.

Die Skipisten, die das Objekt so vieler Geschäftemacherei zwischen Eigentümern und Investoren (zuweilen ein und dieselben) sind. In diesem komplexen Spiel, für das es sowohl ganz altmodisch über Parzellen zu verhandeln als auch eine Intuition für den modernen Tourismus zu entwickeln gilt, haben manche alles verloren und andere alles gewonnen.

Der Auerhahn, der allerlei Phantasien erregt und von den Freunden der Natur verehrt und übermäßig beschützt wird, ist dem Greis zufolge schon seit langer Zeit verschwunden.

Die eifersüchtigen Konkurrenten, die Hygienekommissionen losschicken.

Die Polizisten, die einem auf die Schulter klopften und einen gehen ließen. »Das sind nicht mehr dieselben wie früher, ganz und gar nicht.«

Der Reitunterricht, eine einfache Verlängerung der angeborenen Vertrautheit mit Tieren. Ob Rinder oder Pferde, macht kaum etwas aus. Für den Greisen ist ein Reitzentrum nur ein listiges Mittel, die Zucht rentabel zu machen.

Sein Sohn Olivier hat das Geschäft übernommen und ahmt getreu die Ausdrücke und Gebräuche des Greisen nach. Die »vindieux« haben noch rosige Zeiten vor sich.

Sein jüngster Sohn Louis hat seine Zimmermannslehre abgebrochen, um den Lkw-Führerschein zu machen. Es ist sein Entschluss, die gigantischen Langholztransporter zu fahren, die uns auf dem Weg so beeindruckt haben. Ich verstehe ihn. Wer träumt nicht davon, der Lenker eines Leviathans zu sein?

Die Meinungen des Alten sind deutlich, mit jener Unmäßigkeit, die man sich wohl vorstellen kann. Ich teile indes seine grundlegende Philosophie: Lasst uns nur machen. Der Greis trauert dem Leben von einst nach, das »ungehobelt, aber frei« war. Man nahm Risiken auf sich, man verlor ein Bein oder noch Schlimmeres, aber man lebte sein Leben in vollen Zügen. Zu Pferde lernt man zu fallen. Heute zwängt man sich in ein Korsett aus Dorsalprotektoren. Ist ein Leben in Bequemlichkeit, Sicherheit und Regeltreue überhaupt noch ein Leben, oder garantiert man so einfach das biologische Überleben?

Auch wenn der Greis die Ökos noch so sehr hasst, ich würde ihm dennoch weit eher den Schutz der Ökosysteme in den Vogesen anvertrauen. Er kennt die Natur gut genug, um sie nicht zu vergöttern. Er bewahrt sie mit so viel Aufwand und Mühe, wie dazu nötig ist. Es ist ein altes Wissen, mit dem er aufgewachsen ist und mit dem er zwar in Konflikt geraten kann, aber das er niemals verletzen würde. Um eine nachhaltige, verantwortungsvolle Zukunft zu errichten, oder wie die Modeworte sonst lauten, sind wir auf den Unterricht der Greise angewiesen.

*

Mit dem Vater die Tour über die Kämme. Mit dem Sohn der Almabtrieb. Ich begleite Olivier eines Morgens, um gut zwanzig

Pferde und Ponys zu holen, die auf dem Elsässer Belchen weiden, ein paar Kilometer weiter oben, und die nun aus den Ferien zurückkehren müssen, damit die Kurse zum Schulanfang im September stattfinden können. Wir sammeln die Herde zusammen, indem wir mit dem Pick-up über die Weide fahren, die motorisierte, aber nicht weniger sportliche Version der Gauchos in der Camargue. Die Pferde kommen im Galopp herbeigelaufen, die Aussicht auf Zerstreuung erregt sie, und mit ein paar Karotten werden sie belohnt. Vor uns liegt die blaue Linie der Vogesen wie eine lange Wäscheleine über den Tannenwipfeln. Wir steigen vom Auto ab. Jeder nimmt zwei Pferde am Halfter, zufällig ausgewählte Geiseln, und so ziehen wir auf dem langen Abstieg durch den Wald die ganze Horde hinter uns her.

Almabtrieb: Das Wort lädt zum Träumen ein. Die Wirklichkeit ist dem angemessen. Mit zwanzig Tieren steigt man einen Berg nicht hinab. Man stürzt ihn hinunter, strauchelnd, rennend, schreiend, halb auf dem Weg, halb querfeldein, hält dort ein ausbrechendes Pferd zurück, schiebt dort ein anderes an, das für gut befindet, eine Weidepause einzulegen. Es gilt, Gatter zu öffnen, an verstörten Kühen vorbeizukommen, Straßen zu überqueren und den Autos rudernden Armes Zeichen zu geben. Man schreit, um sich zu verständigen, um voranzukommen, und vor allem weil es Spaß macht. Die Pferde scheinen genauso ausgelassen wie wir. Es finden sich welche von jeglicher Fellfarbe und Größe. Sie schlagen aus, springen über Abhänge, erkunden das Unterholz und wiehern, um nach ihren verirrten Freunden zu rufen. Man lässt sich ein wenig vom Zufall leiten, ohne zu genau unterscheiden zu können, ob man die Herde führt oder ob man ein Teil von ihr ist. Ich versuche zu überblicken, ob die Pferde vollzählig sind, aber es sind immer ein paar zu wenig oder ein paar zu viel. Ich lasse eine meiner zwei

Geiseln los, die entschlossen ist, in einen Galopp auszubrechen, und keine Lust mehr hat, an der Langleine zu gehen, während all die anderen so frei herumlaufen. Ich werde panisch. Olivier lacht. Der Almabtrieb ist ein Durcheinander. Genau das macht ihn so interessant. Alle stürzen in wirren Haufen durcheinander, aufs Geratewohl von Fall zu Fall, und alle finden sich unten wieder, mit Ästen in den Haaren und Kratzern auf den Backen, todmüde und erleichtert. Kein Ausreißer, kein Verletzter, kein Problem. Das Wunder wiederholt sich jedes Mal wieder.

Dieses Management von Pferdekapital könnte sich auch auf das Management von Humankapital anwenden lassen. Sollte man sich nicht vom Modell des Almabtriebs inspirieren lassen, um komplexe Organisationen, Verwaltungen oder Unternehmen zu leiten? »Die Ordnung ist eine schwerblütige und trübselige Tugend« (*Essais*, III,2), wusste schon Montaigne. Alles ordnen, organisieren und vorhersehen zu wollen geht mit erheblichem Energieverlust einher, nur um dann schwerblütige und trübselige Resultate zu erzielen. Als würde Olivier an jedem seiner Pferde GPS-Sender anbringen, um sie dann paarweise mit dem Lkw runterzufahren, anstatt diesen verrückten Ritt zu veranstalten. Auf der anderen Seite bedeutet einen Almabtrieb zu machen, eine allseitige Bewegung in Schwung zu bringen, ohne sich zu sehr um das Detail der individuellen Routen zu bekümmern. Manche werden etwas Zeit verlieren, andere werden eine Abkürzung finden: Das Wichtige ist nur, dass am Ende alle wieder beisammen sind. Montaigne rühmte die »zufällige Naht« (*Essais*, III,9), die die Menschen zusammenhält, wie jenes unsichtbare Band, das die Pferde einer Herde verbindet und ihre Schritte führt. Eine solche Naht entsteht geschmeidig, ohne Boss, im Laufe eines Lebens in Gesellschaft. Wozu ist der Chef, der Manager gut? Zu allem und zu nichts, wie Olivier und ich. Möge er sich damit begnügen zu schreien: »Los, los, los, vindieu!«, um dann mit der verschmolzenen Herde zu verschmelzen.

*

In den Vogesen ist man nie allein. Rund um Desti und mich knüpft sich ein Netzwerk reiterlicher Hilfeleistung. Da sitzen wir alle gemeinsam beim Abendessen in einer Hütte mitten im Wald, auf dem Plateau de Mille-Étangs. Es ist ein Gelage, unmäßig, fleischlastig, feuchtfröhlich. Um den Tisch finden sich lauter Weise, eines Antoine oder Étienne ebenbürtig, einzigartige Wesen, die sich eine Existenz außerhalb der Konventionen aufgebaut und so methodisch wie entschlossen ihren eigenen Moralkodex festgelegt haben.

Der erste Weise ist Stéphane Bigo. Er ist ein erstklassiger Wanderer und hat vier Kontinente zu Pferd erkundet. Die Erzählungen von seinem Ritt durch die peruanische Wüste, in der das Überleben jeden Abend von der vorherbestimmten Ankunft eines Lkw mit Trinkwasser abhängt, lassen mein eigenes Abenteuer wie einen trauten Spaziergang im Kurpark aussehen. In Zusammenarbeit mit der UNESCO hat er seinen Reisen die Dimension der anthropologischen Forschung beigemischt. Seine Haut ist gegerbt, der weiße Bart kurz geschnitten, der Blick lebhaft: Mit über achtzig Jahren merkt man Stéphane das hohe Alter nicht an, weder physisch noch intellektuell. Er hat mich einen Tag lang zu Pferd begleitet und mit großem Feingefühl davon abgesehen, mir auch nur den kleinsten Ratschlag zu geben. Ich hingegen lerne, indem ich ihm zuschaue. Vor allem bemerke ich, dass er es nicht für nötig hält, während einer Pause sein Pferd anzubinden: »Es ist zu sehr mit Grasen beschäftigt.« Ich werde meiner Stute nach und nach diese Freiheit lassen. In der Etappe bringt mir Stéphane einige Grundzüge der Verhaltensforschung bei und verbessert so das entstehende Idiom, mit dem Desti und ich zu kommunizieren beginnen. Einem Pferd etwas ins Ohr zu flüstern ist keine Frage der Technik. Es ist eine Vertrauensübung.

Von Stéphanes Meinungen bleibt mir ein vermeintlich trivialer Satz im Gedächtnis: »Es ist mit der Würde des Menschen nicht vereinbar, an einer roten Ampel stehen zu bleiben, wenn die Straße leer ist.« Anders gesagt, die Urteilskraft muss immer den Sieg über die Regel davontragen. Erstere schmiegt sich ihrem Objekt an, wie das von Aristoteles gerühmte Maß aus Blei, das auf Lesbos zur Anwendung kam und die Größe von Steinen bestimmte, indem es sich eng an sie legte. Letztere definiert näherungsweise Kategorien, in die der reale Einzelfall nie so richtig passt. Denn was gibt es in einem richtig gelebten Leben anderes als Einzelfälle? Der Zweck einer roten Ampel ist es nicht, Gehorsam zu gebieten, sondern Unfälle zu vermeiden. Es steht jedem frei, dafür angemessene Mittel zu finden.

Gewiss ist es schwierig, auf derartige Prinzipien einen Gesellschaftsvertrag zu gründen, aber ebenso ist es unmöglich, ihnen nicht zuzustimmen. Diese Mischung aus sanfter Anarchie und persönlicher moralischer Strenge ist genau das, was mich an der Reise zu Pferd so anzieht: Man kann so viele rote Ampeln überreiten, wie man will, aber riskiert an jeder Kreuzung sein Leben. Kein Führerschein, keine Punkte, aber *skin in the game*, wie Nassim Taleb sagen würde: Man setzt die eigene Haut aufs Spiel.

Mit einer seltenen Gegenseitigkeit interessiert sich Stéphane auch für meine Arbeit. Im Grunde bemühe ich mich seit zehn Jahren darum, Intuitionen wie die von Stéphane in die Begriffe der politischen Philosophie zu übersetzen und sie dann in dem Thinktank GenerationLibre, den ich gegründet habe, zu Reformvorschlägen umzuarbeiten. Wie könnte die

Gesellschaft zugunsten der Freiheit wirken, indem sie einerseits dem Individuum die Möglichkeit zur Autonomie gibt und andererseits dafür sorgt, dass es Verantwortung übernimmt? Das ist die einzige Frage, die den Gesetzgeber leiten sollte. Es geht also nicht darum, mehr oder weniger Staat, mehr oder weniger Umverteilung anzupreisen, sondern darum, eine Dialektik einzuführen, innerhalb derer die Gruppe allen ihren Mitgliedern erlaubt, sich zu emanzipieren, ihr Leben zu leben. In meinen Augen war das die Intention derer, die die Erklärung der Menschenrechte verfasst haben. Heute ist das der Sinn der Reformen, die GenerationLibre erarbeitet und vorschlägt, vom bedingungslosen Grundeinkommen über die Cannabislegalisierung bis zur Dezentralisierung. Bringen wir den Bürgern das Vertrauen entgegen, ihre eigenen Bedürfnisse zu bestimmen, ihre Werte sowie die Art und Weise, mit der sie zu ihren Zielen gelangen wollen.

Der zweite Weise ist Joël. Als ehemaliger Raumausstatter hat er aus seinen Besuchen bei der Kundschaft den Schluss gezogen, dass die Reichen umgänglich sind, wenn sie in purpurnen Windeln geboren wurden, und unerträglich, wenn sie ihr Vermögen selbst gemacht haben. Als ehemaliger Fahrlehrer hat er seine Schüler dazu aufgefordert, die Landschaft zu betrachten: Ich für meinen Teil, traumatisiert von zehn Jahren Scheitern bei der Führerscheinprüfung, hätte mit dieser Methode sicherlich bessere Lernerfolge beim Schalten erzielt. Ein Reiter ohnegleichen und für jedes Gelände, der rücklings im Sattel sitzt und uns mit einem Buschmesser, das der napoleonischen Reiterei würdig ist, Wege durch das Gestrüpp bahnt.

Schließlich die Weiseste der Weisen, Laetitia, die Frau des Waldes, die Königin von Saba der Mille-Étangs. Sie regiert ihre zwei jugendlichen Söhne, ein Pärchen Weltenbummler, das seinen Wohnwagen am Eingang ihres Grundstücks geparkt hat, und etwa dreißig Schäferhunde, aus einer Zucht, die sie *ex nihilo* gegründet hat. Das Ergebnis ist spektakulär: Ich entdecke, dass Jugendliche kochen können und Hunde nicht bellen. (Das Geheimrezept, zumindest für die Hunde: beim geringsten Gekläff ein Topf Wasser auf die Schnauze.) Laetitia wendet auf alle lebenden Wesen die gleichen Erziehungsprinzipien an, mit einigen strengen Regeln, die nicht zur Diskussion stehen, und ansonsten völliger Autonomie. Es ist das genaue Gegenteil der Methoden, die in der öffentlichen Bildung angewandt werden, die nämlich schwammige Prinzipien haben und im Detail autoritär sind. So haben die Jugendlichen etwa ein Jahr damit verbracht, mit der Familie quer durch Europa zu reisen, abwechselnd mit Ausritten und Fernunterricht: kein Wunder, dass sie sich heute im Gymnasium langweilen. Von den Hunden begleitet uns ein Dutzend in aller Freiheit auf einen Wandertag in die Berge; sie folgen uns, zerstreuen sich im Unterholz, laufen voraus und kehren zu den Pferden zurück, mit hängender Zunge und nassem Fell. Ein paar gut hörbare Rufe genügen Laetitia, um ihre Truppen zu sammeln, die wie durch ein Wunder aus Böschung und Gestrüpp auftauchen. Ich habe den Eindruck, dass sie eine ganze Armee führen könnte, ohne nur einmal laut zu werden.

Laetitia teilt mir eine Vermutung mit, auf die kein Tierarzt gekommen wäre: Destis deutliches Unbehagen rührt von der Bewegung des Sattels her. In dem Maße, wie die Stute abgemagert ist, ist das Sattel- und Zaumzeug ihr auf die Schultern gerutscht, was schmerzhafte Reibungen zur Folge hat. Für die nächsten Tage steht also der Kauf eines Schweifriemens an, der das hintere obere Sattelblatt mit dem Schweif des Pferdes verbindet und so verhindert, dass der Sattel nach vorne rutscht.

Das sind also die Weisen, die nicht danach trachten, sich zu bereichern, sich größer zu machen oder sich hervorzutun, sondern danach, Abende wie diese zu verbringen und sich Zeit zum Spazieren zu nehmen, wenn sie Lust darauf haben. Sie zählen das Leben nicht nach Jahren oder Monaten, sondern nach Tagen. Montaigne sagte es ganz ähnlich: »Mein Vorhaben lässt sich jederzeit unterbrechen; es gründet sich nicht auf große Hoffnungen; jeder Tag ist sein Ziel. Und die Reise meines Lebens gestaltet sich genauso« (*Essais*, III,9).

*

Sobald es Desti wieder besser geht, bieten sich Laetitia und Joël an, mich über die Berge ins Elsass zu führen. Sie kommen mit einem Lastwagen in der Jumetrie an, mit zwei rotbraunen Pferden, die ausdauernde Läufer sind, und einer Ausrüstung, die zu ihrer Fellfärbung passt, dunkle Hüte und Ledertaschen. Auch die Hunde sind von ebendem Braunton. Diese makellos ästhetische Gesellschaft bezaubert mich und gibt mir Sicherheit, denn die Wege, die ich zusammen mit dem Greisen tausendmal auf den Karten durchgegangen bin, sind kompliziert und schlecht beschildert. Der Tag verspricht lang und hart zu werden: gute dreißig Kilometer und mehr als tausend Höhenmeter. Zum Glück hat Joël meinen Mantelsack auf sein Pferd genommen, sodass nichts auf Destis immer noch schmerzendem Rücken lastet.

Laetitia und Joël sind wie Sioux, sie folgen alten Spuren, erahnen Kreuzungen, orientieren sich eher mit einem Blick in die Landschaft als einem in die Karten. Sie machen sich ein Spiel aus Absperrungen, öffnen sie mit der Fußspitze, packen beherzt Drähte unter Strom an, öffnen und schließen die tückischsten Einzäunungen. Wir erklimmen Steigungen, wo der Weg kaum mehr sichtbar ist, rutschen über steinige Pfade, galoppieren über offene Wiesen, steigen ab, um die Aussicht zu bewundern. Auf einer Kammlinie übertreten wir die

Demarkationslinie zwischen Vogesen und Elsass in Gestalt einer bröckelnden Mauer. Ich habe das wunderbare Gefühl, ein Schmuggler zu sein, der einen Zollposten umgeht.

Ohne meine neuen Freunde hätte ich mich im Akkordeon der Vogesen verlaufen, wo sich ein Gipfel hinter dem nächsten versteckt. Nachdem wir die Hunde und Pferde im Schatten untergebracht haben, nehmen wir uns sogar die Zeit für ein vollständiges Mittagessen. Vorspeise, Hauptspeise, Nachspeise und Bier in der »Touristenherberge« von Rimbach. Allerdings gibt es in dieser Herberge gar keine Touristen: nur Einheimische und Reisende.

Desti und ich bilden das Schlusslicht, wir folgen unseren Führern, die oftmals Abkürzungen nehmen. Zuweilen verlassen die beiden Braunen den Hauptweg und wechseln auf einen verschwindend kleinen Pfad. Ich wage also ein Experiment: Ich lasse die Zügel lang und überlasse Desti die Entscheidung. Sie geht einfach weiter geradeaus, ohne den Rest der Truppe eines Blickes zu würdigen. Diese Stute hat einen ungewöhnlich schwachen Herdentrieb. In jedem Falle schwächer als meiner, ich bin nur zu glücklich, im Trab wieder mit Laetitia und Joël aufzuschließen.

Als wir am späten Nachmittag im Bauernhof-Gasthaus am Thannerhubel ankommen, erblicken wir vor uns die Ebene des Elsass, die sich wie ein großer Teppich zu unseren Füßen erstreckt. Im Hintergrund zeichnen sich die Alpen ab. Morgen müssen wir nur noch hinunter und in Richtung der Weinberge des Thurtals absteigen. Ich lasse die lehrreiche Prüfung des Vogesenmassivs hinter mir und mit ihm jenes Frankreich, das ich über zweieinhalb Monate hinweg durchquert habe und dessen Grenze ich nun mit bloßem Auge sehen kann. Zu meinem großen Erstaunen bereiten sich Laetita und Joël schon auf den Rückweg vor.

»Wie, ihr übernachtet hier nicht?«

»Nein, wir reiten wieder zurück.«

»Zurück, wie zurück? Das ist doch ein Weg von acht Stunden!«

»Die Pferde sind noch fit.«

»Die Pferde schon, aber es wird doch bald dunkel!«

»Keine Sorge, wir haben Stirnlampen dabei.«

»Und wenn schon. Wir wollt ihr denn in der Dunkelheit die richtigen Wege finden?«

»Die Pferde sehen gut. Sie haben einen sicheren Tritt.«

»Ihr seid doch verrückt, bleibt zum Abendessen hier! Wir stellen die Pferde auf die Weide –«

»Aber nein, es ist so schön, unter den Sternen zu wandern.«

Sie schauen sich an, lächeln und sind sichtlich entzückt von der Aussicht auf diesen nächtlichen verliebten Ausflug. Gewiss, Montaigne rühmt sich, bei besonders großer Hitze des Nachts zu reiten. Aber man muss doch nicht alles in den *Essais* zu wörtlich nehmen, oder?

Laetitia und Joël werden deutlich nach Mitternacht wieder im Mille-Étang ankommen. Da werde ich schon lange schlafen und von dem Elsass träumen, das, wie die Ehrenamtlichen vom Club Vosgien mit einem Blick auf meine Visitenkarte bemerkt haben, das Land meiner Ahnen sein muss.

XVI Elsass

▪ ▪ ▪

Klimaerwärmung – Ahnenforschung – Regionalhistorie und Regionalidentität – Stadtmuseum – Kirchenreparaturen – Streit der Religionen damals und heute – Bei der Stadtverwaltung – Bei den Katholiken – Bei den Protestanten – Bei den Juden – Bei den Muslimen – Die an-Nour-Moschee – Laizismus – Sicherheit des Reisens – Montaignes Muttersprache – Seine Sprache verlassen – Du und Sie

▪ ▪ ▪

Der Abstieg in die Ebene verläuft ohne Hindernisse, ich mache in Roderen halt im Haus eines jungen Hufschmieds, um Desti neu zu beschlagen. Es ist das erste Mal, dass seine kleinen Töchter ihren Vater bei der Arbeit sehen. Sie sind beeindruckt: ich auch. Vor allem weil dieser Künstler auch die Wolframspitzen wieder anbringt, die bis nach Rom halten werden.

Das Elsass taucht plötzlich auf, mit seinem Fachwerk, seinen langen und steilen Dächern, und, so weit das Auge reicht, Weinbergen, beladen mit weißen Trauben, von denen ich mir im Vorbeigehen ein paar pflücke. Schon Montaigne beschrieb die »Hänge voll mit den schönsten und vorzüglichst kultivierten Weinreben, und das in einer Weite, dass alle Gaskogner, die mit uns dort waren, eingestanden, noch nie etwas dergleichen gesehen zu haben« (*Reisetagebuch*, Thann). Wir kommen hier beide zu Beginn der Weinlese an: ich Ende August,

Montaigne Ende September. Die gleiche Zeit des Jahres, aber ein Monat Abstand, daran lässt sich die Klimaerwärmung ablesen.

Am Vorabend, auf dem Thannerhubel, habe ich einer Familie gelauscht, die ganz vertraut zwischen dem Französischen und dem Deutschen hin- und herwechselte. Um das fremde Land westlich der Vogesen zu bezeichnen, sagten sie »Frankreich«. Wo befinden wir uns also? In einem quasiautonomen Territorium, das durch die erzwungenen Wechsel von einer Nation zur anderen gelernt hat, seine Eigenart zu kultivieren. Bis dahin sogar, gegen die Republik ein lokales Recht durchzusetzen, das sich nicht nur auf Fragen der Religion bezieht (das berühmte Konkordat), sondern auch auf das Grundeigentum, die Organisation des Gesundheitswesens, das Arbeitsrecht, die Abläufe an Gerichten, die Bankenregulierung, die Jagd, das Handwerk und die Assoziationen, kurz, alles, was das Leben in Gesellschaft regelt. Das Elsass ist eine diskrete und erfolgreiche Ausnahme vom sakrosankten Prinzip der *égalité* in der Republik.

Man sagt mir, dass es hier in der Gegend Kœnigs in Hülle und Fülle gibt. Es ist ein typisch elsässischer Nachname, den man noch im Namen der Hohkönigsburg, französisch *Château du Haut-Kœnigsbourg*, findet und der sich von den Königs des anderen Rheinufers durch das *o* im *e* und die französische Aussprache des *g* unterscheidet. Ich entdecke den Namen schon hier und da in den Namenszügen von Geschäften. Aber es gibt keinen Grund, stolz auf meinen Namen zu sein. Alle Spuren von Verwandtschaft in der Region sind definitiv verschwunden, den zähen Forschungen eines alten Onkels zum Trotz. Meine Vorfahren, Winzer wie es scheint, haben sich nach der Niederlage von 1870 ins Département Eure geflüchtet, um nicht dem Deutschen Reich einverleibt zu werden. Um aller Neugier zuvorzukommen: Nein, ich bin nicht mit General Kœnig verwandt. Genervt von dieser immer wiederkehrenden Frage, habe ich schlussendlich die Biographie des großen Mannes gelesen, Weggefährte de Gaulles und Sieger der Schlacht von Bir Hakeim. Sein Vater Joseph Kœnig, der aus genau dieser Ebene am Oberrhein stammte, hatte sich ebenfalls in die Normandie geflüchtet, nachdem er im Krieg verwundet worden war. Man muss begreifen, dass damals der Umzug von einer Region in die andere eine echte Emigration bedeutete. Mein eigener Großvater erzählte mir oft, wie viel Zeit und Kraft die Assimilation an die normannische Identität verlangte. Man vergisst in den Debatten über Migration zuweilen, dass Integration nicht eine Frage der Papiere ist, sondern eine Frage der Generationen.

*

Am Fuß der Vogesen liegt Thann, ein eleganter Marktflecken mit Häusern aus Fachwerk und rosigem Sandstein. »Die erste Stadt Deutschlands, dem Kaiser untertan« (*Reisetagebuch*, Thann), schrieb Montaigne. André, der Lokalhistoriker, ein ehemaliger Gymnasiallehrer und heute Präsident der historischen Gesellschaft (»Les Amis de Thann«), hätte es nicht besser sagen können. Auf einem gemeinsamen Spaziergang durch die Straßen der Stadt erinnert er mich daran, dass Thann bis zum Dreißigjährigen Krieg österreichisch war, was ihr das weiß-rote Wappen eingetragen hat. Bis in die Zwischenkriegszeit blieb das Deutsche die herrschende Sprache. Um die Wiedereingliederung des Elsass nach Frankreich zu bezeichnen, spricht André von »Annexion«. Dieser liebenswürdige Lehrer beginnt zu wettern, wenn er auf die Generalinspektoren der *Éducation nationale* zu sprechen kommt, mit denen er, wie man sich leicht vorstellen kann, aneinandergeraten ist und die den »Mythos« eines kulturell frankophilen Elsass am Laufen halten. »Kein Grund zu übertreiben«, sagt André nüchtern mit Blick auf die »eine und unteilbare« Nation. Er erklärt mir, dass das Elsass 1871 an die Preußen »verkauft« wurde, um die Kriegsreparationen zu mindern, die Frankreich schuldig war. Ich werde in diesen Historikerstreitigkeiten keine Stellung beziehen. Aber ich bin immer offen für die Erwägung, dass die offiziellen Handbücher der Republik uns nur eine Teilansicht unserer Geschichte bieten und versuchen, die Mehrdeutigkeiten zu tilgen. Montaigne wusste genau, dass Geschichtsbücher eine notwendigerweise willkürliche Auswahl aus der Unendlichkeit menschlicher Handlungen treffen: »Glauben wir denn, dass bei jedem Arkebusengefecht, das uns betrifft, und bei jedem Zufall, der uns ereilt, plötzlich ein Protokollführer erscheint, um sie aufzuzeichnen?« (*Essais*, II,16). Entsprechend kann ich Protokollführer wie André, die uns eine alternative Erzählung unserer eigenen Kultur vorschlagen, nur wertschätzen.

Wenn Sie André wirklich auf die Palme bringen wollen, dann müssen Sie nur die Région Grand Est erwähnen. Als ob es nicht genug gewesen ist, das Elsass annektiert zu haben, hat die französische Regierung ein Jahrhundert später die Demütigung vollendet und es mit den »französischen Vogesen« und sogar, Gipfel der Schmach, mit der fernen Champagne zusammengelegt. Ich spüre, dass sich der bedächtige Rentner in einen gewaltbereiten Krawallbruder verwandeln könnte, um gegen diese Niedertracht zu protestieren, diesen neuen Versuch, die elsässische Identität in der Pariser Verwaltungslogik aufzulösen. Ich berichte Jean Rottner, dem Präsidenten der Région Grand Est, bei einem Taboulé in einem libanesischen Restaurant in Mulhouse von dieser mehrfach auf meiner Reise angetroffenen Befindlichkeit. Er erklärt mir, dass die Schaffung dieser Superregion ihm erlaubt, auf Augenhöhe mit den mächtigen deutschen Bundesländern zu verhandeln. Eine kulturelle Argumentation auf der einen, eine politische auf der anderen. Aber in beiden Fällen bleibt die Bezugsgröße deutsch. Ob es seine österreichischen Wurzeln reklamiert oder ob es sich in den gewaltigen Grand Est integriert, um sich besser mit Rheinland-Pfalz oder Baden-Württemberg messen zu können, das Elsass ist vollständig dem Rhein zugewandt.

André ist in keiner Weise ein Teil der militanten Radikalen, die »Elsass frei«* in den Straßen Straßburgs singen. Er akzeptiert es, wie er sagt, »französisiert« zu sein, und erkennt es an, dass die Zweisprachigkeit verloren geht. Er fordert einfach nur, dass die Republik seine Werte respektiert und damit aufhört, eine einheitliche nationale Erzählung über ihn zu verhängen, aus der der amtierende Präsident eine Obsession gemacht hat. Bürger sind keine Kinder, die eine Geschichte nötig haben. Sie sind freie Individuen, die ihre eigenen Geschichten machen.

André, der seinen Stammbaum in Thann bis ins 18. Jahrhundert zurückverfolgen kann, ist im Alleingang eine Inkarnation der lokalen Identität. Er wendet das lateinische Motto der »Amis de Thann« buchstäblich an: *Prius nosce patriam*, kenne zuerst dein Heimatland. Er öffnet mir, als Herr und Meister des Ortes, das Stadtmuseum, das er geduldig wieder aufgebaut hat. Die Sammlungen sind auf die drei Stockwerke des alten Getreidemarktes verteilt und voller Sorgfalt ausgestellt, sie sind von einer seltenen Reichhaltigkeit für eine Gemeinde von weniger als zehntausend Einwohnern. André ist in der Tat nicht der Einzige, der sich für Geschichte interessiert: Zahlreiche Mäzene tragen zur Finanzierung der Assoziation bei, vom Metzger über das Gartengeschäft bis zur Bank. Auch darin spürt man

* Deutsch im Original

einen germanischen Einfluss, dass die Unternehmen eine ganz natürliche Rolle im Leben ihrer Stadt spielen.

Während wir durch die Museumsgänge spazieren, rekonstruieren wir bis ins Kleinste das Thann, das Montaigne gesehen hat. Dieser Kupferstich hier zeigt die Stadt im Jahr 1600, von Mauern umgeben und an den Fuße der Berge gekauert: Ich kann nachvollziehen, dass Montaigne die Stadt »sehr schön« (*Reisetagebuch*, Thann) gefunden hat. Dieses Buch dort gibt uns eine Vorstellung von den Fassaden, die durch Wandmalereien belebt waren. Diese Münze, von Jahrhunderten mit Rost überzogen, war im Umlauf. Dieser Stein trägt ganz genau das Datum 1580 eingraviert: Es ist die Bodenplatte eines »bangard«, eines »Hüters des Weinbergs«, der die Symbole eines Holzhackers, eines Sattlers und eines Winzers verbindet. Als wir wieder herauskommen, erblicke ich von der Brücke aus bunte Fassaden, deren Erdgeschoss sich direkt auf die wilden Ufer der Thur öffnen. André zeigt mir auf den überhängenden Hügeln den »Montaigne-Weg«, der durch die Weinberge führt. Man wartet nur darauf, plötzlich den Philosophen mit seiner lärmenden Truppe von Edelmännern und Knechten auftauchen zu sehen.

Ich führe seit zwanzig Jahren ein relativ kosmopolitisches Leben und kann nicht anders, als diese Verwurzelung zu bewundern. Ich befürchte nicht, dass sie dem Konservatismus Vorschub leistet. Ganz im Gegenteil erscheint der seelenruhige Respekt vor Traditionen als die beste Medizin gegen den Traditionalismus. André führt mich durch das Thanner Münster, ein Prunkstück der Gotik am Oberrhein, und begeistert sich über das Glasfenster von Kim en Joong, einem Künstler und Franziskanermönch aus Korea. Das Kunstwerk ist abstrakt und licht, besteht aus stürmischen flächigen Farben, lässt das Licht in der Kapelle lebhaft werden und regt die Vorstellungskraft besser an als die öden Darstellungen der Himmelfahrt. Jeder entdeckt darin seine eigene Passion: André glaubt sogar, die Karte des Elsass zu erkennen. Als es vor etwa fünfzehn Jahren an der Zeit war, das alte Fenster auszutauschen, hat André für etwas Modernes plädiert und nicht einfach für eine Reproduktion. Je mehr man auf seine Identität vertraut, desto weniger zögert man, sie durcheinanderzuwirbeln. Es ist das genaue Gegenteil der betrüblichen Entscheidung, die *in fine* der französische Präsident getroffen hat, den vom Brand 2019 zerstörten Dachreiter von Notre-Dame de Paris originalgetreu wiederaufzubauen. Wenn die Kathedrale von Paris ein Gutteil der Geschichte Frankreichs symbolisiert, dann müssen wir schon den Glauben an unsere eigene Vergangenheit verloren haben, dass wir es nicht wagen, uns in die Zukunft zu wagen! Notre-Dame ist seit achthundert Jahren in Bewegung. Als Eugène Viollet-le-Duc diesen Dachreiter entwarf, hat er auf Erneuerung gesetzt. Es hat einen progressiven Präsidenten, Herold der Öffnung und der Globalisierung, gebraucht, um derart den Lauf der Jahrhunderte erstarren zu lassen und die Kathedrale in ein Museum zu verwandeln. Demgegenüber sind diejenigen, die die Geschichte respektieren, auch am besten in der Lage, sie zu übertreffen.

*

Als er in Mulhouse ankommt, das damals zum Kanton Basel gehört, findet Montaigne die erste Stadt auf seiner Route, die sich zur Reformation bekannt hat. Er ist freudig überrascht: Die Kirchen sind intakt, die Protestanten bleiben dem König treu, und es werden Hochzeiten zwischen verschiedenen Konfessionen gefeiert, ohne dass einer der Brautleute konvertieren muss. Montaigne feiert entsprechend »die Freiheit und gute öffentliche Ordnung dieser Nation« (*Reisetagebuch,* Mulhouse). Mulhouse, die Hauptstadt der Toleranz?

Tatsächlich wird diese Erzählung von Historikern in weiten Teilen nuanciert. Nachdem Mulhouse in der ersten Hälfte des 16. Jahrhunderts die Reformation zwinglianischer Prägung angenommen hat, werden katholische Messen verboten, die Klöster geschlossen, die Kunstwerke von den Mauern entfernt. In diesem Kontext sind interkonfessionelle Bündnisse höchst unwahrscheinlich. Es ist so gut wie sicher, dass sich Montaigne hier einwickeln ließ, »embabouiner«, wie er zuweilen schreibt. Offensichtlich hat er eine allzu großzügige Gastfreundschaft genossen. Er erzählt von seinen Gesprächen mit einem Herrn, der »ihm bei Tisch, ohne Ehrgeiz und ohne Affektiertheit, von seinen Umständen und seinem Leben erzählte« (*Reisetagebuch*, Mulhouse), während er ihm eigenhändig nachschenkte. Montaignes Quellen scheinen sich also auf ein lustiges Gelage zu beschränken, wo man ihm erzählen konnte, was er hören wollte. Wenigstens ist das etwas, das dem Reisenden von heute etwas Entspannung verschafft. Der Irrtum ist erlaubt.

Da Montaigne in Mulhouse nach einer ersten Antwort auf die Frage der Religionskriege suchte, die ihn so sehr beschäftigten, entschließe ich mich, hier meinerseits Nachforschungen bezüglich unseres zeitgenössischen Zankapfels anzustellen: des Islam. Mulhouse ist dazu ideal geeignet. Hier gibt es eine wichtige muslimische Gemeinde, die seit dem Ende des 19. Jahrhunderts präsent ist und heute schätzungsweise ein Viertel der Bevölkerung ausmacht. Wenn man die Statistiken des Institut français d'opinion publique für glaubwürdig hält, nach denen in Frankreich jedes fünfte Neugeborene einen Vornamen mit muslimischem Klang erhält, könnte man daraus vernünftig schließen, dass Mulhouse ein einigermaßen repräsentatives Abbild des Landes in gut zwanzig Jahren abgibt. Des Weiteren steht in Mulhouse die an-Nour-Moschee, für die seit dem Baubeginn vor zehn Jahren so viel Tinte vergossen worden ist: ein islamischer Gebäudekomplex von den Ausmaßen einer Kathedrale, der größte in Europa, wie manche sagen. an-Nour steht unter dem Verdacht, von den Golfstaaten finanziert zu werden, die Jugend zu indoktrinieren und als trojanisches Pferd für die Muslimbrüderschaft zu dienen. *Valeurs actuelles* widmet der Moschee regelmäßig scharfe Artikel. Ich muss sie also unbedingt besuchen, wie Montaigne, der, kaum in Mulhouse angekommen, »losging, um die Kirche zu besuchen, denn dort waren keine Katholiken mehr« (*Reisetagebuch,* Mulhouse).

Ich weiß, dass das ein empfindliches Thema ist. Auf dem Land, wo ich durchgekommen bin, finden Vorurteile und Ängste in Begriffen Ausdruck, die ich lieber verschweige. In den urbanen Wohnzimmern, in denen ich ein und aus gehe, verhindert die gebotene Toleranz jeglichen Konflikt. Ich werde versuchen, zwischen diesen beiden Extremen hindurchzunavigieren, und nicht vorgeben, ich hätte etwas anderes als bruchstückhafte und subjektive Informationen zu bieten. Ich werde meine eigenen Überzeugungen (entschieden atheistisch mit einem Hauch Antiklerikalismus) beiseitelassen: Ich habe keinen Zweifel daran, dass Gott tot ist, und ich kann es kaum erwarten, dass man ihn endlich ein für alle Mal beerdigt. Ich werde also ein weiteres Mal die *Montaigne-Methode* anwenden: verschiedenen Meinungen mit Respekt zuhören.

Der Vergleich mit dem 16. Jahrhundert hilft dabei, unsere Beklemmungen zu relativieren: Mit ihren Schlachten, Massakern und Hinrichtungen forderten die Bürgerkriege zwischen Protestanten und Katholiken Zehntausende bzw. Hunderttausende Opfer (die Schätzungen gehen erheblich auseinander). Man riskierte jeden Tag sein Leben, umso mehr, als jeder willkürlich angeklagt werden konnte, zum feindlichen Lager zu gehören: »Das Schlimmste an der Art und Weise, wie in solchen Kriegen die Karten gemischt sind, ist, dass dein Feind durch kein offenbares Kennzeichen erkennbar ist« (*Essais*, II,5). Auch Montaigne war schon durch die stille Revolution der Vornamen beunruhigt und staunte darüber, dass die Protestanten das Bedürfnis verspürt haben, »gegen unsere alten Taufnamen wie Charles, Louis, François, zu kämpfen, um die Welt mit Methusalems, Ezechiels und Maleachis zu bevölkern« (*Essais*, I,46). Es ist also nicht das erste Mal, dass Frankreich eine Krise zwischen Buchreligionen durchmacht. Hoffen wir, dass dieser düstere Präzedenzfall uns umso geschickter werden lässt, und fähig dazu, die Spannungen zu beruhigen, bevor sie eskalieren.

Vonseiten der Stadtverwaltung, die mich an einem Regentag sehr liebenswürdig empfängt, ist die Botschaft klar. Es gibt kein Problem. Höchstens kleinere Vorfälle, die von einigen Agitatoren aufgebauscht wurden – allen voran der Präsident der Republik, dem man es nur schwer verzeihen kann, dass er sich für Mulhouse entschied, um seine Rede über »islamischen Separatismus« zu halten. Der Multikulturalismus ist eine Kraft, höre ich wiederholt. Als Beweis zeigt mir der Bürgermeister den interreligiösen Kalender, der für das »Zusammenleben« mit lächelnden Photos wirbt.

Das ist nicht die Meinung der drei großen Konkordatsreligionen, die ich im Laufe eines langen Pilgertages nacheinander besuche. Ich bin überrascht von der Freimütigkeit ihrer Aussagen, zumal ich von Jacques begleitet werde, der unsere Gespräche filmt. Ich versuche wirklich nicht, eine bereits komplexe Situation zu verschärfen, und werde mich wohl davor hüten, aus dem Kontext gerissene Aussagen zu veröffentlichen. Aber diese Gespräche sind ein integraler Bestandteil meiner Reise, und ich kann sie nicht verschweigen. Es kann keinen Zweifel daran geben, dass meine Gesprächspartner auf den »interreligiösen Dialog« und den öffentlichen Anschein des Einvernehmens keine Lust mehr haben. Noch deutlicher ausgedrückt: Die muslimische Gemeinde ist ein Quell der Sorge, und das drückt sich in verschiedenen Formen aus.

Für die Katholiken herrscht ein fundamentaler Dissens mit der »Religion des Säbels«, die als eroberungswütig und emminent politisch wahrgenommen wird. Im Unterschied zum Christentum, das seit dem heiligen Augustinus dazu tendiere, den »Gottesstaat« und den »irdischen Staat« zu unterscheiden, habe der Islam die Idealvorstellung eines Kalifats nie aufgegeben und so religiöse und zivile Macht intim verschränkt. Zu dieser intrinsischen Bedrohung gesellt sich noch ein bohrendes Gefühl von Konkurrenz.

»Seit Jahren erzählt man uns davon, dass die Kirche einen Frühling erlebt«, sagt mir ein einflussreicher Kanoniker. »Was für ein Witz! Wir sind vom Herbst direkt weiter in den Winter.«

Die Moscheen füllen sich, während die Kirchen sich leeren. Während sie um ihr Überleben fürchtet, ist die katholische Kirche doch kaum dazu bereit, Neuankömmlinge in die Arme zu schließen. Ich frage, ob sie nicht in den Stadtvierteln präsenter sein könnte. Legt schließlich nicht das katholische Kirchenamt nahe, sich den Schutzbedürftigen zuzuwenden? Die Antwort ist lapidar.

»Ein Seelsorger, der versucht, mit Muslimen zu reden, Sie träumen wohl!«

Der Kanoniker gleicht Bernard Blier in dem Film *Mordrezepte der Barbouzes*. Er bietet mir ein Stück Erdbeerkuchen an, und ich befürchte, dass es vergiftet ist. Zu seiner Verteidigung lässt sich sagen, dass er die anderen Religionen auch nicht viel zarter anfasst, angefangen mit den Protestanten, denen er die Reformation noch nicht vergeben hat.

»Heutzutage würde Luther vor dem Internationalen Strafgerichtshof landen.«

Diese Formulierung gefällt mir gut, aber sie lässt auch nichts

Gutes für einen friedlichen und fruchtbaren interreligiösen Dialog erahnen. Schlussfolgerung, natürlich in Form eines Gleichnisses: »Der Teig ist weniger geworden, und der Sauerteig ist schlussendlich ausgelaugt.« Oder etwas prosaischer: »Wir werden es nicht schaffen.« Als Vertreter einer Religion der Hoffnung flößt er ziemlich wenig Optimismus ein.

Gehen wir weiter zu den Protestanten. Der Pastor, ein schlaksiger Gelehrter, empfängt mich in einer Bibliotheksumgebung, die mir vertraut ist; ich erkenne ein Porträt von Locke und eine CD von Clara Haskil wieder. Wir sprechen über protestantischen Liberalismus, über die Kenosis als Forderung nach Schlichtheit, über die Umweltverschmutzung, deren Konzept von Calvin erfunden worden sein soll. Aber der Islam ist nach wie vor nicht willkommen, diesmal im Namen der Republik, an der die Protestanten seit jeher mehr hängen als die Katholiken. Der Pastor verteidigt die absolute Vorherrschaft des bürgerlichen Rechts, und deren Autorität sieht er von der Parallelgesellschaft bedroht. Er geht sogar so weit, einen neuen »Verrat der Schriftgelehrten« zu wittern, einen Verrat jener Intellektuellen, die dem Okzident Schuldgefühle eingeredet haben, und das zum großen Nutzen seiner Feinde, die nun die offene Gesellschaft bedrohen. Was kann der Staat gegen die Weigerung, sich zu integrieren, tun? Soll die Republik, die gute Mutter, die andere Wange hinhalten, wenn man ihr ins Gesicht schlägt? Wir befinden uns in einem Viertel der einfachen Leute, in dem, dem Pastor zufolge, das »Zusammenleben« nur noch eine ferne Erinnerung ist. Da keine Lösung für diese programmierte Fragmentarisierung der Nation in Aussicht steht, verabschieden wir uns mit einem Hinweis auf die Notwendigkeit, sich auf den Tod vorzubereiten, und ich trete schweren Herzens wieder meinen Weg durch die verregneten Straßen von Mulhouse an.

Meine letzte Hoffnung sind die Juden, die mich in einem lichtdurchfluteten Versammlungssaal gegenüber der Synagoge empfangen. Ich sitze einer Elite von Neurowissenschaftlern, Professoren und Politikstudenten gegenüber. Aber ihre Gemeinde schrumpft unerbittlich, sodass mehr und mehr Plätze in der Synagoge leer bleiben. Es geht nicht so sehr darum, dass die Gläubigen sich vom Glauben entfernen, wie es bei der katholischen Kirche der Fall ist, sondern darum, dass die Nachkommenschaft Stück für Stück weniger wird. Dieses Gefühl eines gleichsam biologischen Verhängnisses erinnert mich an eine Forschungsreise, die ich nach Cochin in Indien unternommen habe, um die letzten Juden von Kerala zu finden. Von ihnen sind kaum mehr zwanzig übrig, und sie setzen all ihre Hoffnungen in ein oder zwei junge Pärchen.

Der jüngste meiner Gesprächspartner erzählt enthusiastisch von seinen Beziehungen mit muslimischen Kameraden, vor allem durch die Pfadfinderbewegung. »Wenn man miteinander spricht, wird einem klar, dass man viel gemeinsam hat«: zwei Buchreligionen, die Traditionen desselben orientalischen Ursprungs lebendig halten und die zahlreiche Ge- und Verbote teilen. Aber ach, die Älteren rufen uns geschwind in eine eher düstere Realität vor dem Hintergrund des Konfliktes zwischen Israel und Palästina zurück. Inzwischen ist ein Polizeiwagen permanent vor der Synagoge stationiert, man kann es durch das Fenster sehen. Die Friedhöfe müssen von den »Nachtwächtern des Gedächtnisses« (ob jüdisch oder nicht) bewacht werden. Jeder beobachtete voller Beklemmung die Entwicklung der Situation in Seine-Saint-Denis, wo jüdische Familien zuweilen zum Exodus gedrängt werden. Solche Sorgen wären noch vor zwanzig Jahren undenkbar gewesen. Hier geht es weder um die Theologie noch um das Zusammenleben, sondern um die physische Unversehrtheit.

Gewiss, es ist hier in Mulhouse noch nie zu Aggressionen gekommen. Aber Gräberschändungen nehmen im Bas-Rhin, nicht weit von hier, zu. Vor allem aber erklärt die Erinnerung an vergangene Verfolgungen, dass die jüdische Gemeinde wachsam bleibt. Auch ohne die Shoah zu erwähnen, gab es in Mulhouse gewalttätigen Antisemitismus vor dem Anschluss an Frankreich 1798, welcher wieder die Rückkehr einer jüdischen Gemeinde erlaubte. Deshalb wertschätzen ihre Nachkommen die Republik weniger als die Erklärung der Menschenrechte, weniger das Konkordat als die Staatsbürgerschaft, die allen die gleichen Rechte zuerkennt und Diskriminierung unter Strafe stellt. Heute sind sie zugleich dankbar für den Schutz, den der Staat ihnen bietet, und betrübt darüber, dass sie ihn in Anspruch nehmen müssen.

Die allgemeine Atmosphäre in Mulhouse ist also unzweideutig. Aus verschiedenen Gründen, die in der Geschichte verankert sind und vom Zeitgeschehen neu angeschürt wurden, hegen die Vertreter der alteingesessenen Religionen gegenüber dem Islam ein offensichtliches Misstrauen. Alle beklagen das Fehlen eines genau bestimmten Ansprechpartners. Es gibt so viele Islame wie es Gruppen gibt, die ihn praktizieren, und das ist oft gebunden an die geographische Herkunft. Der Dialog ist inkohärent, schwierig, frustrierend. Man müsste dem interreligiösen Kalender des Bürgermeisters noch ein weiteres Datum hinzufügen, um den Frieden und die Versöhnung zu feiern: den Sankt-Nimmerleins-Tag.

Jetzt hat die Verteidigung das Wort. Ich habe einen Termin mit den Leitern der an-Nour-Moschee, einem brandneuen, aber ziemlich diskreten Gebäude: Es gibt kein Minarett (um Spannungen zu vermeiden, wie man mir erklärt), und die monolithische Fassade könnte zu einem x-beliebigen Kongresszentrum gehören. Allein die Säulen in Form von Bäumen suggerieren die eher spirituelle Bestimmung. Man betritt die Moschee durch banale Glastüren. Im Inneren herrscht die gleiche architektonische Nüchternheit, die durch die Nacktheit der Räume noch verstärkt wird: Da die Sperrung der letzten nötigen Mittel noch nicht aufgehoben ist und ein obskures politisch-administratives Wirrwarr sie blockiert, sind die Bauarbeiten unterbrochen und nur der Gebetsraum konnte bisher in Betrieb genommen werden. Es kommt mir seltsam vor, ein religiöses Gebäude in diesem Baustadium, kurz vor der Fertigstellung, zu besuchen. Der Bau ist schon weit genug, um die endgültigen Formen erahnen zu lassen, aber er besitzt immer noch die handfeste und profane Atmosphäre einer Baustelle. Wie lange bleibt er ein Werk der Menschen? Ab wann geht er in den Besitz Gottes über?

Ich spaziere also durch dieses seltsame Geisterschiff, das bereit scheint, jeden Moment den Anker zu lichten. Es stimmt, dass sich hier ein ganzes Leben abspielen könnte, vom Klassenzimmer bis zur Leichenhalle, nebst Restaurant, Sauna und Sportstudio. Dank eines Parkplatzes kann man direkt mit dem Auto kommen. Im Erdgeschoss leiste ich tatkräftige Hilfe, um den gewaltigen Gebetsteppich auszupacken, der bisher mit einer Anti-Covid-Plane abgedeckt war. Im Untergeschoss entdecke ich im Lichte einer Handytaschenlampe den Betonrohbau eines Schwimmbades. Sobald es mit Wasser gefüllt ist, kann man darauf setzen, dass die ganze Moschee zum Leben erwachen wird, wie das Paradies des Koran, unter dem die Flüsse fließen.

In einem schmucklosen Konferenzsaal nehmen mir gegenüber die Würdenträger der Moschee Platz: Nasser Elkady, der scheidende Präsident, im bürgerlichen Leben Bauunternehmer, der die Bauarbeiten gestartet und überwacht hat. Sowie die drei Imame: Embarek Guerdam, der redseligste, ein ehemaliger Physik- und Chemielehrer; Ahmed Naim, ein Greis; und Souleymane Barry, der frisch von der Imamschule in Château-Chinon kommt. Es ist nicht leicht, das Gespräch in Gang zu bringen. Nasser Elkady ist durch schlechte Erfahrungen mit Journalisten ein gebranntes Kind. Ich versichere ihm, dass ich nicht auf dem Gehaltszettel von *Valeurs actuelles* stehe, und stelle das Unternehmen meiner Reise vor, ohne meine Ziele zu verschleiern. Montaigne, der Humanismus, die Religionen. Die Atmosphäre entspannt sich, es wird Tee serviert. Ich bekomme also einen historischen Abriss des Islam in Mulhouse, ein wahrhaftes Destillat der bereits jahrhundertealten Beziehung zwischen Frankreich und den Muslimen, die während des Ersten Weltkrieges Soldaten waren, dann, während der Trente Glorieuses, eingewanderte Arbeiter, die halfen, das Land wieder aufzubauen, und die heute vollwertige französische Bürger sind, die in der Mehrzahl überhaupt kein Arabisch mehr sprechen (die Predigten werden inzwischen auf Französisch gehalten, die Lesungen aus dem Koran ausgenommen). Der Bau von Moscheen entspricht dem Bedürfnis, den »Islam aus den Kellern« an das Tageslicht zu holen. Was wäre legitimer?

Embarek Guerdam ist der Erste, der eine Frage aufwirft, die Ärger erregt. Der Islam hat »den Dämon Frankreichs aufgeweckt«. Welchen Dämon? Den Antiklerikalismus. Dem Imam zufolge hätte jede beliebige Religion die gleiche feindselige Reaktion ausgelöst. Ich kann ihm nur schwer widersprechen. Nein, ich glaube nicht, dass der erste Mensch aus Lehm geknetet wurde und dass Gott ihm das Leben eingehaucht hat, wie es mir einer der beiden andren Imame erklärt, und es betrübt mich, dass eine ganze Generation immer noch diesen Mythen Glauben schenkt. Ja, mir scheint die Frage des Ursprungs seit über einem Jahrhundert durch die Evolutionstheorie geklärt, die unwiderlegt und insofern gültig ist. Ich denke, dass die *Infâme*, die niederträchtige Kirche, von den Philosophen der Aufklärung und ihren republikanischen Nachfolgern zermalmt worden ist, und ich finde es ermüdend, den Kampf Voltaires dreihundert Jahre später wieder von vorne anfangen zu müssen. Umso mehr, als Schreiberlinge wie ich, die unbestreitbar aus einer jüdisch-christlichen Kultur stammen, sich selbst zu Recht nicht legitim dazu berufen sehen, die Illusionen einer Religion anzuprangern, die sie kaum kennen.

Das Gegenmittel für diesen latenten Konflikt ist der Laizismus. Auf diesen Punkt können wir uns alle einigen. Dank des Laizismus können Imame und Freidenker friedlich koexistieren, ohne dass sich jemand benachteiligt fühlt, da der Staat dazu bestimmt ist, ruhige Neutralität in Fragen des Glaubens oder des Unglaubens zu wahren. Die liberale Konzeption des Gesetzes von 1905 habe ich durch die Lektüre des Historikers Jean Baubérot besser verstanden, der den Laizismus nicht als eine Fortsetzung des Antiklerikalismus interpretiert, sondern als einen Schutzwall gegen denselben. Die damaligen Gesetzgeber haben beispielsweise davon abgesehen, das Tragen der Soutane im öffentlichen Raum zu verbieten. Was auf dem Spiel stand, war die Trennung von allgemeinen Regeln und persönlichen Überzeugungen. Ein und dieselbe Person kann gleichzeitig für die Gleichbehandlung der Religionen in juristischer Hinsicht streiten und sie alle in intellektueller Hinsicht bekämpfen. Ich für meinen Teil habe umso weniger ein Problem damit, das Kopftuch als Bigotterie zu verdammen, als ich für das absolute Recht der Frauen plädiere, es nach eigenem Gutdünken zu tragen.

Diese Schizophrenie ist das Kennzeichen einer reifen Gesellschaft. Dasselbe Prinzip gilt bezüglich der Meinungsfreiheit, die uns gebietet, Ansichten zu tolerieren, die wir ansonsten verurteilen, eine Übung in intellektueller Aufrichtigkeit, wenn es so etwas gibt (ein Freund von mir, Nicolas Gardères, ein linker Anwalt, verteidigt so beispielsweise vor Gericht Rechtsextreme). Stammesgesellschaften hingegen werten das Recht gegenüber der Moral ab. Sie wollen das Verhalten und die Meinungen eines jeden in Abhängigkeit von den üblichen Praktiken der Gruppe regulieren. Wenn sie den Burkini am Strand verbieten, dann verhalten sich die französischen Behörden genauso wie die saudi-arabischen Muftis, die Frauen dazu verpflichten, sich in der Öffentlichkeit zu verschleiern: Sie versuchen, die Mehrheitskultur in das Gesetz einzuschreiben. Ich hasse Burkinis, aber ihr Verbot hasse ich noch mehr.

Das ist genau das, was Embarek Guerdam Sorgen macht. Er hat den Eindruck, dass »sich die Schlinge zusammenzieht« und dass französische Gesetze immer mehr die Ausübung des Islam beschränken, was eine Spannung zwischen bürgerlichem Gesetz und religiösem Gesetz zu verursachen droht, die es um jeden Preis zu vermeiden gilt.

»Wir als Imame«, sagt er mir, »sind beispielsweise gegen die Heirat von Homosexuellen. Aber das Gesetz zwingt uns nicht dazu, einen Mann zu heiraten, also ist das in Ordnung.«

»Und was ist dann also nicht in Ordnung?«

»Zunächst einmal sind da all diese Diskussionen über das Kopftuch.«

Die Polemiken rund um Schulweghelferinnen oder die Hausordnung von Schwimmbädern haben eine überproportionale Wirkung auf die muslimische Gemeinde. Indes hat das Prinzip des Laizismus immer eine für die Entschärfung von Konflikten sehr nützliche Grauzone geschaffen. Jean Baubérot erinnert etwa daran, dass in den Anfängen der öffentlichen Schulen das Kruzifix oft an den Wänden der Klassenzimmer hängen blieb. Könnte man nicht heute auch zulassen, dass Schulweghelferinnen ein Kopftuch tragen und ein Weihnachtsbaum im Rathaus prangt?

Auf der Ebene der Doktrin bestärken mich all diese Aussagen in meiner Meinung. Um gut zusammenzuleben, muss man jeden leben lassen, und das ist der ursprüngliche Sinn des Gesetzestextes von 1905. Der modische »Kampflaizismus«, der jüngst das »Gesetz zur Stärkung republikanischer Werte« inspiriert hat, tappt in die Falle, die der radikale Islamismus gestellt hat, indem er Politik und Werte vermengt. Warum wird so viel gegen die »muslimische Parallelgesellschaft« aufgeboten? Wir leben alle in Gesellschaften, in Gemeinschaften, bei denen angefangen, die die Parallelgesellschaft anprangern. In Paris lebt die anständige katholische Gesellschaft im 16. Arrondissement, wo sie ihre Sprössling auf wohlbekannte konfessionelle Schulen schickt, die intellektuellen Hipster wie ich leben im Marais, die linken Künstler rund um den Canal Saint-Martin, die Chinesen in den Hochhäusern im 13., die Professoren im 5., die Reichen im 7., die jungen Unternehmer rund um die Station F, die pleitegegangenen Schriftsteller im 18. und die Unentschlossenen im 9. Die Geschäfte, die Restaurants und die Bräuche dieser verschiedenen Viertel entsprechen der Identität ihrer Einwohner. Wo ist da das Problem?

Nun gilt es noch, die Radikalisierung zur Sprache zu bringen, eine Frage von öffentlichem Interesse par excellence. Embarek Guerdam vertritt deutlich die These, die Olivier Roy in seiner Kontroverse mit Gilles Kepel vorgebracht hat: Es ist nicht so sehr der Islam, der sich radikalisiert, als vielmehr die Radikalität, die sich islamisiert. Ein Teil der Jugend in den betreffenden Vierteln rebelliert gegen die Gesellschaft und »versteckt sich hinter dem Islam«. Ebenso hat sich eine langhaarige Generation hinter dem Kommunismus und seinen Avataren versteckt und sank dabei zuweilen bis zur Gewaltanwendung herab (die Roten Brigarden). Wie kann man, jenseits der notwendigen Repression, diesem Abdriften ein Ende setzen?

»Durch Wissen«, ist die kluge Antwort Embarek Guerdams.

Die jungen Muslime in Mulhouse sind nicht mehr in der Lage,

arabisch zu lesen, und bekennen sich zu einer Art Youtube-Islam, der in der Hauptsache von den verschiedenen Denkschulen, die seit mehr als einem Jahrtausend komplexe theologische Debatten nähren, keinerlei Ahnung hat. Es gilt also, die Gemeinde zu strukturieren, indem man Moscheen wie diese baut, und Imame in der Hoffnung ausbildet, dass ein echter »europäischer Islam« entstehen kann, der mit den Funktionsweisen einer offenen Gesellschaft kompatibel ist. Ich frage, wer heute für eine solche liberale Vision des Islam wirbt. Man nennt mir Namen: Ahmed Jaballah, Direktor des Institut européen des sciences humaines in Paris, oder Tareq Oubrou, »der Imam von Bordeaux«. Ich werde das nicht beurteilen können. Aber es erscheint mir offensichtlich, dass es gut ist, jegliche interne Debatte auch zu führen. Je reichhaltiger Diskussionen sind, desto verfeinerter werden die Begriffe, und desto weniger können sich grob vereinfachende Vorstellungen durchsetzen.

Nach den blutigen Attentaten in Frankreich war ich völlig baff zu hören, wie die Dschihadisten und ihre Sympathisanten ihre Taten mit Argumenten rechtfertigten, die zwar gewiss jämmerlich und lückenhaft waren, aber die dennoch eine gewisse Rationalität zum Ausdruck brachten. Seinerzeit wäre Michel Onfray niedergebrüllt worden, wenn er eine ähnliche Bemerkung gewagt hätte. Weit davon entfernt, »Verrückte« zu sein, wie man sie gerne darstellt, um sich rückzuversichern, sind Terroristen von Ideen bewegt. Man muss ihnen andere Ideen entgegenstellen. Diese Übung in Widerlegung und Vorschlag können heute allein die muslimischen Intellektuellen leisten. Unabhängig von den Bildungs- und Polizeiaufgaben, die in einem Rechtsstaat geboten sind, wird sich die Situation dauerhaft vor allem auf dem Weg der theologischen Kontroverse und der Konfrontation von Meinungen beruhigen können. In der Hoffnung, dass der europäische Islam in einigen Jahrzehnten oder Jahrhunderten mit seiner eigenen Kritik niederkommt, so wie das durch Nietzsche verwandelte Christentum seinen eigenen Gott töten konnte.

Aus diesen Mulhouser Gesprächen ziehe ich drei vorläufige und zweifellos diskutable Schlussfolgerungen:

- Die Spannungen zu leugnen verschärft sie nur.
- Sobald man aufhört anzunehmen, dass der Islam als Religion ein Problem darstellt, hört er auf, eines zu sein.
- Anstatt gegen die Parallelgesellschaft zu kämpfen, sollte man die Gemeinde dazu ermutigen, sich zu strukturieren.

In jedem Falle bin ich überzeugt, was man nicht tun sollte. Der Kampflaizismus ist eine offene Tür in Richtung Bürgerkrieg. Wiederholen wir nicht den Fehler, der mit den Hugenotten gemacht wurde.

Nach gut zwei Stunden Gespräch hat sich Vertrauen eingestellt. Meine Gastgeber laden mich dazu ein, das künftige Buch in der Moschee vorzustellen, nach dem Freitagsgebet, um möglichst viele Leser zu erreichen. Auch erinnern sie mich daran, dass die *Zakat*, das islamische Almosen, allen Reisenden gespendet werden muss: ein wunderbares Mittel, um meine Forschungsreise zu finanzieren! Und darf ich verraten, welche Pizza im Zuge eines improvisierten Mittagessens, zu dem man mich in einem Zimmer neben dem Gebetsraum eingeladen hat, für mich war? Eine mit Pepperoni, Tomaten, Mozzarella – und Salami. Ein guter Anfang für den Islam Europas?

*

In den ersten Septembertagen bereite ich mich darauf vor, Frankreich zu verlassen und deutschsprachiges Gebiet zu betreten, erst die Schweiz, dann Deutschland. Schon jetzt habe ich den Sinn jenes deutschen Sprichwortes begriffen: *Wie Gott in Frankreich leben**, also glücklich, wohlhabend, sorglos. Denn ich habe auf meinem Weg Hunderte kleine Götter getroffen. Allen Schwierigkeiten zum Trotz wahren sie eine Kultur, eine Lebenskunst, einen Sinn für Gastfreundschaft, die aus diesem Ritt einen wundervollen Ausflug gemacht haben. Als ich im Nachhinein die nationale Presse las, war ich völlig überrascht von der Entdeckung, dass »Unsicherheit« das Thema des Sommers gewesen sei und in den Zeitungen tagtäglich von Gewalttaten und Pöbeleien erzählt wurde. »Frankreich hat Angst«, wie es in den 60er-Jahren geheißen hatte. Ich für meinen Teil habe kein einziges Mal auch nur die geringste Bedrohung verspürt, und nur ausgesprochen selten ein wenig Feindseligkeit. Man kann von der Dordogne bis ins Elsass eintausendfünfhundert Kilometer alleine zurücklegen, ohne um sein Leben oder um seine Besitztümer zu fürchten. Dennoch habe ich mich nicht an die »schwarzen Wege« gehalten, die Sylvain Tesson so lieb sind und die von den Verrücktheiten der Moderne verschont geblieben sind. Ich bin durch verlassene Landstriche auf der *Diagonale du vide* gekommen, durch die Innenstädte großer Ballungsräume, durch die Banlieues in der Umgebung von Paris, durch die verarmten Gebiete im Grand Est. Wer ist hier abgehoben? Die Leitartikler, die während ihrer korsischen Sommerfrische diesen oder jenen Vorfall aufbauschen, oder der Reisende, der zweieinhalb Monate im Staub der Straßen verbracht hat?

Unser Jahrhundert ist in jedem Falle sicherer als das Montaignes, der in seinem *Reisetagebuch* zahlreiche Episoden über Diebstahl und Betrug erzählt, über Streitigkeiten und Raufereien unter verschiedenen Fraktionen im Personal, über Diener,

* Deutsch im Original

die im Gefängnis landen. Wie er in den *Essais* erzählt, wurde er sogar eines Tages »von fünfzehn oder zwanzig maskierten Edelmännern angegriffen, gefolgt von einer Welle berittener Schützen« (*Essais*, III,12). Am Ende war er »gefangen und ergeben, in das Dickicht eines nahegelegenen Waldes verschleppt, vom Pferd gehoben, ausgeplündert; meine Kisten durchwühlt, meine Börse genommen, Pferde und Dienerschaft unter neue Herren verstreut« (*Essais*, III,12), und er sah sich gezwungen, sein eigenes Lösegeld zu verhandeln. Das ist der Grund, warum Montaigne mit so vielen Gefährten unterwegs war: Er hatte eine kleine Armee nötig, die bereit war, den Degen zu ziehen. Wir können also zugeben, dass zumindest für den Reisenden unsere Epoche weniger blutig ist.

Als ich mich der Grenze nähere, beunruhigt mich die Aussicht darauf, meine Muttersprache hinter mir zu lassen. Montaigne scheint in einem ähnlichen Geisteszustand gewesen zu sein: Bevor er in Deutschland ankommt, beschreibt er nicht das letzte Dorf Frankreichs, sondern das »letzte französischer Sprache« (*Reisetagebuch*, Bussang). Nichtsdestotrotz kann er auf lokale Führer zählen, die für ihn übersetzen (auch wenn ihm das nicht besonders lieb ist: Er beklagt, »von der Gnade eines Hornochsen von Führer abzuhängen« (*Reisetagebuch*, Lindau)). Darüber hinaus ist er zweifellos sprachbegabt. Auf Anweisung seines Vaters auf Latein erzogen, ist diese tote Sprache für ihn die Muttersprache (»Aus den Tiefen meiner Eingeweide waren meine ersten Ausrufe immer lateinische Worte« (*Essais*, III,2)), die er immer wieder in den *Essais* einstreut. Als er aufwuchs, lernte er das Gascognische, das rund um ihn gesprochen wurde, und dann in der Schule das Französisch des Hofes. Einige Monate Aufenthalt in Rom waren für ihn ausreichend, um Italienisch zu lernen, genug in jedem Fall, um den letzten Abschnitt seines Tagebuches unmittelbar in der Sprache Tassos (den er im Gefängnis besuchte) abzufassen. Diese unterschiedlichen Einflüsse machen aus Montaigne einen Wortjongleur, der Idiome vermischt, Bedeutungen verdreht, Verben und Substantive erfindet und das mit einer wilden Freiheit, die er für sich beansprucht. Worte, die heute gebräuchlich sind, sind wir ihm schuldig, etwa *enjouement* (Verspieltheit; Anm d. Übers.), *enfantillage* (Kinderei; Anm d. Übers.) oder *aménité* (Liebenswürdigkeit; Anm d. Übers.). »Meine französische Sprache ist entstellt, in der Aussprache und auch ansonsten, durch das Barbarentum meines Landstrichs« (*Essais*, II,17). Es wäre zu schön, wenn man statt seiner Gebeine einmal eine Tonaufnahme von Montaigne entdecken würde, der Akzent würde uns sicherlich erstaunen.

Im Kontrast dazu bin ich das ordentliche Produkt der französischen Schulbildung, immer um korrekte Grammatik bemüht und wenig geneigt, mich in das turbulente Bad jener Sprachen zu stürzen, die wir immer noch »fremd« nennen. Genauso wie ich am Klavier ohne Noten verunsichert bin, muss ich erst jedes einzelne Wort übersetzen, bevor ich mich an einen Satz wage. Ich habe zehn Jahre quasi täglicher Übung gebraucht, um das Englische zu beherrschen, und das alles andere als perfekt. Meinem Hirn fehlt es an Geschmeidigkeit. Wehe, die Neurowissenschaftler lehren uns, dass die neuronalen Verbindungen nach fünfundzwanzig Jahren fast definitiv festgelegt sind. Ich sehe also für den Fortgang meiner Expedition gewiss Momente der Einsamkeit voraus, insofern mein bisschen Deutsch noch aus der Schulzeit stammt und sich mein Italienisch auf ein Grammatikhandbuch beschränkt, das ich vor dem Aufbruch gepaukt habe. *Bescherelle* statt *Duolingo*: Man erneuert sich nicht. Um meine Aufgabe noch komplizierter zu machen, habe ich mir selbst versprochen, kein einziges Wort Englisch zu reden. Kein Globish auf dieser europäischen Reise. Ich werde mit Händen und Füßen sprechen müssen und hoffen, dass die Offensichtlichkeit meiner Bedürfnisse meine Unfähigkeit, sie zu formulieren, kompensiert.

Allerdings gibt es auch eine dem Französischen eigene Schwierigkeit, die ich mit Entzücken hinter mir lasse: die Unschlüssigkeit zwischen Duzen und Siezen. Dort, wohin ich unterwegs bin, verwendet man lieber das »Du«*, und dem Fremden wird man natürlich verzeihen, dass er sich für die einfachere Form entscheidet. Was das für eine Erleichterung sein wird! Unsere grammatikalisch-sozialen Subtilitäten haben mich während meiner ganzen Reise heimgesucht. Jeden Abend stellten sich bei der Ankunft in einem neuen Haushalt dieselben Fragen, ohne dass ich je zur Definition einer klaren Regel gekommen wäre. Beim »Sie« zu bleiben kann Respekt bezeugen oder aber, ganz im Gegenteil, eine Form von geringschätzender Distanz. Zum »Du« überzugehen kann Geringschätzung bedeuten oder aber, ganz im Gegenteil, eine Form von brüderlichem Respekt. Wer muss anfangen? Ich, auf die Gefahr hin anzuecken? Mein Gastgeber, auf die Gefahr hin, dass er es niemals tut? In welchem Moment? Zu früh, und man forciert eine falsche Verbundenheit, die die Beklemmung noch steigert. Zu spät, und man verdammt sich dazu, verlogen zu klingen. Nur zu oft also windet man sich herum und lässt mit leiser Stimme Testballons steigen. Am schlimmsten ist, wenn man die Entscheidung ganz vermeidet und sich in unendlichen Umschreibungen verliert. Oder eben schweigt. Das aber ist für eine Reise, die der Begegnung und dem Austausch geweiht ist, einigermaßen schade.

Am Anfang war ich noch ganz auf der Hut und siezte einfach jeden. Ich war mit der Praxis der Stadt vertraut: Unter Dreißigjährigen duzt man sich auf Anhieb. Ich wartete klug ab, bis

* Deutsch im Original

ich auch die Praxis auf dem Land verstanden hätte. Ich warte immer noch. Jede Region, jeder Berufsstand, jedes soziale Milieu, jedes Individuum entwickelt seine eigenen Regeln. Trotz alledem konnte ich feststellen, dass man sich sehr selten am nächsten Morgen per »Sie« verabschiedete, wenn auch der Umschlagpunkt deutlich variierte: bei der Ankunft, beim Abendessen, zum Abschied. Stück für Stück bin ich also kühner geworden und nahm das Unvermeidliche vorweg. Das ist mir mindestens zweimal schlecht bekommen: In der Beauce und in den Vogesen musste ich den Rückzug antreten und erbärmlich wieder zum »Sie« zurückkehren, das meine Gastgeber nicht gewillt waren aufzugeben. Ich übertreibe nicht, diese Fragen haben mich zuweilen die ganze Nacht hindurch gequält, wenn ich nicht wusste, wie ich meine neuen Freunde am Morgen ansprechen sollte. Einmal waren meine Zweifel so tiefgreifend, meine Beklemmung so stark und meine Reue so stechend, dass ich mich entschloss, von unterwegs noch eine Dankes-SMS zu schicken, die, als ob nichts wäre, auf »Du« lautete; die Antwort kam im selben Register zurück, und vielleicht auch erleichtert; eine Last war uns endlich genommen worden.

Kommerzielle Beziehungen, wenn ich etwa in einem Fremdenzimmer schlafe, machen die Sache noch komplizierter. Der Kunde genießt hier ein gewisses stillschweigendes Vorrecht, der Gastgeber passt sich an die gewählte grammatikalische Form an, ohne die Initiative zu übernehmen. Aber dieses Privileg kommt einen teuer zu stehen. Bevor man zum »Du« übergehen kann, muss man sich bemühen herauszufinden, wie es um die tatsächliche Bereitschaft des von Geschäftstüchtigkeit maskierten Gegenübers bestellt ist. Im Gegenzug kann die Beibehaltung des »Sie« Gefahr laufen, das Gegenüber in einer Rolle einzusperren, aus der es sich gerne befreien würde. Ich gestehe, dass ich mich zuweilen, voller Sehnsucht nach einem Tag echter Pause ohne lange Diskussionen, auf das »Sie« zurückgezogen habe, um meine Ruhe zu haben.

Ich habe aber auch Fallen entdeckt. Der alte Bauer, der mich sofort duzt, sieht mich nicht als seinesgleichen, sondern als Lehrling: Es ihm gleichzutun wäre ein grober Fehler, ein Zeichen von Respektlosigkeit gegenüber einem Greisen. Im Gegenzug suggeriert der Arbeiter, der mich auf der Straße anspricht, mich duzt und mir einen Eimer Wasser anbietet, eine Klassensolidarität (die Klasse derer, die sich körperlich anstrengen), die ich unbedacht zerstören würde, wenn ich ihn siezte. Es gibt auch die Unentschlossenen, die zum »Du« übergehen, und kaum hat man sich dort eingerichtet, kehren sie ohne Vorwarnung zum »Sie« zurück. Wie soll man wissen, ob es sich um ein bewusstes Schuldgefühl handelt oder einfach nur um Zerstreutheit? Die Situation ist fast immer ausweglos: Wieder zurück heißt, eine Niederlage eingestehen; es nicht tun ein Missverständnis verlängern.

So hat also mein Ritt fern der sozialen Normen Scherereien von proustischer Komplexität genährt. Ich lehne es ab zu glauben, dass ich eine Ausnahme darstelle. Ich hätte mich nicht so viel gequält, wenn mich meine Mitbürger nicht dazu eingeladen hätten. Wir hätten als Kollektiv die Macht, unsere Beziehungen zu vereinfachen, indem wir allumfassend duzen, wie es in vielen anderen Ländern der Fall ist, zuallererst natürlich in denen mit angelsächsischer Tradition. Aber wir lehnen das ab.

Für diese nationale Attitüde gibt es tiefliegende Gründe. Die Vereinfachung der Grammatik ist ein Posten in autoritären Regimen, die die Gleichheit der Menschen verherrlichen, um sie besser unterwerfen zu können. Unter Robespierre forderte der Wohlfahrtsausschuss das »Du« innerhalb der Verwaltung, nachdem er noch zögerlich war, diese Pflicht für alle Bürger verbindlich zu machen. Die Kommunisten waren alle »Genossen«. Man duzt sich auch in der Kirche, unter Gläubigen im Angesicht Gottes. Heute haben Algorithmen die Position der Regierenden und der Priester übernommen, um uns auf den Rang von demütigen und austauschbaren Kreaturen herabzusetzen. Die digitalen Plattformen nennen uns beim Vornamen, und nur zu oft duzen sie uns auch (wie *Duolingo*, das mich aus diesem Grund schnell entmutigt hat). Diese falsche Vertrautheit ist nicht nur heuchlerisch und infantil, sondern auch gefährlich. Wie ich in meinem Buch über die Künstliche Intelligenz hoffentlich zeigen konnte, trägt sie dazu bei, das Individuum den perversesten Manipulationstechniken zu unterwerfen und es auf die Summe der Daten zu reduzieren, die es produziert.

Indem sie uns die Wahl zwischen Duzen und Siezen bietet, führt unsere Sprache ganz im Gegenteil eine Komplexität ein, die in menschlichen Beziehungen immer willkommen ist. Man sieht sich an, man wägt sich ab, man tastet sich ab. Zwischen dem »Sie« und dem »Du« spielen sich unendlich viele Nuancen ab, und ebenso viele mögliche Missverständnisse. Der Übergang vom einen zum anderen sagt oft mehr als eine lange Unterhaltung. Es kann eine Falle sein oder ein Ansporn. Es gibt diese Paare aus der Belle Époque, die sich bei Tisch siezen und sich im Bett duzen. Oder, wie bei Tolstoi, die Verlobten, die am Tag ihrer Hochzeit zum »Du« übergehen. Anstatt eine Fassade der Gleichheit durchzusetzen, respektiert das »Sie« die Freiheit eines jeden, sich hinzugeben oder nicht.

*

Es ist Zeit aufzubrechen. Frankreich scheint mir nun so vertraut, nachdem ich es den ganzen Sommer lang durchstreift habe, dass ich mir erlauben werde, es zu duzen. Um ihm das zu schreiben: Du wirst mir fehlen.

XVII Baden-Württemberg

▪ ▪ ▪

Wagen, Kutschen, Autos – Import-Export – Scheitern an der Schweizer Grenze – Sprung über den Schwarzwald – Offene Grenzen damals und heute – Walküren – Weitere Genesungspause für Destinada – Veterinärsskepsis – Schweifriemen – Erlkönig – Ausrüstungsüberlegungen – Letzte Chance – Führanlage – Langeweile und Lektüren – Fähre über den Bodensee – Wegerecht – Eigentum verpflichtet – Schwabenland – Der widersprüchliche Ludwig – Zeppelin – Mittelstand – Ausflug nach München

▪ ▪ ▪

Um in die Schweiz zu kommen und das Rheinufer zu erreichen, muss ich Basel durchqueren, einen extrem dichten urbanen Knotenpunkt an der Grenze dreier Länder. Die Karte ist übersät von den Linien der Kanäle, Autobahnkreuze und Gleistrassen. Die »Via Rhenana«, die auf Spaziergänger ausgerichtet ist, ist für mich mit ihren Absperrungen, Treppen und Brücken unbrauchbar. Als ich meine Reise vorbereitete, hatte ich also die Stadtverwaltung um Hilfe gebeten. Für alle Fälle führte ich noch aus, dass Montaigne seinerzeit hochherrschaftlich von den örtlichen Autoritäten empfangen wurde, die ihm Wein bringen ließen und eine Festrede für ein feierliches Bankett vorbereiteten. Er begegnete in Basel auch zahlreichen »gelehrten Männern«, vor allem dem Botaniker Felix Plattner und dem

Rechtsgelehrten François Hotman, einem Protestanten, der der Bartholomäusnacht entkommen war. Ich für meinen Teil verzichte auf den Wein, da meine Satteltaschen dergleichen Extravaganzen nicht erlauben, aber ich werde es doch sehr zu schätzen wissen, wenn man meine Durchreise erleichtert und mich vielleicht einigen örtlichen Persönlichkeiten vorstellt. Mit vorzüglicher Hochachtung, Ihr Gaspard, *cavalier français.*

Als einzige Antwort schickten mir die Schweizer Beamten eine Liste der Auflagen, die es zu beachten gilt, nicht zuletzt die Verpflichtung, die Ausscheidungen meines Reittiers aufzusammeln. Bei dieser Gelegenheit lerne ich das deutsche Wort kennen: *Pferdeäpfel**. Wenn mich die Poesie dieses Ausdrucks auch berührte, so konnte ich mir doch nur schwer vorstellen, wie ich mich, bewaffnet mit Schaufel und Besen, zwischen den Schnellstraßen und den gewaltigen Eisenbahnbrücken über dem Rhein durchschlängeln sollte. Im Vorfeld entschloss ich mich also, ein Transportunternehmen zu engagieren, das uns im Lastwagen mitnehmen sollte, um Basel zu umgehen. Ich tat das mit ruhigem Gewissen: Wenn es notwendig wurde, griff auch Montaigne, obgleich äußerst widerwillig, auf Wagen zurück, die Vorfahren der Postkutschen, denen er ein ganzes Kapitel seiner *Essais* widmete.

Desti steigt ohne Schwierigkeiten in den brandneuen Pferdetransporter. Wir hatten das schon in La Pommeraye geübt, und erleichtert stelle ich fest, dass sie sich nicht ziert, vielleicht ist sie sogar dankbar, dass ein Motor ihr die Arbeit abnimmt. Die Fahrt, so kurz sie auch ist, versetzt mich in einen deutlich anderen und unangenehmeren Gemütszustand als das Reiten unter freiem Himmel. Montaigne hat völlig recht, wenn er sich über Wagen und Kutschen beklagt: »Es ist dieses unterbro-

* Deutsch im Original

chene Geruckel, das mich angreift; und das noch mehr, wenn es nur stockend vorangeht« (*Essais*, III,6). Wenn man nicht mehr daran gewöhnt ist, ist das Schlimmste auf der Straße nicht die Geschwindigkeit, sondern das Abbremsen. Es ist so seltsam und so wider die Natur, sich von einer Ampel oder von einem Stau blockiert zu sehen, ohne auf den Gehweg oder ins Unterholz ausweichen zu können. Autofahren ist klaustrophobisch.

Ein Wagen hält aber eine noch größere Unbequemlichkeit für uns bereit: Er muss an der Grenze anhalten. Zum Glück habe ich mir eines der berühmten »Carnet ATA« besorgt, das nötig ist, um ein Pferd in die Schweiz einzuführen. Dieses archaische Verfahren, für das man sich in der *Chambre de commerce et d'industrie* in Paris ein Konvolut von Formularen abholt, findet beim Transport von Waren Verwendung. Es gefällt mir gar nicht, Desti als ein Importgut zu deklarieren, aber das ist die einzige Kategorie, mit der die Reise zu Pferd nach Schweizer Recht greifbar ist. Ich finde es seltsam, dass Autos, die in jeder Hinsicht gefährlicheren Vehikel, diesen Kontrollen entwischen. Ich rege mich nicht darüber auf: Ist es nicht der Gipfel der Unlogik, in den Verwaltungszwängen nach einer Logik zu suchen?

Ich begebe mich zum Wachhäuschen, das das weiße Kreuz auf rotem Grund trägt, und präsentiere dem wachhabenden Zollbeamten das ordnungsgemäß gestempelte Zertifikat.

»Wo ist der Rest?«, fragt er mich.

Ich bin niedergeschmettert, aber nicht überrascht. Ich weiß, dass ich von einem Fluch verfolgt werde: Es fehlt mir immer der richtige Teil. Wie uns allen, vielleicht. Wir, die Lebenden, in einer Welt der todbringenden Bürokratie.

»Welcher Rest?«

»Der Rest des Carnet ATA.«

»Hören Sie, ich konnte es nicht vollständig mitnehmen. Das hier war die einzige Seite mit Unterschriften und Stempeln.

Der Rest bestand in jungfräulichen Formularen. Ich bin mir sicher, dass Sie hier irgendwo eine Kopie davon haben.«

»Sie haben ein Carnet ATA zerrissen?!?«

Ich sehe an seinem Gesichtsausdruck, dass sich mein Status gerade gehörig verschlechtert hat. Ich war ein Ausländer, der seine Mühe mit dem Papierkram hatte. Jetzt bin ich ein Wahnsinniger, der zum schlimmsten aller Verbrechen fähig ist: ein Schweizer Verwaltungsdokument zu misshandeln. Ich bemühe mich also, ihm meinen unsinnigen Akt zu erklären. Ja, ich habe ein vollständiges Carnet, wie es für reguläre Exportunternehmer bestimmt ist, erhalten, gut einhundert Seiten DIN A4. Es wog ziemlich genau ein Kilo: Ich konnte es unmöglich für zweieinhalb Monate in meinen Satteltaschen verstauen. Sie müssen verstehen, Herr Zollbeamter, mein Gepäck ist auf das Gramm genau zusammengestellt, und mein Zelt wiegt weniger als Ihre Formulare. Ich werde mir nicht extra ein Saumpferd zulegen, um ein Carnet ATA zu transportieren! Also habe ich sorgsam das einzige ausgefüllte Dokument herausgetrennt, das belegt, dass alles in Ordnung ist und ich auch meine Gebühr gezahlt habe (ziemlich teuer, nebenbei bemerkt). Sollte das nicht reichen, um zehn Tage in der Schweiz zu verbringen?

Ich sehe so etwas wie Erleichterung bei meinem Zerberus. Ich bin nicht wahnsinnig, ich bin einfach nur ein Idiot. Er ruft einen Kollegen an. Beide lachen. Hat man je von einem zerrissenen Carnet ATA gehört?

»Absolut unmöglich«, schließt er und blickt demonstrativ über meine Schulter hinweg, um sein nächstes Opfer herzuzitieren.

Die landläufige Vorstellung eines Schweizer Zollbeamten als eines pedantischen und nicht zu rührenden Wesens entspricht vollkommen der Wirklichkeit. Bis auf ein Detail. In der Vorstellung ist er wohl mickrig und schnauzbärtig. Meiner hingegen ist ein junger Mann bei bester Gesundheit, rasierter Schädel, stählerner Bizeps. Ich sehe keine Möglichkeit, ihn zu erweichen. Aber was soll ich tun, wenn nicht beharren? Fünfzig Meter von hier scharrt Desti in einem Pferdetransporter mit den Hufen.

»Sie können immer noch auf die Hauptwache gehen«, lässt er am Ende noch fallen und gibt mir eine Adresse. »Aber es ist sehr unwahrscheinlich.«

Ich mache eine schnelle Risikokalkulation. Meine Erfolgsaussichten sind verschwindend gering. Jede verlorene Minute erhöht die Beklemmung für Desti und vermindert die Hoffnung auf eine Alternative. Es wird nötig werden, Desti aus diesem Transporter zu holen und die Nacht irgendwo zu verbringen. Ich entschließe mich also, das Spiel der Schweizer zu spielen und sie hochmütig zu übergehen. Wir setzen Montaignes Route direkt in Deutschland fort. Wir müssen nur etwas dem Rhein folgen, auf der Höhe von Freiburg abbiegen und den Schwarzwald durchqueren. Kaum zwei Stunden mit dem Lastwagen. Pech für die Flusskrebse, die bemalten Häuser, die Wasserfälle von Schaffhausen und die schönen »großen und weißen« Frauen (*Reisetagebuch,* Baden), von denen Montaigne schwärmt. Auf, Kutscher, nach Konstanz!

Auf der Fahrt habe ich alle Muße, um die von den Nationalstaaten des 20. Jahrhunderts errichteten Grenzen zu verfluchen. Wir tun so, als würden wir in einer offenen Welt leben. Indessen waren, nach den Maßstäben unserer Zivilisation, die Staaten nur selten derart geschlossen. In seinem *Reisetagebuch* fragt Montaigne kein einziges Mal nach Grenzen. Er ist mit seinem Wappen unterwegs, das er zuweilen an die Wände einer Herberge malen lässt, aber ohne Ausweis. Es genügt, an den Ortseingängen seine Situation zu erläutern. An den Toren Augsburgs etwa muss der Reisende einfach nur »seinen Namen und seine Adresse in der Stadt oder den Namen der angestrebten Unterkunft« (*Reisetagebuch,* Augsburg) angeben. Manchmal ist die Situation komplizierter. So verweigert man beispielsweise Montaigne und seinem Gefolge den Eintritt in die Stadt Épinal, weil sie gerade aus Neufchâteau kommen, wo es einige Pestfälle gegeben hat. Man verhandelt mit menschlichen Wesen, die in der Lage sind, die Motivationen von ihresgleichen zu verstehen, was zwar eine Dosis Willkür mit sich bringt, aber eben auch Flexibilität. Im schlimmsten Falle macht man einen Umweg: Wenn sich Épinal Montaigne verweigert, öffnet ihm Plombières seine Pforten. Da es keinen Grenzschutz gibt, vollzieht sich der Übergang von einem Territorium in ein anderes, von einer Sprache zu einer anderen, in einer sanften und natürlichen Art und Weise und lässt Zwischenräume entstehen, in denen sich plurale Identitäten bilden.

Wie könnte man diese Reisenden nicht beneiden, die zuweilen einen Passierschein, aber niemals ein Carnet ATA nötig haben? Zwei Jahrhunderte nach Montaigne durchstreift Casanova völlig frei Europa, zwischen London, Moskau und Konstantinopel. Seine *Memoiren* sind ein Hymnus auf den freien Verkehr. Noch zu Beginn des 20. Jahrhunderts brauchte Stefan Zweig keinen Pass, um rund um den Globus zu reisen, wie er nostalgisch in *Die Welt von gestern* erzählt. Weit entfernt von den Phantasmen eines »Global Village« hat unsere Moderne den Raum mithilfe von Visas und Formularen abgeriegelt.

Gewiss ist die Schweiz ein Inselchen im Herzen Europas, das seine Souveränität pflegt (»die Illusion der Souveränität«, wie es mir einmal ein Schweizer Botschafter präzisierte, der sich bewusst war, wie viel Zeit sein Land schon vertrödelt hatte, um mit Brüssel zu verhandeln). Aber macht es die EU besser? Die Antwort erhalten wir bei der Durchquerung der österreichischen Alpen zwischen Deutschland und Italien.

*

*Hallo!**

Mein erstes Bild von Deutschland, als ich aus dem Lastwagen steige, ist eine blonde und kräftige Walküre mit herrischer Stimme. Alles in mir sträubt sich dagegen, Klischees zu verwenden, aber was tun, wenn sie stimmen? Während meines zu langen Aufenthaltes in der Reitanlage Ziegelhof, gute zehn Kilometer nördlich von Konstanz gelegen, werde ich nichts andres zu Gesicht bekommen als Horden von Walküren, junge strohblonde Frauen in Lederstiefeln, das Sporenrad am Fuß und die Reitpeitsche in der Hand, die mit energischen Schritten durch die Ställe laufen und kehlige Rufe ausstoßen. Es ist das unerotischste Schauspiel der Welt. Ich wage mir kaum vorzustellen, über was für eine übersteigerte Männlichkeit oder ganz im Gegenteil was für eine mysteriöse Form hermaphroditischer Sinnlichkeit die deutschen Männer verfügen müssen, um sich solchen Geschöpfen zu nähern.

Der friedliche Wohlstand der Orte beeindruckt mich. Nie habe ich in Frankreich derartige Reitanlagen gesehen. Vor dem Hauptgebäude, frisch gestrichenes Fachwerk, steht eine enigmatische Motorradsammlung: Harley-Davidson, BMW, Seitenwagen von damals, alles funkelt. Die Anlagen sind perfekt gepflegt, man könnte glauben, dass hier kein Pferd nur den kleinsten Apfel fallen lässt: geräumige und lichtdurchflutete Boxen, eine Reithalle von olympischen Dimensionen, draußen ein Reitplatz, eine Führanlage und selbst ein hauseigenes Restaurant mit einem jener *Biergärten**, auf die die Deutschen so versessen sind. Die Pferde sind mit eleganten Mückenschutzhemdchen und kleidsamen Protektoren ausgestattet. Wenn man die Weide hinaufgeht, auf der ich Desti lassen werde, überblickt man den Bodensee oder besser gesagt den Überlin-

* Deutsch im Original

ger See, der den Bodensee verlängert wie ein Finger im Arsch Deutschlands. Man sieht die Segelboote, die sich gemütlich die Küste entlang bewegen, während sich am Ufer die prunkvollen Sommerhäuser aneinanderreihen und sich am Horizont die Wälder kräuseln. Nicht ein Block aus Beton, der die Harmonie der Landschaft verschandelt. Nirgends eine Prahlerei oder ein Geschmacksfehler; überall sind die Grundstücke wie mit der Schnur gezogen. Ich muss Montaignes Meinung über den Weg nach Konstanz teilen: »Was die Privathäuser, die Dörfer und die Felder an der Straße angeht, die wir genommen haben, so sind sie über jeden Vergleich schöner als in Frankreich« (*Reisetagebuch,* Konstanz). Das Herzogtum Württemberg hat es ganz offensichtlich verstanden, seine Reichtümer im Lauf der Zeitalter zu bewahren.

Seine Reichtümer und die, die sie glänzen lassen. Während die Walküren auf der makellosen Bühne einherstolzieren, den Übergang zwischen Schritt und Galopp oder den Seitengang üben, haben hinter den Kulissen die ungarischen Stallknechte zu tun, die ein Stockwerk über mir schlafen und mit denen ich mir eine Wäscheleine teile. Darüber hinaus schaffe ich es nicht, nähere Kontakte mit ihnen zu knüpfen. Sie sprechen noch weniger Deutsch als ich und bleiben lieber bei ihren Routinen aus Heugabeln und Stallmist. Sie warten auf den Abend, um lange Telephongespräche mit ihren Familien daheim zu führen. Meine Versuche, mit ihnen zu kommunizieren, machen sie misstrauisch, das sind sie sichtlich nicht gewohnt. Wie viele Universen liegen hier auf dem Ziegelhof nebeneinander und sind doch hermetisch voneinander abgeschlossen? Die sozialen Gräben scheinen sich seit der Zeit Montaignes vertieft zu haben: Zu seiner Zeit kamen die Deutschen »selbst und luden die Diener für zwei oder drei Stunden zum Trinken an die Tafel ein« (*Reisetagebuch,* Lindau). Heute nichts dergleichen.

Unter diesen Pferden mit seideglänzendem Fell und diesen Reitern im Sonntagsgewand sehen Desti und ich aus wie Penner. Großzügig aufgenommen, liebeswürdig toleriert, aber ordentlich auf Distanz gehalten.

Wehe! Die Penner setzen sich fest. Am Abend meiner Ankunft verabreiche ich Desti eine letzte Spritze mit Antibiotika, um die Abszessepisode endlich zu beenden. Und siehe da, am nächsten Morgen hat sich dessen Volumen verdreifacht. Man könnte sagen, dass sie einen Buckel hat. Um nicht mit meinen guten Gewohnheiten zu brechen, rufe ich den *Tierarzt** an. Eine Entzündungsreaktion auf die Spritze. »Das passiert. Da haben Sie Pech gehabt«, sagt er mir. Desti auch. Also geht es wieder los mit einer Woche Pflege, mit Salben, Entzündungshemmern und, wieder einmal, Antibiotika (von nun an in Pulverform). In den ersten Tagen kann sich das arme Tier nicht einmal hinunterbeugen, um zu grasen. Ich muss sie also mit Heu bedienen und füttern. Bei diesem Tempo kommen wir erst nächstes Jahr in Rom an, beziehungsweise niemals. Der einzige Trost ist, dass auch Montaigne aufgrund des Gesundheitszustandes seiner Reittiere in Deutschland aufgehalten wurde: »Das Maultier mit dem Gepäck hat sich verletzt und zwingt uns zum Halt« (*Reisetagebuch,* Wangen).

Ich befrage mich selbst. Auch ich fühle mich müde. Jeden Abend machen wir einen Spaziergang über die Anhöhen, wie zwei kleine alte Leute, die sich gegenseitig ermutigen, einmal am Tag rauszugehen. Ich setze mich auf eine Bank, und sie bummelt nebenher. Vielleicht bezahlen wir jetzt, nach zweieinhalb Monaten mitreißender Abenteuer, schlussendlich den Preis für ein übertriebenes Tempo. Zu viele Kilometer, zu viel Höhenunterschied, zu viel Hitze, zu viele Nahrungsumstel-

* Deutsch im Original

lungen. Auch jenseits ihrer diagnostizierbaren und immer erklärbaren Leiden ist Destis Organismus dem Zusammenbruch nahe. Ein letztes Mal werde ich noch versuchen, sie wieder hinzukriegen. Aber wenn wir dann noch einmal einlenken müssen, werde ich die Reise abbrechen. Darauf verpflichte ich mich. Das wird das sogenannte Versprechen von Konstanz sein.

Ich beginne, an der Veterinärswissenschaft zu zweifeln. Die Ursache des neuen Übels war das letzte Medikament. Alle Diagnosen widersprechen sich, während sich die Rezepte seltsamerweise alle gleichen. Ich verfüge seither über eine Reiseapotheke in meinen Satteltaschen. Ich mache mich wie ein Alchemist an Pulvern zu schaffen, lasse Abstand zwischen den Dosen, verlängere diese Verschreibung oder mache Versuche mit Pflanzenheilmitteln. Ich beginne, Montaignes Meinung bezüglich der Ärzteschaft zu teilen, übertrage sie aber auf Tierärzte. Wie er leide ich unter ihrer »tyrannischen Autorität, die sie sich über jene armen, von Leid und Angst geschwächten und niedergeschlagenen Seelen anmaßen« (*Essais*, II,37). Zu ihren Fachbegriffen kann ich nur nicken (umso mehr auf Deutsch). Was ich allerdings bemerke, ist ihre ewige Uneinigkeit. »Bezüglich der Leiden, die ich gehabt habe und bei denen es kaum eine Schwierigkeit gab, habe ich niemals auch nur drei einer Meinung gefunden« (*Essais*, II,37). Wenn ich ihnen schon nicht widersprechen kann, dann findet sich gewiss immer einer ihrer Kollegen, der es gerne tut. Übrigens lästert jeder Tierarzt, wie es auch bei den Hufschmieden ist, über die Behandlung, die sein Fachkollege verschrieben hat, und untergräbt so noch mehr mein Vertrauen in ihre Kunst. Schlussendlich frage ich mich wie Montaigne, ob es nicht besser wäre, die Natur einfach machen zu lassen, »die mit Zähnen und Klauen versehen ist, um sich gegen etwaige Angriffe zur Wehr zu setzen« (*Essais*, I,24).

Dieser *Tierarzt** war schon der fünfte seit dem Beginn der Reise, ohne all die unzählbaren Heilkundigen mitzuzählen, die ich unterwegs getroffen habe und die mir alle ihre Mittelchen empfohlen haben. Dieser wird der letzte sein. Natur, Desti und ich selbst werden da alleine durchkommen, oder eben nicht.

*

Inzwischen besteht meine einzige Beschäftigung darin, die Anfangsursache aller folgenden Übel in Angriff zu nehmen und meine Ausrüstung definitiv zu stabilisieren. Ich mache mich also auf die Suche nach einem Schweifriemen. Ein Bus bringt mich in das Gewerbegebiet von Konstanz, das aussieht wie jedes Gewerbegebiet auf der Welt, wo sich allerdings auch ein Spezialgeschäft für Reitausrüstung findet. Das Interieur gleicht eher einer Boutique von Hugo Boss als einer Sattlerei. Wahrscheinlich kommen hierher die Walküren, um sich auszurüsten: Hier findet man die kleidsamsten Jacken, die robustesten Reitkappen und das komplizierteste Zaumzeug, mit doppelter Trense und Kinnkette. Ich bemerke sogar eine Art lustige Unterhose, wie eine Radlerhose aus Elastan, die gepolstert ist, um zarte Hintern zu schützen. Das ist ohne Zweifel das Geheimnis der Walküren, das es ihnen erlaubt, mühelos vom beheizten Sitz ihres BMW auf einen Ledersattel für die wöchentliche Dressurreitstunde zu wechseln. Wohlgemerkt, je mehr solcher Gadgets man mit sich herumträgt, desto unabdingbarer werden sie. Das Gleichnis der gepolsterten Radlerhose: Je mehr Schutz man verlangt, desto mehr braucht man ihn auch. Ich würde eine andere Methode vorschlagen, die Gewöhnung. Um auf eine immer wiederkeh-

* Deutsch im Original

rende Frage zu antworten: Mir hat während meiner ganzen Reise nicht eine Sekunde der Hintern wehgetan, obwohl ich nur eine einfache Jeans getragen habe.

Der Verkäuferin mein Anliegen vorzutragen übersteigt meine Sprachkompetenzen bei Weitem. Mit viel Mühe schaffe ich es, ihr meine Situation und meine Probleme mit dem Sattel zu erklären, was sie zu amüsieren scheint. Ich erläutere die Position fraglichen Riemens pantomimisch und versuche dabei, in den Grenzen des Anstands zu bleiben. Plötzlich erleuchtet sich ihr Gesicht.

*Schweifriemen!**

Schau, schau. Ich scheine also nicht mit irgendeinem Vorderzeug den Rückweg antreten müssen. *Riemen,* le courroie. *Schweif, Schweif.* Aber ja, *Schweif!* Wie im *Erlkönig,* dem einzigen Gedicht, das ich während meines Deutschkurses gelernt habe!

Siehst, Vater, du den Erlkönig nicht?
*Den Erlenkönig mit Kron und Schweif?**

Sein Schweif, d.h. sein Schwanz. Ein Riemen für den Schwanz, also ein Schweifriemen.

*Ja, ja! Schweifriemen!**

Goethe hat mir aus der Klemme geholfen. Noch heute singe ich sein Gedicht vor mich hin, mit der Melodie, die Franz Schubert ihr gewidmet hat. Jedes Mal, wenn ich dieses Lied höre, bekomme ich Gänsehaut. So nervös in seinen Tonwiederholungen, so poetisch in seiner halluzinatorischen Erzählung, so tragisch, da ich inzwischen selbst Vater eines kleinen Jungen bin, der schon vor Fieber gezittert hat. Der *Erlkönig* führt den herzzerreißenden Kunstgriff ein, den Roberto Benigni in seinem Film über die Schoah, *La Vita è bella,* wieder aufgreifen wird.

* Deutsch im Original

Ein Kind, das glaubt, ein Märchen oder ein Spiel zu durchleben, während es Richtung Tod geschleppt wird.

Nicht so schnell. Die Verkäuferin behauptet, dass Schweifriemen inzwischen in Deutschland verboten sind, da sie den Schweifansatz verletzen können. Wird dieser *Schweif** am Ende wie im Gedicht nur ein *Nebelstreif** sein, eine Luftspiegelung für den herumirrenden Reiter? Ich versuche, wiederholten Niederlagen zum Trotz, nicht zu verzweifeln, rationale Argumente gegen eine Regulierungsrealität aufzubieten und für meine Sache einzutreten: Es ist besser, eine zukünftige Unannehmlichkeit zu riskieren, um sehr gegenwärtige Leiden zu lindern. Es gibt in meinem Fall keine ideale Lösung: Man muss sich für das geringere Übel entscheiden. Zu meinem großen Erstaunen scheint die Verkäuferin überzeugt. Sie erzählt etwas von Ausnahmeregelungen, die ich nicht begreife. Ich sehe, wie sie in die Werkstatt geht, mit ihren Kollegen diskutiert, Telephonanrufe macht. Alles, was ich, ihrem Gesichtsausdruck nach zu urteilen, verstehe, ist, dass es Hoffnung gibt. Sie ist verschwindend klein, aber sie existiert, und sie scheint sich genauso an sie zu klammern wie ich.

Nach zähen Verhandlungen wird der Schweifriemen bestellt. Er wird mir einige Tage später von der Verkäuferin eigenhändig überbracht, gerade rechtzeitig für meinen Aufbruch. Ich lege ihn probeweise Desti an, und mein Herz klopft bis zum Hals. Etwas lang. Ich werde nicht umhinkönnen, ein paar zusätzliche Löcher zu bohren und eine neue Befestigung mit einer Schraube und einem Bolzen zu basteln. Dieses Stück Leder wird unsere Reise retten.

Solche Überlegungen, Diskussionen und Experimente bezüglich bestimmter Lederstücke, deren Detail ich dem Leser ersparen möchte, können weit führen. So habe ich etwa

* Deutsch im Original

das Vergnügen, mit einer gewissen Nathalie zu korrespondieren, Geographin, Akademikerin und Wanderin, die mir lange, kluge und strukturierte Mails über Probleme mit der Ausrüstung schreibt, die durchaus mit anderen, sympathischen, aber absurden Ratschlägen kontrastieren, die ich unterwegs bekomme (etwa: »Warum nicht im Sattel Hörbücher hören?«). Nathalie geht diese Fragen des Reitens mit wissenschaftlicher Strenge an und bringt die verschiedenen Parameter zusammen: Pferderasse, Wanderrhythmus, Sattel mit integriertem Vorblatt oder mit Schweißblatt, Gewichtsverteilung, Satteldeckenanordnung, Größe der Stege, die die Satteltaschen stützen, Befestigung des Mantelsacks am Sattel, Material und Spannung der Gurte, Aufgabe der verschiedenen Ringe usw. Nathalie formuliert Thesen, verwirft andere und zieht vorläufige Schlüsse, auf die ich detailliert antworte. Das Komplexitätsniveau, das diese Gedankengänge erreichen können, überwältigt und erschreckt mich. Ich bin inzwischen in der Lage, lange Überlegungen über ideale Steigbügelriemen oder Spanngummispannungen anzustellen. Werde ich zu einem jener »Passionierten«, deren Hobby man bewundert, aber deren Konversation man fürchtet? Auf jeden Fall habe ich bei meinem Aufbruch aus Konstanz das Gefühl, meine Anfangsfehler korrigiert und eine gewisse Art Optimum erreicht zu haben. Ich habe dank des Schweifriemens meinen Sattel nach hinten verschoben, die Satteldecken enger gelegt, um jegliche Reibung an den Schultern zu vermeiden, ich habe den Mantelsack auf dem Hinterzwiesel durch einen zentralen Gurt befestigt, damit er nicht auf den Lenden lastet, und die sensible Zone auf dem Rücken durch eine zusätzliche Stofflage geschützt, in die ich Luftlöcher geschnitten habe. Ich sehe keinen weiteren Optimierungsspielraum mehr. In die Hoffnung, unseren Weg im normalen Lauf wieder aufzunehmen, mischt sich die Befürchtung, endgültig abbrechen zu müssen. Wenn Desti rückfällig wird, geht es zurück in die Normandie. Es ist unsre letzte Chance.

*

Diese neuerliche Genesungszeit ist nicht so gesellig wie mein Aufenthalt in den Vogesen. Ein Vormittag auf dem Fahrrad reicht, um mich daran zu erinnern, warum ich das Pferd gewählt habe. Ich flüchte vor Sehenswürdigkeiten: Als ich mich der Blumeninsel nähere, genügt der Anblick des Parkplatzes, der Ticketschalter und der Kuscheltiergeschäfte, um mich auf dem Absatz kehrtmachen zu lassen. Meine Besuche in Konstanz auf den Spuren Montaignes sind einigermaßen frustrierend, umso mehr als die Deutschen für gut befunden haben, mir die Arbeit vorzukauen und an den Giebeln der makellos renovierten Häuser das Baujahr anzugeben. Ich spaziere durch eine Stadt von damals, abzüglich des Drecks. Die historische Genauigkeit gewinnt hier dazu, was die Vorstellungskraft verliert.

Ich beschäftige mich also damit, nichts zu tun, döse in dem kleinen Studio, in dem man mich untergebracht hat, oder strecke mich auf der Weide neben Desti aus. Lange beobachte ich auch die Pferde, die in der Führanlage ihre Runden drehen. Das ist eine der sadistischsten Erfindungen in den Ställen der Spitzenklasse, das Gegenstück zum Laufband im Fitnessstudio, mit dem einzigen Unterschied, dass die Opfer hier keinen Stoppknopf haben. Die Pferde werden zwischen zwei Trenngittern in einem großen runden Drehkreuz platziert, das sie dazu zwingt, in einem bestimmten Rhythmus zu gehen. Im Gänsemarsch legen sie denselben Weg zurück, werden beständig an der Kruppe geschoben, ohne Aussicht, je irgendwo anzukommen. Der *Homo sapiens* hat also die Arbeit mit seinem Reittier automatisiert, als ob diese nicht genau der alleinige Zweck der Domestizierung wäre. Auf dem Ziegelhof ist die Führanlage für gewöhnlich nur mit zwei oder drei Pferden besetzt, obwohl ein halbes Dutzend Platz hätte. Ich hätte fast Lust, in das Drehkreuz hineinzuschlüpfen und mitzumachen. Was habe ich auch anderes zu tun, als im Kreis zu gehen?

Pascal hat es vorausgesehen, dass es für den Menschen die schwierigste, aber auch die lehrreichste Aufgabe ist, ruhig in einem Zimmer zu verweilen. Freilich muss man sich nach den Regeln der Kunst langweilen. Da ich nicht bete, mache ich mich daran, die Meister des Fachs zu lesen. Montaigne reiste niemals ohne Bücher, »weder im Frieden noch im Krieg« (*Essais*, III,3), selbst wenn für ihren Transport zusätzliche Maultiere gebraucht wurden. Da bin ich glücklicher dran als er. Ich kann mir auf mein Kindle *Die Tatarenwüste* von Dino Buzzati laden, *Oblomow* von Iwan Gontscharow sowie *Serotonin*, den letzten Roman von Michel Houellebecq, stets verlässlich zum Thema Kollaps. Die Langeweile nach Buzzati erscheint mir etwas einfach: Es ist die Langeweile des Wartens. Der Held lauert auf ein Ereignis, eine Invasion, die vielleicht nie stattfinden wird, die aber immer möglich ist. Wie er unternehme ich meine Wachgänge zu Desti, überprüfe den Zustand des Halses und nähre meine Hoffnung, eines Tages wieder frisch aufzubrechen, und wenn mein Sattel unter mir zu Staub zerfällt. *Oblomow*, ein klassischer russischer Roman des 19. Jahrhunderts, fällt mir aus den Händen, er ist genauso monoton wie das Nichts, das er beschreibt: Das ist die Langeweile, die Leere wird, der eitle Müßiggang. Nur Oblomow kann *Oblomow* lesen.

Serotonin hingegen öffnet meinen Blick auf eine Langeweile von andrer Qualität, die Luxuslangeweile. Die Hauptfigur, wenig überraschend notgeil und deprimiert, scheint für etwa zwanzig Seiten zumindest die Möglichkeit des Glücks zu erahnen; eine Leistung für Houellebecq. Er könnte zusammen mit Camille auf dem Land leben und sich an einem ländlichen Glück befriedigen, das aus ruhiger Wiederholung und langsam gereiften Empfindungen besteht. Das ist die fröhliche Langeweile der Gewohnheiten, der tausendste Spaziergang auf demselben Weg, die zum tausendsten Mal geschüttelte selbe Hand. Eine Form von gärtnerischer Ataraxie, von pastoraler Regungslosigkeit, in der sich nur Tag für Tag winzige Details verändern. Ich erkenne in dieser Passage keinerlei Ironie. Ist das vielleicht das Gefühl, das Montaigne beschreibt, um seinen Rückzug aus der Politik zu rechtfertigen, und mit dem er »die schöne Ordnung der Bäume, die ich selbst bei mir gepflanzt habe, und die schönen Melonen, die ich selbst gesät habe« (*Essais*, 1,42), rühmt? Gewinnen wir nicht endlich unseren Wettlauf gegen die Zeit, wenn wir die unersättliche Suche nach Neuem aufgeben?

Wo siedelt Houellebecq diese Möglichkeit des Glücks an? Im goldenen Dreieck zwischen Clécy, Pont-d'Ouilly und Condé-sur-Noireau, nur wenige Kilometer von La Pommeraye entfernt. Ich erkenne alle Orte, die Houellebecq anführt, er hat augenscheinlich die Region durchstreift. Ich finde die regnerische Atmosphäre wieder, in der ich Stunden des Trainings und des Spazierengehens verbracht habe, und auch eine gewisse ökologische Dynamik mit Kooperative-Läden und gemeinschaftlichen Gemüsegärten. Ist das nicht im Grunde das Glück? Hat Houellebecq, Visionär wie immer, nicht genau die Gegend Frankreichs identifiziert, die sich am besten für diesen eminent zeitgenössischen Traum eignet: Sättigung zu erreichen, im Leben wie in der Liebe? Ist unsere Gesellschaft nicht nach der Überhitzung der Begierden, die in *Elementarteilchen* beschrieben wurde, ganz natürlich dabei, ihre Dekompressionszone zu finden? Haben die hypervernetzten Neoruralen aus *Karte und Gebiet* nicht doch recht gehabt? Werden die konventionellen Landwirte, die, wie in *Serotonin* langatmig beschrieben wird, von der internationalen Konkurrenz ruiniert werden, nicht einer alternativen Form des Bauernstandes Platz machen?

Der Held kann es sich nicht verkneifen, alles zu versauen, und endet, wie alle Figuren Houellebecqs, selbstmordgefährdet in einem anonymen Hotelzimmer. Als ob Houellebecq es sich nicht gestatten würde, seine wiedergefundene Offenherzigkeit bis zum Ende durchzuhalten. Ich werde nicht so verschämt sein. Jetzt oder nie ist es an der Zeit, den Verwandlungen, die in mir vor sich gehen, seit ich diese Reise vorbereitet habe, einen Körper zu geben. Am Ende meiner Freiheitsstrafe an den Ufern des Bodensees habe ich den Entschluss gefasst: Sobald ich wieder zurück bin, werde ich mir ein Bauernhaus in der normannischen Schweiz suchen.

*

Wir brechen auf, nachdem wir uns von den Walküren mit einem Handzeichen verabschiedet haben, beiderseits ohne große Gefühlsergüsse. Desti scheint mir in guter Form zu sein, genesen und erholt. Erste Herausforderung: den Bodensee überqueren, wie Montaigne, der »den See eine Meile von der Stadt entfernt überquert hat« (*Reisetagebuch*, Konstanz). Ich kann nicht den Weg über das südliche Ufer nehmen, das ist Schweizer Territorium. Aber zum Glück habe ich Zeit gehabt, mich schlauzumachen. Es gibt Fähren, die in einer Viertelstunde zum anderen Ufer nach Meersburg fahren. Das Pferd ist ein Vehikel, oder nicht? Schauen wir mal. Ich trotte zum Terminal und reihe mich in die Schlange der Wartenden ein, hinter dem Bus und den Autos der Sommerfrischler, die die letzte deutsche Ferienwoche nutzen. Recht bald kommt ein Mitarbeiter der Stadtwerke Konstanz auf mich zu. Ich fürchte das Schlimmste.

»Kommen Sie hier entlang«, sagt er mir freundlich und winkt mich nach vorne.

»Und die Tickets?«

»Das machen wir an Bord.«

Fünf Minuten später erklimmt Desti mit übervorsichtigem, aber sicherem Schritt den Steg, der auf das Schiff führt. Ihre Hufe klingen wie Hammerschläge auf dem Metall. Die Fähre besitzt erfreulich bescheidene Ausmaße und besteht aus einer großen, vierspurigen Standfläche, die beiden Enden sind offen, und darüber spannt sich ganz simpel ein Bogen, auf dem die Innenräume und die Brücke Platz finden. Es ist ein schwimmender Parkplatz mit einem Henkel für die Hand der Götter. Desti nimmt folgsam ihren Platz ein und zieht die Sympathie der Autofahrer auf sich. Die Schranken schließen sich, und los geht's.

Wir gleiten ohne Probleme über den See, den ein leichter Seegang kaum kräuselt. Ich habe mir einen Platz an der Reling gesucht, und der Wind spielt mit Destis Mähne, die von ihrer ersten maritimen Erfahrung völlig ungerührt ist. Die beiden Fahrkartenkontrolleure kommen auf uns zu. Wir plaudern. Vergeblich suchen sie in ihrer Fahrpreistabelle nach einer Kategorie, der wir entsprechen könnten. Weder Fußgänger noch Fahrrad, noch Auto, noch Lkw. Schlussfolgerung: »Die Fahrt ist umsonst.« Das perfekte Gleichnis dieser Reise. Wie das Leben außerhalb der Schubladen schön ist!

Desti wird etwas ungeduldig, es nervt sie, dass auf Fähren kein Gras wächst. Zum Glück nähert sich da schon das andere Ufer. Es ist mit Weinbergen bedeckt, die bis ans Ufer zu strömen scheinen, wie Flüsse, die sich in ihre Mündung stürzen. Die Landschaft plätschert. Auch Montaigne war überrascht, hier »einen weiten Landstrich voller Reben, wo sehr gute Weine wachsen« (*Reisetagebuch*, Markdorf), zu entdecken. Die Luft ist mild, die Fassaden von Meersburg leuchten in lebhaften Farben, und als wir die Fähre hinter uns lassen, kommt eine junge Frau mit strahlendem Lächeln auf mich zu, um mir Gesellschaft bei einem Picknick zu leisten. Alles erscheint leicht und ungezwungen. Vergessen wir den Ziegelhof. Hier beginnt Deutschland.

*

Alles erscheint einfach, weil alles einfach ist.

Angefangen bei den Wegen. Ich verstehe nun schnell, warum ich so große Mühe hatte, von Paris aus die Wanderrouten in Deutschland, nach dem Modell des GR, ausfindig zu machen. Das braucht es gar nicht: Bis auf einige Ausnahmen sind alle Wege, die auf der Karte verzeichnet sind, offen zugänglich. Um am Morgen die Route zu bestimmen, muss man nur nach Gutdünken die schwarzen Linien verbinden. Die Absperrungen lassen sich öffnen, zuweilen dank genialer Gegengewichte, und die Wege sind gut gepflegt. Besser noch, Hinweisschilder geben die Richtungen und die Kilometerentfernungen zur nächsten Kreuzung an. Es ist unmöglich, sich zu verlaufen. Die kleinste, kaum befahrene Straße ist mit einem Fahrradweg an der Seite ausgebaut. Künstliche Böschungen erlauben uns, Autobahnen oder Gleistrassen zu überqueren, ohne sie überhaupt zu sehen. Man spaziert durch Deutschland wie durch einen Park. Das geht so weit, dass man mitten im Wald Sitzgelegenheiten begegnet oder sogar – Klohäuschen für diejenigen, die den Spott der Vögel fürchten. Bald auch Automaten mit frischer Landluft?

Auf diesem ordentlich abgesteckten Streckenverlauf mache ich mir einen Spaß daraus, Umwege zu machen, meine Route zu verändern, Wege querfeldein zu improvisieren. Wir bewegen uns überall und kümmern uns nicht übermäßig um die Schilder, die den Zugang für Pferde untersagen. Niemand macht uns Vorhaltungen. Deutschland ist offen.

Die Fahrradtradition des Landes erklärt ein Stück weit diese Einrichtungen; an manchen Tagen und an den bukolischsten Orten finden wir uns plötzlich in einem nicht abreißenden Strom von Radfahrern wieder (dabei entdecke ich, dass es auch Beiwägelchen für Hunde gibt: Das Herrchen schwitzt, während sein Gefährte es sich in den Kissen gemütlich macht, eine gerechte Umkehrung der Verhältnisse). Aber es gibt auch einen tieferliegenden Grund. Die privaten Grundstückseigentümer sind in der Tat per Gesetz verpflichtet, das Wegerecht zu achten, in den Wäldern wie auf den Feldern: Hier ist nicht die Sologne mit ihren Tausenden Hektar eingezäunten und eifrig bewachten Grundbesitzes. Das Land wird also als ein Ausflugsraum für die Einwohner betrachtet. Jeder kann sich nach Lust und Laune bewegen, und niemand verfügt exklusiv über eine Landschaft. Deutschland gehört allen Deutschen. Diese Überlassung der Natur gründet in einer bestimmten Konzeption des Eigentums. Die Erklärung der Menschenrechte von 1789 macht aus ihm bei uns ein »unantastbares und heiliges Recht«, was die vollständige Privatisierung einer ordnungsgemäß abgezäunten Parzelle rechtfertigt. Der Kataster, ein großes Werk der französischen Revolutionäre, zerschneidet das Land in lauter kleine Inselchen. Der deutsche Ordoliberalismus hingegen, der seit der Nachkriegszeit auf der anderen Seite des Rheins herrscht, begreift das Eigentum als einen relativen Begriff, notwendig für das ordentliche Funktionieren des Marktes, aber an das umfassende Gleichgewicht der Gesellschaft geknüpft. In einer mehr kulturellen Hinsicht habe ich den Eindruck, dass man in Frankreich, einem starken Staat mit weitgehend sozialisierter Wirtschaft, ein stets bedrohtes Privateigentum reflexhaft mit Klauen und Zähne verteidigt. Währenddessen scheint in Deutschland, wo man nach dem Dritten Reich absichtsvoll dezentrale Institutionen ins Leben gerufen hat, das Eigentum gesichert genug, um lieber auch seine Grenzen anzuerkennen und zu akzeptieren.

Das deutsche Grundgesetz bestimmt entsprechend, dass *Eigentum verpflichtet**. Das nenne ich eine gute Moral für den Kapitalismus und zudem einen Glücksfall für Desti und mich, die wir in aller Freiheit auf breiten und ordentlichen Wegen unterwegs sein können, die sehr viel bequemer sind als die französischen GR. Wir kommen zunächst an den Ufern des Bodensees entlang, wo sich die Wohnwagenstellplätze aneinanderreihen, so weit das Auge reicht. Unsere Durchquerung der Strandpromenade von Friedrichshafen, zwischen Eisverkäufern und Straßencafés, bleibt nicht unbemerkt. Dann stoßen wir ohne Schwierigkeiten in die dichten Wälder des Schwabenlandes vor. Ich habe keinerlei Probleme, mich mittags zu verpflegen, ich gebe sogar die Idee auf, mich mit Vorräten zu versorgen: Noch das kleinste Dorf besitzt Geschäfte und Läden beziehungsweise einen *Biergarten**, wo ich mich mit den Gefährten des Tages stärken kann und von Gretels mit Zöpfen und plissierten Kleidchen bedient werde. Wir kommen durch zwei befestigte Städte, in denen Montaigne Etappe gemacht hat: Wangen, im 16. Jahrhundert eine katholische Enklave, und auch heute noch, nach den Nonnen zu urteilen, die ich auf der Durchreise gesehen habe; und Isny, wo ich Desti am Brunnen auf dem zentralen Platz zu Akkordeonbegleitung tränke. Die Straßen sind besenrein und die Fenster mit roten Geranien geschmückt. Ich bemerke wie Montaigne, dass die Einwohner »häufig ihre Städte bemalen, was ihnen ein ganz blühendes Angesicht verleiht« (*Reisetagebuch*, Landsberg).

Wir beginnen, die Alpen zu sehen, deren Gipfel beiläufig in einer Perspektive aufscheinen und dann wieder hinter die Tan-

* Deutsch im Original

nenwipfel zurücksinken. Gewaltige und adrette Bauernhöfe glitzern in der Sonne, die Dächer mit Photovoltaikpanelen bedeckt. In den Wäldern sind die geschlagenen Baumstämme über Dutzende Meter hinweg mit militärischer Genauigkeit aufgereiht. Alles in dieser Gegend erscheint mir imposant und wohlhabend. Voller Erstaunen erblicke ich sogar gigantische Weinreben, mehrere Meter hoch und breit wie ein Pferd. Bauen die Deutschen hier genmanipulierte Rebsorten mit Riesenwuchs an? Wir traben gemütlich zwischen den Reihen dahin, im Schatten der Blätter, die ein Gewölbe über unseren Köpfen bilden.

Der erfahrenere Leser wird bereits bemerkt haben, dass es sich um Hopfen handelt, und kann sich seinen mächtigen Duft vorstellen, den ich nur mit dem von Cannabis vergleichen kann. Hier also werden die berühmten Biere geboren, deren Hauptstadt München ist.

Auch die Leute sind leicht zugänglich. Unterwegs stellt man mir tausend Fragen über meine Reise. Die deutsche Sprache genießt den Vorzug, über einen gängigen und bequemen Begriff zu verfügen, um einen Reiter zu bezeichnen, der länger unterwegs ist: *Wanderreiter**. Man kann meine Unternehmung sofort nachvollziehen, auch wenn sie manchmal als *total verrückt** eingestuft wird. Ich fühle mich sofort willkommen. Der Franzose, der sich in der deutschen Sprache verirrt hat, erweckt Sympathie, umso mehr als Paris Saint-Germain die gute Idee gehabt hat, im Finale der Champions League gegen Bayern München zu verlieren. Wenn ich an einem Straßenrand im Schneidersitz meine Mittagspause mache, bleiben ein, zwei, drei Autofahrer stehen und fragen, ob alles in Ordnung ist. Ich beeile mich, wieder aufzubrechen, bevor noch die Feuerwehr kommt. Manche guten Seelen, die mir auf dem Weg begegnen, bestehen sogar

* Deutsch im Original

darauf, mir Geld zu geben: Das erste Mal lehne ich beleidigt ab; das zweite Mal, in Anbetracht der Hartnäckigkeit eines Wohltäters, der meine Haltung nicht versteht, nehme ich schließlich an. Vielleicht sollte man darin einen simpleren und direkteren, mit einem Wort protestantischeren Bezug zum Geld sehen. Das wird uns für ein paar Tage mit Karotten versorgen.

Unsere ersten Gastgeber machen uns wunschlos glücklich. Die Mundpropaganda beginnt mit auf ein Stück Papier gekritzelten Adressen und Vorstellungs-SMS. Das wird die ganze Zeit während meiner Durchquerung Deutschlands so bleiben, man bereitet mir einen unvergleichlichen Empfang. Not macht gelehrig: Zu meinem großen Erstaunen lerne ich, so etwas wie ein Telephongespräch zu führen, mein gestresstes Gehirn filtert die lebensnotwendigen Informationen aus den unverstehbar langen Sätzen heraus. Ich treffe Menschen, die zugleich großzügig und gut organisiert sind, die schon alles vorbereitet haben, wenn ich ankomme, und die mich die Biere ihrer Gegend verkosten lassen. Da gibt es Karl, Zahnarzt in Riedetsweiler, mit dem ich eine Stunde mit dem Einrammen von Pflöcken verbringe, um einen Zaun zu flicken. Peter in Schussenreute, ein Pferdeliebhaber, der mir eine seiner freien Boxen anbietet (wir müssen ablehnen, wir sind bereits verabredet). Stephanie, eine Züchterin aus Eisenharz, die Desti auf einer ihrer Weiden unterbringt.

Und dann gibt es da den bewundernswerten Ludwig, einen erfahrenen *Wanderreiter**, der jedes Jahr mehrere Wochen quer durch Deutschland unterwegs ist. Er kümmert sich aufopferungsvoll um uns, bereitet für Desti seine eigene Granulatmischung und für mich irrsinnige Müslis zu. Er fährt mich mit dem Auto in der Gegend spazieren, was uns Gelegenheit zu langen Plaudereien gibt. Ludwig verkörpert im Alleingang die Wider-

* Deutsch im Original

sprüche Deutschlands. Er ist stolz auf seine Wurzeln, spricht den schwäbischen Dialekt mit rollendem R, wohnt im Haus seiner Familie, das mit alten Photos tapeziert ist, und kocht für mich die traditionellen *Spätzle**, hausgemachte Nudeln, die in Butter angebraten werden. Als Kind der Gegenkultur hat er an den politischen Kämpfen der 70er-Jahre teilgenommen und sich in eine liebenswerte Venezuelanerin verliebt, die Walter Benjamin zitiert und mich mit Aufmerksamkeiten überhäuft. Er hat seinen Lebensunterhalt als Arbeiter und Fachkraft verdient, und er findet, dass die Griechen die europäische Großzügigkeit missbrauchen. Als Öko hat er zwanzig Jahre damit verbracht, sich ein Holzchalet mit Dachbegrünung zu bauen und seinen Hektar Weideland zu kultivieren, um so energieautonom wie möglich zu sein. Man muss es gesehen haben, wie er jeden Pferdeapfel einsammelt, um seinen Misthaufen anzureichern, den er in drei Teile geteilt hat, je nach Jahrgang, wie Fässer mit Burgunder. Aber was mich am meisten verblüfft, ist seine Gründlichkeit, die ein Gallier einfach nicht verstehen kann. Sobald die Pferde untergebracht und verpflegt sind, wird jedes Werkzeug an seinem Platz verstaut, an seinen bestimmten Haken in der Stallwand gehängt. Diese gleichzeitig so traditionelle wie alternative, so konservative wie rebellische Lebensart macht mich fassungslos. In Frankreich wäre Ludwig in mehrere, wahrscheinlich unversöhnliche Persönlichkeiten aufgespalten. Hier scheint sich die Mischung dieser disparaten und je für sich bewundernswerten Qualitäten harmonisch zusammenzufügen.

Am nächsten Tag begleitet mich Ludwig für ein paar Stunden. Er bricht niemals ohne seine zwei Isländer auf, klein wie Ponys, belastbar wie Maultiere, ausdauernd wie Araber. Das eine Pferd verschwindet unter dem Umriss des Reiters, dessen Füße fast

* Deutsch im Original

die Erde berühren. Das andere wird einfach nur an der Laufleine geführt, wandert beständig herum und bringt so das Trio, das herumschlingert wie ein besoffenes Gespann, immer wieder in Schwierigkeiten. Um die närrische Mannschaft voll zu machen, begleitet uns noch ein Pärchen nach Nürnberg ausgewanderter Franzosen auf dem Fahrrad. Passanten grüßen uns, als ob nichts wäre. Hier herrscht eine Form natürlicher Toleranz gegenüber Originalen. Jeder lebt sein Leben. Solange man nur ordentlich den Zebrastreifen benutzt, kann man in der Unterhose oder zu Pferd unterwegs sein. *Kein Problem.**

*

Als ich mich Friedrichshafen nähere, höre ich über mir ein ungewohntes Brummen, leiser als ein Hubschrauber, weiter entfernt als eine Drohne. Ich hebe den Kopf: ein Zeppelin! Ein weißer Rugbyball, der sich im blauen Himmel wiegt, gut dreihundert Meter über uns. Ich kann meine Aufregung kaum zügeln, während Desti nicht mal ein Ohr bewegt. Zeppeline üben eine kindliche Faszination auf mich aus, und ich dachte, dass sie endgültig verschwunden wären. Sosehr mir vor der Gewalt des Flugzeuges graut, das in den Luftraum einbricht, sosehr träume ich davon, sanft in einem Gerät davonzuschweben, das leichter ist als die Atmosphäre. Der Ballon ist folkloristisch und abenteuerlich. Aber mit dem Zeppelin kann man sich weite Strecken vornehmen, in einer bequemen Kabine eingeschaukelt, während sich die Landschaft zu unseren Füßen entrollt.

Noch dazu ist das Luftschiff, dem wir nun seit bald einer Viertelstunde folgen, ein authentischer Zeppelin, der seinen Namen dem Grafen Ferdinand von Zeppelin verdankt, der aus Fried-

* Deutsch im Original

richshafen stammte. Hier wurden auch am Ende des 19. Jahrhunderts die ersten Luftschiffe erdacht. In der Zwischenkriegszeit wurden die Zeppeline zu veritablen Passagierdampfern und überquerten den Atlantik. Die Photos aus dieser Zeit haben mich immer verdutzt. Auf ihnen sind die Kabinen zu sehen, Alleen zum Spazierengehen, Musiksalons und Speisesäle, die großen Restaurants würdig wären. Selbst in der besten Businessclass bleiben Flugzeuge doch immer fliegende Motoren, in die man Passagiere zwängt. Der Zeppelin ist ein Haus, das davonschwebt. Ich stelle mir nur zu gerne vor, die vier Tage zu verbringen, die 1936 der Zeppelin *Hindenburg* benötigte, um die Strecke von Konstanz nach Rio de Janeiro zurückzulegen. Vier Tage *far niente*, von einem Kontinent zum andern segelnd, die Wellen streifend. Im Flugzeug wird man von einem dauernden Kampf unangenehm durchgeschüttelt. Fühlt man sich in einem Zeppelin nicht in Harmonie mit der Bewegung der Winde?

Ich erinnere mich an die konsternierten Gesichter der Airbus-Ingenieure, die ich im Zuge eines Besuches in ihrer Niederlassung in Toulouse gefragt hatte, warum sie nicht wieder Zeppeline auf die Tagesordnung setzen, die zwar nach einer Serie von Unfällen Ende der 1930er-Jahre als zu gefährlich eingestuft wurden, aber deren Sicherheit man doch ohne Zweifel mit modernen Techniken verbessern könnte. Könnte man nicht ein Transportmittel neu erschaffen und demokratisieren, das zwar gewiss langsam ist, aber dafür ökologisch und heiter? Wer hat denn verfügt, dass es kein belastbares ökonomisches Modell für den Zeppelin des 21. Jahrhunderts geben kann? Die Ingenieure von Airbus haben keine Zeit, sich dieser Frage zu widmen. Sie denken lieber über ein neues Überschallmodell nach, die alte Leier der Luftfahrtindustrie seit dem Abschied von der Concorde. Geschwindigkeit einzubüßen ist eine Kränkung für einen Ingenieur. Aber die Kunst des Reisens einzubüßen, ist das nicht eine Kränkung für die Menschheit? Unbeweglich über den Wolken beraubt uns das Flugzeug selbst des Gefühls der Bewegung. Man wartet einfach nur. Ist eine Strecke, deren Dauern man um jeden Preis verringern will, nicht per Definition eine schlechte Strecke? Könnte hingegen der Zeppelin nicht für die Luftströmungen das sein, was das Pferd für die Wege ist?

Man kann sich also meine Zufriedenheit vorstellen, als ich erfuhr, dass seit etwa dreißig Jahren die Zeppelin Luftschifftechnik GmbH versucht, den Zeppelin für den Passagiertransport zu rehabilitieren! Auch wenn es sich momentan nur um Ausflugsflüge handelt, so kann ich nicht anders, als darin ein Versprechen für die Zukunft zu sehen. Gerührt von meinem Enthusiasmus brachte mich Ludwig in die Nähe des Abflugareals. Ich klebe am Drahtzaun. Wir haben Glück, das Biest ist da, gerade steigt ein Dutzend *happy few* ein (*happy* und, mit Blick auf die Ticketpreise, begütert). Der winzige Propeller am Heck beginnt, sich zu drehen, er gewährleistet mit minimalem Energieaufwand Geschwindigkeit und Richtung. Der Zeppelin, mit Helium vollgepumpt, ist bereit, in den Himmel zu steigen, wie ein Luftballon, den ein Kind losgelassen hat. Der Bug hebt sich als Erstes, und dann geht es los, er schwebt langsam nach oben, als würde es sich nicht um einen richtigen Abflug handeln, sondern um das Eintauchen in seine natürliche Umgebung. Ludwig findet das richtige Wort: Er ist ein Wal. Ein Wal, der sich nach dem archimedischen Prinzip an die Oberfläche tragen lässt. Wo das Flugzeug aufsteigt, steigt der Zeppelin wieder zurück hinauf. Im Flugzeug hat man immer den falschen, aber schwer zu überwindenden Eindruck, dass der Himmel leer ist. Der Zeppelin bietet die genauere Metapher: Der Himmel ist ein Meer, in dem uns subtile Druckunterschiede erlauben, anstrengungslos zu schwimmen.

Die Flüge sind ausgebucht, die Preise exorbitant, und ich

werde diesmal nicht die Gelegenheit haben, mein Phantasma zu befriedigen. Aber wenn ich vom Pferd abgestiegen bin, dann hoffe ich, eines Tages die Wege des Himmels einzuschlagen und in einem Zeppelin NT Europa zu durchreisen.

*

In diesem isolierten Weiler in der Nähe des Städchens Bodnegg, in dem wir für die Nacht aufgenommen werden, herrscht eine suspekte Harmonie. Drei Generationen leben in Häusern zusammen, die einige Hundert Meter voneinander entfernt sind: die Mutter, die sich entschlossen hat, mit über neunzig Jahren noch Klavierspielen zu lernen; Christa und ihr Ehemann Peter, die ihr Haus neu gebaut haben und mir ein Bett im Trainingsraum einrichten; eine ihrer Töchter, die mit uns zu Abend essen wird, ist Springreiterin auf hohem Niveau. Die Sattlerwerkstatt des Hauses, eines Wettkampfstalles würdig, duftet nach Leder und vermittelt mir, wie professionell hier geritten wird. Ich schäme mich, hier meine schweißnasse Satteldecke und den von neunzig Tagen auf der Straße ziemlich mitgenommenen Sattel abzulegen. Selbst Desti wirkt etwas eingeschüchtert; ich habe Mühe, ihr zu erklären, wie die Tränke funktioniert.

Ich verstehe diese Haushaltung nicht wirklich. Gewiss stehen ein paar Kühe auf der Weide, und etwas weiter unten steht noch ein Wirtschaftsgebäude, das mit dem Familieneigentum verbunden ist, aber ich erkenne nicht genau, wie. Nach meinen jüngsten Erfahrungen mit französischen Landwirtschaftsbetrieben erscheint mir das Ganze also zu bescheiden, um davon zu leben, vor allem um so gut davon zu leben.

Die Situation erhellt sich beim Abendessen, vor den Flammküchle. Dem Gebaren nach Bauern, arbeiten hier alle in einer Spitzenindustrie. Peter, ein Ingenieur, war gerade auf einem *client meeting* in London, um die Industriesägen zu verkaufen, die er herstellt. Seine Tochter zeigt mir auf ihrem Handy stolz Photos der Entastungsmaschinen, für deren Marketing sie zuständig ist. Unser Gespräch kommt unversehens von der Heuernte zur Künstlichen Intelligenz, ein Thema, bei dem sich Peter sehr gut auskennt und bezüglich dessen er meine Bedenken nicht teilt. Der Glaube an die Technologie ist hier ebenso unfraglich wie die Liebe zum Land. Überall rund um Bodnegg (dreitausend Einwohner) finden sich erfolgreiche Unternehmen, die auf Glasherstellung spezialisiert sind, auf Gartenwerkzeuge, Papierverarbeitung oder Isolierstoffe. Wenn die Kinder in der Nähe ihrer Eltern bleiben, dann finden sie dort anspruchsvolle und gut bezahlte Arbeitsplätze, ohne sich in die Vororte eines Mittelzentrums ins Exil begeben zu müssen, wie es in Frankreich so häufig der Fall ist. Wenn das Geschäftsleben die Dörfer noch nicht verlasen hat, dann deshalb, weil die Bevölkerung dort weiterhin arbeitet und lebt, anstatt sich damit zufriedenzugeben, dort nach den Schindereien des Pendelns nur zu schlafen. Zwar ist hier immer noch der lokale schwäbische Dialekt lebendig, aber man spricht auch Englisch, um mit Zulieferbetrieben aus der ganzen Welt zu kommunizieren.

Was ich in Bodnegg soeben entdeckt habe und was ich auf meiner Durchquerung Bayerns bis nach Augsburg immer wieder antreffen werde, hat einen Namen: der *Mittelstand**, dieses Netz aus kleinen und mittleren exportorientierten Betrieben, die den Reichtum Süddeutschlands ausmachen. Die Unternehmensgründer empfinden kein Bedürfnis, in die Stadt auszuwandern, sie wenden sich vielmehr der lokalen Entwicklung zu. Diese Entscheidung wird durch ein speziell angepasstes Steuersystem erleichtert. Wie es mir Peter erklärt, kontrollieren die Ge-

* Deutsch im Original

meindeverwaltungen unmittelbar einen substanziellen Teil der Steuern, die von Unternehmen erhoben werden *(Gewerbesteuer**)*. Die Gemeinden haben also ein Interesse, deren Niederlassung zu fördern, und sie verfügen über einen entscheidenden Hebel, um sie anzulocken. Um es grob zu vereinfachen, je bescheidener eine Stadt ist, desto weniger abschreckend ist der Steuersatz. Jeder kleine Marktflecken kann also sein eigenes industrielles und gewerbliches Gewebe hervorbringen, das zugleich im Landstrich verankert und für die Globalisierung offen ist.

Die ökonomische Organisation des *Mittelstandes** hat große kulturelle Auswirkungen. Traditionen überdauern von selbst und werden von der Dynamik der Industrie verstärkt. Man tanzt immer noch in festlicher Tracht um den *Maibaum**, der in jedem Dorf steht. Diese Mischung aus Ländlichkeit und Modernität wird oft mit einer zusammenfassenden Formel beschrieben: *Laptops und Lederhosen.**

Ich erinnere mich noch, wie oft ich den *Mittelstand** als Beispiel in den Reden verwendet habe, die ich in meiner Jugend für die Wirtschaftsministerin schrieb. Es ist ein obligater Bestandteil der Reformrhetorik: einen französischen *Mittelstand** zu schaffen, der Vergangenheit und Gegenwart, Geschichte und Wirtschaft, Konservative und Innovative versöhnt. Aber man kann den *Mittelstand** nicht einfach installieren. Eine solche Streuung produktiver Kräfte reicht weit zurück.

Um dieses Phänomen besser zu verstehen, lasse ich Desti für vierundzwanzig Stunden zurück und begebe mich nach München. Ich begegne dort einem erfolgreichen Unternehmensgründer, der nebenbei ein ausgewiesener Verfechter des Grundeinkommens ist; einem Wirtschaftshistoriker, der seine Ähnlichkeit mit Michel Foucault zu kultivieren scheint; und ei-

* Deutsch im Original

nem Funktionär im Haus der Bayerischen Wirtschaft, dem regionalen Arbeitgeberverband. Am Ende eines anstrengenden Tages, an dem ich die Bekanntschaft mit dieser großen Stadt erneuere, eines Tages voller verglaster Büros, streikender Verkehrsbetriebe und überfüllter Terminkalender, zeichnen sich einige Prinzipien ab: Familienunternehmen, die sich mehr um die Weitergabe des Betriebes sorgen als um seinen Verkauf, aber dennoch empfänglich für Innovation sind; Ausbildungen in technischen Lehrberufen, die von den Bildungsinstitutionen aufgewertet werden; ein sanfter Paternalismus, der alle Angestellten am Erfolg des Unternehmens beteiligt (die berühmte »Mitbestimmung«); und ich würde noch hinzufügen: die Fähigkeit, sich für langweilige Industrieprodukte zu begeistern. Und so taucht plötzlich, mitten auf dem platten Land, ein »Chemiedreieck« auf (in der Nähe von Passau) oder ein Weltmarktführer für Garten- und Landwirtschaftswerkzeuge (Stihl in Waiblingen). Meine Gesprächspartner versäumen nie, die Tugenden dieses dezentralen Systems zu rühmen, das in wirtschaftlicher Hinsicht dem politischen Föderalismus der *Länder** entspricht. Manche verweisen bei ihrer Erklärung auf die germanischen Stämme, manche auf die mittelalterlichen Fürstentümer, manche auf den Ordoliberalismus der Nachkriegszeit. In jedem Fall aber stellen sie dem, mit einer gewissen revanchistischen Ironie, die permanente Nervenkrise des französischen Jakobinismus gegenüber, der Planungsarbeit in der Verwaltung und Konzentration in der Industrie hervorbringt. Allen Patriotismus beiseite, wie kann ich ihnen das verargen?

* Deutsch im Original

XVIII Bayern

▪ ▪ ▪

Servus! – Voralpenland – Idylle mit Erich – Die teuerste Weide Bayerns – Das Zimmer des Toten – Matthäuspassion – Regen und Kälte – Moor – Abenteuer am Lech – Die Reputation der Domina – Gespräche mit Axel – political correctness – Drei Mohren – Fuggerei – Drei Deutsche: Sabina, Petra, Doktor Gabriele – Zertifikat – Entscheidende Banalitäten – Dame Europa – Besuchsrecht

▪ ▪ ▪

*Servus!** So werde ich, einige Kilometer nach der Überquerung der Landesgrenze in Klausenmühle, in Bayern begrüßt. Das Wort bedeutet »Sklave« auf Latein und ist von nun an die gängige Begrüßung. *Servus!**, antworte auch ich. Ich liebe schlagartig dieses Land, in dem wir füreinander Sklaven sind.

Bayern zu durchqueren bedeutet, von einem Dialekt zum anderen zu spazieren. Ich komme vom *Schwäbischen** ins *Bairische**. Das *Allgäuerische** gilt es noch zu entdecken, und dann, sobald der Lech überquert ist, das *Oberbayerische**. Ich habe mich noch kaum an *Servus* gewöhnt, da muss ich schon *Griass di** lernen, das liebenswürdigerweise auf dem Ortschild von Nesselwang ausbuchstabiert ist, und dann noch *Grüß Gott**, je mehr ich mich Österreich nähere. Ich komme nicht weit genug nach

* Deutsch im Original

Norden, um mich auch am *Fränkischen** zu reiben. Aber dafür kann ich die Unterdialekte erkunden, die sich von einem Tal zum nächsten verändern können: Ich habe etwa in Mittelholz eine Großmutter getroffen, die von ihren Enkeln kaum mehr verstanden wird. Mit anderen Worten, ich für meinen Teil verstehe rein gar nichts von diesen Dialekten, deren Aussprache und Klangfarbe mich eher an Sascha Baron Cohen erinnern als an das offizielle *Hochdeutsch** Deutschlands, das man in der Schule lernt und im Fernsehen hört. Woher soll man auch wissen, dass »mach das itter«* bedeutet »mach das nicht«? Dialekte sind echte Sprachen, ziemlich lebendige, und sie werden immer noch von den Zwanzigjährigen benutzt, die ich systematisch danach fragte: »Natürlich sprechen wir mit unseren Freunden Dialekt!«

Auf unserem Ritt von Kempten nach Füssen, stets der Route Montaignes folgend, nähern wir uns den Alpen und der österreichischen Grenze. Die Landschaft wird theatralischer. Aus den Häusern werden Chalets mit bemalten Fensterläden und Holzverkleidung. Auf den krautigen, strotzend grünen Hängen genießt Desti endlich wieder, nach Monaten auf trockenen und vergilbten Weiden, eine korrekte Verpflegung. Die Abfolge der Seen und Hügel wird durch zwiebelförmige Kirchtürme rhythmisiert. Ihre Knollen glitzern und weisen dem Reisenden wie Leuchttürme den Weg durch das Meer der Wälder. Durch den größten aller Zufälle kommen wir an der Kirche von Wies vorbei, ein UNESCO-Weltkulturerbe. Der Klang der Kirchenglocken vermischt sich mit dem Geklingel der Kühe. Noch die mickrigste römische Brücke, wie die in Dohle, ist makellos renoviert. In dieser stark industrialisierten Region, die einen Ruf für Hochtechnologie hat und im Alleingang reicher ist als ganze

* Deutsch im Original

Länder wie Schweden oder Österreich, sind die Fabriken und Labore gut versteckt.

In Weissbach kommt das echte Gebirge zum Vorschein. Am späten Nachmittag, wenn die Sonne beginnt unterzugehen, spielen ihre Strahlen mit Nebelfetzen und malen Bilder von Caspar David Friedrich. Wir kommen an Skiliften vorbei, ein Zeichen, dass die Höhenunterschiede ernst werden. Mehrmals müssen wir im Angesicht zu steiler Treppen oder zu schmaler Brücken kehrtmachen. Bei der Ankunft in Pfronten fühle ich mich von dem Bergmassiv vor uns, einer veritablen Felswand, genauso entmutigt wie Montaigne und entschließe mich, nach seinem Vorbild abzubiegen und »den sanfteren Weg zur Linken zu nehmen« (*Reisetagebuch*, Pfronten). Wir wenden uns nach Norden und folgen den Ufern des Lech, der mit einem sanften Gefälle zur Ebene des Lechfelds führt. In einer knappen Woche werden wir in Augsburg, der historischen Hauptstadt Bayerns, ankommen.

Wie soll man diese Region beschreiben, ohne in Klischees zu verfallen? Bereits am ersten Abend werde ich von einer Familie aufgenommen, die geradewegs aus *Meine Lieder – meine Träume* entsprungen scheint, jener Musikkomödie aus den 60er-Jahren, in der die helläugigen und rotwangigen Kinder über die Almen laufen und vor dem Panorama der österreichischen Alpen Händchen halten. Ist es meine Schuld, wenn mir in Weitnau ein lustiges Trio kleiner blonder Mädchen dabei hilft, Desti zu striegeln? Wenn die Omas Rad fahren? Wenn die Wäscheleine die Kammlinie der Berge gegenüber verlängert? Wenn mich die Männer abends zum Biertrinken in den Heuboden einladen, den sie gerade restaurieren? Wenn ich wie Montaigne in Lindau den allgemeinen Gebrauch von Steppdecken kennenlerne, die am Fuß des Bettes zusammengefaltet liegen? Wenn an den Stammtischen Verschwägerte und Freunde zusammenkommen und sich um einen Fleischeintopf und Erdbeeren mit Sahne versammeln? Wenige sind Landwirte, sie arbeiten als Organisatoren von Fachmessen oder restaurieren Dächer. Aber alle bekennen sich zu der Lebenskunst, die ihre Ahnen, Schäfer oder Holzhacker, ihnen überliefert haben.

Dieses Gefühl, in ein historisches Reenactment vorzudringen, erreicht seinen Höhepunkt in Trauchgau, am Fuße des Ammergebirges. Ich komme bei Erich unter, einem pensionierten Handwerker, mit einem scharfen Gesicht à la Jeremy Corbyn und einem karierten Hemd. Auch er ist ein *Wanderreiter**, erahnt punktgenau meine Sorgen, füttert mich kräftig und verbessert ingeniös mein Befestigungssystem für den Schweifriemen. In dem Bauernhaus, das seiner Familie seit mehr als drei Jahrhunderten gehört, hat er nach allen Regeln der Kunst eine Sattlerei und Ställe eingerichtet. Ich finde hier die Kombination aus Traditionalismus und Offenheit noch akzentuierter wieder, die mich schon bei Ludwig, meinem Gastgeber in Bodman-Ludwigshafen, so überrascht hat. Erich lehnt den *Sozialismus** von Angela Merkel ab, den Freihandel, der die Milchpreise abstürzen lässt, und die Supermärkte, die unsere Zivilisation ruinieren. Über seiner Tür prangt stolz der traditionelle Haussegen der Epiphanie: »20+C+M+B+20« (die Einweihung des Jahres 2020 durch die drei heiligen Könige Caspar, Melchior und Balthasar).

Derselbe Erich hat sein Leben damit verbracht, abenteuerlich herumzureisen, ist mit einem Laster bis nach Indien gefahren, ist durch Bergwände geklettert und hat die Alpen zu Pferd überquert. Er lobpreist die Tugenden des therapeutischen Cannabis, das er in München kauft, um seine Rückenbeschwerden zu lindern. Diese subtile politische Linie lässt sich perfekt mit

* Deutsch im Original

dem Kompliment zusammenfassen, das Erich meinem inzwischen stattlich ausgewachsenen Schnurrbart macht: »Das erinnert mich an einen Spezl, der einen ganzen Tagesmarsch mit einem gebrochenen Bein zurückgelegt hat. Er war ein Partisan aus Südtirol. Einer jener freien Menschen, die für die Unabhängigkeit kämpfen.« Das also gilt es zu sein: ein freier Mensch. Das gefällt mir.

Am Abend begleite ich Erich, der ein paar Äpfel zu seinen Haflingern bringt, einer für Tirol typischen Pferderasse, die mit ihrem rotbraunen Fell und der verwaschen cremefarbenen Mähne wie riesige Karamellbonbons aussehen. Wir ziehen uns ordentliche Stiefel an und steigen einen guten Kilometer den Berg hinauf, bevor wir auf die Pferde treffen, die im Galopp auf uns zukommen. Ein dünner Regen fällt. Wir hören das Röhren eines Hirschen in der Ferne, ein veritabler Kriegsschrei. Dann führt mich Erich zu der Blockhütte, die er gebaut hat. Ein kleiner Steingarten bewacht den Eingang. Er geht hinein und kommt mit zwei Bieren und einem Akkordeon wieder heraus. Wir setzen uns unter das Vordach und stoßen auf die Freiheit an. Die Sonne ist untergegangen, und das Licht zieht sich nach und nach zurück. Erich stützt die Klaviatur an seine Brust und beginnt zu spielen. Während die Wipfel der Bäume langsam schwarz werden und im Tal zu unseren Füßen die Lichter angehen, erheben sich bayerische Melodien in der Nacht. Manche melancholisch, manche lebhaft. Es ist ein Tanzball nur für mich alleine, mitten auf den Almen, mit den Haflingern als Tanzpartnern. Wie viele Liebschaften sind zu diesen Klängen schon geschlossen worden, wie viele Krüge gegeneinandergeschlagen, wie viele Schlägereien begonnen?

Zum Glück verbirgt die Dunkelheit meine Tränen, die Erich ohne Zweifel als eines Südtiroler Partisanen unwürdig ansehen würde. Ist das nach einer Wanderung von zweitausend Kilometern nicht genau das, was ich gesucht habe? Diese Momente, die keine touristische Rundreise bieten kann, die keine App kaufen kann, die kein Spaziergänger vorhersehen kann? Das ist das Paradox der Authentizität: Sie zu suchen bedeutet, sie zu verfehlen. Sie kann nur plötzlich erscheinen.

*

Die außerordentliche germanische Gastfreundschaft lässt mich auch Schlafzimmer entdecken, wie ich sie bisher auf meiner Reise noch nicht erlebt habe. Ein Hotelzimmer in den Vororten von Peiting, das mir meine Gastgeber als Entschuldigung spendierten, weil sie mich nicht bei sich unterbringen konnten (mein Flehen, ihnen das Geld zu erstatten, blieb vergeblich). Auf einem Bauernhof über dem Rottachsee eine Scheune auf Pfählen, perfekt dazu geeignet, um mit einem Blick in den Sternenhimmel zu entschlummern, aber gefährlich, wenn man nachts aufs Klo gehen muss. Oder aber, noch etwas weiter, das Zimmer der Enkelkinder, in dem ich die Puppen wegdrängeln muss, um etwas Matratze zu behaupten.

Aber nichts geht über das Zimmer des Toten. In Füssen werde ich von Anja beherbergt, einer *Wanderreiterin** ohne Furcht und Tadel, die um die Bewahrung ihrer paar Hektar Weideland kämpft, die mitten in einem gerade geplanten Industriegebiet liegen. Anja lädt mich zum Besuch ihres Königreichs ein und zeigt mir die Katasterpläne. In ihrer Jugend war die Schnellstraße, die jetzt die Wiese vor uns verriegelt, ein Weg aus blanker Erde; diese Hangars waren Hügel, wo sie mit ihrer Cousine herumgaloppierte. Weder die Politiker, die sie bedrohen, noch die Bauträger, die ihr Reichtümer antra-

* Deutsch im Original

gen, lassen Anja schwanken. Sie lässt mich ein wenig an die tapfere Candy aus dem Film *Dead Pigs* denken, die vergeblich Widerstand leistet und sich auf das Dach ihres Familienhauses vor den Toren Shanghais setzt, als die Bulldozer kommen, um alles zugunsten zukünftiger Betontürme platt zu machen. Aber Deutschland ist nicht China. Bisher obsiegt der Rechtsstaat. Anjas Pferde grasen also auf den teuersten Quadratmetern Wiese in Bayern und verhöhnen obendrein die kleinen grauen Männer.

Anja kümmert sich so gut um Desti, dass ich für drei Tage bleibe. Ich nehme an allen Mahlzeiten der Familie teil oder besser gesagt an der einen Mahlzeit, die sich dreimal täglich wiederholt: Schwarzbrot, Käse, Wurst und Obst. Als einziger Schatten liegt über dem Tisch, dass ich im Haus ihrer Eltern übernachten muss, die vor Kurzem gestorben sind. Ihr Vater, dessen chaotischen Schlupfwinkel ich bewohne, erst vor sehr Kurzem. Alles ist noch voll mit Verschreibungen und Medikamentenfläschchen. Der Geruch trägt nicht dazu bei, die Atmosphäre zu verbessern: Ein gutes Dutzend Katzen streunt durch diese Räume. So in etwa stelle ich mir das Innenleben von Louis-Ferdinand Céline vor, irgendetwas zwischen Katzenpisse, verstaubten Schränken und Krimskrams. Das Fenster zu öffnen hilft nichts, der Mief durchtränkt alles. Während meiner Reise habe ich meinen verschiedenen Sinnen antrainiert, nicht so empfindlich zu sein, aber das ist das erste Mal, dass der Geruchssinn auf die Probe gestellt wird. Es ist unmöglich für mich, diesen ranzigen Geruch nicht mit dem Tod zu assoziieren.

Ich muss also auf die Weisheit Montaignes zurückgreifen, um mit dieser neuen Umgebung umzugehen. »Es ist erbarmenswert, dass wir uns mit unseren eigenen Äffereien und Erfindungen übers Ohr hauen, wie die Kinder, die sich plötzlich vor dem Gesicht ihres eigenen Freundes erschrecken, das sie selbst schwarz angemalt haben« (*Essais*, II,12). Ich muss meine Vorstellungskraft beruhigen. Es ist ja kein Kadaver gewesen, der diese Bücher gelesen, diese Aktenorder berührt, diese Kissen dort hingelegt hat. Sondern ein recht lebendiges Wesen, das seither gestorben ist, wie so viele Leute. Anjas Vater war Malermeister von Beruf, aber Komponist und Musiker aus Leidenschaft, und er hat offensichtlich CDs gesammelt, mit einer klaren Neigung für Jazz. Ich höre mir ein paar der CDs an, und sie gefallen mir. So fangen der Tote und ich an, miteinander zu sympathisieren, während Desti wiehernde Beziehungen mit Anjas Pferden knüpft.

Um noch bei diesem makabren Thema zu bleiben, fahre ich mit dem Fahrrad in die Innenstadt und höre mir einen Auszug aus Bachs *Matthäuspassion* an, gesungen von einem jungen Tenor in der Klosterkirche Sankt Mang. Montaigne hatte mich schon darauf hingewiesen, dass Füssen »eine kleine katholische Stadt« (*Reisetagebuch*, Füssen) ist, und Anja hat es mir bestätigt; ihre Großmutter war Protestantin und hatte größte Schwierigkeiten, sich zu integrieren. Die *Passion*, die die letzten Momente Christi vom Abendmahl bis zur Kreuzigung beschreibt, bewegt mich. Ich bemerke, dass ich mich nach mehreren Monaten ohne Musik in eines jener schwachnervigen Fräulein vor dem Grammophon verwandelt habe, die bei jeder Sonate in Ohnmacht fallen. Bluetoothkopfhörer und atmosphärische Playlists haben uns abgestumpft. Aber wenn nach einer langen Abwesenheit wieder Musik erklingt, versetzt sie den ganzen Körper in Schwingung.

Ich hatte mir bisher noch nie eine Meinung zur *Matthäuspassion* gebildet, die immer nur im Hintergrund gelaufen ist. Als ich das Konzert verlasse und durch die gepflasterten Straßen Füssens spaziere, bin ich überzeugt, dass es ein fröhliches Werk ist. Vielleicht weil das Christentum uns die Auferstehung verspricht. Vielleicht weil der Tod, wenn er auch ewig dauert, gar nicht so wild ist. Montaigne behauptete, ihn gezähmt zu haben. Er dachte jeden Tag an ihn und war ihm bei einem Sturz vom Pferd schon fast begegnet, ein Erlebnis, das dem ähnelt, was man heute eine Nahtoderfahrung nennen würde: »Ich hatte meine Freude daran, zu ermatten und mich loszulassen« (*Essais*, II,6). Sein bestes Argument gegen die Angst vor dem Dahinscheiden ist, dass wir im Grunde jeden Tag ein klein wenig sterben, Episoden unseres vergangenen Lebens im Vergessen versenken, unsere Meinungen ändern, unsere Perspektiven erneuern. Unsere Identität ist beständig im Fluss. Unser zwanzigjähriges Ich mit seinen Ängsten und seiner Vermessenheit ist schon seit einer Ewigkeit begraben. »Wir sind so dumm, uns vor einer bestimmten Art Tod zu fürchten, wo wir doch manchen Tod schon durchgemacht haben und viele andere noch durchmachen werden« (*Essais*, II,12). Habe ich nicht selbst im Laufe dieser Reise den Snob getötet, der Gaspard hieß?

*

Bis jetzt sind wir immer vor dem Regen davongekommen. Im Périgord gingen die Gewitter nachts nieder. In den Vogesen wie am Bodensee fielen die Regentage und Destis Genesungspausen zusammen. Aber während wir Bayern durchqueren, bemerke ich, dass der Himmel finsterer, die Temperaturen niedriger und die Tage kürzer werden. Unser unwahrscheinliches Glück mit dem Wetter muss an sein Ende kommen. Am Tag nach der Herbst-Tagundnachtgleiche geht mit vollendeter Pünktlichkeit ein brutaler Platzregen über uns nieder, als wir aus Peiting aufbrechen. Nach vierundneunzig Tagen Sonnenschein ziehe ich mir jetzt Überhosen und Regenjacke an. Ich hole jetzt auch die Plastikhülle für mein Tablet raus und lerne sofort ihre großen Druckknöpfe zu schätzen, die die Schwächen des Touchscreens ausgleichen. Desti sollte sich eigentlich nicht über das Wetter beschweren können: Der Regen perlt auf dem Fell von Pferden ab, wie es scheint. Aber wie sie so schmollend den Hals hin und her bewegt, bekomme ich doch meine Zweifel.

Als ich im vergangenen Winter im Calvados mein Training absolvierte, hatte ich genug Gelegenheit, die Wasserundurchlässigkeit meiner Ausrüstung zu erproben. Ich habe also nichts zu fürchten. Das Leder der Satteltaschen und der thermoplastische Stoff des Mantelsacks sind völlig wasserdicht. Meine Sachen bekommen nicht einen Tropfen ab, und selbst die Kleidung, die ich anhabe, bleibt einigermaßen verschont. Nichtsdestotrotz verändert sich die Atmosphäre von Grund auf. Der Wind zwingt uns dazu, die Köpfe einzuziehen. Alle Bewegungen sind genau berechnet. Aus dem Staub wird Matsch. Die Landschaft weint. Wir trödeln nicht mehr herum. Wir gehen geradewegs auf unser Ziel zu. Aus dem Ausflug wird eine Prüfung.

Wenn ein Pferd auch das Wasser nicht fürchtet, so kann ihm doch kalt werden. Als wir in Langerringen ankommen, muss ich Desti auf einer Wiese unter freiem Himmel lassen. Ich grüble die ganze Nacht hindurch, während ich lausche, wie der Regen gegen die Fensterläden schlägt. Gewiss stand Desti im Calvados das ganze Jahr über im Freien auf der Weide, bei noch raueren Temperaturen. Aber ich kann mir nicht vorstellen, das irgendein Lebewesen diese Bedingungen besonders wertschätzt. Selbst die Pinguine der Antarktis, die in *Die Reise der Pinguine* auf die Leinwand kamen und die das dichteste Gefieder des Tierreichs vorzuweisen haben, sind offensichtlich nicht zu Scherzen aufgelegt, wenn sie dem Schneesturm den Rücken zukehren. Am Morgen werden meine schlimmsten Befürchtungen bestätigt. Desti zittert am ganzen Körper. Sie führt einen unkontrollierbaren Veitstanz auf. Ich führe sie nicht ohne Schwierigkeiten unter ein Vordach und reibe sie lange mit Stroh ab. Der heftige Temperatursturz und ihr grundsätzlich schwacher Zustand sind ohne Zweifel die Erklärung für diese Reaktion. Wir machen uns im Regen wieder auf den Weg und haben einen weiteren Tag kontinuierlicher Dusche vor uns, umgeben von Maisfeldern. Ich steige so wenig wie möglich in den Sattel, ich habe den Eindruck, dass Desti jeden Moment zusammenbrechen könnte. Zum Glück erreichen wir am Abend unsere letzte Station in Deutschland. Sie kann sie für ein paar Tage Pause nutzen, mit Dach und Decke.

Der Wetterbericht ist nicht die ärgste unserer Schwierigkeiten. Ich entdecke ein Spezialproblem wasserreicher Gebiete: das Moor. Zuerst in der Nähe des Hengelesweihers, wo ich den Weg über das Ufer versuchte, um eine zu unsicher wirkende Brücke zu umgehen: Desti sinkt bis über das Fesselgelenk ein, und wir machen schnell kehrt. Dann am touristischen Strand des Weißensees, als ich versuchte, eine Kurve abzukürzen: Desti sinkt unter den entgeisterten Blicken der Spaziergänger bis zum Sprunggelenk ein und braucht mehrere Versuche, um wieder festen Boden unter den Füßen zu bekommen. Und schließlich, die dramatischste Episode der ganzen Reise, am Lech, dem Fluss, der von Füssen nach Augsburg führt (und auf dem Montaigne sein Gepäck transportieren ließ: Auf diesen Luxus muss ich verzichten). Zu selbstsicher habe ich mich vom Hauptweg entfernt, um mich auf einem jener Pfade zu vergnügen, die auf der Karte als gepunktete Linien eingezeichnet sind. Hier muss schon seit einer Weile niemand mehr entlanggekommen sein. Der Pfad verschwindet zur Hälfte in der Vegetation und kommt dem Flussufer gefährlich nahe. An den schwierigsten Stellen vertreten einfache Holzbretter die Brücken. Wir schlängeln uns durch das Geäst. Ich zögere, ob wir umkehren sollen, aber wir sind nur noch wenige Hundert Meter von Landsberg entfernt, »durch seine Größe ausgesprochen schön, Stadt, Vorstadt und Schloss« (*Reisetagebuch*, Landsberg), wenn ich Montaigne glauben kann. Ich riskiere also ein bisschen mehr, und das ist wie immer das bisschen zu viel.

Als wir ein kleines Bächlein überqueren, allerhöchstens einen Meter breit, bleibt Dest abrupt stehen. Sie weigert sich, auch nur einen Huf von den anderen zu setzen. Ich verstehe das nicht: Wir haben schon tausend solche Bäche überquert, immer völlig problemlos. Ich drücke die Beine zusammen, um sie zum Weitergehen zu bitten. Sie sträubt sich. Ich bestehe darauf und schnalze mit der Zunge. Sie gehorcht. Schlagartig gibt der Boden unter unserer Masse nach. Diesmal sinkt Desti nicht ein, sie taucht ein. Ich habe gerade noch Zeit, aus den Steigbügeln zu kommen und aus dem Sattel zu springen. Mein rechtes Bein kommt unter das Gewicht des Pferdes. Ich rolle durch den Schlamm und finde wieder Halt. Als ich mich wieder aufrichte, sehe ich ein Bild, das ich nie mehr vergessen werde: Desti plantscht bis zum Hals in toten Blättern. Als ob sich der deutsche Wald unter ihr geöffnet hätte, um sich gleich wieder stillschweigend zu schließen und nicht die geringste Spur seines Verbrechens zu hinterlassen. Als wäre der Erlkönig gekommen, um sie zu holen, und als hätte seine schneidende Stimme sich mit dem Getöse des Regens auf dem Lech vermischt:

Ich liebe dich, mich reizt deine schöne Gestalt,
*Und bist du nicht willig, so brauch ich Gewalt!**

* Deutsch im Original

Ich kann nicht einmal aktiv werden, wie der Reiter im Gedicht. Ich bleibe ein ohnmächtiger Zuschauer. Ich humpele zu Desti. Ich muss keinen Gedanken daran verschwenden, die Feuerwehr zu rufen, denn hier im Unterholz gibt es keinen Empfang. Das Beste, was ich tun kann, ist, meiner Stute Mut zuzusprechen. Um jeden Preis vermeiden, dass sie die Flinte ins Korn wirft.

Ich schreie aus voller Kehle: *Allez! Allez! Alleeeeeez!*

Desti kämpft wie ein Schwimmer in einem Strudel. Noch nie ist sie mir so menschlich erschienen, wie sie um ihr Leben kämpft, wie wir es alle tun würden, mit Bewegungen, die auch unseren Instinkten entsprechen. Sie versucht, die Materie zurückzudrängen, die sie aufsaugt. Ich sehe, wie ein Huf zum Vorschein kommt, dann ein anderer. Die Vorderbeine haben einen trittsicheren Punkt gefunden. Sie ziehen mit ganzer Kraft den restlichen Körper nach sich. Und plötzlich, voilà Desti, die dem Urschlamm entsteigt, völlig erschöpft und triefend. Sie macht drei Schritte, schüttelt sich, bleibt stehen. In einigen Augenblicken hat sie ihre Ruhe zurückgewonnen und wartet bedächtig ab, was jetzt als Nächstes kommt.

Ich zittere mehr als Desti. Ich kann mich kaum auf den Beinen halten. Ich schließe sie in die Arme. Ich entschuldige mich. Ich hätte auf dich hören sollen. Du hattest mir etwas mitgeteilt, etwas, was du mit deinen so feinfühligen Hufen auf diesem ungewohnten, schwammigen Boden gespürt hast. Etwas, das ich mit meinen eigenen Verstandesgaben auch selbst hätte bemerken müssen, denn auf der Seite liegt ein Baumstumpf, der vom Wind umgerissen wurde; das Loch, das seine Wurzeln hinterlassen haben, hat sich mit Matsch gefüllt. Du hast mir dennoch vertraut, und ich habe dich betrogen. Kannst du mir verzeihen?

Wie lange hat diese Episode gedauert? Ein paar Sekunden. Gewiss keine ganze Minute. Trotzdem habe ich das Gefühl, eine vollständige Tragödie durchlebt und alle klassischen Stationen durchlaufen zu haben: Hybris, Katastrophe, Erlösung.

Mit mechanischen Handgriffen säubere ich den Sattel vom Schlamm. Die Quetschung an meinem Bein scheint mir nicht besorgniserregend. Die Zügel sind noch ganz, und die Ausrüstung hat wunderlich gut gehalten. Die Schutzhülle meines Handys ist angebrochen, ich werde sie, dem Geist dieser Reise treu, in der Etappe mit Sekundenkleber reparieren. Nur mein Tablet verweigert nach diesem wahnwitzigen Abenteuer den Dienst und zeigt nur noch seltsame bunte Linien an. Der Bildschirm ist gebrochen. Mein Handy wird diese Stelle vertreten, bis mein neues Tablet angekommen ist, Eilbestellung. »Unsere Ausrüstungsgegenstände sind unkaputtbar«, wird mir der skeptische Verkäufer erklären. »Auch wenn ein Pferd von einer halben Tonne Gewicht drauffällt?« Es stellt sogleich unmissverständlich klar, dass diese Situation von der Versicherung nicht vorgesehen ist.

Langsamen Schrittes brechen wir wieder auf. Der Pfad wird schnell ungangbar, wir müssen umkehren und jenes Bächlein noch einmal überqueren. Diesmal taste ich den Boden ab. Ich finde etwas weiter bachaufwärts eine weniger verschlammte Passage und werfe einige große Äste darüber. Desti, das gebrannte Kind, macht einen Satz, um drüberzukommen. Humpelnd und nach einem langen Umweg erreichen wir Landsberg, das der Beschreibung Montaignes treu geblieben ist: ein Markt, ein großer Platz, ein Brunnen, bemalte Fassaden. Wir halten am Ortseingang, zum Mittag gibt es ein Sandwich und einen Apfel, als ob nichts gewesen wäre. Die Moral von der Geschicht überlasse ich Montaigne: Wenn man einen Fluss überqueren will, muss man sicherstellen, »dass das Pferd sich mit den ersten Schritten leichttut« (*Essais*, II,29). In der Tat. Entscheidungen müssen zu zweit getroffen werden.

*

Die letzten fünfzig Kilometer bis nach Augsburg sind schwierig. Wir haben die Berge verlassen, wo die Herden frei herumlaufen, und wandern freudlos durch monotone und windige Felder. Auf dieser Verkehrsachse, die aus der Römerzeit datiert, haben die Dörfer jeglicher Intimität entsagt, sie erstrecken sich entlang der Straßen und akzeptieren ihr Schicksal als Karawansereien. Ich habe den Eindruck, dass die Seelen genauso platt werden wie die Landschaft. Es ist ein wenig wie der Übergang von der Creuse in die Beauce. Montaigne teilte offenbar dieses Gefühl: Er spricht von einer »weiten Ebene Weidelandes, sehr einheitlich, wie die Ebene der Beauce« (*Reisetagebuch*, Landsberg). Wir werden nicht mehr mit Hochstimmung willkommen geheißen, sondern in Reitsportzentren in Empfang genommen, wo sich die Stadtelite in Samthelm und Lederstiefeln trifft. Erwachsene, die ansonsten bei guter geistiger Gesundheit zu sein scheinen, reiten hier für Stunden auf Sandplätzen im Kreis, um über Holzbalken zu springen. Manche Eigentümer stimmen ihren Aufzug mit dem Sattel- und Zaumzeug ihres Pferdes ab; sie beginnen schließlich, ihnen zu gleichen, wie die Herrchen ihren Hunden am Beginn von *101 Dalmatiner*. Wenig überraschend sind die Reichen am erbittertsten auf Gewinn aus und lassen mich einen mittelmäßigen Service teuer bezahlen. Das ist der Preis der Kälte.

In Hohenwart begnügt sich die Chefin, hochgewachsen und spröde, nicht mit Lederstiefeln. Sie trägt Lederhandschuhe, um mit ihrem Köter an einer Lederleine Gassi zu gehen. Man könnte sagen, eine Domina. Sie gibt sich auch alle Mühe, um uns bei jeder Möglichkeit zu demütigen. Zunächst, indem sie Desti in einem abgelegenen Kerker abstellt, dessen einzige Öffnung ein schmales, vergittertes Fenster ist. Sie darf nicht auf die Weide, weil sie Krankheiten einschleppen könnte. Sie darf in keine Box, sie würde die ordentlich gestriegelten Pferde der hiesigen Eigentümer beschämen (»die bis zu zwanzig verschiedene Satteldecken besitzen«). Ich für meinen Teil bekomme ein überteuertes Zimmer mit Aussicht auf die Autobahn, deren brummender Verkehr mich in der Morgendämmerung weckt.

Die Domina verfolgt ihr Ziel mit Beharrlichkeit. Am Abend nimmt sie mich beiseite.

»Ich würde Ihnen gerne anbieten, Ihre Stute morgen im Anhänger zu transportieren.«

»Das ist sehr nett, aber es wird schon gehen, danke.«

Ich sage mir, dass sie Gewissensbisse haben muss. Sie beharrt. Ich lehne immer entschiedener ab.

»Wir haben Ihre Stute von einer Tierärztin untersuchen lassen«, verkündet sie mir.

»Was? Welche Tierärztin?«

»Einfach nur eine Kundin, die behilflich sein wollte.«

»Wann?«

»Als Sie in Ihrem Zimmer waren«, erklärt sie, ganz leicht verschämt.

Betrogen während der Siesta, wie Lucky Luke.

»Sie hätten mich anrufen können!«

»Ich wollte Sie nicht stören. Gut, wir denken also, dass Ihre Stute nicht imstande ist, morgen aufzubrechen. Wir würden Ihnen vorschlagen, sie in eine Klinik in Augsburg zu bringen, um sie zu untersuchen.«

Da hatte ich mich schon gefreut, dass meine jüngste Sattelkonfiguration Früchte getragen hat! Ich versorge Desti immer noch mit Pflastern und Salben, aber die Ursache für ihre

Schmerzen ist definitiv aus der Welt. Die wunden Stellen sind verheilt, und die Schwellung am Rücken ist stabil.

»Danke, ich kenne sie und kümmere mich um sie. Sie ist mager, etwas müde, nichts Ungewöhnliches nach einer solchen Strecke. Wir werden in Augsburg noch einmal eine Rast einlegen, bevor es auf die Zielgerade nach Italien geht.«

»Wie auch immer, sie ist schlecht in Form.«

Ich glaube, dass ich diese Anschuldigungen nicht verdient habe. Die Domina und ihre Kunden sind an Pferde gewohnt, die den lieben langen Tag verhätschelt werden. Die Wirklichkeit des Wanderns ist eine andere. Um sich davon zu überzeugen, muss man nur die Bibel zum Thema lesen, *Techniques du voyage à cheval* von Émile Brager, Kapitel »Tierärztliche Unfallhilfe«. Eine zwanzigseitige Liste von gängigen Krankheiten und Unfällen, deren Namen meist poetischer sind als ihre Realität: Feuerblase (Hautkrankheit mit Geschwulstbildung), Lampas (Ödem der Gaumenschleimhaut), Kreuzverschlag (Entzündung der Rückenmuskulatur), Hufrehe (Entzündung der Huflederhaut). Anschließend gibt es noch praktische Informationen, die notwendig sein mögen, aber wenig enthusiastisch stimmen: »Wie man ein Pferd tötet.« Desti ist dem Schlimmsten entkommen: kein Lahmen, keine tiefen Wunden, keine Lebensmittelvergiftung, keine Koliken.

»Machen Sie sich keine Sorgen, das wird gut gehen.«

Ich versuche, liebenswürdig zu bleiben. Unterm Strich scheint die Domina aufrichtige Intentionen hinsichtlich Destis zu verfolgen.

»Nichtsdestotrotz wäre es klug –«

»Nein.«

»Nur für eine Etappe.«

»Nein. Wie man es auch nimmt, es ist meine Verantwortung, nur meine.«

Die Domina steht mit dem Rücken zur Wand. Sie spielt ihren letzten Trumpf aus.

»Sie werden verstehen, dass ich mein Etablissement nicht mit dieser Reise in Verbindung bringen kann. Es geht um meine Reputation.«

Da wären wir also. Die Domina hat kein Gran Mitgefühl für Desti. Sie fürchtet das Gerede.

Die Armut meines deutschen Wortschatzes hindert mich nicht daran, ihr eine klipp und klare Antwort zu geben. Ich kann mich glücklich schätzen, dass die Domina nicht die Tierschutzbehörde verständigt hat. In jedem Falle weiß ich jetzt, was für Herzen sich hinter den Lederkostümen verbergen. Ich frage mich, ob ich durch diese unangenehme Erfahrung nicht auch die Erfahrung der Obdachlosen besser verstehe, die man mit Gewalt in Auffanglager verfrachtet, obwohl sie oft genug gar keine Lust dazu haben. Das Bürgertum beruhigt so sein Gewissen. Es geht um die Reputation, keine Frage.

Der einzige Trost auf dieser monotonen und regnerischen Zielgeraden ist die Gesellschaft von Axel, einem Unternehmer aus München, mit dem ich zwar schon seit mehreren Jahren korrespondiere, aber dem ich jetzt zum ersten Mal in Fleisch und Blut begegne. Er begleitet mich seit meinem Aufbruch aus Hohenwart (oder soll ich eher sagen: meiner Flucht?) mit dem Fahrrad. Im Schritt, im Trab, auf den Straßen und auf den Wegen, in Kreisverkehren und in Dörfern, selbst während der Pinkelpausen plaudern wir ununterbrochen miteinander. Sein Französisch ist viel besser als mein Deutsch, aber er lässt sich netterweise auf den Exotismus ein und bleibt bei der Landessprache. Axels Beruf ist das Gegenteil von meinem: Nach Anfängen im Personalbereich unterstützt er heute Unternehmen dabei, ihre Management- und Produktionsprozesse zu modernisieren. Indes ist er eine der wenigen Personen, mit denen ich sofort eine völlige intellektuelle Komplizenschaft verspüre. Er verfügt über jene aufrichtige Kultur der Autodidakten, die sich aus reiner persönlicher Neugier in ihre Lektüren und Reflexionen vertiefen, und das ohne jeden akademischen oder schriftstellerischen Imperativ. Bezüglich aller Themen teilen wir dieselben Einschätzungen. Wir sind nach der Veröffentlichung meines Buches über die Künstliche Intelligenz in Kontakt gekommen: Seine Vorstellung von der Datenverarbeitung in Unternehmen entsprach ziemlich genau den Thesen, die ich entwickelte. Wir begreifen uns beide als technophil und begierig auf Innovation. Dabei sind wir zu den gleichen Schlussfolgerungen gekommen, was die intrinsische Begrenztheit von Algorithmen angeht, die menschliche Beziehung weder ersetzen können noch ersetzen dürfen. Und das nicht aus Idealismus, sondern weil die KI nur eine Imitationswissenschaft ist, die immer die Imitation eines Gegenstands brauchen wird, und dieser wird von menschlichen Wesen in ihrer irreduziblen Spontaneität hervorgebracht. Entsprechend läuft eine der KI unterworfene Welt Gefahr, sich selbst zur Wiederholung des Immergleichen zu verdammen und sich dabei der Möglichkeit des Fortschritts zu berauben, der immer aus Chaos und Irrtum entsteht. Diese etwas abstrakten Überlegungen über die kulturelle und soziale Evolution findet Axel im alltäglichen Management eines Unternehmens wieder. Sobald eine bestimmte Schwelle überschritten ist, wird die Automatisierung der Abläufe kontraproduktiv. Darüber unterhalten wir uns also, während die unerschütterliche Desti, inzwischen in völliger Freiheit, neben uns herläuft. Man vergisst sie fast.

Auf der langen Strecke durch Mundraching, Unterigling, Hurlach und Langerringen haben wir alle Zeit der Welt, noch andere Übereinstimmungen zu finden. Die Notwendigkeit der Dezentralisierung; die Zurückweisung des Utilitarismus; den

Wert der technischen Bildung; der Kampf um die Anonymität in einer mehr und mehr überwachten Welt; der Genius kleiner Unternehmer; die Rehabilitation der Gemeinschaft, die von den Tischen der *Biergärten** ins Bild gesetzt wird, an denen sich die gesamte Bevölkerung vermischt. Und auch die Realitätsferne der linken Eliten, die in ihrer intellektuellen Blase eingeschlossen sind und nach dem geringsten Vorwand dafür suchen, Diskriminierung zu schreien und eine Diskussion zu verbieten. Für Axel ist das ein besonders sensibles Thema, der dabei doch die Verkörperung eines ehrbaren Mannes bleibt, Sozialdemokrat und in allen möglichen karitativen Einrichtung engagiert. Ich sehe, wie er sich aufregt und wie er den Aufstieg der *political correctness* mit den Angriffen der Nazis auf die Ausdrucksfreiheit vergleicht. Man schreibt heute die Klassiker um (um sie beispielsweise zu verweiblichen), wie man sie einst verbrannt hat. So bewahrheitet sich *Godwin's Law* auch in unseren Diskussionen. Aus dem Mund eines ansonsten so gemäßigten Deutschen nehme ich das ernst.

Ganz besonders sind für Axel die Polemiken rund um das Hotel *Drei Mohren** in Augsburg unerträglich, dessen Name und Logo als »rassistisch« angeprangert werden. Die Geschichte ist es wert, erzählt zu werden. Der Lokallegende zufolge kamen drei Mönche aus Abessinien (also Schwarze) 1495 in die Stadt. Ihr vierter Gefährte war unterwegs gestorben, und sie fanden sich am Ende ihrer Kräfte. Sie wurden den ganzen Winter über von einem Wirt untergebracht, der in der Folge sein Haus im Gedenken an diese Begegnung umtaufte. »Mohr« war der Begriff, der in der Zeit angebracht war, um afrikanische Bevölkerungen zu bezeichnen. Abgeleitet aus dem lateinischen *mauri* wurde der Begriff seit der Antike verwendet. Ein Jahrhundert später prä-

* Deutsch im Original

sentierte Shakespeare seinen Othello, einen mächtigen und angesehenen General, als den Mohr von Venedig (*moor* im Englischen). Wie Axel ganz pragmatisch bemerkt, gibt man seinem eigenen Geschäft selten einen abstoßenden oder beleidigenden Namen. Der Name »Drei Mohren« bezeugt vielmehr eine glückliche Erinnerung. Montaigne ist ohne Zweifel an dem Gasthaus vorbeigekommen, das einige Jahre zuvor von den Fuggern aufgekauft worden war, auch wenn ich leider zugeben muss, dass er andernorts unterkam, nämlich in einer Herberge »mit dem Zeichen eines Baumes namens *Linde*[**]« (*Reisetagebuch*, Augsburg).

Zeitgenössischen Aktivisten ist das egal. Es genügt ihnen, »schwarz« zu lesen, um sich reflexhaft in Harnisch zu werfen. Sie stellen die Hautfarbe als das Wesentliche und die Herrschaftsbeziehungen als eine Art historisches Verhängnis hin, und so sind in meinen Augen sie es, die den Rassismus wachhalten. Sie dulden die Vorstellung nicht, dass die Bürger der freien Reichsstadt Augsburg in der Lage gewesen sind, die drei Mohren mit Sympathie und Menschlichkeit zu behandeln, denn das würde ihre Argumente über strukturelle Privilegien ruinieren. Noch weniger akzeptieren sie es, dass man mit der Sache unverkrampft umgehen könnte: Eine in diesen Fragen friedliche Gesellschaft würde ihrer Militanz die Daseinsberechtigung nehmen. Petitionen, Kundgebungen und Pressekampagnen gegen das Hotel Drei Mohren haben sich also in den letzten Jahren vervielfältigt. Mit Erfolg: Als ich in Augsburg ankomme, hat man das Hotel soeben in *Maximilian's* umbenannt, ein traurig neutraler und banaler Name, den Touristen gut verstehen und der deshalb unangreifbar ist. So schließen sich also fünfhundert Jahre Geschichte unter dem Druck unkultivierter Provokateure, die die Gesellschaft in eine Ebene verwandeln wol-

* Deutsch im Original

len, die ebenso langweilig ist wie die, die nach Augsburg führt, ohne Reibungsfläche, ohne Humor, ohne Menschlichkeit.

Als ich beim Hotel vorbeispaziere, hängt das Schild mit den Drei Mohren noch an der Fassade, aber es wird nicht lange dauern, bis es abmontiert wird. Innen ist alles perfekt renoviert, schick, im dunklen und nüchternen Stil Philippe Starcks. Ein Rennauto ist im Foyer ausgestellt, das die alljährliche Rallye ankündigt. Die internationalen Gäste lesen die *New York Times* zum Frühstück. *Coronavirus oblige,* man muss Plastikhandschuhe anziehen, um sich ein Croissant zu nehmen. Die Statuetten der Drei Mohren im Lendenschurz und mit einer goldenen Krone geziert sind entfernt worden. Alles ist ordentlich, sowohl in hygienischer als auch politischer Hinsicht.

Ich teile Axels Sorge. Die aus den USA importierte *woke* Kultur, die die Empfindlichkeiten eines jeden zu moralischen Normen erhebt, die respektiert und geschützt werden müssen, legt einen schweren Bleideckel über die sozialen Beziehungen und über die individuelle Kreativität. Die Menschheit macht regelmäßig Perioden des Moralismus durch: Montaigne beklagte, dass sein Jahrhundert, das Jahrhundert der Inquisition und der Bartholomäusnacht, den Fanatismus nährt; Nietzsche wetterte gegen den Geist des Ernstes im 19. Jahrhundert. Im Grunde kommt es nicht auf die Werte an, für die gekämpft wird, ob es die Religion ist oder die Wissenschaft oder die Gleichheit. Die Art und Weise, wie sie durchgesetzt werden, macht den ganzen Unterschied. Die Exkommunikationen und Zensuren, die heute von intersektionalistischen Bewegungen verhängt werden, können mit den Inquisitoren von damals mithalten. Andererseits haben wir auch Momente der Leichtigkeit und der kollektiven Phantasie erlebt, in denen die Zügel gelockert waren: die Libertinage des 18. Jahrhunderts, die *roaring twenties,* die Gegenkultur der 60er-Jahre. Ich bin überzeugt, dass das Pendel wieder auf die Seite der Freiheit zurückschlagen wird und dass die Drei Mohren wieder ihren Auftritt in Augsburg haben werden, als Helden gefeiert wie 1495. Ich erwarte es mit Ungeduld.

*

In Augsburg ist Montaigne von der Macht der Fugger beeindruckt, »von denen es mehrere gibt, und die alle sehr reich sind« (*Reisetagebuch*, Augsburg). Sie sind so ein bisschen die deutschen Medici. Er rühmt ihren Palast und unausweichlich auch ihren Geschmack für technische Erfindungen, wie jene hydraulische Uhr, die ausgiebig beschrieben wird. Wenn ich in der Stadt einige der Orte wiederfinde, die Montaigne erwähnt, so bin ich doch vor allem davon überrascht, was er übergeht. Nirgendwo weist er auf die Fuggerei hin, das erste Sozialbauensemble der Welt, das Jakob Fugger am Anfang des 16. Jahrhunderts bauen ließ, um den Armen ein anständiges Dach über dem Kopf zu geben. Die Fuggerei existiert bis heute, und sie wird immer noch von derselben Familie finanziert. Man kann sie übrigens auch besichtigen. Es ist eine Art kleines Dorf, mit fünf Toren, und die Häuschen reihen sich ziemlich charmant aneinander, überdacht von wildem Wein und mit einem kleinen Gärtchen für jeden. Die Bewohner der Fuggerei müssen eine jährliche Miete von einem Florin rheinisch entrichten (sprich 0,88 Euro) und drei Kriterien erfüllen, die seit fünfhundert Jahren dieselben sind: Sie müssen bedürftig sein, katholisch sein und aus Augsburg stammen.

Warum also interessiert sich Montaigne, der ganz gewiss Kenntnis von ihr hatte, nicht für die Fuggerei? Hat er nicht die Gelegenheit verpasst, Fuggereien in Bordeaux zu eröffnen, wo er ein Jahr später Bürgermeister werden wird? Während seines Aufenthalts in Augsburg zieht er es vor, sich für die Verkostung von Flusskrebsen zu interessieren, für Spielereien mit der Armbrust, für die Organisation der Kanäle, für das automatische Öffnungssystem der Stadttore oder für die zwei Straußen aus Venedig, die auf der Durchreise sind.

Erste Hypothese, Montaigne pfeift auf die Armen, dem Stereotyp eines hochgebildeten Aristokraten gemäß, der von Dienern umgeben ist. Eine solche abschätzige Haltung scheint mir durch zahlreiche Passagen aus den *Essais* widerlegt. »Ich bin gerne bei den kleinen Leuten« (*Essais,* III,13), schreibt Montaigne und beschwört das Bauerndorf herauf, in dem er von seiner Amme aufgezogen wurde. Es ist nicht eine Frage des Mitleids, sondern des Respekts. Was Montaigne an den »Kleinen« so schätzt, sind ihre Lebenslektionen und -erfahrungen, die er den Belehrungen der Pedanten vorzieht. »Die Sitte und die Ansichten der Bauern erscheinen mir für gewöhnlich stärker an den Lehren der wahren Philosophie ausgerichtet als die unserer Philosophen« (*Essais,* II,17). Ihr Dasein ist besser geregelt, es ist geordnet durch die »Auswirkungen der Standhaftigkeit und der Geduld, die reiner und strammer sind als jene, die wir mit so viel Neugier auf der Schule studieren« (*Essais,* III,12). Montaigne lernt in der Schule der Armen besser und lieber als in der der Gelehrten, wie Sokrates, der »ständig Fuhrmänner, Schreiner, Schuster und Maurer im Munde führt« (*Essais,* III,12). Dieses Thema kehrt in seinem Werk derart oft wieder, sodass man ihn nicht vorschnell der Heuchelei anklagen wird. In seinem *Reisetagebuch* lesen wir, wie er Divizia, eine Bäuerin, an seinen Tisch einlädt und das Gespräch mit ihr genießt. Diese soziale Verbrüderung mag uns heute etwas lächerlich erscheinen. Im 16. Jahrhundert war sie das nicht.

Ich schlage also eine zweite Hypothese vor, die zwar in historischer Hinsicht phantastisch erscheint, aber denkerisch kohärenter ist. Montaigne hat die Fuggerei besucht, aber zieht es vor, sie schweigend zu übergehen. Er erblickt in ihr eine Form von Paternalismus, die ihm missfällt, eine Art und Weise, das Elend zu organisieren, die Gefahr läuft, es zu verstetigen. Unter diesem Gesichtspunkt ist die Fuggerei nicht so sehr ein Zufluchtsort als vielmehr ein Ghetto, wo das Gebet lange Zeit verpflichtend war und wo man noch heute vor 22 Uhr zu Hause sein muss, wenn man keine Strafe zahlen will. Ist das vorgeschützte Erbarmen der Fugger nicht vor allem ein Mittel, um eine Bevölkerungsgruppe zu isolieren und zu neutralisieren, die jene Gesellschaftsordnung durcheinanderbringen könnte, die für diese Bankiersfamilie so wertvoll ist?

Montaigne hat eine andere Vorstellung von öffentlichem Handeln. Zum Thema seines Bürgermeisteramtes berichtet er später von einer oft gehörten Kritik: »Auch sagen sie, dass diese meine Tätigkeit ohne Markenzeichen und spurlos vorübergegangen ist. Das ist gut« (*Essais*, III,10). Anders gesagt verwandelt er seine Untätigkeit in eine Tugend. Wenn er Fuggereien oder Montaignereien eröffnen würde, würde er dann nicht eine Art von Dankbarkeitspflicht einführen, die den Armen in seiner Identität einschließt? Montaigne hängt weniger an der Ordnung als die Fugger. Eine kleine Dosis Chaos missfällt ihm nicht: »Was wackelt, fällt nicht um« (*Essais*, III,9). Entsprechend zieht er es vor, diesen zu gut organisierten Armenpark Fuggerei zu vergessen. Lässt sich in dieser Auslassung nicht der Auftakt jener Unterscheidung zwischen der deutschen Tradition des Paternalismus, in der erst der Fürst und dann der Chef für den sozialen Frieden verantwortlich ist, und dem behaupteten Universalismus des französischen Umverteilungssystems erblicken, der heutzutage ganz logisch von der Einführung eines bedingungslosen Grundeinkommens vollendet werden würde?

Mir ist wohl bewusst, dass das über eine vernünftige Interpretation der Schriften Montaignes hinausgeht; aber ist es nicht genau das, was er selbst mit den Klassikern macht, »sich von hier und von da Bücher und Sätze, die einem gefallen, zusammenräubern« (*Essais*, I,25)?

*

Bevor ich Augsburg verlasse, muss ich noch Abschied von drei Frauen nehmen, drei Gesichtern Deutschlands, die mir die Qualitäten und Widersprüche dieses bei uns immer noch so unbekannten Landes recht gut zusammenzufassen scheinen. Man liegt uns ständig mit der französisch-deutschen Freundschaft in den Ohren, aber wenn Franzosen auswandern, dann eher in die Schweiz, nach England oder nach Belgien, und die Deutschsprechenden sind nicht Legion. Ich habe auf dieser Reise, wie Montaigne becirct von der »Barbarenfreiheit und dem Barbarenstolz der Alemannen« (*Reisetagebuch*, Konstanz), unsere Nachbarn vom anderen Rheinufer besser schätzen gelernt.

Da ist zunächst Sabina, die in Augsburg meine außergewöhnlich zuvorkommende Gastgeberin war. Sie und ihr Ehemann Patrice, ein brillanter französischer Industrieller, beherbergen mich für einige Tage in einem Viertel namens Kammgarn, eine Viertelstunde zu Fuß von der Altstadt. Zusätzlich zu ihrem Beruf kümmert sich Sabina halbtags um mich. Von der Wäsche über ein Trambahnticket bis zur Adresse eines Friseurs (dringend nötig) nimmt sie meine kleinsten Bedürfnisse vorweg. Sie stellt sicher, das mir nichts fehlt, in materieller Hinsicht, aber auch in intellektueller, und so organisiert sie auch Abendessen mit Akademikern aus der Gegend. Das ist es, was den klassischen Rahmen der Gastfreundschaft überschreitet, was auch über eine bloße Sympathie hinausgeht und was vielmehr von einer Art kantischem Pflichtgefühl gegenüber allen menschlichen Wesen zeugt. Wenn sie die Gelegenheit dazu hätte, würde sich Sabina um das ganze Viertel, die ganze Stadt, das ganze Land kümmern. Die Deutschen haben ihrer Kanzlerin Angela Merkel den Spitznamen *Mutti** gegeben. Ich finde eine *Mutti* in Sabina.

Da ist auch Petra. Sie empfängt Desti in einem alternativen Stall, der für den Reitsport das ist, was Berliner Nachtklubs für den Tanz sind. Am Ausgang des Wellenburger Waldes, zwischen einem Golfplatz und einer Unterkunft für Wanderarbeiter, hat sie eine Art Camp für Pferde eingerichtet, mit großen Zelten, die als Unterstand dienen, einer Laube für den Apéritif und einer Hütte als Club House. Alles ist zugleich zusammenimprovisiert und perfekt organisiert. Ein geniales System umsetzbarer Zäune erlaubt den Pferden, ihre Kreise zu ziehen, ohne sich über den Weg zu laufen, und jedes genießt einen ordentlichen Heuhaufen. Desti könnte sich nicht mehr erträumen.

Als sie uns in beklagenswertem Zustand ankommen sieht, holt Petra sofort eine Decke für die Stute und ein Glas Glühwein für den Reiter. Die Atmosphäre ist gelassen. Über Tage hinweg kümmert sich Petra ruhig und aufmerksam um Desti, die ich jeden Nachmittag mit dem Fahrrad vom anderen Ende der Stadt aus besuche. Um das Gleichgewicht meines Sattel- und Zaumzeugs noch mehr zu verbessern, gibt sie mir zwei kleine Polsterchen mit Klettverschluss, die zwischen der Satteldecke und dem Kissen angebracht werden und so die Vorhand schonen. Um ganz sanft die Pflaster von Destis Fell zu lösen, findet sie im Internet eine überraschende und schrecklich effektive Methode: *Öl und Föhn** (eine schöne Assonanz!). Reiben Sie das Pflaster mit Öl aus der Küche ein, föhnen es trocken, und ziehen Sie es schmerzfrei ab. Da sie nun auch die

* Deutsch im Original

letzten Bandagen los ist, findet Desti zu ihrem natürlichen Schneid zurück.

Petra definiert diesen Begegnungsort für Pferde als *offenen Stall**. Offen für Wanderer auf der Durchreise, für Freunde, die dort beständig herumschwärmen, und auch für syrische Flüchtlinge, denen der Kontakt mit Tieren hilft, ihre Kriegstraumata zu überwinden. Dieses Gefühl, immer im Strudel der Bewegung und der Wanderschaft zu sein, ist köstlich. So finde ich mich eines Tages an einem Tisch mit Petra, Klaus, dem Bergsteiger, und Aurel, einem Schauspieler, politischen Aktivisten und Biobauern. Jeder von ihnen sucht auf seine Art einen Weg querfeldein, für sich und für die Gesellschaft. Wir nehmen einen deutschen Imbiss zu uns: Wurst, Bier und Schmalzgebäck. Recht schnell kommt das Gespräch auf das *Grundeinkommen**, mein Lieblingsthema. Hierzulande ist die Idee schon seit längerer Zeit in die öffentliche Debatte eingedrungen als in Frankreich. Aurel ist begeistert davon, Klaus nickt zustimmend. Petra aber will noch überzeugt werden. Wird man da nicht die Schwächsten zum Müßiggang verurteilen? Ich antworte, dass es genau die Bedingungslosigkeit ist, die die Furcht vor dem Morgen nimmt und den Aufbau individueller Langzeitunternehmungen fördert. Das ist übrigens auch das, was man bei Experimenten feststellen konnte, die in so unterschiedlichen Ländern wie Indien und den USA durchgeführt wurden: Die Empfänger wenden sich eher dem Unternehmertum zu als die Kontrollgruppen. Und diejenigen, die es dazu nutzen wollen, fünf Monate zu Pferde unterwegs zu sein, können das tun: Würde es der Gesellschaft nicht besser gehen? Dieses letzte Argument trägt. Petra schließt sich unserer Argumentation an. *Konsens!** Zur Feier ein Bier und eine Wurst.

* Deutsch im Original

Der *offene Stall** von Petra erinnert mich an die Hacker, die ich im Zuge einer älteren Reportage in Berlin besucht habe. Da ist eine Mischung aus Idealismus, technischer Kompetenz und Feierlaune, die viel lustiger ist als die Hörsäle der französischen Antikapitalisten, die in ihre ideologischen Grabenkämpfe verstrickt sind. Ich finde die gleiche Atmosphäre auch im Stadtzentrum von Augsburg wieder, wo Klimaschutzaktivisten mit grünen Fahnen und Solarpanelen campieren. Sie sind weit davon entfernt, die Weltwirtschaftsordnung umstürzen zu wollen, sie stellen vielmehr präzise und mit Zahlen untermauerte Forderungen an ihre Stadt, die fast schon langweilig sind: Kohleausstieg bis 2025, Fahrradwege, transparentere Kommunikation der Kohlenstoffemissionsziele. Dieses alternative Deutschland führt eine reibungslose Koexistenz mit Muttis ordoliberalem Deutschland. Ersteres zieht Letzteres, Letzteres bringt Ersteres zur Vernunft; das Land schreitet so mit gleichmäßigen Schritten voran, ohne Bruch und ohne Revolution. Bei meinem Aufbruch aus Augsburg kann ich der Versuchung nicht widerstehen, Sabina und Petra zu photographieren, wie sie sich umarmen.

Aber wehe. Die Aufrichtigkeit verpflichtet mich, das Triptychon zu vervollständigen und nun Doktor Gabriele vorzustellen, *Veterinäroberrätin des Landratsamtes Augsburg**. Sie ist genauso streng, wie ihr Titel es vermuten lässt. Nichts in meiner Existenz hatte mich auch nur auf die Vorstellung vorbereitet, eines Tages einer Doktor Gabriele begegnen zu müssen. Ach, eine lange Kausalkette hat unsere Geschicke zusammengeführt. Um die Alpen Richtung Italien zu überqueren, habe ich beschlossen, ein zweites und letztes Mal eine Kutsche zu nutzen, und das aus mindestens drei Gründen: Die Zeit drängt, wenn ich meine Reise im No-

* Deutsch im Original

vember beschließen will, wie ich es meiner Familie versprochen habe; es wird Herbst, und die Wege im Hochgebirge verlangen eine Erfahrung, die wir nicht haben; in Österreich, das wir durchqueren müssen, sind die meisten Wege für Pferde gesperrt. Für einen motorisierten Sprung von etwa fünfhundert Kilometern muss ich also von Neuem einen Spezialtransport auftun. Dafür wiederum brauche ich ein TRACES-Zertifikat, ebenfalls ein Import-Export-Dokument, das offiziell verlangt wird, um europäische Grenzen zu überschreiten. Dieses Zertifikat muss von der Verwaltung des Herkunftslandes ausgestellt werden. Innerhalb der Europäischen Union erwarte ich nicht solche Scherereien wie an der Schweizer Grenze. Da bin ich also und klopfe voller Zutrauen an die Tür des *Veterinäramtes** in Augsburg, um etwas zu erledigen, was ich für eine Formalität halte.

Nachdem ich meinen Antrag ihren Assistenten übermittelt habe, warte ich seelenruhig auf den Stempel von Doktor Gabriele. Stattdessen aber stürmt sie wutentbrannt aus ihrem Büro, eine kleine graue Maus, spröde und nervös.

»Also so etwas können Sie nicht von mir verlangen!«, ruft sie sofort.

»Guten Tag, sehr erfreut.«

»Das ist Unfug. Unmöglich.«

»Ja aber, warum denn?«

»Ich brauche das ursprüngliche Zertifikat!«, schreit sie, »das *Zertifikat**!«

»Gewiss. Ich habe ein Gesundheitszeugnis, das von meinem Stammveterinär unterschrieben ist.«

Ich durchstöbere mein Handy, auf dem ich Digitalisate aller wichtigen Reisedokumente habe. Ich höre es neben mir grummeln.

* Deutsch im Original

»Hier.«

»Soll das ein Witz sein?«, fragt sie mich, nachdem sie einen schnellen Blick auf meinen Bildschirm geworfen hat. »Ich brauche ein offizielles *Zertifikat**. Ausgestellt von einem offiziellen Veterinär.«

Offiziell, offiziell, alles muss offiziell sein. Wie soll man denn dann die anderen Tierärzte nennen? Inoffiziell? Mir geht die Phantasie aus. Ich zeige ihr meinen Versicherungsvertrag, aber habe schon meine Zweifel, ob das offiziell genug sein wird.

»Sie müssen bei Ihrer Abreise ein TRACES-*Zertifikat** ausstellen lassen! Und ebenso bei Ihrem Grenzübertritt von Frankreich nach Deutschland! Ihre Anwesenheit hier ist illegal.«

Sie scheint es ehrlich mit der Angst zu bekommen, als hätte sie plötzlich erkannt, dass sie einem Kriegsverbrecher gegenübersteht. Mir ist es ebenfalls nicht ganz geheuer, der Klang der deutschen Sprache erinnert mich plötzlich viel mehr an *Die große Sause* als an den *Erlkönig*. Wir machen uns gegenseitig Angst. Wer wird als Erster die Polizei rufen?

»Ich kann überhaupt nichts tun. Es ist ausgeschlossen, dass Sie das Land mit diesem Pferd verlassen«, bekräftigt sie, ohne zu lachen.

Ich schulde dem Leser eine Zusammenfassung der Situation, die so bündig wie möglich ist. Vor meiner Abreise hatte ich mich tatsächlich bezüglich jenes mysteriösen TRACES-Zertifikates kundig gemacht. Ich war sogar derart eifrig, dass ich lange Mails mit DG Health ausgetauscht habe, der Gesundheitsbehörde der Europäischen Kommission, die mir dienstbeflissen etwa hundert Seiten Gesetzestext auf Englisch übermittelte. Daraus ging hervor, dass das Zertifikat, das am Ausgangspunkt ausgestellt werden muss, um zu bescheinigen,

* Deutsch im Original

dass das Pferd keine ansteckenden Krankheiten in sich trägt, für zehn Tage gültig ist. Diese Zeitspanne, die für den Regelfall des Transportes im Pferdeanhänger recht großzügig bemessen ist, ließ sich ganz offensichtlich nicht auf Desti und mich anwenden. Zu meiner großen Verblüffung antwortete mir der Beamte der Kommission (*deputy head of unit*, immerhin) Folgendes: »Ich verstehe Ihre Enttäuschung nicht. Wenn Sie es schaffen, die drei Grenzen innerhalb von zehn Tagen zu überqueren, dann können Sie das alles mit nur einem Zertifikat tun.« Ich musste also gegenüber diesem brillanten EU-Bürokraten klarstellen, dass sich ein Pferd langsamer bewegt als ein Auto. Also hat er unseren Austausch mit unverhohlener Gereiztheit für geschlossen erklärt und noch die Bemerkung fallen lassen, dass »die Mitgliedstaaten in diesem Punkt nicht allzu strikt sind«. Anders gesagt: Wenn das Gesetz nicht für Sie gemacht ist, dann müssen Sie eben das Risiko auf sich nehmen, ihm nicht zu gehorchen. Ich habe mich nicht lange bitten lassen.

Damit hatte ich die Rechnung ohne Doktor Gabriele gemacht, nach deren Dafürhalten es meine Pflicht gewesen wäre, um diese bürokratische Aporie, die sie widerwillig anerkannte, zu umgehen, vor jedem Grenzübertritt eine fünfzehntägige Quarantäne einzuhalten. Dann hätte ich bei jedem Grenzübertritt ein frisches *Zertifikat** erhalten. Ich muss ihr eingestehen, dass mir diese elegante Lösung, die überdies so praktisch ist und einer Reise zu Pferd nur zu gerecht wird, nicht in den Sinn gekommen ist.

»Sie machen Probleme«, sagt sie schließlich, bevor sie wieder in ihr Büro verschwindet.

Die Assistenten ducken ihre Köpfe hinter die Computer.

»Sie sind es, die Probleme machen«, kann ich ihr gerade noch hinterherrufen, bevor die Tür ins Schloss fällt.

* Deutsch im Original

Ich muss diese Sachen aber trotzdem in Ordnung bringen. Es ist nicht die Aufgabe des Lebens, sich an die Bedürfnisse der Verwaltung anzupassen, es ist umgekehrt. Was ich tue, könnte nicht normaler sein. Was ich tue, haben die Menschen zu jeder Zeit getan: Ich reise. Aber der kafkaeske Wahnsinn der TRACES-Zertifikate, das ist eine Anomalie, die es erst seit Kurzem gibt.

Dieser logische Sieg hilft indes meinem Anliegen nicht voran. Die Assistenten beobachten mich aus dem Augenwinkel. Werde ich gehen? Ich entschließe mich, die Situation umzukehren. Ich werde vom Bittsteller zum Invasor.

»Ich werde hierbleiben«, rufe ich in die Runde, »bis diese Situation geregelt ist.«

Das ist zwar nicht *Occupy Wall Street*, aber fast. *Occupy Veterinäramt.* Ich habe keine andere Wahl. Der Transporter soll am nächsten Morgen da sein, und ich habe nicht die Absicht, den Winter in Augsburg zu verbringen wie die Drei Mohren. Ich lehne mich an ein Regal und klimpere auf dem Handy herum. Meine einzige Befürchtung ist, dass ich die Geduld verliere.

Glücklicherweise ist Doktor Gabriele ein Hitzkopf. Ihre Wut hat keine strategische Tragweite, sie ist nicht imstande, sich auf ein lang anhaltendes Kräftemessen einzulassen. Da ist sie schon wieder, nach nur ein paar Minuten, sie springt von Neuem aus ihrem Büro und prescht auf mich zu.

»*So.*«*

Eine Eröffnung?

»Ich brauche das ursprüngliche *Zertifikat**«, wiederholt sie.

Immer noch das *Zertifikat**? Werden wir die gleiche Diskussion noch einmal führen? Zumindest versuche ich, meine Argumentation zu ändern.

* Deutsch im Original

»Wir sind an hundert verschiedenen Orten untergebracht worden. Wenn Sie also wirklich sicherstellen wollen, dass meine Stute sich keine ansteckende Krankheit eingefangen hat, dann müsste man jeden dieser Ställe und jede dieser Weiden überprüfen.«

»Das ist das Gesetz!«, stößt sie hervor. »Ich brauche das *Zertifikat** und eine Liste der fünfzehn letzten Etappen.«

Ich hätte still sein sollen. Sie hat gerade ein neues Beurteilungskriterium erfunden. Ich sage mir, dass ich ihr mit dieser Liste wenigstens etwas Stoff zum Nachdenken geben kann. Ich beginne, die Liste auf einem Zettel zusammenzustellen, indem ich auf der Karte und in SMS-Verläufen die Namen und Adressen meiner Gastgeber zusammensuche. Sie wandert auf und ab. Kaum habe ich meine Pflicht getan, reißt sie mir das Papier aus den Händen. Es ist eine Herausforderung, meine Handschrift zu entziffern, aber sie scheint zufrieden.

»Das *Zertifikat** ist aber trotzdem nötig. Ohne das *Zertifikat** können wir nichts machen.«

In genau diesem Moment scheint es mir, dass unsere im Entstehen begriffene Beziehung ihre frühzeitige Krise erreicht. Ich rede mir mit meinem bisschen Deutsch die Seele aus dem Leib und versuche zumindest ansatzweise wiederzugeben, was dieser Papierkram in mir auslöst. Sie plärrt aus vollem Hals: »*Zertifikat! Zertifikat!**« Wir sind beide den Tränen nahe.

Es ist nie besonders subtil, sich in einem deutschen Kontext auf den Zweiten Weltkrieg zu beziehen. Aber wie soll man nicht an *Eichmann in Jerusalem* denken, in dem Hannah Arendt mehr noch als die Banalität des Bösen die Essenz der Bürokratie beschreibt? Das moralische Gesetz, auf das sich Eichmann bezieht, wenn er Kant zitiert, wird mit dem bürgerlichen Gesetz durch-

* Deutsch im Original

einandergebracht. Es macht nichts, dass das *Zertifikat** absurd ist. Es geht nur darum, den Buchstaben des Gesetzes zu respektieren. Wie es Eichmann während seines Prozesses sagte, wo kämen wir denn hin, wenn jeder plötzlich aus seinem eigenen Antrieb heraus handeln würde? Wäre das nicht eine Willkürherrschaft? Ohne Zweifel. Aber Menschlichkeit entsteht in jener Grauzone persönlicher Urteilskraft, die zwischen der mechanischen Anwendung von Vorschriften und der Reaktion auf eine ganz spezifische Einzelsituation liegt.

Plötzlich entspannt sich Doktor Gabrieles Gesicht. Sie hat einen Weg gefunden, das Gesetz anzuwenden und gleichzeitig zu umgehen. Ein rückwirkendes *Zertifikat** muss ausgestellt werden. Nirgends steht geschrieben, dass man ein für zehn Tage gültiges *Zertifikat** nicht auch drei Monate später abfassen kann. Dank sei den Bediensteten der *Direction départementale de la protection des populations du Calvados*, die sich der Schrulle ihrer deutschen Kollegin zuvorkommend beugten und ihr, prompte Rückantwort per Mail, bescheinigten, dass in der Region am 22. Juni, dem Tag meiner Abreise, keine ansteckende Krankheit grassierte.

Eine letzte Prüfung steht uns noch bevor. Bevor sie mein *Zertifikat** stempelt, muss Doktor Gabriele am nächsten Morgen, eine Stunde vor der Abfahrt, vorbeikommen, um festzustellen, ob Destinada auch die ist, die sie vorgibt zu sein. Mit Sabina kaufen wir noch die besten Croissants Augsburgs und fahren dann mit dem Auto zu den Ställen, das ganze Gepäck schon dabei. Petra erwartet uns und schaut besorgt drein. Es ist der Showdown, in dem alle meine Figuren auftreten, drei völlig unterschiedliche Deutsche, ein Bild dieses von starken Kontrasten geprägten Landes.

* Deutsch im Original

Zur besagten Stunde Auftritt Doktor Gabriele, eiligen Schrittes. Sie sagt nicht Guten Tag und heftet die Augen auf den Boden. An der frischen Luft, umgeben von normalen menschlichen Wesen, erscheint sie mir noch zierlicher und zarter, ein kalter Windhauch, bereit, jedes Hindernis auf seiner Bahn wegzupeitschen. Bei näherer Betrachtung glaube ich, dass sie nicht ordentlich isst. Vielleicht besitzt sie einen speziellen Organismus, der von der Verwaltung gestellt wird, vielleicht ist sie ein Android, ohne ein Gramm Fleisch. Ich verwehre mir, das geringste Mitleid für diese einsame und allseits gehasste Frau zu empfinden: Das wäre der Beginn des Stockholm-Syndroms. Ich stelle mir den Hass vor, den wir in ihr wecken, wir, die Lebenden, die es wagen, sich über Verfahren und Formulare hinwegzusetzen.

Doktor Gabriele packt ihre Sachen aus und stürmt auf Desti zu. Sie richtet kein Wort an sie, streichelt sie nicht, beschäftigt sich nicht eine Sekunde mit ihrem Gesundheitszustand. Was für eine Art Veterinär muss man sein, um im *Veterinäramt** zu arbeiten? Ein Veterinär, der keine Tiere mag? Die einzige Aufgabe von Doktor Gabriele besteht an diesem Morgen darin, mit einem Chiplesegerät an Destis Hals entlangzufahren und die Informationen zu bestätigen, die in ihrem Ausweis verzeichnet sind. Es ist eine Passkontrolle für Pferde; jedes Pferd ist verpflichtend mit einem elektronischen Transponder unter der Haut ausgestattet, der einen nationalen Identifikationscode enthält. Ich zittere bei der Vorstellung, dass es eines Tages für Menschen genau so sein wird.

»Auf welcher Seite ist der Chip?«, fragt mich Doktor Gabriele nach einem ersten erfolglosen Versuch.

Davon weiß ich verdammt noch mal nichts. Ich höre, dass

* Deutsch im Original

sie vor Ärger schwer atmet. Sie sucht überall, ohne Ergebnis. Es wird angespannter. Sabine und Petra sind ganz blass. Schlussendlich hört man einen Pieps. Doktor Gabriele schaut auf ihren Bildschirm. Wir erwarten das Verdikt mit beklommenen Herzen.

»Die Batterie ist fast leer«, verkündet Doktor Gabriele mit gebrochener Stimme.

Niemandem ist zum Lachen zumute. Es beginnt ein Wettlauf gegen die Zeit: den Chip finden, bevor die Batterie des Lesegeräts leer ist. Kein Chip, kein Stempel; kein Stempel, kein Lastwagen; kein Lastwagen, kein Italien. Einen gewissen dramatischen Genius kann ich Doktor Gabriele nicht absprechen. Selbst Desti fängt an, ungeduldig zu scharren.

Die Maschine spuckt endlich eine lange erlösende Ziffernfolge aus. Wir wagen es noch nicht, uns zu freuen. Aus Prinzip formuliert Doktor Gabriele noch einige Kritikpunkte über den Zustand des Ausweises, die sie in ihrer Geringschätzung romanischer Verwaltungen, wirklich nicht ganz auf der Höhe, bestärken. Sie reicht mir widerwillig das Zertifikat 2009/156 AII, ein Meisterwerk der Brüsseler Abstraktionsfähigkeit, dessen glücklicher Besitzer zu sein ich wahrlich nicht verdient habe. Dann löst sie sich in Luft auf.

Es ist einigermaßen frustrierend, dass mich kein einziger Zollbeamter nach diesem *Zertifikat** fragen wird, denn die österreichischen und italienischen Grenzen werden kaum überwacht. Ich bewahre es trotzdem auf, als kostbaren Beweis dafür, dass Europa noch nicht jener vielgerühmte Raum des freien Verkehrs ist. Geben wir zu, dass man sanitäre und hygienische Motive ernst nehmen muss. Warum gibt es dann keine Zertifikate zwischen den Regionen, innerhalb eines Landes? Viren, die

* Deutsch im Original

sich vom Calvados ins Périgord bewegen, sind nicht weniger gefährlich als Viren, die sich von Bayern in die Toskana bewegen. Aber es ist unmöglich, wieder Grenzkontrollen auf einem Territorium einzuführen, das von einer nationalen Erzählung geeint wird. Es ist zugleich ein Beweis dafür, dass die Politik das Gesundheitswesen überwiegt, und dafür, dass die Europäische Union als Zusammenschluss weniger kohärent ist als die Nationalstaaten. Einige Monate später wird die Schließung der innereuropäischen Grenzen während der zweiten Welle des Coronavirus diesen schleichenden Nationalismus bekräftigen, der immer darauf lauert, im Krisenfall aufzuerstehen: Man muss als Erstes »zu Hause« Leben retten. Deutschland ist das einzige Land, in dem ich hin und wieder europäische Fahnen an den Fenstern von Privatleuten gesehen habe. Es gibt heute keine kulturelle Realität, die dem entspricht. Vor allem anderen ist man immer noch französischer, deutscher oder italienischer Bürger. Der europäische Humanismus, auf dessen Suche ich mich gemacht hatte, kann DG Health, kann Doktor Gabriele und ihresgleichen nicht überwinden.

Zur Zeit Montaignes setzte Sebastian Münster an den Anfang seiner *Cosmographia universalis* einen Stich der »Dame Europa«, die in einem einzigen Frauenkörper alle Länder des Kontinents versammelte. Fünfhundert Jahre später wartet Dame Europa immer noch. Ich träume davon, dass man eines weit entfernten und vielleicht illusorischen Tages frei durch Europa streifen kann, mit langen Zügeln und Wind in den Haaren, ohne Chip und ohne Papiere.

*

Die lange Strecke im Lastwagen bietet mir ausgiebig Gelegenheit, über diesen Vorfall zu meditieren. Ich kämpfe nicht für eine Welt ohne Grenzen, aber doch zumindest für das, was Kant ein universales »Besuchsrecht« nannte. Zu Pferd, zu Fuß oder gar motorisiert, sollte jeder die Möglichkeit haben, die Gesamtheit seiner irdischen Mitbürger zu besuchen. Montaigne zog entsprechend die »universale und allgemeine Bindung« (*Essais*, III,9) derjenigen Bindung vor, die von Nationalisten willkürlich geschaffen wird. Reisen ist die Freude am Unterschied. Wenn Montaigne beim Aufwachen an seine Wegstrecke dachte und sich vorstellte, was er den Tag über entdecken würde, dann erhob er sich »mit Begierde und Fröhlichkeit, (...) auf der Suche nach jedweder Gelegenheit, sich mit Fremden zu unterhalten« (*Reisetagebuch*, Rovereto). Ebenso schnüre ich jeden Morgen mein Bündel mit einer Mischung aus Furcht und Neugier, die mir mein Handgepäck schon lange nicht mehr eingeflößt hat. Wie werden die Wege aussehen, wem werde ich begegnen, wo werde ich schlafen? Durch diesen »Umgang mit Menschen« (*Essais*, I,26), den Montaigne für die Kindererziehung empfiehlt, formt sich unsere eigene Persönlichkeit. Was uns am besten entspricht, das merken wir uns. Montaignes Schlussfolgerung: »Ein weltläufiger Mensch ist ein gemischter Mensch« (*Essais*, III,9).

Aber dieses Besuchsrecht darf nicht mit einem Eroberungsrecht durcheinandergebracht werden. Montaigne hat angeprangert, dass die Kolonien der Neuen Welt mit der Lebensart des Okzidents »angesteckt« (*Essais*, III,6) wurden, was ihre lokalen Kulturen ruinierte. Das Gleiche gilt für den Reisenden, der sich im Namen der Diversität und der Forderung Montaignes gemäß so sehr wie möglich mit der Bevölkerung vermischen soll. »Mein Lohn ist die Verschiedenheit schlechthin und der Besitz der Unterschiede« (*Essais*, III,9), erklärt er. Eine erstaunliche Formulierung: Die Unterschiede, die Diversität, zu besitzen bedeutet, sich das Andersartige anzueignen, es zu integrieren, es aufzunehmen, es wiederzukäuen. Man muss also zugleich die Heterogenität der Kulturen genießen und auf Zehenspitzen in sie eindringen. Montaigne schlüpft diskret in lokale Kulturen hinein. Er flieht vor den Gemeinschaften der Franzosen, wie in Padua, wo die Edelmänner der Schulen unter sich bleiben; er besteht darauf, traditionelle Gerichte zu kosten, und weigert sich, *»à la française«* (*Essais*, III,9) bedient zu werden; er bedauert es, nicht seinen Koch auf die Reise mitgenommen zu haben, damit dieser die regionalen Rezepte hätte nachkochen können; er kleidet sich wie die Leute vor Ort und besorgt sich beispielsweise in Augsburg eine traditionelle gefütterte Mütze; er bemüht sich, Italienisch zu lernen, während er ein Jahr in der Gegend um Rom verbringt; und er ringt sich sogar dazu durch, in Deutschland puren Wein zu trinken, ohne ihn mit Wasser zu verdünnen, wie es damals in Frankreich üblich war. Der gemischte Mensch macht aus sich ein Chamäleon.

Das Besuchsrecht beinhaltet, in seiner Formulierung durch Kant, auch kein Recht, sich niederzulassen. Wenn man mich so warmherzig empfangen hat, dann deshalb, weil ich auf der Durchreise war. Ich habe auf meinem Weg durch die Dörfer immer wieder feststellen können, wie langwierig und komplex die Integration von Neuankömmlingen ist. Während meines Trainings hat mich ein Gespräch mit einer Bewohnerin des Calvados, aus einem Weiler in der Nähe von Clécy, bestürzt: Sie ist, wie ihre Mutter, auf dem Bauernhof geboren worden, aber ihre Großeltern sind Ende der 30er-Jahre aus Belgien eingewandert; das Ergebnis ist, dass man sie immer noch, fast ein Jahrhundert später, »die Ausländerin« nennt. Entsprechend ist es nicht überraschend, wenn man außerhalb der großen Städte noch den alten menschlichen Reflexen aus Furcht und Ablehnung begegnet; man spricht dort brutal über Migranten, und ich bin mir sicher, dass viele meiner großzügigen Gastgeber ihre Stimme für die extreme Rechte abgeben, wenn sich die Gelegenheit bietet. Ist das anormal? Man kann nicht gleichzeitig die Diversität rühmen und zugleich eine endlose Vermengung fordern, in der Kulturen neutralisiert werden. So frage ich mich schlussendlich, ob in Hinsicht auf die Migration die Aufnahmekapazitäten nicht auf dem Niveau der Gemeinden definiert werden müssen, sodass jede Gemeinschaft den Teil Andersartigkeit aufnehmen kann, den ein Landstrich bereit ist zu absorbieren.

Wenn die Welt nur einer Reise zu Pferd gleichen könnte: zugleich offener und weniger uniform.

XIX Apennin

■ ■ ■

*Sprung über die Alpen – Strudel von Bologna –
Etrusker – Wildes Gebirge – Via degli Dei – Sirenen und Retter –
Toskanischer Akzent*

■ ■ ■

Die Autobahn durch Tirol folgt dem Weg, den Montaigne durch die Täler genommen hat. Durch das Fenster des Lastwagens erkenne ich den Inn, umgeben von Bergen, »die sich bald eng schließen und sich an ihn drängen, dann sich wieder zurückziehen« (*Reisetagebuch*, Seefeld). In Innsbruck, wo wir Etappe machen, finde ich die Brunnen und Bäche wieder, die Montaigne beschrieben hat. Mein Abendessen dort ist kärglicher, aber nicht weniger typisch als das meines illustren Vorgängers, der beim Kardinal von Österreich eingeladen war: Kartoffeln mit Sahne, Würstel und *Apfelstrudel**, den ich mit meinem Fahrer und seinem Jack Russell Terrier teile. Diese paar unterwegs zusammengesammelten Reminiszenzen schaffen es aber nicht, mich mit der Geschwindigkeit dieser Strecke zu versöhnen. Ich steige in Bologna, der Hauptstadt der Emilia-Romagna, aus, und mir fehlen jene langsamen Übergänge, an die ich mich inzwischen gewöhnt habe. Ich bin nicht an den »steilen Abhängen aus blankem Fels« (*Reisetagebuch*, Borghetto) vorbeigekom-

* Deutsch im Original

men, habe die Überraschung verpasst, nach der Überquerung eines Hügels »in die italienische Sprache einzutreten« (*Reisetagebuch*, Trient), habe nicht den Gardasee umrundet, habe nicht meine Langeweile in der gewaltigen Poebene bezwungen. Da bin ich nun also, wie ein ordinärer Luftfahrtpassagier, der mir nichts, dir nichts in einer anderen Welt abgeladen wird, sobald das Flugzeug gelandet ist.

Vom ersten Schritt an trägt mich Italien in seinem Strudel davon. Alles ist da: das etwas angeschlagene Haus aus rotem Backstein auf der Hügelkuppe, die Zypressen, der Fiat 500, der *caffè stretto*. Seit drei Jahren habe ich auf jeden Tropfen Kaffee verzichtet. Was als eine ärztliche Vorschrift anfing, hat sich zu einer Routine entwickelt. Ich entschließe mich, diese Angewohnheit aufzugeben: In Italien lehnt man keinen Kaffee ab. Es versteht sich, dass der erste Schluck mein Herz trommeln lässt und die mich umgebende Welt noch stärker herumzappelt. Begegnungen knüpfen sich. Isabella telephoniert alle ihre Freunde durch, um herauszufinden, ob die Via degli Dei mit einem Pferd machbar ist, eine alte Etruskerstraße, die den Apennin durchquert und die ich nehmen möchte. Der Papagei in der Küche mustert mich lustig von oben bis unten. Der Sohn des Hauses trägt eine Python um seinen Hals spazieren, die von seiner Freundin mit den grünen Zöpfen ausgiebig liebkost wird. Der Hengst in seiner Box macht Destinada lautstark den Hof. Francesca und ihre Tochter führen mich durch die Innenstadt und erzählen mir, was sie über Verhaltensforschung wissen.

Mir dreht sich der Kopf in Bologna. Es ist eine Studentenstadt, deren Universität ohne Zweifel die älteste der Welt ist und die vor Leben überschäumt. In den Geschäftsstraßen rund um die Via Drapperie strotzen die Buden an den Gehwegen nur so von Blumen, Gemüse, Fisch, Räucherschinken und *pasticceria*. Auf den Stufen der Basilika sitzen die jungen Leute und küssen sich lang. Die Gebäude sind ihrerseits beseelt, in jenem Zwischenraum zwischen Majestät und Verlassenheit, der alle italienischen Städte prägt. Der Torre della Garisenda, schon zu Montaignes Zeiten »ein uralter viereckiger Turm, der ganz schief ist und stets gleich einzustürzen scheint« (*Reisetagebuch*, Bologna), scheint auch heute kurz davor zusammenzubrechen, wenn er auch inzwischen von Eisenstreben umgeben ist. Am Abend werden die Tische der Restaurants mitten auf den gepflasterten Straßen gedeckt, und schnell finden sich dort Trauben von Freunden ein; die ganze Stadt ist wie ein gigantisches Bankett. Auf der Piazza Maggiore ertappe ich mich dabei, wie ich vor den Nereiden des Neptunbrunnens ins Träumen gerate: Mit gespreizten Schenkeln, auf ihren Bronzestühlen lungernd, mustern sie mich scharf und drücken ihre Brüste zusammen, aus denen mächtige Wasserstrahlen schießen. Diese bildhauerische Erotik ist Montaigne sicherlich nicht entgangen, der in seinem Tagebuch diesen »sehr schönen Brunnen« (*Reisetagebuch*, Bologna) erwähnt und der kein Geheimnis daraus macht, schon oft vom »verwegenen und wechselhaften, wogenden und vielfältigen Feuer« (*Essais*, 1,28) der körperlichen Liebe gebrannt worden zu sein. So einen uns also, trotz vierhundert Jahren Abstand, die gleichen Phantasmen.

Als ich aus dem Lastwagen stieg, wurde ich in das Italien Fellinis entrückt. Das muss ich jetzt auskosten, denn ich werde es nicht wieder finden.

*

Bevor ich auf jener gefahrenvollen Via degli Dei aufbreche, besuche ich eine Ausstellung zur etruskischen Geschichte im Archäologischen Museum von Bologna. Ich hoffe dort, wenn schon keine praktischen Hinweise zu meiner Route, so doch zumindest einige historische Anhaltspunkte über diese antike Handelsader zu finden, die Bologna mit Florenz verbindet. Ich mühe mich vergebens. Der schläfrige Aufseher kennt die Via degli Dei nicht, aber lässt eine unverständliche Tirade los, die mir meine Unkenntnis der italienischen Sprache schmerzlich zu Bewusstsein bringt. Für dieses Mal haben mich die Ratschläge Montaignes im Stich gelassen, der empfahl, »einfach die erstbesten Worte zu verwenden, die mir aus dem Mund sprangen, lateinische, französische, spanische oder gascognische, und eine italienische Endung anzuhängen« (*Essais*, II,12). Noch so eine Angeberei. Lateinische Sprache hin oder her, ich hätte weit mehr nötig gehabt als meine Grammatik von *Bescherelle*, um mit den Eingeborenen zu kommunizieren.

Im Gegenzug aber erblicke ich unter den ausgestellten Objekten ein Wunder: eine Trense aus Schmiedeeisen, deren Backenstücke in stilisierten Pferdeköpfen enden, vorweggenommene moderne Kunst. Die Trense ist in der Mitte gebrochen, damit sie für das Maul des Pferdes bequemer ist. Destinadas Trense ist ein Nahtegebiss, aber die Form ist spürbar dieselbe geblieben. Nach zweitausendfünfhundert Jahren haben sich die Reittechniken nicht grundlegend verändert. Es ist immer noch das gleiche Tier mit dem gleichen Zaumzeug und dem gleichen Reiter. Ich könnte dieses Museumsstück einfach nehmen und es an Desti ausprobieren, die es zweifellos etwas schwer finden, aber sich am Ende in ihrem natürlichen Phlegma damit abfinden würde. Ich habe selten eine derartige Einebnung der historischen Zeit verspürt. Mit dem Pferd kann man quer durch die Jahrhunderte galoppieren.

Am Morgen des Aufbruchs begleitet mich etwa ein halbes Dutzend Reiter bis zu den ersten Vorgebirgen des nördlichen Apennins, dessen Gipfel diejenigen überragen, die wir in den

Vogesen kennengelernt haben. Isabella bestätigt mir, dass sie Leute kennt, die Leute kennen, die bestimmte Teile des Weges zu Pferd zurückgelegt haben und noch leben. Es hätte noch etwas mehr gebraucht, um mir Sicherheit zu geben. Zumal erklärt mir der unvermeidliche *avvocato* in der Gruppe, dass ich durch die Gebiete ungehobelter und wenig gastfreundlicher Volksstämme reiten werde, sobald ich die Grenze der Emilia-Romagna überschritten habe. Ich werde kleinlaut. Auf meiner Route gibt es nur wenige Dörfer, und meine Etappen sind noch nicht ordentlich geplant. Meine Gefährten führen mich in die Hügel von Roncrio, bis ans Ufer des Reno, und dann *ciao*. Vor uns ragen die nebelverhüllten Vorgebirge auf. Nur Mut, Desti.

Der Apennin erweist sich tatsächlich als unsere härteste körperliche Prüfung. Montaigne beschreibt den Weg als »unbequem und verwildert, rings von Bergen umgeben, und schwerer zu bewältigen als jeder andere Teil dieser Reise« (*Reisetagebuch*, Loiano). Die Situation hat sich kaum verbessert. Die Höhenunterschiede erreichen zweitausend Meter am Tag, und das regnerische Wetter macht der Landschaft keine Ehre. Die meiste Zeit gehe ich zu Fuß, um Desti zu schonen. Ich steige nur für die Kammlinien in den Sattel, fünf- oder sechsmal am Tag. Man muss den Berggipfel erreichen, um einen ebenen Weg zu finden.

Der kritischste Moment ereilt uns am Monte Faggio all'Ombrellino. Wir sind im Morgengrauen aufgebrochen und seit gut acht Stunden ohne Unterbrechung unterwegs. Wir mussten uns vom Hauptweg entfernen, um unsere Etappe zu erreichen, und können uns nur noch an den seltenen Hinweisschildern orientieren (*bene indicato*, hatte mir indes meine Gastgeberin gesagt). Der Nebel hüllt den Gipfel ein, dichter Regen fällt, und die Windböen lassen uns schwanken. Es bleibt nur noch eine

Stunde, bis es Nacht wird. Es herrscht schon jener *buio*, jene Gewitterdunkelheit, die die Gefahr noch verschärft. Es gibt keinerlei Telephonnetz mehr. Unsere Einsamkeit ist vollkommen. Die Dörfer sind so nah und doch so fern! Ich habe das Gefühl, mich auf einer Seite von Tolstois Erzählung *Herr und Diener* zu befinden, in der sich eine Truppe mit dem Schlitten im Schneegestöber verirrt; es wird Nacht, und Wassilij, der Herr, stirbt schließlich, nur wenige Hundert Meter von wohlgeheizten Blockhütten entfernt. Sein Pferd, das man für unverwüstlich gehalten hatte, erfriert ebenfalls. Kein Wunder wird sie retten. Wassilij hat noch Zeit, über all die Lappalien nachzudenken, mit denen er sich bisher beschäftigt gehalten hatte, und entdeckt zu spät, dass er das Eigentliche verpasst hat. So weit ist es mit mir noch nicht, aber ich finde mich in einer Situation wieder, die heutzutage ziemlich ungewohnt ist: die Absenz von Hilfe. Schlimmstenfalls stelle ich mir vor, mich für die Nacht in den Wald zu flüchten, einigermaßen geschützt vor dem Wind, und Desti an einen Baum zu binden. Ich habe noch einen halben Liter Wasser und einen Müsliriegel: Entdeckungsreisende haben schon mit deutlich weniger überlebt. Die Sorge schärft meine Sinne, ich entdecke schon halb abgefallene Hinweisschilder und erahne den alten Weg unter den Blättern. Bei normalem Wetter hätte ich mich verlaufen. Aber in diesem angespannten Zustand sind meine Kräfte und meine Wahrnehmung gesteigert.

Wir beginnen endlich den Abstieg ins Unterholz. Die Richtung des Tales ist nun klar. Desti hüpft, der Steigung zum Trotz, fröhlich herum, ich laufe an ihrer Seite. Bei der Ankunft wälzt sich Desti lange in einem Paddock am Fuße der Berge, wirft sich von der einen auf die andere Seite und wieder von vorn. Auch sie scheint erleichtert. Mit gutem Grund. Man erzählt mir, dass erst in der letzten Woche ein Wanderer von einem Hubschrauber der *carabinieri* gerettet werden musste. Ich kann mir schlecht vorstellen, wie Desti von einem Hubschrauber hochgehoben wird.

Der Apennin ist wilder als die Vogesen, und es gibt keine alternative Route. Ich habe keine andere Wahl, als dieser unaussprechlichen Via degli Dei zu folgen, und bete bei jeder Kurve, dass wir nicht plötzlich einen schwindelerregenden Steig oder eine zweifelhafte Brücke vor uns finden. Auf den steilsten und steinigsten Abhängen lasse ich Desti völlige Freiheit in ihren Bewegungen, ob ich im Sattel sitze oder nicht. Die beste Reitmethode besteht, wie so oft im Leben, darin, einfach machen zu lassen. Da ich mit meinen Etappen vollauf beschäftigt bin, habe ich kaum Augen für die Landschaft ringsum. Auf meiner Karte dienen mir die Pässe als Ziel und Bezugspunkt: Passo del Passegere, Passo della Futa, Passo dell'Osteria Briuciata. In diesem Wort *passo* liegt ein Versprechen von Erfolg. Das geht (frz. *ça passe*; Anm. d. Übers.), das muss gehen.

Diese Überquerung ist homerisch in mehr als einem Sinne. Zunächst begegne ich einer Sirene in Gestalt einer jungen Italienerin, die mit dem Auto auf der Straße oberhalb von Monzuno angehalten hat. Ich stoße gerade in ein seltsames Gebiet vor, auf dem sich über mehrere Hundert Meter die Spuren eines Hippiestammes finden: mit Spiegeln verzierte Hütten, schamanisch flatternde Bänder, hölzerne Schilder mit vielversprechenden Inschriften *(io sono amato)*. In dieser an Zaubersprüchen und Liebestränken reichen Atmosphäre entspinnt sich das Gespräch mit der Sirene. Sie warte auf eine Freundin, erklärt sie mir. Gewiss: Sirenen treten, wie Homer in der *Odyssee* sagt, immer zu zweien auf. Ich mache die Zügel am Sattel fest, um Desti grasen zu lassen. Die Sonne ist ausnahmsweise einmal rausgekommen, und die Luft ist vom Duft wilder Minze erfüllt. Ich fühle, wie mich eine ungewohnte Benommenheit überkommt. Genau diesen Augenblick ergreift die Sirene, um ihren Gesang anzustimmen. Sie und ihre Freundin wohnen gemeinsam, etwa zehn Kilometer von hier. Es wäre ihnen eine Freude, mich zu beherbergen. Sie haben sich eine Gewohnheit daraus gemacht, verirrte Reisende zu bezirzen, wie im letzten Jahr jenen Wanderer, der sichtlich etwas Zeit in ihrer Höhle verstreichen ließ. Gibt diese Reise, sage ich mir, schlussendlich nicht die Gelegenheit dazu, sich für Begegnungen und Zufall zu öffnen? Um besser zu verstehen, wo sich diese Kommune befindet, hole ich meine Karte heraus. Das ist meine Rettung. Ich sehe die so sorgsam angelegten Wegstrecken bis nach Rom vor mir. Und den ganzen Weg, den ich bisher zurückgelegt habe. Werde ich so nah am Ziel aufgeben?

Dobbiamo andare, druckse ich widerwillig herum, wie Odysseus, der seinen Gefährten befiehlt, die um ihn gelegten Stricke am Mast festzuhalten. Wir müssen los.

Einige Minuten später treffe ich auf dem Weg die andere Sirene, die unterwegs zum Rendezvous ist. Ich grüße sie kaum und verfolge meinen Weg weiter, während ich sehr frei darüber sinniere, was hätte geschehen können. Diese Träumerei ist für mich Trost genug. *Dobbiamo andare.*

Wie Odysseus, so finde auch ich wundertätige Retter. Der erste von ihnen ist Emanuele, ein Reiter, dem ich schon am ersten Tag unterwegs begegnete und mit dem ich auch weiterhin, während der ganzen Gebirgsquerung, in Kontakt bleibe. Er kennt die Gegend, obwohl auch er noch nie die Via degli Dei in Gänze abgeritten ist. Wenn es ein Problem geben sollte, dann hält er sich bereit, mich mit dem Lastwagen abzuholen oder sogar ein Biwak für die Nacht zu organisieren. Ich halte ihn jeden Tag über meine Fortschritte auf dem Laufenden. Das Wissen, in letzter Instanz auf ihn zählen zu können, beruhigt mich.

Mein zweiter Retter taucht in noch unwahrscheinlicherer Weise vor mir auf, in einem verlassenen Hangar, in dem ich die Nacht verbringe. Er nimmt die Gestalt eines Reiseleiters an, der eine Truppe deutscher Wanderer *(tedeschi)* anführt, deren sportliche Fähigkeiten ihn nicht besonders zu überzeugen scheinen. Wir legen uns jeder auf eine Luftmatratze, und ich klage ihm mein Leid, während ein heftiger Regen auf das Blechdach trommelt und ein Holzofen den Raum mehr schlecht als recht erwärmt.

Die Via degli Dei ist indessen auch in dieser Jahreszeit noch gut besucht, und ich grüße regelmäßig Wandergruppen, die deutlich besser organisiert sind als ich, ihre Unterkünfte im Vorfeld reserviert haben und über ein Begleitauto verfügen, das das Gepäck transportiert. Ich hingegen telephoniere vergebens viel herum, bitte hier und da und finde kaum Weiden für Desti, denn ich weigere mich, sie eine ganze Nacht hindurch anzubinden. Zu der Befürchtung, auf einen ungangbaren Weg zu stoßen, kommt noch die, kein Nachtlager zu finden. Zum Glück holt der Reiseleiter seine Karten raus, beschreibt mir noch die kleinste Brücke und mobilisiert sein Adressbuch, in dem Bauernhöfe in der ganzen Gegend stehen. Dank ihm werden wir nicht draußen schlafen. In den folgenden Tagen werde ich ihn immer wieder mit seinen *tedeschi* treffen, sei es auf der Seite von Brento oder auf der von Madonna dei Fornelli. Jedes Mal wird er die Gelegenheit nutzen, sich von seinen wehleidigen Kunden zu entfernen und mir neue Ratschläge zu geben.

Auch wenn die Götter diskret über mich wachen, bleiben die Bedingungen doch schwierig. Desti schätzt den Bärendienst nicht, den ich ihr eines Abends erweise, als ich sie im Val di Sambro auf eine Koppel mit Ziegen stelle, darunter hier und da auch ein paar Ponys. Sie musste erst versuchen, eine von ihnen mit einem Hufschlag zu enthaupten, um unseren Gastgeber davon zu überzeugen, ihr eine etwas privatere Koppel zu finden. Was mich betrifft, so muss ich zuweilen nach einem Tag Schinderei und Wanderschaft mit einem bescheidenen *panino* vorliebnehmen.

*

Als wir in Sant'Agata, auf der anderen Seite des Apennins, ankommen, werde ich von einer jungen Frau mit starkem spanischem Akzent empfangen. »*La harta*«, wiederholt sie und lässt das *R* scheppern. Und ich Pechvogel würde gerne Italienisch lernen. *La harta, la harta*? Was will sie mir sagen? Ah, jetzt hab ich's: *la carta!* Ich zeige sie ihr gerne. Da sie guter Laune ist, frage ich sie, wie lange sie schon hier lebt. Sie lacht: Sie wurde hier geboren. Aber dieser Akzent? So spricht man hier in der Toskana, mit Frikativen, die tatsächlich an die Aussprache des Spanischen erinnern können. Ich entschuldige mich tausendmal.

Ich werde die Muße haben, diese Frage in Florenz bei einem Mittagessen mit etruskischer Küche auf der Piazza della Passera zu vertiefen. Professor Marco Lombardi, der aussieht wie Jacques Attali in liebenswürdig, wird mir alle Feinheiten des Toskanischen erklären. Das einfache Adverb *dove*, beispielsweise in dem Satz *di dove sei?* (»Woher kommst du?«), lässt sich auf drei verschiedene Arten aussprechen und bildet dabei die historischen Schichten des Dialekts ab: *dothe, doke* oder *do'e*. Indem er die Konsonanten zum Verschwinden bringt, verleiht der berühmte »toskanische Rachen« dem für gewöhnlich so süßen italienischen Tonfall einen rauen Charakter, als käme man in ein Italien, das zugleich glorreicher und herber ist. Marco Lombardi erblickt darin die ferne Spur der etruskischen Ursprünge. Da ich die Spuren dieser uralten kriegerischen Zivilisation auf der Via degli Dei nicht gefunden habe, ist sie durch die Sprache zu mir gekommen.

Ich bin also in der Toskana, dem berühmtesten Großherzogtum der Welt, das die Flamboyanz des Quattrocento, den Zynismus Machiavellis und die Nüchternheit Valentinos vereint. Ich habe mir einen Grenzstein genau angesehen, der auf der einen Seite die grüne Welle der Emilia-Romagna trug, das Symbol des Po, und auf der anderen den Pegasus der Toskana, der auf eine Münze des 16. Jahrhunderts zurückgeht, wie sie Montaigne aller Wahrscheinlichkeit nach in der Hand gehabt hat. Mitten im Wald gelegen, war diese Grenze für mich bisher sehr abstrakt geblieben. Die *harta* gibt ihr ihre ganze Bedeutung.

XX Toskana

▪ ▪ ▪

Landschaftsgarten – Ölbäume – Unerwartete Rauheit – Kartographie – Wege und Straßen – Keinerlei Gastfreundschaft – Touristische Einsamkeit – Gründe der Kälte – Zerstörung von Florenz – Alter Adel – Wiederholung von Montaignes Audienz – Adel heute – liberté vs. égalité – Platzregen am Krankenhaus – Beziehung zu Destinada – Politische Allegorie des Reitens – Dusche – Umkehrung der Dressur – Biobauern verschiedener Härtegrade – Ökobilanz der Reise – Spuren

▪ ▪ ▪

Mit dem Aufbruch aus Sant'Agata verlasse ich die Natur und betrete einen gigantischen Privatgarten, »überall mit Gebäuden durchsetzt und in Kultur genommen« (*Reisetagebuch*, Florenz), wie Montaigne bemerkte. Die Tonart ist schlagartig gesetzt: metallisch glänzende Olivenhaine, ordentliche Weinberge im Pastell des Herbstes, massive Villen, deren Kanten von den Sonnenschirmen der Pinien abgerundet werden, Linien aus Zypressen, die die Landschaft zerschneiden wie auf einer überfleißigen Zeichnung, und die Mauern der alten befestigten Dörfer, die die Tonsur des kahlen Hügelkopfes umfassen. Eichenwälder bieten einige dunkle Flecken, wo das Auge ausruhen kann. Das Land wird mit derart viel Geschmack gepflegt, dass ein Teil der Region, das Val d'Orcia, von der UNESCO als Weltkulturerbe geführt wird. Ich durchquere das Tal mehrere Tage lang und finde nicht den geringsten Geschmacksfehler, keinen umgeworfenen Mülleimer und keine schreiend bunte Zapfsäule. In diesem Werk von der Dimension eines Landes, zugleich Leinwand des Meisters und Werkstatt des Künstlers, verbringen Tausende von Lehrlingen ihr Leben mit Retuschen.

Es ist immer lehrreich, sich mit der Umgebung wieder in Beziehung zu setzen. Als ich eines Morgens von den Höhen des Chianti Richtung Siena absteige, peitschen die noch taunassen Blätter und Früchte der Eichen mein Gesicht, eine sinnliche Ekstase, die mich völlig durchnässt zurücklässt. In der Nähe von Fonterutoli durchquere ich einen veritablen Zypressenwald, der die Sonnenstrahlen zerschneidet und uns in einen stroboskopischen Schwindel stürzt. Die Olivenbäume im Besonderen halten Überraschungen für mich bereit. Es ist Erntezeit. Für Jean Giono war die Olivenlese ein Moment der Habgier in Reinform: Der Bauer streichelt die Frucht mit seinen Fingern, saugt ihren süßlichen Duft ein und reißt sie vom Ast, um sie in seine Tasche zu stecken. Heutzutage wäre Giono enttäuscht. Für die Ernte werden Migranten angeheuert, die die Äste mit mechanischen Kämmen schütteln, lange Hexenfinger, die den Bäumen den Kopf tätscheln. »Es ist echt einfach«, sagt mir einer der Saisonarbeiter und lacht. Ich kann der Versuchung nicht widerstehen, auch meinerseits vom Pferd aus ein paar Oliven zu ernten, so wie ich mich vor sechs Wochen mit Mirabellen vollgestopft habe. Ich stelle mir vor, dass sie saftig sind. Die erste ist eher enttäuschend. Die zweite auch. Ich lerne schnell, dass Oliven vor dem Verzehr eine Behandlung nötig haben, die »Entbitterung«. Entbittern, das ist einmal ein Ausdruck, den Montaigne nicht verschmäht hätte und den man auf einige unserer Zeitgenossen anwenden sollte.

Die Äste der Olivenbäume, von denen ich dachte, sie seien dünn und weich, verbergen ihr wahres Gesicht. Als ich voller Fröhlichkeit über die Ankunft im Trab auf Florenz zuhielt, versuchte ich, diese Äste aus dem Weg zu schieben, und sie haben mir übel die Haut aufgerissen und eine Schnittwunde am Arm versetzt. Ich entdecke, dass Olivenbäume trotz ihrer leichten, schimmernden Anmutung hart sind wie Bronze. Jetzt verstehe ich die Geschichte der Arche Noah besser, in der die Taube einen frischen Zweig bringen soll. Der Olivenzweig, aus dem die Bibel ein Symbol für den Frieden gemacht hat, ist kein willkürlich biegsamer Stängel, sondern vielmehr ein schneidendes Schwert. Wer den Frieden will, bereite den Krieg vor.

*

Meine Expedition durch die Toskana, von Florenz nach Acquapendente, ist geprägt vom Bild der Olivenbäume. Die unleugbare Lieblichkeit der Landschaft repräsentiert ganz gewiss das touristische Erlebnis par excellence. Ich komme an den Weingütern des Chianti vorbei, die noch vor Montaignes Reise gegründet wurden, wenn man dem nüchternen Schild glauben kann, etwa »Poggio Torselli, gegründet 1427«. Ich schlendere an den Ufern des Pesa entlang, der sich durch die Birken vorwärtsschlängelt. Ich umrunde die immer noch gut sichtbaren Stadtmauern von Siena, wie ein Eroberer, der um die Stadt streift. Auf den offenen Feldern des Val d'Arbia halte ich mich für einen römischen General, der von einem Feldzug zurückkehrt. Ich galoppiere davon und komme auf den Hügeln von Buonconvento an. Ich lasse zu meiner Rechten die Anhöhe von Montalcino liegen, hinter der die besten Sangiovese-Trauben gären, die Sorte, der wir den Brunello verdanken. Ich lasse Destis Hufe im Labyrinth der gepflasterten Straßen von San Quirico d'Orcia ertönen. Ich steige zu den Adlerhorsten von Campiglia d'Orcia oder Radicofani hinauf. Das alles, während ich mich nach Belieben mit *mortadella* und *crostini* mäste.

Trotzdem entdecke ich von meinem reiterlichen Ausguck aus eine unerwartete Rauheit. Zunächst auf den Wegen. Wenn man in Italien eine Chance auf Überleben haben will, dann sollte man sich keinen Schritt von den heiligen Straßen entfernen, angefangen etwa bei der berühmten Via Francigena, die seit Jahrhunderten Pilger nach Rom bringt und der ich seit Siena folge. Die Francigena ist perfekt ausgeschildert, sogar zu sehr: Ich verliere die Lust daran, meine Karten zu konsultieren, während wir an Massen von Wanderern vorbeikommen, die sich zu immer zahlreicheren Gruppen zusammenrotten, lebendige Kaleidoskope aus Neonregenjacken. Der geringste Umweg hingegen stürzt uns in den Irrgarten der Sackgassen. Überall gibt es Absperrgitter und Mäuerchen. Die Mehrzahl der Olivenhaine ist eingefriedet. Zuweilen sind sogar die Straßen Privatbesitz, wie in der Umgebung von Siena, wo ich schlussendlich an einer Türe klingeln musste, um ein Gut zu durchqueren (nach einem Selfie mit Desti waren wir quitt). Ich fange zu schwitzen an, wenn wir auf eine Schranke zukommen, denn oft sind diese verriegelt. Die Toskana erscheint mir wie ein unüberwindliches Mosaik aus Parzellen. Golfklubbesitzer, Stadtbewohner, die hier ihre Villa haben, und Sonntagsgärtner auf ihrem Stückchen Land sind in einer Beziehung einer Meinung: *vietato l'accesso.*

An diesem Punkt meiner Erzählung gilt es festzustellen, wie sehr die Kartographie jedes Landes seine Kultur spiegelt. In Frankreich werden fast alle Karten vom Institut géographique national (IGN), einer Behörde, erstellt. Seine Urahnen sind die Geodäten der Familie Cassini, die Louis XIV. mit der Erstellung exakter Pläne des ganzen Landes beauftragt hatte. L'État, c'est moi, und alle Karten, die dazugehören, auch. Die GR ihrerseits, die von der Fédération française de randonnée pédestre erarbeitet wurden, sind von 1 bis 369 durchnummeriert;

eine mathematische Logik, die mit den betreffenden Gebieten rein gar nichts zu tun hat. Wandern in Frankreich bedeutet, ein Meisterwerk zentralistischer Verwaltung zu durchqueren.

In Deutschland hat man sich für den entgegengesetzten Weg entschieden. Es ist unmöglich, eine Referenzbehörde für Landkarten ausfindig zu machen, denn die Karten werden von privaten Instituten gefertigt. Die Wanderwege wurden von einer Myriade verschiedener Assoziationen ausgeheckt und für ebenso viele Apps aufbereitet. Diese spontane Ordnung des Wanderns findet sein Gleichgewicht nur durch den Respekt vor dem sakrosankten Wegerecht. Anstatt Wege vorzuzeichnen, die von der Hauptstadt ausgehen, lässt man sie hier in den betreffenden Gebieten entstehen. Der Staat garantiert die Rechte, und die Privatleute wissen sich zu helfen: Ordoliberalismus in Aktion.

Italien hingegen steht nur den Göttern offen, jenen antiken Göttern der Via degli Dei oder jenem mit Sitz in Rom. Die Karten zeigen nur die Pilgerwege: Lange Stunden habe ich damit verbracht, die Hinweise aus den verschiedenen Pilgerführern auf meinem Tablet zusammenzutragen (von manchen gibt es ausschließlich Papierversionen). Aber wehe dem, der sich vom Pfad des Glaubens entfernt: Er wird den Hunden vorgeworfen, die hier allgegenwärtig über Privateigentum wachen, auch den bösen Hunden, den *cani cattivi*, besonders den sehr beliebten Rottweilern, zu deren wichtigsten Qualitäten die Gastfreundschaft nicht zählt. Außerhalb der Religion, die den Wanderern Asyl bietet, herrscht der Krieg aller gegen alle. Italien, Land des Konkordats.

Wenn man schon vor den Wegen der Toskana auf der Hut sein muss, so sind die Straßen noch schlimmer. Sie sind gekennzeichnet durch das völlige Fehlen von Gehweg oder Randstreifen. In den Dörfern wie auf dem Land werden wir beständig gegen eine Mauer, eine Böschung oder eine Leitplanke gedrängt. Woher kommt diese Obsession, den Raum zu verengen? Ein Randstreifen ist ein leerer, großzügiger Raum, für den Fall, dass, für Wanderer, Kinder und Verliebte. Das gibt es hier nicht. Es gilt, geradeaus und geschwind dahinzusausen. Unsere Situation auf den Asphaltabschnitten ist umso prekärer, als die italienischen Autofahrer keine übermäßige Empathie für einen Reiter an den Tag legen. Sie schneiden uns, hupen zuweilen noch und bedenken uns mit Komplimenten, die ich zum Glück nicht verstehe. Diese lieblichen, von Mäuerchen eingefassten Landstraßen von Florenz nach Tavarnuzze beispielsweise stellen für uns eine echte Kraftprobe dar und versetzen uns in ständige Alarmbereitschaft. Von den wichtigeren Verkehrsachsen, die auf der Karte in Orange eingezeichnet sind und die ich in Frankreich und Deutschland ohne Schwierigkeiten verwenden konnte, verabschiede ich mich nach einigen traumatischen Erlebnissen ganz. Seither bin ich gerne bereit, einen langen Umweg in Kauf zu nehmen, um hundert Meter auf der Via Cassia zu vermeiden. Montaigne hatte diese alte Römerstraße nehmen müssen, er berichtet davon, »hundert Mal einen Fluss hin und her zu überqueren, der dort entlangfließt« (*Reisetagebuch,* La Paglia) (der Paglia). Heute hört man dort nicht mehr das Rauschen des Flusses, sondern das der Lkw, mit denen ich Desti lieber nicht in zu nahen Kontakt bringe.

Wie immer aber werden diese Schwierigkeiten doch lächerlich erscheinen, wenn ich die Aussicht habe, am Abend gesellig eine *ribollita,* eine toskanische Kohlsuppe, zu essen und auf die Reise, auf Desti, auf die Völkerfreundschaft anzustoßen. Allerdings werde ich meine *ribollita* ganz alleine essen. Allein in meinem Zimmer, allein in der Küche, allein im Restaurant. Im Verlauf eines ganzen Monats bin ich nicht ein einziges Mal von einer italienischen Familie zum Abendessen eingeladen worden. Nirgendwo sonst auf meiner Route, weder in Frankreich noch in Deutschland, hat man mir so konsequent jede Gastfreundschaft verweigert. Überall sonst wurde ich zur Mahlzeit mit der Familie, zum Apéritif mit den Nachbarn, zu einem Schnäpschen mit den Männern eingeladen. Hier nichts. An ihren Tisch haben mich nur die Kosmopoliten gebeten: eine Familie im Apennin, in der die Frau des Hauses Russin war, die Nachbarin Engländerin und die Angestellten Brasilianer; ein französisch-italienisches Pärchen in der Nähe von Montalcino; eine Mailänder Abenteurerin, die in Dänemark gelebt hat und Hindi lernt; eine Schweizerin, die mich in Montefiascone aufgenommen hat und alle Sprachen Europas sprach. Ansonsten habe ich einen Monat in Isolation verbracht und die köstlichsten Gerichte vor meinem Tablet verzehrt. Auch Montaigne beklagte sich über »fehlende Gesellschaft«, die ihn zuweilen dazu zwang, »die Freuden, die er erlebte, alleine und ohne Gespräch zu genießen« (*Reisetagebuch*, Lucca). Wozu der Genuss der besten *pappardelle* mit Trüffeln nebst einem tüchtigen Chianti, wenn man alleine mit seinem Kummer bleibt?

Die Magie der Reise zu Pferde funktioniert zum ersten Mal nicht mehr. Ist es mein Schnurrbart, der allmählich zu anarchischer Struppigkeit aufläuft? Meine Nationalität, die seit Charles VIII. und den Italienischen Kriegen immer noch suspekt ist? Mein Unterwegssein, das mich verdächtig macht, die schlimmsten Viren zu verbreiten? Oder muss man sich eingestehen, dass die Toskana nicht so einladend ist, wie es die Prospekte aus dem Reisebüro nahelegen? Ich bin mit dieser Feststellung nicht allein. Laurence Bougault, die »Amazone des Friedens«, gestand nach ihrer Rückkehr aus Isfahan: »Ich habe nie Probleme dabei gehabt, ein Plätzchen zu finden, um mich auszuruhen; außer in Italien, wo ich mit ziemlich kalten und teilnahmslosen Leuten zu tun hatte.« Die Einheimischen, mit denen ich es schaffe, meine Eindrücke zu teilen, widersprechen mir nicht. Filippo, ein Önologe aus Florenz, mit dem ich mich bei einer Flasche Cupano 2008 traulich unterhalte, zitiert seine Großmutter: »Gäste sind wie Fisch; erst ist es gut, aber dann fängt es schnell zu stinken an.« Ein Pferdepfleger aus Sizilien bekundet mir sein Mitleid und schwört mir, dass man mich südlich von Neapel ganz anders aufgenommen hätte. Professor Marco Lombardi bestätigt mir voller Melancholie den hochmütigen Stolz seiner Landsleute und macht sich sogar Sorgen wegen der unerbittlichen Einsamkeit der ausländischen Studierenden.

Meine Beziehungen zur hiesigen Bevölkerung bleiben reine Geschäftsbeziehungen. Ich suche einen Bauernhof, um Desti unterzubringen? Unweigerlich verweist man mich an einen Agriturismo. Ich bitte um ein Stückchen Schlafcouch? Man ruft die Nachbarin an, die gerade ein Zimmer frisch für Airbnb renoviert hat. Ich schlage vor, eine Brotzeit zu machen? Man ruft die vorzügliche *trattoria* an oder fährt mich höflich zum Supermarkt, damit ich mir Nudeln kaufen kann. In den Gästehäusern ist alles sorgsam restauriert, zugleich völlig funktional und falsch auf alt gemacht, in einem Stil, den vor allem amerikanische Ostküstenintellektuelle schätzen. Das Holz raucht im steinernen Kamin, die Körnung der Tomette-Fliesen kitzelt die Fußsohlen, die Lavazza-Kapseln warten nur darauf, in die Maschine geladen zu werden, und der WLAN-Code wird gut sichtbar auf dem Küchentisch präsentiert. Da steht auch schon das Frühstück für den nächsten Morgen, »zu dem ich berechtigt bin«. Im Badezimmer hänge ich meine Wäsche über den beheizten Handtuchhalter, denn die Sonne geht schon früh unter. Sobald ich mich eingerichtet habe, mein Ausweis pflichtgemäß photokopiert worden ist, alle meine Bedürfnisse befriedigt sind, empfiehlt man mir noch, den Whirlpool auszuprobieren. Es ist 18 Uhr, es wird dunkel. Bevor sich die Tür meiner Einsamkeit schließt, wird nicht vergessen, mir noch *buon riposo* zu wünschen. Als ob ich darauf die geringste Lust hätte. Als ob ich bis hierher geritten wäre, um meine Abende in meinem Zimmer zu verbringen und Montaigne zu lesen.

Ich durchquere die Toskana also als Tourist. Ich muss darauf bestehen, kein Englisch zu sprechen, da das *globish* meinen Gesprächspartnern so schnell auf die Lippen kommt. Die Preise gehen durch die Decke. Bereits Montaigne klagte über die Lebenshaltungskosten jenseits der Alpen und konnte sich nicht grimmig genug über jene Wirte auslassen, die »mit aller Grausamkeit den Reisenden für das Essen und für die Unterbringung der Pferde das Geld abpressen« (*Reisetagebuch*, Fornovo). Ich kann diesem Urteil nur beipflichten. Für eine einzige Etappe gebe ich mein französisches Wochenbudget aus. Man lässt mich alles bezahlen: das Abendessen, den Schlafplatz, die sauberen Servietten und selbst das Heu. Mir geht es wie Montaigne, »ich hasse nichts so sehr wie das Feilschen« (*Essais*, I,14), und ich zahle alle diese Aufpreise, ohne zu diskutieren. Desti wird gut aufgenommen, aber ohne Gefühlsüberschwang, wie eine Art überzähliges Gepäckstück. Manche meiner Gastgeber scheinen von einem Anflug schlechten Gewissens überwältigt zu werden, sobald sie bemerken, dass ich nicht der typische Bänker bin, der hier für eine Woche *Dolce Vita* im Kreise der Familie seinen Bonus auf den Kopf haut. Ich werde nie meinen Wirt in Sambuca vergessen, der meine drei Fünfzig-Euro-Scheine einsteckte und mir erklärte, dass er mir gerne einen Freundschaftspreis gemacht hätte, aber eben vier Kinder zu ernähren hat.

Eines Abends in Vagliagli glaubte ich schon einen Funken spontaner Gastfreundschaft entdeckt zu haben, als mir meine Gastgeberin ein Stück hausgemachten Pflaumenkuchen brachte: Was für eine sympathische Aufmerksamkeit für den erschöpften Wandersmann! Aber als ich das Schildchen entdeckte, auf dem das Rezept auf Französisch und Englisch gedruckt war, wurde mir klar, dass der Pflaumenkuchen zum ordnungsgemäßen Leistungsumfang gehört. Ich frage mich, wann auch die halbe Stunde Gespräch über die Legende des *gallo nero*, des schwarzen Hahns, der den Florentinern bei den Grenzziehungsstreitigkeiten mit der Republik Siena einen entscheidenden Vorteil verschaffte, eingepreist werden wird. Obwohl, vielleicht ist sie bereits im Übernachtungspreis enthalten und wird allen Besuchern mit dem gleichen Glas Chianti serviert. Wenn Hannibal mit seinen Elephanten zurückkäme, würde man ihm einen Aufpreis berechnen. Und *buon riposo!*

Wie lässt sich diese Attitüde erklären, die das Ende meiner Reise zugleich angenehm und total langweilig macht und sie in eine Museumstour mit Audioguide verwandelt? Eine Wanderin, der ich auf der Via Francigena begegnete und die von Regionalstolz nur so brannte, hat auf Covid hingewiesen. Es ist eine Tatsache, dass die Pandemie Italien in besonders dramatischer Weise gezeichnet hat; hier ist das Tragen einer Maske auf allen öffentlichen Plätzen verpflichtend, die Abstandsregelungen werden penibel genau beachtet, so sehr sogar, dass ich zuweilen auf Feldwegen einsame Spaziergänger antraf, die eine veritable Taucherausrüstung trugen. Aber ich bekomme auch, wie in Frankreich, manch kräftigen Händedruck von den unbeugsamen Maulhelden, die »nicht daran glauben«, ohne dass sich die Modalitäten meines Willkommens nur im Geringsten ändern würden. Hinter dem Lächeln und den unzählbaren Phototerminen auf der Straße gibt es eine italienische, oder zumindest toskanische Kälte, die mich enttäuscht und neugierig macht.

Marco Lombardi beschwört den Stolz der Einwohner des alten Großherzogtums, Erben der römischen Kultur, Wächter unserer Zivilisation in all ihren kulturellen, kulinarischen, sprachlichen Ausprägungen. Ohne bis ins alte Rom zurückgehen zu müssen, findet man das tatsächlich in der Topographie dieser befestigten Dörfer wieder, die sich auf den Hügelkuppen zusammendrängen, eine Form hochmütigen Misstrauens. Um sich dort zu integrieren, muss man eine makellose Abstammung vorweisen. Einer Mailänderin, die seit zehn Jahren in der Toskana lebt, wird immer noch im Vorbeigehen *importata* hinterhergezischt; ihr Ehemann ist in dem Dorf geboren und wird von seinen Kindheitsfreunden als Verräter angesehen. Allem Anschein nach können die Menschen aus Campiglia d'Orcia die Menschen aus Castiglione d'Orcia nicht ertragen, und die beiden Städtchen liegen kaum zehn Kilometer auseinander, jedes auf seiner Anhöhe. In diesen *castelli* schwingt etwas von Clochemerle (Schauplatz einer gleichnamigen Satire von Gabriel Chevallier, 1934; Anm. d. Übers.) mit.

In seinem Buch *Voyage en Italie* vervollständigt Jean Giono diese historischen Überlegungen durch einen genuin landwirtschaftlichen Aspekt. »Es wird mich nicht erstaunen«, schreibt er, »dass der Toskaner verschlossen und egoistisch ist. Auf diesem Boden zu stehen, der einem so viel Arbeit abnimmt und das für fast nichts, und vor seinen Augen beständig die deutlichsten Zeichen des Segens zu haben, muss ein Herz verhärten und der Verachtung zuneigen.« Das Gemüt spiegelt die Landschaft. Die Toskana ist zu schön, zu reich, zu alt. Sie erhöht die Abgaben für ihre Besucher nicht aus Habgier, sondern um sie zu erniedrigen. Die und sie werden niemals etwas gemeinsam haben. Während ich durch die Täler reite, die Leonardo da Vinci gezeichnet hat, habe ich oft das Gefühl zu stören.

Zu diesen seit langer Zeit abgelagerten Sedimenten fügt sich noch der Fluch der jüngsten Geschichte: der Tourismus. Florenz ist ohne Zweifel ein Musterbeispiel. Ich besuche die

Stadt auf den Spuren Montaignes und behalte keine großartige Erinnerung davon: mittelmäßige Unterkunft, Steingutgeschirr, eine Architektur, die interessant ist, aber »in keiner Weise Bologna übertrifft« (*Reisetagebuch*, Florenz), und wenige schöne Frauen. Ich finde die Locanda dell'Agnolo, wo Montaigne logierte. Sie hat sich in ein mittelmäßiges Touristenrestaurant mit englischer Karte verwandelt *(sirloin beef with roast potatoes)*. Wer ist heute noch inmitten der kurzhosigen Gaffer, der Pferdekutschen und der fähnleinschwingenden Fremdenführer zu einer echten Empfindung fähig? Im Verlauf von zwanzig Jahren ist die Innenstadt von ihren Einwohnern verlassen worden, um Platz für Airbnbs zu machen; Markenboutiquen haben die Buchläden ersetzt; selbst in der berühmten Via del Porcellana, die bereits Montaigne aufsuchte, stehen keine Prostituierten mehr. Ein gebürtiger Florentiner, mit dem ich in dem noch verschonten Stadtteil südlich des Arno zu Mittag esse, hat mir erklärt, warum alle seine Freunde sich damit abgefunden haben umzuziehen, während in seiner Jugend auf der Piazza della Signoria noch Fußball gespielt wurde. Florenz hat die Guelfen und die Medici überlebt, aber nicht die Billigflieger.

In schleichender Art und Weise hat dasselbe Phänomen auch das Land seiner Seele beraubt. Dort handelt es sich um einen elitäreren Tourismus, bei dem der Klang des Glockenturms, der *vino de la casa* und die Weinranke über dem Fenster verlangt werden; man will sich mit Authentizität volllaufen lassen. Und die Toskaner servieren, um ihr ökonomisches Überleben zu sichern, Authentizität in Hülle und Fülle. In den mit Gästehäusern gespickten Straßen haben die Kaufleute ihre Geschäfte altmodisch dekoriert. Auf den großen Landgütern, die in einen *agriturismo* umgewandelt wurden, erntet man die Oliven, um dem bass erstaunten Holländer ein Fläschchen Öl zu überreichen. So spielt jeder die Rolle seines eigenen Lebens. Commedia dell'arte für angeheiterte Hipster.

Die Toskana hat sich also selbst hinter eine Vitrine gestellt. Es geht nicht darum, dass sich alles ändert, damit sich nichts verändert, wie in Tomasi di Lampedusas *Leopard*, sondern darum, dass sich wirklich nichts verändert, nie mehr. Die Aufnahme des Val d'Orcia in das Weltkulturerbe der UNESCO war der Gnadenstoß. Ich habe das düstere Appartement besucht, in dem ein junger Architekt sein Studio einrichten wollte: Es ist unmöglich, die Fenster zu vergrößern. Ich habe die Beschwerden einer Züchterin protokolliert, die sich seit mehr als einem Jahr mit der Genehmigung herumschlägt, auf der Weide einen Unterstand für die Pferde bauen zu dürfen. Ich habe mich mit einem Villenbesitzer unterhalten, dem es nicht erlaubt wurde, einen Baum zu fällen. Ist die derartige Sakralisierung einer Kultur nicht das sicherste Mittel, um sie zu töten? Denn unter dem Schutzmantel der UNESCO schließen die Schulen, verlieren sich die Dialekte und werden die *poderi*, die alten Bauernanwesen, für mehrere Millionen von Geschäftsleuten aufgekauft, die nie einen Fuß auf ihren neuen Besitz setzen.

Montaigne hütete sich davor, in Italien mit seinen Landsleuten Umgang zu pflegen, er verabscheute den Tourismus schon im Voraus. Ich für meinen Teil kann ihm nicht entkommen. Ich werde es nicht erfahren, wie die Familien hinter ihren veronesegrün gestrichen Fensterläden leben. Sofern ich nicht genau das sehe, was es da zu sehen gibt: die reine Selbstdarstellung. Ist nicht das Authentischste, was man in der Toskana besichtigen kann, der Tourismus selbst?

*

Nichtsdestotrotz bietet mir die Toskana auch manchen Trost. Der Zufall öffnet mir die Türen zum alten Adel von Florenz, ebenso unumgänglich wie französische Bauern und deutsche Ingenieure. Giorgio Pozzolini empfängt mich für eine Nacht in seiner Villa in Bivigliano (auch wenn er am Abend zurück nach Florenz muss und sich so der Fluch der einsamen Abendessen fortsetzt). Man erkennt das Gebäude schon von Weitem an seiner Zypressenlinie. Um anzukommen, muss ich mich durch ein Labyrinth schmaler Pfade nach oben arbeiten. Die Villa, im Mittelalter an der Straße zu einem Kloster begründet, aber im 18. Jahrhundert umgebaut, ist ein perfekt proportionierter Würfel, dessen geradliniger Stil die moderne Architektur vorwegzunehmen scheint. Die Rückseite öffnet sich auf die Buchsbäume eines französischen Gartens (»eines italienischen«, korrigiert mich Giorgio), der über der Landschaft thront. Ich bin in einem Nebengebäude weiter unten untergebracht. Ein paar Seile genügen, um einen Platz für Desti vor meinen Fenstern abzuzäunen, und ich klaue ganze Arme voll frischen Heus dem weißen Esel, der am anderen Ende des Grundstücks herumschreit. Mit unserer gewohnten Unverfrorenheit haben wir in dieser so sorgfältig gepflegten und geschnittenen Domäne unser Pferdeapfelkönigreich errichtet.

Alle Phantasien, die man mit großen verarmten italienischen Familien verbinden kann, stimmen aufs Genaueste. Giorgio hat etwas von Darry Cowl mit seinen lockigen Haaren und seinem enthusiastischen Redefluss. Er fährt eine stotternde Schrottkarre, kleidet sich ungekünstelt und hilft mir umstandslos dabei, meine Route zu planen oder Einkäufe zu machen. Er ruiniert sich mit der Restaurierung des Familienanwesens, in das er all sein Geld, all seine Zeit und all seine Kraft steckt. Er beklagt sich über die Steuerlast, hat Panik vor der Bürokratie und engagiert sich in dem eleganten italienischen Verband der Besitzer historischer Gebäude, der Associazione Dimore Storiche Italiane. Hin- und hergerissen zwischen der Notwendigkeit, ein *business model* zu finden, und der natürlichen Verachtung des Geschäfts, zögert er noch, ob er seine Villa mit der Tristesse von Empfängen, Hochzeiten, Seminaren und Gästezimmern rentabel machen soll. Wie dem aber auch immer sei, seine Güter in Bivigliano bieten ihm deutlich mehr als nur ein Einkommen: Sie geben seiner Existenz einen Sinn. Giorgios Pflicht besteht darin, sie in gutem Zustand an die junge Generation zu übergeben, der ich gerne die übliche Tour auf Destis Rücken anbiete. Alle seine Tätigkeiten, beruflich oder geschäftlich, müssen auf das einzige wichtige Ziel zuarbeiten: Dauer. Die Villa ist eine Tatsache, die die ganze Familie Pozzolini beschäftigt, auch Giorgios Ehefrau, die sich offenbar gerne in dieses sehr zielgerichtete Schicksal gefügt hat. Das Individuum verschwindet vor dem Geschlecht. Es gewinnt dabei eine Leichtigkeit, die ich unmöglich nicht bewundern kann.

Giorgio ist selbstverständlich auch mit der Marquise Gondi bekannt, mit der ich am nächsten Tag in Florenz ein Rendezvous habe. Sie empfängt mich aus einem einfachen und zureichenden Grund: Ihre Vorfahrin, eine andere Marquise Gondi, hat Montaigne während seiner Reise empfangen. Ich stehe vor einer übernatürlichen Begegnung. Vier Jahrhunderte verschwinden einfach, werden unbedeutend angesichts einer Dynastie, die bis zu Karl dem Großen zurückreicht. Ich betrete denselben Palast aus *pietraforte* wie Montaigne, Piazza San Firenze 1. Ich dringe in denselben schattigen und kühlen Innenhof vor, ein Wunder der Stille wenige Meter von den Menschenmassen entfernt. Ich steige dieselbe von Giuliano da Sangallo entworfene Treppe hinauf. Von der Terrasse aus habe ich dieselbe Aussicht auf den Palazzo Vecchio und die »unendliche Menge der Häuser, die die Hügel füllen« (*Reisetagebuch,* Florenz). Ich trinke den gleichen Trebbiano, aus den Weinbergen der Familie; ein zuckriger Wein mit einem bittereren *retrogusto* (anders als Montaigne, der gestand, es damit etwas übertrieben zu haben, bekam ich davon keine Kopfschmerzen). Und ich führe mit der Marquise eine Konversation, die auch mehr oder weniger die gleiche gewesen sein dürfte, über das Muster der Wandschränke und die Notwendigkeit, das Erbe zu bewahren. Ich streiche über meinen Schnurrbart. Bin ich Montaigne geworden? Für einen Augenblick erlaube ich mir, das zu glauben, bevor mich der livrierte Bedienstete wieder ins 21. Jahrhundert eskortiert und mich unter die Eis essenden Touristen entlässt.

Die Marquise Gondi ist nüchtern gekleidet, ein grau-schwarzes Ensemble, das von einer dreireihigen Perlenkette verfeinert wird. Mit jener zuvorkommenden Natürlichkeit, an der Proust die echten Aristokraten erkannte, beruhigt sie mich. Da sie eine medizinische Maske trägt, kann ich nur ihre Augen erkennen, sie sind lebhaft und heiter. Das hebt sie noch mehr aus der Zeit heraus, als hätte sie bereits einen Platz in der Porträtgalerie, die sie mir zeigt. Sie spricht von Leonardo (da Vinci) wie von einem Freund der Familie, er hat eine Zeit in diesem Palazzo gelebt (und hier die *Mona Lisa* gemalt) und könnte jeden Moment auftauchen. Sie spricht ein makelloses Französisch, auch das das Erbe von Generationen. Zahlreiche Gondis haben sich in Lyon niedergelassen, wie Montaigne notiert. Von da an nehmen sie teil an der Geschichte Frankreichs, und die Familie bringt mitunter brillante und spannende Persönlichkeiten hervor wie den Kardinal de Retz, dessen vollständigen Namen mir die Marquise beibringt: Jean-François Paul de Gondi. Nach den Vorfahren an der Wand lerne ich auch die neue Generation in Fleisch und Blut kennen, und zwar ihren Sohn, den Stammhalter des Namens, der sich etwas mehr als Landedelmann stilisiert und zum österreichischen Jackett einen dichten schwarzen Bart trägt. Er ist für den landwirtschaftlichen Teil der gondischen Güter zuständig und setzt wenig überraschend auf Bio und Agriturismo. Die Familie hat sich an alle Epochen angepasst: Zu Zeiten der Medici haben sie auf Bankiers umgeschult, und was wäre logischer, als heute auf den Umweltzug aufzuspringen? Mutter und Sohn blicken recht optimistisch in die Zukunft, für die sie größeren Respekt vor den Ökosystemen und den Rhythmen der Natur erwarten. Von der Terrasse aus können wir die im Arnotal errichteten Fabriken sehen. In der tausendjährigen Perspektive der Gondis wird man sich nicht von zwei Jahrhunderten exzessiver Industrialisierung verrückt machen lassen. Nichts ist irreversibel.

Nichts, außer dem Verlust des Namens. Seine Träger sind heute nur noch zu viert. Wenn man als Gondi geboren wird, ist die einzige echte Sorge, als Gondi zu sterben und eine Nachkommenschaft zu hinterlassen. Die Marquise lässt gegenüber ihrem dreißigjährigen Sohn die Bemerkung fallen, dass es für ihn dringend an der Zeit ist, sich fortzupflanzen. »Jetzt ist er dran mit Arbeiten!« Ich erahne aus seiner schmollenden Miene, dass ihn diese Aussicht nicht begeistert. Ich wage es nicht, mir die diesbezüglichen Gespräche beim sonntäglichen Mittagessen vorzustellen.

In Frankreich gibt es keine Gondis mehr. Nicht nur weil der Zweig der Retz' ausgestorben ist. Sondern weil unsere ganze alte Aristokratie sowieso nur noch auf den Seiten der *Gala* existiert. Unter den dreifachen Wirkungen der Revolution, des Code civil und der Vermögenssteuer hat sie nach und nach ihre Besitzungen, ihre Macht und ihr Prestige verloren. Die Schicksalsschläge der Bourbonen interessieren nur noch eine Sekte erleuchteter Monarchisten. Die alten Familien Italiens hingegen haben zugleich ihr Kapital und ihren Platz in der Gesellschaft bewahrt. Nach meinem Besuch bei der Marquise empfiehlt mir ein wohlmeinender Freund einen Forschungsartikel der Banca d'Italia, der einen überwältigenden Titel trägt: »Intergenerationelle Mobilität über sehr lange Zeiträume: Florenz, 1427–2011«. Versteckt hinter einem ökonomischen Kauderwelsch, in dem sich Einkommenselastizität, Verzerrungskorrektur und Differentialgleichungen vermischen, leuchtet die Schlussfolgerung klar hervor: »Die Dauerhaftigkeit des sozioökonomischen Status ist über lange Zeiträume hinweg deutlich stärker, als man denken könnte.« Der soziale Stand einer Familie von 1427 erlaubt es, mit signifikanter Wahrscheinlichkeit das Einkommen ihrer Nachkommen heute vorherzusagen. Er bestimmt sogar den Zugang zu gewissen Eliteberufen. Die Autoren beschreiben einen »gläsernen Boden«, der die höheren Klassen nicht unter eine bestimmte Schwelle an Reichtum absinken lässt. Was für die einen den Boden darstellt, ist für die anderen natürlich die gläserne Decke, die kaum zu durchdringen ist.

Der unstrittige Charme des Palazzo Gondi wird also – wenig überraschend – mit strukturellen Ungerechtigkeiten bezahlt. Man kann nicht wirklich behaupten, dass die »Chancengleichheit« dem abhelfen könnte, indem sie einem jeden die Möglichkeiten gibt, seinem Talent entsprechend auf der sozialen Leiter hochzuklettern. Der sozialistische Denker Michael Young hat den ursprünglich ironischen Begriff »Meritokratie« geprägt, um die Illusion der sozialen Mobilität anzuprangern, dieses Täuschungsmanöver, das den höheren Klassen bei der moralischen Rechtfertigung ihrer Position behilflich ist. Und auch wenn der ferne Nachkomme eines Dieners von 1427 heute Erfolge als Unternehmer feiern kann, wird doch niemand je den Palazzo Gondi kaufen können. Damit die einen steigen, müssen die anderen sinken. Die Florentiner Gesellschaft ist immer noch so strukturiert, dass sich dergleichen Unfeinheiten nicht zutragen.

Ist das ein Übel? Ja, wenn man Thomas Piketty und all jene fragt, die die Gleichheit als das oberste Ziel sozialer Organisation betrachten. Sollte man also den Palazzo Gondi beschlagnahmen und ihn in ein Haus des Volkes umwandeln, das jedem offensteht und von niemandem wertgeschätzt wird? Ich bin mir nicht sicher. Mir ist es lieber, in einer Welt zu leben, in der ich teilweise ausgeschlossen bleibe und in der ich zweitausend Kilometer zu Pferd zurücklegen muss, bis sich mir für einen kurzen Augenblick die Pforten des Palazzo öffnen; eine Welt nach dem Bild der Menschlichkeit, wie sie Montaigne beschrieb, »wunderlich eitel, vielfältig und wogend« (*Essais*, I,1); eine Welt, in der sich die verschiedensten Persönlichkeiten vermischen, Erben einer langen Geschichte. Die Lebenskunst der Gondis zu bewahren bedeutet, die soziale Biodiversität zu schützen.

Aber mir erscheint die Selbstbestimmung in noch grundlegenderer Hinsicht ein durchaus höherer Wert zu sein als die Gleichheit, deren philosophische Begründung Piketty in seinen ansonsten umfangreichen Büchern keines Blickes würdigt. Einem jeden die Mittel zu geben, aufzublühen und sich über seine eigenen Werte klar zu werden, bedeutet noch nicht, die Lebensbedingungen für alle zu uniformisieren. Genau deshalb zielt das bedingungslose Grundeinkommen, für das ich kämpfe, nicht auf eine Gesellschaft ohne Ungleichheit, sondern vielmehr auf eine Gesellschaft, um die Analyse des belgischen Denkers Philippe Van Parijs zu zitieren, ohne Ressentiment.

Den Wert von Adelsfamilien anzuerkennen hindert auch nicht daran, die Demokratie als Regierungsform zu verteidigen, ganz im Gegenteil. Es erstaunt mich übrigens, dass Montaigne kein Wort dazu verliert, als er sich in Florenz aufhält. Wieder eine bemerkenswerte Auslassung! Gut zehn Jahre vor seiner Ankunft haben die Medici jeder Form republikanischer

Regierung ein Ende gemacht und, mit Cosimo I. an der Spitze, das Großherzogtum Toskana begründet. Dieser noch ganz frische Einbruch einer absoluten Macht in die einst freie Kommune dürfte Montaigne nicht kaltgelassen haben, der mit der griechischen Theorie der Demokratie vertraut war und um die Ungewissheit politischer Regimes wusste. Stattdessen scheint er ganz entzückt von seinem Abendessen beim Großherzog und beschreibt beifällig, wie dieser Wein und Wasser in einem Gefäß mischt, das man ihm bringt. Montaigne, der sich noch Hoffnungen auf einen diplomatischen Posten in Italien macht, bleibt klug.

Seine politischen Vorlieben muss man etwas später auf seinem Weg suchen. Als er durch die Republik Lucca kommt, um die dortigen Bäder zu nutzen, bemerkt Montaigne, dass man »bei freien Nationen nicht die gleichen Unterscheidungen des Standes und der Personen wahrnimmt wie bei anderen Völkern: bis zu den Kleinsten herab haben sie ein gewisses herrschaftliches Etwas an sich« (*Reisetagebuch*, Bagni di Lucca). Selbst die Bettler, erklärt er, verhalten sich ohne Unterwürfigkeit. Diese Intuition, aus der in der politischen Philosophie das Prinzip der gleichen Würde werden wird, findet sich auch in den *Essais* wieder, wo wir lesen, dass »die Bettler ihre Herrlichkeiten und ihre Lüste haben wie die Reichen auch« (*Essais*, III,13). Wäre das nicht das schönste Versprechen der Demokratie und das Gegenteil der Befürchtungen Tocquevilles: aus jedem einen Herrn zu machen, statt den Adel zu guillotinieren?

Um mich für diese konterrevolutionären Gedanken zu bestrafen, schüttet das Höchste Wesen, als ich gerade Florenz durchquere, ein Gewitter von biblischen Ausmaßen über mich aus. Ich komme gerade von der Anhöhe von Serpiolle herunter, wo Desti in einem Stall untergebracht war. Kaum bin ich in den Bereich der Vorstädte im Norden gekommen, beginnen die Blitze, über den Himmel zu zucken. Einer von ihnen schlägt ganz in der Nähe ein, und der ohrenbetäubende Lärm beunruhigt sogar die unerschütterliche Desti. Ich setze meinen Weg fort, obwohl der Wetterbericht mehrere Stunden Sturm vorhersagt. Ich schlage die Viale Gaetano Pieraccini ein, eine Hauptverkehrsader, die der Tornado nach und nach in einen Wildbach verwandelt. Ich suche vergeblich nach einer gangbaren Furt und nähere mich dabei der Mitte der Straße, den Autos zum Trotz, deren Scheinwerfer mich blenden. Es wird schnell klar, dass wir nicht weiter vorankommen. Ich suche einen Unterstand. Dieser Parkplatz? Da gibt es kein Dach. Diese Kirche, die Chiesa di San Giovanni Battista? Ihr Vorbau ist durch ein paar Stufen von uns getrennt, auf denen wir aller Wahrscheinlichkeit nach böse ausrutschen würden. Und was ist dieses massive Ding zu meiner Rechten, an dem ich ein Vordach aus Beton erkennen kann? Die Azienda Ospedaliero Univesitaria di Careggi, heißt es auf meiner Karte. Mit anderen Worten, das Krankenhaus. Der ideale Halt für einen Reiter in Not.

So beziehen Desti und ich also Stellung vor dem Eingang eines der wichtigsten Krankenhäuser von Florenz und warten auf das Ende des Sturms. Um uns herum spazieren die Kranken im Pyjama, die Luft schnappen, die Angeschlagenen, die aus der Sprechstunde kommen, Familien, die mit Armen voller Blumensträuße aus dem Taxi steigen, Pflegekräfte, die sich eine Zigarettenpause gönnen. Desti besitzt die Zuvorkommenheit, still zu stehen, obwohl es nichts zum Grasen gibt. Erstaunlicherweise ist niemand erstaunt. Niemand vertreibt uns. Niemand richtet überhaupt ein Wort an mich. An einem Ort, an dem alle ihre eigenen Probleme haben, entwickelt sich zweifellos eine Form von Toleranz, zumindest von Gleichgültigkeit, für die Probleme der anderen. Wenn sich der eine das Bein gebrochen hat, der andere gerade aus der Chemo kommt und der

Nächste am Rande einer Großstadt klitschnass zu Pferd unterwegs ist, dann versteht man sich und lässt sich in Frieden. So entsteht in aller Stille eine vage Solidarität des Wartens. Denn unter diesem für den Transit gemachten Vordach wartet jeder: auf ein Rendezvous, eine Diagnose, eine Genesung, eine Aufheiterung. Und was eignet sich zum Warten besser, als dem fallenden Regen zuzusehen?

Der Regen wird leichter. Aber meine Wetterbericht-App sagt voraus, dass das Schlimmste erst noch kommt, neunzigprozentige Niederschlagswahrscheinlichkeit, bis zu 8 mm pro Quadratmeter und Stunde. Ich entscheide mich also, zum ersten und letzten Mal auf dieser Reise, dafür abzubrechen. Ich steige wieder nach Serpiolle hinauf. Wie grausam es ist, umkehren zu müssen! Wandern, ohne voranzukommen, absteigen, ohne aufgestiegen zu sein, sich ausruhen, obwohl man nicht müde ist.

Am nächsten Tag wird der zweite Anlauf glücken. Ich komme wieder am Krankenhaus vorbei. Nach einer anstrengenden Stunde im Labyrinth des Stadtrands betreten wir ohne Schwierigkeiten das historische Zentrum, das noch immer auf Pferde ausgelegt ist. Desti feiert auf der Piazza del Duomo einen gewissen Erfolg. Ich müsste nur noch den Hut hinhalten.

*

Da die Wege in der Toskana relativ einfach sind, habe ich mehr Zeit für Desti, die wieder völlig genesen ist, sich auch der letzten Pflaster entledigen konnte und nun begierig darauf ist zu traben. Wir legen ordentliche Etappen in gutem Rhythmus hin, manchmal nur um Pilgergruppen abzuhängen. Ich misstraue diesem plötzlichen Gefühl von Leichtigkeit. Mit gutem Grund: Da ich mich zu sehr über die Wolframspitzen gefreut habe, dank derer wir seit dem Elsass keine neuen Hufeisen mehr gebraucht haben, habe ich ganz vergessen, dass sich die Nagelköpfe ihrerseits durchaus weiter abnutzen. In der Etappe von Renaccino findet sich Desti mit einem Hufeisen weniger wieder, es ist wahrscheinlich im Schlamm der Wege verloren gegangen. Nur dank eines von der Vorsehung geschickten und Französisch sprechenden *maniscalco* (Hufschmieds) können wir wieder aufbrechen. *Maniscalco* – ein Wort, das ich nie mehr vergessen werde.

Solche Schäden an der Ausrüstung werden mir bewusst und wie sich meine Beziehung zu Desti entwickelt hat. Für die Mittagspause suche ich nicht mehr nach einem Punkt, an dem ich sie anbinden kann. Ich lasse sie inzwischen völlig frei und folge darin dem Beispiel Stéphanes, des Langstreckenreiters, dem ich in den Vogesen begegnet bin. Sie sucht sich selbst ihr Fleckchen Grün aus, während ich es mir an einer Böschung oder an einem Baumstamm gemütlich mache. Ich habe nicht das Gefühl, auch nur das geringste Risiko einzugehen. Der Vertrag, der uns nun schon seit vielen Monaten aneinander bindet, ist inzwischen eine Selbstverständlichkeit geworden. Die Idee, sie könnte sich davonmachen, streift mich nicht einmal mehr: Wohin sollte sie denn gehen wollen? Wenn man mit einem Gefährten wandern geht, denkt man da daran, dass er plötzlich die Beine in die Hand nehmen könnte?

Im Laufe der Zeit habe ich aufgehört, der Herr und Meister zu sein, und bin, wenn schon kein Freund, so doch ein Partner geworden, mit dem man eine ausgeglichene Beziehung führt. Man kennt sich. Wenn wir beide zu Fuß gehen, hält sie sich in einem gewissen Abstand zu mir und steigt mir nicht mehr von hinten auf die Füße, wie es in den ersten Wochen noch oft der Fall war. Ich muss sie nicht mehr mit scharfen Bemerkungen zurechtweisen, wenn sie unterwegs grasen will: Ein Blick genügt. Und ich habe den Anspruch schon fast ganz aufgegeben, ihre Bewegungen zu kontrollieren. Ich gebe ihr die Richtung und Gangart zu verstehen, und dann lasse ich sie machen. Ich ziehe die Zügel nur an, um ihr bei schwierigen Stellen zu helfen oder um mir selbst Sicherheit zu geben, wenn wir auf italienischen Straßen unterwegs sind. Wir sind wie ein altes Pärchen, jeder ahnt schon, was der andere will, ohne dass lange Erklärungen nötig sind.

Zum Glück verstehen wir uns, was das Wesentliche angeht. In Ponte a Rigo machen wir halt in einem halb aufgegebenen Reitzentrum. Zerbrochene Fenster lassen Wind und Staub in die Sattlerei. Auf Einladung des Eigentümers dieses Ortes, der sich rechtschaffen bemüht, so zu tun, als ob nichts wäre, während alles um uns herum zerfällt, führe ich Desti auf die Reitbahn, damit sie ihre Unterschenkel entspannen kann. Sie bewegt sich misstrauisch, beobachtet die zerbrochenen Sprunghindernisse, die ausgetrockneten Pferdeäpfel und die Eimer, die überall herumliegen, und kommt zu mir zurück, sogar ohne sich auf dem Boden gewälzt zu haben. Wir sind uns einig, die Atmosphäre ist unheilschwanger. Wir brechen so schnell wie möglich wieder auf.

Paul Morand erblickte im Sitz des Reiters »das Abbild des politischen Ideals, also gleichsam die Herrschaft über einen anderen, die in der Selbstbeherrschung ihren Anfang nimmt«. Darin erkenne ich den Kunstreiter in der Manege wieder, den mondänen Reiter, der sich darum bemüht, das Pferd zwischen seinen Beinen zu »halten«. Das ist eine Obsession, die wir auf Wanderschaft sehr schnell vergessen. Da sich der Sitz jeden Tag mehrere Stunden bewähren muss und von den Zufällen einer schlammigen Spurrille oder eines steinigen Abhangs auf die Probe gestellt wird, ist ein natürliches Gleichgewicht geboten. Montaigne formulierte das auf seine Weise: »Wenn ich zu

Pferde bin, steige ich nicht gerne wieder ab, denn im Sitz fühle ich mich, gesund wie krank, am besten« (*Essais*, I,48). Der Sitz hört auf, eine Unterwerfungsmethode zu sein, und wird zu einer Art Kompromiss zwischen der Bequemlichkeit des Reiters und der des Pferdes. Wenn man die politische Metapher fortspinnen möchte, verlassen wir also Regime und Herrschaft und bewegen uns in den Bereich des Vertrags. Ist das nicht ein Zeichen von Reife?

Der einzige Moment, in dem meine Stute und ich immer noch regelmäßig aneinandergeraten, ist die abendliche Dusche. Zu meiner großen Ratlosigkeit hat Desti die Dusche noch nie gemocht. Sie windet sich, um dem Kontakt mit dem Wasser zu entgehen. Ich muss sie richtig festhalten oder nach Möglichkeit eine Mauer finden, an der ich sie festklemmen kann. Dieser Kampf verdrießt mich, weil er nicht auf der Höhe unserer Beziehung ist. Und dann finde ich im wunderbaren Reitzentrum »Il Destriero«, dem toskanischen Traum für Pferde, mit zypressenbegrenzter Weide und Aussicht über die Hügel, zum ersten Mal einen Wasserhahn mit warmem Wasser. Unter diesem lauen Strahl bewegt sich Desti kein Stück mehr. Ich verstehe endlich ihre so oft wiederholte Botschaft. Warum gehen wir davon aus, dass Pferde, Säugetiere wie wir, kaltes Wasser mögen? Wer von uns duscht sich mit Wasser, das Raumtemperatur hat?

Auch wenn ich Desti solchen Luxus nicht in jeder Etappe versprechen kann, habe ich doch einen Weg gefunden, unseren letzten Zwist zu regeln. Ich habe es nicht mehr nötig, auf irgendeinen Zwang zurückzugreifen. Ich bin versucht, ihr die Trense abzunehmen, aber die letzten Vorbehalte, die ich als im Klub ausgebildeter Reiter noch habe, halten mich davon ab: Dafür haben wir später noch Zeit. Desti hat an unserer offenen Beziehung Geschmack gefunden, sie tut nicht mehr so, als könnte es anders sein. Als wir an jenem Gewittertag so erbärmlich in unseren Florentiner Stall zurückkehren, versuche ich aus Muße, mit Desti auf dem Reitplatz ein paar Figuren zu improvisieren. Sie wirkt sofort angespannt und dreht sich in der Hüfte. Sie will überhaupt nicht begreifen, was es bringen soll, im Kreis zu laufen. Wer könnte ihr das verdenken?

Ich versuche also nicht mehr, sie zu dressieren. Indessen frage ich mich, ob nicht gerade das Gegenteil vor sich geht. »Wenn ich mit meiner Katze spiele«, sorgte sich schon Montaigne, »wer vermag zu sagen, ob nicht ich ihr Zeitvertreib bin, so sehr wie sie meiner?« (*Essais*, II,12). Hat Desti nicht ihren Spaß daran, mich zu domestizieren?

Einige subtile Hinweise haben meinen Argwohn erregt. Der erste betrifft unsere natürlichen Bedürfnisse. Ein Pferd lässt im Gehen seine Äpfel fallen, aber es muss doch anhalten, um zu urinieren; das bringt es in eine unkomfortable Situation, denn es kann sich nicht bewegen und ist angreifbar, wenn ein Räuber erscheint. Anfangs hielt sich Desti bis zur Pause zurück, wenn sie sich sicher fühlte. Dann hat sie sich an meinen Rhythmus angepasst und die entsprechenden Stopps genutzt. Aber nach einiger Zeit hat sie den Vorgang eingeleitet, blieb ganz seelenruhig mitten auf dem Weg stehen, und ich machte es ihr nach. Schlussendlich pinkelte ich, wenn mein Pferd mich dazu aufforderte.

Ebenso bei der Nahrungsaufnahme. Ich bot ihr regelmäßig die Hälfte eines Apfels oder einer Karotte an, eine gerechte Aufteilung unserer Vorräte. Inzwischen bedient sie sich selbst und kaut die Brotscheiben meiner Sandwiches und überlässt mir den Rest. Als ich mir einmal zum Frühstück einen Porridge kochte, gab sie mir unmissverständlich zu verstehen, dass Haferflocken auch für ihre Verdauung geeignet sind, und ich leerte also das ganze Päckchen in ihren Eimer. So habe ich schlussendlich in diesem so wenig gastfreundlichen Italien eine Tischgenossin gefunden, um gemeinsam zu essen.

Unterwegs weiß ich nicht mehr so genau, wer die Geschwindigkeit und Gangart vorgibt. Am ersten Tag, als sie so stürmisch auf den Wegen des Périgord durchging, habe ich mich abgekämpft, um sie im Schritt zu halten. Jetzt vertraue ich ihr bei der Einteilung der Kräfte und lasse sie davontraben, wenn sie es möchte. Ich ertappe mich nur noch dabei, manchmal nachträglich mit der Zunge zu schnalzen, um so zu tun, als würde ich die Situation unter Kontrolle haben. Darauf fällt natürlich niemand herein.

Desti schafft es sogar, mich zuweilen zum Gehen zu drängen. Wenn sie vor einem Wasserlauf anhält, springe ich sofort aus dem Sattel. Seit dem Sumpfloch am Lech bin ich ein gebranntes Kind. Ich mache mir lieber die Schuhe nass, als sie noch einmal im Schlund der Erde verschwinden zu sehen. Aber manchmal finde ich ihre Befürchtungen doch übertrieben, vor allem wenn der Grund des Gewässers mit festen Kieseln bedeckt ist. Ich vermute inzwischen, dass sie sich ein Spiel mit meinen Nerven erlaubt und sich darüber amüsiert, mich an ihrer Seite durch toskanische Bächlein plantschen zu sehen.

Ich muss mich den Tatsachen stellen. Ich bin total manipuliert worden. Ich glaubte einst, sie wäre »meine« Stute. Nun ist aus mir vielmehr »ihr« Reiter geworden. Ich wage es mir nicht vorzustellen, was sie am Abend ihren Nachbarn im Stall erzählt.

Im Rahmen dieses lustigen Rollentauschs zeigt mir Desti ganz beiläufig bestimmte Qualitäten, an denen ich mir zweifellos ein Vorbild nehmen sollte: Geduld, Ehrlichkeit, Genuss der Gegenwart. Desti langweilig sich nicht, weil sie sich nicht in die Zukunft projiziert. Wie Montaigne die Wissenschaft der Thunfische und die Kompositionen der Nachtigall rühmte, so bewundere ich die Fähigkeit des Pferdes zur Kontemplation.

Ich versuche, das nachzuahmen, mit gemischtem Erfolg. Lange Monate wären noch nötig, damit der Schüler die Lehrerin einholt und stundenlang auf einem Feld stehen und ein Stück Grün beobachten kann. Wie im Land der Houyhnhnms, wo Gulliver auf seinen Reisen eine Zwischenlandung einlegt, könnten die Pferde mit großem Nutzen ihre Weisheit den elenden Yahous spenden, diesen dreckigen und hochmütigen Menschen.

*

Die Biolandwirtschaft ist mir inzwischen vertraut. Erinnern wir uns an Aurélien und seinen Bauernhof im Limousin. In Relanges, in der Nähe der Vogesen, war ich bei den Pionieren des Labels untergebracht, die an der Strukturierung der Branche Ende der 80er-Jahre teilgenommen und andere Züchter im Dorf überzeugt haben, ihrem Beispiel zu folgen. Selbst das kleine Auto zum Heuholen war elektrisch, wie ein Golfmobil. In Bayern habe ich auf einem Biobauernhof in der Nähe von Petersthal übernachtet, in dem die Wände des Esszimmers mit Porträts von Greta Thunberg tapeziert waren. Aber in der Toskana, der Heimat des Slow Food, bin ich den Puristen begegnet, den wahrhaften Biokünstlern.

Angefangen bei einigen langjährigen Freunden, die ich für ein Wochenende in ihren Weinbergen in Cupano besucht habe, gut zehn Kilometer von Montalcino. Auch Montaigne hat einen Umweg durch dieses hochgelegene Dorf gemacht, wo man sich »noch mit so großer Rührung an die Franzosen erinnert« (*Reisetagebuch*, Buonconvento). Ich meinerseits konnte auf die herzerwärmende Rührung von Ornella und Lionel zählen. Sie (Italienerin) ist Journalistin, er (Franzose) ist Kriegsphotograph. Ende der 90er-Jahre haben sie beide ihre Berufe aufgegeben, um gut zwanzig Hektar mitten im DOC-Anbaugebiet von Montalcino zu kaufen. Das Gelände war seit vierzig Jahren verlassen, die Pächter rundum waren der Versuchung stabiler Löhne in der Industrie erlegen. Ornella und Lionel haben es mit ihren eigenen Händen bearbeitet, um es wiederauferstehen zu lassen. Nach dem Bild der »Rückgewinnung«, die Giono beschrieben hat, ist das Leben des Paares verschmolzen mit der Renaissance der Natur um sie herum. In dem traditionellen Haus oberhalb des Weinberges ist die Atmosphäre stets ebenso rustikal wie gebildet, da sind Freunde aus aller Herren Länder, Weinflaschen, Bücherstapel, im Steinofen gebackene Lämmer. Mit den beiden an seiner Seite begreift man, wie sich die beiden Bedeutungen des Wortes »Kultur« verbinden.

Selbstredend ist der Wein von Cupano bio. Als Schüler des Burgunders Henri Jayer versucht Lionel, die Rebe so minimalistisch wie möglich zu manipulieren. Minimalistisch, aber nicht minimal: Es kostet einiges Nachdenken und einige Mühe, die richtigen Dinge im richtigen Moment zu tun, anstatt beim geringsten Probleme ein paar Liter alles tötender Chemikalien zu verspritzen. Auf diesem mageren und deshalb für die Weinrebe gut geeigneten Terrain muss Lionel Unkraut jäten, den Boden düngen, indem er Brennnesseln und Bohnen sät, und ihn auflockern, um ihn zu belüften. Er bemüht sich, Jahr für Jahr die gleichen Abläufe exakt zu wiederholen, um die Harmonien zu bewahren, die sich nach und nach in seinem Terroir herausbilden. Er plant sogar, seine Domäne für einige Wiederkäuer zu öffnen, um seinen eigenen Stallmist zu haben. Warum nicht ein Kamel? Der Zirkus von nebenan sucht einen Käufer.

Worin besteht das Bioprinzip? In der Achtung vor dem Leben, mehr noch als vor der Natur. Vor allem vor dem Leben, das man nicht sehen kann. Als Filmemacher hat Lionel einen Film produziert, in dem es eine Kamerafahrt in eine Ackerscholle gibt, sie taucht ein und entdeckt Millionen von Tieren, die sich dort eingenistet haben. Er trägt den Titel *Le Zoo minuscule*. Wenn er vom Menschen gut eingerichtet ist, kann dieser Zoo alles hervorbringen, was die Weinrebe braucht. Die allerersten Bauern wussten nicht, dass es ihn überhaupt gibt, und ließen ihn zu einem Dschungel wuchern, der Krankheiten in sich barg. Die sogenannte »konventionelle« Landwirtschaft mit ihren Pestiziden hingegen verwandelt ihn in eine Wüste, über der sie anschließend das himmlische Manna des Düngers verstreut.

Trotzdem ist Lionel kein Militanter. Er benutzt, nach einem unersprießlichen Versuch mit einem Zugpferd, einen Traktor, bringt Kupfer und Schwefel gegen Champignons aus und nutzt kleine Mengen Natriumdisulfit in seinen Fermentationsstartern. Lionel widersetzt sich den Fanatikern des »Naturweins«, die sich gegen alle Zusatzstoffe und Hilfsmittel sperren und am Ende die Makel eines Cuvée als Beweis für seine Authentizität halten. Muss man schlechte Weine machen, um ein guter Winzer zu sein?

Die Verehrung der Kräfte der Natur bringt zuweilen auch Aberglauben hervor, der im Grunde dem primitiven Animismus recht nahesteht. Als wäre es eine Illustration für solche Exzesse, machte ich einige Tage später in der Nähe von Montefiascone die Bekanntschaft eines Pärchens, das ganz hingerissen von der biodynamischen Landwirtschaft war. Es gilt, Exiliere herzustellen, die »Präparate« heißen, wie der berühmte Hornmist, für dessen Gewinnung mit Kuhmist gefüllte Kuhhörner den Winter über vergraben werden. All das selbstverständlich in Abstimmung mit den Rhythmen des Mondes und anderer astraler Zyklen. Das Präparat wird sodann in kleinen homöopathischen Dosen auf die Pflanzen ausgebracht, wie ich es in Rumänien beobachten konnte, wenn die Popen im Frühling die Felder mit Weihwasser besprengen. Ich kann nicht anders, als biodynamische Landwirtschaft mit Mystizismus zu assoziieren. In jedem Fall aber lag mir der biodynamische Wein aus Sizilien, den ich bei Gelegenheit verkostet habe, schwer im Magen. Ich ziehe einfach nur Bio vor.

Lionels Minimalismus scheint mir ein intelligenter Mittelweg zwischen dem Produktionsmaximalismus der großen Betriebe im Montalcino und dem Nihilismus der radikalen Ökos zu sein, jenen zwei Sackgassen unserer Zeit. Eine dem Menschen angemessene Art, das Leben mit kleinen Gesten zu organisieren, es weder auszubeuten noch zu sakralisieren. Ein Weg, der mir die Prinzipien des »planetaren Gartens« von Gilles Clément, den ich in der Creuse besuchte, ins Gedächtnis ruft. Ein Weg, den ich unbewusst vielleicht auch in meiner Reitpraxis verfolgt habe, indem ich Desti ihre eigenen Initiativen ergreifen ließ, ohne deshalb nicht im Sattel zu sitzen. Um mit seinem Pferd zu kommunizieren, verfügt ein Reiter über sogenannte »Hilfen«. Ist das nicht die beste Beziehung, die lebendige Wesen miteinander unterhalten können? Helfen, anstatt zu zwingen; zusammenhalten, anstatt sich zu ignorieren.

Das führt uns zu einer Frage, die mir oft gestellt wurde und die ich lange abgewiegelt habe: Ist diese Reise zu Pferd umweltfreundlich?

Nein, wenn man sich darunter ein Zurück zur Natur oder zu primitiven Transportmitteln vorstellt. Mit Desti sind wir mitten in der industriellen Moderne. Und wir verschmähen auch Hufeisen aus Wolfram nicht.

Ebenso nein, wenn dieser Anspruch umfasst, auf neue Technologien zu verzichten. Auch wenn ich nur selten meine Apps konsultiere, so ist es doch nicht mein Ziel, einen *data detox* zu machen. Ich bin mit einem Tablet und einem Mobiltelephon ausgerüstet und mache davon reichlich Gebrauch. Ich freue mich jeden Tag, dass ich Zugriff auf die Geolokalisationsdaten meines Satelliten-GPS habe.

Wenden wir uns dem Thema des CO_2-Ausstoßes zu, das für die Erhaltung der Ökosysteme zentral geworden ist. Ist es nicht tugendhaft, das Pferd anstatt des Flugzeugs zu wählen? Gar nicht so sicher. Als ich diese Frage Jean-Marc Jancovici stelle, einem der führenden Spezialisten Frankreichs für CO_2-Fußabdrücke, bleibt er skeptisch. Ein Pferd stößt Methan aus und benötigt als Nahrung Getreide, dessen Herstellung kohlenstoffintensiv ist. Ich habe meine Jeans aus Japan importiert, ich lade jeden Abend meine Geräte auf, und ich esse Tomaten, die, wie ich fürchte, nicht immer regional angebaut sind. Es gibt also echte Chancen, dass mein Fußabdruck nach viereinhalb Monaten weniger vorteilhaft ausfällt als der eines Economyfluges Bordeaux–Rom (zwei Stunden).

Wenn man hingegen zu den Ursprüngen des Wortes Ökologie, der »Lehre vom Haushalt«, zurückkehrt, dann ja. Diese Reise lehrt mich, mit meiner Umwelt zu leben, mich in sie zu integrieren, ohne sie zu stören. Der Spaziergänger scheucht auf seinem Weg die Tiere davon, hinterlässt Leere. Der Reiter nicht. Wie ein Freund, der Ihnen die Tür zu einer Abendgesellschaft öffnet, in der Sie niemand erwartet, so dient mir Desti als Vermittlerin zu den anderen Tieren. Sie weist mich mit aufgerichteten Ohren auf sie hin, bevor ich auch nur die geringste Bewegung erkennen kann. Auch erlaubt sie mir, mich ihnen besser zu nähern. Der Geruch des Pferdes überdeckt den des Menschen, und die Rehe trödeln am Straßenrand, die Eichhörnchen beobachten uns sorglos, und die Vögel bleiben auf ihrem Ast sitzen. Esel, Ponys und Pferde eilen im Galopp herbei, um ihre Genossin zu begrüßen. Im Unterschied zum Zweibeiner, diesem besorgniserregenden Jäger, genießt der Kentaure im Unterholz Stadtrecht.

Entsprechend bringe ich auch die menschliche Umwelt, in die ich hineinschlüpfe, so wenig wie möglich durcheinander. Während meiner ganzen Reise habe ich mich an die Routinen meiner Gastgeber angepasst. Oft genug entrolle ich meinen Schlafsack auf einer Matratze, und am nächsten Morgen packe ich still und leise meine Sachen und bin verschwunden. Man hat mich kaum bemerkt.

Desti und ich hinterlassen also kaum Spuren, höchstens ein flüchtiges Bild im Gedächtnis der Tiere wie der Menschen. Auf dem Weg ein simpler Hufabdruck; im Wohnzimmer eine Visitenkarte als Abschiedsgeschenk.

Auch vor digitalen Spuren habe ich mich geschützt, indem ich jede Geolokalisation deaktiviert, mich auf sechs Photos pro Tag beschränkt und mich von allen sozialen Netzwerken abgemeldet habe. Dieser Wille, unbemerkt zu bleiben, kämmt absichtlich die gegenwärtige Manie, alles aufzuzeichnen, gegen den Strich. Unterwegs, ganz besonders in Italien, zeichnet sich ein wiederkehrendes Verhalten ab: Man erblickt mich, schreit: »Photo, Photo!«, damit ich langsamer werde, schießt fiebrig ein paar Bilder, schaut sich das Ergebnis auf dem Bildschirm an, und erst dann, wenn noch etwas Zeit bleibt, ist man bereit, mit mir zu sprechen, mich anzusehen. Als wäre der Austausch ein Luxus, den man sich genehmigt, nachdem man seine Pflicht, seine Mission auf Erden, erfüllt hat: speichern. In der *Cloud* ablegen. Die Momente des Lebens horten, wie man Güter anhäuft. Denken die, dass sie nach ihrem Tod auch in die *Cloud* kommen?

Nur die Kinder sind noch nicht diesem Trieb verfallen. Sie haben keinerlei Grund, den Märchen nicht zu glauben, und kommen ganz natürlich her, um den Reiter zu begrüßen, der auf dem Gehweg vorbeikommt. Auf dem ganzen Verlauf der Reise finde ich dieselben Schüler wieder, von Champcevinel, ein paar

Tage nach dem Aufbruch, wo die Lehrerinnen die Grundschüler um uns herum defilieren ließen, bis nach Acquapendente vor den Toren Roms, wo uns nach Schulschluss ein enthusiastischer Empfang bereitet wurde. Das Fehlen von Photos wird all diesen Kindern ermöglichen, eine vage, unklare, aber umso wertvollere Erinnerung zu besitzen. Sie werden in der Tat niemals dahinterkommen, dass das nur ich war.

Woher kommt demgegenüber bei den Erwachsenen diese Besessenheit, Spuren ihres Daseins zu bewahren? Sie hat mich bereits bei meinen Recherchen zum Thema der Künstlichen Intelligenz bestürzt. Es ist eine Methode, vor dem Nichts zu fliehen. Einst beobachtete uns Gott und trug jede unserer Taten und Gedanken in das große Buch des Jüngsten Gerichts ein. Heute wünschen wir uns, dass die *Cloud* unsere Gefühle und unsere *Posts* bewahrt. Wir schießen Photos nicht, um sie uns eines Tages anzusehen, sondern damit irgendetwas irgendwo, und sei es nur ein einfacher Algorithmus, sie durchkämmen kann. Dieser beruhigenden Illusion setzte Sartre die Kunst des Gleitens gegenüber, des lautlosen Vorbeiziehens, wie ein Skifahrer, dessen Spuren vom Schnee bedeckt werden. Zur Flüchtigkeit unserer Existenz zu stehen bedeutet, eine Welt ohne Transzendenz zu akzeptieren. Das ist ein schwieriges, zuweilen Furcht einflößendes existenzielles Unterfangen, aber aufrichtiger als seine theologisch-digitalen Alternativen.

Im Grunde ist es möglich, dass das Drama der Umweltverschmutzung metaphysisch mit dem Bedürfnis, eine Spur zu hinterlassen, zusammenhängt. Man lässt die Chipspackung nach dem Picknick einfach liegen, um zu markieren, dass man da war. Man lässt vor der Haustür nachts das Licht an, um deutlich zu machen, dass man existiert. Man schreit in den Bergen, damit das Echo ein Trugbild von Allgegenwart zurückbringt. Wir abonnieren unzählige Gigabyte Speicherplatz, um die Ewigkeit zu kaufen. Und sind wir nicht insgeheim davon befriedigt, dass die CO_2-Emissionen die Macht der Menschheit über den Rest des Planeten beweisen, in der Schöpfung wie in der Zerstörung?

Lernen zu leben, ohne Spuren zu hinterlassen. Der Pastor, dem ich in Mulhouse begegnet bin, nannte das mit seinen Worten *Kenosis,* ein den Protestanten wichtiger Begriff, der den Weg zu Schlichtheit und Selbstentäußerung beschreibt, ein Unsichtbarwerden für sich und für die Welt. Das ist also meine ganze Ökologie, die derjenigen Montaignes ähnelt, der uns riet, »es den Tieren gleichzutun, die ihre Spur am Eingang des Schlupfwinkels verwischen« (*Essais,* I,39). Das ist Montaigne nicht ganz gelungen, denn sein *Reisetagebuch* wurde 1770 in einem Winkel seines Schlosses durch einen obskuren Historiker aus dem Périgord, den Abbé Joseph Prunis, wiederentdeckt. Was es mir heute ermöglicht, seinen Spuren zu folgen. Ich selbst schreibe diese Zeilen, begleitet von ein paar Bildern. Aber das sind flüchtige, vorübergehende Spuren, einfache Abdrücke von Schritten und Hufen, die dazu bestimmt sind, bald von denen überdeckt zu werden, die kommen und diesen Spaziergang fortsetzen werden.

XXI Latium

▪ ▪ ▪

Belli capri! – Ungeduld – Herbstprobleme – Pest damals und heute – Endspurt – Private Zinnsoldaten – Zweifelhafte Brücke – Besonnenheit und Risiko – Journalismus

▪ ▪ ▪

Die Verwaltungsgrenze von Latium entspricht auf den Meter genau den »Besitzungen der Kirche« (*Reisetagebuch,* Ostia), in die Montaigne nach seiner Durchquerung des Großherzogtums Toskana kommt. Ich folge sehr streng seinen Etappen: Acquapendente, San Lorenzo, Bolsena, Montefiascone, Viterbo. Die Landschaft wird steiniger, Vorzimmer der Riesenstadt, die inzwischen schon auf allen Schildern steht. Da sind immer noch Hügel und befestigte Dörfer, aber den Ersteren sind die Weinreben abhandengekommen, und die Letzteren, denen das touristische Make-up der Toskana fehlt, zeigen am hellen Tag ihr graues Gesicht und die Risse, die es zerfurchen. Es sind Adlerhorste, die von Tauben erobert wurden. Der Lago di Bolsena, eine bei wohlhabenden Römern beliebte Sommerfrische, verstärkt die Melancholie noch. Wir wenden einen ganzen Tag auf, um ihn zu umrunden, und der Horizont ist derart monoton, dass man sich nur durch einen Blick auf die Karte davon überzeugen kann, überhaupt voranzukommen. Ich werde nie die Faszination verstehen, die stehende Gewässer im Mondlicht auf so viele ausüben, wie ich am Lac du Der und am Bodensee überrascht feststellen konnte.

Je mehr wir uns Rom nähern, desto flacher werden die Wege, und desto hässlicher werden die Städte. Die alten Kirchen sind nur noch Reliquien, die von Betonblöcken eingefasst werden. In Monterosi begegnen wir am Morgen beim Aufbruch den Pendlern, die den Bus in die Hauptstadt nehmen. Ich habe das Gefühl, mit ihnen in die Arbeit zu gehen. *Roma!* Dieses jahrtausendealte Phantasma behauptet sich nur schlecht gegen die langsame Durchquerung der Vorstädte.

Dem Stadtrand von Rom kann man immerhin zugutehalten, dass der Landwirtschaft noch etwas Platz geblieben ist. Man kann auf ländlichen Wegen nach Rom hineinschlüpfen. An zwei aufeinanderfolgenden Tagen begleiten mich ein paar Reiter, um mir die besten Wege zu zeigen. Gut zehn Kilometer von der Peterskirche entfernt, mitten in der Riserva Naturale Dell'Insugherata, komme ich an einer Schafherde mit ihrem Hirten vorbei, so wie zu Montaignes Zeiten die Kühe noch mitten auf dem Forum weideten. Ich rufe ihm enthusiastisch zu: *»Belli capri!«* Er blickt mich voll Verachtung an. Meine Italienischkenntnisse erlauben es mir noch nicht, Schafe und Ziegen zu unterscheiden sowie einen richtigen Plural zu bilden. Ich werde in diesem Land etwas verpassen.

*

»Je näher ich meinem Zuhause kam«, notiert Montaigne, »umso mehr langweilte mich die Länge des Weges« (*Reisetagebuch*, Thiers). Diese letzten Tage werden nicht zu jenem sorglosen und triumphalen Spaziergang, den ich mir vorgestellt hatte, sie stellen vielmehr eine echte Ausdauerübung dar, so freudwie rastlos. Zum ersten Mal fühle ich mich, jetzt, da das Wiedersehen so nah ist, weit weg von daheim und habe Schuldgefühle, meine Kinder so lang allein gelassen zu haben, die diese

Trennung nicht mehr lustig finden. Mit Beklemmung im Herzen durchquere ich das Dorf San Quirico d'Orcia, das wir im Jahr zuvor als Familie besucht hatten. Vielleicht bin ich im letzten Stadium der Trennung angelangt, wie Montaigne sie beschreibt: »Diese Unterbrechungen erfüllen mich mit einer verjüngten Liebe zu den Meinen, und machen mir die Nutzung meines Hauses wieder angenehmer« (*Essais*, III,9). In jedem Falle wird mich niemand mit einem Hinweis auf die »Zielgerade« trösten: Wie Montaigne es uns vorhergesagt hat, bedeutet ein gerader Weg Langeweile. Ich fange an, die Tage, Stunden und Minuten zu zählen, und fluche erneut drauf, dass ich mir ein Ziel gesteckt habe.

Ich bemerke, wie sehr dieser Ritt von viereinhalb Monaten meinen Geist in Beschlag genommen hat, obwohl er der Langsamkeit gewidmet war. Es gab keinen Leerlauf, jeder Moment war lebendig. Der Tag, an dem ich aufgebrochen bin, erscheint mir so weit entfernt wie meine frühe Kindheit, durch eine Art Nebel verunklärt; was war ich damals naiv und pausbäckig! Diese Reise war also genauso kurzweilig zu durchleben, wie sie mir in der Erinnerung lang erscheint. Montaigne beschrieb auf seine Art diese inverse Beziehung zwischen der Intensität des Moments und der langen Dauer, die im Gedächtnis gespeichert wird. »Ich besitze meinen ganz eigenen Wortschatz: Ich treibe die Zeit davon, wenn sie übel und unleidlich ist; aber wenn sie schön ist, dann will ich sie nicht vertreiben, sondern ich taste sie ab, ich halte mich an ihr fest« (*Essais*, III,13). Anders gesagt, die Zeit, die man »vertreibt«, ist unbeweglich, während die Zeit, die man »festhält«, entwischt. Ersteres macht aus dem Dasein eine Wiederholung des Gleichen, in der sich Vergangenheit und Zukunft vermischen. Letzteres lässt den Pfeil der Zeit deutlich werden und bringt uns in die tragische Sphäre des Unangebrachten, des

Endgültigen, des Unerhörten. Es eröffnet uns die einzige Geschichte, die zählt: die unsere.

Meinem Ziel so nahe, verfalle ich also wieder in den Fehler des *arrivisme,* jener Kombination aus Langeweile und Hoffnung. Langeweile durchgetakteter Tage, Hoffnung auf Rückkehr. Diese Spannung ist für das Ende einer Reise ganz natürlich, aber auch objektive Faktoren werden schlechter, die sich gegenseitig bedingen und *Murphy's law* bestätigen.

Zunächst einmal wird das Wetter schlechter. Der Herbst ist bereits fortgeschritten, wir verbringen ganze Tage in ununterbrochenem Regen und verfluchen die Römerstraßen, die so authentisch aussehen, aber verdammt rutschig sind. Selbst meine angeblich zu hundert Prozent dichte Regenjacke kommt an ihre Grenzen. Ich komme nicht umhin, meine Kleider am Abend mit dem Föhn zu trocknen.

Sodann bereitet mir die Umstellung auf Winterzeit, kombiniert mit dem natürlichen Kürzerwerden der Tage, eine neue Herausforderung: ankommen, bevor es dunkel wird. Um das zu schaffen, muss ich um fünf Uhr morgens aufstehen und zum Morgengrauen im Sattel sitzen.

Und schließlich zwingt das Wiedererstarken der Covid-Pandemie mich zur Eile. Italien verhängt eine Sperrstunde und schließt alle Restaurants, während sich Frankreich auf einen neuen Lockdown vorbereitet. Meine Wirte empfangen mich mit Plastikhandschuhen, und die Polizei hält mich dazu an, eine Maske aufzusetzen. Bis jetzt bin ich immer gut vor dem Virus davongekommen. Weil ich keine Nachrichten las und im Wesentlichen auf dem Land untergebracht war, kam ich zwischen zwei Wellen der Pandemie durch, von Juni bis November, ohne Hygienevorschriften unterworfen zu sein. Wenn man vermeiden will, zu sehr von den Nachrichten mitgenommen zu werden, ist die beste Methode, ihnen einfach keine Aufmerksamkeit zu schenken; es findet sich immer eine gute Seele, die einem das Nötige mitteilt. Hinsichtlich des Virus selbst mache ich mir keine Sorgen, da ich mit Desti im Alltag schon genug Risiken auf mich nehme. Die Gefahr, auf einer Bundesstraße in Fetzen gerissen zu werden oder in einem Sumpf zu versinken, ist höher als die, intubiert auf einem Krankenhausbett zu liegen. Ich habe niemals einen Handschlag verweigert, wenn man ihn mir angeboten hat.

Ich habe also Covid gegenüber eine ähnlich fatalistische Haltung eingenommen wie Montaigne gegenüber der Pest, einer tödlicheren Krankheit. »Ich trage meine Vorsorgemaßnahmen in mir selbst, nämlich Entschlossenheit und Leidensfähigkeit« (*Essais*, III,12), erklärt er in den *Essais* und nimmt sich die Bauern zum Vorbild, die lernen, mit der Krankheit zu leben und zu sterben. Im Laufe seiner Reise wird Montaigne von Städten abgewiesen, die »gesperrt« sind (Épinal), macht einen Umweg um verseuchte Häuser (Zürich) oder hat tausend Unannehmlichkeiten wegen der Pest (in Genua). Er muss zuweilen ein »Gesundheitszeugnis« (*Reisetagebuch*, Verona) vorlegen, einem Impfpass vergleichbar, das Anlass zu allerlei Korruption gibt. Bei Montaigne ist die Pest ein Thema, das die anderen in Besorgnis versetzt, ihn aber weniger bekümmert als seine Nierensteine oder seine Kopfschmerzen. Das zeugt sowohl von einer durchdachten Risikoeinschätzung als auch von einer gewissen Vertrautheit mit dem Tod, der für Montaigne nichts Neues war und mit dem er sich abgefunden hatte. Um seine Zeit auf Erden wirklich genießen zu können, muss man mit der Vorstellung, sich irgendwann zu verabschieden, Frieden schließen. Deshalb bedeutet »Philosophieren, sterben zu lernen« (*Essais*, I,20) und sich gleichzeitig auf das Leben vorzubereiten. Wir sind heute allerdings unfähig, Covid mit dem nötigen Stoizismus anzugehen, und so lassen wir uns in eine kollektive Panik reißen, weil wir die Endlichkeit nicht mehr ertragen. Wir sind also bereit, aus Todesangst aufzuhören zu leben.

Montaigne hätte nicht schlecht gestaunt, dass man die Grenzen schließen und alle Ortswechsel beschränken kann, er, der »all sein bisschen Klugheit« dazu einsetzte, um mitten unter den Gefahren seiner Epoche seine »Freiheit«, »zu kommen und zu gehen« (*Essais*, III,13), zu bewahren. Auf diese Freiheit zu verzichten bedeutet, sich selbst einzukerkern. Montaigne lehrt uns, auf der Hut zu sein vor der Macht der Biopolitik, die die Gesundheit als höchsten Wert postuliert. »Dass nur drei Zeugen und drei Ärzte das Menschengeschlecht regieren, hat mit Vernunft nichts zu tun« (*Essais*, II,37). Regierungen brüsten sich heute damit, auf den Rat der Mediziner zu hören. Aber diejenigen, die den Eid des Hippokrates geleistet und geschworen haben, eine möglichst große Zahl an Leben möglichst zu verlängern, sind nicht in der besten Position, um über das delikate Gleichgewicht von Risiken und Freiheiten zu entscheiden. Wozu soll es nutzen, in einer abgeriegelten Gesellschaft gesund zu sein? Ist das biologische Überleben den sozialen und intellektuellen Tod wert? Montaigne beklagt »mehrere Edelmänner, die sich durch die Dummheit ihrer Ärzte selbst in ein Verlies gesteckt haben, jung und wohlauf wie sie sind. Da ist es doch besser, einen Schnupfen zu ertragen« (*Essais*, III,13).

Regen, Nacht, Virus: Ich muss mich beeilen. Ich nehme mir sehr lange Etappen vor, die ich in Gewaltmärschen erledige, in einem metronomischen Rhythmus. Ich habe einen Teil meiner Ausrüstung bei Ornella und Lionel gelassen, um so leicht wie möglich zu sein, wie Skipper, die am Hafeneingang ihren Ballast abwerfen. Desti und ich werden zu Wandermaschinen. Um das optimale Verhältnis zwischen verausgabter Energie und zurückgelegter Strecke zu erreichen, untergliedere ich jede Stunde in zehn Minuten Trab, fünfundvierzig

Minuten zu Fuß neben Desti und fünf Minuten Weidepause. Ich sitze nicht mehr auf, um im Schritt zu reiten, meinen Teil der Anstrengung will ich so erhöhen und ihren senken. Es geht nicht mehr darum lustzuwandeln, sondern darum, pünktlich anzukommen. Selbst die Mahlzeiten ordnen sich streng kalorischen Gesichtspunkten unter. Ich behandle meinen Organismus wie ein Transportmittel, für dessen Erhalt es Vorkehrungen zu treffen gilt. Mir ist bewusst, dass ich am Rande des körperlichen und nervlichen Zusammenbruchs bin. Ich registriere meine Stimmung mit klinischer Präzision und ersticke die ersten Funken jeder Gereiztheit. Wenn das Bewusstsein nur auf das Überleben ausgerichtet ist, kann es wahre Wunder vollbringen.

Italien wird zum *grand finale* für mich, mit allem, was nur schiefgehen kann: unpassierbare Brücken, geschlossene Schranken, Landstraßen ohne Randstreifen und ohne Fernsicht, Viehgitter, umgestürzte Bäume, zu steile Abhänge. Ich bewege mich in permanenter Unruhe vorwärts und fürchte das nächste Hindernis, das vor uns auftauchen wird. Der heilige Augustinus beichtete den Birnendiebstahl, ich muss gestehen, dass ich auf dem Weg nach Sutri, inmitten einer Haselnussplantage, ein Umlaufgitter, das unser Durchkommen verhinderte, mit Fußtritten zerstört habe. Ich gelobe nicht, vor Gott Buße zu tun, aber ich möchte mich beim Eigentümer entschuldigen und hoffe, dass er eines Tages diese Zeilen liest.

Selbst die Natur scheint sich gegen uns zu wenden: Schwere Kastanien fallen aus den Bäumen und prügeln auf uns ein.

An einem Tag, an dem es in Sturzbächen regnet, während ich versuche, Viterbo zu umgehen, und während Rom keine hundert Kilometer mehr entfernt ist, fühle ich mich zum ersten Mal niedergeschlagen bei der Aussicht, einen Fuß vor den anderen setzen zu müssen. Ein Test für die Grenzen meines Willens, ich erreiche sie, ich überschreite sie. Und dann? Ich mache einfach weiter. Es geht nicht mehr ums Wollen, sondern ums Können. Wie dem Seemann im Sturm ist es mir einfach unmöglich aufzugeben: Ich werde Desti nicht ihrem Schicksal überlassen.

Ich höre also auf, mich zu beklagen und den Himmel zu verfluchen. Ich werde nicht Xerxes gleichen, jenem persischen König, über den Montaigne sich lustig macht, weil er das Meer auspeitschen ließ, nachdem seine Flotte gesunken war. Das Einzige, was es zu verfluchen gilt, ist meine eigene Unruhe. Diese Reise hat sie schon zum Teil korrigiert, aber mir noch nicht jene »gemäßigte Natur« (*Essais*, 1,30) verliehen, die Montaigne zur Tugend erhob.

Auf unserer allerletzten Etappe vor Rom begegne ich der ultimativen italienischen Falle: der Privatisierung der Wege. Ich habe einen Termin in einem todschicken Reitzentum westlich von Isola Farnese, wo ich entdecken werde, dass es Satteldecken von Loro Piana gibt. Um dort hinzugelangen, muss ich eine Brücke über die Via Cassia überqueren und mich dann im Labyrinth eines Wohnviertels zurechtfinden, das auf meiner Karte detailgetreu und mit wohlwollender Neutralität verzeichnet ist. Aber am ersten Kreisverkehr erheben sich plötzlich Absperrungen, ein Wachhäuschen und feindselige Männer in Uniform, elegant wie Zinnsoldaten. Ist das ein militärisches Sperrgebiet? Gibt es Checkpoints in der Umgebung von Rom? Ich versuche gar nicht erst, es zu verstehen. Mein Versuch zu passieren, als ob nichts wäre, schlägt fehl. Die Schranken öffnen sich nicht vor uns. Die Zinnsoldaten sind nur zu froh, dass ein Störenfried ihren monotonen Alltag belebt, und lassen uns am Straßenrand warten. Das Gras ist kurz geschnitten, und ich befürchte, dass Desti ungeduldig wird. Die Verhandlungen beginnen. Die Entnervung lässt mein Italienisch flüssiger werden. Ich brauche einige Zeit, bis ich begreife, dass es sich bei meinen unerbittlichen Gesprächspartnern nicht um Generäle handelt, sondern um einfache Parkwächter, die zum Schutz einer Eigentümergemeinschaft vermögender Stadtrandbewohner angeheuert wurden.

»Wir können Sie hier nicht durchlassen.«

»Warum?«

»Die Hausordnung verbietet es.«

Hat denn wirklich jemand an einsame Reitersmänner gedacht, als er die Hausordnung abfasste? Offensichtlich schon. Welche Weitsicht.

»Warum ist es verboten?«, frage ich weiter, mit meiner absurden Manie, die Logik von Texten anzufechten, anstatt Möglichkeiten vorzuschlagen, sie zu umgehen.

»Es ist zu gefährlich.«

»Ich war zweitausendfünfhundert Kilometer auf der Straße unterwegs. Ich glaube, dass ich in einem Wohnviertel überleben kann. Ich sehe, dass Sie hier breite und einladende Straßenränder haben.«

»Kann sein, aber es ist verboten.«

»Das italienische Gesetz erlaubt es.«

»Die Hausordnung nicht.«

Quod erat demonstrandum. Man muss schon ein Masochist sein, um innerhalb der Gesetze noch mehr Gesetze zu erschaffen. In Frankreich sind mir solche privaten Gebäudekomplexe nie begegnet, ich habe so etwas vielmehr mit Südafrika oder dem Libanon assoziiert. In jedem Fall zeugt es von einer erschreckenden Beschädigung des Rechtsstaates, der das Gewaltmonopol verloren hat. Wem vertraut man in einer Gesellschaft noch, wenn man bereit ist, für Abschottung zu bezahlen? Hobbes hatte unrecht, als er die Angst als das Fundament des Gesellschaftsvertrages darstellte. Die Angst ist das, was übrig bleibt, wenn der Gesellschaftsvertrag verschwunden ist.

Um die Hausordnung zu respektieren, wird Desti schließlich für wenige Hundert Meter mit dem Lastwagen transportiert. »*Idioti*«, lässt der Stallbesitzer fallen, als wir angelangt sind. Wir werden uns gut verstehen.

*

Der Weg zwischen Capranica und Sutri scheint uns etwas Erholung zu gönnen. Wir haben die großen Avenuen der Via Francigena verlassen und schlüpfen durch das dichte Unterholz, wo sich ein deutlich erkennbarer, sichtlich genutzter Pfad schlängelt. Es hat aufgehört zu regnen. Ich stelle fest, dass wir vor unserem Plan liegen und über einen bequemen Irrtumsspielraum verfügen, bevor es dunkel wird. Die Anspannung lässt nach. Auch Desti nutzt den Augenblick und beginnt, fröhlichen Schrittes zu trippeln.

Nach einer halben Stunde nähern wir uns dem Waldrand, von dem an wir wieder die Straße nehmen müssen, und finden uns plötzlich vor einer hölzernen Brücke. Sie ist breit genug für Desti, macht aber einen klapperigen Eindruck. Ein Pferd wiegt mindestens fünfmal so viel wie ein Wanderer. Die Furt ist nur sehr schwer zugänglich. Ich zögere. Spaziergänger ermutigen mich mit großen Gesten. »*Vai, vai!*« Ich erkundige mich, wie der Rest des Weges aussieht. Es gibt noch eine weitere Brücke, und zwar in ähnlichem Zustand. Mit anderen Worten: Mich erwartet, wenn ich das erste Hindernis überwinde, noch ein zweites, das genauso riskant ist. Ich laufe Gefahr, kehrtmachen und die erste Brücke noch einmal überqueren zu müssen. Wenn ich jetzt sofort abbreche, weiß ich, was mich erwartet: eine weitere halbe Stunde im Trab, dann eine Stunde im Schritt auf der Parallelstraße; ein gewaltiger Umweg, der meinen ganzen Vorsprung zunichtemacht und mich der Dämmerung gefährlich nahebringt.

Desti, am Rand des Pfades am kurzen Zügel gehalten, zwingt mich dazu, meine Entscheidung zu beschleunigen. »*Vai, vai!*«, ruft mir die kleine Gruppe zu. Das andere Ufer erscheint so nah. In zehn Sekunden könnten wir auf der anderen Seite sein.

Oder mit gebrochenen Beinen auf dem Grund des Flusses.

Es handelt sich im Moment um ein einfaches Risikokalkül. Allerdings kalkuliert der Geist nicht. Er ist seinen Intuitionen ausgeliefert. Einige Tage zuvor fand ich mich am Ortseingang von Ponte Peruzzi, in der Nähe von Bagno Vignoni, in einer ähnlichen Situation. Dort stand auf einem Schild zu lesen: *Passagio Pedonale, Portata Massima 400kg/mq*. Man muss nicht Italienisch studiert haben, um diese Botschaft zu verstehen. Die Stahlkonstruktion der Brücke, die den Orcia in gut fünf Metern Höhe überspannte, schien ziemlich neu und gut durchdacht. Vierhundert Kilo pro Quadratmeter: Es sollte genügen, wenn wir auf zwei Quadratmetern gehen, habe ich mir gedacht. Und wir sind mit besonders großen Schritten losgegangen. Wette gewonnen. Kaum ein Beben unter unseren Hufen.

Jetzt ist die Gefahr kleiner, aber schwerer einzuschätzen. Kein Ingenieur könnte mit Sicherheit die Tragfähigkeit dieses geschwind für Spaziergänger gezimmerten Stegs garantieren. »*Vai, vai!*« Ich verdächtige diese lustige Truppe, dass sie insgeheim auf einen spektakulären Sturz hofften. Desti scharrt mit den Hufen. Ich mache auf dem Absatz kehrt, die beunruhigende Aussicht auf eine zweite Brücke hilft mir bei dieser Entscheidung. Zumindest weiß ich ganz genau, was ich verliere: eineinhalb Stunden. Der Tag wird kräftezehrend, aber nicht tödlich.

Da bin ich also richtig besonnen geworden! Macht sich Montaigne nicht über die Klugheit lustig, diese »vergebliche und oberflächliche Sache« (*Essais*, 1,24)? War er nicht der Erste, über das Prinzip Vorsicht zu spotten und Unternehmer oder Denker zu rühmen, die Risiken eingehen? Nach mehreren Monaten der

Reise muss ich wohl oder übel feststellen, dass ich eine gewisse Besonnenheit gegenüber der Unsicherheit vorziehe. Ausgesprochen schlechte Nächte haben mich überzeugt, meine Übernachtungsmöglichkeiten so weit im Voraus wie möglich zu planen. Destis Gesundheitsprobleme haben mich dazu gezwungen, das Tempo anzupassen. Zahlreiche Kilometer des Umherirrens haben meine Leidenschaft für Abkürzungen abkühlen lassen. Ich habe gelernt, »meine Verluste zu reduzieren«, wie die Finanzleute sagen, ein Verhalten, von dem der Psychologe Daniel Kahnemann gezeigt hat, wie sehr es unseren kognitiven Automatismen entgegensteht; wo Trader noch zögern, Aktien im freien Fall zu verkaufen, dort mache ich inzwischen bedenkenlos kehrt. Ich ziehe einen sicheren Verlust einem wahrscheinlichen Gewinn vor. Ich warte inzwischen auf eine vorteilhafte Wettervorhersage, eine einfache Strecke und eindeutige Ausweichmöglichkeiten, bevor ich mich mit Desti querfeldein aufmache, und rufe ihr zu: »Sind wir zum Spielen aufgelegt?« Um zu spielen, muss man bereit sein zu verlieren.

Ich denke also über das Mantra des Risikos nach. Montaigne brüstete sich mit Fatalismus, denn »Fortuna hält stets alle Ereignisse in ihrer Hand« (*Essais*, 1,24). Wenn man sich bewusst macht, wie viele Streitigkeiten diese Überlegungen zur »Fortuna« Montaigne mit den Zensoren des Vatikans einbrachten, die darin eine Beleidigung der göttlichen Vorsehung erblickten, dann versteht man, dass dieses Lob des Risikos auch eine diskrete Art und Weise ist, mit einer übermäßig deterministischen Theologie zu brechen. Die Ökonomen von heute machen, oft gefolgt von Politikern, aus dem *risk taking* das Alpha und Omega der Innovation und brechen mit der Idee der Rente. Bis wohin soll man ihnen folgen? Montaigne und die Ökonomen verfügen über ihren Plan B. Für Ersteren besteht er in dem Gefolge aus einem Dutzend Dienern, die bereitstehen, um seine

Sorglosigkeit wettzumachen; die Letzteren schreiben ihre Artikel auf unkündbaren Universitätslehrstühlen. Wir anderen aber haben nur eine Stute, nur einen Beruf, nur ein Leben, wir müssen abwägen, herumklügeln, abwarten. Die Fortuna ist kein Verhängnis: Wir müssen sie zähmen wie ein junges Pferd, das zugeritten wird.

Die Überbewertung des Risikos verrät in gewisser Weise einen Standesdünkel. Die jungen Start-up-Unternehmer, die aus der Handelsschule kommen, verfügen über ausreichend ökonomisches, intellektuelles oder soziales Kapital und können sich also erlauben, alles zu wagen. Aber in den weniger solventen Haushalten, in denen ich während meiner Reise unterkam, besteht der hauptsächliche Wunsch darin, endlich die Schulden zurückzuzahlen. Warum also sollte man, sobald man endlich etwas familiäre und berufliche Stabilität gefunden hat, »Risiken eingehen«? Besteht in diesem sanften Konservatismus nicht der unabdingbare Mutterboden der Gesellschaft? Ein Freund im Versicherungsgeschäft, der mich in Saint-Baslemont (Vogesen) für ein rettendes Picknick an einem glutheißen Tag besucht hat, erklärte mir zwischen zwei Scheiben Melone, warum die Franzosen mit großer Mehrheit eine Kreditversicherung befürworten.

Wenn die Klugheit uns vor Exzessen bewahrt, dann wird sie selbst nicht exzessiv sein. Ich kann diesmal Montaigne nur Beifall spenden, wenn er schreibt: »Nichts liefert uns so sehr den Gefahren aus, als der besinnungslose Wunsch, sie alle loszuwerden« (*Essais*, III,6). Hätte ich vollständig allen wackeligen Brücken und gesperrten Wegen entgehen wollen, hätte ich meine Zeit auf den Straßen verbracht. Auf die Gefahr hin, unter die Reifen eines Lkw zu geraten.

*

Am Vorabend meiner Ankunft in Rom, in einem lichtlosen Zimmer in einer Pilgerstation, überfliege ich mein täglich geführtes Logbuch, bevor ich einschlafe. Es ist gut hundert Seiten lang und genauso spröde im Ton und intim im Detail wie das von Montaigne, der nie die Absicht hatte, etwas über seine Reise zu publizieren. Ich stelle mir eine unbedarfte Frage: Macht es aus mir einen Journalisten, denn oft nennt man mich so, dass ich dieses Tagebuch (frz. *journal*; Anm. d. Übers.) führe?

Im Wortsinne ja. So lobt auch Montaigne seinen Vater, dass er ein Tagebuch abgefasst hat oder besser hat abfassen lassen, »um darin alle denkwürdigen Ereignisse festzuhalten sowie, Tag für Tag, die Erinnerungen der Geschichte seines Hauses« (*Essais*, I,35). Ein alter Brauch, den es nach Montaigne »gut wäre wiederaufzufrischen, jeder bei sich in seinem Selbst« (*Essais*, I,35). Er ließ auf die Worte Taten folgen. Sobald der Sekretär entlassen war, dem er sein *Reisetagebuch* diktierte, entschloss er sich, selbst die Feder in die Hand zu nehmen, denn er muss um jeden Preis »die Arbeit fortsetzen« (*Reisetagebuch*, Rom). Er findet es in keiner Weise ehrrührig, den Zustand der Bettwäsche zu notieren oder Vorfälle in den Wirtshäusern zu beschreiben. Montaigne übt sich in Journalismus, damit dann später, in der Stille des Turmes, der Autor das Ruder übernehmen und die Rohstoffe in ausgearbeitete Gedanken verwandeln kann. Vielleicht sind die *Essais* ihrerseits eine Art Selbst-Journalismus, die neuesten Nachrichten des umherschweifenden Ich. »Leben ist mein Beruf und meine Kunst« (*Essais*, II,6), schrieb Montaigne.

Was diese Art Journalismus charakterisiert, ist weniger die Suche nach Objektivität, eine endlose Diskussion, sondern eine vollständige Freiheit in der Vorgehensweise des Journalisten selbst. Das Studienobjekt zählt weniger als die Studie selbst, die es wert ist, erzählt zu werden. Der einzigartige Blick lässt das rohe Faktum in den Hintergrund treten. Während meines ziemlich müßigen Aufenthaltes in Plombières-les-Bains habe ich mich, etwas aus Zufall, in das Werk von Albert Londres gestürzt. Ich habe die Strafkolonie in Cayenne entdeckt, die Bordelle von Paris und die Irrenanstalten der 30er-Jahre. Bei jeder seiner Ermittlungen entwickelt sich das Thema entlang des Schreibens: In Cayenne bemerkt der Journalist, dass das schlimmste Straflager außerhalb der Mauern liegt; in Pigalle, dass der Handel mit weißen Mädchen über Buenos Aires läuft; im Kontakt mit Ärzten, dass die Verrücktesten nicht die sind, von denen man es glauben würde. Solche Abschweifungen hätten sich nie ergeben können, wenn Albert Londres nicht über das wertvollste Kapital überhaupt verfügt hätte: Zeit. Die Zeit, zu trödeln, sich zu täuschen, umzukehren, an etwas andres zu denken. Über sie zu verfügen hat einen Preis, sowohl einen moralischen für den Journalisten, der seine vorgefassten Meinungen aufgeben muss, als auch einen finanziellen für die Zeitung, die ihm Vertrauen entgegenbringt. Man hat Albert Londres häufig als »engagierten« Journalisten klassifiziert, als ob das Schreiben eine Wehrpflicht wäre; aber wenn er seine Meinung sagt, dann weniger, um eine endgültige Ansicht auszudrücken, als vielmehr, um seine eigenen Empfindungen, Zweifel und Seelenzustände dem Scharfsinn des Lesers zu unterbreiten. Er wird selbst zum Objekt seiner Reportage.

In diesem Sinne fühle ich mich völlig als Journalist. Ich habe freie Hand. Meine Neugier nährt sich Stück für Stück an den Gelegenheiten, die der Zufall mir bietet. Die Seiten meines Tagebuchs sind Geschichten, die nicht repräsentativ sind, aber faktentreu präsentiert, nicht verifiziert, aber wahrheitsgemäß. Eine solche Information ist wie ein Pfad, der im Wald kaum zu sehen ist, dem man folgen muss, ohne zu wissen, wohin er führt oder ob es ihn wirklich gibt. Dagegen habe ich jetzt begriffen, was Journalismus nicht sein darf: eine Autobahn, auf der Realitätsstückchen mit voller Geschwindigkeit vorbeirauschen, ohne Unterbrechung, ohne Umweg, ohne Geruch und ohne Geschmack. Wenn ein Journalist »ein Thema abhandelt«, ohne anhalten oder die Spur wechseln zu können, dann ist er bereits daran vorbei, wie ein Tourist, der »eine Stadt abhandelt«. Haben wir es wirklich nötig, die »Nachrichten« zu verfolgen? Man lebt sehr gut und sogar sehr viel besser, ohne die Polemik des Tages oder die aktuellste Covid-Verstorbenenzahl zu kennen. Ich bin der Welt gegenüber nicht indifferent: Ich tauche in meine unmittelbare Umwelt ein, diejenige, in der ich handeln kann. Während ein paar Tagen Pause in der Nähe von Montalcino habe ich jeden Morgen die »Nachrichten« von zwei roten Katzen erfahren, denen ich eine Tasse Milch servierte: Das waren meine Eilmeldungen.

Die mustergültige Journalistin für mich wäre Desti. Sie erinnert sich an alles, hat Angst vor nichts, verspottet niemanden und dringt voller Neugier in die Welt vor, spitzt die Ohren nach der geringsten Neuigkeit. Wenn sie ihr *Reisetagebuch* schreiben sollte, dann wäre es die gründlichste, die genaueste, die vollständigste Studie über die Entwicklung der Grasbüschel vom Périgord bis nach Latium. Chefredakteurin Desti!

XXII Rom

■ ■ ■

Imaginierte Ankunft in Rom – Tatsächliche Ankunft in Rom – Polizeikontrollen – Sicherheit, Wohlstand, Bürokratisierung – Warten auf Barbaren – Gemeinschaft der Wanderreiter – Europäischer Humanismus – Liberalismus statt Neoliberalismus – Ankunft in der Botschaft – Locanda dell'Orso

■ ■ ■

Während meiner langen Träumereien unterwegs habe ich mir meine Ankunft in der Ewigen Stadt folgendermaßen vorgestellt. Wir durchqueren die Stadttore im Galopp auf einer Römerstraße. Desti erklimmt den Monte Mario. Zwischen den Bäumen erscheint der Petersdom vor unseren Blicken. Schon geht es auf dem Viale Angelico dahin, leichtfüßig unter den bewundernden Blicken der Passanten. Es ist an der Zeit, ein Wort für die Geschichtsbücher zu sprechen. Am Ende der Straße der Vatikan. Dort erwartet uns der Papst, »ein sehr hübscher Greis« (*Reisetagebuch*, Rom), dessen Majestät Montaigne beeindruckte (und dessen Gesundheit er beneidete, denn er hatte »keine Gicht, keine Koliken, keine Magenschmerzen« (*Reisetagebuch*, Rom)). Seine Heiligkeit trägt seinen »roten Hut, sein weißes Gewand und eine Kapuze aus rotem Samt« (*Reisetagebuch*, Rom). Ich steige vom Pferd ab und setze ein Knie auf die Erde. Der Botschafter Frankreichs, der ebenfalls gekommen ist, »krempelt das Gewand des Papstes über dem rechten Fuß hoch, und dort findet sich eine rote Pantoffel mit einem weißen Kreuz darauf« (*Reisetagebuch,* Rom). Ich küsse die besagte Pantoffel und bemerke voller Rührung, dass der Erbe des Stuhles Petri »ein wenig die Fußspitze angehoben« (*Reisetagebuch,* Rom) hat. Der Botschafter bedeckt den Fuß des Papstes wieder, und dieser verpflichtet mich zum Studium und zur Tugend, was ich ihm recht gern verspreche. Ich empfange seinen Segen. Ich wende meinen Blick demütig und suggestiv auf Desti. Der Papst seufzt auf, lächelt und schließt schließlich auch unsere spanische Jungfrau in seinen Segen mit ein.

Nachdem der offizielle Teil beendet ist, schwingen wir uns beide auf unsere Pferde. Der Papst »reitet einen weißen Zelter, mit rotem Samt gezäumt, die Ränder mit Gold gefasst. Er sitzt ohne die Hilfe eines Knappen auf und durchläuft so sein einundachtzigstes Jahr« (*Reisetagebuch,* Rom). Dieser Zelter ist übrigens »ein Pferd aus Spanien« (*Reisetagebuch,* Rom), von derselben Statur wie Desti, mit jenem feinen Kopf, dem Erbe des arabischen Blutes. Wir reiten, Stiefel an Stiefel, munter dahin, umgeben von den Schweizer Garden in ihren karnevalesken Uniformen. Sie erinnern mich an den Narren aus dem Tarot. Ich lasse indessen meine antiklerikale Ironie beiseite: Die Ästhetik überflügelt die Vernunft. Unser Weg führt einmal quer durch den Vatikan. Schwarz verschleierte Nonnen verbeugen sich, wenn wir vorbeikommen. Erst jetzt bemerke ich die vier Männer zu Pferde, die uns den Weg bahnen und »gewisse Stäbe halten, in roten Samt gefasst, an der Spitze und am Ende vergoldet, auf denen sich vier rote Hüte befinden« (*Reisetagebuch,* Rom). Unsichtbare Riesen gehen uns voraus.

Der Papst ist schwungvoll. Ich mag seine »knappen und resoluten« (*Reisetagebuch,* Rom) Bemerkungen. Im Gegenzug teile ich ihm meine Reiseeindrücke mit. Wir plaudern über den europäischen Humanismus und hoffen auf seine baldige Wiedergeburt. Wir sind einer Meinung, dass die Einführung eines bedingungslosen Grundeinkommens notwendig ist, der Papst wird das zum Gegenstand seiner nächsten Enzyklika machen. Der Anspruch der Wohltätigkeit verbindet sich so mit dem Versprechen auf Freiheit. Seine Heiligkeit lässt sich sogar zu einigen persönlichen Vertraulichkeiten hinreißen. Er leidet unter der Abwesenheit seines Sohnes, »den er wie wahnsinnig liebt« (*Reisetagebuch*, Rom), den er aber im Nachgang eines Justizskandals ins Exil nach Pérouse schicken musste. Ich erzähle ihm von meinem, der sich in der Schule beklagt, seinen Vater nicht zu sehen. Wir seufzen, zwei engagierte Väter, die ihren Nachwuchs vermissen, der eine aus Gerechtigkeitsempfinden, der andere aus Reiselust.

Wir werden aber leider vom Staatssekretär des Heiligen Stuhles unterbrochen, der in seinem Kardinalshabit, rotes Käppchen und schwarzer Umhang, auf uns zukommt. Der Papst verdreht die Augen zu Himmel, aber bedeutet ihm, sich zu nähern. Die beiden wechseln leise ein paar Worte.

»Ich muss mich entschuldigen«, sagt der Papst zu mir, »die Geschäfte.«

»Ich verstehe, selbstverständlich.«

»Ich habe meinen treuen Diener, den Präsidenten der Republik Italien, gebeten, Destinada in den Stallungen des Quirinal unterzubringen. Ich bin sicher, dass sie dort gut behandelt werden wird.«

»Ich danke Ihnen.«

Diesmal hält mir der Papst die Hand hin, deren goldenen Ring ich küsse, und verabschiedet sich mit einem letzten Segen.

Anders als Montaigne widerstehe ich an diesem Abend der Versuchung, mir »nur zum Vergnügen die Frauen anzusehen, die sich von jedermann ansehen lassen« (*Reisetagebuch*, Rom). Ich begnüge mich damit, mir folgende Szene vorzustellen:

»Eine gewisse Person war bei einer Kurtisane, sie lagen auf einem Bett, und während sie mit ihrer Freizügigkeit beschäftigt waren, da läutete es plötzlich, vierundzwanzig Uhr, zum Ave-Maria: Sie warf sich schlagartig vom Bett auf die Erde, kniete sich hin und fing zu beten an« (*Reisetagebuch*, Rom). Ist diese Mischung aus Laster und Frömmigkeit nicht das Salz Roms?

*

Die Realität ist weniger romantisch. Anstelle einer Römerstraße muss ich die schreckliche Via Cassia nehmen, eine dreispurige Straße, auf der die Pendler und die Lkw, die die Hauptstadt versorgen, dahinrasen. Wir müssen uns zwischen Tankstellen und Parkplätzen durchschlängeln. Mein Freund Gauvain, der mich auf dieser letzten Etappe begleitet, blockiert an den schwierigsten Stellen heroisch den Verkehr, damit wir durchkommen. Ohne ihn wären wir wahrscheinlich in der Rubrik »Vermischtes« des *Osservatore Romano* gelandet. Wir verlassen die Via Cassia, nur um uns dann durch die verstopften Straßen von Sant'Onofrio zu quälen. Nach mehreren Stunden dieses Trainings bin ich von der Gewalt der Vorstadt schockiert und verstört.

Der Monte Mario ist meiner Phantasie von ihm schon deutlich treuer, aber seine breiten und gepflasterten Serpentinen werden für Desti zu Rodelbahnen. Auf dem Viale Angelico werfen uns die gestressten Passanten kaum einen betrübten Blick zu. Zum ersten Mal seit ziemlich langer Zeit sehe ich wieder Frauen mit hohen Absätzen und frisch rasierte Männer im Anzug: Der *Homo sapiens* hat sich noch etwas weiter von seiner animalischen Substanz entfernt. Wir arbeiten uns voran, vorbei an den regungslosen Schaufensterpuppen und den Schaulustigen im Straßencafé. Auf der Straße lassen mich die Schienen, auf denen still und leise die elektrischen Trambahnen vorbeigleiten, ein Ende à la *Anna Karenina* befürchten. Ich bin wachsam, fürchte einen falschen Schritt und bin mir bewusst, dass sich die schlimmsten Unfälle kurz vor dem Hafen ereignen. Ich habe so viel vom Petersplatz geträumt, dass seine Wirklichkeit, belastet durch meinen unbeholfenen Körper, gefiltert durch meine müden Sinne, nur dahinter zurückbleiben kann. Da sind wir schon auf der Höhe der Porta Sant'Anna angekommen. Ich sehe die Kolonnaden des Platzes. Noch ein paar Meter und wir verbinden uns mit den Millionen von Pilgern, die uns vorangegangen sind.

Der Papst ist nicht auf seinen weißen Zelter gestiegen. Er hat auch auf meine Audienzgesuche nicht geantwortet, die ich ihm, seit nun einem Jahr, durch verschiedene unkonventionelle Kanäle zukommen ließ. Dafür aber kommt die Polizei zum Rendezvous. Und zwar zahlreich: *Carabinieri* in ihrer eleganten Uniform, die Polizei des Vatikans, Bullen in Zivil. Alle diese Wachtmeister sehen uns mit offenbarem Hochgenuss kommen. Ich lese ihre Gedanken: Endlich, jetzt haben wir auch unseren Spaß! Der Zugang zur Mitte des Platzes, rund um den Obelisken, wird mir sofort untersagt. Mehr braucht es nicht, um in mir unwiderstehlich die Lust anzufachen, genau dort hinzukommen. Ich bestehe auf meiner Unbescholtenheit. Ich empöre mich über einen derartigen Empfang beim heiligen Peter. Die Walkie-Talkies laufen warm. Ich nutze den Moment für eine Pause und lehne mich an das Absperrgitter. Desti, vom Strahl der Gnade getroffen, rührt sich kein bisschen. Ich lasse ein paar Kinder auf ihrem Rücken sitzen und versammle die Eltern hinter meinem Anliegen. Einer der Wachtmeister entspannt sich und fängt ein Gespräch an. Ich habe das Gefühl, dass die Sache eine gute Wendung nimmt. Bis ein anderer angelaufen kommt. Die Befehle sind eindeutig. Der Reiter muss sich verdrücken.

Ich sitze auf und entferne mich im Schritt, verbittert. Ich kehre der Basilika den Rücken zu, um die Via della Conciliazione hinabzureiten, eine monumentale Avenue, Mussolini-Proportionen. Kaum habe ich Zeit, es mir kalt den Rücken runterlaufen zu lassen, da werde ich von einem Polizeiwagen eingeholt: Ausweiskontrolle. Ich bin kein Bittsteller mehr, sondern ein Verdächtiger. Ich durchwühle meine Satteltaschen, um meinen Ausweis zu finden, und weigere mich dabei hartnäckig abzusitzen. Ich protestiere gegen diese willkürlichen Vorgänge. Die einzige Antwort besteht darin, dass man mich fragt, wer mich die Porta Sant'Anna hat durchqueren lassen. Der Verantwortliche am betreffenden Wachposten wird eins auf den Deckel kriegen. Die Stimmen werden lauter, während Desti, aus ihrer Schläfrigkeit erwacht, auf der Stelle tritt. Die Polizisten kommunizieren per Funk mit ihren Vorgesetzten und warten auf neue Anweisungen. Wie wäre es mit einer Verfolgungsjagd zwischen der italienischen Polizei und einer Stute in den Straßen Roms? Unsere Gegner mögen zahlreicher und schneller sein, aber sind wir nicht wendiger und ungreifbarer? Verfügen die Zellen auf der Wache über Boxen für Pferde? Ich werde keine Gelegenheit mehr haben, diese Fragen zu vertiefen. Nach fünf Minuten knistert aus dem Funkgerät folgender Bescheid, der mir unverständlich bleibt: »*Negativo.*« Negativ bezüglich was? Verbrechen, Covid, böse Absichten? Oder einfach nur negativ? Negativ für die Polizei, für die Gesellschaft, für die Ordnung der Dinge? In jedem Fall lassen die Gesten, die dieses Wort begleiten, keine Zweifel über seine Bedeutung zu: Bewegen Sie sich, hauen Sie ab, scheren Sie sich zum Teufel! Ich lasse mich nicht lange bitten. Ich ziehe den Teufel immer noch diesem so wenig liebenswürdigen Gott vor. Wir setzen also unseren Weg Richtung Engelsburg fort. Zum Zeichen unserer Geringschätzung lässt Desti vor den wachhabenden Soldaten schneidig einen Pferdeapfel fallen.

Ich überquere die Ponte Sant'Angelo, um mich in das Gewirr der Straßen zu stürzen, die zu unserem letzten Stall führen, einem improvisierten Paddock in den Gärten der Botschaft Frankreichs beim Heiligen Stuhl. Ich wähle den kürzesten Weg. Ich muss pünktlich zu meinem Covid-Test kommen, ohne den ich mich dem Diplomatischen Corps nicht nähern darf. Es wird meine erste Erfahrung mit einem Wattestäbchen in der Nase sein, aber ach nicht die letzte. Ich komme ohne große Gefühlswallungen an der Piazza Navona und am Trevibrunnen vorbei und konzentriere mich nur darauf, die Einbahnstraßen in der richtigen Richtung zu benutzen. Ich komme wieder zur Ruhe und überzeuge mich davon, dass diese missglückte Ankunft unser Zeitalter nicht besser spiegeln könnte. Sie liefert mir, dampfend heiß aus der Küche des Vatikan, die politischen Schlussfolgerungen dieser Reise.

Was Desti und ich vollbracht haben, wäre zu Montaignes Zeit undenkbar gewesen. Ein einsamer Reiter auf den Straßen wäre hundertmal betrogen, ausgeplündert, erpresst und misshandelt worden. Noch ein Jahrhundert später beschreibt Jean de La Fontaine in einem Brief an seine Frau mit Schrecken seine Durchquerung des Waldes von Torfou (im Val de Loire): »Es ist ein gefährlicher Weg, ein Ort so recht für Räuber, voller Hinterhalte, eine einzige Aufforderung zum Rückzug.« Noch einmal später, in den Romanen Stendhals, sind die reisenden Helden nie ohne eine Pistole unterwegs. Die relative Sicherheit auf den Straßen und Wegen ist ein junges Phänomen. Jenseits der Lokalnachrichten ist die Befriedung unserer Gesellschaften über einen langen Zeitraum hinweg in überzeugender Art und Weise von Autoren wie Steven Pinker dargestellt worden. Auch war die Menschheit, allen Ungleichheiten zum Trotz, noch nie derart wohlhabend. Man fürchtet am Waldrand nicht mehr (oder so gut wie nicht mehr) um sein Leben. Man stirbt nicht mehr (oder so gut wie nicht mehr) an Hunger, was die hauptsächliche Sorge unserer Vorfahren war. Selbst Freizeit ist ein relativ weitverbreiteter Luxus geworden: Schätzungen zufolge, die auch Ausbildung und Rente in Betracht ziehen, nimmt Lohnarbeit im Durchschnitt nur etwa gut fünfzehn Stunden pro Woche ein, was den Prognosen von Keynes entspricht. Man kann also quer durchs Land spazieren, ohne jemanden zu schockieren. Müßiggang ist nicht mehr den hohen Herren vorbehalten. Was die Viren angeht, die innig mit der Evolution alles Lebenden verbunden sind, so sehen sie sich heute binnen Jahresfrist einem Impfstoff gegenüber, während die Wellen der Pest über Jahrtausende hinweg von Athen bis nach Bordeaux rollten. Kurz gesagt, es ist ziemlich gut, im Jahr 2020 zu leben und zu reisen.

Dieser Fortschritt hat allerdings einen Preis. Die Sicherheit wird mit der nie da gewesenen Bürokratisierung des Daseins bezahlt. Nirgends sonst scheint die Intuition Tocquevilles, der das Aufkommen eines »demokratischen Despotismus« fürchtete, sehr zutreffend. Wir sind nun zwar die Banditen los, aber finden uns gefesselt von einem »Netz aus kleinen, komplizierten, detaillierten und gleichförmigen Regeln«, ob es sich nun um die Erlasse der Verwaltung handelt oder um die Algorithmen der Privatwirtschaft. Die menschlichen Beziehungen werden durch schwer verständliche Kriterien gesiebt. Niemand scheint zu dem Urteil in der Lage zu sein, dass ein Pferd in der Nähe des Obelisken von Sankt Peter niemandem etwas Böses tut. Es müssen Formulare zurate gezogen und Befehle abgewartet werden. Im Zweifel wird das Ungewohnte, Irreguläre abgelehnt. Reflexhaft wird die Identität überprüft, denn die Anonymität ist eine inakzeptable Grenzüberschreitung geworden (wie oft am Tag müssen Sie Ihr Geburtsdatum angeben?). Da ich gerade erst die Waldwege verlassen habe, bestürzt und bedrückt mich diese brutale Rückkehr in ein Universum aus Ausweispapieren und Covid-Tests, unser Universum, das Universum, das wir uns gebaut haben. Ich mache mir bewusst, bis zu welchem Grad wir – zermürbt von den Versuchen, die Regeln zu umgehen, die die Technologie immer übergriffiger macht – jeden Tag auf Worte, Handlungen und Begegnungen verzichten, obwohl sie für unsere Grundbedürfnisse wesentlich sind. Um Frieden zu haben, begnügen wir uns mit der passenden Schublade.

Die Metamorphose vom *vagabond* zum *citoyen* ist schmerzhaft. Der Charme der römischen Gassen schaffte es nicht, mir dieses Gefühl von Enge zu nehmen. Es ist, als würde ich mich nach einem Ausbruch wieder als Gefangener ergeben. Rom ist gewiss ein Luxusgefängnis, aber wie soll ich einen Raum sonst nennen, in dem meine Handlungsmöglichkeiten plötzlich so eingeschränkt werden? Ohne einzurechnen, dass ich nun, zum ersten Mal seit mehreren Monaten, nicht mehr pinkeln kann, wenn ich möchte. »Es sich verkneifen« – ist es nicht genau das, was die Gesellschaft permanent von uns verlangt?

Trotz Staatspaternalismus und digitaler Überwachung haben mich die immer wieder bemühten Vergleiche mit Orwells *1984* nie überzeugt. In *1984* existiert eine Partei, von deren Zerstörung man träumen kann, mit Führungsspitzen, die geheim sind, aber leibhaftig. Mag der Kampf auch verzweifelt sein, der Feind ist klar identifizierbar. In unserer Dystopie 2020 ist niemand mehr wirklich verantwortlich. Die Führungsspitzen und die Chefs sind die Ersten, die die Absurdität jener Verfahren anprangern, für die sie formell zuständig sind. Wie kann man dieser freiwilligen Knechtschaft ein Ende setzen, die niemand will, aber die von jedem respektiert wird?

Während ich Rom durchquere, ist es schwer, nicht an die Plünderung der Stadt durch Alarich und sein Heer zu denken, als eine jahrhundertealte Zivilisation in wenigen Tagen zerstört und der Fall eines schwach gewordenen Imperiums beschleunigt wurde. In seiner historischen Analyse des Phänomens der Bürokratisierung kommt David Graeber zu dem Schluss, dass nur Barbaren, die von außen kommen, die Mechanismen der Normen zerstören können. Reform ist unmöglich, Vereinfachung illusorisch. Eine Phase der Zerstörung ist notwendig, um Platz für die Freiheit zu schaffen. Sehnen wir uns nicht insgeheim danach, wenn unsere Augen an der jüngsten Erfolgsserie auf Netflix, *Barbaren*, kleben? Werden die schwarzen Blöcke, die sich regelmäßig in den Straßen europäischer Hauptstädte austoben, die Nachfolger der Westgoten? Müssen wir denn für die Möglichkeit, wieder zu Herren unseres Geschicks zu werden, Schaufenster einschlagen?

Wie gegen jeden Despotismus begehrt der Geist auf. Aber ich bin guter Hoffnung, dass wir zu einer friedlichen Lösung unserer inneren Widersprüche gelangen werden. Auf meinem Weg habe ich eine ganze Horde ausgesprochen taktvoller und besonnener Barbaren kennengelernt, die ganz diskret die Samen des sozialen Wandels aussäen.

Da gibt es die, die offen Widerstand leisten, zuweilen wohl übertrieben, aber nie grundlos: Fabrice im Limousin, der am Abend vor den Stallungen den Joint rumgehen lässt; Frédéric in der Beauce, der sich demonstrativ auf seinen Sicherheitsgurt setzt; Lucie in der Nähe von Bure, die ein Stück Land besetzt; Anja in Füssen, die ihre Weiden gegen den Druck der Immobilienentwickler verteidigt; Erich in Bayern, der sich der amtlichen Untersuchung seiner Herden verweigert; Christine in Montefiascone, die um den Lago di Bolsena kämpft. Wenn sich die Anliegen auch unterscheiden, diskutabel, zuweilen sogar widersprüchlich sind, so verraten sie doch alle denselben Wunsch: das Leben und die Umwelt selbst in die Hand zu nehmen, ohne die Diktate einer Zentralgewalt und die Befehle der Profitgier. Suchen wir nicht mehr länger nach den Motivationen der Gelbwesten, die von fast allen meinen Gastgebern in Frankreich unterstützt wurden: Es geht nicht um Kaufkraft oder soziale Gerechtigkeit, sondern einfach um Würde.

Und dann gibt es die, noch zahlreicher, die in die Zwischenräume schlüpfen, sich am Rande der Gesetze so frei wie möglich einrichten und oft im Kontakt mit der Natur einen Raum der gemeinschaftlichen Souveränität erschaffen, wie er politisch unmöglich geworden ist. Unter ihnen finden sich meine Brüder und Schwestern, die Wanderreiter. Diese kleine Gemeinschaft, die ich im Laufe meiner Vorbereitungen und meiner Reise kennengelernt habe, verdient eine jener »Höflichkeiten« (*Essais*, III,10), auf die Montaigne so erpicht war: Ich ziehe den Hut. Sie organisiert sich in der Assoziation *Cavaliers au long cours* (CALC), deren Mitgründer niemand anderes als der Weise Stépane ist. Es handelt sich, glaube ich, um den ersten Verein, dessen Mitglied ich werden möchte. So habe ich mich zu gut hundert Abenteurern gesellt, die aus dem Reisen zu Pferd eine Lebensart gemacht haben. In ihrer kleinen Vierteljahreszeitschrift kann ich nachlesen, wie sie Frankreich, Europa und alle Kontinente durchstreifen, alleine oder in Gruppen, mit einem oder mehreren Tieren, für einige Wochen oder für mehrere Jahre. Man begegnet ihnen im tiefen Frost Kanadas und auf der Seidenstraße. Ihre Berichte sind deutlich spannender als meine: Zuweilen enden die Pferde in einer Schlucht und die Reiter in einer Zelle. Unter ihnen, unter uns, herrscht eine anspruchsvolle Solidarität, die Hochstapler in Touristengestalt oder Abenteurer, die ihre Pferde respektlos behandeln, nicht toleriert. Wir tauschen Adressen von Sattlern oder findigen Tierärzten und Bücher aus. Mehrere meiner neuen Gefährten haben mich auf meiner Route besucht. Alle teilen sie dieselbe Philosophie: Freiheit, Verantwortung, Autonomie. Es geht ebenso sehr darum, ein Pferd selbst beschlagen zu können, als auch darum, wie die Website von CALC präzisiert, »die Hegemoniebestrebungen und den Konsumismus, wie sie von offiziellen Institutionen angepriesen werden«, abzulehnen. Das Reisen zu Pferd besitzt eine offensichtliche politische Dimension, eine Form von sanftem Anarchismus, die durch die Selbstsorge führt, und nicht durch die Aggression anderen gegenüber. Die Mitglieder von CALC wählen mit ihren Füßen und ihren Hufen. Anstatt die Konfrontation mit der Macht zu suchen, ignorieren sie sie. Man untergräbt viel eher die Fundamente des autoritären Staates, wenn man einen Weg entlangtrabt, als wenn man Steine auf Polizeihundertschaften schmeißt.

Von dieser existenziellen und sozialen Unabhängigkeit fühle ich mich noch weit entfernt. Ich habe meiner bürgerlichen Bequemlichkeit noch nicht abgeschworen. Übrigens bin ich noch gar nicht formell zum Langstreckenreiter gekürt worden. Nach den Statuten von CALC sind Langstreckenreiter Personen, die eine Reise zu Pferde vollbracht haben, und zwar

- *mit denselben Pferden* (diese Bedingung habe ich erfüllt, dank Destis Durchhaltevermögen)
- in wenigstens einem anderen Land als ihrem (erledigt)
- *ohne begleitende logistische Unterstützung* (zählt Gauvains Hilfe, täglich, aber aus der Distanz, als eine »begleitende Unterstützung«? Gesprächsbedarf)
- *über mindestens sechs aufeinanderfolgende Monate* (wir haben es fast geschafft, aber nur fast. Kann ich auf die Toleranz der Jury zählen?)
- *über mindestens fünftausend Kilometer.* (Vor diesem letzten Kriterium müssen wir eindeutig kapitulieren. Meinen Berechnungen zufolge haben wir zweitausendfünfhundert

Kilometer zurückgelegt, also einen bescheidenen Durchschnitt von zwanzig Kilometern pro Tag. Wir hätten, wie Montaigne es eigentlich vorgehabt hat, bis nach Griechenland weiterreiten müssen. Meine familiären und beruflichen Verpflichtungen stehen einem solchen Abenteuer entgegen.)

Wenn ich auch kein wirklich vollgültiger Langstreckenreiter bin, so verstehe ich doch inzwischen mein eigenes Vorhaben besser. Ich dachte, dass ich mich auf einen Weg zum »europäischen Humanismus« gemacht habe. Tatsächlich aber existiert Europa kaum, und der Humanismus will nicht viel sagen. Der Begriff existierte zur Zeit Montaignes nicht und passt schlecht zu einem Denken, das der menschlichen Vernunft misstraut, die »stets verkrümmt, hinkend und schwankend« (*Essais*, II,12) ist. Montaigne bleibt skeptisch mit Blick auf unser Erkenntnisvermögen und unsere Herrschsucht und misstraut von vornherein dem triumphalen Humanismus. Wenn er Leonardo da Vinci nicht erwähnt, wie Stendhal es ihm vorwirft, dann vielleicht deshalb, weil ihm der *Vitruvianische Mensch* verhasst ist, diese Zeichnung mit den überperfekten Proportionen, die den Menschen ins Zentrum der Schöpfung stellen wollen. »Protagoras hat uns da wirklich was Schönes erzählt, als er den Menschen zum Maß aller Dinge machte, wo dieser noch nicht einmal sein eigenes kennt« (*Essais*, II,12). Ist das nicht eine starke Antwort auf die Utopisten seiner Zeit und eine vorweggenommene Kritik an den Demiurgen der Postmoderne? Montaigne achtet übrigens sehr darauf, sich nicht mit den Romreisen seiner Vorgänger, Erasmus und Du Bellay, zu assoziieren, von denen er kein Wort sagt. Vor Ort scheint er vollständig unempfänglich für die Künstler der Renaissance zu sein, zur großen Verzweiflung Chateaubriands. Montaigne ist weder ein Ästhet noch ein Idealist. Ich auch nicht. Wenn es darum geht, einander über Klassen und Nationalitäten hinweg zu respektieren, dann braucht man nicht den Humanismus heraufzubeschwören; die Menschlichkeit genügt.

Wie Montaigne bei seinem Aufbruch wusste ich, wovor ich fliehe, aber nicht, wonach ich suche. Meine Suche hat sich nach und nach geklärt. Als ein Liberaler, der aus der politischen Philosophie kommt und daran festhält, individuelle Freiheiten gegen Kollektivismen aller Art zu verteidigen, habe ich versucht, ganz praktisch einer jener taktvollen Barbaren zu werden, deren Lebensführung völlig verantwortungsbewusst ist, aber zugleich außerhalb der Normen, außerhalb der Gesetze steht. Montaigne ist in dieser Hinsicht ein gutes Vorbild. Er bemüht sich, wie er sagt, keine schlafenden Gesetze zu wecken. Er lobt »ein unberechenbares, unbehelligtes und lautloses Leben« (*Essais*, III,10). Unberechenbar gleitend wie eine Stute auf den Pflastersteinen Roms. Unbehelligt wie ein Unterholz im Herbst. Lautlos wie die selbstverständliche Großzügigkeit der Passanten, die mir begegneten, und der Gastgeber, die mich aufnahmen.

Wie soll ich, nachdem ich von der Theorie zur Praxis übergegangen bin, nachdem ich die Freuden gekostet habe, die meine Ideen mir versprachen, wie soll ich also in das normierte und disziplinäre Universum zurückkehren? Muss ich die Feldwege zurückkehren, um frei zu leben? Oder kann man unsere Regierungsform noch von innen heraus verändern? Wie Huysmans, der, nachdem er *Gegen den Strich* geschrieben hatte, nur noch die Wahl »zwischen der Mündung einer Pistole und den Füßen eines Kreuzes« hatte, so habe ich inzwischen die Wahl zwischen dem Heu des Stalls und dem Feuer der Debatte. Ich will daran glauben, dass die taktvollen Barbaren die Gesellschaft verwandeln können, ohne sie zu plündern. Ich möchte ihnen dabei helfen. Vielleicht ist die Zeit des Engagements in der Cité de Paris gekommen.

In jedem Falle weiß ich jetzt, welchen Liberalismus ich verteidigen muss. Nämlich nicht, ganz gewiss nicht jenen Neoliberalismus, der entlang meines Weges Einkaufszentren, Pavillonsiedlungen und Betonblocks aus dem Boden schießen ließ; der die Bäume der Treidelpfade abgeschnitten und Videoüberwachung in den Innenstädten installiert hat; der ein *Zertifikat** verlangt, wenn man nur über das platte Land spazieren will. Sondern einen Liberalismus, der auf dem Individuum gründet, der all jenen einzigartigen Existenzen, die mir auf meinem Weg begegnet sind, erlaubt, sich zu entfalten, ohne dauernd Rechenschaft ablegen zu müssen. Ich ziehe John Stuart Mill und sein Recht auf Irrtum jederzeit Jeremy Bentham und seinem Panoptikon vor. Es geht nicht darum, den Fortschritt abzulehnen, sondern darum, ihm einen Sinn zu verleihen. Sich die Technologien aneignen und Standardisierung ablehnen. Dem Staat seine emanzipatorische Funktion zurückgeben und Unternehmen auf ein menschliches Maß zurückbringen. Auf dass ein jeder seinen Teil der schweifenden Freiheit findet oder wiederfindet.

Bienvenue, ruft mir der Protokollchef entgegen, als er die Tore der Botschaft in der Via XX Settembre öffnet. Desti und ich tasten uns vorsichtig auf den Kieswegen zwischen Brunnen und Buchsbaumhecken voran. Wir werden herzlich von Rudolfo begrüßt, dem Gärtner, der Pferde liebt. Wir schließen Bekanntschaft mit Jazz, dem Hund der Botschafterin, den diese neue Gesellschaft nicht zu schrecken scheint. Willkommen. Willkommen in der Villa Bonaparte, unserer letzten Etappe, willkommen auf französischem Boden, willkommen in der Zivilisation. Einige Stunden später bin ich von Kopf bis Fuß neu in feine ita-

* Deutsch im Original

lienische Stoffe gekleidet, den Schnurrbart von einem *barbiere* geglättet und eingeölt, auf einem Empire-Sofa ausgestreckt, ein Glas *Campari* in der Hand, und diskutiere über die Zukunft des Journalismus und die diabolischen Kulissen des Vatikans. *Treibst du die Natur auch mit der Mistgabel aus, sie kommt doch zurück.*

*

Eine Frage bleibt aber noch zu klären. Diese Ankunft auf dem Petersplatz, so geeignet sie auch für ein Gleichnis auf die Überwachungsgesellschaft gewesen sein mag, lässt mich doch unbefriedigt zurück. Warum soll das die Ankunft gewesen sein? Meine Reise ist keine Pilgerfahrt. Die Via Francigena endet tatsächlich direkt vor dem Petersdom, aber ich habe sie nur für gut zehn Tage benutzt, als einen bequemen Streckenabschnitt, aber nicht als Ziel in sich. Montaigne ist tatsächlich vom Papst empfangen worden, was entscheidend für seine diplomatische Tätigkeit war, aber davor hat er sich Zeit genommen, die Stadt zu besichtigen, und zwar so, dass er »nach wenigen Tagen leicht seinen Führer berichtigte« (*Reisetagebuch*, Rom). Es gibt also keinen Grund, den Heiligen Stuhl als Ziellinie zu nehmen.

Ich mache mich also auf den Weg zum Gasthof zum Bären, der *Locanda dell'Orso*, wo sich Montaigne nach seiner Ankunft mit seiner Truppe einrichtete. Es gibt sie immer noch, nicht weit vom Vatikan entfernt, auf dem anderen Tiberufer. Nachdem wir die Ponte Sant'Angelo überquert haben, beschließen Desti und ich, dort vorbeizuschauen. Wir dringen in eine ockerfarben gepflasterte Gasse vor. Der unebene Boden und die asymmetrischen Fassaden machen uns ganz schwindelig. Wir gelangen mehr schlecht als recht zum *Relais Orso*, ein uninteressantes Boutique-Hotel. Es ist eine Attrappe: Die Locanda befindet sich ein paar Nummern weiter, nur eine diskrete Plakette weist auf sie hin. Man könnte sich vorstellen, dass die mit Nieten beschlagene Tür noch von damals ist. In jedem Fall scheint sie mir zu dem Reisekoffer zu passen, den ich am Tag meines Aufbruchs in Montaignes Turm gesehen habe. Beide besitzen die Aura von rostigem Vorhängeschloss und wohlgehütetem Geheimnis.

Bin ich also angekommen?

Nicht so schnell. Ich war auf den Spuren Montaignes unterwegs. Aber im Laufe der Monate habe ich mich von ihnen entfernt. Die Reise ist zu meiner Reise geworden. Damit bin ich übrigens den Empfehlungen Montaignes treu geblieben, der stets Schulmeistern und Gelehrten getrotzt hat. »Man darf das Wissen nicht nur an der Seele befestigen, man muss es ihr einverleiben: Man darf sie nicht nur damit gießen, man muss sie damit durchfärben« (*Essais*, I,25). Ich habe mich mit Montaigne gefärbt. Jetzt kann ich meinem eigenen Weg folgen.

Und dieser Weg führt mich natürlich nach La Pommeraye, wo ich jenseits von Schmiede- und Sattlertechniken auch eine neue Art zu leben gelernt habe. Dorthin muss ich also zurückkehren.

XXIII La Pommeraye

■ ■ ■

Abnehmen der Hufeisen

■ ■ ■

Nach zwei Tagen im Lastwagen, unterbrochen von einem Zwischenstopp in Bourg-en-Bresse und gerade während in Frankreich ein neuer Lockdown beginnt, kommen wir also wirklich an. Alice versorgt gemeinsam mit einem Pferdezahnarzt ein Tier, Antoine ist am Reitplatz beschäftigt. Maïtuk, der Hund, flitzt zwischen meine Beine durch, wie er es immer macht. Wir umarmen uns ohne Pathos, wie am Tag der Abreise. Desti steuert mit festen Schritten auf ihren Paddock zu. Ich räume meinen Sattel auf, als würde ich von einem nachmittäglichen Spazierritt zurückkommen. Ich lasse mich in das Sofa fallen, das immer unter dem Vordach steht: Es ist Zeit für den Tee, wir knüpfen an unsere alten Gewohnheiten an, setzen uns zu dritt zusammen und tauschen die Eindrücke des Tages aus. Antoine hat die zweite Reihe Boxen fertig gebaut. Eines der Camargue-Pferde ist verkauft worden. Ich für meinen Teil habe nichts mitzuteilen: Das Material hat gehalten. Desti und ich kehren abgemagert, aber munter zurück. Die Sonne verschwindet hinter den Hügeln der normannischen Schweiz und entzündet die Bäume der Wälder. Der Himmel ist orangefarben. Ein Herbstabend ohne Neuigkeiten. In der Freien Kommune La Pommeraye gehört eine lange Reise zur Normalität.

Am nächsten Tag kommt unser Stammveterinär vorbei. Er befindet, dass Desti in guter Form ist. Das Röntgenbild ist beruhigend: Der Abszess hat keine Kokken ausgebildet, und das Gewebe sollte sich selbst heilen können. Desti ist nun bereit, auf die Weide zurückzukehren, wo ihre Gang wartet; nach ein paar Tagen Zögerlichkeit mischt sie sich wieder ganz unter ihre Artgenossen und ignoriert mich völlig, wenn ich ihr Hallo sage. Ich für meinen Teil muss mich beeilen, um zu meiner Familie zu kommen, bevor wieder alle Grenzen schließen, das Vorspiel eines recht düsteren Winters. Morgen werde ich in einer Bar in Soho Whisky trinken. Übermorgen werde ich mich rasieren, weil ich meine bessere Hälfte nicht von den amourösen Vorzügen überzeugen konnte, die Montaigne dem Schnurrbart zuspricht, da er so förderlich ist für die »festen Küsse der Jugend, die köstlichen, nimmersatten und klebenden« (*Essais*, 1,55). Desti und ich kehren zu unserer jeweiligen Spezies zurück.

Bevor wir uns trennen, bin ich es Desti noch schuldig, die Ratschläge von Étienne dem Hufpfleger umzusetzen. Ich nehme meine Hufschmiedewerkzeuge zur Hand: Nagelziehzange, Beschlaghammer, Nietklinge (fein und spitz). Ich binde mir den Hufschmiedeschurz um, der die Schenkel schützt, ein Luxus, den ich lange Monate hindurch entbehren musste. Unter den Augen Antoines mache ich mich dann daran, Desti die Hufeisen abzunehmen. An jedem Huf biege ich die Enden der Nieten gerade. Ich behämmere sie, bis ihre Köpfe zum Vorschein kommen, die ich dann mit der Nagelziehzange herausreiße. Der *maniscalco* in Renaccino, der klugerweise alle Nägel ersetzt hat, hat ganze Arbeit geleistet. Ich muss für jedes Stück mehrmals ansetzen. Ich verausgabe mich. Antoine, geschickt wie immer, löst mich ab. Aber er überlässt mir nichtsdestotrotz den letzten Hufeisennagel: Das Metall fällt klingelnd auf den Betonboden. Desti ist barfuß. Frei.

Sie ist nicht die Einzige. Wie viele Hufeisen habe ich mir nicht selbst während dieser Reise abgenommen?

Die Eisen der materiellen Güter.

Die Eisen der sozialen Barrieren.

Die Eisen des Ehrgeizes.

Ist das Leben nicht eigentlich einfacher? Sollte es nicht für uns alle viel einfacher werden?

Ich weiß, dass es nicht einfach ist, barfuß zu sein. Der Winter, die Feuchtigkeit der Wiese können das Horn der Hufe faulen lassen. Für mich, wenn ich wieder zu Hause bin, werden die Hausschuhe des Stadtlebens unwiderstehlich sein. Man wird Kompromisse machen müssen.

Ich werde mich bemühen, die unterwegs gelernte Methode auch auf das sesshafte Leben anzuwenden: die gerade Linie vermeiden, sich Umwege erlauben, mit der Zeit haushalten. Nach dem Vorbild Montaignes, der in seinen Turm zurückgekehrt ist, die Muße kultivieren und nicht das Nichtstun. Den Weg dem Ziel vorziehen. Schreiben, wie man sich mit einem Passanten unterhält. »Ich spreche mit dem Papier wie ich mit dem Erstbesten spreche, der mir begegnet« (*Essais*, III,1).

Und ich werde meinen Hut, meine Schuhe und mein Zaumzeug immer zur Hand haben. Denn inzwischen weiß ich, dass, »*wenn meine Geschicke mich mein Leben nach meinem Belieben führen lassen,* ich mich dafür entscheiden würde, es mit dem Arsch im Sattel zu verbringen« (*Essais*, III,9).

Bibliographie

Einige Werke, die mir dabei geholfen haben, meinen Weg zu finden.

Michel de Montaigne, *Reisetagebuch*

- Ein ziemlich trockener Bericht, irgendwo zwischen Log- und medizinischem Tagebuch, der nie für die Veröffentlichung vorgesehen war, aber zahlreiche Passagen der *Essais* inspiriert hat. (Es liegen mehrere deutsche Übersetzungen vor, etwa Michel de Montaigne: *Tagebuch der Reise nach Italien über die Schweiz und Deutschland von 1580 bis 1581*. Übersetzt aus dem Französischen von Hans Stilett, Eichborn Berlin, 2002.)

Zur Ergänzung:
Das Vorwort zur Originalausgabe von Meunier de Querlon.

- Der Kontext der Veröffentlichung.

Die Einführung von François Rigolot.

- Eine gute und gelehrte Zusammenfassung der Themen rund um die Reise.

Charles Dédéyan, *Essai sur le Journal de voyage de Montaigne*, Boivin, 1940.

- Ein Schmuckstück, ein Geschenk von Michel Onfray!

Jean-Marie Goulemot, *Le Voyage en France. Anthologie des voyageurs européens*, Robert Laffont, coll. « Bouquins », 1995–1997.

- Texte, die eine Vorstellung vom Reisen zur Zeit Montaignes geben, darunter auch die Briefe von Jean de La Fontaine über seinen Weg von Paris ins Limousin.

Reiseführer aus der Zeit Montaignes

Charles Estienne, *Guide des chemins de France*, 1552.

Sebastian Münster, *Cosmographiae universalis libri VI*, 1544.

- Montaigne hatte das Buch in seiner Bibliothek und bereute, es nicht auf die Reise mitgenommen zu haben.

Michel de Montaigne, *Essais*

- Ein anspruchsvoller, aber unglaublicher, einzigartiger Text. Wegen seiner Sprache, wegen seines Inhalts, oft wegen seines Humors. Man sollte ihn lesen wie Orson Welles, »immer eine Seite oder zwei, mindestens einmal in der Woche«. Ich habe die Ausgabe der *Classiques modernes* gewählt, die nur die Rechtschreibung modernisiert. (Es liegen mehrere deutsche Übersetzungen vor, etwa Michel de Montaigne: *Essais*. Erste moderne Gesamtübersetzung. Aus dem Französischen von Hans Stilett, Andere Bibliothek, 1998.)

Zur Ergänzung:

Jean Lacouture, *Montaigne à cheval*, Seuil, 1976.

- Das Wichtigste über Montaigne, aber nicht besonders viel über Pferde.

Stefan Zweig, *Montaigne* (1942).

- Von Bordeaux nach Petrópolis, wie man in den Qualen der Welt seinem innersten Selbst treu bleibt.

Philippe Desan, *Montaigne. Une biographie politique*, Odile Jacob, 2014.

- Montaignes geheime Motive.

Jean Delumeau, *La Civilisation de la Renaissance*, Arthaud, 1973.

- Der historische Kontext.

Rund ums Pferd

Jean-Louis Gouraud, *Le Pérégrin émerveillé*, Leméac, 2012.

- Die Geschichte einer Expedition zu Pferd von Paris nach Moskau.

Jean-Louis Gouraud, *Le Cheval et l'Amour*, Actes Sud, 2015.

- Kurze Texte und Kabinettstücke, von einem erfahrenen Wanderer und Leser aufgestöbert.

Émile Brager, *Techniques du voyage à cheval*, Nathan, 1995.

- Die Bibel der Techniken des Wanderreitens.

Paul Morand, *Milady*, Archat, 1944.
- Wenn die Leidenschaft eines Menschen für sein Pferd übel ausgeht.

Paul Morand, *Anthologie de la littérature équestre*, Perrin, 1966.
- Vor allem wegen des Vorworts des Herausgebers.

Stéphane Bigo, *L'Équitation de légèreté par l'éthologie*, Vigot, 2010.
- Eine neuartige Beziehung zum Pferd, geschrieben von einem Langstreckenreiter, den ich unterwegs getroffen habe.

Stéphane Bigo, *Crinières*, Albin Michel, 1991.
- Eine Serie von Büchern über das Reisen zu Pferd, auf vier Kontinenten.

Sylvain Tesson et Priscilla Telmon, *Carnets de steppes*, Pocket, 2017.
- Reisen in Zentralasien.

Daniel Roche, *La Culture équestre de l'Occident*, Fayard, 2008.
- Wie das Pferd für lange Zeit unsere Gesellschaften strukturiert hat.

Jérôme Garçin, *Bartabas, roman*, Gallimard, 2007.
- Habe ich unterwegs gelesen und später durch *D'un cheval l'autre* vervollständigt, ein Buch, das Bartabas seinerseits geschrieben hat, eine poetische Biographie entlang der Pferde seines Lebens.

Rund ums Wandern

Jacques Lacarrière, *Chemin faisant*, Fayard, 1977.
- Das Buch, das das Wandern zu Fuß rehabilitiert hat, das in den 60er-Jahren ebenso ausgefallen war wie das Wandern zu Pferd heute.

Julien Gracq, *Der große Weg. Tagebuch eines Wanderers*. Aus dem Französischen von Elisabeth Edl und Wolfgang Matz, Hanser, 1996.
- Eine eher träumerische Wanderung.

Gaston Roupnel, *Histoire de la campagne française*, Grasset, 1932.
- Warum die Wege älter sind als die Dörfer, die sie verbinden.

Jean-Paul Kauffmann, *Remonter la Marne*, Fayard, 2013.
- Ein historisch-literarischer Spaziergang auf den Treidelpfaden.

Maurice Genevoix, *Raboliot*. Bearbeitet von Josef Vitzer, Schöningh, 1958.
- Die Sologne ohne Zäune.

Claudio Magris, *Donau. Biographie eines Flusses*. Aus dem Französischen von Heinz-Georg Held, Hanser, 1988.
- Der lange Spaziergang von der Quelle (wo nichts beginnt) bis zur Mündung (wo nichts endet).

Jean Giono, *In Italien, um glücklich zu sein. Ein Reisebuch*. Aus dem Französischen von Peter Gan, Biederstein 1955.
- Halb Erzählung, halb Märchen, diesmal mit dem Auto.

Rund um Themen, die mich unterwegs beschäftigt haben

Ökologie

Alexis de Tocqueville, *Fünfzehn Tage in der Wildnis*. Aus dem Französischen von Heinz Jatho, Diaphanes, 2013.
- Der geistige Vater des französischen Liberalismus macht sich zu einer Begegnung mit der wilden Natur auf.

Erik Orsenna, *Cochons. Voyage aux pays du vivant*, Fayard/Stock, 2020.
- Das Elend des tierischen Leides.

Peter Singer, *Animal Liberation. Die Befreiung der Tiere*. Aus dem Englischen von Claudia Schorcht, Harald Fischer, 2015.
- Montaigne, ein Vorläufer des Antispeziezismus?

Gilles Clément, *Le Jardin planétaire*, Albin Michel, 1999.
- Mensch und Natur versöhnen?

Handarbeit

Matthew Crawford, *Ich schraube, also bin ich. Vom Glück, etwas mit den eigenen Händen zu schaffen.* Aus dem Englischen von Stephan Gebauer, Ullstein, 2010.
- Ein Philosophieprofessor wird Mechaniker.

Claude Lévi-Strauss, *Das wilde Denken.* Aus dem Französischen von Hans Naumann, Suhrkamp, 1968.
- Die tiefe Bedeutung des Bastelns.

Anthropologie der Gabe

Marshall Sahlins, *Stone Age Economics,* de Gruyter, 1972.
- Gabe und Gegengabe.

David Graeber, *Schulden. Die ersten 5000 Jahre.* Aus dem Englischen von Hans Freundl, Stephan Gebauer und Ursel Schäfer, Klett-Cotta, 2012.
- Gabe ohne Gegengabe.

Jean Giono, *Der Husar auf dem Dach.* Aus dem Französischen von Richard Herre, Cotta, 1952.
- Dankbarkeit neu lernen.

Schatten

Alain Corbin, *Douceur de l'ombre,* Fayard, 2013.
- Warum liebt die Moderne die pralle Sonne?

Georges Pompidou, *Lettres, notes et portraits,* LGF, 2012.
- Mit einem unvergesslichen Plädoyer für die Platanen am Rand der Bundesstraßen.

Dialekte

Henri Labourasse, *Glossaire abrégé du patois de la Meuse,* Slatkine, 1970.
- Eine Sprache für sich.

Eugen Weber, *Peasants Into Frenchmen. The Modernization of Rural France 1880–1914*, CUP, 1976.

- Man entdeckt, dass Frankreich im 19. Jahrhundert alles andere als geeint war.

Abbé Grégoire, *Rapport Sur La Nécessité Et Les Moyens D'anéantir Le Patois*, Imp. nationale, 1794.

- Die Hartnäckigkeit der Jakobiner gegen die sprachliche Vielfalt.

Normierungshölle

David Graeber, *Bürokratie. Die Utopie der Regeln*. Aus dem Englischen von Hans Freundl und Henning Dedekind, Klett-Cotta, 2016.

- Die Bürokratisierung, die Geißel der Welt.

Guillaume Poitrinal, *Plus vite!*, Grasset, 2012.

- Ein Unternehmer (dem ich unterwegs begegnet bin), der für die Vereinfachung plädiert.

Michel Foucault, *Überwachen und Strafen: Die Geburt des Gefängnisses*. Aus dem Französischen von Walter Seitter, Suhrkamp, 1977.

- Zur Beschreibung des Panoptikons in Gefängnissen und Schulen würde ich gerne Badeanstalten hinzufügen.

Liberalismus

Michel Foucault, *Geschichte der Gouvernementalität II: Die Geburt der Biopolitik*. Aus dem Französischen von Jürgen Schröder, Suhrkamp, 2004.

- Wie der Neoliberalismus ökonomischen Utilitarismus und Überwachungsstaat verbindet.

François-Xavier Oliveau, *La Crise de l'abondance*, Éditions de l'Observatoire, 2021.

- Welche Politik braucht eine wohlhabende Gesellschaft?

John Locke, *Zwei Abhandlungen über die Regierung*. Aus dem Englischen von Hans Jörn Hoffmann, Suhrkamp, 1977.
- Die Grundlagen des Eigentumsrechts.

Laurence Fontaine, *Le Marché. Histoire et usages d'une conquête sociale*, Gallimard, 2014.
- Die Messen und Märkte des Mittelalters als Orte der Umverteilung von Macht.

Steven Levitt und Stephen Dubner, *Freakonomics. Überraschende Antworten auf alltägliche Lebensfragen*. Aus dem Englischen von Gisela Kretzschmar, Riemann, 2006.

Langeweile

Iwan Gontscharow, *Oblomow*. Aus dem Russischen von Vera Bischitzky, Hanser, 2012.
- Die langweilige Langeweile.

Dino Buzzati, *Die Tatarenwüste*. Aus dem Italienischen von Percy Eckstein und Wendla Lipsius, Ullstein, 1977.
- Die unterhaltsame Langeweile.

Michel Houellebecq, *Serotonin*. Aus dem Französischen von Stephan Kleiner, DuMont, 2019.
- Die tödliche Langeweile.

Und außerdem

Christophe Studeny, *L'Invention de la vitesse*, Gallimard, 1995.
- Ein gelehrter, flüssig zu lesender Essay, der zeigt, dass der Wunsch nach Schnelligkeit älter ist als die Mechanisierung.

Norbert Elias, *Über den Prozeß der Zivilisation. Soziogenetische und psychogenetische Untersuchungen*, Verlag Haus zum Falken, 1939.
- Wie sich von unserer Natur entfernen – und wie dorthin zurückkehren?

Paul Morand, *Fouquet ou le Soleil offusqué*, Gallimard, 1985.
- Fouquet, der letzte freie Mann Frankreichs?

Isabel Fonseca, *Begrabt mich aufrecht. Auf den Spuren der Zigeuner*. Aus dem Englischen von Wolfgang Rhiel, Kindler, 1996.
- Ein wahres Eintauchen in die Kultur der Zigeuner.

Jean Baubérot, *La Laïcité falsifiée*, La Découverte, 2014.
- Sowie seine zahlreichen Schriften zur Laizität, die dieses sensible Thema in einen angemessenen historischen und begrifflichen Rahmen setzen.

Goethe, *Der Erlkönig*
- Das einzige Gedicht, das ich auf Deutsch kann.

Leo Tolstoi, *Herr und Diener*. Aus dem Russischen von Hermann Roskoschny, Neufeld & Henius, 1895.
- Fataler Schneesturm.

Albert Londres, *Œuvres complètes*, Arléa, 2010.
- In Auswahl: Albert Londres, *Ein Reporter und nichts als das*. Aus dem Französischen von Petra Bail und Dirk Hemjeoltmanns, Andere Bibliothek, 2013.
  Das Beste am Journalismus.

Praktische Hinweise zur *Route Montaigne*

Mein detaillierter Routenverlauf ist auf *www.gaspardkoenig.com/montaigne* verfügbar und kann im Format GPX auf alle Kartenvorlagen heruntergeladen werden.

Dieser Verlauf folgt Weg für Weg, im Maßstab 1:25.000, meiner Route bis nach Rom, die sich so nah wie möglich an die von Montaigne angegebene Strecke hält. Ich habe dort die Schwierigkeiten, die mir zu Pferd begegnet sind, so gut wie möglich vermerkt sowie einige Herbergen, die Ross und Reiter freundlich aufnehmen, angegeben (auch wenn die besten Etappen die improvisierten bei Anwohnern sind!).

Es handelt sich nicht um einen offiziellen Wanderweg, sondern um das Ergebnis eigener Erfahrung. Es ist möglich, dass die Nutzung mancher Abschnitte Pferden oder sogar Fußgängern untersagt ist. Ich kann einfach nur bezeugen, dass Destinada und ich in der Praxis schadlos durchgekommen sind.

Ich hoffe, dass viele unter Ihnen die *Route Montaigne* nutzen werden, zu Pferde, mit dem Mountainbike oder zu Fuß, sei es für eine mehrmonatige Wanderung oder für einen einfachen Ausflug.

Ich würde mich sehr freuen, die Eindrücke aller Leser und Wanderer zu sammeln. Zögern Sie nicht, mich unter der folgenden E-Mail-Adresse anzuschreiben: *contact@gaspardkoenig.com*

Register der Montaigne-Zitate

Register ausgewählter Orte

Register ausgewählter Personen

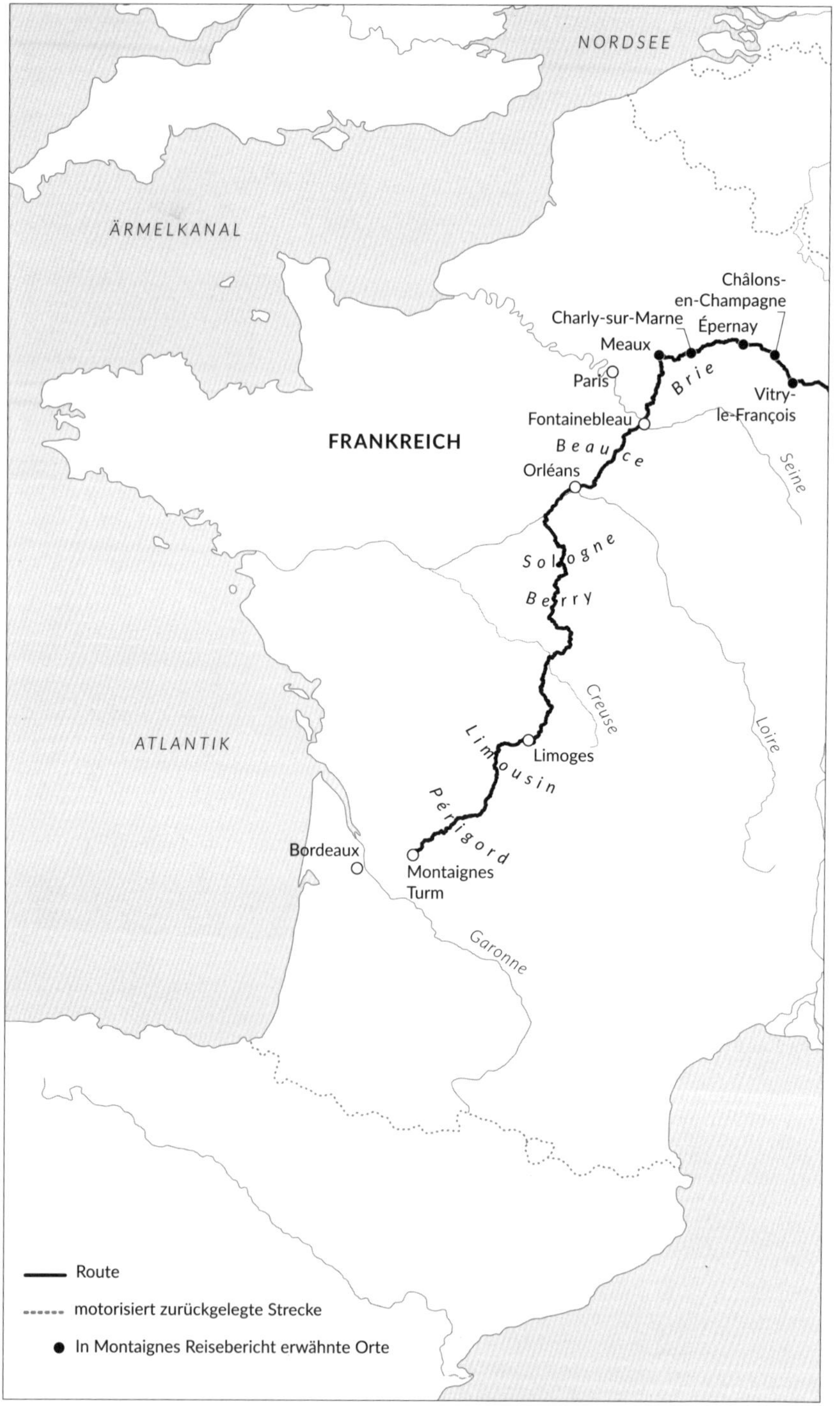
NORDSEE
ÄRMELKANAL
FRANKREICH
ATLANTIK
Châlons-
en-Champagne
Charly-sur-Marne
Épernay
Meaux
Paris
Brie
Vitry-
le-François
Fontainebleau
Beauce
Orléans
Seine
Sologne
Berry
Creuse
Loire
Limousin
Limoges
Périgord
Bordeaux
Montaignes
Turm
Garonne
Route
motorisiert zurückgelegte Strecke
In Montaignes Reisebericht erwähnte Orte